# 논어를 연찬하다

전환과 통합을 위한 지혜의 서(書)

## 논어를 연찬하다

전환과 통합을 위한 지혜의 서(書)

이남곡 지음

## 논어를 연찬하다

등록 1994.7.1 제1-1071
1쇄 발행 2025년 11월 20일
3쇄 발행 2026년 1월 15일

지은이  이남곡
펴낸이  박길수
편집장  소경희
편집·디자인  조영준
관 리  위현정
펴낸곳  도서출판 모시는사람들
     03147 서울시 종로구 삼일대로 457(경운동 수운회관) 1306호
전 화  02-735-7173 / 팩스 02-730-7173
홈페이지  http://www.mosinsaram.com/

인 쇄  피오디북(031-955-8100)
배 본  문화유통북스(031-937-6100)

값은 뒤표지에 있습니다.
ISBN  979-11-6629-246-0  03150

* 잘못된 책은 바꿔드립니다.
* 이 책의 전부 또는 일부 내용을 재사용하려면 사전에 저작권자와
  도서출판 모시는사람들의 동의를 받아야 합니다.

# 서문

『논어를 연찬하다』라는 책자를 익산의 희망연대에서 비매품으로 펴낸 지 17년의 세월이 흘렀습니다.

2010년 아내가 갑자기 세상을 떠났습니다. 2년여 매주 빠짐없이 논어를 연찬할 수 있도록 뒷받침해 준 아내에게 책으로 만들어 증정하고 싶은 생각이 간절했습니다. 그래서 인연이 있는 한겨레 출판사에 날 것 그대로인 〈논어를 연찬하다〉 파일을 보내서 출판을 부탁했습니다.

아마 출판사 쪽에서도 결정을 하는 것이 쉽지 않았을 것입니다. 유학(儒學)에 대해 체계적인 학습을 해 본 일이 없는 사람이 논어에 기록된 공자의 말들을 현대인의 시각, 특히 젊어서 사회 변혁 운동에 뛰어들었다가 그 운동의 좌절과 실패를 경험하면서 '변혁운동 그 자체의 변혁'을 모색하는 시각이 낯설고 문장은 어설펐을 것입니다. 그런데 고맙게도 '논어 - 사람을 사랑하는 기술'이라는 제목으로 출판을 해 주었고, 아내에게 바치는 인사를 하게 해주었습니다.

아내가 세상을 떠난 다음 해부터 저는 스스로 인문운동가라는 정체성을 가지고 활동을 해 왔습니다. 이 시기의 저에게 논어는 인문운동의 동반자였습니다. 특히 50대의 8년 동안 야마기시라는 무소유 사회의 실험에 동참하면서 경험한 '연찬(研鑽)'이라는 '탐구와 실천의 방법과 태도'를 보편화하고 싶었는데, 야마기시라는 생소한 이름보다는 2,500여 년간 검증된 공자의 사상을 통하는 것이 훨씬 설득력이 있었습니다. 그만큼 공자의 탐구와 실천의 태도는 연찬(研鑽)의 정곡(正鵠)을 뚫는 것으로 저에게는 다가왔습니다.

이 시기 이른바 진보 정권의 등장을 포함하는 몇 차례의 정권교체를 거쳤습니다. 혁혁하게 발전한 다른 분야들과 달리 퇴행적인 편가름과 증오와 배제(보복)의 악순환으로 정치가 국민을 통합하는 것이 아니라 심리적 내전을 유발하는 지경에 이르렀습니다. 대한민국이 맞이한 역사상 초유의 중흥기를 실패와 나락으로 몰고 갈 가장 큰 장애였습니다. 최근 몇 차례 비정상적인 정권교체 과정은 한국 정치는 주자 성리학이 지배한 17세기 조선의 망국적 파당 정치를 연상시키는 퇴행성을 보여주었습니다.

철학적인 면에서 끼친 기여에도 불구하고 주자 성리학은 공자 사상의 핵심인 무지의 자각에 바탕을 둔 연찬 정신을 왜곡한 것이 그 가장 큰 폐단으로 작용하였습니다. 그것을 밝히고 그것을 바로잡는 것은 인류 공통의 자산인 유교를 우리 시대에 제대로 살리는 길입니다. 비록 혼돈과 위기의 시기를 거치고는 있지만, 어느 나라보다 한국이 공자 사상을 그 오래된 왜곡으로부터 벗겨내어 새로운 문명을 창조하는 데 기여하게 할 수 있는 조건을 갖추고 있다고 생각합니다. 언젠가 출현할 아시아연방의 사상 철학적 기반의 하나로 기여할 수 있기를 바랍니다.

저의 사상적 정치적 입장은 중도(中道)입니다. 중도(中道)는 양극단으로부터 두들겨 맞는 허약한 중간 지대가 아닙니다. 우리가 제대로 중도를 주류로 만들어 본 경험이 없기 때문에 '중도'라는 말이 이렇게 비치고 있을 뿐입니다. 중도는 양극단을 두들겨(叩其兩端) 시대정신의 과녁을 정조준하는 사상 철학이며 정치입니다.

지금의 시대정신은 묵은 원한과 증오를 확대하는 심리적 내전을 종식시키고, 그 어려움 속에서도 기적적으로 이룩한 중흥(中興)의 밑천을 창조적으로 살려서 21세기 새 문명의 선도국으로 도약하는 것입니다. 이 길을 걸을 때 비로소 우리는 지정학의 저주를 축복으로 바꾸어 아시아와 세계에 새로운 빛으로 우뚝 설 것입니다.

문명과 세계 질서의 대전환기라는 인식하에 새 정부가 실용(實用)을 강조하는 것은 시의적절한 일입니다. 실용은 중도 철학을 바탕으로 할 때만 방향성을 지키며 지속적이고 안정적인 정책을 성공시킬 수 있습니다.

출판 시장의 어려움에도 흔쾌히 출판을 맡아주신 '모시는사람들'의 대표 박길수 선생을 비롯한 편집자들께 감사드립니다.

이 책은 희망연대가 2008년 비매품으로 출판한 이래 한겨레출판사에서 『논어 - 사람을 사랑하는 기술』로 출판되는 과정을 거치며 17년 동안 시민운동·협동조합 운동·생명평화 운동·거버넌스 운동·마을운동·공동체 운동 그리고 새로운 정치 운동과 새 문명을 위해 함께 이야기하고 모색해 간 기록이기도 합니다. 그 과정을 함께해 주신 분들께 감사합니다.

발문을 써 주신 조성환 교수는 동학을 비롯한 한국 사상과 특히 지구화나 인류세 철학의 선구적인 철학자로서, 그와의 사상적 교류는 필자가 공자의 사상을 더 깊게 들여다볼 수 있게 해주었습니다.

익산의 희망연대 류종일 대표가 새 노트북을 선물해 주어서 이 책을 위한 작업하는 데 큰 도움이 되었습니다. 희망연대 회원인 천지은 님이 바쁜 시간을 쪼개어 이 책의 1차 교열을 해 주었습니다. 이인우 선생이 페이스북을 통해서 시라카와 시즈카(白川 靜)의 『공자전(孔子傳)』을 번역해 주어서 이 책의 끝부분을 풍부하게 할 수 있었습니다.

그 밖에도 많은 분들의 격려와 도움이 큰 힘이 되었습니다. 감사합니다.

2025년 10월
모악산(母岳山)이 바라다보이는 익산 우거(寓居)에서 이남곡

차례                                       논어를 연찬하다

서문 —— 5

제1편 학이(學而) ——————————————————— 11
- 칼럼 교육혁명을 위하여 —— 16
- 칼럼 난(亂)을 넘어 혁명(革命)으로 —— 22
- 칼럼 1 단순 소박한 삶은 우리 모두의 생존과 행복의 길 —— 50
- 칼럼 2 자본의 인문학과 노동의 인문학의 만남에 대하여 —— 53
- 칼럼 시진핑 주석에게 드리는 글(1) —— 55

제2편 위정(爲政) ——————————————————— 59
- 칼럼 인정이 흐르는 따뜻한 세상을 위하여 —— 67
- 칼럼 보통사람들의 성인화(聖人化)의 시대를 향하여 —— 74
- 칼럼 자기와 다른 생각을 어떻게 대하는 것이 모두에게 이로울까? —— 99

제3편 팔일(八佾) ——————————————————— 119
- 칼럼 천제(天祭)를 숙고(熟考)하다 —— 159

제4편 이인(里仁) ——————————————————— 161
- 칼럼 단정(斷定)하지 않고 정의를 추구한다 —— 188
- 칼럼 충(忠)과 서(恕), 자아실현과 상생의 길 —— 205

제5편 공야장(公冶長) ——————————————— 225
    **칼럼** 불념구악 이직보원의 길 —— 265

제6편 옹야(雍也) ——————————————— 273
    **칼럼** 탐진치 삼독에서 벗어나는 길 —— 278
    **칼럼** 인재(人材) 유감 —— 294
    **칼럼** 중도의 전략과 생명선 —— 314
    **칼럼** 박시제중(博施濟衆)이 최고의 인(仁), 대동세상을 위하여 —— 323

제7편 술이(述而) ——————————————— 327

제8편 태백(泰伯) ——————————————— 387

제9편 자한(子罕) ——————————————— 425
    **칼럼** 숭고(崇高) 지향은 인간의 2차 본능이다 —— 433
    **칼럼** 배움(學)의 의미에 대하여 —— 446

제10편 향당(鄕黨) ——————————————— 491

제11편 선진(先進) ——————————————— 515

제12편 안연(顏淵) ——————————————— 563
    **칼럼** 시진핑 주석에게 드리는 글(2) —— 611

제13편 자로(子路) ——————————————— 619
    **칼럼** 시진핑 주석에게 드리는 글(3) —— 628

제14편 헌문(憲問) ──────────────── 677
　칼럼 춘추오패 ── 704

제15편 위령공(衛靈公) ──────────── 751

제16편 계씨(季氏) ──────────────── 803

제17편 양화(陽貨) ──────────────── 825

제18편 미자(微子) ──────────────── 865

제19편 자장(子張) ──────────────── 881

제20편 요왈(堯曰) ──────────────── 907


논어 강독을 마치면서 ── 916
자료집 서문 ── 917
발문 『화쟁 논어』: 연약한 공자, 유연한 유학 / 조성환 ── 924

# 제1편

# 학이(學而)

---

"배우고 때로 익히면 또한 기쁘지 않겠는가?
벗이 있어 먼 곳으로부터 찾아오면 또한 즐겁지 않겠는가?
남이 나를 알아주지 않더라도 노여워하지 않으니 군자가 아니겠는가?"

<sub>학 이 시 습 지   불 역 열 호   유 붕 자 원 방 래   불 역 낙 호   인 부 지 이 불 온   불 역 군 자 호</sub>
**學而時習之 不亦說乎 有朋自遠方來 不亦樂乎 人不知而不慍 不亦君子乎**

# 1

공자 말하기를, "배우고 때로 익히면 또한 기쁘지 않겠는가? 벗이 있어 먼 곳으로부터 찾아오면 또한 즐겁지 않겠는가? 남이 나를 알아주지 않더라도 노여워하지 않으니 군자가 아니겠는가?"

子曰 學而時習之 不亦說乎 有朋自遠方來 不亦樂乎 人不知而不慍 不亦君子乎
자왈 학이시습지 불역열호 유붕자원방래 불역낙호 인부지이불온 불역군자호

이 문장은 논어를 전혀 읽어 보지 않은 사람도 아마 한 번쯤은 들어보았을 것이다. 공자 사상의 정수(精髓)가 이 한 문장 안에 압축되어 있다고 해도 과언이 아니다.

공자는 '기쁘고(說) 즐거운(樂) 것이 인생의 당연한 모습'이라는 강렬한 메시지를 시대를 넘어 보내고 있다. 불행이나 고통은 인간의 어쩔 수 없는 숙명이 아니고, 그 원인을 제거할 수 있고 그렇게 함으로써 '인생은 행복한 것이 진짜'라는 긍정적이고 적극적인 선언이다.

그리고 기쁨과 행복의 원천을 진리 탐구, 벗과의 진실한 교류, 그리고 심층의식의 진화에서 찾고 있는데, 그 표현 방식이 절묘하다. 좀처럼 바꾸기 어려운 인간의 심성(心性)과 사회 제도와 문화에 대한 공자의 숨겨진 전략(戰略)이 있다.

첫째 '不亦~乎(불역~호)'다. 부(富)·권력(權力)·명예(名譽) 같은 욕망의 성취를 즐거움이나 행복으로 아는 인간의 보통 상태를 직접 공격하거나 들이대지 않고, '이런 것도 기쁨이 아니겠는가?' 하고 자신이 생각하는 진실한 행복의 조건들을 슬며시 끼워 넣어 보는 것이다. 그래서 더 깊은 기쁨을 직

접 맛봄으로써 행복관의 근본적 변혁을 이루게 하는 전략이다. 말하자면 '끼워 넣기' 전략이다.

다음은 '바꿔치기'다. 논어 첫 장에 소개하는 '군자(君子)'만 하더라도 원래는 봉건 군주제와 가부장제라는 신분 계급 사회에서 귀족이나 관료를 나타내는 말이었는데, '신분이 아니라 인격의 성숙'을 나타내는 말로 그 내용을 슬그머니 바꿔치기한다. 당시의 신분 계급 차별 제도를 혁파할 수 없던 시대적·사회적 조건을 생각한다면, 이것은 가히 혁명적인 전략이다. 또 그 인격의 목표를 '불온(不慍; 화가 나지 않음)'으로 말함으로써 인간의 불행의 근원을 바로 건드리는 것 또한 절묘하다고 할 수 있다.

공자는 어쩌면 불행과 고통으로 점철될지도 모르는 인생에서 자유와 행복을 향한 첫 여정을 '학(學)'에서 출발한다. 공자는 열다섯쯤의 나이를 배움(學)과 본격적으로 만나는 시기라고 말한다.

"나는 열다섯에 배움에 뜻을 세웠다."(吾十有五而志于學)

열다섯이면 지금의 학제로 고등학교 입학 시기다. 이른바 좋은 직업(돈 많이 벌고 권력이 있는)을 얻기 위한 경쟁에 '올인'하는 오늘날의 교육을 생각하게 된다. 학생들도 힘들지만, 엄청난 사교육 투자가 부모들의 허리를 휘게 한다. 그러니 배움이 기쁨이 될 수 없다.

그동안 교육개혁이라는 말은 주로 입시제도의 개혁을 의미하는 말로 사용되어 왔지만, 이제는 근본적인 전환이 필요한 때가 되었다. 적어도 고등학교부터는 학생 스스로 자신의 재능과 취향을 최대로 살릴 수 있는 분야를 자발적이고 자유롭게 선택하도록 하는 것이다. 그러기 위해서는 사회 전반의 혁명적인 전환이 필요하겠지만, 그 핵심은 '배우는 것이 기쁨이 되게 하는 것'이 아닐까?

공자는 스승 중의 스승으로 추앙받은 사람이지만, 그 자신은 자신의 정체성을 '호학(好學)'에 두었다; "열 집이 사는 작은 고을일지라도 충(忠)과 신(信)에서는 나와 같은 사람이 반드시 있겠지만, 나만큼 배우기 좋아하는 사람은 없을 것이다."(十室之邑 必有忠信如丘者焉 不如丘之好學也.)

섭공이라는 사람이 자로에게 공자의 사람됨을 물었는데, 그가 대답하지 못했다는 말을 듣고 다음과 같이 말한 대목이야말로 공자의 진면목을 보여 준다; "그대는 왜 말하지 못했는가? 그 사람됨이 배우는 것을 좋아하여 발분하면 밥 먹는 것도 잊어버리고(發憤忘食), 즐거워서 근심을 잊어버리며(樂以忘憂), 늙어 가는 것조차 알지 못한다고(不知老之將至云爾)…."

이와 같은 배움의 즐거움이 어떻게 가능할까? 무지(無知)의 자각(自覺)이 그 출발점이라고 생각하지만, 그 점에 대해서는 〈자한〉 편 7장에서 구체적으로 이야기를 나누어보겠다.

- 근엄한 도덕군자, 뭔가 훌륭하긴 하지만 재미는 없을 것 같은 그런 사람으로 공자를 생각해 왔는데, 첫머리에 '기쁨'을 이야기하니 지금까지의 내가 생각한 공자의 이미지가 달라서 앞으로의 논어 연찬이 기대됩니다.
- 배우는 것이 정말 즐거워 본 적이 있나요? 나는 배우는 것이 제일 힘들었는데요, 요즘 학생들도 아마 그럴 거 같습니다.
- 시험과 출세를 위해서 악착같이 '배워야 산다'가 될 때 배움은 즐거움과는 거리가 먼 것이지요.
- 자기가 하고 싶고, 알고 싶은 것을 배울 때는 기뻐요.
- 사람들은 배우는 것보다는 가르치려고 하는 경향이 있지 않나요?
- 그런 것 같은데요? 서로 가르치려다 보니까 충돌하는 경우도 많고요.
- 자기가 아는 것이 틀림없다는 완고한 관념 때문에 스스로 고정되어 갇혀 버리는 부자유한 삶이 되는 것 같네요.

- 특히 습(習)이 중요하다고 생각해요. 머리로 아는 것을 실천하면서 익힌다는 의미로 다가오기도 하고요. 머리로는 비록 이해한다 해도 오랫동안 훈습된 것을 고치기 어렵잖아요. 뭔가 체득해 가는 것을 즐긴다는 것은 대단한 경지라는 생각이 드네요.
- 불온(不慍)은 '속으로도 화가 나지 않는 상태'라고 들었는데 어떻게 하면 그렇게 할 수 있을까요?
- 나는 그런 경우 우선 '자기를 그대로 바라보기'를 하는데, 이때 자기를 책(責)하는 마음이 들어서 힘들 경우가 많아요. 제대로 볼 수 있으면 그것만으로도 좋은 것 같아요.
- 명상이나 선(禪)이나 여러 마음공부 프로그램에 참가해 보는 것도 좋지만, 저는 과학적 사고, 즉 '내 마음 안에서 일어나는 화'와 '그 대상인 사실'을 분리하는 노력이 중요하다고 생각해요.
- 화가 아주 안 나는 상태는 상상하기 어려워요. 이런 과한 목표를 설정하다 보면 오히려 부자유나 허위의식을 유발할 가능성이 크다고 생각해요.
- 그런 점에서 공자가 안회를 칭찬한 불천노(不遷怒; 화를 옮기지 않는다. 2차 화살을 맞지 않는다)[6/2] 정도를 목표로 하는 것이 좋을 것 같습니다. 그것만 해도 저에게는 너무 어렵지만요.
- 사람의 욕망 가운데 가장 강한 것이 '다른 사람으로부터 인정받고 싶어 하는 욕구'라고 말하는 사람도 있더라고요.
- 그런데 그것이 자기의 행·불행을 좌우하는 것이 되어서는 그 욕구가 진정으로 자신을 행복하게 하는 욕구인지 돌아보아야 할 것 같네요.
- 자신은 다른 사람의 평가에 휘둘리지 않는 연습을 하고, 다른 사람에 대해서 마음속에서 비난이나 비판을 하지 않는 연습을 해보면 좋겠어요.
- 그렇게만 된다면, 정말 자유로워지고 커질 것 같은데요?

# 교육혁명을 위하여
## - 〈공자의 변명〉* 에서 -

고증되거나 기록된 인간의 역사에서 최대의 지적 혁명의 시기는 지금부터 2,500여 년 전부터 수백 년간에 걸친, 이른바 '축(軸)의 시대'로 보인다. 이 시기에 동서양의 여러 곳에서 이른바 우리가 성인(聖人)이라고 부르는 인격들이 다양한 문화를 배경으로 나타난다. 그리고 그 후 인간의 정신세계에 지배적인 영향을 끼쳐 온 종교 및 사상의 원석(原石)이 되었다.

그리고 지금 그에 버금가는 제2의 '축의 시대'를 맞이하고 있다. 그동안의 물질적 제도적 과학적 성과를 바탕으로 '축의 시대'에 선각자들이 열어간 인간 진화의 목표를 보편화·현실화할 수 있는 시대를 맞이하고 있는 것이다. 문제는 인류의 보편적인 질적 도약을 가능케 할 인공지능(AI) 시대의 지적 혁명이 밝은 전망으로만 다가오는 것이 아니라, 팬데믹이나 기후변화 등 인류라는 종(種)의 존속 자체가 물어지는 위기와 함께 오고 있다는 것이다.

앞으로 진행될 지적 혁명의 과정을 구체적으로 예상하기는 어렵다. 그러나 총론적으로는 진행될 방향을 예상할 수 있다.

첫째는 배우는 것(學)의 대상과 내용이 달라진다는 것이다. 정보를 기억하고 종합하고 분류하는 것과 같은 인공지능이 훨씬 잘할 수 있는 일을 교육 기관(學校)에서 가르치고 배우는 것은 아무런 의미 없는 헛된 공사가 될 것이다.

인공지능은 기계다. 그 기계에 정보를 입력하는 것은 사람이다. 이제 사람의 고유한 능력 즉 새로운 정보를 찾고 상상하고 창조하는 힘을 키우는 것이 새로운 시대

---

\* '공자의 변명'은 《익산소통신문》에 2021~2022년 15회에 걸쳐 연재한 칼럼의 제호입니다.

의 학(學)이 될 것이다. 이 학(學)이야말로 '축의 시대' 성현들의 탐구와 깨달음의 태도를 보편화하는 과정이 될 것이다.

특히 학(學)에 대해서는 무지(無知)의 자각을 바탕으로 하면서 불가지론이나 회의론에 빠지지 않고 끝까지 사실의 세계를 탐구하려고 한 공자를 대표적인 사례로 이야기할 수 있다.(이 칼럼 두 번째에서 이야기한 바가 있다)

공자는 스승 중의 스승으로 알려져 마치 '교(敎)'가 그의 본령처럼 생각하는 사람들이 많지만, 그 자신은 그의 가장 큰 특성을 '학(學)'이라고 말한다.

『논어』 공야장편 28장에서 "집 열 채 정도의 작은 마을에도 '충'과 '신'에서는 나와 같은 사람이 있겠지만, 나처럼 배우기를 좋아하지는 못할 것이다."(十室之邑 必有忠信 如丘者焉 不如丘之好學也)라는 공자의 말이 나온다.

『논어』 첫 편 첫 문장으로 나오는 '학이시습지불역열호(學而時習之不亦說乎)'는 미지의 세계에 대해 탐구하고 실천하는 즐거움이다. 과거의 축적된 지식과 정보를 바탕으로 새것을 찾아나가는 것은 당연하지만, 기억하고 암기하는 것은 어디까지나 학(學)의 본령이 아니다. 그리고 그런 식의 학습은 즐거울 수가 없다.

공자는 이 학(學)을 열다섯에 시작했다고 말한다. 지금 우리 학제(學制)로 보면 고등학교 1학년에 해당하는 나이다. 사람의 일생에서 가장 하고 싶고 소질이 있고 배우고 싶어 하는 분야를 시작할 적정한 나이다. 돈과 출세로 이어지는 이른바 '좋은 직장'에 취직하기 위한 시험을 준비하기 위한 교육에 획일적으로 투입되는 시스템에서 벗어나야 자신의 행복은 말할 것도 없고 사회와 나라를 발전시킬 수 있다. 지금의 교육제도와 그 내용이 전면적으로 바뀌어야 하고 바뀔 것이다. 아마도 지금과 같은 학교는 사라질지도 모른다.

둘째는 인공지능에 입력할 새로운 지식과 정보를 개발하고 창조하는 사람의 지적 능력과는 다른 차원에서 동물 일반의 본능과 구별되는 인간만의 특성, 즉 제2 본능이라고 할 수 있는 '숭고지향성(崇高指向性)'을 고양시키는 것이다.

물질 위주 각자도생의 이기적 삶으로부터 욕망과 행복의 질을 격상시키는 것이야말로 인류를 그 존속의 위기에서 벗어나게 하는 유일한 길로 보인다. 인공지능을 비롯한 과학기술 혁명이 높은 생산력을 보장하고, 그 물적 기반 위에서 침범이나 억압이 없는 사회제도를 발전시킨다면, 축의 시대 성현들의 인간에 대한 이상이 보편화되는 시대를 열어갈 수 있는 것이다.

제도로서의 종교는 쇠퇴하겠지만, 인간의 영성(靈性)은 더욱 깊어지고 보편화될 것이다. 석가의 자비, 예수의 사랑, 공자의 인(仁)이 보통 사람들의 삶 속에서 체화(體化)될 것이다.

자본주의가 호혜 상생하는 제도로 무리 없이 이행할 수 있는 조건은 자본주의 체제에서 발전한 물적 토대와 사람들의 보편적인 의식의 진화가 새로운 차원으로 융합되는 것에 의해 가능하게 될 것이다.

그러나 이런 전망을 가로막는 낡은 제도와 의식의 관성이 우리 사회를 무겁게 지배하고 있다. 최대 과제는 교육 혁명이라고 생각한다.

그런데 그 혁명이 어려운 것은 다른 전반적 사회개혁의 종착점이자 동시에 출발점이라는 순환적 연관 때문이다. 내가 유독 교육에 대해서만은 '혁명'이라는 말을 사용하는 것은 그만큼 큰 개인적 및 집단적 결단이 요청되기 때문이다. 이 혁명을 성공적으로 수행하지 못하면, 그 사회나 국가는 정체 쇠퇴하고 더 나아가 인공지능 등 과학기술의 발전이 오히려 인류의 재앙이 될 수 있을 것이다.

무엇을 개혁해야 이런 전망을 가능케 하는지를 생각하다 보면 우리 시대 사회 개혁의 과제들이 보일 것이다. 양극화나 특히 현대판 신분제로까지 퇴행하는 이중화를 막는 것, 그 원인이 되는 여러 요인을 개혁해야 하겠지만, 그 가운데서도 직종(職種) 간의 소득 격차를 일정 수준 이하로 조절하고 적어도 '질이 같은 노동에는 같은 대우를 받는다.'는 제도가 확립됨으로써 직업이나 직장을 둘러싼 우열감(優劣感)으로부터 자유로운 제도와 문화가 필수적이다.

목공(木工)이나 농부가 되는 것과 의사나 판검사가 되는 것이 어떤 차별이나 우열감도 없게 되어야 한다. 나는 인공지능 시대에는 자연친화적인 소농(小農)이나 예술적 감각이 고도로 발현되는 수공예(手工藝) 등 자아실현의 즐거움이 큰 직업들이 가장 인기 있게 될 것으로 예상한다. 이제 그런 세상을 만들고 대비하기 위해 낡은 제도와 관념에서 과감하게 벗어나야 한다.

　자신의 소질과 바람을 발견하는 과정으로 소정의 기초 교육을 마친 다음, 열다섯의 나이쯤이면 아무 거리낌 없이 자신의 길을 자발적으로 선택할 수 있게 하는 것, 그것이 교육 혁명의 시작이 아닐까 한다. 그렇게 할 수 있는 환경과 조건을 만드는 것이 국가 개혁의 핵심과제라고 해도 좋을 것이다.

　요즘 뜨거운 관심을 받는 '메타버스'는 가상과 초월을 의미하는 '메타meta'와 세계·우주를 뜻하는 '유니버스universe'의 합성어로, 가상현실 속에서 사회·경제·문화적 활동까지 이뤄지는 온라인 공간을 의미한다. 고도의 과학기술 능력이 창출하는 세계다. 그러나 그것만으로 진정으로 자유롭고 행복한 삶이 보장되는 것이 아니다. 실제의 공간에서 물질 위주의 행복관과 각자도생의 차가운 이기주의를 넘어서 단순·소박한 삶의 풍요를 즐기는 사이좋은 자연 친화적 마을이 만들어져야 한다. 과학기술 능력과 숭고(崇高) 지향의 가치가 조화를 이루는 것만이 인류를 생태적 재앙으로부터 해방하여, 존속을 넘어 자유와 행복의 길을 보장하게 될 것이다.

## 2

유자 말하기를, "그 사람됨이 효도하고 공경하면서 윗사람에게 거역하기를 좋아하는 이가 드무니, 윗사람에게 거역하는 것을 좋아하지 않으면서 난을 일으키기 좋아하는 이가 아직 있지 않았다. 군자는 근본에 힘쓴다. 근본이 서면 나아갈 길이 생긴다. 효제(孝弟)는 위인(爲仁)의 근본이다."

有子曰 其爲人也 孝弟而犯上者鮮矣 不好犯上而好作亂者 未之有也 君子務本
유자왈 기위인야 효제이범상자선의 불호범상이호작란자 미지유야 군자무본
本立而道生 孝弟也者 其爲仁之本與
본립이도생 효제야자 기위인지본여

- 유자(有子)는 성은 유(有) 이름은 약(若)으로 공자보다 20세 연하인 제자인데, 용모와 언동이 공자를 닮았다고 합니다. 논어는 증자와 유자의 문인들이 편찬하였다는 설도 있습니다.
- 아마 이런 구절이 유교를 신분계급제 사회를 옹호한 반동적 사상으로 알려지게 하는 것 같습니다.
- 그 시대와 사회라는 환경을 생각하고 읽어야 한다고 봅니다.
- 신분 계급 질서를 혁명적으로 변혁하기 어려운 시대적 사회적 한계를 반영하는 것으로 보아야 하겠지요.
- 여기서 말하는 범상(犯上)은 난(亂)을 말하는 것으로 읽힙니다.
- 공자는 '난(亂)'에 대해서는 반대하는 입장을 일관되게 표명하는데, 이것은 불의한 신분 질서나 부정부패에 항거하는 것에 반대하는 것과는 다른 차원으로 이해해야 할 것 같습니다.

- 난(亂)과 혁명(革命)의 차이를 읽어내는 것은 '논어 읽기'의 중요한 주제의 하나가 될 것 같습니다.
- 춘추전국 시대의 정치적·사회적 혼란상, 특히 왕권을 놓고 벌어지는 부자간(父子間)이나 형제간(兄弟間)의 살육 행위와 그에 수반되는 혼란을 막기 위해서 효제(孝悌)를 강조하고, 나아가 적장자(嫡長子)에게 왕위 세습을 하게 하는 제도도 이런 배경에서 비롯하는 것이 아닐까 생각합니다.
- 지배계급 내의 권력투쟁으로 죽어 나가는 것은 결국 백성(民)들이라는 인식이 바탕에 있는 것이지요.
- 요즘도 난(亂)과 혁명(革命)은 분명히 다른 것입니다. 특히 근대 이후 혁명(革命)이라고 이름 붙여진 사변들조차 그 문제점들이 드러나고 있지요.
- 기후 위기를 비롯한 인류 존속 자체가 물어지는 현 상황은 이제 종래의 혁명을 넘어 좀 더 근원적인 문명의 전환을 요구하고 있습니다. 이에 걸맞은 정신과 물질, 의식과 제도의 융복합적 전환을 무어라 부를지 아마도 후세가 명명하겠지요. 인류가 이 위기를 극복하고 살아남아 새로운 세계를 열어 간다고 하면요.

# 난(亂)을 넘어 혁명(革命)으로*
- 미움과 분노로 새로운 세상은 오지 않습니다 -

한국의 정치적 상황은 나라가 어렵사리 도달한 객관적 위상과는 어울리지 않게 천하대란(天下大亂)을 방불케 합니다. 내년 총선을 마치 일대회전(一大會戰)으로 맞이하려는 비장감과 결기로 가득합니다. 안타까운 것은 무엇을 위한, 누구를 위한 회전(會戰)인지 불분명하다는 것입니다. 철 지난 이데올로기의 포로가 되어 심리적 내전에 가까운 퇴행적 편가름의 미움과 분노가 팽배합니다.

묻고 싶습니다. 무엇이 진보이고 무엇이 보수입니까? 무엇이 좌(左)이고 무엇이 우(右)입니까? 전체 사회의 물질적·제도적 기반과 괴리되는 이 정치적 심리적 대란(大亂)은 자칫하면 나라의 쇠망(衰亡)으로 이어질 위험까지 내포하고 있습니다. 그것이 선진국에 진입했다는 21세기 한국인들의 기이한 상호 적대와 미움에서 비롯되는 현실에 아연실색할 뿐입니다.

미움과 분노는 자신의 자유와 행복을 위해서도 사회나 나라의 자유와 행복을 위해서도 가장 장애가 되는 심리적 상태입니다. 미움과 분노로 새로운 세상은 결코 오지 않습니다. 『논어』라는 고전의 지혜를 통해서 살펴볼까 합니다.

"공자는 괴(怪), 력(力), 난(亂), 신(神)을 말하지 않습니다."(子不語怪力亂神)(7/20)

공자가 혁명을 언급하지 않는 것은 그의 시대적 사회적 상황에서 구체적으로 그것을 상상할 수 없었기 때문이 아닌가 합니다. 그는 혁명을 그의 방식으로 추구하였습니다. '괴력난신'을 통하지 않는 길, 헌 부대에 새 술을 담는 방식입니다.

'성왕(聖王)의 치(治)'에 대한 그리움이 그의 숨겨진 혁명의식이었습니다. 이것이

---

\* 인터넷 잡지 《IPKU》에 2023년 6회에 걸쳐 청년들에게 보내는 편지 형식으로 칼럼을 썼습니다.

맹자의 '역성(易姓)혁명'으로 나타나지만, 근대적 의미의 혁명과는 다르지요. 그러나 폭력과 난에 대해서는 기회 있을 때마다 경고하였습니다.

우리 시대야말로 문명전환이라는 거대한 혁명이 요구되는 시대입니다. 그리고 그것이 폭력이나 난으로 이루어질 수 없다는 것 또한 자명합니다. 그렇다면 이 혁명은 어떻게 이루어질까요? 공자의 다음 말을 음미해 봅니다.

"용맹을 좋아하고 가난을 미워하면 난을 일으킨다. 불인(不仁)을 지나치게 미워하면 난을 일으킨다."(子曰 好勇疾貧 亂也 人而不仁 疾之已甚 亂也)(8/10)

절제되지 않는 용(勇)과 가난을 미워함이 결합하면 어떻게 될까요? 가난을 싫어하고 부를 좋아하는 것은 인지상정으로 공자도 이를 부인하지 않지만, 그러나 그것이 난이 되는 것을 경계합니다.

난(亂)으로 끝나는 경우, 가장 피해를 보는 것은 결국은 빈자(貧者)인 대중이라는 것을 너무 잘 아는 것이지요. 불인(不仁)을 지나치게 미워하는 것도 난으로 된다는 통찰 또한 지금 한국의 정치 상황을 바라보는데 대단히 현실적 의미를 갖습니다.

편을 갈라서 상대를 악마화하고 미워하다 보면 사회를 진보시키는 개혁이나 혁명이 아닌, 난으로 그치고 맙니다. 누구에게도 이익이 되지 못하고 결국 함께 쇠망하는 길입니다.

"오직 인자(仁者)만이 능히 사람을 좋아할 수 있고 미워할 수 있다."
(子曰 惟仁者 能好人 能惡人)(4/3)

"진실로 인에 뜻을 둔다면 미워함(惡)이 없다."
(子曰 苟志於仁矣 無惡也)(4/4)

이 두 장(章)의 메시지가 나에게는 강렬하게 다가옵니다. 인간 세상에는 선악(善惡)이 존재합니다. 그 선(善)을 좋아하고 악(惡)을 미워하는 것은 당연한 인간의 감정입니다. 그런데 중요한 것은 그 선악(善惡)을 판단하는 사람의 '자기중심성'입니다. 자신의 이익과 생각의 편향에 따라 아전인수로 판단하기 쉽습니다. 그래서 '자기중심으로 단정(斷定)하고 고정(固定)하지 않는 지적 능력'과 '의(義)를 끝까지 추구하고 실천하는 의지(意志)를 결합할 수 있는 사람(=仁者)이라야 사람을 좋아할 수도 있고 미워할 수도 있는 능력이 있다고 본 것입니다.

그리고 시대와 사회에 따라 선악(善惡)의 기준이 바뀌는 일들이 많습니다. 군주에 대한 충성이 높은 선(善)으로 추앙받던 시대도 있었지만, 지금 그런 정치를 꿈꾸거나 답습한다면 그것은 역사를 퇴행시키는 악(惡)이 되겠지요. 적어도 선악을 판단할 때는 인간과 사회에 대한 깊은 통찰이 뒤따라야 할 것입니다. 이것이 선을 좋아하고 악을 미워하는 첫 번째 관문입니다.

공자를 여기서 멈추는 것으로 생각하기 쉽습니다. 그러다보니까 제4장을 '진실로 인(仁)에 뜻을 둔다면 악(惡)함이 없다.'라고 밋밋하게 해석하는 사람들이 많습니다. 3장의 '미움(惡; 오)'과 다르게 읽는 것입니다. 나는 3장을 인(仁)을 향한 첫 관문으로 제시했다면 4장은 두 번째 관문으로 제시했다고 생각합니다. 그 행위는 미워하지만, 사람에 대한 미움이 없는 상태입니다. 미움이 아니라 오히려 연민이라고 생각합니다.

석가의 자비와 예수의 사랑 그리고 공자의 인(仁)을 실천하는 종교인들이 시대착오적인 적대와 증오의 악순환을 종식시키는 대전환의 물꼬를 터주기를 바라게 됩니다만, 일부 종교인들이 오히려 편견과 미움을 증폭시키는 현상을 어떻게 보아야 할까요?

한 가지만 더 이야기해 보겠습니다. 사회정의를 위하여, 불의를 미워하고 불의에 맞서 싸우는 것은 좋은 일입니다. 그런데 공자는 '인(仁)을 좋아하는 것과 불인(不仁)을 미워하는 것이 같은가?' 하는 의미심장한 질문을 던집니다.

"나는 아직 진실로 인(仁)을 좋아하는 사람과 진실로 불인(不仁)을 미워하는 사람을 보지 못하였다. 인(仁)을 좋아하는 사람이 있다면 더 바랄 것이 없으나, 불인(不仁)을 미워하는 사람이라 하더라도 그 인(仁)을 행함에 있어서 불인(不仁)이 그 자신의 몸에 붙지 않아야 한다."(子曰 我未見好仁者 惡不仁者 好仁者 無以尙之 惡不仁者 其爲仁矣 不使不仁者 加乎其身.)

인간 심리의 심층을 통찰한 말이라고 생각합니다. 미움에는 뭔가 자신 안에 그 대상을 품고 있는 경우가 있습니다. 니체도 '괴물과 싸우는 자는 스스로 괴물이 되지 않도록 조심해야 한다.'는 말을 합니다만, 엄밀하게 보면 이미 자신 안에 그 괴물이 존재하는 것입니다.

독재와 싸우면서 독재적 성격이 된다든지, 특권과 싸우면서 스스로 특권을 익히는 경우를 가까운 역사에서 얼마나 많이 보고 있습니까? 물론 그 미워하는 것이 인(仁)이나 의(義)를 행하는 동력으로 이어지는 것이 바람직하지요.

그러나 불의(不義)한 부(富)와 불의(不義)한 권력을 미워하는 것만으로는 낡은 세상을 전복할 수는 있어도 새로운 세상을 열지는 못합니다. 다른 말로 하면 난(亂)을 일으킬 수는 있어도 혁명(革命)으로 이어지지는 않는 것입니다.

20세기 세계사에 큰 영향을 끼친 러시아 10월 혁명과 그 후의 전개 과정도 상당히 긴 기간에 걸친 실험이었지요. 지나치게 단순화할 수는 없지만, 자본가에 대한 적대를 이른바 과학적인 계급의식으로 고취하는 것만으로는 결코 자본주의를 넘어서는 사회를 건설할 수 없다는 것을 보여주었습니다.

진정으로 새로운 세상을 건설하기 위해서는 불의한 권력이나 부(富)에 대한 미움을 넘어서 '부(富)나 권력 그 자체에 대한 욕망의 질이 바뀌는 의식의 진화'가 동반되어야 합니다. 잘못된 일이나 사람을 볼 때 그것을 고치고 싶어 하는 것은 인간 된 도리라고 할 수 있습니다. 오히려 그것을 수수방관하는 것이 옳지 않은 것입니다.

공자는 이미 오래전에 미움으로는 인(仁)을 실현하는 길이 아니라는 점을 통찰하였습니다. 인류는 오랜 역사를 통해 증오나 분노가 바탕이 되는 변혁은 결국 그 악순환의 굴레에서 자유롭지 못하다는 것을 뼈아픈 시행착오를 거치면서 알아가고 있습니다. 이제 '인의(仁義)를 실현하려는 에너지'와 '불인(不仁)에 대한 분노나 미움'을 분리할 수 있을 만큼 여러 가지 객관적 조건들과 인지(人智)가 성숙하였다고 생각합니다.

내가 이 글을 쓰는 것은 세계나 사회의 바람직한 변화를 바라는 것도 있지만, 한 사람의 내면의 변화가 먼저라는 생각을 말하기 위함입니다. 먼저 내 마음 안에서 난(亂)이 아니라 혁명(革命)이 이루어지는 것이야말로 진정한 자유와 행복의 길이며, 이것이 바탕이 되어야 비로소 세상은 밝고 따뜻하게 바뀌어 갈 것입니다.

# 3

공자 말하기를, "교묘하게 꾸미는 말과 곱게 꾸미는 얼굴빛에는 인(仁)이 거의 없다."

子曰 巧言令色 鮮矣仁
자왈 교언영색 선의인

- '인(仁)'이 처음 나오는군요. 공자의 사상을 한마디로 하라고 하면 누구나 '인'을 이야기합니다. 그런데 그 '인'에 대해서 공자는 어떤 식으로 정의(定義)하듯 말하지 않습니다. 논어 전편에서 제자들과의 대화를 통해서 공자가 생각하는 '인'의 모습을 그려갑니다.
- 그것이 공자의 말하고 생각하는 법이라고 생각합니다. 전체적인 모습은 논어를 읽어가면서 점차 알아 가면 좋을 것 같습니다.
- 이 장에서는 공자가 인(仁)에서 먼 사람의 특징을 이야기하고 있군요. 교언(巧言)이나 영색(令色) 자체가 나쁜 것은 아닌데, 왜 그것을 꼭 집어서 지적할까요?
- 기교가 결코 나쁜 것은 아니지요. 때와 사람에 맞추어 말을 잘하는 것은 필요하고 좋은 일이지요. 여기서 말하는 교언은 '말을 잘하는 것'이 아니라, '거짓'을 교묘하게 꾸며 말하는 것을 의미한다고 생각됩니다.
- 자기 잘못을 부끄러워하지 않고 오히려 교묘한 말로 변명으로 일관하는 말재주를 부리는 사람들을 가장 싫어하는 것 같습니다.
- 영색(令色)도 마찬가지이겠지요. 얼굴 표정을 부드럽게 하는 것은 좋지만, 그것이 자기 마음에서 우러나는 것이 아니라 거짓으로 꾸미는 것을

말하는 것이지요. 속마음을 감추고 위선적이고 아첨하는 표정을 짓는 것을 경계하는 것이지요.

■ 인격이 성숙하면서 점차 말과 표정도 자연스럽게 바뀌지 않을까 생각합니다. '나이 40세가 되면 자기 얼굴에 책임을 진다.'는 링컨의 말이 생각납니다.

## 4

증자가 말하기를 "나는 매일 나 자신을 세 가지로 반성한다. 남을 위해서 일하는데 정성을 다하였던가? 벗과 사귀는데 신의를 다하였던가? 제대로 익히지 못한 것을 남에게 전하지는 않았던가?"

曾子曰 吾日三省吾身 爲人謀而不忠乎 與朋友交而不信乎 傳不習乎
증자왈 오일삼성오신 위인모이불충호 여붕우교이불신호 전불습호

어떤 사람이 무엇을 부끄러워하고 무엇을 반성하는가 하는 것이 그 사람의 됨됨이를 나타낸다고 할 수 있을 것이다. 이 장에서 말하는 세 가지 반성은 참으로 좋다. 일상의 삶 속에서 이 세 가지는 자신을 돌아보게 하는 척도가 될 수 있다고 생각한다. 충(忠)과 신(信)은 가장 기본적인 것이지만, 나는 그중에서 '전불습호(傳不習乎)'가 특히 눈에 들어온다.

우연한 기회에 알게 된 것들(책이든 사람이든 자신의 경험이든)을 영위(零位; 제로 베이스)에서 검토하지 않고 완고한 관념으로 굳혀 버리지 않았는가? 비록 좋은 것이라도 머리로만 받아들였을 뿐, 그것을 몸에 붙이는 노력이 결

여되지 않았는가? 심지어는 그 설익은 것을 다른 사람에게 전하는 것을 넘어서, 가르치려고 하지는 않았는가?

　우리는 어떤 사람이 하고 싶어 하는 목표와 그 사람의 실상이 전혀 어울리지 않거나 심지어는 정반대의 경우를 종종 만난다. 공감 능력이 현저히 떨어지는 사람이 공감과 소통의 프로그램을 운영하거나, 아집이 유달리 강한 사람이 협동조합이나 공동체 운동을 꿈꾸거나, 독재적인 성격인 사람이 민주주의를 위한 투사를 자처하는 경우 등이다. 특히 담론(談論)과 도덕(道德)이 동반 붕괴하는 시기에는 위선(僞善)에 대한 부끄러움이 사라진다.

　이런 현상을 목도하면 비난하기 전에 먼저 나 자신에게 그런 요소가 없는지 성찰하는 것이 먼저라고 생각한다.

- 증자(曾子)는 이름은 삼(參)이고 자(字)는 자여(子輿)인 공자보다 40세 연하인 제자입니다.
- 저녁에 자기 전에 하루를 돌아보며 주로 어떤 생각을 하시나요?
- 가만히 생각해 보니 누가 나한테 섭섭하게 한 일이나 억울한 일, 제대로 대응하지 못한 일들을 생각하는 것 같네요. 자기 성찰이라기보다는 남을 성찰하는 경우가 많은 것 같아요.
- 우리의 보통의 실상 같아요. '그 사람이 얼마나 나에게 성실하였나?' '그 사람이 나에게 신의가 있었나?' '그 사람 주제에(?) 나를 가르치려고 하지 않았나?' 등등….
- 그 방향을 바꿔야 그것이 성찰일 것 같습니다.
- 우선 '나로부터'가 진정한 성찰의 시작이라고 생각해요.
- 나는 무엇을 반성하고 있는지부터 성찰할 일이군요.
- 나는 두 가지를 반성의 내용으로 이야기하고 싶어요. 그것은 공자가 안

회를 칭찬한 이유인데, 불이과(不貳過)와 불천노(不遷怒)예요. 불이과(不貳過)는 같은 잘못을 두 번 하지 않는다는 뜻으로 보통 알고 있지만, 저는 그것보다는 잘못을 인정하지 않고 변명하거나 합리화하지 않는다는 말로 이해합니다. 불천노(不遷怒)는 '종로에서 뺨 맞고, 한강에서 눈 흘긴다.'는 속담 같은, 자신의 화풀이를 자기보다 약한 존재에게 전가하는 행위를 하지 않는다는 뜻으로 보통 알지만, 나는 '생각할수록 화가 나는' 상태에 빠지지 않고 차분히 화를 바라보는 것, 즉 '2차 화살'을 맞지 않는 것이 중요하다는 뜻을 표현한다고 생각해요.

## 5

공자 말하기를, "천승의 큰 국가를 다스리기 위하여 다음을 유념해야 한다.
일을 함에 정성을 다하여 신의를 지키며, 낭비를 하지 않고 절용하면서 사람을 사랑하고, 백성으로 하여금 역사(役事)를 하게 함에 때를 잘 맞추어야 한다."

子曰 道千乘之國* 敬事而信 節用而愛人 使民以時
자 왈 도 천 승 지 국   경 사 이 신  절 용 이 애 인  사 민 이 시

■ 민주주의 국가를 운영하는 정신으로는 프랑스 혁명이 표방한 3대 정신

---
\* '공자의 변명'에서

이 대표적이지요. 자유, 평등, 우애이지요.
- 그러나 자본주의와 개인 권리 중심의 민주주의가 되면서 물신의 지배와 인간의 소외, 각자도생의 차가운 이기주의가 지배하면서, 과거 신분제의 질곡과 결합하였던 공동체는 해체되는 수순을 밟았지만, 이제 새로운 공동체의 가치가 인간의 행복 더 나아가서는 인류 존속의 가치로서 중요해지는 시대라고 생각합니다.
- 그런 점에서 여기서 말하는 경(敬), 신(信), 절(節), 애(愛)가 새롭게 다가오는군요.
- 무한 소비와 각자도생의 자본주의는 이제 인간을 행복하게 하는 길이 아니라는 자각이 일어나기도 하지만, 아직도 여전히 인류의 의식과 생활양식을 강고하게 지배하고 있습니다.
- 마침내 자연이 경고하고 나섰지요. 팬데믹과 기후변화입니다. 이 경고를 무시하면 인류는 공멸할 것입니다.
- 사람과 생명에 대한 공경(恭敬)은 물론 자연의 산하대지 물물(物物)에 대한 공경심을 회복해야 합니다.
- 말이나 약속에 대한 믿음(信)이 무너지는 경박한 풍조는 사회나 나라를 무너지게 하는 근원이 됩니다. 무신불립(無信不立)이라는 말도 있지요.
- 특히 권력과 이권을 위해서라면 거짓말과 위선으로 지새우는 지금의 정치야말로 나라의 기본을 무너뜨리는 반역 행위라고 생각합니다. 무한 소비와 무한 성장의 신화는 깨져야 합니다. 그런 점에서 우리 시대의 절용(節用)을 생각하게 됩니다. 특히 돌고 돌아서 원시적 단순한 삶이 아니라 세련되고 성숙한 단순 소박한 삶이 새로운 삶의 양식으로 대세를 이루기 바랍니다만, 어디까지나 자발적 선택이어야 하겠지요. 우리 시대의 르네상스라고 생각합니다.

- 생명 평화운동은 결국 사랑의 확장이지요. 분열과 대립, 분노와 증오가 악순환 되는 정치를 극복하고, 정치가 '사람과 자연을 사랑하는 기술'로 바뀌는 인류 역사의 대전환을 보고 싶습니다.
- 외교는 내치(內治)의 연장이라는 말이 있지요. 지금도 나라 간의 전쟁이 끊이지 않고 있습니다. 핵보유국의 전쟁은 대규모 핵전쟁으로 인류를 몰고 갈 수 있습니다. 근원적으로 결국 '정치'가 일변하는 것이 그 근본이라고 생각합니다.
- 옛 사람이 '만국활계남조선(萬國活計南朝鮮) 문명개화삼천국(文明開化三千國)'이라는 희망을 이야기했는데, 대한민국에서 정치가 일변하는 모범을 보이고, 그것이 등불이 되어 세계만방으로 전파되는 꿈을 꾸어 봅니다.

## 6

공자 말하기를, "젊은 사람들은 들어오면 효(孝)를 행하고, 나가서는 공손하고, 삼가며 신의가 있고, 널리 대중을 사랑하며 인(仁)을 가까이 할 것이다. 이를 행하고 여력(餘力)이 있으면 학문(學文)을 할 것이다."

子曰 弟子 入則孝 出則弟 謹而信 汎愛衆而親仁 行有餘力則以學文
자왈 제자 입즉효 출즉제 근이신 범애중이친인 행유여력즉이학문

- 학문(學問)이나 1장의 학(學)과는 다른 의미로 학문(學文)을 이야기하고

있습니다.
- 네, 그런 것 같습니다. 먼저 사람이 되고 나서 여력이 있으면 문(文)을 배우라고 한 것이 인상적입니다.
- 사람이 되는 학(學)이 먼저고, 문(文)을 배우는 것은 그다음이라는 것인데, 현대 교육의 문제점도 핵심은 여기에 있지 않나 싶습니다.
- 지식은 쓰기 나름이지요. 누가 쓰느냐에 따라 덕(德)이 되기도 하고, 악(惡)이 되기도 하지요.
- 송(宋)나라의 홍흥조(洪興祖)라는 사람의 이야기인데, "여력이 없이 학문을 배우면 그 질이 떨어지고, 여력이 있으면서 학문을 배우지 않으면 거칠어진다."는 것은 이 장을 잘 해석하고 있다고 보입니다.
- 옹야편 16장에 나오는 '문질빈빈(文質彬彬)이라야 군자(君子)'라는 말과도 통하는 문장입니다.

7

자하가 말하기를, "어진 이를 경모하기를 미색 사모하듯이 하며, 부모 섬김에 그 힘을 다하며, 임금 섬김에 그 몸을 바치며, 벗과 사귐에 말에 신의가 있으면 비록 배우지 못했더라도 나는 그를 반드시 배웠다고 말하겠다."

子夏曰 賢賢易色 事父母能竭其力 事君能致其身 與朋友交言而有信 雖曰未學
자하왈 현현이색 사부모능갈기력 사군능치기신 여붕우교언이유신 수왈미학
吾必謂之學矣
오 필 위 지 학 의

- 자하(子夏)는 논어에 자주 나오는 제자로 성은 복(卜) 이름은 상(商)이고, 공자보다 44세 연하인 제자입니다.
- 어진 이를 존경하고 좋아하는 것을 호색(好色)하듯 하라는 표현이 꽤 원색적이네요.
- 겉으로 꾸미는 것이 아니라, 진짜로 좋아하는 것을 이야기하는 것이지요.
- 이수태 님(『공자의 발견-탈주자 논어학』)은 논어에 색(色)이라는 글자가 스물일곱 번 나오는데, 대부분 얼굴빛, 외모, 겉모습 등의 뜻으로 쓰이고, 여색(女色)의 의미로 쓴 것은 세 차례 정도라고 말하더군요. 여기서는 겉모습으로 해석해서 현현이색(賢賢易色)을 '현(賢)을 중히 여기고, 겉모습은 가벼이 여길 것'으로 해석하였군요.
- 나도 이수태 님의 책을 보았는데, 여색을 좋아하는 것은 덕을 좋아하는 것을 이야기하는 자리에 끌어들일 그 어떤 논리적 필연성도 없다면서, 겉모습에 대한 추구는 여색에 대한 추구와 달리 호덕(好德)과 필연적 연관성을 갖는다고 말합니다.
- 교언영색(巧言令色)을 일관되게 경계한 공자의 뜻을 잘 읽은 것으로 보이는군요.
- 그런데 현자(賢者)를 좋아하는 것이 실제로는 어려워요. 투현질능(妬賢嫉能)이라는 말이 있잖아요. 현명한 사람을 질투하고 능력 있는 사람을 시기한다는 말이지요.
- 현자(賢者)를 보면 따라 배우려 하고, 불현(不賢)을 보면 자기를 먼저 살피라는 공자의 말이 생각납니다.
- 이제마는 투현질능(妬賢嫉能)을 천하 만병의 근원으로, 호현낙선(好賢樂善)을 천하의 대약(大藥)으로 말하고 있습니다.

■ 전(前) 장에 이어서 먼저 사람이 되는 것이 배움(學)의 출발점이라는 것을 강조하고 있습니다.

## 8

공자 말하기를, "군자는 무게가 없으면 위엄이 없고, 배워도 완고하지 않다. 충(忠)과 신(信)을 주로 하고, 나보다 못한 벗이 없다. 허물이 있으면 기탄없이 고친다."

子曰 君子 不重則不威 學則不固 主忠信 無友不如己者 過則勿憚改
자 왈 군 자 부 중 즉 불 위 학 즉 불 고 주 충 신 무 우 불 여 기 자 과 즉 물 탄 개

무겁다는 것은 충(忠)과 신(信)으로 중심(重心)이 잡혀 있어서 흔들리지 않는다는 것이다. 이것은 완고와는 전혀 다르다. 자기중심(自己中心)의 완고(아집)는 견고한 것처럼 보여도 주위의 상황에 제대로 대응하기 어렵고, 자기와 다른 생각을 하는 사람을 만나면 대립심이 생기나 심지어 화를 내면서 오히려 심하게 흔들리게 된다.

진리를 향하여 열려 있는 사람이 되는 것이 흔들리지 않는 진정한 권위의 바탕이 된다. 무거움(重)과 고정하지 않음(不固)의 조화야말로 인격이 추구해야 할 목표인 것이다! 완고한 사람은 배워도 그 완고를 더 하기가 쉽고, 허물이 있을 때 그것을 고치기가 매우 어렵다. 도덕경 20장의 절학무우(絶學無憂)는 이것을 말하는 것 같다.

무불여기자(無友不如己者)를 '자기보다 못한 벗을 사귀지 말라'로 해석하

는 경우도 있는 것 같은데 그야말로 공자를 전혀 이해하지 못하는 것이다. 사람을 사귐에 있어 가르치려고 하지 않고, 그에게서 배우는 태도를 가져야 한다는 것은 공자의 일관된 태도다.

과즉물탄개(過則勿憚改)라는 말에서는 6편 2장에서 공자가 안연을 추모하면서 이야기한 불이과(不貳過)를 떠올리게 된다. 이 말은 '같은 잘못을 두 번 범하지 않는다.'고 해석하기도 한다.

그러나 그것보다는 사람은 누구나 잘못을 범할 수 있는 존재로서 즉 일과(一過)는 불가피하지만, 그 과오를 인정하지 않고 변명하거나 합리화하는 등 고치려 하지 않는 것을 이과(貳過)로 보고 그것을 하지 않는 것을 이상적인 인격으로 본 것이다.

자신의 허물을 스스로 알아차리거나 또는 다른 사람에게 지적받고 그것을 받아들여 고치는 것을 가볍게 할 수만 있다면 우리의 삶은 얼마나 자유로울까.


- 부중즉불위(不重則不威)는 요즘 같은 탈권위주의 시대에서 보면 받아들이기 어렵네요.
- 전근대적이고 불합리한 권위를 말하는 것은 아니라고 봐요. 오히려 소아적으로 무게를 잡으려고 하면 요즘 누가 그걸 인정하겠어요?
- 이른바 권위주의는 벗어나야 하겠지만, 그것이 권위를 부정하는 것이 되어서는 안 된다고 생각합니다.
- 사실 요즘 가장 문제 되는 것이 이 권위의 상실에서 비롯되는 것이 많지 않나요? 교사의 권위가 사라진 교실이나 부모의 권위가 사라진 가정 등이 도덕적 아노미의 원인이 되고 있다는 생각이 듭니다.
- 학생들의 인권 보장이라는 시대적 담론(談論)을 둘러싼 논쟁 거친 뒤 이

제 새삼스럽게 교권(敎權)이 사회적 주제가 되는 일련의 과정을 보면서, 새로운 의미의 권위를 생각하게 됩니다.

- 어떤 지위에서 나오는 권위는 결국은 그 역할을 제대로 수행하는 데서 나오겠지요.
- 오래된 신분제, 가부장제, 군사문화에서 잘못된 권위주의를 탈피하는 것이 중요한 만큼 이제는 민주주의와 다원화 시대에 걸맞은 권위들이 서로 조화되는 것이 중요하다고 생각합니다.
- 낡은 권위주의 문화는 사라지는 것이 좋지만, 우리 시대 나아가 미래에 자유로우면서도 따뜻한 권위들이 서로 존중받는 문화를 만들어가는 것이 어쩌면 가장 큰 과제라는 생각이 듭니다.
- 아동이나 학생의 인격이 충분히 보장되는, 그러면서도 부모나 교사가 자녀 학생으로부터 그 권위를 존경받는 그런 모습은 어떤 것일까요?
- 아마도 이 시기야말로 한 사람의 인격이 형성되는 중요한 때일 겁니다. 따라서 한 사회의 문화의 기본이 이루어지는 결정적인 시기 같은데요?
- 집단주의와 전체주의로부터 개인의 해방이라는, 한번은 반드시 거쳐야 할 과정을 거치면서 과거의 공동체적 질서나 문화가 붕괴되는 것은 어쩔 수 없는 현상이지만, 공동체, 즉 사회는 우리가 결코 떠날 수 없는 터전이지요. 새로운 공동체 문화는 바로 가정과 학교에서 비롯될 것입니다.

## 9

증자 말하기를, "부모의 상례(喪禮)를 신중히 하고, 제사를 정성되게 모시면 백성의 덕이 자연히 두터워질 것이다."

曾子曰 愼終追遠 民德歸厚矣
증자왈 신종추원 민덕귀후의

- 이 예(禮) 분야가 현대인들이 논어를 읽는 데 걸림이 많은 부분이지요. 허례허식으로 비난받는 요소가 컸고, 실제로 사회를 정체시키는 작용을 한 것도 사실이지요.
- 관혼상제(冠婚喪祭) 가운데도 특히 상례(喪禮)와 제례(祭禮)를 중시한 당시의 풍속과 문화 그리고 의식(意識)을 고려해야 할 것 같습니다.
- 공자도 이런 '예(禮)'의 전문가로 세상에 알려지는데, 그만큼 당시의 문화에서 중시되었지요.
- 그런데 사실 논어의 이곳저곳에 나오는 공자의 말이나 태도를 보면 허례허식을 가장 배격한 사람이 공자거든요. 상례(喪禮)에서도 형식보다 그 추모하는 마음을 근본으로 했지요.
- 공자가 매우 아팠을 때, 제자들이 그의 장례(葬禮)를 제후(諸侯)의 격으로 준비하려는 것을 듣고 그것을 나무라는 장면과, 사랑하는 제자 안연이 죽었을 때 몹시 애통해하면서도 그의 장례를 무리해서 성대하게 치르는 것을 막지 못한 것을 탄식하는 장면이 논어에 나옵니다.
- 공자의 경우는 '예(禮)'의 의미를 의식(儀式)이나 예절에서 한 차원 높여서 사람들이 추구해야 할 '아름다운 질서'라는 의미로 확장하는데, 그것

은 해당 편에서 이야기하기로 하지요.
- 증자가 말한 '신종추원(愼終追遠)'을 '상례(喪禮)를 신중히 하고, 제사를 정성껏 모시는 것'으로 해석하는데, 말 그대로 '끝을 신중히 하고 멀리 추모한다.'는 것이 바로 그 진짜 의미라고 생각됩니다.
- 가장 가까운 부모에 대한 효의 끝이 상례(喪禮)이고 그 부모의 뜻을 멀리까지 살리는 것이 제례(祭禮)라고 생각한 것이지요.
- 그것이 백성의 덕(民德)을 두텁게 하는 길이라고 보았지요.
- 요즘은 상례(喪禮)나 제례(祭禮)가 많이 바뀌었지만, 어떤 장례식장에서는 옛날보다 더한 과시형 허례(虛禮)가 이루어지는 것을 보게 됩니다.
- 그런가 하면 장례를 가족끼리만 봉행하고, 기독교인이 아니더라도 제사 대신 '추모의 날'로 가족들이 함께 보내는 경우를 많이 봅니다.
- 나도 이제 머지않아 죽음을 맞이할 텐데, 내가 장손이고 선산(先山)에 내 가묘(假墓)가 있어서 거기 묻히겠지만, 마음 같아서는 수목장이나 산이나 강에 재를 뿌리는 방식이 더 좋을 것 같아요.
- '신종추원(愼終追遠)'이라는 말 그대로 고인(故人)의 끝을 신중하게 모시고, 그의 뜻을 후손들이 잘 살려가는 것이 예(禮)라는 형식이 담아야 할 본질이 아닐까 합니다.
- 앞의 이야기는 후손들의 마음가짐이지만, 더 중요한 것은 죽음을 앞둔 본인의 준비라고 생각합니다.
- 그런 점에서 웰 다잉(well dying)이야말로 본인 입장에서 신종(愼終)인 셈이지요.

## 10

자금이 자공에게 묻기를, "공자께서는 가시는 곳마다 반드시 그 나라의 정치를 듣는데, 선생님께서 청하는 것입니까? 아니면 제후 쪽에서 먼저 청하는 것입니까?"
자공이 말하기를, "선생님은 온화하고 선량하고 공손하고 검소하고 겸양한 덕을 갖춘 분이라 선생님의 구함은 보통 사람들이 구하는 것과는 다르겠지요."

子禽問於子貢曰 夫子 至於是邦也 必聞其政 求之與 抑與之與 子貢曰 夫子 溫良
자금문어자공왈 부자 지어시방야 필문기정 구지여 억여지여 자공왈 부자 온량
恭儉讓以得之 夫子之求之也 其諸異乎人之求之與
공검양이득지 부자지구지야 기제이호인지구지여

- 물어보는 것이 좀 삐딱한 것 같네요.
- 자금은 진항(陳亢)이라는 사람으로 공자보다 40세 연하인 공자의 제자이기도 하고 자공의 제자이기도 한데, 공자에 대한 이해 정도가 자공과는 다르지요. 공자 사후 자공에게 '당신이 공자보다 낫다.'는 말을 한 사람으로 알려져 있기도 합니다. 자공(子貢)은 성은 단목(端木)이고 이름은 사(賜)이며 공자보다 31세 연하인 제자로 안회와 더불어 공자 학단의 쌍벽을 이루는 사람입니다.
- 당시 사람들은 공자가 천하를 주유하면서 유세하는 모습이 마치 뭔가 한 자리를 노리는 모습으로 비치기도 하고, 그러면서도 제대로 대우를 받지 못하는 상가구(喪家狗; 초상집개)라는 비아냥거림을 받기도 했는데, 아마도 진항의 공자에 대한 이해는 그 정도 수준에서 크게 벗어나지 못

했던 것 같습니다.
- 공자는 '안 될 줄 알면서도 헛되이 애쓰는 사람'이라는 비아냥거림을 받기도 하는데, 그러면서도 적극적으로 참여하려고 한 공자의 현실정치에 대한 태도를 제대로 이해하는 것이 당시는 물론 지금도 대단히 중요하다고 생각되는군요.
- 다음 편들 여러 곳에서 나오니까 그때 살펴보기로 하지요.

## 11

공자 말하기를, "아버지가 살아계실 때는 그 뜻을 살펴 받들고, 돌아가신 뒤에는 그 행(行)을 살피는 것으로, 삼년간은 아버지가 걷던 길을 바꾸지 않아야 효(孝)라고 할만하다."

子曰 父在 觀其志 父沒 觀其行 三年無改於父之道 可謂孝矣
자 왈 부 재 관 기 지 부 몰 관 기 행 삼 년 무 개 어 부 지 도 가 위 효 의

- 요즘 현실과는 너무 동떨어진 이야기군요.
- 그렇지요. 하루가 다르게 변하는 세상에서 낙오되기 딱 알맞은 말이네요.
- 그러나 그 마음의 바탕에서 생각할 점은 있다고 생각해요. 비단 부모에 대한 존경심(孝) 차원을 넘어 세상의 변화를 이끌어가는 마음이지요. 부모가 이룩한 어깨 위에서 한발 더 나아가는 것이지요.
- 특히 정권이 바뀌다 보면, 하루아침에 전(前) 정권의 정책들을 일거에 부

정하고 뒤집어버리는 현상들을 보면서, 이 극단에서 저 극단으로 왔다 갔다 하는 한국 정치의 미래를 걱정하게 됩니다. 적어도 정권 교체와 관계없이 일관되는 국정(國政)의 큰 지향과 흐름이 없는 국가라면 과연 그 국가의 미래가 있을까요?

■ 독일 통일 과정에서 보여준 독일 양대 정당의 태도를 생각하게 됩니다. 한반도의 평화나 통일을 위해서도 생태적 위기를 넘어서기 위한 새로운 문명을 창조하기 위해서라도, 그 발목을 잡고 있는 적대와 증오(복수)의 퇴행적 편가름으로 그동안 기적같이 마련한 귀중한 밑천들을 오직 권력을 쟁취하기 위한 투쟁으로 까먹고 있는 한국 양대 정당의 마이너스 정치를 넘어서는 것만큼 시급한 일이 없어 보입니다.

## 12

유자(有子) 말하기를 "예를 운용함에는 화(和)가 귀중하니, 선왕의 도는 이래서 아름다웠던 것으로, 작고 큰 일에 모두 이를 따라 했다. 하지만 행해서는 안 될 것이 있으니 화(和)가 좋은 줄만 알고 예로써 절제할 줄 모르면 또한 순조롭게 행해지지 않는다."

有子曰 禮之用 和爲貴 先王之道 斯爲美 小大由之 有所不行 知和而和 不以禮節
유자왈 예지용 화위귀 선왕지도 사위미 소대유지 유소불행 지화이화 불이예절
之 亦不可行也
지 역불가행야

예(禮)는 형식이나 시스템, 화(和)는 마음을 말하는 것으로 보인다. 시스

템이 잘못되어 있으면 그것을 고치는 것이 급선무로 된다. 우리는 그런 변혁의 시대를 살아왔다. 그런데 지나치게 시스템이 강조되다 보니 내면의 자유나 인정이 흐르는 사회와는 너무 거리가 생겨 요즘은 마음을 강조하는 풍조가 커지는 면이 있다.

그러나 마음, 마음 하다 보면 그것이 지나쳐 사람의 실태에 맞지 않게 되고 그러다 보면 관념으로 흐르는 경향이 있다. 실제적인 관계에서 어긋남이 있는 것이다. 물론 공자의 시대에 비해 시스템 면에서 사회적 자유나 평등은 비할 수 없이 진전되었다. 그러나 예와 화의 조화라는 점에서는 시대를 초월한 이치가 있다고 생각된다.

사람들이 서로 침범하지 않도록 선(線)을 정해서 그 선을 넘지 않도록 하는 것은 꼭 필요한 일이다. 그러나 그것만으로는 아름다운(美) 사회는 이루어지지 않는다. '서로 양보하고 싶어지는 마음'이 되는 사회적 공기가 형성되어야 한다. 전자가 예(禮)라면 후자가 화(和)가 아닐까 한다.

- 형식(禮)과 마음을 생각할 때 지금 우리의 실태를 제대로 보는 데서 출발해야 할 것 같아요. 아직 우리가 아집이 강하고 이기적인 존재라는 것을 인정해야 무리가 없다고 생각해요.
- 그래서 예(禮)라는 질서가 반드시 필요한 것이겠지요. 다만 그 질서는 고정될 수 있는 것이 아니지요. 그 시대나 사회의 제도, 인습, 관념 등을 생각하지 않으면 이해할 수 없다고 생각합니다.
- 공자 당시의 예에 대해서 거부감이 생기는 것은 시대가 달라진 지금 생각하면 당연하지만, 그 시대의 사회를 배경으로 선인들이 이상적인 삶을 위해 질서를 어떻게 세우려고 했는지를 살펴보는 것이 중요하다고 생각해요.

- 그런 점에서 예(禮)와 화(和)의 조화는 오늘의 세상에서도 아니 오히려 더 중요하다고 생각되네요.
- 사람끼리의 인사를 비롯해 예의(禮儀) 작법을 지나치게 따지면 너무 딱딱하고 부자유를 느끼지만 마음이 중요하고 형식적인 의례(儀禮)는 중요하지 않다고 해서 무시해 버린다면 그것도 이상한 모양이 되고 말 것이에요.
- 늘 '감사합니다'라는 말을 하다 보면 마음속에 감사의 정이 생기는 경우도 있는 것 같아요.
- 우선 주고받는 것이 공평하고 분명한 데서 시작하여 점차 주고 싶은 마음이 서로 커지는 그런 사회로 나가야 하지 않을까요?
- 어떤 것이 더 선도적인 역할을 할까 하는 것은 시대와 사회의 성격에 따라 다르겠지만 비교적 제도나 규범이 발전한 지금 생각해 보면 화(和) 쪽이 좀 모자라지 않나 하는 생각이 드네요.
- 일본의 야마기시라는 사람이 2차 대전 후 패전 상태의 일본에서 일본판 개벽운동을 전개했는데, 그가 쓴 '세계혁명 실천의 서(書)'에 나오는 문장을 소개합니다. 대단히 이상적이어서 오히려 현실감이 떨어지지만, 나름의 '예(禮)와 화(和)'의 조화를 이야기하고 있습니다; "지나치게 인정이 넘쳐서 맹애(盲愛)가 되거나 서로 양보하여 일이 되지 않아도 형편상 좋지 않으므로 그것을 정돈하기 위해서도 대강적인 서열례(序列例)를 나타낼 필요가 있습니다. 사회기구에도 수로(水路), 도로(道路)에 비길 만한 것을 설치하고, 어디를 오고 가더라도 각자의 자유선택에 맡기고 결코 그 사람의 의지를 방해하지 않는 것입니다. 그래서 앞을 다투어서 방해하는 사람은 없어지므로 벌주는 법률은 필요 없습니다만, 서로 양보로 교통이 혼잡하지 않도록 순위만은 정해 둡니다."

## 13

유자 말하기를, "믿음이 의(義)에 가깝다면 그 말은 실천하는 것이 옳다. 공손함이 예(禮)에 가까우면 치욕을 멀리할 수 있다. 그 삶의 족적이 가까운 사람들을 잃지 않는다면 역시 존경할 만하지 않겠는가!"

有子曰 信近於義 言可復也 恭近於禮 遠恥辱也 因不失其親 亦可宗也
유자왈 신근어의 언가복야 공근어례 원치욕야 인부실기친 역가종야

- 깡패나 도둑의 의리나 확증편향에 빠진 집단의 의리 같은 것이 사회를 퇴행시키는 것은 동서고금이 마찬가지입니다만, 특히 요즘같이 퇴행적 편가름으로 나라가 심리적 내전을 방불하게 하는 상태에서는 그 믿음(信)의 바탕이 의(義)이어야 함을 더욱 생각하게 됩니다.
- '믿음'을 좋은 의미로 사용하는 경우가 있지만, 믿음이 '확증편향(아집)'을 바탕으로 이루어질 때, 특히 그것이 집단적 현상이 되는 것이야말로 우리가 경계하고 넘어서야 할 의식이 아닌가 생각합니다.
- 공손과 아첨의 차이는 무엇일까요? 여러 조건으로 강요된 공손이나 스스로 알아서 기는 아첨은 치욕이지요.
- 예(禮)라는 것이 무엇일까를 생각하게 됩니다. 결국 그 마음의 바탕을 봐야 하지 않을까요? 나 스스로도 '공손함인가, 아첨이나 비굴인가'로 고민했던 기억들이 떠오를 때가 있습니다만, 스스로 마음이 당당하면 다른 사람들의 평가에 휘둘리지 않겠지요.
- '인부실기친(因不失其親)'을 '자기 삶의 행적으로 친한 사람을 잃지 않는

다.'로 해석하는 것이 괜찮은 것 같네요. 사실 가까이에서 보는 사람에게 신뢰를 받는 것이 가장 어려운 일이거든요. '멀리서 봐야 성인(聖人)'이라는 말도 있지요.
- 가까운 사람들이 믿고 존경할 수 있는 사람이 진짜라고 생각되네요.

## 14

공자 말하기를, "군자는 먹음에 배부름을 구하지 아니하며, 거처에 편안함을 구하지 아니하며, 일을 함에 민첩하고, 말은 신중하게 하며, 도(道) 있는 이에게 나아가 자기를 바로잡는다. 이를 일러 호학(好學) 한다고 할 수 있다."

子曰 君子 食無求飽 居無求安 敏於事而愼於言 就有道而正焉 可謂好學也已
자 왈 군 자 식 무 구 포 거 무 구 안 민 어 사 이 신 어 언 취 유 도 이 정 언 가 위 호 학 야 이

- 공자를 스승 중의 스승으로 칭송하는 사람들이 많지만, 호학(好學)이야말로 공자 스스로 자기 정체성으로 내세우는 덕목인 것 같습니다.
- 공자는 신분계급제 하에서 지배계급을 표현하던 군자(君子)라는 말에 새로운 내용을 담았다는 점에서, '헌 부대에 새 술을 담는' 개혁과 창조를 해 낸 인물이라는 역사적 평가를 받을 만합니다. 그가 말하는 군자는 궁극적으로 욕망이 질적으로 진화한 사람을 가리키는 것 같습니다.
- 동감입니다. 물질적 욕망을 억압한다기보다, 정신적 예술적 욕구가 더 커짐으로써 식무구포 거무구안(食無求飽 居無求安)과 같은 인격이 되는

것이지요.
- 실제로 논어의 여러 편에서 그는 '부(富)'를 결코 경시하지 않고, 행복의 1차적 조건으로 매우 중시합니다. 단지 그것은 행복의 필요조건이라는 점을 명백히 하고 있을 뿐이지요.
- '일에 임하여 민첩하다(敏於事)'를 말하는 것이 눈에 들어옵니다. 말은 신중하지만, 실천은 민첩한 실무적 인간을 군자의 특성이라고 말하고 있군요. 도산 안창호 선생의 무실역행(務實力行)이 떠오르는군요.
- 흔히 '인의예지(仁義禮智)'를 유교의 핵심 사상이라고 이야기하지만, 공자는 그것이 고정되거나 틀에 갇히는 것을 가장 경계한 사람입니다.
- 무지의 자각에 바탕을 두고 단정하거나 고정하지 않는 탐구를 '학(學)'의 근본으로 보아 호학(好學)의 정신이 없는 인의예지의 허구를 도처에서 지적하고 있습니다.
- 술이편에 나오는 '발분망식(發憤忘食) 낙이망우(樂而忘憂)'는 공자의 호학(好學)을 잘 나타내주는 말입니다.

## 15

자공(子貢)이 "가난해도 아첨하지 않고 부유하여도 교만하지 않으면 어떻습니까?" 하고 묻자, 공자 말하기를, "좋은 말이다. 그러나 가난하면서도 도를 즐기며 부유하면서도 예를 좋아하는 것만은 못하다." 자공이 "시경에 있는 절차탁마란 말은 바로 이것을 두고 한 말이겠습니다."하고 말하자 공자 말하기를, "사(賜)야, 비로소 함께 시를 논할 만하다. 과거를 말하면 미래를 아는구나!"

子貢曰 貧而無諂 富而無驕 何如 子曰 可也 未若 貧而樂 富而好禮者 子貢曰 詩
자 공 왈 빈 이 무 첨 부 이 무 교 하 여 자 왈 가 야 미 약 빈 이 락 부 이 호 례 자 자 공 왈 시
云如切切如磋如琢如磨 其斯之謂與 子曰 賜也 始可與言詩已矣 告諸往而知來者
운 여 절 절 여 차 여 탁 여 마 기 사 지 위 여 자 왈 사 야 시 가 여 언 시 이 의 고 제 왕 이 지 래 자

'아첨하지 않고 교만하지 않으면 어떻습니까?' 하는 데 대하여 도를 즐기며 예를 좋아하는 것만 못하다는 구절에서 공자가 그리는 진정한 자유랄까 심층의 자유를 느낄 수 있다.

이것은 현대인이 추구하는 높은 자유도(自由度)에서 볼 때 실감 나는 주제이기도 하다. '~을 하지 않는다.'는 것과 '~을 즐기고 좋아한다.'는 것의 차이는 내면의 자유도(自由度)에서 볼 때 큰 차이가 있다고 생각한다.

높은 이상이나 도덕이 극복해야 할 것들에 대한 금지나 금기의 형태로 나타나는 것과 그것을 좋아하고 즐기는 것으로 나타나는 것은 엄청난 차이가 있다. 어떤 면에서, 개인의 성장이나 사회의 성장도 이런 단계를 거치지 않나 생각된다.

오늘날의 신세대가 금지나 금기가 아니라 '자기가 하고 싶은 것을 하는 자유'를 누리는 점에서 구세대와는 비교가 되지 않을 정도로 진전되었는데, 이것은 대단한 진보라고 생각된다. 다만 자기중심적인, 아집에 바탕을 둔 '내 마음대로'의 자유는 결국 타자와의 관계에서 대립·충돌하는 부자유의 원천으로 작용한다는 점과, 물질적 욕구 충족을 행복으로 생각하도록 만드는 제도와 관념에서 벗어나지 못하면 결국 스스로 물신(物神)에 지배되는 원천적 부자유 상태가 된다는 점이 현대인이 극복해야 할 근본적인 과제이다.

사람들은 개인이든 사회든 한 번에 높은 자유의 상태에 도달하는 것은

아니기 때문에 늘 새로운 문제를 해결해 가는 과정에서 그만큼 진전되어 간다고 생각한다.

- 가난을 즐긴다는 말은 아니겠지요.
- 안빈낙도(安貧樂道)라는 말이 있잖아요.
- 요즘 크게 성장한 박지성이나 손흥민 같은 축구 선수들이 말하는 것을 들어보면 공통된 것이 축구를 몹시 '즐긴다'는 것이에요. '~을 하지 않기 위해서'보다 '~을 하고 싶어서' 하는 것이 훨씬 즐겁고 성공 가능성이 높은 것 같아요. 예컨대 귀농도 도시의 삶이 싫어서라기보다 농촌에서의 새로운 삶을 즐기고 싶어서 시작하면 좋을 것 같아요. 공동체 운동도 마찬가지라고 생각해요
- 동감입니다. 요즘 '네거티브 운동에서 포지티브 운동에로'라는 말을 많이 하는데 우리 시대에 맞는 이야기라고 생각이 드네요.
- 물론 모순이나 부조리에 반대하는 것은 당연합니다만, 낡은 것을 부정하는 것과 새로운 것을 만드는 에너지는 좀 다른 것이 있는 것 같아요.
- 그 조화가 필요하겠지요. 설령 지금 낡은 것에 반대하고 투쟁하는 것이 불가피한 경우에도 그 속에 새로운 세상을 진정으로 만들고 싶어 하는 마음과 그 새로운 세상의 씨앗을 키우는 것을 좋아하고 즐기는 마음이 자라야 할 것 같아요.
- 내가 지금 이 일을 왜 하고 싶어 하는 지를 스스로에게 물어볼 일 같아요. '무엇을 하지 않기 위해서' 장기간 하다보면 참 피곤하고 재미없는 것 같아요. 스스로 공허해지고요.
- '하고 싶어서 하는', '하면 즐거운' 일이 진짜라고 생각해요. 귀농도, 노동운동도, 공동체도, 정치도, 예술도 그 바탕에서 하면 좋겠네요.

## 16

공자 말하기를, "남이 나를 알아주지 않는 것을 근심하지 말고, 내가 남을 알지 못하는 것을 근심하라."

子曰 不患人之不己知 患不知人也
자 왈 불 환 인 지 불 기 지 환 부 지 인 야

근심의 방향을 이렇게 돌릴 수만 있다면, 근심의 태반은 사라질 것이다. '자신도 자유로워지고 사회도 상생으로 밝아지는 길인데, 이것이 그렇게 어려운가? 손바닥 뒤집듯이 한번 해 볼까!' 이런 마음을 낸다면 논어를 제대로 읽고 있는 것이다.

# 1
## 단순 소박한 삶은 우리 모두의 생존과 행복의 길
### - 〈공자의 변명〉에서 -

'단순 소박한 삶'은 가난한 삶이 아닙니다. 부자유를 참아야 하는 불편한 삶이 아닙니다. 원시로 회귀하는 삶이 아니라 새 문명의 삶입니다. 달빛 아래 사랑하는 사람과 와인을 들며 멋진 음악에 취하는 낭만의 삶입니다. 비교경쟁감이나 우열감(優劣感)에 방해받지 않고, 잘하는 일(소질)과 하고 싶은 일(직업)이 일치하는 자아실현의 삶입니다. 이웃과 자연과 사이좋은 삶입니다. 자유롭고 기쁜 삶입니다. 거품이 가라앉은 진실한 삶입니다.

예술적 감성과 우애의 정을 깊고 넓게 하는 것이야말로 인간 최고의 능력입니다. 돈으로 진정한 우애와 감성을 살 수 없습니다. 단순 소박한 삶에서 더 잘 키워집니다. 과학 기술과 SNS가 많이 도움이 됩니다. 지구상의 모든 사람과 친교를 나눌 수 있고, 지구의 모든 아름다움이 내 감성을 깨웁니다. 하물며 같은 말을 쓰는 사람들과 사계절이 뚜렷한 어머니 나라의 자연은 말해 무엇 하겠습니까?

아침에 눈을 떠 머리맡에서 좋아하는 음악을 손가락만 터치하면 들을 수 있다는 것, 얼마나 고마운 일입니까? 사람과 사람, 나라와 나라의 경계가 점차 사라져 '사랑과 평화'가 강처럼 흐르게 될 것입니다. 해와 달이 뜨고 지는 것에서도, 이름 모를 산새의 지저귐이나 야생화의 아름다움을 느끼는 데서도, 그 감각의 순도가 높아져 세상이 있는 그대로 최고의 예술이 됩니다. 사람들은 우주 자연계 안에서 자신이 지닌 특성을 가장 잘 발휘하게 될 것입니다.

———•———•———

팬데믹(전염병의 세계적 확산)과 기후위기로 대표되는 지구적 재앙이 지금까지의 문명의 방향을 전환하지 않으면 자유와 행복은 고사하고 생존 자체가 어렵다는 것을 절박하게 제기하고 있다. 코로나19는 그 강력한 메시지다.

위의 글 들은 내가 근래 페이스북 등에 쓴 것인데, 물질과 정신의 일원적 행복관을 제시한 공자의 사상과 실천을 이 위기의 시기에 소환해 본다. 공자는 물질적 수요의 충족(富)과 정신의 성숙(敎)이 함께 이루어져야 행복할 수 있다는 것을 이야기하면서 그 정신의 성숙이 무엇인가에 대해 다음과 같이 말하고 있다. 논어 학이편에 나오는 자공(子貢)과 공자(孔子)의 대화다.

"가난하면서도 아첨함이 없으며, 부유하면서도 교만함이 없으면 어떠합니까?"

"좋은 말이다. 그러나 가난하면서도 즐거워하며, 부유하면서도 예를 좋아하는 것만은 못하다." 子貢曰, 貧而無諂 富而無驕 何如 子曰, 可也 未若貧而樂 富而好禮者也

'빈이락(貧而樂)'과 '부이호례(富而好禮)'라는 두 방향의 정신적 성숙이 뒤따라야 진정한 행복이 온다는 것은 인간과 사회를 깊게 통찰한 탁월한 견해라고 생각한다. 빈이락(貧而樂)은 공자 당시에도 가난을 즐기라는 말이 아니고 부득이한 가난이라면 정신적 가치를 찾아서 즐기라는 말이지만, 물질위주의 소비문화가 인류의 생존을 위협하는 생태적 재앙이 되는 현대에 와서는 다른 의미로 더욱 빛을 발한다.

'자발적 가난'이라는 말이나 '함께 가난하고 함께 살자!'는 구호는 현대 인류 특히 물질적 풍요를 이미 맛본 우리 경우는 현실성 없는 관념이 되기 쉽다.

빈곤에서 벗어난 사람들이나 사회가 진정한 인간의 가치에 눈을 떠 물질에 대한 집착이나 욕망이 자연스럽게 감소하게 되어 나타나는 '단순 소박한 삶'은 '자발적 가난'이라기보다 '자발적 풍요'가 될 것이다. 이것이 '빈이락(貧而樂)'의 현대적 살림이라고 생각한다.

진리 추구, 숭고지향성, 자연과의 교감, 예술적 감성 등에 대해 눈을 뜨고 그러한 삶을 통해 진정한 기쁨을 맛보게 되는 것이다.

부익부 빈익빈이 되는 사회 제도를 개혁하는 것은 말할 나위 없이 정의로운 목표다. 가난의 원인이 사회 제도에 기인하는데도 그것에서 눈을 돌려 정신을 개발하라는 식으로 해석하는 것은 공자를 너무 심하게 왜곡하는 것이다.

공자는 가난이 아니라 건강한 부(富)를 매우 중하게 여겼고, 그 시대의 경제정의에 대해서도 확실한 입장이 있었다.

"부를 구할 만하다면 비록 마부 노릇이라도 나 역시 하겠지만, 그렇지 않다면 내가 좋아하는 바에 따라 살리라." 富而可求也 雖執鞭之士 吾亦爲之 如不可求 從吾所好(제7편 술이)

"나라가 있고 가문을 가지고 있는 자는 적음을 걱정하지 않고 고르지 않음을 걱정하며, 가난함을 걱정하지 않고 편안하지 않음을 걱정한다. 대체로 고르면 가난함이 없고, 화합하면 부족함이 없고, 안정되면 기울어지지 않는다." 有國有家者 不患寡而患不均 不患貧而患不安 蓋均無貧 和無寡 安無傾(제16편 계씨)

또 하나의 방향은 많이 가진 사람들이 필요한 몫을 충족시키고 여유가 있는 것을 '나누고 풀어놓는 것을 좋아하게 되는' 것이다. 그것이 '부이호례(富而好禮)'다. 물론 불평등과 양극화를 막기 위한 제도적 노력은 계속되어야 하지만, 부유층의 정신적 성숙이 세상을 한 단계 높이 도약시키는 주요한 동력이다.

우리가 그토록 그리는 대동 세상은 부유한 사람들의 자산을 탈취(奪取)하여 평준화하는 것으로는 결코 이루어지지 않는다. 기부 문화의 확대는 필요하고 좋은 일이지만, 우선 부(富)에 따르는 조세(租稅)를 저항 없이 자발적인 사회 환원으로 받아들이는 문화야말로 '부이호례'의 보편적 모습이 될 것이다.

기왕 나온 김에 한 발 더 나가보자. 자본주의의 태생과 함께 발생한 모순을 해결하기 위해, 가난한 사람들이 자주적으로 자립하는 연내 조직으로 협동조합을 구상하고 실천했던 로버트 오웬은 사업에 성공한 부자(富者)였다.

물론 여러 사정으로 그의 이상이 당시에는 한계에 부딪칠 수밖에 없었지만, 나는 보다 새롭고 풍부해진 모습으로 지금 추구되어야 할 이상의 하나라고 생각한다. 사회경제적 약자들이 협동조합 등을 통해 시장에 당당히 진출하고, 더 나아가 상당한 규모와 생산력을 갖춘 중견 기업들이 노사 관계를 변화시켜 협동적 기업으로 전환한다는 소식들이 들려오면, '부드럽고 즐거운 우리 시대의 혁명'이 진행되고 있는 것이다. 자본주의가 평화적으로 무리 없이 인류의 생존과 행복을 위한 방향으로 진화하는데 중요한 역할을 하게 될 것이다.

빈이락과 부이호례가 이렇게 만날 수 있는 나라를 어떻게 만들 수 있을까?

가슴 설레는 꿈을 어디선가 시작해 볼 수 없을까?

## 2
## 자본의 인문학과 노동의 인문학의 만남에 대하여

대기업을 비롯해 기업이 인문학에 관심을 가지고, 적극적으로 기업 경영에 도입하고 있다고 들었다. 인간관계, 동기부여, 생산성 향상 등에 기여하기 위한 목적일 것이다. 좋은 일이라고 생각한다.

그러나 한 단계 더 나아가지 않으면, 진정한 '인문'을 왜곡하게 된다. 나는 진정한 인문이란 인간의 진화를 억압하고 있는 '물신'과 '자기중심성'으로부터 인간을 해방하는 것이라고 생각한다. 효율과 이익을 위해, 이른바 인간관계를 그런 목적과 관련해서 원활하게 하기 위한 목적으로 인문학을 이용하는 것은 그 본질을 왜곡하는 것이 되기 쉽다.

기업의 인문학을 비난하거나 반대하는 것이 아니다. 더 나아가라는 것이다. 수조 원, 수십조 원이라는 재산은 사실상 개인 소유로는 별 의미가 없다. 그것은 본인들의 생각 여부와 관계없이 이미 사회적 자산이다. 그것을 자각하는 것이 '인문'이다. 그리고 그러한 자산을 어떻게 사회와 인간을 위해 사용할 수 있을까를 연구 실천하는 것이 '인문'이다.

이렇게 나아갈 수 있다면 대단히 진취적인 기업문화가 탄생할 수 있고, 훌륭한 기업가가 탄생할 것이다. 그러한 기업과 기업가는 시장의 인간화에 크게 기여할 것이며, 사회의 평화적 진화에 대단히 중요한 역할을 하게 될 것이다. 이것이 기업의

'인문운동'이다.

사실은 '인문운동'이 절실한 곳은 노동계를 비롯한 세상을 바꾸고 싶어 하는 이른바 진보 진영이다. '새로운 인간상(물신으로부터 해방된)' '새로운 행복관' '생명력을 고갈시키는 경쟁이 아닌 자기실현의 노동에 의한 생산성' '인간 진화의 과학적인 신념' '즐거운 삶'을 위해 인문운동과 사회적 실천이 결합해야 하는 것이다.

일정한 물질적 안정과 한 단계 높아진 문명을 향한 정신적 자산은 새로운 주체의 양대 기둥이다. 서로 다른 방향에서 출발했지만, 자본의 인문학과 노동의 인문학이 '인문운동'의 차원에서 만날 수 있다면, 이것은 거대한 '새로움'이 될 것이다.

# 시진핑 주석에게 드리는 글(1)
- 〈이남곡의 인문의 창〉 아시아경제 2016.10.06. -

시진핑(習近平) 주석님께!

저는 대한민국의 남쪽 전라도에 살고 있는 71세의 인문운동가입니다. 젊어서는 한 때 마오쩌둥(毛澤東)의 '모순론'과 '실천론'을 읽기도 했던 사람입니다. 지금은 '논어'에 나오는 공자의 사상들을 진보적인 인문운동의 활구(活句)로 활용하고 있습니다. 논어는 인류 공통의 귀한 자산이며, 특히 현대 최대의 모순을 해결하는 데 가장 중요한 사상의 보고(寶庫) 가운데 하나라고 생각합니다. 배타적인 사상이나 종교와는 전혀 다른 문화의 뿌리입니다.

저는 과거 제국주의에 대항해 어깨를 나란히 싸웠던 때보다 한 걸음 더 나아가, 한·중 양국과 일본을 포함한 동아시아 인민의 연대가 진정한 세계화의 앞장에 설 수 있기를 간절히 바랍니다. 그런 점에서 특히 대국인 중국의 역할이 막중하다고 생각합니다. 핵무기 없는 평화로운 세계질서를 위해 헌신하는, 패권국가가 아닌 대국의 출현은 새로운 세계 질서의 상징입니다. 저는 중국의 굴기에서 그 희망을 보고 싶은 사람입니다. 세계열강 간의 '힘의 질서'를 어떻게 변화시켜 가는가도 중요하지만, 저는 그보다도 중국이 어떤 사회를 건설하는가가 더 본질적이라고 생각합니다.

지금 중국은 세기적 실험을 하고 있습니다. '논어'를 통해 이 새로운 실험에 관해 제가 받고 있는 느낌을 말씀드려 볼까 합니다. 첫째, 물질과 정신의 조화를 둘러싼 인간의 행복에 대한 공자의 보편적이고 과학적인 견해가 어떻게 지금의 중국과 만나고 있는 것인가 하는 것입니다. 논어 13편 9장에서 공자는 1차적으로 부(富:물질적 수요의 충족)를, 그리고 그것이 교(敎:정신적 성숙)로 이어질 때만 인간은 행복할 수 있다고 이야기합니다. 현실 사회주의는 그 1차적 조건조차 달성하는 데 실패함으로써 좌절했습니다. 마르크스는 자본주의가 일정한 수준의 생산력(富)에 이르렀을 때, 사람들의 의식이 사회주의라는 질이 다른 사회를 운영할 수 있는 상태까지 발전할 것이라고 예견하였습니다. 이것은 공자의 통찰과 크게 다르지 않습니다. 레닌 이후 많은 성급한 사회주의자들이 인간의 실태를 제대로 이해하지 못했고, 결과적으로 실패했다고 보입니다. 그리고 다른 한편 세계 자본주의는 보편적인 정신적 성숙으로 이어지지 못하고 물질주의에 머물러, 비인간화와 양극화 그리고 자연생태계의 파괴라는 내부 모순을 해결하지 못하면, 인간의 행복은 물론 인류의 존속 자체를 보장하지 못할 것으로 보입니다. 이것은 물질적 부가 이루어진다고 해서 저절로 정신이 성숙하는 것이 아니라는 것을 보여 줍니다.

공자는 인위적 노력이 필요하다는 것을 일찍이 통찰하고, 그 교(敎)의 목표까지 제시하였습니다. 논어 1편 15장에서 교(敎)의 목표를 '빈이무첨(貧而無諂, 가난하면서도 비굴하지 않다) 부이무교(富而無驕, 부유하면서도 교만함이 없다)' 정도면 어떠냐는 제자의 질문에 '빈이락(貧而樂, 가난하면서도 즐거워하다) 부이호례(富而好禮, 부유하면서도 예를 좋아하다)'라고 상향(上向)해서 답합니다. 이것은 현대 사회에서 더욱 정곡(正鵠)을 뚫는 말로 다가옵니다. '빈이락'은 생태주의적 삶(simple life)에, '부이호례'는 자본주의를 보다 평등하고 따뜻한 시스템으로 이행하는 데, 현대인들의 높아진 자유도(自由度)에 가장 잘 부합하는 목표입니다.

유럽 등의 일부 국가에서는 상당한 진보가 있긴 하지만, 자본주의의 중심국가나 후발 자본주의 국가들에는 물질주의(物神의 지배)를 극복할 이러한 의식혁명의 주체가 잘 보이지 않습니다. 지금 제가 주목하는 것은 덩샤오핑(鄧小平) 이후 중국은 부(富)는 자본주의에, 교(敎)는 중국공산당이 맡는 그야말로 획기적 실험을 하고 있다는 것입니다. 중국공산당은 민족해방과정과 건국과정에서 큰 힘을 비축한 세계 유례를 찾기 힘든 거대한 결사체입니다. 그러나 해방투쟁보다 더 어려운 것이 새로운 사회의 건설 과정입니다. 이것은 아마 시 주석께서 누구보다 잘 이해하실 분이라고 저는 생각하고 있습니다.

자본주의는 그 많은 모순에도 불구하고, 지금 세계의 보편적 시스템이 되고 있습니다. 이것은 자본주의가 현재 세계 인류의 보편적 의식과 욕구 수준에 부합하기 때문입니다. 생산력을 발전시켜 인류의 물질적 수요를 충족시키는 데 기여한 것은 자본주의의 진보적 역할이라고 생각합니다. 그러나 그 모순이 이제 임계점에 달하고 있다고 보입니다. 이 자본주의를 새로운 시스템으로 연착륙 시키는 것이 세계 인류의 최대 과제라고 생각합니다. 그러기 위해서는 이윤동기(탐욕이 되기 쉬운)와 비인간적 경쟁을 넘어서는 동기에 의한 생산력의 확보가 필수 조건입니다.

논어 4편 15장에서 공자가 일이관지(一以貫之)한다는 충(忠)과 서(恕)야말로 자타(自他)의 생명력을 최고로 실현할 수 있는 의식 상태라고 생각합니다. 어디까지나 자발적이며 자율적이고 그 과정이 기쁨이어야 진짜입니다. 중국공산당이 이러한 동기를 인민의 앞장에 서서 체현하여, 생산력으로 전화(轉化)시킬 수 있다면, 그야말로 위대한 역사를 창조하는 데 큰 기여를 할 것입니다.

중국공산당이 종래의 권력기관이 가진 한계들을 극복할 수 있는가에 대해 세계가 주목하고 있습니다. 중국이 소강(小康)사회를 넘어 대동(大同)사회로 나아가는 인류의 오래된 이상을 실현하는 데 새로운 이정표를 인류사의 한 페이지에 쓸 수 있기를 바랍니다. 다음에는 '민주주의와 인권'에 대해 말씀드려 보겠습니다.

## 제2편

# 위정(爲政)

---

"사람들을 이끄는 데 법령으로 하고,

사람들을 따르게 하는 데 형벌로써 하면

사람들은 형벌을 피하려고 급급할 뿐 부끄러움을 모르게 된다.

사람들을 이끄는 데 덕으로 하고 예로 따르게 하면

사람들은 부끄러움을 알게 되고 스스로 바르게 된다."

<small>자왈 도지이정 제지이형 민면이무치</small>
子曰 道之以政 齊之以刑 民免而無恥
<small>도지이덕 제지이례 유치차격</small>
道之以德 齊之以禮 有恥且格

# 1

공자 말하기를 "덕으로써 정치를 하는 것은 마치 북극성이 그 자리에 있고 여러 별들이 그것을 향해 돌고 있는 것과 같다."

子曰 爲政以德 譬如北辰 居其所而衆星共之
자 왈 위 정 이 덕 비 여 북 신 거 기 소 이 중 성 공 지

그것을 중심으로 세상이 돌아가는 '덕(德)'이란 무엇일까? 그것은 결국 인간이라면 누구나 바라는 궁극적 지향점이 아닐까? 사람은 누구나 자유롭고 행복하게 살기를 바라지만 사람이 모여 사회를 이루면 대립·갈등·투쟁이 끊이질 않는다. 이 근본 모순을 해결하는 것이 정치의 이상이다.

민주주의가 발달한 현대는 그 제도나 사회구조 면에서 공자 시대보다 훨씬 더 이러한 이상을 실현하는 데 유리한 환경이라고 보인다. 그럼에도 아직 진정한 이상 정치의 실현은 요원하기만 하다.

공자 시대의 덕치(德治)는 제왕(帝王)의 길, 치자(治者)의 도(道)일지 모르지만, 치자와 피치자의 동질성을 바탕으로 하는 민주주의 제도에서 보면 결국 자율(自律)과 자치(自治)의 길이 아닐까 한다. 아무리 제도를 마련해도 자율(自律)할 수 있는 사람이 준비되지 않으면 실제로 자율 사회로 나갈 수 없고 오히려 여러 가지 제도와 의식의 부조화로 부작용들이 나타나기 쉽다.

지금의 실정을 보면 제도에 비해 사람의 의식이 뒤처지는 불균형이 현저하다. 이 불균형을 시정하는 것이 이상정치 실현의 중심 주제로 보인다. 제도도 계속 발전시켜 가야 하겠지만 '자율 할 수 있는 사람'으로 진보해 가는 것이 더욱 근본적인 주제가 되는 시대에 살고 있다고 생각한다.

이런 점에서 의식의 진화를 중시하면서 이상과 현실의 조화를 추구하는 공자의 사상은 현대에 와서 오히려 더 빛을 발할 수 있는 면이 있다고 생각된다.

- 자율만 강조하는 것은 지금의 실정에서는 무리가 아닐까요? 자율 능력이 부족한 현실을 생각하면 전체의 이익을 위해서는 다소간 타율적 규제(시스템, 규범 등)도 필요하지 않을까요?
- 나 같은 경우는 타율이 더 편할 때가 있어요. 나에게 주어지는 자유가 버거운 거지요. '자유로부터의 도피'라고 할까요. 요즘의 퇴행적인 팬덤 현상도 일종의 자유로부터 도피하는 집단적 현상이라고 생각해요.
- 제 경험인데 저는 별생각 없이 '알아서 해 보시지요'라고 말했는데, 본인은 오히려 소외감을 느꼈다고 하는 경우가 있었어요.
- 그 경우는 소통이 문제가 아닐까요? 사실 말은 소통의 1차적 도구에 불과하다고 생각해요. 상대에 대한 존중이 마음으로 전해지지 않으면 충분히 그럴 수 있다고 생각합니다.
- 사람이 모이면 대립이나 갈등이 발생하게 마련인데 그것을 조정할 수 있는 지도자 또는 어른이 필요하다고 생각해요.
- 그 경우 지도자라는 말보다는, 뭔가 지도자라든가 어른이라고 하면 위계질서를 연상하지만, 문제를 해결하는 조정자로서의 역할은 필요하다고 생각해요. 실제로 자연스럽게 사람들로부터 받아들여지는 권위가 세워지는 것이 좋다고 생각해요. 예컨대 가족 안에서 아버지가 이런 역할을 하면 좋겠지만 그렇지 못한 경우도 있잖아요. 내가 아는 어떤 가정의 경우는 막내아들이 나이가 어림에도 그런 조정자의 역할을 훌륭히 하고 있는데, 그 사람의 경우를 보면 장유유서(長幼有序)와 같은 자연적 질서

는 충분히 존중하면서 무리 없게 그 역할을 하고 있어요. 그때 가장 중요한 능력은 부모를 비롯한 형제자매들의 마음으로부터 신뢰를 얻는 것입니다.
- 집단 내의 자율 능력을 높이기 위해서는 지금까지 일을 주도해온 사람들, 특히 책임감이나 사명감으로 똘똘 뭉친 사람들이 그 일이나 역할을 풀어 놓는 것이 필요한 것 같아요.
- 덕(德)이란 그 시대 사회의 조건에 따라 구체적인 모습이 달라질 수도 있고, 특정한 사람에게 체화(體化)되어 나타나기도 하겠지만 시대와 공간을 넘어서 궁극적으로 인간이 지향하는 목표, 즉 모두의 자유와 행복을 증진하고자 하는 인간의 숭고지향성 같은 것이 아닐까요?
- 우리 시대에 이러한 덕을 실현하는 정치라면 주어진 상황 속에서 자율을 확대해 가는 것으로 생각됩니다만….
- 조심할 것은 이것을 단지 의식(意識)의 문제로 환원해서도 안 되고, 제도나 물질 면에서 자율이 확대될 수 있는 조건이나 환경을 만들어 가는 것이 의식 못지않게 중요하다고 생각합니다.

2

공자 말하기를, "시 삼백 편은 한마디로 말해서 나타낸 생각에 사(邪)가 없는 것이다."

子曰 詩三百 一言以蔽之 曰 思無邪
자 왈 시 삼 백 일 언 이 폐 지 왈 사 무 사

- 공자는 시(詩)를 대단히 중시하는 것 같아요. 인간의 순수한 감성이 잘 드러나는 것을 시(詩)라고 보았고, 그런 점에서 시경의 시 삼백 수를 한마디로 사무사(思無邪)로 표현한 것이 아닐까요?
- 공자는 '흥어시(興於詩) 입어례(立於禮) 성어락(成於樂)'이라는 말도 합니다만, 시(詩)에서 일어나서 악(樂)으로 완성한다는 표현이 인상적입니다.
- 그 사이에 예(禮)가 있지요. 이런 점에서 보면 인간의 가장 순수한 감정을 사회와 조화시키는 기제를 예(禮)에서 찾는 것 아닐까요?
- 강제적인 법(法)보다는 예(禮)를 더 중시하고, 그 예(禮)보다 더 완성적인 것을 음악(音樂)으로 보는 공자의 생각에서, 원시 인류의 '우주와 조화된 축제 한마당'이 이상사회에 대한 동경으로 느껴지는 것은 저만의 느낌일까요?
- 공감이 갑니다만, 좀 과장이 심하신 것 같습니다.

## 3

공자 말하기를, "사람들을 이끄는데 법령으로 하고, 사람들을 따르게 하는데 형벌로써 하면 사람들은 형벌을 피하려고 급급할 뿐 부끄러움을 모르게 된다. 사람들을 이끄는데 덕으로 하고 예로 따르게 하면 사람들은 부끄러움을 알게 되고 <u>스스로 바르게 된다</u>."

子曰 道之以政 齊之以刑 民免而無恥 道之以德 齊之以禮 有恥且格
자왈 도지이정 제지이형 민면이무치 도지이덕 제지이례 유치차격 무엇을 부끄러워하는가를 보면 그 사람이나 집단의 지향을 잘 알 수 있다. 만일 힘(권력)이나 돈이 남보다 적은 것을 부끄러워하는 사람이나 집단이라면, 법망(法網)만 피할 수 있다면 수단 방법을 가리지 않고 힘이나 돈을 추구하게 될 것이다. 이런 경우에는 위법한 사실이 적발되어 형벌을 받더라도 '남들이 다 하는 일인데 나만 걸리든 재수가 없는 일'로 치부한다.

사람의 양심에 어긋나는 일을 하거나 자신의 고루함을 돌아보고 부끄러워하는 사람이나 집단은 진정한 자유와 행복의 방향으로 진보할 것이다.

돈이나 권력을 최고의 가치로 아는 사회에서는 사람들이 진정한 부끄러움을 알기 어렵다. 또 진정한 부끄러움을 모르는 사람들이 그 사회를 주도하면 사회 전반의 '불건강'이 더욱 악화된다. 이 둘은 서로 악순환하기 쉽다. 결국 이 악순환의 고리를 끊으려면 부끄러움을 아는 사람들이 점점 많아지고 그 사람들이 사회의 변화를 선도(先導)해야 한다.

그런데 중요한 것은 정치가 권력의 획득을 최고의 가치로 여기는 지금까지의 습성이나 문화를 벗어나지 못하면 처음에는 순수한 마음으로 시작하지만 결국은 그 악순환의 수렁에 빠져 버리기 쉽다는 점이다.

정치가 진정한 자신의 역할을 하기 위해서는 지금까지의 정치 자체에 대한 혁명적 전환이 필요하다. 민주주의는 이것을 평화롭게 현실로 만들어 가는 과정이 될 때 진실한 것이다.


- 이른바 법치주의에 대한 공자의 덕치주의를 분명히 선언한 내용이군요.
- 사실 정치를 둘러싼 오래된 논쟁거리지요. 현대에 와서 자치나 자율을 강조하고 직접민주주의를 주장하는 정치적 이상주의는 어떤 의미에서 법치에서 덕치로 나아가는 여정(旅程) 같기도 합니다.
- 법치는 성악설(性惡說)에, 덕치는 성선설(性善說)이라는 인간에 대한 인식

과 가까운 것 같아요.
- 공자의 이상은 군주제 하에서 결국 성왕(聖王)의 인치(人治)를 의미하는 것이지요. 그러나 역사상 성왕은 예외적인 존재였지요. 실제로 통치자의 선의(善意)에 맡기는 덕치(德治)의 이상은 언제 폭정으로 변할지 모르는 불안한 것이지요. 그래서 공자 시대의 법치와 덕치라는 대칭적 입장과는 다르게, 실제의 역사에서는 '인치(人治)에서 법치(法治)로'의 과정이 진행되는 것 아니겠습니까?
- 그것이 민주주의의 역사라고 볼 수 있겠지요. 그런데 우리 사회에서 요즘 들어 '법치(法治)'가 강조되는 것이 어떤 배경에서 나오는지 돌아보게 됩니다. 솔직히 씁쓸합니다.
- 가장 이상적인 정치는 덕치(德治)보다 '자율'인데, 사람들의 의식 수준이 보편적으로 상당히 진화된 상태라야 가능하다고 생각합니다. 그 의식과 조화되는 것이 중요하다고 생각합니다. 그렇지 못하면 자칫 이상주의가 무정부 상태의 혼란을 야기할 수 있어서 오히려 퇴행할 수 있습니다.
- '큰 정부' 대 '작은 정부'의 논쟁에서 '작은 정부'를 주장하는 사람들이 '자율'을 중시하는 것 같지만, 그것이 '시장(市場)'에 더 맡긴다는 것을 의미한다면 '자율'의 확대라는 이상과는 전혀 다른 차원의 '시장의 지배'로 귀결될 수 있습니다.
- 자치나 자율의 확대에서 가장 중요한 것은 의식의 보편적 진화로 생각이 되는데, 공자가 '부끄러움'을 들고 나온 것은 그 핵심을 정확히 짚었다는 생각이 듭니다.
- 타자(他者)를 침범하는 것을 부끄러워하는 마음이야말로 의식 진화의 바로미터라는 생각이 듭니다. 요즘처럼 자연생태계의 파괴가 기후 위기로 나타나는 상황에서는 '자연에 대한 침범'에 대해서 부끄러움을 아는 것

이 인류 의식 진화의 과제가 되겠지요.
- 무엇을 부끄러워하는가가 그 사람이나 사회의 실태를 정확히 나타낸다고 생각합니다.
- 지금의 사회는 돈이 없고 힘이 없는 것을 부끄러워하게 만드는 것 같습니다. 그러다 보니 정치 지도자를 자처하는 사람들이 권력과 돈을 위해서 수단을 가리지 않고 거짓을 일삼아도 스스로 부끄러움을 모르고, 악성 편가름이 이 무치(無恥)를 사회적으로 확산하는 것 같아서 그것이 가장 큰 걱정입니다.
- 물극필반(物極必反)이라는 말처럼 바닥을 치면 의식(意識)에도 큰 변화가 오겠지요.
- 그렇게 되기를 바라면서, 적극적으로 우성(優性)의 문화, 즉 부끄러움을 아는 문화를 넓혀 가는 노력이 앞장을 서야 한다고 생각합니다.

# 인정이 흐르는 따뜻한 세상을 위하여
## - 〈공자의 변명〉에서 -

　사람은 누구나 행복을 원하지만, 마음대로 안 된다. 그래서 어떻게 하면 모두가 행복한 사회를 만들 수 있을까 하는 것은 동서고금(東西古今)을 관통하는 인류의 과제다. 대체로 다음 세 가지가 갖추어져야 한다.
　첫째 다투지 않아도 충분히 수요를 충족시킬 수 있는 물자(物資)를 갖추는 것이다. 둘째 일정한 선(線)을 정해서 그 선을 넘지 않도록 제도와 규범을 마련하는 것이다. 셋째 자기 몫을 넘어 폭을 넓히는 것을 부끄러워하고 더 나아가 서로 양보하고 싶어지는 사람이 되는 것이다.
　물질이 풍부해지고 제도와 규범이 많이 진전했는데도 과거 부족한 시대와 약육강식의 수탈과 억압의 시대를 살면서 훈습 된 공격과 방어의 기제가 의식(意識)을 지배하는 동안은 서로 경계하고 다투는 차가운 세상을 벗어나지 못한다. 그래서 행복한 세상을 위해서 첫째와 둘째가 필요조건이라면 셋째가 충분조건이라고 할 수 있다.
　내가 논어를 읽으면서 이에 대해 공자는 어떤 생각을 했을까 하는데 당연히 큰 관심이 있었다. 공자가 어떤 마을을 제자들과 지나면서 다음과 같은 대화를 한 것이 논어 자로(子路) 편에 소개되고 있다.
　"백성들이 참 많구나."
　"백성이 많아진 다음에는 무엇을 해야 합니까?"
　"부유하게 해야 한다."
　"부유해지면 다음에는 무엇을 해야 합니까?"
　공자께서 말씀하셨다.
　"교양을 길러야 한다."

(子適衛 冉有僕 子曰, 庶矣哉 冉有曰, 旣庶矣 又何加焉 曰, 富之 曰, 旣富矣 又何加焉 曰, 敎之)

사회가 이루어지면 가장 먼저 무엇을 해야 하는가 하는 질문에 공자는 '부지(富之)'라고 답한다. 공자에 대한 많은 오해들이 있어 왔는데, 그 가운데 하나가 도덕주의자·정신주의자로 보는 것이다. 사람의 행복은 결국 정신의 성숙에 달려 있다는 점에서 이상주의이지만, 그 정신의 성숙은 보통 사람의 경우 물질적 수요의 충족 위에서 이루어진다는 현실 인식 위에 서 있다.

그는 물질적 부(富)가 정신적 성숙으로 이어질 때, 인간다운 질서 즉 예(禮)로 돌아갈 수 있다고 보았다. 이 정신적 성숙의 내용에 대해서는 현대의 위기 국면과 관련하여 다음 칼럼에서 다루어 보기로 한다.

다음은 논어 이인(里仁)편에 나오는 공자의 말이다.

"예(禮)와 양(讓)으로 나라를 운영하면 무슨 어려움이 있겠습니까? 예양(禮讓)이 함께 하지 못한다면 그 예(禮)는 헛되지 않겠습니까?"

(子曰 能以禮讓 爲國乎 何有 不能以禮讓 爲國 如禮何)

물론 당시의 사회나 국가를 배경으로 한 말이지만, 시대나 사회가 바뀌어도 통하는 말이고 현대에 올수록 더욱 절실해진다. 양(讓)은 마음이고, 예(禮)는 질서다. 조건과 환경은 많이 바뀌었는데, 관념(의식)은 여전히 묵은 싸움에서 벗어나지 못하고 있다.

의식의 큰 전환은 선택 과목이 아니라 이제 인류라는 종(種)이 살아남기 위한 필수 과목이 되고 있다. 그 출발은 물질이든 비물질이든 자신이 살아가는 데 필요한 것을 넘어서 소유하는 것은 다른 존재에 대한 침범이라는 것을 인식하는 것이다. 물질이 풍부해지고 개인의 자유를 최대한 보장하려는 민주주의가 대세를 이루고 있는 현대에도 개인 간, 집단 간, 국가 간의 침범이 광범하게 이루어지고 있다. 침범에 대한 알아차림은 역사적으로 꾸준히 변화해 왔다. 예를 들어 일정한 경계(境界)를 그어놓은 땅을 침범하는 것은 가장 알기 쉽다. 지금도 끊임없이 이 경계 다툼이 일어나고 그것으로 재판정이 쉴 틈이 없고, 그것으로 살아가는 직업들이 많다.

그런데 그 경계(境界) 자체가 선점과 침범 그리고 수탈의 과정에서 이루어져 왔다는 것을 인식하게 되고, 침범 당하고 있는 집단의 저항과 인류 의식의 진보에 따라 사회제도가 바뀌어 왔다. 신분제, 계급제도, 식민지, 제국주의에 반대하여 새로운 질서를 만들어 오고, 또 집단으로부터 개인의 해방이 이루어지는 과정이 그 변화의 내용들이다. 그리고 그 모든 침범의 근저를 이루고 있던 가장 오래된 침범 즉 남성의 여성에 대한 침범이 요즘 뜨거운 이슈가 되고 있다.

그런 일반적 관점과는 별개로 나는 알아차리기 어려운 심각한 침범들이 한국 사회에 만연하고 있는 것을 대단히 위험하게 보고 있다. 투기가 일상이 되고 각종 지대소득과 불로소득이 선망의 대상이 되는 사회에서는 그것이 침범이라는 사실 자체를 인식하기 어렵고, 합법적 불공정 사회로 되어 양극화가 심화되어 고착되면 돈의 유무로 구분되는 신분제 사회로 퇴행하는 것을 막기 어렵다.

다른 한편에는 평등을 입에 달고 사는 것 같지만 실제로는 우리 사회의 모든 영역에서 갑을(甲乙) 관계가 더 확산되는 것을 막지 못하고 있다. 남의 갑질에는 민감하고 저항적이지만, 자신의 다른 사람에 대한 갑질에는 둔감하다. 이른바 지금까지 진보적이라고 알려진 사회 정치 운동도 이런 위선적인 행태에서 자유롭지 못하다면, 그것을 더 이상 진보라고 부를 수 없을 것이다.

침범을 알고 그 침범을 부끄러워하는 마음이 바탕이 될 때 양보(讓)의 마음이 커지고, 이 의식 위에서 참다운 인간의 질서(禮)가 이루어진다. 전제나 독재의 폐단인 '사람의 지배(人治)'로부터 '법의 지배(法治)'로 이행하는 것은 근대 민주주의의 핵심이지만, 그 법치가 지향해야 할 방향이 무엇인가에 대해서 공자의 말은 당시보다 오히려 시대를 뛰어넘어 현대에 시사하는 바가 더 크다.

논어 위정편에 이런 말이 나온다; "법제로 다스리고 형벌로 질서를 유지하면 사람들이 형벌을 면하려고만 하지 부끄럽게 여기지 않을 것이다. 그러나 덕으로 다스리고 예로써 질서를 유지하면 부끄러움을 알고 바르게 될 것이다(道之以政 齊之以刑 民免而無恥 道之以德 齊之以禮 有恥且格)."

## 4

공자 말하기를 "나는 15세에 학문에 뜻을 두고, 30세에 자립하였고, 40세에 미혹(迷惑)함이 없게 되었으며, 50세에는 자기 분수를 깨달았고, 60세에는 누구의 말도 걸림 없이 들려왔고, 70세에는 무엇이든지 하고 싶은 대로 행하여도 타(他)를 침범함이 없게 되었다."

子曰 吾 十有五而志于學 三十而立 四十而不惑 五十而知天命 六十而耳順 七十
자왈 오 십유오이지우학 삼십이립 사십이불혹 오십이지천명 육십이이순 칠십
而從心所慾不踰矩
이종심소욕불유구

자율적 인간으로 성숙해 가는데 이렇게도 성숙의 단계를 밝히는 성현이 있었을까 하는 감동을 맛본다.

지천명(知天命) 다음 단계가 이순(耳順)이라는 것이 특히 다가온다. 천명(天命)을 알았다고 하는 사람일수록 자기 확신이 강해 여간해선 다른 사람의 말을 잘 들으려 하지 않는다. 정치적 사상적 종교적 확신이 강한 사람이나 집단일수록 다른 사람이나 집단의 말이 잘 들리지 않는다.

그동안의 수많은 종교 분쟁·사상 분쟁·정치 투쟁 등이 이를 여실히 보여준다. 지금도 세계가 그것 때문에 몸살을 앓고 있지 않은가.

그런 면에서 지천명(知天命)을 '진리를 깨달았다'라고 보기보다 '자기의 분수(分數)를 깨달았다'라고 보는 편이 공자의 '자유를 향한 인생 여정(旅程)'에 보다 부합하는 해석이 아닐까 한다.

마지막으로 종심소욕불유구(從心所慾不踰矩)의 단계가 되면, 자유인으로서 인격의 완성을 이처럼 간명하게 표현할 수 있을까 하는 생각이 든다.

지금은 하고 싶은 대로 할 수 있는 자유를 극대화하는 풍조 속에 살고 있다. 그러나 그것은 '자기 멋대로의 세계'가 되는 경우가 많아 결국 다른 사람과 부딪치고, 자신과 다른 사람이나 집단과 만나게 되면 심한 부자유를 느끼게 되어, 결국은 진정한 자유와는 거리가 멀게 된다.

자기가 하고 싶은 대로 해도 타자에게 피해를 주는 일이 없을 때라야 비로소 진정한 자유라고 할 수 있을 것이다. 특히 오늘날 자유를 갈망하는 사람들이나 옛날에 비해 자유도가 높아진 새로운 세대가 진정한 자유를 위해 스스로 어떤 인격을 갖춰야 할 것인가에 대해 생각할 때 공자의 이 말은 큰 지표(指標)가 될 수 있을 것이다.

- 천명(天命)이 무엇일까요? 말 그대로 하면 하늘의 명(命)인데요. 자신이 그것을 알았다는 것은 일종의 강한 아집이지요. 하늘의 뜻을 알았다는 신념이 강한 사람일수록 독선적이 되어 자기와 의견이 다른 사람을 인정하지 못하지요. 당연히 상대의 말이 들려오지 않지요. 이순(耳順)으로 갈 수가 없지요.
- 나도 처음에는 천명을 안다는 말을 '하늘의 뜻이나 이치를 깨닫는다.'라는 식으로 알아들었는데, 논어 전편을 관통하는 공자의 사상에 접하면서, 그것은 '보편적 진리를 깨닫는다.'는 것보다는 '자기의 분수를 깨닫는다.'는 의미로 다가왔습니다.
- '무지의 자각'을 바탕으로 진리를 탐구하는 공자의 일관된 태도로 볼 때, '나는 진리를 깨달았다.'고 말할 것 같지는 않습니다.
- 저도 그렇게 생각합니다. 우주 자연계 안에서나 인간 세상 안에서 자기의 분수를 깨닫는 것이라고 생각합니다. 공자와 동시대인인 소크라테스의 '너 자신을 알라'는 말이 공자의 지천명과 통하는 것 같습니다. 아집

이나 자만과는 반대의 겸허지요. 자신의 무지를 자각하는 것이 바탕이 될 때 누구의 의견에도 귀가 열리겠지요. 그것이 이순(耳順)이겠지요.
- 제가 생각하는 연찬 태도의 출발점이라고 생각되네요.
- 종심소욕불유구(從心所慾不踰矩)라는 구절은 참 감동적인데, 그냥 목표로 한다고 해서 되는 것도 아닌 것 같고, 일본 어떤 학자의 주장처럼 나이가 들어 체력이나 에너지가 떨어져 욕구가 감소해서 저절로 오는 것은 더구나 아니라고 생각해요. 욕구의 질이 바뀌는 것을 바탕으로 이런 자유가 가능하다고 생각합니다. 육체적인 나이라기보다는 인격의 성숙 또는 영적 성숙이 전제되는 마음의 상태라고 봅니다. 욕구의 질이 바뀌는 것은 자신의 노력이나 의지에 의해서도 가능하겠지만 생존에 필수적인 욕구들을 충분히 만족시켰을 때 가능한 면이 있는 것 같아요. 이런 점에서는 물질적 풍요나 사회적 자유의 확대는 욕구의 질을 바꿀 수 있는 좋은 토양(土壤)이라는 생각도 듭니다.
- 동감입니다. 그런 면에서 절대빈곤에서 벗어나고 개인의 자유가 널리 보장되는 변화들, 즉 산업화나 민주화가 이루어지는 것은 욕구의 질이 바뀔 수 있는 객관적 조건이라고 생각됩니다. 그런데 현실을 보면 오히려 더 탐욕적이고 더 물질적이고 더 경쟁적이 되는 이런 현상을 어떻게 이해해야 할까요?
- 저는 개인의 억압되었던 욕구가 해방되는 과정에서 물질적 조건이나 사회적 자유라는 객관적 상황의 변화가 바로 욕구의 질을 변화시키는 방향으로는 작용하지 않고 오히려 억압되었던 욕구들이 상당 기간 왜곡된 형태로 기승을 부릴 수 있다고 생각합니다.
- 상당한 시차(時差)가 있겠지만, 저절로 극복된다기보다는 종교나 철학 등 여러 방면의 적극적인 노력이 따라야 한다고 생각합니다. 나는 그것

을 인문운동이라고 불러왔습니다만, 물질계와 사회계의 변화는 정신계의 변화를 위한 필요조건에 불과하지요. 그 괴리를 극복하는 것이 이른바 선진국이 되는 길인데, 우리는 그 문턱에서 이른바 일종의 '함정'에 빠져 있는 느낌입니다.

- 더구나 인류의 생존 자체를 위협하는 생태적 재앙(기후 변화, 팬데믹 등)에서 근원적으로 벗어나려면, 지금까지의 삶의 방식이나 행복관이 바뀌는 문명의 전환이 이루어져야 하는데, 자발적이고 자유로운 전환이 이루어지지 않으면 괴멸적 타격을 받거나 일종의 생태적 파시즘(전체주의 독재)의 디스토피아로 엄청난 후퇴를 강요받게 될 것입니다.
- 자발적 변화를 추동하는 것은 위기에 대한 공포감이 아니라, 욕구의 질이 바뀌는 데서 오는 기쁨을 확대하는 것이라는 생각이 드는데, 사실 그것이 보편적으로 가능할까, 더구나 빠르게 진행되는 기후 변화 등의 시간표를 생각할 때 절망적인 생각이 드는 것도 어쩔 수 없습니다.
- '지금 여기'에서 나 자신부터 바꾸는 수밖에요. 여력이 있으면 적극적으로 인문운동이나 생명운동을 동료들과 함께 해 나가자고요. 시민이 주체가 되는, 질(質)이 다른 대중 운동이 절실하게 요청되는 때입니다.

# 보통사람들의 성인화(聖人化)의 시대를 향하여
### - 페이스북에서. 2023.3.6. -

공자의 초상화로 소년 공자나 청년 공자는 찾기 힘들다. 등이 굽고 주름투성이인 늙은 공자뿐이다. 소년이나 청년들이 멀리할 수밖에 없다. 외모만 그런 것이 아니다. 청년들은 말한다; "나도 공자의 나이쯤 되면 모르지만, 지금 나이에 공자의 이상을 내 이상으로 받아들이기 힘들다."

그러나 그가 스스로 쓴 이력서(논어 2-4)는 열다섯 살부터 시작한다. 그 이력서에는 열다섯에 '지우학(志于學; 배움에 뜻을 두다)'이라고 소개하고 있다. 이 '학學'이 그의 일생을 관통한 화두였다. 그리고 70이 되어 '종심소욕불유구(從心所欲不踰矩)'에 도달하였다고 말하고 있다.

열다섯이 본격적인 공자의 시작이다. 의상 대사 법성게에 '초발심시변정각(初發心時便正覺)'이라는 말이 있다. 15살의 '학(學)'이 그의 초발심이다. 이때 그의 인생은 방향이 정해진다. 그리고 '발분망식(發憤忘食) 낙이망우(樂而忘憂)'의 맹렬한 과정을 거친다.

70세의 공자가 아니라 소년과 청년의 공자를 주목했으면 한다. 실제로 공자는 30~40세가 차이 나는 제자들을 받아들였고, 소년과 이야기하는 것을 좋아했다.

400여 년 전의 율곡(栗谷)은 『격몽요결』에서 "처음 배우는 사람은 먼저 그 뜻을 세워야 하니, 반드시 성인(聖人)이 될 것을 스스로 기약하고"라고 적고 있다.

요즘 소년이나 청년에게 이 말이 들려올까? 물질과 이익에 사로잡히는 지금의 세상에서 아마도 '헛소리'로 들릴 것이다. 어떤 부모나 교사가 이런 이야기를 하면 그들은 이상한 사람 취급을 받을 것이다.

나는 그럼에도 인류의 역사는 '보통 사람들의 성인화(聖人化)'를 향해 나아가고 있다고 생각하며 살아왔다. 지금의 세태에 흔들리기도 하지만, '물질·제도·의식의

'공진화(共進化)'를 믿으려 한다. 그리고 그 길이 아니면 인류는 살아남기 힘들다고 보고 있다. 언젠가 인류가 살아남아 지금과는 다른 문명을 만들어간다면 아마도 '성인(聖人)'이라는 말이 필요 없는 세상으로 변해 갈 것이다.

    나에게 이런 영감(靈感)을 준 것은 테이야르 샤르땡 신부였다. 열다섯의 소년들이 어떤 꿈을 가질 것인가에 대해 부모와 교사들이 진지하게 생각하기를 바란다. 교육혁명의 시작이다.

# 5

맹의자가 효(孝)를 물으니 공자 말하기를, "어김이 없는 것입니다."
번지가 수레를 몰고 돌아오는 길에 공자 말하기를, "맹손이 내게 효를 묻기에 어김이 없어야 한다고 대답했다."
번지가 "무슨 뜻입니까?"
공자 말하기를, "살아 섬김에 예(禮)로 하고, 돌아가시면 장례를 예로 하고, 제사를 모실 때도 예로 하는 것이다."

孟懿子問孝 子曰 無違 樊遲御 子告之曰 孟孫問孝於我 我對曰 無違 樊遲曰 何謂
맹 의 자 문 효 자 왈 무 위 번 지 어 자 고 지 왈 맹 손 문 효 어 아 아 대 왈 무 위 번 지 왈 하 위
也 子曰 生事之以禮 死葬之以禮 祭之以禮
야 자 왈 생 사 지 이 례 사 장 지 이 례 제 지 이 례

- 맹의자가 누구인가요?
- 공자 당시 노나라 제후인 환공(桓公)의 세 동생이 대부(大夫)의 신분으로 실권을 쥐고 있었는데, 맏이가 맹손, 둘째가 숙손, 막내가 계손이지요. 이들을 삼환(三桓)이라 불렀는데, 특히 계손의 세력이 커서 임금(제후)을 넘어설 정도였지요. 이 삼환은 논어에 자주 등장하는데, 공자가 지향하는 정치 질서와 문화에 반(反)하는 대표적인 인물들로 그들과의 대화가 많이 나오므로 알고 넘어가는 것이 필요할 것 같네요.
- 제자가 묻지 않는데 공자가 먼저 이야기를 꺼내 질문을 유도하는 드문 장면이네요.
- 맹손 씨와의 대화가 너무 미진하고, 답답했던 공자의 심경이 느껴집니다.
- 그 핵심이 무엇이었을까요?

- '어긋남이 없어야 한다.'는 말인 것 같은데, 무엇에 어긋남이 없어야 하는지를 맹손과의 대화에서 이야기할 수 없었던 답답함 같습니다.
- 삼환(三桓)의 무례와 전횡에 대한 공자의 비판적 감정이 있었겠지요.
- 그것을 번지와의 문답을 통해 밝히고 있군요. '예(禮)에 어긋나지 않아야 한다'는 것이지요.
- 공자의 예(禮)가 무엇을 말하는지를, 그 시대의 예의범절(禮儀凡節)에 갇히지 않고 이해하는 것이 논어를 시대에 갇히지 않고 읽을 수 있는 열쇠가 될 것 같습니다.
- 절대군주제, 봉건제, 신분제, 가부장제의 사회적 조건에서 '예'를 이야기하는 것이 지금 시대에서 보면 마치 그런 제도들을 옹호하려는 입장같이 보여서 거부감이 생기는 것은 어쩔 수 없는 것 같습니다.
- 그 '예(禮)' 속에서 공자가 시대를 넘어 지향하는 어떤 질서와 문화를 논어를 읽어가면서 찾아볼 수 있으면 좋겠습니다.

6

맹무백이 효를 물으니 공자 말하기를, "부모는 오직 자식들의 질병을 걱정하는 것이오."

孟武伯問孝 子曰 父母 唯其疾之憂
맹 무 백 문 효 자 왈 부 모 유 기 질 지 우

'유기질지우(唯其疾之憂)'에 대해서는 여러 가지 해석이 있는 것 같다. 부모는 무엇보다도 자식들이 병에 걸릴지 걱정하기 때문에 몸을 조심하여 건강에 유의하는 것이 효도라는 해석도 있고, 어버이가 병에 걸리지 않게 늘 걱정하는 것이 효도라는 해석도 있고 또 다른 해석도 가능한 것 같다.

'부모는 오직 자식의 병을 걱정한다.'라고 읽을 때 '내리사랑'이라는 자연의 이치가 생각난다. 부모가 자식을 사랑하는 것은 무조건적인 것, 자연의 흐름 같은 것이 아닐까? 어버이 친(親) 자(字)를 보면 서다(立)+나무(木)+보다(見)의 합성어이다. 나무 위에 서서 (자식을) 바라보는 것이 어버이인 것이다. 이것이 한자 문화권에서 어버이를 보는 관점으로 어디까지나 자식이 잘되도록 보살피는 것이다. 손을 잡아 이끌거나 부모 쪽으로 눈을 돌리게 하는 것이 아니라 자식이 자립적인 인간이 되도록 보살피는 것이다.

이런 내리사랑에 대해서 어찌 보면 효(孝)는 자연의 질서라기보다는 인간의 질서라는 생각이 든다. 동물의 경우에도 있다고는 하지만 인간의 질서와는 다를 것이다. 인위적인 질서이다 보니 윤리·도덕 등과 결합되어 왔다. 그러다 보면 '반드시 해야만 하는 것'이나 '은혜를 갚는 것' 등 당위나 의무가 되어 마음에서 우러나는 사랑의 행위와는 멀어지기 쉽다. '내가 너희를 어떻게 길렀는데…'라는 생각이나 '부모를 봉양하는 것은 자식으로서의 의무'라는 생각 등은 진정한 인간적 질서로서의 효와는 거리가 있는 것 같다. 특히 모든 종류의 부자유를 싫어하는 현대인들에게는 도덕적 의무로서의 효는 오히려 효의 진정한 실현을 어렵게 만드는 요인으로 작용하기도 한다.

공자도 물질적으로 부모를 봉양하는 것, 의무감으로서의 행위를 효라고 아는 것을 여러 곳에서 경계하고 있다. '공경하는 마음이 없으면 무엇이 다르겠는가?'(7장)라고 말한 것이나 '색난(色難)'(8장)을 이야기한 것 등이 그 예다. 색난(色難)에 대해서는 '부모의 표정을 보고 알아서 행하기는 어렵다.'로 해석하는 사람도 있지만, 여기서는 '즐거운 얼굴빛으로 섬기기가 어렵다.'고 해석하고 싶다. 경(敬)이나 즐거운 얼굴빛은 강요하거나 의무감만으로는 되지 않는 것이다. '마음으로부터의 사랑'인 것이다. 이런 효(孝)야말로 인간을 인간답게 하는 근본이 되는 것이다.

현대 사회는 점점 고령화 사회가 되고 있다. 이제 노인 문제는 큰 사회문제가 되고 있다. 흔히 빈곤, 질병, 고독을 노인의 삼고(三苦)라고 한다. 물질이 풍부해지고, 사회보장제도가 발전하면서 이제 빈곤이나 질병은 사회와 국가가 연대해서 책임을 지는 방향으로 나아가고 있다. 그러다 보니 선진국이 되면 될수록 점점 외로움이나 소외감 없이 노후의 삶을 즐기는 것이 인간으로서의 행복을 완성하는 관건이 되고 있다. 그런데 이것만은 사회보장제도로 해결할 수 없는 것이다.

이런 의미에서 진정한 효는 현대에서 더욱 절실하게 다가온다. 사랑하는 자식들과 교감하면서 손자들의 재롱을 마음껏 즐길 수 있는 삶을 살 수 있으려면 어떻게 해야 할까? 이제 의무나 당위로서의 효가 아닌 자각(自覺)과 사랑의 효를 꽃피워야 한다고 생각한다. 여기에는 참다운 어버이로서의 자각과 참다운 자식의 길에 대한 자각이 함께 이루어져야 한다고 본다. 이 둘이 서로 감응할 때 부모와 자식의 관계는 진실한 것이 될 것이다.

어느 것이 더 중요하다고 말할 수는 없으나 역시 어버이의 길이 먼저가 아닐까 생각한다. 어버이로서, 인간으로서 끝까지 잘 늙어 가는 것, 젊은 사람들이 다가오고 싶어지는 노인이 되는 것, 부모의 사랑과 은혜가 자식의 마음속에 사랑과 공경의 염(念)으로 더욱 살아나는 그런 자식이 되는 것, 그리고 그런 부모와 자식의 사랑이 자기 가족의 범위를 넘어서 이웃으로 사회로 흘러넘쳐 가는 것, 이것이 우리가 그리는 아름다운 인간 세상의 모습이 아닐까?

- 맹무백은 맹의자의 아들이군요.
- 효를 물었는데 부모의 자식 걱정을 이야기하고 있습니다.
- 그래서 여러 해석이 있는 것 같아요. '기(其)'를 부모로 보느냐 자식으로 보느냐에 따라 달라지는데, 부모의 자식 사랑은 인위가 아니라 자연이고, 효는 인위라고 볼 수 있지요. 그래서 부모가 자식의 질병을 걱정하지 않게 하는 것이 효라고 보는 견해에 더 마음이 갑니다.
- 비단 질병만이 아니고 모든 점에서 부모가 걱정하지 않는 삶을 사는 것이 효(孝)라고 본다면 요즘에도 맞는다고 생각이 되네요.
- 부모와 자식 간의 진정한 사랑의 교감이 효의 본질이 아닐까 생각합니다.
- 공자 시대와는 너무 달라진 여러 환경에서 지금 시대의 효가 어떤 것인지를 생각하게 됩니다.

## 7

자유가 효를 물으니 공자 말하기를, "요즈음의 효는 잘 공양하는 것을 말하는 것 같은데, 개와 말도 '기름'이 있다. 공경하는 마음이 없으면 무엇이 다르겠는가?"

子游問孝 子曰 今之孝者 是謂能養 至於犬馬 皆能有養 不敬 何以別乎
자 유 문 효 자 왈 금 지 효 자 시 위 능 양 지 어 견 마 개 능 유 양 불 경 하 이 별 호

- 2500년 전에 '요즘 사람들은' 하고 시작하니까 예나 지금이나 같은 표현을 쓰는군요. 공자는 굉장히 직설적으로 이야기합니다.

■ 개를 비유하는 이야기에서 요즘 '반려동물 친화' 현상이 떠오릅니다. 좀 불경스러운 상상인가요?
■ 의식주와 같은 물질적 생활에 대해서 자식의 봉양 의무를 이야기하는 것은 현대적 삶과는 좀 맞지 않는 것 같군요.
■ 봉양이 의무가 되는 것을 경계하는 점에서는 공자의 생각이 현대와도 통하는 것 같습니다. 공경하는 마음은 의무에서 나올 수는 없지요.
■ 노년의 의식주는 이제 가족의 범위를 넘어서 사회와 국가가 책임을 지는 형태로 나아가고 있지요. 연금이나 보험을 포함하여 복지 체계의 핵심도 여기 있다고 생각합니다.
■ 효(孝)의 사회적 확장이라는 점에서 바람직한 경향이기도 합니다만, 역시 젊은 세대의 부담을 가중하는 현실이 되지 않도록 복지 정책을 잘 설계해야 한다고 생각이 됩니다.
■ 과거의 공동체가 해체되고 개인주의와 물질주의의 세례를 받은 이후의 인류가 그려볼 수 있는 새로운 공동체적 삶은 어떤 모습이 될까요?
■ 그런 점에서 자식에 대한 내리사랑이라는 자연스러움과 인위적인 어버이에 대한 사랑으로서의 효가 어떻게 조화를 이룰지 생각하게 됩니다.

8

자하가 효를 물으니 공자 말하기를, "온화한 낯빛으로 즐거운 표정을 짓는 일이 어렵다. 일이 있으면 젊은이가 수고로움을 맡고, 술과 음식이 있으면 어른에게 먼저 드시게 하는 것을 가지고 효라 할 수 있겠는가?"

子夏問孝 子曰 色難 有事弟子服其勞 有酒食先生饌 曾是以爲孝乎
자 하 문 효 자 왈 색 난 유 사 제 자 복 기 로 유 주 식 선 생 찬 증 시 이 위 효 호

- 묻는 사람의 상황이나 배경에 따라 달리 대답하는 것이 공자 문답의 특징이지요.
- 이 대화의 내용은 자유와의 대화에서 이어지는 것 같습니다.
- 그러네요. 공양이나 수고를 대신하는 외형적인 것보다, 그 내면의 공경하고 기뻐하는 마음이 더 중요하다는 것이지요.
- 맞습니다. 얼굴 표정이야말로 그 마음의 상태를 잘 나타내는 것이니까요. 일시적으로는 표정을 숨길 수가 있어도 지속적인 관계에서는 그럴 수가 없지요.
- 마음에서 우러나야 하는 것으로 억지로는 할 수 없는 것이 마음이고, 그 표정 같군요. 참으로 어려운 것 같습니다. '긴 병에 효자 없다.'는 말도 있지만, 노인의 건강이나 생활에 대해서 국가와 사회가 보장하는 복지 시스템이 발전하면, 부모와 자식의 관계도 보다 편한 관계가 될 수 있을 것 같습니다.
- 더 나아가 생각하면, 상속을 둘러싼 다툼이나 금수저, 흙수저와 같은 양극화가 일어나는 등 물질이 지배하고 각자도생하는 사회가 '인정이 흐르는 상생의 사회'로 바뀌는 것이 새로운 시대의 효를 위해서 가장 중요한 환경이 될 것 같습니다.

# 9

공자 말하기를, "내가 안회와 종일토록 말을 해도 한마디도 내 말에 토를 달지 않아 마치 멍청한 것 같았다. 그러나 물러나 홀로 생활하는 모양을 보면 내가 말한 내용을 한발 더 나아가 실천하고 있다. 회는 어리석지 않다."

子曰 吾與回言終日 不違如愚 退而省其私 亦足以發 回也不愚
자 왈 오 여 회 언 종 일 불 위 여 우 퇴 이 성 기 사 역 족 이 발 회 야 불 우

- 공자의 많은 제자들 가운데 거의 유일하게 공자가 지기(知己)로 인정한 사람이 안회 같아요.
- 논어 속에서 공자가 안회를 찬탄한 부분을 보면 공자 사상의 진수를 알게 되는 면도 있어요. 또 공자 사후에 안회와 같은 제자에 의해 더 발전하지 못하고, 정치권력과의 유착과 여러 사조의 영향으로 공자 사상이 왜곡되는 과정을 주목해서 논어를 보는 것이 필요해 보입니다.
- 예를 들면 술이편 10장에 나오는 '용지즉행(用之則行) 사지즉장(舍之則藏)을 할 수 있는 것은 오직 나와 너뿐'이라는 구절이 있어요. 맹자의 호연지기로 유명한 '득지여민유지(得之與民由之) 부득지독행기도(不得之獨行其道)'와 비교해 보면 그런 점이 잘 드러나는 것 같거든요. 나중에 술이편을 읽을 때 함께 다뤄 보지요.
- 불천노(不遷怒)나 불이과(不貳過)도 안연을 언급하면서 나오는 말이지요. 인(仁)에 대해서 많이 알려진 극기복례(克己復禮)라는 말을 하는 것도 안회와의 대화에서였지요.

- 이 장의 말은 '대지여우(大智如愚)'를 떠올리게 하는군요.
- 도덕경 45장의 대성약결(大成若缺), 대교약졸(大巧若拙)이 연상됩니다.

## 10

공자 말하기를, "그 하는 것을 보고, 그 하게 된 연유를 살펴보고, 그 만족해하는 바를 살펴보면, 사람이 어찌 숨기겠는가? 사람이 어찌 숨기겠는가?"

子曰 視其所以 觀其所由 察其所安 人焉廋哉 人焉廋哉
자 왈 시 기 소 이 관 기 소 유 찰 기 소 안 인 언 수 재 인 언 수 재

- 사람을 알아보는 핵심을 꿰뚫고 있군요.
- 지난 선거(2024.4.10.) 과정에서 '새로운 정치'를 주창하고 나선 사람들이 많이 있었지만, 제3지대는 성공하지 못하고 폐허가 되었습니다. 그 과정의 성과라 한다면 사람들의 진짜 면모가 밝혀지는 기회가 되었지요.
- 자기를 아는 것도 이런 관찰을 해보면 알 것 같은데, 자신을 관찰하는 것이 가장 힘들지요.
- 그래서 현자들은 하나같이 '너 자신을 알라'고 하는 것 아니겠어요.
- 자신의 행위나 그 동기(動機)를 객관적으로 관찰하는 것은 어렵지만, 저에게는 세 번째 무엇에 편안해 하는가? 무엇에 만족해하는가는 비교적 보기 쉬운 것 같아요.
- 그러네요. 실제로 자기가 만족하고 편안해 하는 것이 진짜 숨길 수 없는

자신 아닐까요?
- 우리 한번 그걸 이야기해 볼까요?
- 아마 솔직히 이야기하기 힘들 걸요?

## 11

공자 말하기를 "옛것을 익히고 새로운 것을 알아나가는 것, 그것이 스승 즉 향도(嚮導)의 길이다."

子曰 溫故而知新 可以爲師矣
자왈 온고이지신 가이위사의

온고지신(溫故而知新)은 인류의 역사가 진전해 오는 원리를 가리키는 말이다. 길게 보면 이 길을 밟지 않고 오는 진보는 없다. 그러나 짧은 시기를 놓고 보면 이 둘이 따로 노는 것처럼 보일 때도 있다. 온고(溫故)가 지나치게 강조되는 때가 있는가 하면 지신(知新)이 특히 강조되는 때도 있다. 요즘의 병폐 하나도 이 둘이 따로 노는 현상에 기인하는 경우가 많다.

자연과학이나 기술의 세계에서는 온고지신이 자연스럽게 받아들여지는 데 반하여 인간이나 사회에 대해서는 그렇지 않은 경우를 종종 보게 된다. 이른바 보수와 진보가 대화하지 못하고 평행선을 가는 경우도 그 대표적인 예가 될 수 있다. 특히 지금까지의 문명에 대한 태도 가운데 흔히 급진적인 진보를 표방하는 것처럼 생각되는 현대 문명에 대한 부정이나 급진적인 생태주의를 보면 뭔가 인간 역사 발전의 보편적 이치에서 벗어나 있다고 느끼게 되는데 이런 때 같이 검토하고 싶은 것이 이 온고지신이다. 온고는 훈고학(訓詁學) 같은 것이나 백과사전식 지식의 나열이 아니며, 지신은 돌출적인 새로운 것이 아니다. 온고가 없는 지신은 공허하며 지신으로 나가지 못하는 온고는 별 의미가 없다.

  진실한 정치를 하려면 진보를 표방하는 사람이나 집단일수록 온고에 더욱 마음을 쓰고, 보수를 표방하는 사람이나 집단일수록 지신 쪽에 마음을 더 열어야 한다고 생각한다. 이 장은 다음 구절과 일맥상통하는 것으로 보인다; "배우기만 하고 생각하지 않으면 어둡고, 생각만 하고 배우지 않으면 위태롭다." (子曰 學而不思則罔 思而不學則殆) 여기서 학(學)은 온고의 의미로, 사(思)는 지신의 의미로 사용되고 있다.

- 나는 아날로그와 디지털의 차이를 아직도 분명히 모르겠어요. 그렇게 되는 바탕에는 '모르는 대로 살지' 하는 마음이 있는 것 같아요. 지신(知新)에 대한 욕구가 약해요.
- 옛것과 새로운 것은 고정된 것이 아니지요. 새로운 것이라도 이미 습득하면 그것은 벌써 옛것이 되니까요. 그런 의미에서 온고와 지신은 따로 떼어서 말할 수 없는 것 같아요.
- 새로운 것이 나오는 것처럼 보일 때라도 잘 보면 옛것을 충분히 익혔을 때 가능하고, 옛것의 전면적인 부정이라기보다는 오히려 내용이 확장되고 깊어지는 경우가 대부분이 아닐까요? 예컨대 뉴턴 물리학을 부정하고 아인슈타인의 원리가 나오는 것이 아니라는 것이지요. 보통의 시공간에서는 뉴턴의 원리가 맞거든요. 그러나 좀 더 확장된 공간이나 시간인 경우는 설명할 수 없는 것을 아인슈타인이 설명하고 있다고 들었어요. 그렇게 보면 아인슈타인은 뉴턴의 원리들을 좀 더 보편적인 세계로

확장, 심화시켰다고 말할 수 있겠지요.

- 개인적으로 말하면 온고는 이미 알고 있는 것을 내면화하는 것이고, 모르는 것에 대해 열린 태도로 알아 가는 것이 지신 같습니다.
- 그렇지요. 그러나 온고와 지신을 개인의 주관적인 것으로 생각하는 것은 좀 어떨는지요. 뭔가 자기가 알고 있다고 확신하는 것을 내려놓는 과정이 필요하지 않을까요? 그것을 내면화라고 표현했다면 같은 뜻이라고 생각됩니다만, 지신의 경우도 내가 주관적으로 알고 싶어 하는 것뿐만 아니라 새로운 것에 대해서 좀 더 열린 태도가 필요하다고 생각합니다.
- 내면화라는 말에 공감이 됩니다. 충분히 익으면 향기(香氣)가 나잖아요? 이 향기를 바탕으로 새 것을 받아들이는 세계가 온고지신이겠지요.
- 어떤 분의 책을 보다가 감명을 받았던 적이 있는데, 아무도 없는 빨강 신호등에 서 있는 차를 보고 느낌을 쓴 것이었어요. 그분은 그 운전자의 모습에서 '육안으로는 안 보이지만 생길지도 모르는 다른 모든 가능성에 대해 열린 태도'를 느꼈다는 것이었어요. 이런 태도가 지신을 위한 바탕이 되지 않을까요?

12

공자 말하기를, "군자는 그릇이 아니다."

子曰 君子 不器
자 왈 군 자 불 기

그릇(器)은 고정되어 있어서 용도가 결정되어 있다. 사람이 어떤 한 가지로 고정되어 기물(器物)적 인간이 되고 마는 것을 경계하고 있다. 오히려 어떤 그릇도 채울 수 있는 무고정의 인격을 강조하고 있다고 본다.

특히 위정(爲政)과 관련해서 보면 만일 어떤 정치가나 혁명가가 기물적 인간으로 된다면 그 폐해는 엄청날 것이다. 시스템을 경시하거나 실무적 능력을 무시하는 말은 아니라고 생각되며, 그 완고함이나 고정됨을 경계하는 것이라고 본다. 이 불기(不器)는 주이불비(周而不比)와 일맥상통(一脈相通)하는 것이다. 특히 정치(爲政)와 관련해서 이 말이 시대를 넘어 통렬하게 느껴지는 요즘이다.

시대와 사회의 혼란과 퇴행을 극복하고 새로운 세상을 열어가는 것은 결국 구체적 '사람'이다. 그 '사람'은 동시에 시대와 사회의 산물이다. 난세(亂世)에 새 시대를 열어갈 사람이 태어나고 육성되는 것이 대단히 중요하다. 난세는 새로운 도약의 전조(前兆)가 되기도 하지만, 멸망(滅亡)으로 이어지기도 하기 때문이다.

그 갈림길에 '사람'이 있다.(여기서 '사람'은 '사람 일반'을 말한다.) 불기(不器; 용량이나 용도가 한정되지 않음)는 그 재능과 덕성이 최고의 경지에 오른 사람이다. 나는 불기(不器)가 되기 전에 먼저 대기(大器)가 되어야 한다고 생각한다. 용량이 커야 한다. 내가 요즘 뼈저리게 느끼는 것은 사람은 결국 그 자신의 용량만큼만 역할이나 기능을 수행할 수밖에 없다는 것이다.

근래의 정치를 보면 대기(大器)가 잘 안 보인다. 박정희(산업화)와 김대중(민주화)을 함께 품을 수 있는 정도의 대기(大器)라야 미답(未踏)의 새로운 세상을 열어가는 불기(不器)의 사람이 될 수 있을 것이다.

정치권력의 길은 험한 길이다. 큰 재능이 있고, 가슴에 큰 뜻을 품은 사람이라 하더라도 그런 사람이 정치권력을 향한 험난한 과정에 뛰어들기는 어렵고, 뛰어든다고 하더라도 권력의 생리(生理)에 스스로를 적응하기 힘들어 실패하기 쉽다. 현실적인 방안은 어떤 경로든 정치권력에 가까워진 사람 가운데서 대기(大器)가 만들어지는 것이다.

대기만성(大器晩成)이라는 말이 있다. 결국 청년에게 기대하는 것이다. 스스로 대기(大器)임을 증명하지 못한 세대의 사람 가운데 역사에 기여하고 싶은 진심(眞心)이 있다면 청년이 대기(大器)가 되도록 도와야 한다. 권력에 이르는 잔재주나 욕망을 부추기는 것은 쌍방을 다 망치는 길이다.

어차피 정치에는 권력을 향한 공학(工學)이 필수적이다. 대기(大器)가 되는 조건은 진심(眞心)이 공학(工學)을 품어야 한다는 것이다. 먼저 자기 내면에서 권력을 향한 정치공학과 진심(眞心) 사이의 투쟁에서 진심이 승리해야 대기(大器)가 될 수 있다. 대기(大器)가 되어야 미답(未踏)의 세계를 열어가는 불기(不器)가 될 수 있다. 이 난세가 새로운 세상의 전조(前兆)가 되었으면 하는 간절한 바람으로 고전을 들추게 된다.


- 사람은 상승(上昇)을 지향할 때 아름답습니다.
- 진정한 '사람다움'이란 무엇일까요?
- 나는 크게 두 가지로 봅니다. 욕망과 능력이지요. 욕망의 상승은 덕성(德性)이고, 능력은 그 덕(德)을 실현할 힘입니다. '불기(不器)'는 최고의 덕성과 능력을 지향하는 공자(孔子)식 표현이라고 봅니다.
- 불가(佛家)나 노장(老莊)사상에서 이상으로 생각하는 '무욕(無欲)'을 공자의 '불기(不器)'에 비유할 만합니다.
- 나는 먼저 천하(天下)와 만민(萬民)을 가슴에 품는 대욕(大欲)을 가질 것을 권하고 싶습니다. 먼저 '대기(大器)'가 되라는 것이지요.
- 대욕(大欲)은 무욕(無欲)을 지향할 때라야 제대로 상승(上昇)할 수 있습니

다. 그렇지 않으면 대단히 위험합니다. 특히 권력(힘)을 갖게 되면 독재의 욕망에 휘둘려 급전직하(急轉直下)하기 쉽습니다. 또한 무욕(無欲)은 대욕(大欲)에서 출발할 때라야 자신만(小乘)의 안녕과 자유(해탈)를 추구하는 데 머물지 않을 수 있고, 불기(不器)가 되어 천하 만민을 이롭게 하겠지요.
- 그것이 홍익인간(弘益人間)의 길, 나아가 홍익만유(弘益萬有)의 길이지요.

## 13

자공이 군자를 물으니 공자 말하기를, "하고자 하는 것을 먼저 행하고 나서 말을 하는 사람이다."

子貢問君子 子曰 先行其言而後從之
자 공 문 군 자  자 왈  선 행 기 언 이 후 종 지

- 군자를 아주 쉽게 설명하고 있네요. 공자가 가장 중시하는 것이 언행의 일치 같아요.
- 아마 동물계로부터 인류가 진화하면서 드러난 그 가장 큰 특징이 말(言)과 관념(觀念)의 발달이 아닐까요? 그 덕분에 인간의 문화가 계승되고 발전한 것도 사실이지만, 그 부작용도 역시 큰 것 같습니다.
- 어떤 현상이나 양면성이 있지요.
- 동물도 사냥이나 자기 보호를 위해서 위장을 하는 경우가 있겠지만, 인간은 말과 관념을 여러 가지 부정직하고 불의한 목적으로 사용해 왔지요.

- 언행이 일치하지 못함을 부끄러워하기는커녕, 목적을 위해서는 거짓말을 서슴지 않는 요즘의 세태가 더욱 아프게 다가옵니다.
- 거짓말을 합리화하는 그 '목적'이란 것이 무엇일까요? 거짓말로 달성하려는 목적은 결국 사익(私益) 아닌가요?
- 자신이나 자기 집단의 권력과 돈이지요.
- 낡은 담론과 도덕이 동반 붕괴되고, 새로운 담론과 도덕이 아직 자리 잡지 못하는 요즘 같은 과도기일수록 일종의 도덕적 아노미 상태가 발생하는데, 위선(僞善)과 이른바 '내로남불'이 만연하지요.
- 오랫동안 목적이 수단을 정당화한다는 논리가 작동해 왔지요. 역사를 통해 잔혹한 독재와 엄청난 희생을 겪고도, 아직도 그런 정서에서 벗어나지 못하는 정치적 퇴행성은 답답함을 넘어 절망을 느끼게 합니다.
- 공자는 군자(君子)라는 인간상에 가장 담고 싶은 것이 말이 앞서지 않고 실행을 먼저 하는 인격인 것 같습니다.

14

공자 말하기를, "군자는 두루 통하여 편파 되지 않고, 소인은 편파 되어 두루 통하지 않는다."

子曰 君子 周而不比 小人 比而不周
자왈 군자 주이불비 소인 비이불주

이해관계를 중심으로 이합집산하려는 보통의 경향을 넘어설 때 군자가 될 수 있는 것이다. 특히 개인주의가 고도로 발달하고, 개인의 이익이 높은 가치로 보호되는 현대에서 이러한 인간상을 지향하는 것은 큰 의미가 있다고 생각된다.

개인의 생명력이 여러 가지로 억압되던 시대에는 그 개인의 생명력을 해방하는 것이 가장 큰 주제가 된다. 따라서 오늘날의 개인주의는 그런 점에서 인간과 사회의 진화에 필수적인 과정일 수 있다고 본다. 그러나 그것이 극단적인 이기주의가 되면 오히려 생명력을 훼손하는 결과가 되고 개인의 자유와 행복에 반(反)하게 된다.

개인주의를 지나고 있는 현대는 바로 이런 점에서 공자의 시대보다도 훨씬 이 주이불비(周而不比)라는 과제에 직면하고 있다고 본다. 누구하고나, 어떤 세력과도 타협하라는 이야기는 결코 아니라고 보며, 오히려 특정 개인이나 특정 집단의 이익이 아니라 인류의 보편적 이익 또는 진리가 어디 있는가를 끝까지 추구하는 정신을 말하는 것이다.

이러한 추구는 결국 중도(中道)와 통한다고 본다. 인류 역사는 무수히 많은 극단과 극단의 대립 투쟁을 반복하면서 거칠게나마 중도를 향하고 있다. 근래 한국 정치에서 나타나는 심리적 내전 상태 또한 이런 극단과 극단의 부딪침이 몇 차례 정권교체를 거치며 그 대립이 심화되었기 때문이다. 사회와 물질 그리고 인지(人知)의 발전은 이제 부드럽게 중도에 이르는 것을 가능케 하고 있다. 그것이 민주주의이며 진보라고 생각한다.

■ 군자는 보편적이고 소인은 편파적이라는 말인데, 군자와 소인은 태어날 때부터 구별되는 그런 개념이 아니지요. 새로운 군자론을 제시한 공자 스스로도 자신은 군자가 목표로 하는 인격에 아직 도달하지 못했다고 술회합니다.

- 사람은 누구나 자기중심적으로 생각합니다. 따라서 자기가 틀림없다고 생각하고 한쪽으로 치우치기 쉽지요. 그것을 자각하는 것이 소인으로부터 군자로 진화하는 출발이라고 봐야지요.
- 내가 보편적이라고 알고 있는 것이 진짜 '보편'일까요? 또 과연 '보편'이라는 것이 과연 있는 것일까요?
- 나는 보편성은 있다고 생각해요. 다만 '내가 생각하는 것이 보편성이다.'라는 확신은 오히려 보편성에서 멀어질 위험이 크다고 생각해요. 보편성이란 예를 들면 모든 사람은 자유롭고 행복한 사회를 원한다는 것이 아닐까요? 구체적으로 어떤 것이 자유고 행복인지에 대해서는 그 시대, 그 사회의 환경에 따라서 또 개인의 입장이나 성격·취향에 따라서 다르겠지만 그것은 보편성을 부정하는 것이 아니라 보편성의 내용이라고 생각합니다.
- 보편은 어떤 불변의 법칙 같은 것이나 강요되는 것이 아니라 생성되고 획득되어 가는 것 같아요. 그것은 어떤 특정 시점에서 다수에 의해 지지받는 것과도 다르다고 생각해요. 때로는 소수가 보편에 가까울 수도 있지요. 길게 봤을 때 결국은 보편성의 방향으로 움직여 간다고 생각합니다.
- 지금처럼 개인주의가 지배하고 이기주의가 만연한 상태에서 보편성을 추구한다는 것은 과거에 비해 더 힘든 면이 있는 것 같아요.
- 일견 그렇게도 보이지만 과거의 집단주의나 획일주의에서 벗어나는 것이 진정한 출발이라고 할 수 있지 않을까요? 그런 점에서 개인의 해방은 반드시 거쳐야 할 과정이라는 생각이 듭니다. 그 과정에서 극단적인 개인주의가 나타나지만, 불가피한 수업료가 아닐까요?
- 요즘 SNS 등을 보면서 너무 극단으로 치닫는다는 생각이 들어요. 파멸

로 가는 길이 아닌가 생각도 돼요.

■ 나는 그렇게 생각하지 않아요. 과거 집단주의나 전체주의 사회에서 지배적이었던 모든 도덕·윤리·인습·관념으로부터의 벗어나고 싶은 욕구가 분출하는 것이지요. 그런데 그것이 다른 것들(어쩌면 더 본질적인)을 침범하거나 훼손하게 되는 것이지요. 머지않아 그것을 자각하리라고 생각합니다. 타자의 자유나 본질적인 가치를 침범하면 스스로 부자유스러움을 느끼기 때문이지요. 다만 지금의 복합적 위기 국면 특히 시시각각 다가오는 생태적 재앙에 비추어 볼 때, 이런 집단적 자각이 너무 늦지 않을까 걱정입니다.

15

공자 말하기를, "배우기만 하고 생각하지 아니하면 어둡고, 생각만 하고 배우지 아니하면 위태롭다."

子曰 學而不思則罔 思而不學則殆
자왈 학이불사즉망 사이불학즉태

■ 앞에서 언급했던 구절이네요. 여기서 말하는 '학(學)'은 공자가 말하는 '호학(好學)'의 학(學)과는 다른 의미로 쓰였군요. 옛것을 배우는 온고(溫故) 의미로 학(學)을 쓰고 있고, 사(思)는 지신(知新)을 향한 노력으로 쓰고 있군요.

■ 한자(漢字)의 특징 가운데 하나 같습니다. 공자가 논어 첫 장에서 이야

기하는 '학(學)'은 여기서 말하는 '학(學)'과 '사(思)'를 포함하는 것이라고 생각됩니다.

■ 지금 우리는 위기와 혼돈이 심각한데, 그 해결의 방향이 잘 안 보이는 것은 그 위기와 혼돈의 중층성과 복합성 때문인 것 같습니다. 특히 한국은 역사의 단축이라고 불릴 만한 변화를 겪었기 때문에 그 성과도 세계가 놀랄 만하지만, 그 모순 또한 대단히 중층적이고 복잡합니다.

■ 그러다 보니 그것을 넘어서기 위한 비전과 대책도 뚜렷한 합의점이나 방향성을 찾지 못하고 백가쟁명(百家爭鳴) 하는 형편이지요. 더구나 진실한 노력이 양극단의 퇴행적 정치현상의 회오리에서 벗어나지 못하고 그 자장(磁場) 속에서 궤멸되어 버리는 현상들을 지난 총선 과정에서 보지 않았습니까?

■ 어떻게 활로를 찾을 수 있을까요?

■ 새로운 정치에 대한 국민들의 갈망은 여전할 뿐 아니라, 앞으로 전개되는 정치 현상에 따라서는 더 커질 것이라고 생각합니다. 진심으로 정치를 정상화하고 싶은 사람들이라면 진보, 보수 가릴 것 없이 우선 자신들부터 백가쟁명을 넘어서는 구심력을 만들어내야 합니다.

■ 나는 그것이 과학적 사고에서 출발해야 한다고 생각합니다. 자기 생각이 틀림없다는 것은 한낱 '반과학적인 착각'이라는 자각이지요. 이 자각에 서서 누가 옳은가로 다투는 '쟁명(爭鳴)'이 아니라, 함께 머리를 맞대고 '무엇이 이 시점에서 옳은가?'를 연찬(研鑽)할 수 있어야 한다고 생각합니다. 어떤 결론이나 합의를 통해서 구심력을 만들려는 사고는 가능하지도 않지만, 위험하기도 합니다. 우리 시대가 요구하는 구심력은 전체주의나 독재로 흐를 수 있는 그런 합의나 결론에서 나오는 것이 아닙니다. 단정(斷定)이나 고정(固定)이 없이 이 시점에서 무엇이 옳고 필요한

것인가를 함께 찾아서 실천하려는 그 태도를 공유(共有)하는 것이 새로운 구심력의 출발이 될 수 있습니다. 물론 진심(眞心=公心)과 우애(友愛=寬容) 그리고 정의(正義)가 바탕이 되어야겠지요.

■ 이 문장에서 학(學)은 온고(溫故)를, 사(思)는 지신(知新)을 의미하는 것 같습니다만, 학(學)이 꼭 옛것만을 말하는 것이 아니지요. 동(同)시대의 자기와 다른 생각이나 경험들을 받아들여 배우는 것이지요. 그리고 그 바탕에서 함께 지혜를 모아 새로운 길을 열어가는 것이지요. 그것이 사(思)이겠지요. 자기만의 주관적 생각에 빠지지 않고 함께 찾아가는 것이지요.

■ 옛날식으로 말하면 학이불사즉망(學而不思則罔)은 교조주의의 폐단을, 사이불학즉태(思而不學則殆)는 주관주의나 맹동(盲動)주의의 위험을 말하고 있군요.

■ 긍정적이고 밝게 미래를 그려갔으면 좋겠네요. 새로운 구심력을 진지하게 모색하면서 오랜 분열과 대립의 정치를 끝내고 '진실한 연합정치'를 성공시킬 수 있기를 바랍니다.

16

공자 말하기를, "이단적인 생각에 깊이 빠져드는 것은 해로울 뿐이다."

子曰 攻乎異端 斯害也已
자 왈 공 호 이 단 사 해 야 이

- 이 문장은 한문을 제대로 알지 못하면 번역을 잘못하기 쉽습니다. 공이단(攻異端)과 공호이단(攻乎異端)의 차이지요. 공이단은 '이단을 공격한다'로 번역이 되고, 공호이단은 '이단에 힘쓰다'나 '이단에 빠지다'로 번역이 되는 것이 한자의 문법상 맞습니다. 다만 이단이 무엇인가에서 입장과 견해가 갈라지겠지요. 주자는 이를 '도를 어지럽히는 사설(邪說)'이라고 하여 이단을 배척하는 근거로 삼았지요.
- 그것이 권력투쟁과 결합되어 많은 폐단을 낳았지요. 요즘 말로 바꾼다면, "지나친 사상적 편향이나 특정 이념에 몰두하는 것은 진리의 방향성을 잃게 만든다" 정도가 될 것 같습니다. 공자의 본래 맥락에서 보면 이단을 공격하거나 배척하기보다 '그에 빠지는 것'을 경계하라는 뜻으로 읽힙니다.
- '이단을 정통 유학에 반대하는 사설(邪說)'로 간주하는 주자(朱子) 유의 사고 방식이 권력 투쟁과 결합하여 유학의 폐단을 가져왔지요. 이런 해석은 공자 사상의 핵심을 근본적으로 왜곡하는 것입니다. 논어를 연찬하면서 누누이 이야기하고 있지만, 공자는 '무지의 자각'을 바탕으로 어떤 단정도 없이 그 시점의 의(義)를 추구하며 실천하려는 사상가이며 실천가입니다. 그에게는 자신의 생각이 정통이고 다른 생각은 배척해야할 이단이라는 사고가 없습니다.
- 이정철이 쓴 『왜 선(善)한 지식인이 나쁜 정치를 할까?』를 이번 기회에 한 번 더 읽었습니다. 조선 선조 때 사림(士林)의 동서분당과 피비린내 나는 당쟁을 분석한 책입니다. 요즘 한국의 퇴행적 편가름과 심리적 내전이 그 연장선 위에 있다는 느낌을 피할 수 없었습니다. 그들을 '선한 지식인'이라고 볼 수 있을까요? 나는 그들이 선한 지식인이 아니라 '자신이 옳다.' '자신이 선하다.'는 확증편향에 사로잡힌 사람들로 보입니다.

- 그 배경에 주자 성리학이 있습니다. 더 구체적으로는 윗 문장을 '이단을 행하면(배우면) 해로울 뿐이다.'는 주자(朱子) 유의 해석이 있습니다. 이 문장의 단순한 해석이 문제가 아닙니다. 이런 해석은 공자 사상의 핵심을 근본적으로 왜곡하는 것입니다. 논어를 연찬하면서 누누이 이야기하고 있지만, 공자는 '무지의 자각'을 바탕으로 어떤 단정도 없이 그 시점의 의(義)를 추구하며 실천하려는 사상가이며 실천가입니다. 그에게는 자신의 생각이 정통이고 다른 생각은 이단이라는 사고가 없습니다.
- '공자가 죽어야 나라가 산다.'며 유교나 유학의 폐단을 지적하는 사람들이 실제로는 정통과 이단이라는 주자류의 사고에 젖어 자기와 다른 생각을 하는 사람이나 집단을 격멸해야 할 적(敵)으로 간주하고 죽기 살기로 싸우고 있습니다.
- 어떻게 해야 지금과 같은 심리적 내전 상태에서 벗어나 그동안 어렵게 축적한 밑천을 제대로 살려 21세기의 선진국, 즉 문명 선도국으로 갈 수 있을까요?
- 우선 정치가 전환되어야 할 것 같습니다. 주자 유(類)의 사고방식에서 벗어난 새로운 정치세력이 무대의 중심부로 나오고, 퇴행적 편가름에 빠진 양극단의 낡은 세력이 주변부로 가야겠지요. 그런 교체가 내전(內戰) 없이 평화적으로 이루어지는가가 나라의 운명을 좌우하겠지요.
- 새로운 정치세력의 중심 과제는 자기와 다른 생각을 하는 사람이나 집단을 공격의 대상이 아니라 함께 연찬하는 상대로 생각하는 정치문화를 발전시키는 것입니다.
- 지금 한국에서 벌어지는 위기는 새로운 질(質)의 정치가 탄생할 기회이기도 합니다. 얼마 전 익산《소통신문》에 게재했던 글을 공유해 봅니다.

# 자기와 다른 생각을 어떻게 대하는 것이 모두에게 이로울까?
### - 〈공자의 변명〉에서 -

　많은 사람들이 자기와 다른 생각을 부지불식간에 '틀렸다'고 단정해 버리는 오래된 착각의 관성에서 벗어나지 못한다. 개인 간의 다툼도 이런 태도에서 벌어지는 것이 많고, 그런 다툼들이 법정에 가서 재판으로 끝나는 일들도 흔히 보는 일이다. 마음으로 승복하지는 않더라도 일단은 강제력을 가진 국가 기관인 법원의 판단으로 질서와 평화가 유지된다.

　그런데 가장 심각한 것은 집단적 편가름이 되어 '우리 편은 옳고(正, 善), 상대편은 틀렸다(邪, 惡)'가 되어 그것을 관철하기 위해 서로 국가 권력을 장악하려는 싸움으로 전개될 때이다. 조선을 망국(亡國)으로 이끈 가장 큰 원인으로 이와 같은 당쟁(黨爭)을 들고 있지만, 문제의 심각성은 이미 지나가 버린 과거의 이야기가 아니라 지금까지도 그 악령이 얼씬거리고 있다는 것이다.

　사람들은 사회를 이루어 삶을 영위하는 존재다. 당연히 개인과 개인, 집단과 개인, 집단과 집단 간에 이해관계의 충돌이 있고, 바라보는 세계에 대한 견해의 다름이 있다. 따라서 정치·경제·사회적으로 다른 입장과 견해에 따른 정당이나 단체들이 서로 대립하고 경쟁하는 것은 어느 사회에서나 당연한 것이다.

　이들 사이의 대립이나 갈등은 그 해결 과정에서 사회를 진보시키는 동력으로 작용한다. 그것이 잘 작동하는 것이 건강한 민주주의라고 말할 수 있다. 과거-집착적이어서 현실과 유리된 관념이나 정서로 대립하고 증오하는 퇴행적이고 소모적인 편가름을 벗어나자는 것이고, 조선 후기의 당쟁과 같은 것을 반복하지 말자는 것이다. 상대는 실제로는 함께 가야 할 동반자인데, 당쟁 체제에서는 관념과 정서 속에서 철저히 배제되고 제거되어야 할 적(敵)이 되는 것이다. 이것은 민주주의와 양립할 수 없는 태도인데, 지금도 이런 관념과 정서에서 벗어나지 못하는 것이 안타깝다.

조선조(朝鮮朝) 멸망의 원인을 그 시대의 지배 사상이었던 유학(성리학)에서 찾는 것은 역사적 사실로써 충분히 공감하는 바가 있다. 비단 당쟁뿐 아니라 여러 면에서 조선의 근대화를 가로막는 요소로 작용하였다. 그리고 그것을 공자에게 돌리다 보니, 『공자가 죽어야 나라가 산다』는 책이 나올 정도가 되었다.

나는 나이 60세가 훌쩍 지나서 처음으로 논어를 접한 사람이다. 전통적인 방법으로 유학을 공부한 적이 없는 사람이다. 2년여에 걸쳐 사람들과 함께 논어를 연찬하면서 들었던 생각은 '공자를 제대로 살리는 것의 중요함'이었다. 비단 그것은 우리나라에 그동안 끼친 유학의 폐단에서 벗어나는 길일 뿐 아니라, 유학(유교)이 막대한 영향을 끼쳐온 아시아의 미래를 위해서도 대단히 중요하다고 생각하게 되었다. 중국이 요즘 공자를 들어 올리고는 있지만, 공자의 사상은 전체주의나 독재에서는 제대로 살아날 수 없는 것으로 나에게는 보인다.

내가 몇 해 전 어떤 신문 칼럼에 '시진핑 주석에게 드리는 글'을 실었는데, 나의 이런 심정을 담은 것이었다. 앞으로 여러 방면에서 지금 현실과 직결되는 관점들을 이 칼럼을 통해서 검토해 보려고 한다.

내가 논어를 사람들과 함께 읽고 연찬하면서 가장 이해하기 힘들었던 것의 하나가 '공호이단 사해야이(攻乎異端 斯害也已)'라는 위정편에 나오는 문장이었다. 그때 사람들이 제각각 가지고 와서 보던 책들이 거의 다 '공(攻)'을 '전공(專攻)한다, 행한다'는 뜻으로 풀이하고 있었다. 그렇게 보면 '이단(異端)을 행하면 해로울 뿐'이라고 해석하게 된다.

그런데 아무리 생각해도 공자의 '무지(無知)의 자각'에 바탕을 두고 '단정이나 고정이 없는 진리 탐구'나 '의(義)를 끝까지 추구하되 무적무막(無適無莫)의 바탕에 서 있는 태도' 등을 고려할 때, 이런 해석은 공자의 일관된 태도에 배치된다고 생각했다.(이 부분은 다음 칼럼에서 이야기하려 한다)

자기 생각을 정통(正統)이라 하고, 자기와 다른 생각을 이단(異端)이라고 배척하는 것은 공자의 사고 방식에는 없는 것이라고 판단이 되어서, 이 이단(異端)이 극단(極端)을 의미하는 말로 다가왔다. 즉 공자가 말하는 이단은 한쪽에 치우쳐 균형을 잃은 상태 즉 진리의 방향성을 잃고 특정 사상이나 이념에 편향된 상태를 말하는 것이다.

유학이 끼친 폐단인 실질이 아닌 허례허식이나 지배층의 공허한 위선적인 도덕주의나 물질이나 과학의 발전을 가로막은 반근대성(反近代性) 같은 것으로 공자를 비난하는 것도 공자에게는 억울한 일이다. 그중에서도 왜곡이 극심하게 나타난 것이 바로 이 문장의 해석인 것 같다.

유학이 권력과 결합하면서, '이단을 행하면 해롭다'라고 해석하면 그 폐단은 이루 말할 수 없게 된다. 유학과 다른 사상이 이단이 되어 공격과 배척의 대상이 될 뿐 아니라, 같은 유학 안에서도 자파(自派)의 생각과 다르면 사문난적(斯文亂賊)으로 서로 비난하며 사생결단(死生決斷)으로 싸우게 된다. 그런 역사를 거쳐 조선은 망했다.

자기와 다른 생각은 공격의 대상인가? 함께 검토할 대상인가? 물론 치열하게 검토하는 과정이 싸우는 것처럼 보일 수도 있다. 그러나 '공격'과 '검토'는 그 바탕이 다르다. 지금 우리 현실과 겹쳐 보인다. 검토의 대상이 될 때라야 과학적이고 현실적으로 실사구시(實事求是)할 수 있고, 그렇게 될 때라야 비로소 '구동존이(求同存異)'하는 합의와 화합의 정치가 가능하다.

코로나나 기후 위기 등을 겪으면서 우리는 어쩔 수 없는 공동운명체라고 말들은 너나없이 하면서, 실제로는 서로 상대를 향해 분노와 증오의 칼을 갈고 있다면 우리가 어떻게 살아남아 보다 번영된 삶을 기약할 수 있겠는가? 폭력으로 치닫기 전에 이 상태를 벗어나는 것이 가장 절박한 과제로 보인다.

## 17

공자 말하기를, "유(由)야, 너에게 안다는 것이 무엇인지 가르쳐 주마. 아는 것을 안다고 하고 모르는 것을 모른다고 하는 것이 참으로 아는 것이다."

子曰 由 誨女知之乎 知之爲知之 不知爲不知 是知也
자왈 유 회여지지호 지지위지지 부지위부지 시지야

무엇을 참으로 안다는 것은 어떤 것일까? 어제까지 진리로 알려졌던 것이 오늘에 와서는 그렇지 않은 것으로 판명되는 경우가 그렇게 귀한 일이 아니다. 오늘 우리가 진리라고 믿고 있는 것이 내일은 그렇지 않은 것으로 판명될지 알 수 없는 것이다. 분명한 것처럼 보이는 것도 사실 그 자체는 아닌데, 하물며 잘 모르는 것을 알고 있는 것으로 착각하거나 더구나 알고 있다고 확신하는 것은 자신과 모두에게 커다란 해악(害惡)이 될 것이다.

'나는 지금 이것이 사실이라고 생각하지만, 어쩌면 이 생각은 틀렸는지도 모른다.'라고 생각하는 것이 제대로 된 '앎(知)'이다. 흔히 이렇게 말하면 우유부단(優柔不斷)하다던가 적극적인 실천 의지가 떨어지는 것으로 생각하기 쉽지만, 실제는 그 반대다. 자기가 믿고 있는 것이 사실이라는 확증 편향에서 벗어나 있기 때문에 다른 사람이나 다른 생각에 대해 열린 태도가 되어 어떤 한가지로 고정되는 완고함이 없이 '자! 지금으로서는 이렇게 해 보자'는 유연함을 가질 수 있고, 자기 생각에 지배되지 않고 다른 사람의 지혜나 경험도 활용할 수 있는 것이다.

틀렸으면 언제라도 고쳐 가면서 끝까지 그 시점의 옳음을 실천하려는 이런 사람이야말로 가장 적극적이고 진취적인 사람이 아닐까?

- 드디어 자로(子路)가 처음으로 등장하는군요. 무인(武人)에 가깝고 솔직하고 의리가 깊은 제자로 알고 있습니다. 논어를 읽다 보면 여러 제자가 나오는데, 공문십철(孔門十哲)로 알려진 제자들 이름을 알고 가지요. 안연, 민자건, 염백우, 중궁, 재아, 자공, 염유, 계로, 자유, 자하 열 명입니다. 이름을 달리 부르는 경우가 많습니다. 이 장에 나오는 자로는 이름이 중유(仲由)이고 자(字)는 계로 또는 자로로 불립니다. 공자가 '유(由)'라고 부르면 자로에게 하는 이야기지요.
- 논어에는 공자가 자로를 나무라고 비판하는 장면이 자주 나오는데, 그만큼 공자가 허물없이 대할 수 있던 몇 안 되는 가까운 제자였던 것 같습니다. 자로는 공자보다 9살 연하로, 제자들 가운데는 나이가 가장 많은 편이었지요.
- 이 문장은 잘 모르는 것도 아는 체하는 자로의 경박함이나 자만심을 경계하는 것으로 들립니다만, 그것은 지(知)에 대한 태도에서 첫걸음일 뿐입니다.
- 모르는 것을 아는 척 하는 것은 남도 알아보기 쉽고, 자신도 속으로는 알지요. 자기가 진짜로 알고 있다고 생각할 때가 어려운 것 같아요. 실제로는 모르는 것인데 자신은 '이것은 내가 틀림없이 알고 있는 것'이라고 생각하는 거지요.
- 어떤 사람은 알고 있으면서도 모른다고 하는 경우도 봤어요. 겸허함으로 잘 안 받아들여지고 뭔가 개운치 않은 심경이 들었어요.
- 자신의 책임을 회피하려는 경우나 자기 생각을 반박받기 싫어하는 '완고함'이 반대로 그렇게 나타나는 경우도 있는 것 같습니다.

- 정말로 어떤 사람을 잘 알기 위해서는 내 자신이 그 사람과의 관계에서 '이익'이라는 관점에서 벗어나야 하는 것 같아요. 이익이 개입되면 제대로 알 수 없는 것 같아요.
- 비단 이익뿐이 아니겠지요. 자신의 생각이나 취향이 잣대가 되면 정말로 알고 있다고 말하기 힘들겠지요. 어쩌면 '모른다'는 데서 출발해야 하지 않을까요? 구체적인 사람뿐만 아니라 인간의 욕망, 인간의 지향 같은 관념에 대해서도 마찬가지라는 생각이 드네요. 나 자신도 인간에 대한 여러 가지 관념을 바탕으로 여러 계획이나 설계를 하고 있는데 그것이 허상(虛像)일 수 있다는 생각이 가끔 들 때가 있어요.
- 어떻게 아는 것과 모르는 것을 구분할 수 있을까요? 자기가 안다고 생각하는 것은 정말로 아는 것일까요?
- 바로 그 질문이 공자 사상을 이해하는 데 가장 큰 분수령이 된다고 생각합니다. 내가 논어 해설서들을 여러 권 보면서 들었던 생각은 공자가 모든 탐구를 '무지(無知)의 자각(自覺)'에서 시작한다는 것을 이해하는 저자들이 거의 없었다는 것이었습니다. 자한편 7장에서 제대로 검토해 보기로 하지요.

18

자장이 간록을 배우려 하자 공자 말하기를, "많이 들어서 의문을 없애고, 그러고도 남음이 있어 삼가 말한다면 허물이 적을 것이다. 많이 보아서 위태함을 적게 하고, 그러고도 남음이 있어 삼가 행동하면 후회가 적을 것이니, 말을 삼가서 허물을 적게 하고 행동을 조심해서 후회를 적게 한다면, 그 가운데 녹(祿)이 있다."

子張 學干祿 子曰 多聞闕疑愼言其餘則寡尤 多見闕殆愼行其餘則寡悔 言寡尤行
자장 학간록 자왈 다문궐의신언기여즉과우 다견궐태신행기여즉과회 언과우행
寡悔 祿在其中矣
과회 녹재기중의

　이 장은 스무 살의 젊은 자장이라는 제자가 벼슬(祿)을 얻으려면 어떻게 하면 되겠느냐는 질문에 대해서 응답하는 내용이다. 지금은 지식인들이 벼슬 말고도 얼마든지 출세할 수 있는 길이 많지만, 당시는 지식인(士)을 농(農)공(工)상(商)보다 우위에 두고 구별 짓는 신분 계급제 사회라서 벼슬을 얻는 것이 지식인이 출세하는 거의 유일한 통로였다.
　공자도 이런 현상을 받아들일 수밖에 없었지만, 학문의 목적이 벼슬을 구하는 것이 되는 것은 여러 곳에서 명백히 반대하는 입장을 밝히고 있다. 삼 년을 공부하고도 벼슬자리에 나가지 않는 제자를 칭찬하는 장면도 나오지만, 사실 공자는 학문의 참된 목적을 자신의 인격을 풍부하고 진실하게 하는 '위기지학(爲己之學; 자기 자신을 위한 학문)'에 두었다.
　벼슬을 구하려는 제자들에게 그것을 구하지 말라고 할 수는 없었지만, 먼저 스스로의 언(言)과 행(行)을 바르게 하면 벼슬은 그 결과로 따라오는 것이라고 이야기한다. 즉 벼슬 그 자체를 목적으로 하지 말라고 권하였다.
　실천의 중요성은 고금을 통해 마찬가지라고 생각한다. 흔히 탁상(卓上)에서 만들어지는 이론들은 공론(空論)이 되기 쉽거니와 그보다 더 나쁜 경우는 극단으로 빠지는 것이다.
　"많이 듣고 보아서 의문을 없애고 위태로움을 적게 한 다음, 그러고도 '남음'이 있어 말과 행동을 한다면 허물이 작으리라."라는 문장에서 그 '남음'

이 무엇인가에 대해 여러 가지 해석이 있을 것이다. 우선 무엇이 먼저인가를 이야기하고 있다. 보통의 사람들에게는 자신의 주장을 강하게 이야기하고 싶어 하고 자신의 지식이나 경험을 과시하려고 하는 욕구가 있다. 여기서 '여(餘)'는 이런 욕구 이전에 먼저 해야 하고 갖추어야 할 것들을 강조하는 표현이라고 생각한다. 또 다른 면에서는 어떤 행위를 할 때나 어떤 시스템을 운영할 때 이 남음(餘)은 진정한 실력을 나타내는 말로도 다가온다. 예를 들어 고등학생 정도의 실력이 있는 사람이 중학교 정도의 시스템을 움직이는 것은 여유가 있는 것이다.

그런데 실태를 보면 그 반대의 경우가 많다. 관념이 실력에 앞서는 사회적 실험들이 한계에 부딪치고 실패를 하는 많은 사례들이 그것을 보여준다. 크게 보면 러시아 10월 혁명 이후의 사회주의 실험의 실패도 그렇지만, 우리 주위에서 새로운 사회를 향한 협동조합이나 공동체 운동들이 직면하는 현실 앞에서 이런 생각이 드는 때가 많다.

- 신(愼)의 의미는 삼가 말을 안 한다는 것이 아니라 삼가 말을 한다는 것 같아요. 말을 하고 싶은데 참는 것은 아닌 것 같아요. 말을 하든 안 하든 중요한 것은 마음의 상태 같아요. 무언가를 단정(斷定)하고 그것을 강하게 밀어붙이는 경우는 말할 것도 없지만 자기 말이 부정될 것이 두려워서 말을 안 하는 것 또한 비슷한 마음의 상태가 아닐까요? '가만있으면 중간은 간다.'는 식으로 현실적인 안전을 생각해서 말을 안 하는 경우도 있는 것 같고요. 오히려 가볍게 이야기할 수 있는 상태가 좋지 않을까요?
- 뭔가 마음에 걸림이 있으면 말이 '잘' 나오지도 않고 따라서 전달도 제대로 안 되는 것 같아요. 그런 의미에서 '가볍게'는 마음의 상태를 나타내

는 말로 이해가 돼요. 말이 책임이 없다거나 내용이 가볍다는 것은 아니겠지요. 그런 의미에서는 '삼가(愼)' 말하는 것과 통한다고 생각해요.
- 그냥 많이 듣고 많이 보는 것은 문제가 있는 것 같아요. 오히려 헷갈리거든요. '골라서' 많이 듣고 많이 보아야 하는 것 아닐까요?
- 그렇지요. 그런데 '골라서'가 문제의 핵심 같은데요? 말하고 행동하는 주체의 선택이지요. 그런데 이 경우 자신이 단정하고 나서 자신의 취향과 선호에 맞는 것만 골라서 듣거나 본다면 그것이야말로 '많이 보고 많이 듣는 것'과는 거리가 너무 멀다고 생각되는군요.
- 그런 점에서 자신이 좋아하는 지식이나 정보만 주로 제공하는 '알고리즘'이야말로 확증편향을 부추기고 퇴행성 편가름을 심화시키는 주범이 되고 있어요.
- 역시 자신의 판단에 의지할 수밖에 없겠지만 '내 판단이 틀릴 수도 있다.'는 자각이 공자가 말하는 다문(多聞) 다견(多見)의 선행조건 같군요.

19

애공이 "어떻게 하면 백성들이 잘 따르겠습니까?" 하고 묻자, 공자 말하기를, "곧은 사람을 천거하여 굽은 사람 위에 두면 백성들이 따릅니다. 반대로 굽은 사람을 들어 올려 곧은 사람 위에 두면 백성들이 따르지 않습니다."

哀公問曰 何爲則民服 孔子對曰 擧直諸枉則民服 擧枉諸直則民不服
애공문왈 하위즉민복 공자대왈 거직제왕즉민복 거왕제직즉민불복

제2편 위정(爲政) | 107

- 노나라의 삼환(三桓)이 실권을 쥐고 전횡하던 때의 바로 그 임금(제후)이 바로 애공(哀公)이군요. 공자의 명쾌한 대답이군요. 정치에 있어서 '인사(人事)가 만사(萬事)'라는 것은 동서고금을 막론하는 것이지요.
- 안연편 22장에서 번지라는 제자가 인(仁)을 물었을 때 순(舜) 임금과 탕(湯) 임금 같은 성왕(聖王)의 예를 들어 이야기합니다. 그 장(章)에서 자세히 살펴보겠지만, 우선 간단히 말씀드려보면, 인(仁)은 사람을 사랑하는 것(愛人)이고 그 사람을 사랑하는 구체적 기술이 정치이며, 그 정치의 요체는 좋은 인사(人事)에 있다는 내용입니다.
- 대통령제인 지금 우리나라 정치의 난맥상도 바로 대통령이 하는 '인사(人事)'에서 나타나지요.
- 87체제로 탄생한 지금의 대통령제의 결함 가운데 하나는 바로 대통령에게 중요한 직책의 인사권이 독점되어 있어서, 지금과 같은 퇴행적인 편가름이 지배할 때는 인사(人事)의 풀(pool)이 편향되고 협소할 수밖에 없다는 점이지요.
- 결국 나라의 인재를 적재적소에 폭넓게 배치할 수 있는 것은 지금과 같은 퇴행적 편가름 정치를 벗어나 연합정치가 가능한 제도로 바꿀 때 가능하다고 생각되는군요.
- 민주주의 국가에서 최고의 인사권자는 국민이지요. 가장 중요한 직책인 대통령을 국민이 선출하니까요. 요(堯) 순(舜) 같은 성왕(聖王)이 아니라, 성숙한 국민이 좀 더 합리적이고 효율적인 제도를 만들고 선거를 통해 그 인사권을 행사해야겠지요.

## 20

계강자가 묻기를, "백성들로 하여금 공경하고 충성스럽고 서로 권면하게 하려면 어떻게 합니까?" 공자 말하기를, "백성들에게 장중하게 대하면 공경스럽게 되고, 효와 자애로 대하면 충성스럽게 되고, 선한 이를 등용하여 능하지 못한 사람을 가르치면 서로 권면하게 될 것입니다."

季康子問 使民敬忠以勸 如之何 子曰 臨之以莊則敬 孝慈則忠 擧善而敎不能則勸
계강자문 사민경충이권 여지하 자왈 임지이장즉경 효자즉충 거선이교불능즉권

- 드디어 계씨(季氏)가 등장하는군요.
- 공자가 14년의 외유 끝에 돌아온 고국 노나라에서 만난 정치는 애공(哀公)이라는 왕은 실권이 없고 이른바 삼환(三桓)이라는 대부들이 실권을 쥐고 전횡하는 상태였지요. 그 가운데도 가장 권력이 센 사람이 계씨(季氏)였지요.
- 공자가 당시의 군주제라는 체제에서 이상적으로 생각한 정치 질서는 '군군신신부부자자(君君臣臣父父子子)'로 표현됩니다. 지금 들으면 전제 군주제와 가부장제를 옹호하는 반동적인 말로 들리지만, 춘추전국시대의 정치적 혼란 속에서 부자(父子)나 형제(兄弟) 사이에도 서로 죽고 죽이는 잔인한 권력 싸움과 그 권력 싸움에 휘말려 희생되는 사람들을 생각하면서 내세운 정치사상이라는 점을 감안해서 보는 것이 필요합니다.
- 공자의 사상을 이어받아서 유교를 확립한 사람들이 절대왕권을 옹호한

사람들이었는가 아니면 절대군주제 아래에서 왕권을 제약하려고 한 사람들이었는가에 대한 판단이 유교 정치를 이해하는 데 대단히 중요한 것 같군요.
- 양면(兩面)이 다 있을 것입니다만, 성왕(聖王)을 모델로 제시하는 것이 바로 이런 유교식 왕권 제약이라고 볼 수도 있겠지요.
- 공자는 고국 노나라의 정치가 맘에 안 들었을 것입니다. 특히 삼환(三桓)에 의한 국정 농단으로 비쳤겠지요. 요즘 같으면 탄핵 사유이지요.
- 공자와 계씨의 대화나 계씨에 대한 언급이 논어에 많이 나오는 편이라, 이런 사정을 이해하고 읽는 것이 좋을 것 같군요.
- 이 장에서도 넌지시 권력자 계씨에게 충고하고 있는 것이 느껴집니다. "당신이 먼저 잘하면 정치가 제대로 굴러 갑니다."라는 이야기지요.
- 그러네요. 당신이 먼저 장중하면 공경스러워지고, 당신이 먼저 효성스럽고 자애로우면 충성스러워지고, 무능한 자를 질타하고 벌주는 것이 아니라 계도하면 서로 선(善)을 권면하게 된다는 의미로 읽힙니다.
- '장중(莊重)'은 권위를 내세우는 것이 아니라, 학이편 8장의 군자의 모습이라고 할 수 있을 것 같군요.

21

어떤 사람이 공자에게 묻기를, "선생께서는 왜 정치를 하지 않으십니까?"

공자께서 말씀하시기를, "서경에 '효도하라, 오직 효도하고 형제간에 우애 있게 하라. 그러면 네가 하는 일에 늘 정치가 있다.'고 일렀소. 바로 그것이 정치를 하는 것인데 따로 또 정치를 한다고 나설 이유가 무엇이오?"

或謂孔子曰 子奚不爲政 子曰 書云孝乎 惟孝友于兄弟 施於有政 是亦爲政 奚其
혹 위 공 자 왈   자 해 불 위 정  자 왈   서 운 효 호   유 효 우 우 형 제   시 어 유 정   시 역 위 정   해 기
爲爲政
위 위 정

공자가 서경(書經)을 인용하여 '오직 효도하고 형제간에 우애 있게 하라. 그러면 네가 하는 일에 늘 정치가 있다.'고 말하는 구절은 공자의 시대보다도 현대에 와서 더욱 음미할 만한 말이라고 생각된다.

공자를 현실 정치에 목마른 요즘 말로 하면 폴리페서(polifessor)쯤으로 여기는 사람들이 많지만, 이 글에서 오히려 공자의 정치관, 특히 다원주의적 정치관이 잘 나타나고 있다.

이 글에서 말하는 것은 탈정치(脫政治)가 아니라 정치의 영역을 더욱 보편화하는 것이며, 정치 문화를 변혁하는 것이다. 권력이 목표가 아닌 정치 문화를 그려 볼 수 있는 것이다. 민주주의의 발달, 다원화, 지방화, 세계화가 더욱 진전되고, 인터넷 등의 기술적 수단이 점점 발달하고 있는 오늘이야말로 이런 정치의 이상을 실현할 수 있는 것을 구체적으로 바라볼 수 있게 하고 있지 않을까.

14년에 걸친 공자의 유세 활동은 정치를 정상화하지 않고는 난세의 고통에서 벗어나기 힘들다는 공자의 판단과 의지 때문이었다고 보는 것이 공자에 대한 바른 이해가 아닌가 한다. 공자가 지금 한국에서 태어났다면 현실 정치를 어떻게 바라보고, 어떤 역할을 하고 싶어 할까?

- 공자를 현실 정치에 목마른, 요즘 말로 하면 권력 주변을 얼씬거리는 폴리페서(polifessor)쯤으로 여기거나, '안 될 줄 알면서도 헛되이 애쓰는 이상주의자'로 비아냥거리는 사람들이 공자 시대에도 많았지요. 이 장의 문답에 나오는 정치는 전혀 성격이 다르군요.
- 전에 논어를 읽을 때 21장을 보면서 묻는 것은 위로부터의 정치인데 답하는 것은 아래로부터의 정치라고 생각했었어요. 또 요즘의 정치를 생각해 보면 제도 그 자체는 많이 발전했지만, 이제는 사람이 변화하는 것이 더 중요한 과제가 아닐까 하는 생각을 했었지요.
- 이제는 정치 그 자체에 대한 변혁이 필요한 시점에 왔다는 생각이 들어요. 민주주의가 발달하면 할수록 '정권이 쟁탈의 대상'이 되는 정치로부터 '사람을 자유롭게 하는 예술'로서의 정치로 변화되어야겠지요. 가장 늦게 변하는 것이 권력욕이 강한 정치인들이나 지망생들인 것 같아요. 선거제도 등의 변화가 물론 중요하지만 정치 문화의 혁명이 절실한 시점에 왔다고 생각합니다. '위'와 '아래' 모두가 이런 방향으로 변화해 가야 할 것 같아요.
- '오직 효도하고 형제간에 우애 있게 하라.'는 구절이 마음에 들어오네요. 자신을 돌아보게 되고요. 정말 가까운 사람에게 마음을 쓰지 않으면서 멀리 있는 사람에게 마음을 쓴다면 그건 어떤 마음일지 생각이 들었어요. 이제부터 참 정치를 해야겠네요. 한편, 자칫 가족이나 친족에 대해 잘 하는 것이 '내 가족 챙기기'나 '가족 이기주의'와 결부되어 부정이나 부패로 이어져 나쁜 정치의 원인이 되었던 역사는 넘어서야 하는 것이지요.
- 그렇습니다. 따라서 과거의 신분 계급제와 같은 질서에서보다는 현대 민주주의에서 공자의 이런 말들이 더 현실적이지 않을까 생각합니다. 상당히 발전한 사회나 정치에서 바라보이는 경지 같습니다.

- 역사는 돌고 돈다는 말이 있습니다만, 나는 그것을 단순한 순환이 아니라 '나선형 순환'이라는 생각이 듭니다. 개인이 해방되는 것이 하나의 추세라면 그 과정에서 예전의 가족이나 친족 공동체는 해체되고, 이런 과정을 통해 '소외'가 발생하면 다시 새로운 공동체에 대한 바람이 생기는 것이지요. 과거의 공동체로 돌아가는 것이 아니라 해방된 개인들이 새롭게 만들어가는 따뜻한 우애의 질서라고 생각합니다. 그것이 미래 정치의 방향이 되는 것이지요.
- 원래 그런 뜻은 아니지만, '수신제가치국평천하(修身齊家治國平天下)'에서 치국(治國)의 정치를 넘어 평천하(平天下)의 정치가 그려집니다.
- 요즘 '자치와 분권'이 새로운 정치의 어젠다로 등장하고 있고, 아직은 공중전(空中戰) 수준입니다만, 그러나 앞으로의 정치의 큰 방향이라고 생각합니다. 자율(自律)과 자치(自治)이지요.
- 그 자율과 자치의 정치 질서 안에 담아야 할 '사람과 사회의 진보'의 내용을 생각하게 됩니다.

## 22

공자 말하기를, "사람이 신의가 없다면 그를 무엇에 쓸 수가 있을까? 큰 수레에 예(輗)가 없고 작은 수레에 월(軏)이 없다면 수레가 어떻게 갈 수 있겠는가?"

子曰 人而無信 不知其可也 大車無輗 小車無軏 其何以行之哉
자 왈 인 이 무 신 부 지 기 가 야 대 거 무 예 소 거 무 월 기 하 이 행 지 재

- 문(文) 행(行) 충(忠) 신(信)을 공문(孔門) 사교(四敎)로 중시합니다. 그 가운데 충(忠)이 자기 내부의 진실을 표현하는 말이라면, 신(信)은 대인 관계에서 진실한 덕을 가리키는 말이지요.
- 권력이든 돈이든 이익을 위해서 허언(虛言)과 거짓말과 위선(僞善)을 한 점 부끄러움 없이 행하는 정상배(政商輩)들에게 해주고 싶은 말입니다.
- 예와 월이 무엇인가요?
- 소와 말을 수레와 연결하려면 짐승의 등에 얹은 멍에와 수레의 끌채를 연결해야 하는데, 이때 끌채에 가로지르는 나무를 대고 그곳에 멍에를 연결하고 쐐기로 고정시킵니다. 그 쐐기를 우차(牛車)는 예, 마차(馬車)는 월이라고 불렀습니다.
- 신의를 예월에 비유한 것이 절묘하네요.
- 다른 이야긴데, 요즘 우리나라 이야기인데, 비록 소수당이지만, 거대양당의 개혁과 정상화를 견인할 수 있는 신당(新黨)이 출현할 수 있을까요?
- 객관적인 조건이나 필요는 무르익었다고 생각하는데, 그것을 만들 수 있는 구심력이 있을지 모르겠네요.
- 구심력이 무엇이라고 생각하나요?
- 공자의 말과 이어본다면, 우선 국민에게 믿음(信)을 주는 것이지요. 허언(虛言)과 거짓말과 위선(僞善)을 안 하는 것입니다. 퇴행적 싸움에 국민들은 너무 지쳐 있습니다. 다음으로는 실사구시 하는 생산적 담론을 통해서 정치를 일변(一變)시킬 비전을 제시하는 것이지요.
- 권력이 아니라, 나라와 사회의 정상적인 정치를 위해서 열정이 있는 사람들이 그 촉매 작용을 할 수 있기를 바랍니다.

## 23

자장이 물었다. "십세(十世)의 일을 알 수 있겠습니까?"

공자 말하기를, "은나라는 하나라의 예를 따라서 덜고 더하고 했으니 알 수 있다. 주나라는 은나라의 예를 따라서 덜고 더했으니 알 수 있다. 혹시 주나라를 잇는 나라라면 비록 백세(百世) 앞이라도 알 수 있다."

子張問十世可知也 子曰 殷因於夏禮 所損益 可知也 周因於殷禮 所損益 可知也
자장문십세가지야 자왈 은인어하례 소손익 가지야 주인어하례 소손익 가지야

其或繼周者 雖百世 可知也
기 혹계주자 수백세 가지야

- 삼백 년 앞을 물어보는데, 삼천 년 앞을 이야기하는군요.
- 과장이 심하다는 생각도 들지만, 공자의 일관된 인생관이나 세계관을 느낄 수 있군요.
- 공자 이후 삼천 년이라면 25세기 정도인데, 지금 인류 멸종 시계의 초침(秒針)이 시시각각 다가오는 시점에서 당시 비록 난세(亂世)라도 삼천 년 앞을 자신 있게 말할 수 있던 낙관주의나 낭만을 접하며, 새삼 인류 역사가 어떤 경로로 또 무엇을 행해 달려왔는지를 돌아보게 됩니다.
- 공자는 하은주(夏殷周) 3대의 이어짐 특히 그가 생각하는 예(禮)의 이어짐에서 역사의 진전을 바라보고 있지요. 특히 그가 살았던 주(周)나라의 예(禮)가 제대로 이어지지 못하는 난세를 무척 가슴 아파하는 장면들이 논어에 많이 나옵니다.
- '손익(損益)' 즉 '덜고 더하면서' 이어온다는 것은 문물제도가 계승되는

이치라고 생각합니다. 무엇을 덜고 무엇을 더하는지가 핵심이겠지요. 단절(斷絶)에 가까운 혁명(革命)을 시도하기도 하지만, 실제로 그런 단절은 있을 수 없지요.
- 온고지신(溫故知新)이나 법고창신(法古創新)을 생각하게 됩니다.
- 요순우탕문무주공(堯舜禹湯文武周公)의 일곱 분은 하은주 3대의 성왕(聖王)으로 추앙받는 사람들인데, 특히 가장 가까운 주공에 대한 공자의 신뢰와 애정은 꿈에서조차 볼 정도로 대단했다고 보입니다. 주공은 황제의 위(位)를 끝까지 사양한 사람이라서 더욱 존숭한 것 같아요.
- 이 일곱 사람으로 내성외왕(內聖外王)은 끝나고, 그 이후 그 맥(脈)은 황제가 아니라 공자로 이어진다는 것이 공자 이후 유교의 바탕이 되는 것 같아요.
- 성왕(聖王)론은 유교가 전제군주의 권력을 견제하는 가장 강력한 무기가 되는 것이지요. 공자는 상상도 못 할 세계에 지금 우리가 살고 있지만, 지금도 2500년 전 축(軸)의 시대에 제시한 선각자들의 정신적 지평 속에서 살고 있고 그것을 넘어서지 못하며 지금도 인간이 나아가야 할 지표로 작용하고 있는 것을 보면, 상전벽해의 물질적 제도적 변화들이 어떤 의미를 갖는지를 돌아보게 됩니다.
- 21세기 말쯤 세상은 어떻게 변해 있을까요?
- 인공지능 등 4차 혁명은 더욱 진전되겠지만, 핵전쟁이나 기후위기 등 인류멸종의 위험을 막을 수 있는 인간의 정신 혁명의 전망은 잘 안 보이는군요. 더구나 이런 근본적인 문제들을 조율할 책임이 큰 정치가 백 년은 커녕 십 년 앞도 내다보지 못하고 그 알량한 권력이나 이익을 위한 진흙탕 싸움에 여념이 없는 현실이 개탄스럽습니다.
- 삼백 년, 삼천 년 앞을 불안감 없이 내다볼 수 있는 세상을 인류가 만들

수 있을까요?
- 어차피 우리는 알 수 없는 일이지만, 이 아름다운 기적의 별 지구에 태어난 한 인간으로서 그런 세상을 만들기 위해 최선을 다해 보시지요.

## 24

공자 말하기를, "자기가 모실 귀신이 아닌데 제사 지내는 것은 아첨이요, 의(義)를 보고도 행하지 않는 것은 용기가 없는 것이다."

子曰 非其鬼而祭之 諂也 見義不爲 無勇也
자 왈 비기귀이제지 첨야 견의불위 무용야

- 기귀(其鬼)에서 기(其)를 어떻게 해석하느냐에 따라 다른 의미로 읽힐 수 있겠네요.
- 그렇습니다. 자기가 모실 귀신이 아닌데, 자기가 모시면 아첨이지요. 남의 조상에 제사 지내는 것인데, 나라(國)가 그런 일을 하면 나라의 자주성을 그 혼(魂)에서부터 빼앗기는 거지요.
- 이 문장에서는 그런 뜻으로 쓰인 것 같습니다만, 공자는 제사를 모시는 것도 그 자격이 있어서, 그것이 예(禮)에 맞아야 한다고 말하는 장면들이 나옵니다. 예컨대 태산에서 지내는 천제(天祭)는 황제만이 할 수 있다는 것이지요. 당시의 실권을 쥔 제후나 대부들이 참월(僭越)하는 것을 예(禮)의 혼란, 즉 공자가 생각하는 바람직한 정치 질서의 교란으로 보는 것이지요.

- '의(義)를 보고도 행하지 않으면 용기가 없다.'는 것이 왜 이 문장에서 이어질까요?
- 사람의 자주성을 빼앗긴다는 점에서 이어지는 것으로 보입니다만….
- 불의를 행하고 불의에 마음이 끌리는 사람이야 어쩔 수 없지만, 의(義)를 아는 사람이 행하지 못하는 것은 그것을 행할 때 따르는 불이익에 대한 공포 때문이지요. 이 공포는 사람의 자주성을 빼앗는 점에서 분노보다 더 심하지요. 불의에 대한 분노는 어떤 점에서는 공포를 벗어나야 가능하지요. 그런 점에서 분노가 세상의 의(義)를 실현하는 동력이 되어 온 면이 있지요.
- 요즘은 공포 때문이 아니라, 자기의 이익을 먼저 생각하는 것 같습니다. 전에는 의(義)를 실현하기 위해 목숨을 거는 사람들도 많았는데, 요즘은 목숨까지 안 걸어도 되는 세상이 되었지만, 이익 때문에 의를 외면하는 풍조가 더 심각한 것 같습니다.
- 지금 시대의 진정한 용(勇)이란 무엇인지를 묻게 되는군요. 어떤 삶을 살 것인지에 대한 선택이 용기(勇氣)인 것 같습니다.

# 제3편

# 팔일(八佾)

―

"사람이 불인하면 예(禮)는 무엇을 할 것이며,
사람이 불인하면 악(樂)은 무엇을 할 것인가?"

<sub>자 왈 인 이 불 인 여 례 하 인 이 불 인 여 락 하</sub>
子曰 人而不仁 如禮何 人而不仁 如樂何

# 1

공자가 계씨(季氏)를 비판하여 말하길, "팔일(八佾)을 뜰에서 춤추게 하니 이런 일을 차마 할 수 있을진대 무슨 일을 못 하겠는가?"

孔子謂季氏 八佾舞於庭 是可忍也 孰不可忍也
공자위계씨 팔일무어정 시가인야 숙불가인야

제3편은 현대에 사는 사람으로서는 읽기가 쉽지 않다. 공자 당시의 봉건 제도와 왕정, 당시 중국의 정치 현상을 그대로 이해하지 않고 지금의 제도, 문화, 사고방식으로 읽으면 공자는 대단히 고루하고 보수적인 인물로 보이기 쉽다. 그러나 그 시대로 돌아가서 보면 자신의 이상을 현실 정치에 그대로 실현하려고 한 용기 있는 인물을 만나게 된다. 현실 정치에 초연하지 않고 자신이 생각하는 이상을 현실 정치에 실현하려고 한 성현의 고뇌를 읽을 수 있다.

공자는 당시의 세력가에 대해 비판하는 것을 두려워하지 않는다. 그 비판의 준거가 뚜렷하고 일관되어 있다. 이 편의 여러 장(章) 들에서 계손 씨를 비롯한 삼환(三桓)의 참월과 사치를 비난하고 있다. 예나 지금이나 현재 권력을 비판 비난하는 것은 가장 용기를 필요로 하는 행위이다.

팔일무(八佾舞)는 8열(8×8=64명)로 천자만이 추게 하는 춤으로 당시의 세도가 계손 씨가 대부의 신분으로 천자의 예와 무악을 쓰는 것을 비난한 것이다. 그것은 어찌 보면 신분제의 위계질서를 지키려는 고루한 태도로도 보이지만, 당시의 이상적인 질서를 군주제의 예(禮)에서 찾는 공자의 현실 비판이라고 볼 수 있다.

- 이 팔일편을 이해하기 위해서는 공자 당시의 노나라뿐 아니라 다른 제후국들 일반의 정치 사회상을 이해해야 할 것 같군요.
- 어떤 점에서는 공자가 수구적인 데 비해 계씨가 기존 질서의 틀을 뛰어넘는 진취적인 사람으로 볼 수도 있지 않나요?
- 그런 생각도 들 수 있지만, 중요한 것은 그가 당시의 위계질서를 어떤 방향으로 뛰어넘으려고 했는가 하는 점입니다. 아래쪽, 즉 민초(民草)의 고통을 덜어주려는 쪽이 아니라, 권력과 부를 향한 위쪽을 향했다는 것이지요. 그것은 진취적인 것이 아니라, 신분 계급제의 최상위 포식자가 되기 위한 권력 추구자의 모습이지요.
- 민주주의가 발전한 현대에도 어떤 사람이나 집단의 진취성은 그런 점에서 평가되어야 한다고 생각합니다.
- 더 많은 부와 권력을 위한 투쟁으로 변질하는 사이비 진보 운동의 민낯 같은 것이지요.
- 지금 생각하면 공자가 틀에 묶인 답답한 사람으로 보이지만, 군웅이 할거하여 전쟁과 반란이 끊이지 않던 춘추 시대에 군주 중심의 안정된 정치 질서가 사람들의 행복에 중요하다고 공자는 생각했을 것 같아요. 계손씨 같은 사람은 이 질서를 해치는 사람으로 보였을 것 같고요.
- 그것과 통할 수도 있겠지만 계손씨 같은 사람의 사람됨이 공자가 생각하는 인간성과는 너무 거리가 멀었겠지요. 그 교만이나 권력욕 같은 것은 구체적인 사회시스템은 다를지라도 어떤 경우에나 그 시스템을 제대로 작동시키지 못하게 한다는 점에서는 고금(古今) 동서(東西)가 공통적이지 않을까요?
- 공자에 대한 비판을 머뭇거릴 필요는 없다고 생각해요. 공자가 이상을 펴려고 한 사회의 과제가 지금과는 다르고 공자의 생각이 나오는 그 사

회구조나 사회의식을 불식하는 것이 주제가 되고 있기 때문이지요.
- 논어를 읽을 때, 특히 팔일편 같은 내용을 읽을 때 현대인들이 부딪치는 거부감 또는 당혹감은 당연하다고 생각해요. 공자 당시의 정치적 과제는 춘추 시대의 혼란 속에서 부자(父子)간, 형제(兄弟)간에도 벌어지는 골육상쟁의 왕위쟁탈전이나 군주권을 약화시키는 대부들의 전횡을 막기 위해서 일정한 위계질서나 적장자 상속 같은 세습질서가 요청되었던 것이지요. 공자가 왕권 강화를 주장한 역사적 맥락을 이해할 필요가 있습니다.
- 그런데 그렇게 형성된 의식이나 정서가 전제군주제가 철폐되고 민주주의적 정치 질서로 변하는 인류사의 진화 속에서는 걸림돌로 작용하는 것이지요. 시대에 맞지 않는 전체주의나 집단주의, 수령론 같은 것이 유교의 낡은 유물로 정치 발전의 발목을 잡는 것이지요.
- 그렇습니다. 어떤 이념이나 사상이 계속 긍정적인 역할을 하는 것이 아니지요. 시대와 사회가 바뀌고 의식이 진화하는 과정에서는 걸림돌로 작용하는 순간이 오는 것 같습니다. 중국이나 북한의 경우는 말할 것도 없고, 한국 민주주의도 그 저변에 아직 군주제의 잔상(殘像)이 많이 남아서, 제도는 민주화되었다고 해도, 정치 문화가 발전하는 장애로 작용하고 있지요. 어떤 인물에 대한 팬덤 현상과 결부된 퇴행적 편가름이나 제왕적 대통령제의 폐단의 원인(遠因)으로 작용하고 있다고 보입니다.
- 일본이 먼저 개화했다고는 하나, 서세동점 시기에 '탈아입구(脫亞入歐)'를 내세우지만, 실제로는 천황제를 유지하면서 퇴행적인 군국주의와 전체주의로 나아가 역사에 반역적인 역할을 한 것도 그런 점에서 살펴볼 수가 있습니다.
- 공자 같은 사람, 즉 보편 정신의 진화와 현실 정치를 융합하려는 사람들

이 부딪치는 딜레마일 것 같기도 합니다.
- 지금도 종종 느낍니다만, 보편 정신이나 역사에 대한 지향에서는 통할 것 같은 사람들이 현실 정치에 대한 판단에서는 정반대의 입장을 취하는 경우를 만나 어려울 때가 많습니다.
- 저도 그런 경우를 많이 만납니다. 총론에서는 통하는 것 같은데, 각론에서는 반대인 경우를 종종 만납니다. 총론과 각론이 따로 노는 것은 무언가가 부실한 것이겠지요. 총론(관념)에서는 화이부동(和而不同)을 이야기하는 것 같지만, 각론(실천)에서는 실사구시하지 않고 단정적이 되어 결국 동이불화(同而不和)로 나가지요.
- 저는 공자 사상의 핵심을 그의 '무지(無知)의 자각'에 바탕을 둔 무고정(無固定) 무단정(無斷定)의 사고방식과 태도라고 봅니다. 그의 현실 판단이나 태도는 단지 그 시점에서의 최선일 뿐, 그것을 고정시키는 것은 공자를 제대로 이해하는 것이 아니라고 봅니다. 공자에게서 살릴 것, 다르게 말하면 공자를 살릴 것은 바로 그런 정신이라고 생각합니다.
- 논어를 그런 면을 의식하면서 읽는다면, 현실을 파악하고 개혁하는 데 많은 도움을 받을 수 있을 것 같군요.

2

노나라의 세 대부 집에서 '옹'이라는 노래를 부르면서 제사 지낸 그릇들을 치웠다. 이 이야기를 들은 공자가 말하기를, "'제후의 도움을 받아 천자가 즐거워하는구나.' 하는 '옹'의 노래를 어찌하여 세 대부의 집에서 부를 수 있단 말인가?"

三家者以雍徹 子曰 相維辟公 天子穆穆 奚取於三家之堂
삼 가 자 이 옹 철 자 왈 상 유 벽 공 천 자 목 목 해 취 어 삼 가 지 당

- 제사를 지내고 나서 상을 물리는 자리에서 부르게 하는 노래를 천자(天子)의 제사 때 부르는 노래를 썼다고 하니, 무려 두 단계를 뛰어넘는 파격이군요.
- 제사상 치우며 부르는 노래까지도 황제를 흉내 내려고 했군요.
- 1장과 같은 맥락에서 읽히는군요.

3

공자께서 말씀하시기를, "사람이 불인하면 예(禮)는 무엇을 할 것이며, 사람이 불인하면 악(樂)은 무엇을 할 것인가?"

子曰 人而不仁 如禮何 人而不仁 如樂何
자 왈 인 이 불 인 여 례 하 인 이 불 인 여 락 하

허례허식을 비판할 때 유교나 공자를 떠올리기 쉽지만, 공자는 그 해악을 기회 있을 때마다 거듭 경계하고 있다. 오히려 요즘 경조사에 임하는 실태나 혼수(婚需) 준비, 장묘(葬墓), 과시적 소비야말로 허례허식이다. 공자는 사람이 만들어갈 가장 아름다운 외적(外的) 질서를 예(禮)와 악(樂)에서 찾는다. 그것은 시대와 문화에 따라 변하는 것이며, 일률적이지 않다. 공자가

예의 달인(達人)으로 알려졌지만, 그는 가는 곳마다 그곳의 예를 물었다. 자신이 생각하는 예를 일방적으로 주장하는 것이야말로 비례(非禮)로 본 것이다. 세상을 살아가는데 예(禮)로 서고 악(樂)으로 완성한다고 할 정도로 예악(禮樂)을 중시했지만, 그 바탕의 인(仁)을 본질로 본 것이다.

- 공자는 이상적인 질서를 예(禮)와 악(樂)이라는 두 기둥으로 세우려고 한 것 같아요. 그런데 이 기둥을 어떤 바탕에 세울 것인가가 이 장들에서 말한 것이라고 생각되네요. 인(仁)·덕(德)·경(敬)이 그 바탕이 되어야 한다는 말이죠.
- 예와 악은 인간 내면의 인(仁)이 밖으로 드러날 때 아름다운 것인데, 삼가(三家)와 같이 불인한 자들이 아무리 화려한 예법을 흉내 낸다고 해도 그것이 얼마나 헛된 것인지를 꾸짖고 있군요.
- 내용과 형식의 관계, 즉 인(仁)과 예(禮)에 대해서는 논어의 여러 곳에서 언급이 있습니다만, 공자는 이에 대해서도 어느 한쪽에 치우치지 않는 중용의 입장을 밝힙니다. 옹야편 16장에 '문질빈빈(文質彬彬)이라야 군자'라는 말이 나옵니다.

4

임방(林放)이 예의 근본에 대해 묻자 공자 말하기를, "훌륭한 질문이오. 예는 사치함보다는 검소해야 하고, 부모의 상(喪)을 당하면 형식을 갖추기 보다는 진심으로 슬퍼하면 됩니다."

林放問禮之本 子曰 大哉問 禮與其奢也寧儉 喪與其易也寧戚
임 방 문 례 지 본 자 왈 대 재 문 예 여 기 사 야 영 검 상 여 기 이 야 영 척

- 임방이 누구인가요?
- 공자와 같은 노나라 사람으로 현자로 알려진 사람입니다.
- 이 문답을 보니 마치 공자가 기다렸다는 듯이 호응하는 모습이 느껴집니다.
- 아마도 같은 문제의식을 느끼고 있었겠지요. 당시의 예가 지나치게 겉으로 꾸미는 것에 치중하고 있는 현상을 비판하는 점에서요.
- 예(禮)의 본질을 '검(儉)'과 '마음'이라고 명확하게 합니다.
- 허례허식을 비판한 것을 '크다(大哉)'라고 강조하고 있군요.

## 5

공자 말하기를, "군주가 있는 오랑캐가 군주가 없는 중화만 못하다."

子曰 夷狄之有君 不如諸夏之亡也
자 왈 이 적 지 유 군 불 여 제 하 지 무 야

- 우리 입장에서 심히 거슬리는 문장입니다.
- 제하(諸夏)라는 말이 공자가 이상으로 생각했던 '하은주(夏殷周)' 삼대의 그 하(夏)나라를 모델로 여기는 이른바 중원의 여러 나라들을 들어서 비록 왕권이 혼란스러워도 그 문화의 전통이 있어서 혼란을 수습할 잠재

력이 있지만, 이른바 그런 전통이 없는 오랑캐 나라들은 왕권이 확립되어 있어도 제대로 된 정치가 이루어지기 힘들다는 이야기겠죠.
- 그렇게 보면 공자의 옛 전통에 대한 신뢰는 알 수 있지만, 중화 중심주의로 타 지역에 대한 멸시나 비하가 깔려 있어서 실망스럽군요.
- 다른 곳에서는 '구이(九夷)의 나라에서 살고 싶다.'라는 말을 한 적도 있지요. 정치권력, 특히 불인한 권력보다는 문화적 전통이 더 우위라는 것을 말하고 싶었던 것이라고 생각됩니다.
- 중국 역사를 보면 실제로 한족(漢族)이 아닌 몽골이나 만주족이 정치권력을 차지하고 강대한 나라를 만든 적도 많지요. 그런데 그 문화를 보면 중국의 전통문화에 동화되는 과정이었지요.
- 중화주의나 사대주의를 넘어서 생각해 보면 결국 문화의 힘이 권력의 힘보다 오래 가고 강하다고 볼 수 있지요. 그런 점에서 한국이 새로운 문화를 창조하는 것이야말로 주변 강대국들의 지정학적 압박에서 벗어나 오히려 '새로운 제국(The Next Peninsula; 고대 로마제국이 이탈리아반도를 중심으로 이루어진 것에 비유하여 인류사적 대변환기에 한반도에서 새로운 문명이 일어나 새로운 세계 질서의 중심이 될 것이라는 희망을 표현하는 말)'의 중심이 될 수 있는 진정한 힘이라고 생각합니다.
- 좀 '국뽕(국수주의)' 같아서 그렇습니다만, 기왕 나간 것 좀 보태자면, 그런 꿈을 정말로 가질 수 있다면, 과거에 중화 사대주의에 절은 말들로 들렸던 동방예의지국(東方禮儀之國)이나 소중화(小中華) 같은 말들이 새롭게 들려올 수 있습니다.
- 과거 동양문명의 중심으로 작용해 온 중국문명의 엑기스를 발전적으로 승계하고 해양문명과 융합하여 새로운 창조로 잇는 역할을 우리가 할 수 있겠지요. 만국활계남조선(萬國活計南朝鮮), 문명개화삼천국(文明開化

三千國) 같은 큰 꿈이지요.

## 6

계씨가 태산에서 산제(山祭)를 지냈다. 공자 염유(冉有)에게 말하기를, "너는 계손씨를 구할 수 없었느냐?" 대답하기를 "구할 수 없었습니다." 그러자 공자 탄식하기를, "아! 슬프다. 태산의 산신이 임방(林放)만도 못하다는 말인가!"

季氏旅於泰山 子謂冉有曰 女弗能救與 對曰不能 子曰 嗚呼 曾謂泰山不如林放乎
계 씨 여 어 태 산 자 위 염 유 왈 여 불 능 구 여 대 왈 불 능 자 왈 오 호 증 위 태 산 불 여 임 방 호

계손씨가 태산에 제사 지낸다는 것은 노나라 군주를 무시한 비례(非禮)로써 비난하고 있다. '임방 같은 사람도 예의 근본 이치를 물었거늘 예부터 비례는 흠향하지 않는다고 전해지는 태산의 신이 어찌 계씨의 예에 어긋난 제사를 흠향했겠느냐?'고 개탄한 것이다.

지금의 관점에서 보면 불평등한 신분사회의 대표적인 도덕이나 예로써 공자의 한계를 보는 것쯤으로 치부해 버리기 쉽지만, 당시의 이상적인 정치를 덕치(禮)를 바탕으로 하는 군주정치에서 찾았던 그 시대 그 사회를 배경으로 읽어야 할 것이다.

요즘 말로 한다면 어떤 권력자가 헌법이나 법률을 무시하거나 헌법을 자신의 권력을 위해 개정하려는 시도를 할 때 공자와 같은 지식인이라면 어떤 태도를 취할까 하는 관점으로 읽을 수 있다.

염유는 공자의 제자로 계씨의 신임을 받는 총재였는데, 그에게 계씨를 바로잡아 주지 못했느냐고 묻고 있다. 다른 곳에서도 공자가 염유를 비난하는 장면들이 있는데, 공자의 이상주의와 실권자인 계씨 사이에서 염유의 행동을 살펴보는 것도 당시의 노나라 정치를 이해하는 자료가 된다.

염유는 정치나 행정면에서는 그 능력을 인정받았지만, 공자는 그의 덕성에 대해서는 비판적이었다. 공자가 노나라에 돌아오는데 염유가 그 다리를 놓았다는 설도 있다.

## 7

공자 말하기를, "군자는 경쟁하지 않는다. 굳이 있다면 활쏘기가 있다. 예를 갖춰 사양하면서 올라가 활을 쏜다. 그리고 내려와 술을 마신다. 그렇게 경쟁한다. 군자는."

子曰 君子無所爭 必也射乎 揖讓而升 下而飮 其爭也 君子
자 왈 군 자 무 소 쟁 필 야 사 호 읍 양 이 승 하 이 음 기 쟁 야 군 자

- 공자는 군자의 특성 하나로 '긍이부쟁(矜而不爭)'을 말합니다. 긍지가 높아서 당당하지만, 다른 사람과 다투지 않는다는 것이지요. 다른 사람과 부딪치는 자존심 같은 것이 아니지요. 인부지이불온불역군자호(人不知而不慍不亦君子乎)와 통하는 것이지요.
- 그런데 유독 활쏘기의 경쟁을 이야기하는군요.
- 그 활쏘기라는 것이 경쟁은 경쟁인데, 예를 갖춰 올라가 활을 쏘고 내려

와 마시는데, 진 사람이 마신다는 것에요.
- 벌주(罰酒)인가요?
- 벌주(罰酒)가 아니라, 용기를 북돋아주는 술이라는군요. 술을 약간 하면 아마 활쏘기에 도움이 되나 봐요.
- 바로 패자(敗者)를 돕는 경쟁을 군자의 경쟁이라고 말하는 것이군요.
- 나는 바둑을 좋아하는 편인데, 어쩔 수 없이 호승심(好勝心)이 생겨 좀 힘들던데요.
- 요즘 프로 야구를 티브이로 보는데, 어떤 팀을 응원하는 마음으로 보면 즐겁지가 않아요. 이기고 있으면 즐겁게 보지만, 지고 있거나 잘못하면 짜증이 나서 채널을 돌려 버려요. 상대방이 실수하는 것을 바라게 되고요.
- 둘 다 군자(君子) 되기에는 멀었군요.
- 그런데 응원하는 젊은 사람들 보니까 나보다는 훨씬 나아요. 승패와 관계없이 응원 자체를 즐기는 모습들이 신선해 보여요.

8

자하(子夏)가 묻기를, "『시경』에 '방긋 웃는 웃음에 입술이 더욱 곱고, 아름다운 눈동자에 눈매가 더욱 곱고, 하얀 분으로 꾸미니 더욱 빛나는구나.'라는 시가 있습니다. 무슨 뜻입니까?"
공자 말하기를, "그림을 그리는 데 있어서 흰색을 나중에 칠한다는 뜻이다." 자하가 다시, "예(禮)가 뒤란 말이군요?"

공자 말하기를, "나를 일으키는 사람은 바로 상(商)이로구나. 비로소 더불어 시를 말할 수 있구나."

子夏問曰 巧笑倩兮 美目盼兮 素以爲絢兮 何謂也 子曰 繪事後素 曰 禮後乎 子曰
자 하 문 왈  교 소 천 혜  미 목 반 혜  소 이 위 현 혜  하 위 야  자 왈  회 사 후 소  왈  예 후 호  자 왈

起予者 商也 始可與言詩已矣
기 여 자  상 야  시 가 여 언 시 이 의

- 공자와 자하의 대화는 아름다운 한 폭의 그림을 보는 것 같습니다. 축(軸)의 시대의 다른 성현들에 비해 공자는 시(詩)나 악(樂)에 특히 조예가 깊은 분이었는데, 아마 자하(이름이 卜商)가 특히 문학에 뛰어난 제자였던 것 같군요.
- 모처럼 공자를 들뜨게 한 것 같군요.
- 예쁜 입매의 웃음과 아름다운 눈동자, 다음에 마지막으로 흰색으로 분칠하는 화장까지 하는 미인(美人) 서사를 이야기하고 나서, '이것이 뭘 말하는 걸까요?' 하고 물으니까 공자가 그림 그리는 걸 묻는 줄 알고 대답하자, 바로 다음 자하의 말이 '예가 뒤란 말이군요?' 하는 대목에서 공자가 벌떡 일어선 것 같아요.
- 그렇지요. 아마도 그 점에서 공자가 어린 제자 자하를 높게 평가한 것 같습니다. 예(禮)는 어디까지나 때와 장소와 대상에 따라 달라지지만, 그 바탕은 인(仁)과 심덕(心德)이라는 것이지요.
- 예(禮)가 흰색으로 화장을 하는 것 같다는 비유가 절묘하네요.
- 그런데 회사후소(繪事後素)를 '그리는 일은 흰 바탕이 먼저 마련된 후 이루어진다.'로, 예후호(禮後乎)를 '예는 나중인가요?'라고 해석하는 사람도 있군요.
- 해석이 분분한 구절입니다만, 덕(德)과 예(禮)가 어떻게 만나야 진정한

아름다움이 되는지를 말하는 것 같습니다.

## 9

공자 말하기를, "하나라의 예를 내가 말할 수 있으나 기나라에 실증할 만한 증거가 부족하고, 은나라의 예를 내가 말할 수 있으나 송나라에 실증할만한 증거가 부족하다. 문헌이 부족하기 때문이니 문헌만 충분하다면 내가 능히 증거할 수 있다."

子曰 夏禮 吾能言之 杞不足徵也 殷禮 吾能言之 宋不足徵也 文獻 不足故也 足則
자왈 하례 오능언지 기부족징야 은례 오능언지 송부족징야 문헌 부족고야 족즉

吾能徵之矣
오능징지의

- 우선 기나라와 송나라는 어떤 나라이기에 하례(夏禮)와 은례(殷禮)의 문헌을 찾고 있나요?
- 은나라가 하나라를 차지하고, 그 유민을 살게 한 곳이 기(杞)나라이고, 주나라가 은나라를 차지하고 그 유민을 살게 한 곳이 송(宋)나라입니다.
- 하은주(夏殷周)의 예(禮), 즉 문화 특히 이른바 성군(聖君) 치세의 문화를 공자는 이상으로 생각한 것 같은데, 그 문헌들을 찾지 못하는 안타까움을 말하고 있군요.
- 역사적 사실에 대해서는 자신의 추측이나 경향성으로 이야기하지 않고, 철저한 고증을 한다는 점에서 공자의 학풍(學風)을 느끼게 됩니다.
- 요즘 우리 학계(學界)를 돌아보게 됩니다. 자신의 역사관이나 세계관에

따라 입맛에 맞게 역사적 사실을 취사선택하거나 때로는 과장하고 왜곡하여 짜깁기하는 것은 제대로 된 학문적 입장이 아니지요.
- 꼼꼼히 고증하고 사실에 근거하면서 그 바탕에 자신의 역사관이나 세계관을 세워가는 것이 건강한 것이고, 그렇게 할 때라야 세상의 진보에 기여할 수 있다고 생각합니다.
- 단군조선의 건국이념으로 '홍익인간'을 이야기하는데, 저도 참 대단한 사상이고 특히 현대 인류의 체제 간의 갈등이나 생태적 재앙 등을 해결할 수 있는 탁월한 이념이라고 생각합니다만, 그것이 신화(神話) 형태로 전승될 뿐, 그것을 구현한 구체적 사료(史料)들로 뒷받침되지 않는 것이 아쉽습니다.

### 10

공자 말하기를, "체(禘) 제사를 지내는데, 술을 부어 강신한 이후부터는 나는 보고 싶지 않다."

子曰 禘 自旣灌而往者 吾不欲觀之矣
자왈 체 자기관이왕자 오불욕관지의

- 체 제사가 어떤 제사인가요?
- 천자가 정월에 남쪽 들판으로 나가 하늘에 지내는 제사랍니다. 하늘과 자연에 경외의 마음을 바치는 가장 큰 제사이지요. 원래 제후가 지내는 제사가 아닌데 주나라 성왕의 허락으로 노나라에서 체 제사를 지내게

되었다고 합니다.
- 그런데 왜 공자가 불평을 했을까요?
- 아마 공자가 체제에 부여하는 의미가 남달랐던 것 같네요. 그래서 그 체제사를 지내는 예(禮)나 그 공경하는 마음이 공자의 마음에 들지 않았던 것이 아닐까요?

11

어떤 사람이 체제에 관해 물으니 공자 말하기를, "모르겠소. 만일 체제의 뜻을 참으로 아는 사람이 천하의 일을 다루는 것은 이것을 보는 것과 같은 것이오." 하고 손바닥을 가리켰다.

或問禘之說 子曰 不知也 知其說者之於天下也 其如示諸斯乎 指其掌
혹 문 체 지 설   자 왈  부 지 야  지 기 설 자 지 어 천 하 야  기 여 시 제 사 호  지 기 장

- 이 문답에서 공자가 얼마나 체제사를 중요하게 생각하는지가 나타나네요.
- 예(禮)에서 검(儉)과 공경(恭敬)을 중시하는 공자가 특히 하늘과 자연에 사람의 대표인 천자가 제사 지내는 의미를 제대로 알지 못하고 형식화하는 것을 비판하는 내용 같습니다.
- 현대인들이 생각하는 고대인들의 비과학적인 신앙을 떠올리기 쉽지만, 나는 요즘 고대인들이 가졌던 자연에 대한 경외와 감사의 마음을 다시 생각하게 됩니다.

■ 특히 인간 중심의 자연 약탈적 산업문명이 자연을 해침으로써 스스로 존속의 위기를 불러왔음을 반성하게 되면서 그런 생각이 듭니다.
■ 자연에 대한 약탈적 태도와 인간 상호 간의 수탈과 착취는 같은 뿌리 아닐까요?
■ 천제(天祭)를 복원하자는 이야기는 아니지만, 사람들 마음 깊숙한 곳에 천지자연을 외경하고 감사드리는 제단(祭壇)이 꾸려졌으면 하네요.
■ 나라나 공동체 전체가 1년에 하루쯤은 우주 자연에 대한 감사와 생명에 대한 외경, 그리고 평화에 대한 염원을 담아 한마음이 되어 보는 그런 날이 있으면 좋겠네요.
■ 개천절(開天節) 같은 날을 그렇게 해도 될 것 같은데요? 모든 갈등이나 대결, 적대와 미움 등을 그날 하루라도 멈추고 서로가 불가분(不可分)의 일체(一體)라는 것을 느껴보는 날로 해보자는 합의가 이루어지면 그 합의 자체가 새로운 세상을 열어가는 개천문(開天門) 같은데요?
■ '체제의 뜻을 참으로 아는 사람이 천하의 일을 다루는 것은 손바닥 보는 것과 같다.'는 말이 나에게는 큰 감동으로 다가옵니다. 우주 자연에 대한 경외를 바탕으로 그 섭리를 이해하면 치국평천하(治國平天下)의 길이 자기 손바닥을 보는 것처럼 명료해진다는 말로 들립니다.
■ 축(軸)의 시대 이후 2천 년의 역사가 한눈에 들어오고, 인류라는 종(種) 자체의 존속 위기가 되고 있는 지금의 난세(亂世)를 넘어서 인류가 그리는 이상향(理想鄕)이 손에 잡히는 그런 경지를 그리게 됩니다.
■ 일찍이 이 땅에서도 그런 꿈을 꾼 사람들이 있었지요. 만국활계남조선(萬國活計南朝鮮) 문명개화삼천국(文明開化三千國) 같은 꿈이 그것인데, 단지 허황한 몽상으로 사라지지 않았으면 해요. 그런 꿈을 진실로 가슴 속에 품을 수 있게 된다면 우리는 지금과 같은 파행적이고 망국적인 내

전(內戰)을 극복하고 그동안 귀하게 만들어온 밑천을 살려 한반도를 고대 로마 제국을 탄생시킨 이탈리아 반도 다음의 '차세대 제국(The Next Peninsula)'로 만들 수 있을 텐데요.
- 진흙땅 싸움에 휘말려 앞이 잘 안 보일 때일수록 우리 민족의 가슴 깊은 곳에서 잊어본 적이 없는 북극성을 함께 바라보았으면 합니다. 길이 보입니다. 함께 꿈을 꾸면 현실이 됩니다.

## 12

조상에 제사 지낼 때는 조상이 앞에 있는 듯이 하고, 신에게 제사 지낼 때는 신이 있는 듯이 한다. 공자 말하기를, "내가 제사에 참여하지 않으면 제사를 안 지낸 것과 같다."

祭如在 祭神如神在 子曰 吾不與祭 如不祭
제 여 재 제 신 여 신 재 자 왈 오 불 여 제 여 부 제

- 제사에 임하는 태도를 잘 안다고 해도 내가 직접 참여하지 않으면 그것은 안 지낸 것과 같다는 말인가요?
- 그리고 그 참여가 조상과 신에 대한 진실한 공경심을 가지고 정성을 다하지 않으면 제사에 참여하지 않는 것과 같다는 말로도 들리네요.
- 요컨대 공자가 일관되게 주장하는 바로 예(禮)의 본질은 그 마음에 있다는 것을 강조하는 말 같습니다.

## 13

왕손가가 물었다. "아랫목신인 오에게 아첨하느니, 부엌신인 조에게 잘 보이는 것이 낫지 않겠소?" 공자 말하기를, "그렇지 않소. 하늘에 죄를 지으면 빌 곳이 없소."

王孫賈問曰 與其媚於奧寧媚於竈 何謂也 子曰 不然 獲罪於天 無所禱也
왕 손 가 문 왈   여 기 미 어 오 영 미 어 조   하 위 야   자 왈 불 연   획 죄 어 천   무 소 도 야

- 무슨 말인지 어렵군요. 이 대화가 오고 간 맥락을 알아야 이해할 수 있겠네요.=
- 공자가 계씨 등 삼환(三桓)의 횡포를 피해서 노나라를 떠나 위나라로 간 것이 56세쯤인데, 위나라에서도 실권자인 대부 왕손가를 만나 그의 비꼬는 말에 응답하는 장면입니다.
- 오(奧)는 아랫목신이고, 조(竈)는 부엌신인데, 아랫목 신은 서열은 제일 높지만, 대문신이나 부엌신 같은 신들에게 제상을 먼저 차려서 먹게 한 다음 아랫목 신에게 다시 제물을 올리는 것을 빗대어, 제후인 위령공보다 실력자인 자기에게 잘 보이는 것이 어떠냐는 비꼼이지요.
- 공자는 열국을 두루 유세하면서 그의 이상 정치를 펼 기회를 얻고자 했으나, 실제로 만난 사람들은 이런 사람들이 많았고, 냉대와 비꼼을 많이 받았지요.
- 이런 비꼼에 대해, 공자는 주택신(아랫목신, 부엌신 등)보다 차원이 다른 하늘(天)을 들고 나와 왕손가의 비꼼에 당당하게 대하는 장면이군요.
- 그가 여러 나라를 유세하면서 냉대와 야유를 받으면서도 현실 정치에

참여하려고 한 그 본래의 마음이 권력에 있지 않고 세상의 평화와 애민(愛民)에 있었기 때문에 이런 당당함이 있었다고 생각됩니다.
- 오늘 우리 현실에서 정치를 하려고 하는 사람들, 정치권력을 획득하려고 하는 사람들이 무엇을 목적으로 하는지를 묻게 됩니다.
- 오늘의 하늘(天)은 무엇일까요?

## 14

공자 말하기를, "주나라는 하나라와 은나라 두 왕조의 문물제도를 바탕으로 그 득과 실을 거울삼아 완성했으므로 찬란하게 빛난다. 나는 주나라를 따르겠다."

子曰 周監於二代 郁郁乎文哉 吾從周
자 왈 주 감 어 이 대 욱 욱 호 문 재 오 종 주

- 하은(夏殷) 2대의 문화를 덜고 더해서 주례(周禮)를 완성한 주공(周公)은 공자가 꿈속에서도 그리는 모델이었지요.
- 하나라의 걸왕과 은나라의 주왕은 폭군으로 결국 각각의 나라를 망하게 했지만, 요순우탕(堯舜禹湯)과 같은 성왕(聖王)들의 시대에 이룩된 예법과 제도의 계승을 높게 보는 것이지요.
- 나라의 흥망보다 그 문화의 이어짐을 더 근본적인 것으로 보는 시각은 여러모로 생각하게 합니다.
- 그러네요. 앞으로는 더욱 그렇지 않을까요?

- 진정한 선진국은 바로 인류의 보편 지향을 담아내는 문화를 계승하고 창조하는 나라겠지요.
- 무력이나 경제력으로 한 시대를 지배한다고 해도 멀리 보면 결국 우성(優性)의 문화와 제도를 창조하는 나라가 세계를 이끌어가겠지요.
- 한국이 그런 나라가 되기를 바랍니다.

## 15

공자가 태묘에 들어갔을 때 매사를 물어서 했다. 어떤 사람이 말하기를, "누가 추인의 자식이 예를 안다고 하였는가? 태묘에 들어가 매사를 묻던데." 그 말을 듣고 공자 말하기를, "이것이 예다."

子入大廟每事問 或曰 孰謂鄹人之子知禮乎 入大廟每事問 子聞之曰 是禮也
자입대묘매사문 혹왈 숙위추인지자지례호 입대묘매사문 자문지왈 시례야

- 노나라의 추(鄹)라는 곳에서 태어난 공자를 '추인의 자식'이라고 비하하고 있군요.
- 이 문장이야말로 공자의 진면목을 보여주는 것이라고 생각되네요.
- 예의 본질은 검(儉)과 공경(恭敬)에 있고, 그 형식은 어떤 고정된 방식이 아니고, 그 시대 그 지역의 문화에 따르는 것이라고 보는 것이지요.
- 공자가 신중을 기하기 위해서 알면서도 묻는 것이 아니라, 묻는 것 자체가 바로 예(禮)라는 공자의 태도가 논어 전편(全篇)에 흐르는 공자의 정신과 통한다고 생각됩니다.

- '시례야(是禮也)'라고 표현을 했군요. '야(也)'라는 어조사는 강한 표현입니다.

16

공자 말하기를, "활쏘기는 과녁 뚫는 것을 주로 삼지 않는다. 쏘는 힘이 같지 않기 때문이다. 옛 도(道)다."

子曰 射不主皮 爲力不同科 古之道也
자왈 사부주피 위력부동과 고지도야

- 7장에 이어 활쏘기에 대한 이야기가 또 나오는군요.
- 활쏘기는 과녁 맞히기보다 예의와 상호 배려가 더 중요하다는 것이지요.
- 세상이 혼란해지면서 활쏘기가 군자의 도(道)로부터 점차 숭무(崇武)로 바뀌는 것에 대한 안타까움을 토로하는 것 같습니다.

17

자공이 고삭의 예식에 바치는 양을 치우려고 하자, 공자 말하기를, "사야, 너는 그 양을 아끼느냐? 나는 그 예를 아낀다."

子貢 欲去告朔之餼羊 子曰 賜也 爾愛其羊 我愛其禮
자공 욕거고삭지희양 자왈 사야 이애기양 아애기예

- 고삭(곡삭) 예라는 것이 무언가요?
- 매월 초하루(朔)를 알리는 예를 말하는데, 임금이 종묘에 들어가 제를 지내면서 알리는 의식이었는데, 아마 이것이 점차 임금도 참석하지 않고 원래의 예의 취지나 정신과는 달리 허례로 변질되는 실태를 보고 괜히 양만 희생되는 것을 폐지하자고 주장한 것 같군요.
- 공자의 예(禮)에 대한 다른 태도들과는 다르게 느껴집니다. 자공의 주장에 동조하는 것이 공자의 태도에 맞는 것 아닌가요?
- 이 대화만 가지고 공자의 말뜻을 짐작하기는 어려울 것 같아요. 평소의 언행으로 미루어보면 옛 예(禮)를 고수하려고 한다기보다, 그 예(禮) 속에서 구현하려고 한 정신이 사라지는 것에 대한 안타까움을 그런 식으로 표현한 것이 아닐까 생각되네요.

18

공자 말하기를, "임금을 섬김에 예를 다하는 것을 사람들이 아첨한다고 하는구나."

子曰 事君盡禮 人以爲諂也
자 왈 사 군 진 례 인 이 위 첨 야

- 제10편 향당편을 보면 공자의 왕에 대한 태도가 너무 지나칠 정도라서 지금 사람들에게는 거부감이 많이 생겨요.
- 공자 당시에도 공자의 태도를 아첨한다는 비판이 있었군요.

- 이런 부분을 어떻게 이해할지, 사실 공자의 좋던 이미지가 비루한 이미지로 변하거든요.
- 공자가 아첨을 한다는 것은 그의 평소의 언행과는 맞지 않지요. 그런데 왜 아첨이라고 오해할 만한 태도를 왕에게 취했을까요?
- 바로 그 점을 이해하는 것이 필요할 것 같습니다. 공자의 왕권에 대한 존중이나 충성은 그가 당시의 이상적인 정치 질서로 왕권을 중심에 놓는 것과 관련이 있지요. 당시 삼환(三桓)의 전횡이 심해서 왕권이 약화되는 것을 정치적 혼란의 원인으로 보지 않았을까요. 그래서 왕에 대한 예의를 오히려 다른 사람들보다 더 극진히 표하지 않았을까요?
- 공자의 진례(盡禮; 예를 다함)가 아마 다른 사람들에게는 아첨하는 것으로 비칠 정도였던 것 같습니다. 평소 공자의 태도나 고원(高遠)한 이상에 비하면 이런 태도는 이해하기 힘든 면이 있지만, 권력(군주)에 대한 아첨이라기보다 자기가 이상적으로 생각하는 정치 질서에 대한 신념의 표현이라고 봐야겠지요. 일종의 화광동진(和光同塵)이랄 수도 있지요. 고담준론(高談峻論)의 지사(志士)와 다른 것이지요.
- 참고로 크릴이라는 서양 학자의 공자에 대한 흥미 있는 분석을 소개합니다. 공자는 만일 가능하였다면, 세습군주를 기꺼이 폐지하였을 것이라고 보는군요. 현실적으로 불가능하였기 때문에 그 대신 그는 정부의 행정기능을 유덕 유능하며 적절한 교육을 받은 대신(大臣)들에게 위임하도록 군주를 설득하는 한편, 청년들을 교육하여 그런 대신으로 만들려 노력하였다는 것이지요. 그의 학단에 부귀빈천을 따지지 않고 오직 지능과 근면의 두 조건을 내건 것을 보면 현실적으로 신분 세습제와 군주제를 폐지하기는 어렵지만, 그 내용 면에서 군자(君子)라는 '도(道)의 기사단'에 의한 무혈혁명을 시도하였다고 평가하고 있군요.

■ 학이편 1장에서 언급하였지만, 끼워 넣기와 바꿔치기 전략인 셈이네요. 현대의 사회학자인 에릭 올린 라이트의 틈새 전략과 공존 전략을 연상하게 합니다.

■ 공자 생존 시는 이런 전략들이 성공할 수가 없었지요. 당시의 권력자들은 공자의 이런 전략을 어렴풋하게라도 간파했겠지요. 그래서 공자에게 실권을 부여하는 것은 위험하게 생각했던 것 같아요. 노나라에서 받은 관직도 그 정도였으므로 공자는 '도'를 활용할 군주를 찾아 유랑의 길을 떠났던 것이지요. 그러나 그가 유랑 길에서 만난 사람들도 크게 다르지 않았고, 오랜 유랑 끝에 결국 고국에 돌아와 교육 사업에 전념했던 것 같습니다. 논어 곳곳에 공자의 상심하는 장면들이 나오지요. 시대를 한참 앞서 살아간 선구자의 마음을 이해하려는 심정으로 논어를 읽으면 그 행간(行間)을 읽을 수 있을 것 같습니다. 공자 학단이 유학으로 체계화되면서 중요한 정치적 이데올로기로 역할하게 된 것은 정치권력의 필요와 손을 잡으면서부터이지요. 한무제(漢武帝) 때이지요.

19

정공이 묻기를, "임금이 신하를 부리는 것과, 신하가 임금을 섬기는 것을 어떻게 해야 합니까?" 공자가 답하기를, "임금은 신하를 예로 부리고, 신하는 임금을 충으로 섬깁니다."

定公問 君使臣 臣事君 如之何 孔子對曰 君使臣以禮 臣事君以忠
정공문 군사신 신사군 여지하 공자대왈 군사신이례 신사군이충

- 아, 정공(定公)이 공자에게 대사구라는 벼슬을 준 그 노나라 왕이군요.
- 나중에 계씨의 전횡과 그것을 막지 못하는 정공에게 실망하여 결국 공자가 노나라를 떠나 14년간이나 타국을 떠돌지만, 이 대화는 정공과 사이가 좋을 때인 것 같습니다.
- 공자가 당시의 정치적 이상을 성왕(聖王)이 다스리는 안정된 군주정에서 찾았기 때문에 군신(君臣) 관계는 그 핵심이었다고 생각됩니다. 이에 대해서 '예(禮)'와 '충(忠)'을 이야기하는 장면입니다.
- '예'와 '충'을 구분하여 이야기하는 것이 당시의 군신 관계를 상하관계로 보는 제도와 의식에서 보면 이해가 갑니다만, 나는 이 '사군이충(事君以忠)'이라는 말에서 '충(忠)'이 마치 임금이나 나라에 대한 태도처럼 전해지는 것은 '충(忠)'의 의미를 왜곡하고 있다고 생각합니다. 충(忠)의 구현 분야의 하나일 뿐이지요.
- 예(禮)는 윗사람이 아래 사람에게, 충(忠)은 아래 사람이 윗사람에게 가져야 할 태도는 아니지요. 군주의 폭정(暴政)과 전횡을 막기 위해서 예(禮)를, 신하의 아첨과 참월을 막기 위해서 충(忠)을 강조한 것이 아닌가 생각합니다.
- 사실 '예(禮)'가 외부로 나타난 태도라면 그 안에 '충(忠)'의 마음이 들어 있어야 진실한 것이지요.
- '충(忠)'은 어떤 마음을 말하는 것일까요?
- 마음에서 우러나는 진심, 그리고 맡은 일이나 함께하는 사람에게 사심이나 사욕을 넘어서 정성을 다하는 마음의 상태를 말하는 것이 아닌가 생각합니다. 이 충(忠)에 대해서도 공자가 담았을 내용보다 전제군주제가 확립되는 과정에서 상명하복(上命下服)의 수직적 관계가 더 강조되었지요. 따라서 근대인에게는 이 '충(忠)'에 거부감이 생기는 것이지요.

- 이 점에 대해서 앞에 이야기한 크릴이 공자를 소개하는 내용이 있군요; "그의 가르침의 요체는 명료하였다. 주변 도처에서 사람들이 서로 싸우는 것을 목격하였으나 그것이 사회의 본래 상태라고 도저히 생각할 수 없었으며, 각자가 서로 남을 침범하려 하지 않고 공동의 복리를 증진하려고 노력하는 상호 협동이 인간의 정상적인 상태라는 것이다. 따라서 위정자의 성공 여부를 평가하는 기준은 자신의 권력과 부를 축적하는 능력이 아니라, 백성의 행복과 복지를 가져올 수 있는 능력이라는 것이다."
- 공자의 예(禮)나 충(忠)에 대한 태도가 신분 계급제와 전제군주제의 틀 속에서 왜곡된 것에서 벗어나 공자의 진의를 이해하려면, 서양학자의 눈에 비친 공자의 이런 모습이 공자가 일이관지했다는 충(忠)과 서(恕)를 이해하는 데 도움이 될 것 같습니다.
- 나는 협동조합운동이나 마을공동체 운동을 하는 분들에게 그 정신적 바탕으로 공자가 말하는 '충(忠)'과 '서(恕)'를 인용하곤 합니다.

20

공자 말하기를, "관저(關雎)의 시(詩)는 즐겁되 음란하지 않고, 슬프되 몸을 상하게 하지 않는다."

子曰 關雎 樂而不淫 哀而不傷
자왈 관저 낙이불음 애이불상

- '관저'는 어떤 시인가요?
- 현존하는 『시경』에 실려 있는 노랫말 가운데 첫 번째 장인데, 『시경』에 실린 시는 크게 풍(風), 아(雅), 송(頌)의 셋으로 분류되고, 풍(風)은 각국의 민요, 아(雅)는 궁중 음악, 송(頌)은 종묘제례에 쓰이는 음악의 노랫말인데, 풍(風)은 남녀의 사랑을 읊은 내용이 많습니다.
- 낙이불음(樂而不淫)은 많이 듣는 말이지요.
- 음란이라는 것은 어떤 형태에 있다기보다 마음의 상태가 아닐까요? 시대나 사회 문화에 따라 그 형태는 다 다르거든요. 요즘 사람들이 옷 입는 모습을 조선 시대 사람들이 보았다면 아마 음란의 극치라고 생각했을 테지요. 성(性) 문화도 그렇지요. 일본만 해도 우리보다는 훨씬 개방적이지요. 네덜란드에 갔다 온 사람 이야기를 들으니까 성 개방이 대단해요. 그렇지만 음란하다는 생각은 안 들었다는 거예요. 오히려 쉬쉬하면서 뒤에서 이루어지는 경우가 훨씬 음란에 가까운 것이 아닐까요?
- 음란을 꼭 남녀 관계나 성적(性的)인 면에서만 볼 일은 아닌 것 같아요. 예를 들면 술 같은 경우도 그렇지요. 너무 과하게 하다 보면 즐거운 것과는 거리가 멀어지고 말지요. 심하면 알코올 중독이 되고 마는데 도박이나 마약 요즘에는 섹스 중독이라는 말까지 있더군요. 최근에는 인터넷이 발달하면서 게임 중독이 심각한 사회문제가 되는 것 같아요. 어떻든 너무 빠지거나 과하면 즐거움이 아니라 고통이 되는 것 같아요. 그런데도 반복되는 것이 문제이지요. 술을 즐기는 동안은 낙을 주지만 술이 사람을 마시는 단계가 되면 고통이 되지요. 그런데도 반복되거든요.
- 무엇인가에 빠지는 경우는 그것이 술이든 다른 것이든 처음에는 어떤 즐거움이랄까 쾌감이 있으니까 시작하는데 그 쾌감을 어떻게든 유지하려고 하는 데서 무리가 생기는 것 같아요. 결국은 낙이 없어지는데도 자

기는 계속 그 상태(도취랄까)를 유지하려고 하는 것이지요. 그 낙이 사라지는데 대한 두려움도 있는 것 같고요.

- 저는 달이 밝으면 감정을 주체하지 못하는데 이것도 문제 아닐까요?
- 그런 감흥은 좋은 것 아닌가요? 노래나 춤 때로는 시로써 표현하면 카타르시스도 이루어지고요. 너무 과해서 미쳐 버리면 안 되겠지만. 어쩌면 감정에 충실한 것이 내적인 자유를 누릴 수 있어서 정서적 안정도 되는 것 같아요. 자신을 너무 절제하는 것은 아닌 것 같은데요?
- 절제라는 말은 뭔가 내면의 부자유를 동반하는 말 같네요. 오히려 자유로운 상태의 조화라고 하면 어떨지….
- 저는 슬퍼서 상(傷)해 본 기억은 별로 없는데 김구 선생님 이야기가 생각이 나네요. 김구 선생의 아버지가 돌아가실 때 너무 슬픈 나머지 자신의 허벅지 살을 잘랐다는 거예요. 진짜로 몸을 상한 것이지요. 너무 슬픈 나머지 몸과 마음을 상하는 경우도 많은 것 같아요. 심하면 자살에 이르는 경우도 있고요.
- 기쁨과 슬픔을 제어하지 못하는 것을 정동장애라고 해서 하나의 질환(疾患)으로 취급하던데요.
- 어디서부터 질환인지에 대해서는 그 사회나 문화적 조건에 따라 다르겠지요. 다만 여러 가지 극단에 이르는 감정의 부조화는 그 개인에게만 책임을 물을 수 없는 것 같아요. 사회가 조장하는 면도 크거든요. 일종의 중독 문화랄까 하는 것이 있으면 보통의 사람, 특히 의지가 좀 약한 사람은 쉽게 빠져드는 것 같아요. 결국 개인의 건강과 사회의 건강은 함께 갈 수밖에 없지요.
- 집착과 탐닉(耽溺)이 아닌 '기쁨'과 마음을 정화(淨化)하는 '슬픔', 공자의 시평(詩評)에서 느껴지네요.

## 21

애공이 재아에게 사(社)에 심는 나무에 관해 묻자 재아 대답하기를, "하나라는 소나무를 심고, 은나라는 잣나무를 심고, 주나라는 밤나무를 심었습니다. 주나라가 밤나무를 심은 것은 백성으로 하여금 전율케 하려 한 것입니다." 이 말을 듣고 공자 말하기를, "다 된 일이라 말하지 않겠고, 끝난 일이라 간하지 않겠고, 지난 일이라 탓하지 않겠지만 그 말은 정말로 잘못이다."

哀公問社於宰我 宰我對曰 夏后氏以松 殷人以栢 周人以栗 曰 使民戰栗 子聞之
애 공 문 사 어 재 아  재 아 대 왈  하 후 씨 이 송  은 인 이 백  주 인 이 율  왈  사 민 전 율  자 문 지
曰 成事不說 遂事不諫 旣往不咎
왈  성 사 불 설  수 사 불 간  기 왕 불 구

- 공자가 14년의 유랑생활 후에 돌아와 만난 노나라 최후의 왕이 애공이지요. 재아는 공자의 문하 가운데 언변에 능한 제자로 알려져 있습니다.
- 사(社)가 무엇인가요?
- 토지의 신(神)인데, 나라마다 자기 땅의 신을 모시고 제사를 모시는 곳을 사(社)라고 하였습니다. 후대에 곡식의 신인 직(稷)과 함께 모셔서 사직단(社稷壇)이라고 불렀습니다.
- 그 사(社)에 심는 나무에 대한 문답이군요.
- 재아가 주나라가 밤나무를 심은 것을 이야기하면서 말재주를 부렸군요. 밤나무가 율(栗)인데, 이것을 율(慄)과 교묘히 섞어서 백성들에게 죄를 짓지 못하게 전율(戰慄)케 하려 한 것이라고 말하고 있군요.
- 아마 노나라 애공이 삼환(三桓)의 전횡에 휘둘려 무력한 것을 에둘러 비

판하려고 한 말인지는 모르지만, 공자의 덕치(德治)와는 상반된 이야기를 한 셈이네요.
■ 그래서 공자가 그것을 나무라는 한탄 비슷한 이야기로 들립니다. 비슷한 말을 세 번씩이나 하는 걸로 봐서요.

## 22

공자가 "관중은 그릇이 작다."라고 하자 어떤 사람이 "관중은 검소했습니까?"라고 물었다.
공자 말하기를, "관중은 세 곳에 저택이 있으며, 가신들에게 겸직을 시키지 않았으니 어찌 검소하다 하겠습니까?"
"그렇다면 관중은 예를 알았습니까?"
"제후(君)가 문 안쪽에 병장(屛墻)을 세워 밖에서 안을 들여다보지 못하게 했는데, 관중도 대부의 신분으로 그 흉내를 내 병장을 세웠으며, 또 제후만이 다른 제후와 친목을 위한 연회에 반점이란 술잔을 놓는 대(臺)를 사용하는데 관중도 그렇게 하였으니 관씨가 예를 안다면 누가 예를 모른다고 하겠습니까?"

子曰 管仲之器 小哉 管仲儉乎 曰 管氏有三歸 官事不攝 焉得儉 然則管仲知禮乎
자왈 관중지기 소재 관중검호 왈 관씨유삼귀 관사불섭 언득검 연즉관중지례호
曰 邦君樹塞門 管氏 亦樹塞門 邦君 爲兩君之好 有反坫 管氏亦有反坫 管氏而知
왈 방군수색문 관씨 역수색문 방군 위양군지호 유반점 관씨역유반점 관씨이지
禮 孰不知禮
례 숙부지례

제3편 팔일(八佾) | **149**

- 드디어 관중이 등장하는군요. 어떤 인물인가요?
- 공자보다 백여 년 앞선 제나라의 정치가로 제환공을 춘추오패의 우두머리로 만드는데 결정적 역할을 한 인물이지요. 관포지교(管鮑之交)로도 널리 알려진 인물이고요.
- 공자 당시로는 가장 훌륭한 정치가로 알려져 있었을 거예요. 그를 존경하는 어떤 사람과의 문답 같군요.
- 그런데 공자는 관중이 검소하지도 않고, 예도 몰랐다면서 냉혹하게 비판하고 있군요.
- 그러나 헌문(憲問)편에서는 두 장(章)에 걸쳐 관중의 정치와 그 인(仁)을 찬양하고 있습니다. 이 두 엇갈린 평가 속에서 공자의 인간관이나 정치관을 짐작할 수 있습니다.
- 관중이 제후의 흉내를 냈다고 하는 점에서 비판하는 것은 이 편 앞장의 팔일무를 추는 계씨를 비판하는 것과 맥을 같이 하는 것 같은데, 위계질서를 지나치게 고수하는 고루함으로 비치는 것은 어쩔 수 없네요.
- 덕치(德治)라는 이상주의를 당시의 군주제라는 정치 현실에 적용하려 한 인간 공자의 한계이고 아마도 스스로 가장 깊게 고뇌한 내용이었을 것으로 짐작됩니다. '왕에게 예를 다하는데, 아첨한다고 하는구나.' 같은 탄식도 그런 면에서 짐작이 갑니다.
- 현실과 이상을 융합하려 하는 사람이 겪을 수 있는 고뇌라는 점에서는 이해가 됩니다. 그것은 민주주의 시대인 지금도 마찬가지 같거든요. 이 전투구 같은 현실 정치판 밖에서 초연하게 이상을 이야기할 수 있지만, 현실 정치 속에서 이상을 추구하는 사람이야말로 정말로 높은 내공이 요구되는 것이지요.
- 공자는 '군군신신(君君臣臣)'을 당시의 상부(上部) 정치 질서로 제시하였

습니다. 신분제와 군주제라는 한계 속에서 '성군(聖君)'과 '충신(忠臣)'의 관계를 그의 정치적 이상을 실현하는 과제로 설정하고, 왕과 신하의 양쪽에 제시한 것으로 볼 수 있습니다.
- 관중의 정치적 업적, 즉 평화적으로 통합과 개혁에 성공한 업적을 높이 평가하면서도, 그의 인간적 덕성이 공자의 기대에 못 미침을 개탄한 것으로 보입니다.
- 그 두 가지를 겸한 사람으로 공자는 주공(周公)을 들고 있고, 그 점에서 관중은 '작은 사람'일 수밖에 없는 것이지요.
- 요즘 우리의 퇴행적 정치를 보면서 이른바 정치 지도자들에 대한 평가를 공자에게 맡긴다면 어떨지 궁금합니다. 도덕적으로 다소 하자가 있더라도 탁월한 정치 역량 즉 통합의 리더십과 개혁의 능력을 갖춘 사람을 발견하기가 힘들군요.
- 낡은 담론과 도덕의 동반 붕괴라는 대전환기를 헤쳐나갈 지도자를 갖는다는 것은 나라의 행운이지요. 그런데 민주주의 국가에서 그런 지도자가 등장하게 하는 것은 결국 국민의 몫이지요. 팬덤이 지배하는 정치 문화에서는 그런 지도자가 육성되기 힘들다는 것이 어쩌면 현행 민주주의의 문제 같습니다.
- '그럼에도 불구하고' 스스로 그 길을 만들어내는 것이 창조와 변혁의 역사였습니다. 가장 어두워 보일 때가 어쩌면 낡은 벽들이 허물어지기 쉬운 때지요.
- 정치의 전환을 진심으로 원하는 사람과 집단들이 새로운 구심력을 형성하는 데 어려움을 겪고 있는 것이 사실입니다. 왜냐하면 과거와 같은 특정 인물이나 특정 이데올로기 중심의 구심력은 집단주의나 전체주의로부터 개인이 해방되고 다원화되고 다극화된 사회와 의식(意識)에 맞지

않기 때문이지요. 공자의 말을 빌리면 '무적야(無適也) 무막야(無莫也) 의지여비(義之與比)' 하는 태도, 즉 자신의 생각이 틀림없다고 단정하거나 고정하지 않고, 누가 옳은지를 다투는 것이 아니라 이 시점에서 무엇이 옳은지를 함께 찾아서 실천하려는 정치 문화 속에서 새로운 구심력이 이루어지리라고 봅니다.

- 여기서도 선구자들이 중요합니다. 권력이 아니라 먼저 의(義)를 추구하는 사람들이지요. 공자는 선사후득(先事後得)이라고 표현했지요. 권력이나 명예나 보상을 가장 뒤로 돌리는 사람들이지요. 이런 사람들이 새로운 구심력을 만드는 데 결정적 역할을 할 수 있다고 생각합니다.

## 23

공자가 노나라 태사의 음악에 대해 말하였다. "태사의 음악은 알만하다. 시작할 때는 여러 악기 소리가 한꺼번에 잘 합치고, 이어 뒤섞임이 없는 소리가 맑고 밝게 나타나고, 여러 음이 구슬을 꿴 것처럼 이어져 완성되는구나."

子語魯太師樂曰 樂其可知也 始作翕如也 從之純如也 皦如也 繹如也 以成
자 어 노 태 사 악 왈 악 기 가 지 야 시 작 흡 여 야 종 지 순 여 야 교 여 야 역 여 야 이 성

- 궁정 음악의 악관장(樂官長)을 태사라 하는군요.
- 그 악관장이 지휘하는 음악을 들은 감상평인지, 악관장과 음악에 대해 대화를 나눈 것인지 모르겠지만, 전자(前者)로 해석하는 것이 자연스럽

겠네요.
- 성현 가운데 공자만큼 음악에 대해 조예가 깊고, 음악의 중요성을 강조하고, 실제로 음악을 발전시키는데 힘을 기울인 사람은 없는 것 같네요.
- 성어락(成於樂)을 말할 정도였지요.
- 오케스트라를 듣고 그 진행을 흡(翕), 순(純), 교(曒), 역(繹)으로 이야기하는군요.
- 각각의 음색이 잘 나타나면서도 여러 음(音)이 잘 조화되어 다스려지는 음(音)의 세계를 이야기한 듯한데, 그 안에 공자가 그리는 세상 이치를 담고 있는 것 같습니다.

## 24

위나라 국경의 의(儀)라는 땅의 국경을 관리하는 관리가 공자 뵙기를 청하면서 말했다.
"군자가 이곳에 이르면 내 일찍 뵙지 못한 적이 없습니다."
제자들이 뵙게 해주자, 나와서 말하였다.
"여러분은 선생님이 자리를 잃을 것을 어찌 걱정하십니까? 천하에 도(道)가 없어진 지 오래라 하늘이 장차 선생님으로 목탁을 삼으실 듯합니다.

儀封人請見曰 君子之至於斯也 吾未嘗不得見 從者見之 出曰 二三者何患於喪乎
의 봉 인 청 견 왈 군 자 지 지 어 사 야 오 미 상 부 득 견 종 자 견 지 출 왈 이 삼 자 하 환 어 상 호
天下之無道也久矣 天將以夫子爲木鐸
천 하 지 무 도 야 구 의 천 장 이 부 자 위 목 탁

- 국경에서 많은 사람들을 만나본 관리로 사람 알아보는 안목이 상당한 것 같군요.
- 노자 도덕경도 요충인 함곡관의 관리의 청으로 썼다는 설이 있지요.
- 이 관리도 벼슬을 잃고 본국을 떠나는 공자에게서 오히려 무도한 세상에 빛을 가져올 인물로 평가를 했군요.
- 잠시 만나보고도 그런 평가를 받을 만한 것이 무엇이었을까요?
- 단지 그의 경세 방략이 아니라, 아마도 공자에게서 풍기는 그의 전인격(全人格)이지 않았을까요? 이수태 님의 아주 흥미 있는 해석이 있군요. '君子之至於斯也 吾未嘗不得見 從者見之'를 "군자가 이 정도라면 우리가 일찍이 만나보지 못함도 아니요"라고 해석하고, 뒤에 한 말은 방문자인 의봉인이 아니라 종자(從者) 즉 공자의 제자가 공자를 변호하며 한 말로 보는군요. 그 제자를 이수태 님은 자공으로 짐작합니다.
- 방문자들을 광간(狂簡) 지사로 본 것이군요. 한 차례의 만남으로 공자를 알아본 의봉인이 있었을까요? 오히려 실망한 사람이었을 것이라고 보는 편이 사실에 더 가까우리라는 것이지요.
- 공자가 제자들 앞에서도 '나를 알아주는 사람이 없구나!'라고 한탄하는 장면(14/37)을 생각한다면 그 해석이 더 그럴듯합니다.

25

공자가 소악을 평하여 "지극히 아름답고 지극히 선하다." 하고, 무악을 평하여 "지극히 아름다우나 지극히 선하지는 못하다."고 했다.

子謂韶 盡美矣又盡善也 謂武 盡美矣未盡善也
자 위 소 진 미 의 우 진 선 야 위 무 진 미 의 미 진 선 야

- 소(韶)는 순(舜)임금 때의 음악, 무(武)는 무왕 때의 음악으로 알려져 있지요.
- 공자가 제나라에서 처음으로 '소'를 듣고 3개월 동안 고기 맛을 몰랐다(7/13)고 합니다.
- 공자의 음악에 대한 조예와 애정은 논어의 여러 곳에 나오는데요. 음악의 기교를 넘어, 그 안에 담긴 혼이나 사상까지 느낄 수 있었던 것 같습니다.
- 저는 음악에 대해 잘 모릅니다만, 가사와 곡을 포함해서 그 시대 사람들의 의식(意識)이나 성향을 가장 집약적으로 표현한다고 생각합니다.
- 그런 점에서 요즘 유행하고 자랑하는 케이팝에 대해서 나는 세대의 차이를 넘어 이해해 보려고 많이 듣고 있습니다.
- 무왕도 성왕(聖王)에 속하는 편인데, 순(舜)임금보다는 공자의 취향에 못 미치는 것이지요. 무왕은 무력으로 은나라를 멸망시키고 주나라를 세운 왕이지요.
- 그것이 음악에 나타나는 것을 감지하고 있다는 말이군요.
- 요즘 저도 논어 등을 통한 인문운동을 나름대로 하고 있는데, 음악이야말로 인문운동의 가장 효과적이라는 것을 느끼고 있습니다.
- 한번 부르면 조회수가 수천만에 이르는 트로트 가수의 노래를 들으며, 음악이 사람들에게 미치는 영향을 실감합니다. 대중에게 사랑받는 가수가 존 레넌의 〈이메진〉 같은 노래를 보다 대중적으로 부른다면 어떨까 하는 생각을 종종 합니다.

- 대중의 감성에 맞으니까 인기가 있겠지요. 대중의 정서와 부합하면서도 아름다운 미래를 꿈꾸게 하는 그런 노래와 그런 가수들이 많이 나오면 좋겠는데, 과연 지금의 현실에서 가능할는지요.

## 26

공자 말하기를, "윗자리에 있으면서 너그럽지 않고, 예를 지키되 공경스럽지 않고, 상(喪)에 임하여 슬퍼하지 않으면 내 이런 사람에게 무엇을 보리요!"

子曰 居上不寬 爲禮不敬 臨喪不哀 吾何以觀之哉
자 왈 거 상 불 관 위 례 불 경 임 상 불 애 오 하 이 관 지 재

- 예(禮)는 그 형식보다 그 안의 마음이 더 중요하다는 것은 공자의 일관된 태도입니다. 위례불경(爲禮不敬)이나 임상불애(臨喪不哀)는 진실한 예(禮)가 아니라는 것이지요.
- 공자는 예(禮)에 대해서 관혼상제(冠婚喪祭)와 같은 의식이나 일상의 예의범절(禮儀凡節)을 넘어서 인간이 지향하는 아름다운 질서로 그 내용을 확장합니다.
- 이 장에서 거상불관(居上不寬)을 위례불경(爲禮不敬)보다 먼저 언급한 것이 눈에 들어옵니다. 상하관계(上下關係)는 어떤 시대 어떤 사회에서나 나타나는 현상이지요. 다만 그것이 폭력이나 위압이 작용하는 지배 복종 관계가 되지 않게 하는 것이 평등이라고 하겠지요.

■ 옛날의 신분 계급제 사회나 가부장제는 그 상하 위계질서가 아예 선천적으로 결정되는 경우가 많았지만, 근대 사회에 들어와서도 못지않게 위계질서나 상하관계가 치열한 경쟁을 거치며 이루어집니다. 자본주의의 특성이기도 하지만 특히 천민자본주의에서 벗어나지 못하면 사회 전반에 갑을(甲乙) 관계가 만연하는 것 같습니다. 특히 양극화가 세습되다시피 하면서 금수저 흙수저 간의 불평등이 사회통합을 그 근본에서 위협하고 있습니다. 노동의 양극화는 평등을 지향하는 진보운동에서도 가장 큰 장애가 되고 있지요.

■ 이른바 갑(甲)질이야말로 각자도생의 차가운 경쟁사회에서 세상을 어둡고 지옥 같은 곳으로 만드는 주범이지요.

■ 사회경제적 약자를 보호하는 제도적 법적 장치가 이루어져야 하는 것은 말할 나위가 없지만, 사실 더 중요한 것은 합법적인(법에 저촉되지 않는) 갑(甲)의 횡포가 비난받고 부끄러워지는 사회의 문화라고 생각합니다.

■ 하급자나 약자에게 관대함을 요구할 수는 없지요. 상급자나 강자 또는 승자의 관용(寬容) 정신이야말로 그 사회의 건강을 나타낸다고 볼 수 있겠지요. 그럴 때라야 계층상승 욕구나 성공 욕구가 보복적 보상적 갑질 욕구와 섞이지 않겠지요.

■ 공자가 안연을 칭찬하면서 한 말 가운데 '불천노(不遷怒)'가 떠오르는군요. 자기가 당한 갑질을 자기보다 약한 사람에게 옮기는 거지요. 그것이 바로 지옥을 만드는 것 아니겠습니까? 갑질 하기 위해서 악착같이 성공하려는 거지요. 선생한테 맞던 아이가 자기도 선생이 되어서 때려보고 싶은 거지요.

■ 평화적 시기도 그렇지만, 특히 전쟁이나 혁명 같은 격변 과정에서 승자의 관용이 가치관이나 관행으로 뿌리내릴 때 그 사회나 나라는 새로운

단계로 상승할 수 있는 것 같습니다.

- 미국의 경우만 보더라도 남북 전쟁이라는 혹독한 대결과 증오의 시절을 지나 프래그머티즘이라는 주류 철학을 발전시킨 것이 미국을 세계의 영도 국가로 만드는 정신적 토양이 되었다고 생각합니다. 프래그머티즘을 '실용주의'라고 번역하는데, 알고 보면 중도(中道)와 관용(寬容)의 철학이지요.

- 요즘 미국은 그 지위가 위험해 보입니다. 무슨 군사력이나 경제력이 열세어서라기보다 미국 내의 그런 정신이 쇠퇴하고 있기 때문입니다. 정신이 먼저 쇠퇴하고 물질적인 힘이 쇠퇴하는 것이 일반적이지요.

- 프랑스도 혹독한 종교 내전을 겪고 나서, '똘레랑스'라는 문화를 세울 수 있었기 때문에 가장 빈번한 변혁을 거친 나라이면서도 선두에 서는 나라의 지위를 유지할 수 있었지요.

- 한국은 그 점이 가장 안타깝습니다. 동족상잔의 전쟁과 계속되는 남북 간의 대립 그리고 한국 안에서 심각한 남남갈등이 좀처럼 해결의 길을 찾지 못하고, 특히 근래는 심리적 내전에 가까울 정도로 그 적대와 증오가 심각합니다. 산업화 민주화를 달성한 놀라운 성과에도 불구하고 나라의 상승 발전을 원천적으로 가로막고 있습니다.

- 승자나 강자의 관용이 하나의 문화로 자리 잡기 위해서 어떻게 해야 할까요? 지금의 우리에게 가장 절실한 과제 같습니다.

- 세계사의 모순이 중층적이고 복합적으로 나타난 이 땅에서 그 모순을 포월(包越)하는 새로운 사상 철학이 주류로 자리 잡기를 바라는 마음이 간절합니다. 그 실질적인 나타남은 관용(寬容)이라고 생각됩니다. 공자가 평생 일이관지한 '서(恕)'의 사회적 실현이라고 할 수 있겠지요. 우리 시대의 절실한 목표가 아닐까요?

## 천제(天祭)를 숙고(熟考)하다
- 논어 팔일(八佾)편을 읽으며 -

팔일편을 읽으며, 천제(天祭)에 대하여 생각해 본다.

천제는 천지자연(우주)에 대한 외경심과 천지자연의 리(理)에 따르려는 인간의 삶과 질서에 대한 약속과 다짐이다. 천지자연의 리(理)가 조화와 상생이라면, 인간의 리(理)는 협동 사회, 대동 세상이라 할 수 있다.

그러므로 천제의 대상이 되는 천(天)은 인격신(人格神)이 아니고, 천제는 기복(祈福) 신앙이 아니다. 제(祭)의 주관자는 이런 다짐을 할 수 있는 자격을 갖춘 인간의 대표이고, 그 주체는 참여하는 각자가 된다.

당시의 제도에서 공자에게는 그 대표가 성군(聖君)이고, 그러한 논리와 인식의 연장선상에서 천리(天理)와 인간의 리(理)에 어긋나는 참월(僭越)과 무도(無道)한 세력이 천제(天祭)를 주관하는 것을 극력 비판한 것이다.

군주제도나 신분 세습제라는 한계가 있지만, 우주자연에 대한 외경심과 그 우주자연의 리(理)에 부합하는 인간의 삶을 다짐하는 의식(儀式)이 갖는 의미를 기후 위기 등 인류 존속 자체가 위협을 받는 21세기에 새롭게 생각하게 된다.

이제 각자가 우주자연에 대한 외경과 그 리(理)에 따르는 생명 평화의 삶을 다짐하는 천제(天祭)를 마음속에 모시는 주체가 되어야 하지 않을까?

동학의 향아설위(向我設位)에 담긴 뜻을 숙고(熟考)한다.

# 제4편

# 이인(里仁)

---

"현자를 보면 자신도 그와 같이 되기를 생각하며,
불현자를 보면 먼저 나 자신을 스스로 살펴야 한다."

<sub>자 왈 견 현 사 제 언 견 불 현 이 내 자 성 야</sub>
**子曰 見賢思齊焉 見不賢而內自省也**

# 1

공자 말하기를, "인후(仁厚)한 마을이 아름답다. 인(仁)을 택하여 살지 않는다면 어찌 지혜로운 자라고 할 수 있겠는가!"

子曰 里仁爲美 擇不處仁焉得知
자왈 이인위미 택불처인언득지

인간을 사회적 동물이라고 부르는 것은 인간의 가장 본질적인 특징이기 때문이다. 사회제도와 규범은 달라졌지만, 사람은 그가 태어난 곳의 풍속과 문화에 일차적 영향을 받는다. 그러나 태어날 때, 스스로 마을을 선택하는 것은 아니다.

따라서 이 문장은 '맹모삼천(孟母三遷)'을 떠올리게 하기도 하지만, 이와 같은 해석으로만 읽는다면 미흡하다. 태어난 환경은 그의 의지와는 무관한 것이지만, 인(仁)을 행하는 주체적 노력은 스스로에게 달려 있다. 후자(後者)를 중시하는 공자가 한 이 말을 어떻게 해석할 것인가?

과거 농경시대의 마을은 자연적으로 형성된 것이다. 그러나 산업화를 비롯한 급격한 사회변동은 사람들의 삶의 모습을 급격하게 변화시켰고 마을의 모습도 크게 바뀌었다. 이농(離農)으로 텅 비어버린 고령화된 농촌 마을과 급속하게 팽창한 대도시의 고층 아파트 단지를 떠올리면 그 변화를 실감할 수 있다.

농경 시대의 공동체는 해체되고 자본주의의 물결이 속도의 차이는 있지만 모든 곳에 스며들어, 농촌이라 해도 예외는 아니다. 교통, 통신, 대중매체의 발달로 거의 획일화된 가치관과 문화를 갖게 된다.

사람들은 '인후(仁厚)한 마을'을 선택하는 것이 아니라 '보다 큰 이익을 줄 곳'을 찾아 이동한다. 취업하기 좋은 곳, 자녀를 취업에 유리한 상급학교에 진학시키는 데 유리한 곳에 사람이 많이 모이게 된다.

그러나 사람들은 언제까지나 이익만을 추구하는 이기적 가치관과 물질 소비 중심의 문화 속에서 행복할 수 없다는 것을 자각하게 된다. 특히 이런 자각은 기후변화나 팬데믹 같은 생태적 재앙으로 더욱 심화된다.

이제 산업사회 이후의 '인후(仁厚)한 마을'은 행복은 물론 생존 자체를 위해서도 절실한 목표가 되고 있다. 우리가 만들어갈 '아름다운 마을(里仁)'은 어떤 모습인가? 그리고 어떻게 만들어갈 수 있는가? 우리는 마을(도시)의 기풍을 바꿀 수 있을까? 그것이 무망(無望)하다는 패배주의와 허무주의를 어떻게 극복할 수 있을까? 물질적 조건과 사회제도가 과거에 비해 놀라울 정도로 발전했는데, 행복도가 오히려 떨어지는 현상은 무엇 때문인가?

세상의 진보를 추구한다면, 우리 시대 진보의 중심 고리는 의식(意識)과 생활양식(生活樣式)의 변화가 아닐까? 부정적이고 저항하는 의식으로부터 긍정적이고 창조하는 의식으로 전환하는 시민운동, 정치운동. 교육문화운동은 구체적으로 어떤 내용을 담을 것인가?

- 좋은 마을의 요체는 역시 인(仁)이라고 생각해요. 건강한 노동과 단순 소박한 삶도 행복의 조건이지만 이웃과의 소통이 더 중요하지 않을까요? 이 소통은 인(仁)이 바탕이 될 때라야 안정되고 지속적이 되겠지요. 오늘날 인(仁)이란 무엇일까요?
- 자기와 다른 상대방을 그대로 받아들이는 것, 상대를 배려하고 양보하는 것이 아닐까요?
- 그렇지요. 그러나 그것이 당위나 의무 같은 것이 되면 때로는 많이 부담

스러울 것 같네요. 부자유감 없이 어떻게 하면 서로 양보하고 싶어지는 사람이 될 수 있을까요. 그런 기풍, 그런 풍속을 같이 만들어 가고 싶네요.

- 새로운 삶의 방식을 선택하는 것은 귀농귀촌 같은 특정한 장소나 직업과 연관되는 것은 아니라고 봅니다. 어떤 가치관과 행복관을 가지고 어떤 마을을 만드느냐 하는 것이 이인위미(里仁爲美)의 핵심이 아닐까요? 예컨대 도시의 아파트 공동체운동이라거나 도시농업 같은 것도 현실적인 방안이라고 생각합니다.
- '15분 도시' 같은 것도 도시의 삶을 재설계하는 훌륭한 모델 같아요.
- 지금 우리는 대도시 집중 현상과 출산율 저하로 '지역 소멸'의 길을 가고 있습니다. 지방 살리기, 지역학교 살리기 등이 큰 과제가 되고 있습니다.
- 지금까지의 사고방식인 산업시설이나 정부 기관 이전 등 중앙의 지원으로 지방 소멸을 막으려는 시도는 근본적인 대책이 아닙니다. 지역 스스로 '매력적인 지역' '오고 싶어지는 마을'을 만들어가는 것이 중심이 되고, 중앙의 지원을 받는 것은 보조가 되어야지요. 새로운 접근이 필요합니다.

내가 익산에 이사 와서 제안한 내용을 소개해 드립니다.

토마스베리의 『위대한 과업(The Great Work)』을 읽기 시작했다. 이 책 서문에 이런 문장이 나온다. "미래의 운명은 결정적으로 인간과 지구가 얼마나 가까워지는가에 달려 있다. 대학은 우리를 생존력 있는 미래로 인도하는 제도 중의 하나로, 인간의 노력을 좌우하는 모든 지적 작업을 가르치는 특별한 장소이다."

이 글을 읽으며 오랫동안 내 머리에서 떠나지 않던 생각이 떠오른다. 어떤 과업도 그 동력을 만드는 데 가장 중요한 것은 그것을 추진할 일꾼들을 양성하는 것이다. 예컨대 식민지 해방운동을 위해서 먼저 착수하는 것은 '학교'를 만드는 것이다. '군관학교'나 '정치학교'를 만들어서, 해방전쟁이나 운동의 장교(將校)를 양성한다.

지금 우리는 문명 전환이라는 인류적 과제 앞에 서 있다. 이 대과업을 수행하고 추진할 젊은 일꾼들을 배출하는 대학을 설립하는 것은 운동의 동력을 얻기 위해 가장 중요한 일의 하나다.

내가 익산 시민이 되고 나서 이 도시의 미래를 그려볼 때, 익산이 지닌 보물을 생각하게 된다. 상당한 저력을 갖춘 새로운 시민운동과 새로운 정치운동, 그리고 지방의 명문대학인 '원광대학교'다.

지금 우리는 지방 소멸을 걱정하고 있고, 특히 출산율 저하로 지방 대학이 가장 큰 위기를 만나고 있다. 나는 대학도 살고 지방도 살 수 있는 좋은 밑천을 익산이 가지고 있다고 생각한다. 어쩌면 세계적인 대학, 세계적인 도시로 만들 수 있다. 새로운 문명의 중심도시(메카)가 되는 것이다.

출발은 '대학'이 될 수 있다. 원광대학교 안에 '새 문명 대학'(더 적합한 명칭을 생각할 수 있다)이라는 단과대학을 창설하는 것으로부터 시작하면 된다. 충분한 일자리 수요(需要)도 있고, 아마도 이론이나 실천 면에서 준비된 교수진도 확보할 수 있을 것이다.

한국에는 상당한 규모의 생활협동조합들이 발전해 있다. 생협을 비롯해 앞으로 발전할 협동조합들, 마을 운동, 공동체 운동, 사회적 경제, 기후 운동, 환경생태운동 등 새로운 문명과 관련되는 분야들이 젊은 일꾼들을 목마르게 기다리고 있다.

오래전부터 이런 운동체 안에서 대학을 만들면 좋겠다는 제안도 많았지만, 실제로 그 실행이 만만치 않았다. 역시 이미 있는 체계와 결합하는 방식이 현실적이라는 생각이 든다. 대학교에 전적으로 맡기기에는 여러 가지 여건이 어렵다고 생각한다. 익산 시정부(市政府)와 원광대학교가 손을 잡으면 된다. 원광대학교의 건학(建學) 이념과도 통하는 일이다. 도시도 살고 대학도 사는 윈윈(win win)의 길이다.

익산 시정부(市政府)와 시의회(市議會) 그리고 원광대학교가 익산을 나라의 모델 도시, 더 나아가 세계적인 명품 도시로 성장하는데 '대학(大學)'의 창설이 출발이 될 수 있다는 발상(發想)에 주목했으면 한다.

2

공자 말하기를, "불인(不仁)한 사람은 곤궁함을 오래 견디지 못하고, 즐거움도 길게 누리지 못한다. 인자(仁者)는 인에 편안해하고, 지자(知者)는 인을 이롭게 여긴다."
子曰 不仁者 不可爲久處約 不可以長處樂 仁者安仁 知者利仁
자왈 불인자 불가위구처약 불가이장처락 인자안인 지자이인

〈이인〉 편에는 공자의 대표 사상으로 알려진 '인(仁)'에 대한 많은 대화가 나온다. 인자(仁者)는 어떤 사람일까? 불인한 사람은 곤궁한 것도 오래 견디지 못하지만, 왜 즐거운 곳에도 오래 처하지 못할까? 그는 곤궁을 견디는 힘도 약하지만, 즐거울 때조차도 마음 깊은 곳에서 자족하지 못하고 부족감을 느끼며 그 즐거움이 사라지지 않을까 불안한 것이다.

인자와 불인자는 그 가치관과 행복관이 다르다. 불인자는 타자와 다투고 경쟁하고 침범해서라도 얻으려는 욕구가 크고, 그것을 획득하는 데서 즐거움을 느낀다. 행복을 자신이 아닌 외부 요인에 의존하는 것이다. 근저에서 자주성을 빼앗긴다. 자족을 모르고 끊임없는 비교 경쟁감에 사로잡히며, 잘 나갈 때조차 그것을 잃지 않을까 불안하다.

인자(仁者)는 타자와의 경쟁이나 투쟁을 통해서가 아니라 행복을 근본적으로 자기 안에서 찾는다. 자신의 생명력뿐 아니라 타자의 생명력을 함께 살리는 것이 인(仁)이다. 그 생명력이 자기로부터 나오기 때문에 곤궁하든 풍족하든 흔들리지 않는 편안함이 있다. 거친 밥을 먹고 누옥에 살아도 즐거움이 자신 안에 있고(貧而樂), 풍족하면 그것을 이웃과 나누는 것이 즐겁다(富而好禮). 이것을 몸으로 체득한 사람이 인자(仁者)이고, 그렇게 사는 것이 자신의 행복에 이롭다는 것을 아는 사람이 지자(知者)이다.

- 곤궁한 경우나 안락한 경우나 사람에 따라 대처하는 마음의 상태가 다른 것 같아요. 어떤 경우에나 조급해지지 않고 불안해지지 않는 그런 사람이었으면 좋겠네요.
- 즐거움을 물질적 욕구 충족에서 찾는다면 항상 부족함을 느끼겠지요.
- 물질 뿐만 아니라 명예나 권력 같은, 이른바 출세하는 것에서 찾는 것도 마찬가지 아닐까요? 이런 점에서 공자가 말한 인자(仁者)란 욕구의 대상이 바뀐 사람을 가리키는 것 같아요. 그것을 뭐라고 할는지는 잘 모르겠지만 도(道)라는 말로 표현한 것도 같아요.
- 인자(仁者)와 지자(知者)를 구분해서 말한 것이 가슴에 와 닿네요. 저는 아무리 잘 봐줘도 지자(知者)밖에 못 되는 것 같네요. 물론 되고 싶은 것은 인자(仁者)고요. 그것이 제일 편할 것 같아서요.

- 사람들은 보통 먼저 머리로 알고 점차 체득하는 과정을 걷지 않나요. 물론 단박에 체득까지 하는 특별한 사람도 있겠지만요. 지자(知者)는 불의를 보면 참지 못하고 시시비비를 가리는 마음이 강하다면, 인자(仁者)는 그보다 수용성(受容性)이 뛰어난 사람 같아요. 어떻게 보면 '사랑의 사람'이라고 말할 수 있을 것 같아요.
- 저는 애정이 없는 비판이나 비난이 사람을 바꿀 수 있을까 하는 생각이 들 때가 많아요. 애정만이 사람을 움직이게 한다고 생각합니다.

3

① 공자 말하기를, "오직 인자(仁者)라야 능히 사람을 좋아할 수 있고 미워할 수 있다."

子曰 唯仁者 能好人 能惡人
자 왈 유 인 자 능 호 인 능 오 인

② 공자 말하기를, "진실로 인에 뜻을 둔다면 미워함이 없다."

子曰 苟志於仁矣 無惡也
자 왈 구 지 어 인 의 무 오 야

오직 인자(仁者)만이 호오(好惡)를 능히 할 수 있다는 것은 어떤 뜻일까? 일반적으로 보통의 사람들은 자기중심으로 호오(好惡)를 선택한다. 자기에게 이익이 되면 좋아하고 손해가 되면 미워한다. 자기 생각에 동조하면 좋아하고 자기 생각에 반대하면 미워한다. 자기중심성을 넘어선 인자(仁者)

만이 사람이나 사물에 대해 옳은 판단을 할 수 있다. 그 불인을 미워하는 것이지 그 사람을 미워하는 것이 아니다.

②의 '무오야(無惡也)'를 '무악야(無惡也)'로 읽고 해석하는 경우가 많은 것 같다. 그러나 ①과 이어서 읽어본다면 '오(미워함)'라고 읽는 것이 옳지 않을까 생각한다. '오직 인자만이 사람을 좋아하고 미워할 수 있다.'고 말하고, 더 나아가 '진실로 인자라면 미워함이 없다.'고 말한 것이 아닐까 한다. 이것은 인간의 역사에 대단히 중요한 과제를 제시하는 것이다.

논어를 통해 공자의 사상과 실천을 계속 읽어가면서 드는 생각은 그는 개인의 덕과 사회적 실천의 덕을 늘 함께 생각하고 있다는 것이다. 공자 당시는 물론 지금까지의 오랜 세월 동안 인류는 다음과 같은 테마에 점점 더 가까워지는 사회적 실험을 하고 있다고 생각한다. '미움과 분노에 휘둘리지 않고, 더 나아가 사랑과 연민으로 정의를 실현할 수 있는가?'

- 공자의 인(仁)을 석가의 자비나 예수의 사랑보다 한 수 아래로 보는 사람들이 많은데, 그런 점에서 공자를 성인(聖人)으로 볼 수 있겠느냐는 사람들도 있지요.
- 그것은 공자가 다른 두 사람과 달리 화광동진(和光同塵)의 삶을 실천했기 때문이기도 할 거예요.
- ②의 해석에서 대부분 '惡'(악/오)을 '악'으로 읽어서 '정말로 인(仁)에 뜻을 둔다면 악함이 없다.'라고 읽는데, ①에서는 '미움'인 '오'로 읽는 것과 비교해서 이렇게 달리 읽는 것이 공자의 진의에 어긋난다고 생각합니다. 똑같이 '미움'으로 읽어서 '진정으로 인(仁)을 추구한다면 미움이 없다.'로 읽는 것이 맞다고 생각합니다.
- 공자가 말하는 인(仁)의 기준은 상당히 높습니다. 그 시대에 상당한 평

가를 받는 사람들에 대해서도 '인'에 대한 평가에서는 특히 인색합니다. 그것은 바로 ②의 해석과 관련이 있다고 봅니다. 악한 행동을 하지 않는 정도를 인(仁)의 기준으로 보고 있지 않거든요.

- 이 장이 주는 메시지가 저에게는 강렬하게 다가옵니다. 확실히 인간 세상에는 선악(善惡)이 존재합니다. 그 선(善)을 좋아하고 악(惡)을 미워하는 것은 당연한 인간의 감정입니다. 그런데 중요한 것은 그 선악(善惡)을 판단하는 사람의 '자기중심성'입니다. 자신의 이익과 생각의 편향에 따라 아전인수(我田引水)로 판단하기 쉽습니다. 그래서 '자기중심으로 단정(斷定)하고 고정(固定)하지 않는 지적 능력'과 '의(義)를 끝까지 추구하고 실천하는 의지(意志)'를 결합할 수 있는 사람이라야 사람을 좋아할 수도 있고 미워할 수도 있는 능력이 있다고 본 것입니다.
- 인류 역사를 보면 시대와 지역에 따라 선악(善惡)이 바뀌는 일들이 많습니다. 군주에 대한 충성이 높은 선(善)으로 추앙받던 시대도 있었지만, 지금 그런 정치를 꿈꾸거나 답습한다면 그것은 역사를 가로막는 악(惡)이 되겠지요.
- 천지자연에 대한 외경과 감사를 담아 축제로 진행되던 고대의 제천(祭天) 의식(儀式)을 비과학적인 원주민의 원시문명으로 배척하고 소멸시킨 백인 이주민의 역사에 대한 재평가가 역사의 수레바퀴 속에서 다시 이루어지고 있습니다.
- 물론 원시로의 회귀는 아니지요.
- 적어도 선악(善惡)을 판단할 때는 인간과 사회에 대한 깊은 통찰이 뒤따라야 할 것입니다. 이것이 선(善)을 좋아하고 악(惡)을 미워하는 첫 번째 관문입니다.
- 공자를 여기서 멈추는 것으로 생각하기 쉽습니다. 그러다 보니까 ②를

'진실로 인(仁)에 뜻을 둔다면 악(惡)함이 없다.'라고 밋밋하게 해석합니다. ①의 '미움(惡;오)과 다르게 읽습니다. ①을 인(仁)을 향한 첫 관문으로 제시했다면 ②는 두 번째 관문으로 제시했다고 생각합니다. 사람에 대한 미움이 없는 상태입니다. 미움이 아니라 오히려 연민(憐憫)이 아닐까 생각합니다.
- 공자는 그것을 내다보고 말한 것이 아닐까 하고 짐작합니다만, 지나친 생각일까요?
- 꿈같은 이야기라고 할지 모르지만, 실제로 지금 우리가 당면하고 있는 심리적 내전에 가까운 퇴행적 편가름과 증오와 분노의 악순환을 멈추지 않으면 우리의 미래는 암울합니다.
- 석가의 자비와 예수의 사랑, 그리고 공자의 인(仁)을 생명으로 아는 종교인들이 대전환(大轉換)의 물꼬를 터주기 바랍니다.
- 그런데 실제로는 앞장서서 증오와 분노를 부추기는 종교인들이 많습니다. 가짜가 판을 치면 그 사회나 나라는 망하지요.
- 이수태 님의 견해는 경청할 만합니다. ②를 '악'으로 읽으면서 다음과 같이 해석합니다; "'악한 행동을 하지 않을 것이다, 악한 마음을 품지 않을 것이다.' 같은 미적지근한 결과 절이 아니라, '악(惡)은 없다.'의 차원, 상식을 뛰어넘는 인(仁)의 효과—악 자체 내지 미워할 일이 이 세상에서 사라지는 기적의 결과절. 인(仁)은 악(惡)을 막다른 골목으로 몰아넣는 것이 아니라 악으로 하여금 돌아가 해소될 길목을 비춰준다. 인(仁)은 우리의 양단화(兩端化) 된 사고가 갖고 있는 폐쇄성, 반동성을 넘어서는 지평이다."
- 원불교 소태산 대종사의 어록을 읽으면서 들었던 생각입니다.

　　논어 이인편 3~4장은 나에게는 늘 머릿속에서 떠나지 않는 화두(話頭)의 하나다. 3장의 '오직 인자라야 사람을 좋아할 수도 있고, 사람을 미워할 수도 있다(唯仁者 能好人 能惡人).'에 이어 4장의 '진실로 인에 뜻을 두면 미움이 없다(苟志於仁矣 無惡也).'라는 구절이다. 3장은 '惡(오, 악)'를 '미워할 오'로 읽고 4장은 惡을 '악할 악'으로 읽는 것이 보통의 해석이다.

나는 '진실로 인에 뜻을 둔다면 악함이 없다.'라는 해석은 공자의 인에 대한 의미 부여를 생각하면 너무 밋밋하다고 생각해서 4장도 3장과 마찬가지로 '미워할 오'로 읽는 것이 공자의 뜻에 더 부합하지 않을까 생각했다. 선악(善惡)을 구분하는 바탕에서 악(惡)을 행하지 않는 것은 흔히 말하는 착한 사람(善人)이면 가능하기 때문이다. 공자는 그런 정도를 인자(仁者)라고 부르지 않았다.

그런데 오늘 소태산 대종사의 "선과 악을 초월한 자리를 지선(至善)이라 부르고, 고와 낙을 초월한 자리를 극락이라 이른다(제7성리품 3장)."는 말을 읽고, 그런 자리에서 공자가 이야기하였다면 '진실로 인에 뜻을 둔다면 악함이 없다.'라고 해석할 수 있다는 생각이 들었습니다. 여기서 '악(惡)'이란 선악을 구분하는 '악'이 아니라 선악을 초월하는 자리에서 말하는 것으로 이해할 수 있겠지요. 소태산 대종사의 제11 요훈품 34장에서 '미움이 없다.'의 실천적 버전을 읽을 수 있네요; "선한 사람은 선으로 세상을 가르치고 악한 사람은 악으로 세상을 깨우쳐서 세상을 가르치고 깨우치는 데에는 그 공이 서로 같으나, 선한 사람은 자신이 복을 얻으면서 세상일을 하고 악한 사람은 자신이 죄를 지으면서 세상일을 하므로 악한 사람을 미워하지 말고 불쌍히 여겨야 하느니라."

## 4

공자 말하기를, "부와 귀는 사람들이 바라는 것이나 도로써 얻은 것이 아니라면 거기에 머물지 말아야 한다. 빈과 천은 사람들이 싫어하는 것이나 도로써 얻은 것이 아니라도 피하지 말아야 한다. 군자가 인을 버린다면 어떻게 이름을 이룰 수 있으리오.

군자는 밥 먹는 동안이라도 인을 어기는 일이 없는 것이니 황급한 때에도 반드시 그것을 지키고 위급한 때에도 반드시 그것을 지켜야 한다."

子曰 富與貴 是人之所欲也 不以其道得之 不處也 貧與賤 是人之所惡也 不以其
자왈 부여귀 시인지소욕야 불이기도득지 불처야 빈여천 시인지소오야 불이기
道得之 不去也 君子去仁 惡乎成名 君子無終食之間違仁 造次必於是 顚沛必於是
도득지 불거야 군자거인 오호성명 군자무종식지간위인 조차필어시 전패필어시

부와 귀를 좋아하고 빈과 천을 싫어하는 것은 인지상정(人之常情)이다. 따라서 일부러 부귀를 멀리하거나 빈천을 선택하는 것은 행복을 추구하는 보통의 인간에게는 맞지 않다. 그러나 인간에게는 부귀보다도 더 중요한 행복의 조건이 있다. 그것은 그 과정의 정당성이다. 그것을 공자는 도(道)라고 말하는 것이다. 정당하게 얻은 부귀가 아니면 그것은 행복의 조건이 아니라 결국은 불행의 원인으로 된다. 이것은 그동안의 수많은 개인과 집단의 삶 속에서 예외 없이 증명되어 왔다.

도(道)는 개개인의 덕목일 뿐 아니라 집단(사회)의 덕목이기도 하다. 불의한 사회(도가 실현되지 않는 사회)일수록 과정의 정당성이 행복의 가장 중요한 조건이라는 사실을 많은 사람들이 간과하기 쉽다. 그러나 조금만 길게

보면 한 사람의 생애 안에서 또는 그 자손의 삶 속에서 반드시 증명된다. 항구적이고 흔들리지 않는 행복은 개인과 사회가 도(道)에 부합할 때 가능한 것이다. 이것을 아는 사람이 지자(知者)이고 이러한 삶을 사는 사람이 인자(仁者)인 것이다.

사람으로서 궁극적으로 바라는 것은 모두가 부귀해지는 것이다. 이러한 목표를 향해 꾸준히 나아 온 것이 인간의 역사라고 생각한다. 자본주의나 사회주의 시장경제와 같은 지금의 제도도 이러한 역사의 산물로 나타났고 또 끊임없이 변화해 갈 것이다.

빈과 천이 도로써 얻은 것이 아니라도 피하지 말아야 한다는 말은 어떤 의미일까. 아마 이 부분이 사람들에게 납득하기 가장 어려운 문장의 하나일 것이다. 여러 가지로 해석할 수 있다고 생각하지만, 단순히 운명이나 팔자로 알고 체념하며 받아들이라는 말은 아니라고 생각한다.

빈과 천에서 벗어나 행복을 추구하는 것은 당연하지만, 그 과정에서 무리(無理)를 범하는 것을 경계하는 말로 이해된다. 그 무리(無理)가 무엇인지는 공자의 일관된 말과 실천을 전체적으로 보며 검토해 볼 일이다.

'불이기도득지 불거야 군자거인 오호성명(不以其道得之 不去也 君子去仁 惡乎成名)'에서 거(去)가 두 번 나온다. 빈천(貧賤)에서 벗어나는 것과 인(仁)에서 벗어나는 것이 충돌할 때 어떤 것을 선택하느냐 하는 문제의식으로 보인다. 요즘 말로 하면 '개인의 빈천(貧賤)이 그 개인의 잘못 때문이 아니라 사회적 모순에 기인하는 것으로 보일 때 어떻게 하는 것이 진정한 행복의 길일까.'를 두고 고민하는 것과 비슷하다. 그동안의 사회 변혁 과정을 비롯한 수많은 개인과 집단의 역사 속에서 나타난 현상들을 바탕으로 검토해 갈 주제라고 생각된다.

인(仁)을 가장 중요한 덕목으로 정하는 것은 어려운 일이 아닐지도 모른다. 또 인(仁)의 실현을 인생의 목표로 삼는 것도 그렇게 어려운 일이 아닐지 모른다. 그러나 밥 먹는 동안이라도 인을 어기지 않는 것은 어려운 일이다. 그런데 그것이 진짜라고 생각한다. 추상적인 목표나 관념에 머무르지 않고 삶 속에 녹아드는 것이 진짜인 것이다. 그렇게 될 때라야 황급하거나 위급한 때라도 인(仁)을 실천할 수 있는 것이다.

　이 장을 읽으면서 입으로는 늘 정의(正義)나 정도(正道)를 이야기하다가도 막상 다급하거나 위기에 처할 때는 자신의 이익을 도모하는 데 급급한 우리의 실태를 돌아보게 된다.


- 부자가 되려는 욕구가 세상에 팽만한 요즘 이 장이 어떻게 읽힐까요.
- 부자가 되려는 욕구 그 자체는 당연한 것이 아닐까요? 문제는 그 과정인 것 같아요. 얼마 전에 항아리를 사러 갔는데 그 가게의 영감님이 상도(商道)를 실천하시는 분 같아서 거래를 하면서도 기분이 좋았어요. 그렇게 해서 부자가 된다면 좋은 일 같아요.
- 착하게 살아도 가난을 면할 수 없는 수많은 사람들에게 이 장은 가혹한 말이 아닌가요? 심하게 말하면 가난이 사회적 모순 때문일 경우에도 그것을 감내해야 한다는 말처럼 들리는데요.
- 그렇게 읽을 수도 있겠네요. 그러나 좀 다른 식으로 읽을 수 있다고 생각해요. 빈천을 벗어나려는 노력은 너무 당연하지만 그 방법이 도(道)에 어긋나지 않아야 한다는 것을 말한 것이 아닐까요? 만약 어떤 사람이 체념한 나머지 자포자기의 삶을 살거나 자주적 인간으로서 긍지를 잃어버리는 것보다는 그 빈천한 현실을 그대로 받아들이면서도 당당한 인간으로서 존엄을 잃지 않는다면 그것은 훌륭한 것이 아닌가요? 빈천에서 벗어나려는 욕망이 아무리 절박하다 해도 범죄나 비리를 범하려는 유혹에

지고 만다면 결국 행복과는 거리가 멀어지고 말겠지요. 또 사회적 모순을 해결하는 과정도 무리(無理)나 폭력(暴力)을 수반하거나 밥그릇을 서로 빼앗는 싸움이 되고 만다면 그것이 진정한 행복의 길일까요.

- 공자가 다른 곳에서 지적하고 있는데, 절제되지 않는 용(勇)과 가난을 미워함이 결합하면 어떻게 될까요? 가난을 싫어하고 부를 좋아하는 것은 인지상정(人之常情)으로 공자도 이를 부인하지 않지만, 그것이 난(亂)이 되는 것을 경계합니다. 난(亂)으로 끝나는 경우, 가장 피해를 보는 것은 결국은 빈자(貧者) 대중이라는 것을 너무 잘 아는 것이지요.
- 난을 넘어서는 혁명을 지향하는 것은 인류의 오래된 꿈이지요.
- 안빈낙도(安貧樂道)라는 말이 있는데 요즘 단순 소박한 삶을 살고 싶어 하는 사람들이 꽤 많은 것 같아요. 이런 경우에는 가난을 참고 견딘다기보다는 오히려 소박한 삶을 즐기기 때문에 실제로는 풍요로운 삶이 아닐까요?
- 절대빈곤이 사라진 사회를 만드는 것이 먼저 달성해야 할 목표로 보입니다. 적어도 굶거나 추위 때문에 생명을 걱정하지 않아도 좋은 상태가 될 때 '단순 소박한 삶'을 자유롭고 풍요로운 삶으로 권장할 수 있겠지요.

5

공자 말하기를, "나는 아직까지 진실로 인(仁)을 좋아하는 사람과 진실로 불인(不仁)을 미워하는 사람을 보지 못하였다. 인(仁)을 좋아하는 사람이 있다면 더 바랄 것이 없으나, 불인(不仁)을 싫어하는 사람이라 하더라도 그 인(仁)을 행함에 있어서 불인(不仁)이 그 자신의 몸에 붙지 않아야 한다.

하루를 능히 인(仁)에 힘쓸 사람이 있는가? 나는 아직 그렇게 하는 데 힘이 부족하다고 하는 사람을 보지 못하였다. 그런 사람이 있을 법한데 나는 아직 그런 사람을 보지 못하였다.

子曰 我未見好仁者 惡不仁者 好仁者 無以尙之 惡不仁者 其爲仁矣 不使不仁者
자왈 아미견호인자 오불인자 호인자 무이상지 오불인자 기위인자 불사불인자
加乎其身 有能一日 用其力於仁矣乎 我未見力不足者 蓋有之矣 我未之見也
가호기신 유능일일 용기력어인의호 아미견력부족자 개유지의 아미지견야


인(仁)을 좋아하는 것과 불인(不仁)을 미워하는 것을 구별해서 말한 것은 인간의 실태에 대한 깊은 성찰에서 나온 것 같다. 정말로 인(仁)을 좋아하는 사람은 불인(不仁)을 미워할 수 있다. 그런데 이때 불인(不仁)이 그 자신에게 붙지 않도록 해야 하는 것이다.

남의 불인(不仁)을 보고 참지 못하며 그것을 비난하고 또 자신은 그것을 고치려고 노력한다고 하는데 결과를 보면 자기가 비난하고 싫어하며 고치려고 한 그것을 닮고 있는 경우를 어렵지 않게 본다.

부모의 성품 가운데 '이것만은 싫어'하며 닮지 않으려고 하지만 자기도 모르는 사이에 닮아 있다든지, 독재에 항거해서 열심히 싸운 사람들 가운데 독재적 성품이 나타나는 경우를 흔히 볼 수 있는 것이다. 진정으로 독재를 싫어한다면 자기 몸에 독재적 성향이 붙지 않아야 진정한 것이다.

'자본주의는 싫어!' 하고 비난하며 반대하지만 이윤 동기가 몸에 붙어 있다면 진정한 것은 아니다. 목적과 방법이 일관되어야 진실한 것이 될 수 있다는 점에서 이 장은 참으로 음미하고 깊이 새겨야 할 내용이라고 생각한다.

'하루를 능히 어진 것에 힘쓸 사람이 있는가?'라는 말에서는 어떤 일에 몰두하는 사람이 '나는 하루 24시간이 모자라!'라고 말하는 것이 연상된다. '하루를 인(仁)을 실천하는 데 온전하게 사용하는 사람이 있을 법한데 나는 아직 그런 사람을 보지 못하였다.'고 술회하는 공자의 심정이 시공을 넘어서 느껴진다.

- 제 경우도 인(仁)이나 불인(不仁)으로 나누어 이야기하는 것은 좀 뭣하지만 뭔가 어떤 사람의 행위나 태도가 거슬릴 때 잘 보면 그 싫어하는 요소가 자기 안에 있을 때가 많은 것 같아요. 누구의 어떤 태도를 비난할 때 자기 안에 있는 그런 요소를 성찰하는 것이 함께 이루어지지 않으면 서로에게 도움이 안 되는 것 같아요.
- 공자의 말 중 '불현자(不賢者)를 보면 먼저 자신을 성찰하라.'는 말이 생각납니다.
- 니체도 "괴물과 싸우는 자는 스스로 괴물이 되지 않도록 조심해야 한다."는 말을 합니다만, 엄밀하게 보면 이미 자신 안에 그 괴물이 존재하는 것입니다.
- 그렇다고 다른 사람의 행위나 태도가 옳지 않다고 생각될 때도 "자기 성찰이 먼저다."라고 하면서 이야기하지 않는 것은 바람직한 것 같지는 않네요. 서로 부족한 사람이라는 것을 인정하는 바탕에서 이야기할 것은 하고 그 과정에서 자신 안에 있는 비슷한 요소도 함께 검토해 가는 것이 좋지 않을까요?
- 불의(不義)한 부(富)와 불의(不義)한 권력을 미워하는 것만으로는 낡은 세상을 전복할 수는 있어도 새로운 세상을 열지는 못합니다. 지나치게 단순화할 수는 없지만, 자본가에 대한 적대를 이른바 과학적인 계급의식

으로 고취하는 것만으로는 결코 자본주의를 넘어서는 사회를 건설할 수 없다는 것을 지난 역사는 보여주었습니다. 진정으로 새로운 세상을 건설하기 위해서는 불의한 권력이나 부(富)에 대한 미움을 넘어서 '부(富)나 권력 그 자체에 대한 욕망의 질이 바뀌는 의식의 진화'가 동반되어야 한다고 생각합니다.

- 인류는 오랜 역사를 통해 증오나 분노가 바탕이 되는 변혁은 결국 그 악순환의 굴레에서 벗어나지 못한다는 것을 뼈아픈 시행착오를 거치면서 알아가고 있습니다. 이제 '인의(仁義)를 실현하려는 에너지'와 '불인(不仁)에 대한 분노나 미움'을 분리할 수 있을 만큼 여러 가지 객관적 조건들과 인지(人智)가 성숙하였다고 생각합니다.

## 6

공자 말하기를, "사람의 허물은 각각 부류가 있다. 그 허물을 보면 그 인(仁)을 알 수 있다."

子曰 人之過也於其黨 觀過 斯知仁矣
자 왈 인 지 과 야 어 기 당 관 과 사 지 인 의

인(仁)은 추상적 개념으로 이해되기 쉽다. 좋긴 좋은데 구체적으로 잡히지 않는다고 말하는 것을 종종 듣는다. 실제적으로는 구체적인 현실에서 허물(過)이 있는가, 또는 그 허물이 어떤 성격인가로 나타나는 것 같다.

같은 행위라도 개인이나 집단의 성격이나 지향에 따라 그 판단이 다르다. 어떤 사람 집단에는 허물로 인식되는 것이 다른 사람이 집단에는 허물이 아닌 것, 심지어는 좋은 것으로 생각되는 경우마저 있다. 어떤 시대나 사회에서는 잘못으로 인정되는 것이 시대나 사회가 달라지면 좋은 것으로 생각되는 일들이 허다하다. 그 반대의 경우도 마찬가지다. 그렇다면 인(仁)은 시공을 넘어서 보편적일 수 없는 것인지를 묻게 된다. 여기에는 여러 가지 견해가 있겠지만, 시대나 사회가 바뀌면서 변하는 가운데 그것을 꿰뚫는 어떤 보편적 정신을 공자는 인(仁) 속에 담으려고 한 것 같다. 인(仁)이 아닌 것은 결국은 허물로 드러나게 된다. 요즘도 과거사 정리가 큰 주제가 되는 것을 보면 이를 실감할 수 있다.

중요한 것은 지금 판단하는 것이 다음 시대에 어떻게 생각될 것인가이다. 다음 시대에 오늘 판단한 것이 잘못으로 된다면 그것은 보편성이 결여된 것이다. 따라서 우리가 제한된 시공 속에 살고 있기 때문에 지금 시점에서 판단할 수밖에 없지만, 그렇다 하더라도 추구하는 목표에는 어떤 보편적인 '기준'이 있어야 한다고 생각한다.

과거사뿐 아니다. 지금처럼 악성(惡性) 편가름이 사회와 나라의 발목을 잡고 있는 현상을 어떻게 벗어날 수 있는가? 악성(惡性)이라는 것은 '내로남불'로 자기편을 합리화하고 상대방을 악마화하며, 이미 과녁이 사라졌거나 변한 목표들(적화 야욕으로부터 국가 보호, 검찰 독재로부터 민주화 등)을 큰 깃발로 들어 올리며 상대를 공격하는 것으로 자기편의 결속을 도모하는 관념과 정서의 조작이 기승을 부리는 것이다.

이런 판에서는 어떤 공통된 기준이 사라진다. 같은 사람에 대해서도 '본성이 사악(邪惡)한 자'와 '하늘이 낸 의인(義人)'이라는 정반대의 평가를 한다. 이런 상태에서 벗어나 극단적 분열로부터 국민통합이라는 큰 울타리를 만드는데 기여해야 할 사람들, 특히 원로(元老)라고 불리는 사람들이 퇴행적 편가름을 부추기고 있다면 어디에서 희망을 찾을 것인가?

그 희망을 공자는 일관되게 추구했다고 생각한다. 그는 인간이 주관적 입장을 벗어나기 힘든 존재라는 것을 인정하면서도, 당파성과 편향성을 넘어서는 것을 인(仁)의 목표로 제시했다. 그것을 실천하는 사람을 군이부당(群而不黨)하고 주이불비(周而不比)하는 '군자(君子)'라는 인간상에 담으려고 했다. 공자가 2,500여 년이 지난 지금도 생명력이 있는 이유다.

'관과(觀過) 사지인의(斯知仁矣)'라는 말은 '그 사람(혹은 그 사람이 속한 무리)의 허물을 보면 그 사람의 인을 알 수 있다.'로 읽을 수도 있지만, '자신의 허물을 볼 수 있으면 인(仁)을 알 수 있다.'를 먼저 떠올려야 하지 않을까. 실제로는 인(仁)이 무엇인가를 바로 알기보다는 과(過)에 대한 반성적 성찰로부터 인(仁)을 알게 되는 경우가 많다. 그리고 그것이 자기로부터 출발할 때 비로소 보편적 생명력을 갖게 될 것이다.

- 내가 무엇을 부끄러워하는가를 보면 내 수준을 잘 나타내고 있는 것 같아요.
- 그러고 보니 사람마다 잘못하는 유형이 다른 것 같네요. 집단도 마찬가지고요. 특히 지금 우리 사회처럼 퇴행적 편가름이 심할 때, 잘못에 대한 판단기준이 너무 비이성적이거나 반이성적이 돼요. 사회나 나라를 분열과 대립으로부터 크게 통합하기 위해서는 적어도 어떤 '기준'에 합의할 때라야 가능하지 않겠어요.
- 그 합의점을 찾는데 도움이 되어야 하는 것이 철학자나 종교인들, 특히 한 사회의 원로들이라고 생각하는데, 그 원로라 불릴 만한 사람들조차 퇴행적 편가름을 부추기고 있다면 어디서 희망을 볼까요?
- 어떤 집단 안에서 많은 사람들이 허물이라고 생각하는 것을 그 당사자

는 의식조차 못 하고 있는 경우가 있어요. 이 경우는 그 사람뿐만 아니라 그 집단에 문제가 있지 않을까요? 누구도 그 사람과 편하게 이야기할 수 있는 사람이 없다는 이야기는 집단의 소통에 문제가 있다는 것이지요. 그 사람이 그 허물을 고치느냐 하는 것은 별개의 문제일 것 같고요.
- 결국 한 사람의 인격적 성숙은 그가 속한 집단의 문화적 성숙과 떼놓을 수 없지요.

# 7

공자 말하기를, "아침에 도를 들으면 저녁에 죽어도 좋다."

子曰 朝聞道夕死可矣
자 왈 조 문 도 석 사 가 의

'아침에 도(道)를 깨달으면 저녁에 죽어도 좋은' 도(道)란 무엇일까. 그것은 우주자연(宇宙自然)의 리(理)와 그것에 부합한 인간의 삶에 대한 정상적인 관념이라고 생각한다.

사람은 생명체 일반이 그러하듯 죽을 수밖에 없는 존재이다. 그럼에도 가장 두렵고 피하고 싶은 것이 이 죽음이다. 거의 모든 종교는 이 죽음으로부터 자유롭기 위해 있다고 해도 과언이 아니다. 인간의 궁극적 자유는 그가 임종의 순간에 자유로운 상태인가에 달려 있다고 말할 수 있다. 그런데 그럴 수 있으려면 살아 있는 동안에 그 마음이 자유로운 상태가 되지 않으면 안 된다. 죽음이 모든 문제를 해결하리라고 생각하는 것, 또는 그를 자유롭게 하리라고 생각하는 것은 착각이며 도피에 불과하다.

살아 있는 동안에 자신의 관념을 정상화하는 것이 죽음의 공포와 부자유를 넘어서는 길이다. 관념을 정상화하는 것이란 관념을 우주자연의 리(理)에 부합하게 하는 것이다.

우주자연의 리는 불가(佛家)에서 말하는 연기(緣起)의 리(理)일 수도 있고, 기독교에서 말하는 신이 섭리(攝理)하는 하나의 세계일 수도 있고, 과학에서 이야기하는 '하나의 생명 단위로서의 우주'일 수도 있다. 이 일체(一體)의 리(理)를 깨닫고 그것에 부합하는 정상적인 관념은 무아집(無我執) 무소유(無所有)라고 생각한다.

그러나 동물계와 구분되는 인간의 관념은 그 욕구를 오히려 더 악화시키는 경향이 있다. 관념의 특성의 하나다. 그것을 불교에서는 탐진치(貪瞋癡) 삼독(三毒)이라고 부르고, 기독교에서는 원죄(原罪)라고 부르는 것 같다.

관념의 다른 특성은 동물적인 생존 욕구와 방향이 다른 숭고(崇高) 지향성이다. 도(道)를 깨닫는다는 것은 바로 이 숭고 지향성이 제2의 본능으로 변하는 과정이다. 어떤 상태이든 누구나 죽는다. 그런데 '죽을 수 있다(死可矣)'라는 표현은 왜일까? 탐진치에서 벗어난 상태라야 공포와 괴로움에서 벗어나 자유로운 죽음을 맞이할 수 있다는 표현이라고 생각한다. 죽음을 편안하게 맞을 수 있는 것이 아마도 인간의 최상의 자유가 아닐까?

자비·사랑·인(仁)의 사람이 되는 것, 그것이 죽음을 자유롭게 맞이할 수 있는 자격인 것이다. 윤회가 있건 없건 내세의 천국이나 지옥이 있건 없건.

■ 나를 바라보는 또 다른 '나'가 있는 것을 느껴요. 흔히 이것을 '참 나'라고 부르는 것 같은데 이 '참 나'가 온전하게 사는 것이 도를 깨닫는 것이 아닐까요? 자신이 객관화되어 보일 때가 있잖아요.

- 흔히 사물을 객관적으로 바라보라고 하는데 그래야 실상을 볼 수 있다는 거지요. 그런데 제일 어려운 것이 자기를 그렇게 보는 것 같아요. 아집(我執) 때문이라고 생각해요. 무아집(無我執)이 도(道)를 깨닫는 통로라는 말이 수긍이 가네요.
- 아집을 없애는 것이 무언가 지고한 가치이기 때문에 그렇게 하라는 것이 아니라 각자가 근본적으로 자유로워지는 길이기 때문이라고 생각해요. 무아집을 체득하는 것은 지금의 실태에서 대단히 어려운 일이지만 적어도 자신의 진정한 자유를 위해 무아집을 지향하는 삶을 살려고 하는 방향성만은 분명해야 할 것 같네요.
- 죽음이 자유로울 수 있다면, 두려워할 것이 무엇이 있겠어요? 이 상태를 '사가(死可)'라고 하는 것 같군요.
- 요즘 고령화가 심해지고, 노인들이 병상에서 오랫동안 고통을 겪다가 의식이 없는 상태로 죽음을 맞이하는 경우가 너무 많아졌어요. 죽음에 대한 자기선택권, 존엄한 죽음(安樂死)을 스스로 선택할 수 있는 것이 진지하게 검토되었으면 합니다.

8

공자 말하기를, "선비가 도에 뜻을 두고도 남루한 옷과 거친 음식을 수치로 여기는 자라면 함께 이야기를 나눌 만 하지 않다."

子曰 士志於道而恥惡衣惡食者 未足與議也
자 왈 사 지 어 도 이 치 악 의 악 식 자 미 족 여 의 야

- 허물을 보면 그 사람을 알 수 있는 것처럼, 무엇을 부끄러워하는가를 보면 그 사람을 알 수 있다고 생각해요.
- 나 자신을 볼 때도 무엇을 부끄러워하는가를 보면 자신을 가장 잘 알 수 있다고 생각해요.
- 부와 권력과 명예가 부족함을 부끄러워하는 사람과, 거짓과 위선과 불의를 부끄러워하는 사람은 분명히 다른 길을 가는 거지요.
- 오늘날 사람들의 영혼을 타락시키는 것이 바로 인간으로서 진정으로 부끄러워할 일에 부끄러움을 모르게 되는 현상이지요. 후안무치(厚顏無恥)한 자들이 정치권력을 위해 온갖 거짓과 위선, 음모와 모략을 꾀하는 정치야말로 인간의 영혼을 타락시키는 원흉이지요.
- 저는 좀 다른 이야기인데, 옷과 음식에 많이 신경 써야 한다고 생각하는데요.
- 그렇지요. 여기서 말하는 것은 아무렇게나 먹고 아무렇게나 입자는 말은 아니겠지요.
- 요즘 같은 물질 위주의 소비 시대에 쉽지 않은 과제예요. 나는 옷이나 주택이나 자동차 같은 것에는 거의 신경을 안 쓰는 사람이라고 생각했는데, 주위 사람들이 의식하는 것에 신경이 쓰이더라고요. '나는 그런 것들을 하찮게 여기는 사람이야'라는 자존심 또한 자유로운 마음은 아니라고 생각해요.
- 주위의 시선에 사로잡히는 것이 아니라, 주위를 배려하는 마음이랄까요. 그런 점에서 가능하면 옷도 단정하게 입고, 자동차도 깨끗하게 관리하는 것은 필요하다고 생각합니다.

# 9

공자 말하기를, "군자는 이 세상 모든 일에 꼭 주장하지도 부정하지도 않으면서, 의를 구명하여 실천한다."

子曰 君子之於天下也 無適也 無莫也 義之與比
자왈 군자지어천하야 무적야 무막야 의지여비

'무적(無適) 무막(無莫)'은 어떤 사물과 사실을 대할 때에 단정하거나 고정해서 판단하지 않는 마음의 상태를 말한다. 대단히 유연한 상태다. 그러나 불가지론이나 회의론에 빠지지 않는다. 단정이나 고정이 없는 상태에서 무엇이 그 시점의 의(義)인지를 철저히 구명(究明)하여 그 의를 실천한다. 불요불굴의 강인함이 있다.

지금까지 진행되어 온 수많은 갈등과 전쟁은 자기중심의 확증편향에 바탕을 두고 그것을 정의라고 확신하는 신념과 신앙 사이에서 벌어졌다. 이른바 '정의(正義)파'와 '정의(正義)파'의 싸움이었다. 그 확신이 강할수록 잔인한 전쟁을 '진리'나 '정의'의 이름으로 수행해 온 것이 인간의 역사였다. 종교나 이데올로기 전쟁일수록 그 참혹성이 가장 심하게 나타난다.

'단정하고 고정하지 않음'과 '정의를 위한 투쟁'을 결합할 수 있는가? 이것이 인류의 정치에 던지는 가장 근원적 문제다. 지금 우리가 겪고 있는 극심한 분열과 대립, 증오와 분노의 정치를 넘어서기 위해서도 가장 절실한 테마라고 생각한다. 정의를 향한 진정한 동력은 무엇일까?

■ '꼭 주장(適)하지도 부정(莫)하지도 않는다.'는 말에서 생각되는 것은 뭘

가 자신의 생각을 분명히 말하지 않는 것 같아서 애매모호하고 그런 사람과 이야기하면 답답해요. 자신의 생각을 분명하게 밝히는 것이 좋은 일 아닌가요?
- 이것도 좋고 저것도 좋다는 식의 태도는 뭐가 뭔지 모르는 상태나 우유부단함에서 오는 경우도 있지만, 여기서 말하는 무적(無適) 무막(無莫)과는 다르다고 생각해요.
- 자신의 생각을 분명히 말하는 것과 자신의 생각을 완고하게 고집하는 것은 근본적으로 다를 것 같은데요?
- 의(義)라고 하는 것은 자기의 주관이 아닌 뭔가 객관화할 수 있는 것을 가리킨다고 생각해요. 주관에 사로잡혀서는 의(義)를 발견하고 실천하는 것이 안 되겠지요. 그때그때 자신의 생각을 분명히 밝히면서도 자신의 생각을 완고하게 고집하지 않고 다른 사람들과 함께 진리라고 할까 정의라고 할까 그 의(義)를 찾아가는 모습이 그려지네요. 무고정(無固定)으로 진리를 함께 찾아가는 거지요.
- '인자(仁者)라야 사람을 좋아할 수도 미워할 수도 있다(3장)'는 문장과 이 장을 연결해서 생각해 볼 때, 인자는 '자기중심으로 단정(斷定)하고 고정(固定)하지 않는 지적(知的) 태도'와 '의(義)를 끝까지 추구하고 실천하려는 의지(意志)'를 결합할 수 있는 사람을 말하는 것 같습니다.
- 흔히 도덕적이다 선(善)하다라고 말하는데, 그것보다 '지적 태도'와 '실천 의지'로 이야기하는 것이 신선합니다.

## 단정(斷定)하지 않고 정의를 추구한다
### -〈공자의 변명〉에서 -

　봄이다. 생명이 약동하는 계절이다. 밝은 희망을 말하고 싶다. 우리는 희망을 말할만한 역사를 만들어 왔다.
　대한민국은 2차 대전 이후 식민지에서 해방된 나라 가운데서 세계 10위권의 경제력을 갖추고 글로벌한 민주국가로 되어 G7에 근접한 유일한 나라다. 그것도 동족상쟁의 참혹한 전쟁을 겪은 세계 최빈국(最貧國)으로부터 반세기 만에 이런 밑천을 만든 것이다.
　그런데 지금 우리는 이중의 위기를 만나고 있다. 하나는 자본주의 산업문명이 만들어낸 인류 공통의 위기이고, 다른 하나는 산업화 민주화를 거쳐 선진국으로 진입하는 과정에서 부딪치고 있는 나라의 위기이다.
　이 이중의 위기를 극복하고, 새로운 문명을 선도하는 21세기형 선진사회로 우뚝 서는 것이 우리 공동체의 꿈이며 희망이다. 이 꿈을 이룩하기 위해서는 여러 방면의 노력이 융합되어야 한다.
　'정의(正義)를 너나없이 줄기차게 외치는 우리 사회가 왜 이렇게 살벌한가?' 하는 질문에 응답하는 과정을 거치지 않고는 문명 전환이라는 인류적 과제에 힘을 모을 수 없다는 것이 더욱 분명해지고 있는 현실이다.
　그런 점에서 우리 공동체에 오랫동안 큰 영향을 끼쳐온 공자 사상을 새롭게 조명하는 일은 단지 고전을 공부하는 것을 넘어서는 것이다.
　정의(正義)의 실현에 대해서 공자는 다음과 같은 말로 표현하고 있다; "군자는 세상 모든 일을 대함에 있어서 '이것이 틀림없다.' 또는 '이것은 절대 아니다.'고 단정하지 않고, 오직 무엇이 옳은지를 끝까지 찾아서 그것을 실천하려고 한다(君子之於天下也 無適也 無莫也 義之與比)."

여기서 주목할 것은 '단정하지 않음'과 '정의 추구'의 결합이다. 주야장천 정의를 외치는 사람들이 살벌한 세상을 만들고 있는 것은 바로 이 둘이 결합되지 않기 때문이다. 자기(자기편)가 정의라는 독선과 아집들이 서로 만나 싸우는 곳에서는 막상 정의는 실종되고 살벌함만 남는 것이다.

흔히 보는 정의파들은 자신의 생각이나 판단이 곧 정의라는 확고한 신념이 정의 실현의 동력이라고 생각하지만, 공자는 그런 신념을 버리는 것이 끝까지 정의를 찾아서 실현할 수 있는 출발이라고 말하는 것이다.

이렇게 말할 수 있는 근거로 제시하고 있는 것이 다음의 문장이다; 吾有知乎哉 無知也 有鄙夫問於我 空空如也 我叩其兩端而竭焉 (오유지호재 무지야 유비부문어아 공공여야 아고기양단이갈언)

이를 내 나름으로 의역해 본다. "내가 아는 것이 있을까? 나(인간)는 실재(사실 그 자체)를 알 수 없다(알 수 있는 존재가 아니다. 오직 자신의 감각과 판단이라는 필터를 거쳐 인식할 뿐이다). 그러나 누가 물어오더라도 모른다고 하지 않고(불가지론이나 회의론에 머물지 않고) 영위(零位)에 서서(무지의 자각을 바탕으로) 그 양 끝을 두들겨(철저 검토) 끝까지 (진실을) 밝혀 가보겠다."

'인의예지(仁義禮智)'가 아니라 이 '무지의 자각'이 공자 사상의 출발점이라고 나에게는 보인다. '인의예지'가 이 바탕에 서지 않으면 특정한 시대와 사회 속에서 형성된 화석화된 관념으로 남게 된다.

'무지의 자각'은 대단히 과학적이다. 요즘은 초등학교에서 배우는 기초 과학으로도 쉽게 이해가 가는 것이다. 어떤 사물을 본다. 예를 들어 꽃을 본다. 우리가 보는 것은 꽃 그 자체인가? 자기가 본 것이 꽃 그 자체라고 하는 것은 착각이다. 우리가 보는 것은 각자의 눈을 통해 자기 망막에 맺힌 상(像)인 것이다. 망막에 맺힌 상(像)이 실물에 아무리 가까워도, 그것은 실물 그 자체와는 별개의 상(像)일 뿐이다. 자신의 감각이나 판단이 사실과 틀림없다는 것은 착각인 것이다. 이것을 알아차리는 것이 '무지의 자각'이다.

과학이 발달하기 전에는 이것을 알아차리는 것은 뛰어난 지혜가 있는 사람들이라야 가능했지만, 지금은 누구나 쉽게 이해할 수가 있다. 그럼에도 실제로 삶을 영위하거나 특히 어떤 가치를 실현하려는 사회적 실천을 하는 과정에서는 자기의 감각이나 판단이 틀림없다는 착각이 오랜 세월 굳어진 관성으로 여전히 지배적이다. 성현들로 알려진 사람들은 한결같이 이런 깨달음에서 출발하고 있다.

요즘 나훈아의 '테스 형'으로 주목받은 소크라테스도 이 '무지의 자각'을 진리 탐구의 출발로 삼았고, 일찍이 보조 지눌 선사도 '단지불회 시즉견성 但知不會 是卽見性'(다만 모르는 줄 알면 곧바로 견성이다)을 말하고 있다.

그런데 공자의 제자를 자처하는 사람들이나 집단이 오히려 불의한 신분제 사회의 기득권층이 되어서 자기들끼리 정통과 이단 논쟁으로 사활을 건 권력투쟁을 하면서 사회를 정체시키고 나라를 망하게 하는 일들을 자행해 온 것이다.

우리가 어떤 사물을 자기의 감각기관이라는 필터를 통해 인식하고, 그에 대한 판단 또한 자신의 뇌에 입력된 정보(유전적 요소도 있는데, 불교에서는 이를 업이라고 말하기도 한다)를 통해서 한다는 것은 이제 평범한 과학으로도 인식할 수 있게 된 것이다. 이것이 사람들의 정의나 공공선을 향한 인식과 실천 또는 투쟁의 바탕이 되어야 하는데, 아직 오래된 강고한 아집이 지배하고 있는 것이 우리가 만나고 있는 답답한 현실의 한 단면이다.

그러나 이미 과학을 통해 큰 길이 열렸다. 나는 이런 보편적인 자각 운동이 이 땅에서 이루어지기를 바란다. 21세기의 르네상스, 즉 축(軸)의 시대에 꽃 핀 선각자들의 지혜가 보편화 현실화하는 위대한 르네상스가 이 땅에서 이루어지기를 간절히 바라는 것이다. 산업화 민주화를 통해 장만한 밑천을 잘 살려가면서, 우리가 만나고 있는 이중의 위기를 넘어설 수 있다면 우리는 새로운 문명을 선도하는 21세기형 선진국으로 도약할 수 있을 것이다.

무지의 자각에 바탕을 둔 새로운 소통과 대화의 문화를 발전시키고, 단정하거나 고정하지 않으면서 실사구시(實事求是)의 태도로 정의를 실현해 가는 것이 그 진정한 동력이 될 것이다. 우리가 살고 있는 익산을 사람들이 살고 싶어지고 오고 싶어지는 도농복합행복도시로 만들기 위해서도 가장 필요한 태도라고 생각한다.

## 10

공자 말하기를, "군자는 덕을 가슴에 품지만 소인은 토지를 품는다. 군자는 형(刑)을 생각하지만 소인은 은혜를 생각한다."

子曰 君子 懷德 小人 懷土 君子 懷刑 小人 懷惠
사왈 군자 회덕 소인 회토 군자 회형 소인 회혜

- '덕을 품는다'는 의미의 회덕(懷德)이라는 말이 다가오네요. 고속도로에서 경부선과 호남선이 갈리는 곳의 지명이 '회덕'이지요. 덕(德)을 품고 호남선과 경부선으로 달렸으면 좋겠네요.
- 군자와 소인에 대해 그 가슴에 품는 것이 무엇인가로 이야기하고 있군요.
- 땅(土地)도 품고 덕(德)도 품을 수는 없나요. 나는 그러고 싶은데.
- 안 되기야 하겠어요. 그러나 땅을 품는 마음과 덕을 품는 마음의 바탕은 다를 것 같네요. 공자의 일관된 주장은 덕을 품는 것이 궁극적으로는 이익이 된다는 말이잖아요.
- 공자가 툭 던지듯 '회덕'과 '회토'를 구분했지만, 참으로 절묘한 구분이라는 생각이 드는군요. 사실 토지 소유를 둘러싼 쟁투의 역사가 인간 불평등의 역사가 아닌가요?
- 동감입니다. 평등과 경제 정의를 생각할 때 지금도 '토지 정의(正義)'가 핵심이 되고 있지요. 더구나 문명 전환이 요구되는 격변기의 인류사에서 '과연 토지는 누구의 소유가 될 수 있는가?'에 대한 근원적인 질문, 다시 말하면 인간 불평등의 역사를 그 뿌리에서부터 묻게 되는 것 같습니다.

- 은혜는 좋은 말인데 왜 은혜를 생각하는 것이 소인(小人)이라고 했을까요?
- 여기서 말하는 것은 시혜(施惠)를 바라는, 뭔가 사리(私利)를 바라고 사리(私利)에 끌리는 마음을 나타내는 것이 아닐까요? 군자가 형(刑)을 생각하는 것과 대조적이지요. 여기서 형(刑)이란 '바르게 하는 것'이란 뜻으로 쓴 말 같고요.
- 잘못을 범했을 때 그에 대한 태도에서 갈리는 것 같습니다. 어떻게든 뭔가 방법(빽)을 써서 벌(罰)을 피해 보려는 사람과 그 잘못을 인정하고 당당하게 벌(罰)을 감수하는 사람의 차이가 아닐까요?

11

공자 말하기를, "이익에 따라 행동하면 원망이 많다."

子曰 放於利而行 多怨
자 왈 방 어 리 이 행 다 원

이익에 따라 행동하는 것이 인간의 본성이라는 주장도 있다. 실제로 인간도 생명체 일반이 갖는 자기중심성이 있기 때문에 우선 자신의 생존을 확보하려고 하는 것은 당연한 일이다.

그러나 이런 자기중심성을 갖는 사람들이 모여서 인간 사회를 이룰 때, 이익끼리 충돌하면 결코 행복한 사회는 이루어지지 않는다. 약육강식(弱肉强食)·적자생존(適者生存)의 대립과 쟁탈의 사회 속에서는 누구도 진정한 자유와 행복을 누릴 수 없다.

이것을 자각하고 자유와 행복을 증진시키기 위해 노력해 온 과정이 인류의 역사라고 생각한다. 우선 자기의 이익을 추구하더라도 다른 사람의 이익을 침범하지 않도록 제도와 규범을 발전시켜 왔다.(사회제도의 진화) 또 물질을 풍부하게 해서 부족한 물자를 둘러싸고 쟁탈이 일어날 소지를 줄여 왔다.(생산력의 발전)

그런데 가장 중요한 것은 사람의 마음이 진화하는 것이다. 그것은 동물계 일반의 자기중심성을 넘어서는 것인데 이것이야말로 진정한 진화라고 생각한다. 사회제도가 진보하고 물질이 풍부해졌지만 이익을 넘어서는 마음의 세계에서는 과거에 비해 그다지 나아지지 않고 오히려 더 각박해진 오늘의 현실을 보며, 공자의 말이 현실적으로 다가온다. 공자는 사실의 세계로 접근한다. 이익에 따른 행동의 불이익을 지적함으로써 이익을 넘어서는 것이 궁극적으로 이익이 된다고 설득한다. 다른 사람이나 집단의 원망을 받으면 결국 자신에게 불이익으로 돌아오는 것이 세상의 이치이다. 다른 사람들의 원망 속에서는 진정한 자유나 행복을 누릴 수 없는 것이다.

군자와 소인을 구별한 것은 인간이 진화해야 할 방향을 가리키는 것이다. 이익에 몰두하는 사람이 자리이타(自利利他)의 사람이 되는 것이 스스로 자유롭고 행복해지는 길이 아니겠냐는 것을 담담하게 설득하고 있다.

■ 요즘 콩을 구입하면서 느끼는 것이지만 농협을 통해 구입하는 것보다 생산자로부터 직접 구입하는 것이 지역 순환농업에도 일조하고 서로 이익이 되지 않을까 생각해서 그렇게 하고 있는데요. 뻔히 잘 알고 있는 생산자라서 그 콩의 상태가 아주 나쁠 때는 '이런 콩을 어떻게 보낼 수 있을까?' 하는 마음이 들어요. 손해도 손해지만 사람에 대한 신뢰가 무

너지는 것 같아 참 조심스러워요.

■ 눈앞의 이익만 추구하는 세태 속에서 그것을 넘어서기 위해서는 먼저 양보하는 마음가짐이 필요하다고 생각해서 '절대양보(絕對讓步)'를 하나의 지침으로 생각하고 있지만, 상당한 내공(內功)이 필요한 것 같아요. 원망하는 마음이나 이렇게 하면 사람들이 오히려 더 이용하려고 하지 않을까 하는 생각 등이 일어나요.

■ 역시 절대의 세계로 들어가는 것이 내공인 것 같아요. 그것이 공자가 말하는 충(忠)이 아닐까 생각되기도 해요.

■ 절대양보도 좋지만 일반적으로 말하기는 힘든 것 같아요. 역시 서로의 이익이 침범되지 않는 시스템이 필요한 것 아닐까요? 직접 거래가 서로의 관계를 좋게 하지 않는다면 농협을 사이에 두고 하는 것이 좋을 수도 있지 않겠어요. 예(禮)와 양(讓)의 조화점을 찾아야 할 것 같아요.

■ '상대가 자기 이익만을 추구하니까 나도 내 이익을 먼저 생각 안 할 수 없다.'는 악순환을 끝내려면 어떻게 해야 할지…. 그것이 모두의 행복의 길인데요.

■ 자본주의는 여기서 말하는 소인(小人)들의 세계가 아닌가요? 자기의 이익을 추구하는 것을 일차적 동기(動機)로 해서 성립되고 발전해 온 사회 같은데요?

■ 그렇게만 생각할 수는 없을 것 같아요. 자본주의가 만일 이익을 추구하는 것만으로 이루어져 왔다면 벌써 망했을 거예요. 단점보다는 장점이 많아서 지금 세계의 보편적 시스템이 된 것이겠지요. 서로의 이익이 충돌할 때 그것을 합리적으로 조절하는 시스템이나 약자의 이익을 위한 법적 제도적 노력이 상당히 진척되어 왔기도 하고요. 그러나 무엇보다도 이기적인 것으로 나타나긴 하지만 그것에는 이기적인 것이라고 비난

할 수만은 없는, 자신의 에너지를 자신을 위해 오롯이 쓰고 싶어 하는(다른 사람이나 집단에 빼앗기거나 간섭받지 않고) 인간의 욕구가 지금의 자본주의 체제와 부합하는 면이 있다고 생각해요.

- 요즘 양극화의 문제가 심각한 것 같아요. 비정규직 노동자들의 상태를 보면 심각하더라고요. 지금의 제도 아래에서 혜택을 보는 사람들이 공자의 이야기에 귀를 기울여야 할 것 같아요. 자신의 이익만을 추구하면 결국 자신에게 더 큰 불이익으로 돌아온다는 것을 깨달아야 할 것 같아요. 양극화 현상이 심해지고 빈곤층이 많아지면 국내 수요가 줄어들고 사회가 불안해지잖아요. 그 속에서는 자기만의 행복이나 자기 집단만의 이익이란 있을 수 없지 않겠어요.

- '약자(弱者)의 이익이 정의(正義)'라는 말이 있잖아요. 어떤 면에서는 옳은 이야기가 아닐까 생각해요. 지금까지 사회적 진보가 이루어져 온 것도 사실이고요. 지금도 역시 그렇다고 생각해요. 그러나 다른 면에서 생각해 보면 '이익은 어디까지나 이익이다.'라는 생각도 들어요. 약자의 이익이 정말로 의(義)가 되려면 그 욕구의 질(質)이 바뀌어야 한다고 생각해요. 지금까지의 사회변혁운동을 통해 이런 점들을 깊게 성찰해야 할 시점이 되지 않았나 생각해요.

- 현실적인 인간이나 사회의 실태를 보면 의(義)만 추구하는 사람이나 집단이라든가 이(利)만 추구하는 사람이나 집단은 거의 없는 것 아닌가요? 개인이든 사회든 의(義)와 이(利)의 조화점이 있는 것 같은데요? 자기 안에도 군자(君子)와 소인(小人)이 함께 있지 않나요. 다만 그 조화점을 보다 의(義) 쪽에 가깝게 잡아가는 것이 행복의 길이라는 자각이 절실하다고 생각해요.

## 12

공자 말하기를, "예(禮)와 양(讓)으로써 나라를 다스린다면 무슨 어려움이 있겠느냐? 그러나 예와 양으로 나라를 다스리지 못한다면 예(禮)는 무엇에 쓰겠는가?"

子曰 能而禮讓 爲國乎 何有 不能而禮讓 爲國 如禮何
자왈 능이예양 위국호 하유 불능이예양 위국 여례하

예(禮)가 인간이 바라는 외적 질서라면 양(讓)은 내부의 마음, 즉 의식과 욕망을 말하는 것이다. 국가의 정치를 법치(法治)보다 덕치(德治)로 하자는 것은 논어 전편에 표현된 공자의 일관된 주장이다. 법치가 국가의 형벌권을 통한 강제력을 바탕으로 하는 것이라면 덕치는 자발적이고 자율적인 예(禮)나, 더 나아가면 악(樂)으로 이루어지는 정치를 말한다. 그리고 그 외부로 표현되는 예(禮)가 형식이라면 그 내용을 이루는 마음을 대표해서 양(讓)을 이야기하고 있다. 이것이 나에게는 마음의 진화라는 점에서 정곡(正鵠)을 뚫는 것으로 다가온다.

법치의 단점으로 공자는 '부끄러움을 모르게 되는 것'이라는 점(2/3)을 강조하고 있다. 타자를 침범하는 것에 대한 부끄러움을 덕치의 출발점으로 이야기하고 있는데, 여기서는 한 발 더 나아가고 있다. 침범에 대한 부끄러움을 넘어 양보를 제시하고 있다. 이것은 의식의 진화에서 핵심이라고 생각한다.

물론 공자의 이런 이상주의는 현실 속에서 제대로 살려질 수 없던 오랜 시대를 통과하면서 수없이 왜곡되기도 하고 많은 변화를 겪어 왔다. 요즘 우리 사회에서 새삼스럽게 법치(法治)가 주장되는 것은 인치(人治)에서 법치(法治)로 바뀐 역사의 정신에 반하여 권력자들이 법을 농락한 퇴행적 현상 때문이다. '유전무죄 무전유죄'나 '유권무죄 무권유죄'와 같은 말들은 그것을 나타낸다.

이것은 인간의 진화와 사회의 진보라는 관점에서 보면 일시적 퇴행 현상을 바로잡자는 것이고, 큰 사이클에서 보면 국가의 강제력에 의한 법치를 넘어서 자율과 자치를 지향하는 것이 목표가 되고 있는 시대를 통과하고 있다고 생각한다. 생태적 재앙이 인류의 존속을 위협하고 있는 지금 문명의 전환은 이제 인류적 과제가 되고 있다. 그런데 그 문명의 전환은 위기를 넘어서기 위한 방편이나 피난처가 아니라, 자유와 행복을 증진하는 것이 될 때 의미가 있는 것이다.

공자가 2500여년 전에 제시한 예(禮)와 양(讓)이 조화된 정치에 대한 이상은 지금에 이르러 현실적인 과제가 되고 있다고 생각한다. 인간의 진화와 사회의 진보에 대해, 또 그 주체와 동력에 대해 오랫동안 천착해 온 나 같은 사람에게는 공자의 이 말이 '제도가 먼저냐? 사람이 먼저냐?'에 대한 오래된 질문을 떠올리게 한다.

나는 진보주의자라는 자기 정체성을 가지고 있다. 내가 생각하는 '진보'는 인간의 자유와 행복을 넓히는 것에서부터 인간을 비롯한 모든 존재의 생명력을 신장시키는 것으로 그 의미가 확장되어 왔다. 나는 그 순서가 일정하거나 어떤 것이 우위를 갖는 것은 아니지만, 진보(자유의 확대)의 중심 고리가 변천해 왔다고 보고 있다.

첫 번째는 생존을 위한 물질적 결핍으로부터 자유로워지는 것이고, 다음은 그 과정에서 발생하는 수탈과 불평등과 차별로부터 자유로워지는 것이고, 그다음은 인간의 의식 내부에 존재하는 부자유(탐진치)로부터 자유로워지는 것이다. 세 번째로 말한 '관념계의 자유'는 순서로 이야기할 수 없는 면이 있다. 왜냐하면 제도의 변천과 관계없이 2,500여년 전 축(軸)의 시대의 현자들이 이미 그 길을 열었기 때문이다. 여기서 세 번째 순서로 이야기한 것은 보편적인 진보(자유 확대)의 역사 속에서 그 주된 동력의 역할을 하는 의미로 쓰고 있다.

지금의 물질적 진보와 사회적 진보의 수준에서 자유의 확대를 막고 있는 주된 장애가 이제는 인간의 의식으로 이동하고 있다는 의미다. 그렇다고 물질이나 제도의 중요성이 약화되었다는 의미는 전혀 아니다.

지금도 물질과 제도가 좀 더 결정적인 사회나 지역이 많다. 우리가 살고 있는 한국은 그런 점에서 상당히 진보한 나라다. 최근 진보 운동에서 영성이나 정신개벽 같은 이야기들이 많아지는 것은 이런 현실을 반영한다.

관념계의 자유와 물질계나 사회적 관계의 자유는 서로 유기적 관계로 얽혀 있다. 이 말은 관념계의 진보, 즉 소유 관념이나 아집 관념을 넘어서는 노력은 반드시 물질계와 사회적 관계의 자유를 확대하는 방향으로 회향(廻向)되어야 한다는 것이다. 이를테면 자본주의를 인간화하는 방향을 비롯하여 협동조합이나 사회적 경제의 생산 관계와 생산력을 개선하도록 피드백되어야 진짜라는 것이다.

사회적 관계에서의 자유 확대도 제도와 규범을 둘러싼 끊임없는 투쟁으로는 한계에 봉착하고 있고, '침범을 부끄러워하는 의식'에서 더 나아가 '서로 양보하고 싶어지는 의식'으로의 진화가 사람들 사이 그리고 사람과 자연의 조화를 위해 절실한 보편적 과제가 되고 있다는 것이다. 이것을 '영성(靈性)의 사회화'라고 말할 수도 있을 것이다.

이익과 경쟁을 넘어서는 동기(動機)의 확대로 생산력과 생산 관계를 개선하고, 물욕(物慾)을 억제하는 것이 아니라, 정신적(理性) 예술적(感性) 영적

(崇高) 가치를 신장하는 것을 통해서 '단순 소박한 삶의 풍요'를 보편화하는 것, 그것이 우리 시대의 진보라고 생각한다.

## 13

공자 말하기를, "지위 없는 것을 근심하지 말고 그런 지위에 설 만한지 근심할 것이며, 남이 자기를 알아주지 않는 것을 근심하지 말고 알려질 만하게 되기를 구하라."

子曰 不患無位 患所以立 不患莫己知 求爲可知也
자 왈 불 환 무 위 환 소 이 립 불 환 막 기 지 구 위 가 지 야

■ 요즘은 벼슬이나 지위 같은 출세에 집착하기보다는 가족의 행복이나 자신의 행복 같은 것을 더 우선하는 풍조가 넓어지는 것 같아요. 또 윗자리에 올라가기 위해 애쓰는 것보다 자신에게 맞는 일을 찾기 위해 고민하는 것 같기도 하고요.

■ 그것은 바람직한 현상 아닐까요? 그렇지만 자신의 행복이나 가족의 행복을 돈이나 지위 같은 것에 연결하는 경우는 여전히 많은 것 같아요. 자신의 천성이나 능력보다는 우선 경제적으로 안정된 일자리를 구하는 데 급급한 것이 많은 사람들의 실태이기도 하고요.

■ 이 시대에 능력이란 어떤 것일까요? 사람마다 능력이나 적성이 다른데 그 능력이나 적성에 맞게 사회 안에서 자리 잡아 가는 것이 바람직하지 않을까요? 적재적소(適材適所)라고나 할까요.

- 사회가 정상적이고 관념이 정상적이라면 천성대로 사는 것이 모두가 행복한 길이겠지요. 천성이나 능력에는 우열(愚劣)이 없는데도 그것을 차별하는 관념과 그것을 제도화하는 사회야말로 비정상적인 것이지요.
- 성공을 다른 사람과의 경쟁 속에서 자기의 능력을 나타낸 소수의 승자의 것이라고 보는 관념은 잘못이라고 생각해요. 진정한 인생의 성공은 지위나 명성과 관계없는 것 아닐까요? 음악적 재능을 가지고 태어난 어떤 사람이 음악가로써 명성을 날리는 것도 성공일지 모르지만, 시골의 촌로(村老)로 늙는다고 할지라도 자신이 우선 그 재능을 즐기고 주위 사람들에게도 함께 일하는 기쁨을 안겨주는 삶을 살았다면 그 또한 성공적인 삶이 아닐까요?
- 사람은 누구나 다른 사람으로부터 '인정받고 싶어 하는 욕구'가 있는 것 아닌가요?
- 당연하지요. 남에게 인정받고 싶어 하는 것은 자신을 뚜렷이 세우고 싶은 욕구에서 나오는 것이라고 할 수 있겠지요. 그런데 다른 사람의 평가에 마음을 뺏긴다면 그만큼 역(逆)으로 자주성을 뺏기는 것이 되는 것 같습니다.
- 어떤 지위를 얻거나 세상에 알려지는 것은 자기 뜻대로 되는 것은 아니지요. 자기 뜻대로 안 되는 것을 걱정하면 스스로가 힘들 뿐이지요. 안으로 자기를 돌아보아 그런 능력이나 덕성을 키우는 데 집중하는 것이 현명한 태도인 것은 분명합니다.
- 그런데 그것이 쉽지 않습니다. 그냥 손바닥 뒤집듯 그 걱정하는 대상을 제대로 돌리고 싶군요. 한번 해 봅시다.

## 14

공자 말하기를, "삼(參)아, 나의 도는 하나로 관철되어 있다."
증자가 말하기를, "예, 그렇습니다."
공자가 밖으로 나가자 공자의 제자들이 묻기를, "무슨 말씀인지요?"
증자가 말하기를, "선생님의 도는 충(忠)과 서(恕)일 뿐입니다."

子曰 參乎 吾道 一以貫之 曾子曰 唯 子出 門人 門曰 何謂也 曾子曰 夫子之道 忠
자 왈 삼 호 오 도 일 이 관 지 증 자 왈 유 자 출 문 인 문 왈 하 위 야 증 자 왈 부 자 지 도 충
恕而已矣
서 이 이 의

'나의 도(道)는 하나로 일관되어 있다.'라는 말에서 요즘 특히 생각되는 것은 목적과 방법의 일관됨이다. 모두가 행복한 세상을 목적으로 하면서도 그것에 도달하는 과정이 대립 투쟁의 길이라면 뭔가 일관됨이 아니라 모순이 나타나는 것이다. 억압과 수탈, 차별과 불평등이 지배하는 사회에서는 투쟁이 불가피할지는 모르지만, 진정으로 행복한 세상을 만들기 위해서는 그 방법과 과정도 일관됨이 있어야 한다. 사회적 자유와 사회적 평등이 상당히 진전된 민주주의 제도에서 공자 이래 꿈꿔 왔던 이 일관됨이 현실적인 과제로 다가온다.

요즘 상생과 화해라는 말이 시대의 화두가 되는 것은 이런 점에서 대단히 진전된 것으로 보인다. 상생과 화해는 목적일 수도 있지만 그 보다는 진정한 행복이라는 목적을 달성하려는 방법과 과정에서 일관되게 구현되어야 할 원리라는 생각이 든다. 그렇게 될 때 일관됨이 있는 것이 아닐까?

'선생님의 도(道)는 충(忠)과 서(恕)일 뿐이다.'라는 말에서 충(忠)과 서(恕)

는 무엇일까? 충(忠)은 자기의 최고를 발현하는 것이다. 그 시점에서 자신의 최선을 다하는 것이다.

혼히 군주나 국가에 대해서 충(忠)이라는 말을 써 왔지만, 그 대상의 한 측면을 가리킬 뿐이다. 충은 어떤 관계·어떤 사람·어떤 일에서도 발현되는 자기 마음의 상태다.

'자기의 최고를 발현하는 것'은 경쟁이나 대립에서 오는 것과는 전혀 다른 차원이다. 요즘은 경쟁을 통해야 자기의 최고를 발휘하게 된다는 생각이 지배적이지만, 그것은 충(忠)의 본래 의미와는 전혀 다르다. 충(忠)은 대상에 대한 태도라기보다 자기 내면의 절대적인 마음의 상태를 말한다.

서(恕)는 타자(他者)에 대한 받아들임이다. 확증편향에 의한 편가름과 적대적 대립이 나라와 사회의 발목을 잡고 있는 요즘 가장 중요한 덕목이라고 생각한다. 자신이 일을 잘하고 열심히 하는 사람들이 자기와 다른 사람을 잘 받아들이지 못하는 경우가 있어 충(忠)과 서(恕)가 서로 모순되지 않을까 생각할 수도 있지만 그것은 진정한 충(忠)이 아니다. 그 마음이 진실하다면 충(忠)과 서(恕)는 동전의 앞뒷면 같은 것이라고 생각한다.

일이관지(一以貫之)에 대해서는 이 문장 외에 15편 2장에 다음과 같은 문장이 있다. 공자와 자공의 대화다; "사(賜)야, 너는 내가 많이 배워 그것들을 기억하는 박학다식(博學多識)한 사람이라고 생각하느냐?" "예, 그렇지 않습니까?" "그렇지 않다. 나는 일이관지(一以貫之)하고 있을 뿐이다."

요즘 여러 학자나 사상가의 사상이나 생각을 접하면서 공자의 '일이관지(一以貫之)'가 떠오르는 경우가 많다. 오늘도 유튜브로 어떤 유학자(儒學者)의 이야기를 듣다가 문득 이 말이 떠올랐다.

학자나 이론가들이 빠지기 쉬운 함정이 자기 나름의 틀이나 기준으로 사태를 단순화하는 것이다. 사물과 이론들이 스스로 만든 틀 속에서 일목요연하게 보이는 느낌이 들면 그것이 마치 대단한 창조를 한 것으로 착각에 빠지기 쉽다. 이런 단순화는 사실(진실, 진리) 속으로 들어가는 것이 아니라, 자기 관념의 늪에 점점 깊이 빠지는 것이다.

이런 분들의 특징은 단정(斷定)하고 정의(定義)하듯이 말하며 생각하는 것이다. 이런 태도는 공자의 일이관지와는 인연이 없는 것이다.

내가 논어 속에서 이해하는 공자의 일이관지(一以貫之)는 '무지(無知)의 자각(自覺)을 바탕으로 끝까지 사실(진리)을 밝혀 가려는 단정하지 않고 고정하지 않는 탐구심과 실천의지'가 아닐까 생각한다. 스스로 어떤 단순화에 마음이 끌릴 때, 이 일이관지(一以貫之)를 떠올린다. 나는 어떤가?

- 얼마 전에 아는 사람으로부터 편지를 받았는데요. '네 몸 네가 챙겨라. 네가 아프면 남편은 돌보지 않는다. 특히 한국 남편은.' 라는 내용이었어요. 상당히 충격을 받았어요.
- 특수한 경험을 너무 일반화하는 것 아닌가요? 나도 한국 남편의 한 사람으로서 좀 듣기 거북하네요. 가정 안에서 특히 부부 관계에서 충(忠)과 서(恕)는 어떤 것일까요.
- 우선 자신이 진실하게 되는 것이 충(忠)이 아닐까 생각해요. 말하자면 자신의 내면이 꽉 차는 것이라고 할까요. 남편은 남편으로서 아내는 아내로서 진실한 사람이 되는 것이 충(忠)이 아닐까요? 서(恕)란 있는 그대로의 상대방을 받아들이는 것 같고요. 부부 사이니까 쉬운 것 같지만 오히려 지난(至難)한 면이 있어요.
- 동감이에요. 부부 사이니까 허물이 없다고 생각해서 오히려 자신의 적나라한 모습이 잘 드러나는 것 같아요. 상대에게 자신이 그리는 상(像)을 자기 생각대로 투여해서 그대로 안 되면 못 받아들이는 경우가 많아요.

오래 살면 살수록 서로가 더 잘 조화되면 좋은데 그 반대로 가면 끝장이지요. 서로 상대를 잘 안다고 생각하는 것에 함정이 있는 것 같아요. 먼저 자기를 검토해서 자신의 진실성을 먼저 세우는 것이 충(忠)이고 상대에 대해서는 자기 식으로 안다고 생각하지 않고 또는 자기 식으로 이해하려 하지 않고 그냥 그대로 받아들이는 것이 서(恕)라는 생각이 드네요.

- 서로 사랑하지 않으면 그 모든 것이 잘 안 되는 것 아닌가요? 사랑의 표현 방식이야 세대에 따라 문화에 따라 다르겠지만 그 마음이 서로 통해야 하는 것은 동서고금이 마찬가지겠지요. 그런 점에서 충(忠)과 서(恕)의 바탕이 되는 것은 사랑이라는 생각도 드네요.

# 충(忠)과 서(恕), 자아실현과 상생의 길
## - 〈공자의 변명〉에서 -

'돈'을 벌기 위해 '경쟁'에서 이기기 위해 일하는 것은 결코 그 자체가 자유롭지도 않고 행복하지도 않다. 그러나 이런 시스템이 생산력을 증대시켜 왔기 때문에 세계적 범위에서 자본주의를 부정하는 시도들은 실패하였다.

일하는 것이 기쁘고, 일터가 자아실현의 장(場)이 된다면 얼마나 좋을까?

지금의 경제 제도와 사람들의 일반적인 의식으로 볼 때 아직은 틈새에 불과하지만, 이 틈새에서 새로운 방식과 문화가 만들어지고 이 틈새가 점점 확장되다 보면 어느 날 새로운 세상이 성큼 다가온 것을 보게 될지도 모른다. 그 방식의 하나가 협동조합이다.

어떤 점에서는 경제의 최전선에서 낡은 진영 대립을 넘어 좌우를 아우르면서 동시에 넘어서는 사상과 실천의 현장이 될 수 있다. 그것은 하나의 장쾌한 그림이지만, 협동조합의 생산력이 뒷받침될 때의 이야기이다. 협동조합은 자본주의 시장 안에 포섭된다. 외부는 체제 순응적이다.

그런데 내부의 작동원리는 이윤동기와 경쟁이 아니라 상생의 협동과 연대이다. 내부는 혁명적이다. 이 조화가 폭력과 무리 없이 새로운 세상을 바라보게 한다. 여기서 핵심은 협동조합의 생산력이 자본주의 방식과 문화에 충실한 기업과 시장에서 당당히 경쟁할 수 있느냐는 것이다. 과연 '자아실현을 위한 자발적 집중과 동료와의 우애'가 '즐겁게' 생산력으로 전화(轉化)할 수 있을까?

논어 이인(里仁)편에 나오는 문장이다;〈공자께서 말하기를 "증삼이여, 나의 도는 한 가지 이치로 일관되게 꿰뚫는 것이다." 하시자 증자가 "예" 하고 대답하였다. 공자께서 나가자, 문인들이 "무슨 말인가요?" 하고 물으니, 증자 말하기를, "선생님의 도는 충(忠)과 서(恕)일 뿐입니다."(子曰 參乎 吾道一以貫之 曾子曰 唯 子出 門人問曰 何謂也

曾子曰 夫子之道 忠恕而已矣)〉

　이 충서(忠恕)의 '충(忠)'을 수식어로 보아 '진실한 서(恕)'로 해석하여 '서(恕)' 하나로 일관했다는 견해도 있지만, 충(忠)은 자아실현을 위해 최선을 다하는 마음의 상태를 말하는 것이고, 서(恕)는 사람의 다름을 받아들이는 마음의 상태로서 이 둘이 보합하여 자타(自他)의 생명력을 함께 살리는 것으로 나에게는 보인다.

　서(恕)와 충(忠)의 현대적 살림과 그것도 마음의 세계에 그치는 것이 아니라 생산성으로 발현되는 것이야말로 인류 진보의 희망을 품게 하는 가장 큰 요소의 하나가 아닐까 생각한다.

　논어 위령공(衞靈公) 편에 나오는 문장이다;〈자공(子貢)이 공자(孔子)에게 물었다. "제가 평생 실천할 수 있는 한마디의 말이 있습니까?" "그것은 바로 서(恕)이다. 자신이 원하지 않으면 다른 사람에게도 시키지 말아야 한다."(子貢問曰, 有一言而可以終身行之者乎. 曰, 其恕乎. 己所不欲勿施於人)〉

　공자는 서(恕)를 풀이하면서 '기소불욕물시어인(己所不欲勿施於人)'이라고 한다. 이 말이 무엇을 의미할까? 이 말이 '내가 매운 것을 원하지 않으면, 매운 것을 남에게 권하지 말라.' 또 그 반대로 '내가 단 것을 원하면 남에게도 단 것을 권하라.'라는 것과 같은 말이 아니라는 것은 쉽게 알 것이다.

　내가 가장 원하지 않는 것은 무엇인가? 누가 나에게 내가 원하지 않는 것을 강요하거나 강제하는 것이다. 여러 차원에서 존재하는 강요나 강제에서 벗어나는 과정이 자유를 확대해 온 인류의 역사다. 사람마다 감각이 다르고 판단이 다르며 취향이 다르고 원하는 것이 다르다. 그것을 받아들이고, 자기 생각을 다른 사람에게 강요하지 않는 것이 '기소불욕물시어인(己所不欲勿施於人)'이라고 생각한다.

　자유권(自由權)이 확대되어 제도적으로 강제나 강요는 많이 사라졌지만, 법에 따라서 규율되는 생활보다 실제로는 법 이외의 일상생활이 훨씬 더 많고 사람들의 행복에 중요하다.

　가족, 동료, 이웃과의 관계에서 알게 모르게 자기중심적으로 행동하는 것이 사람 사이의 관계를 불편하게 하고 스트레스의 원인이 되고 사이가 나빠지게 한다. 다른 사람의 생명력을 저해함으로써 결국 자신의 행복을 저해한다. 쉽게 알 것 같지만, 실제로는 가장 잘 안 된다.

서(恕)에 대해서는 그 나름의 설명을 했지만 오히려 예외적인 것이고, 충(忠)에 대해서는 그런 설명이 없다. '인의예지(仁義禮智)'를 비롯한 어떤 '이름(개념)'에 대해서도 단정적으로 규정하지 않는 것이 공자의 일관된 태도다. 그러다 보니 충(忠)이 국가나 군주에 대한 충성이라는 의미로 받아들여져 현대인들에게는 거부감을 불러일으키기도 하지만, 그것은 충(忠) 자체의 의미가 아니라 그 대상에 대한 시대적 사회적 한계에 불과한 것이다.

충(忠)은 스스로 하고 싶어서 어떤 일에 마음을 집중해서 전념(專念)하는 상태를 의미하는 것이다. 나는 이 자발성과 전념에 더하여 '기쁨'을 충(忠)의 가장 중요한 요소로 말하고 싶다. 기쁘지 않으면 진짜가 아니다. 그리고 기쁨은 도덕이나 의무 등으로 강요될 수 없다.

자신의 내면 가장 깊은 곳의 진정한 기쁨과 자기가 하고 싶은 일이 만나는 곳에 충(忠)이 있다. 지금까지는 충(忠)이 불의를 막고 정의를 실현하기 위하여 목숨까지도 바치는 헌신을 의미하는 말로 많이 쓰여 왔지만, 이제 자아(自我)를 최고로 실현하는 기쁨으로 말할 수 있는 시대가 되었다는 것이 나에게는 인류가 진보한다는 징표로 다가온다.

일터에서 사람들 간의 관계에 서(恕)의 문화가 자리 잡는다면, 각자는 자아(自我)를 실현(忠)할 수 있는 환경을 만나게 된다. 또 자아실현의 기쁨을 충분히 느끼는 만큼 다른 사람을 받아들이는 것도 더 쉬워진다. 이 둘 즉 서(恕)와 충(忠)이 서로 시너지를 발휘하는 것이 새로운 세상을 만들어가는 주체의 생명력이라고 생각한다. 협동조합이나 마을 만들기나 주민자치와 같은 공동체 운동의 현장이야말로 가장 훌륭한 연습장이 아닐까?

충(忠)과 서(恕)라는 말이 이미 해체된 낡은 사회와 연관되어 온 역사에 비추어 그 단어에 집착할 필요는 전혀 없다. 핵심은 자아실현과 상생의 길, 생명과 평화의 길을 가자는 것이다.

## 15

공자 말하기를, "군자는 의(義)에 밝고, 소인은 이(利)에 밝다."

子曰 君子 喩於義 小人 喩於利
자왈 군자 유어의 소인 유어리

- 앞선 장(章)들에서 소인과 군자의 차이에 대해 여러 차례 이야기를 나누었습니다만, 여기서도 한 번 더 이야기를 나누게 되네요. 그만큼 공자도 이 점을 인간 진화의 중요한 갈림길이라고 생각한 것 같습니다.
- 그런데 이런 방식의 구분이 현대인들에게는 잘 와 닿지 않지요. 그것은 오랜 신분 계급제나 전체주의 아래서 자기 이익을 제대로 챙기지 못하고 착취와 수탈과 억압을 당하면서 살아온 민초(民草)에게 해방이란 바로 자신의 이익을 위해 살 수 있는 세상이기 때문이죠.
- 개인의 해방이란 거스를 수 없는 역사의 추세임은 분명합니다. 그 바탕 위에 자본주의와 근대 민주주의가 서 있는 것입니다. 자본주의든 민주주의든 '소인(小人)의 질서'인 셈이지요.
- 역사라는 게 정말 오묘해서 그렇게 등장한 자본주의와 개인 중심의 민주주의가 봉착하는 심각한 모순이 바로 그 '소인(小人)의 질서' 때문이지요.
- 개인을 해방한다는 것은 그 억압된 이익과 욕망을 해방한다는 것인데, 실제로 자본주의와 결합한 민주주의에서 해방된 것은 부르주아 계급이었고, 대다수 대중은 노예나 농노와 같은 상태에서는 벗어났지만, 또 다른 계급 사회의 굴레 속에서 또 다른 '해방'을 이야기하게 됩니다.

- 그렇다고 근대 산업혁명(자본주의)과 근대 민주주의 혁명의 역할을 부정하거나 비난할 수는 없지요. 저는 인류의 자유를 위한 대장정에서 거쳐야 할 과정으로 보입니다. 근대가 만든 새로운 모순 속에서 비로소 더 넓은 전망이 보이는 것이지요.
- '탈근대'에 이어 생태적 재앙 앞에 인류가 서면서 '포스트 휴먼'이라는 주장들이 아직은 주변부에서 나오고 있습니다만, 그것을 넘어 어디로 갈 것인가는 역사의 거대한 소용돌이 속에서 점차 그 모습을 드러낼 것이라고 생각합니다.
- '탈근대'든 '포스트 휴먼'이든 결국은 개인의 해방이라는 근대적 과제가 봉착한 모순에서 출발하는 것인데, 자기중심적 이익과 욕망의 추구는 거꾸로 소외와 부자유로 이어진다는 것이지요. 이제 자기중심성을 넘어서는 의식의 변혁이 근대 혁명이라는 긴 과정을 거쳐 다시 요청되는 것입니다.
- 그러나 그것이 원시반본(原始返本)이나 고대로의 회귀 같은 것이 아니지요. 이 점이 중요하다고 생각합니다.
- 어쩌면 공자가 생각한 '군자(君子)의 질서'는 이 근대 혁명을 거치며 나타난 새로운 상황 속에서 현실적이고 보편적으로 그려 볼 수 있게 되었다고 생각합니다. 개인의 근대적 해방에서 한 단계 더 나아가는 것이지요.
- 저는 현대가 당면하는 모순을 해결하는 과정에서 진보의 중심 고리가 '물질과 제도의 진보'로부터 '사람의 진보'로 옮겨진다고 생각합니다만, 이때 사람의 진보는 공자 식으로 표현하면 소인(小人)에서 군자(君子)로 진화하는 것이지요. 그런 점에서 이 장들을 읽을 수 있다고 생각합니다.

## 16

공자 말하기를, "현자를 보면 자신도 그와 같이 되기를 생각하며, 불현자를 보면 먼저 나 자신을 스스로 살펴야 한다."

子曰 見賢思齊焉 見不賢而內自省也
자 왈 견 현 사 제 언 견 불 현 이 내 자 성 야

어떻게 보면 당연하고 쉬운 말인데 실제로는 가장 잘 안 된다. 어진 사람을 보면 흠이 없나 찾으려 하고 어질지 않은 사람을 보면 비난하는 마음이 앞선다. '세상에 배울 스승이 없다.'는 생각이 들 때는 공자의 이 말을 깊이 새겨 볼 만하다.

배울 만한 사람이 없는 것이 아니라 자신의 완고함이나 오만이 배우려는 마음을 일으키지 못하는 것이다. 자기보다 낫다고 생각되는 사람에게는 질투하는 마음이 일어나고 자기만 못하다고 생각하는 사람에게는 비난하고 얕보는 마음이 일어난다면 인간으로서 진보는 어렵다. 어질지 않은 사람을 보았을 때 비난하고 싫어하는 마음이 일어나기 쉽지만 잘 보면 그 싫어하는 요소가 자신 안에 있는 것을 발견하게 된다.

그래서 먼저 자신을 살펴보라(內自省)고 한 것이다. 자신 안에 그런 요소가 없다면 싫어하거나 비난하는 심정과는 다른 마음으로 볼 수 있을 것이다. 모든 것을 다 받아들여서 용인하라는 이야기가 아니다. 남이 잘하는 것을 보면 기뻐하고 나도 그렇게 하려고 하고 남이 잘 못하는 것을 보면 내 안에도 그런 요소가 없나 살펴보는 삶이라면 그것이 참으로 나를 위한 길인 것이다. 그렇게 될 때 다른 사람의 허물에 대해서도 싫어하거나 비난하는 마음이 없이 이야기할 수 있고 그 사람도 자신의 허물을 고치려는 마음이 일어날 것이다.

다음 장(章)에 나오는 '은근히 간함(幾諫)'은 부모 자식 간의 관계에만 그치는 것이 아니라 모든 사람과의 관계에 보편적인 것으로 보인다.

- 사람들의 일반 성정을 나타내는 말로 투현(妬賢) 질능(嫉能)이라는 말이 있지요.
- 총체적으로 어진 사람이나 모조리 어질지 않은 사람으로 나누는 것은 비현실적인 것 같네요. 대체로는 한 사람 안에 현(賢)과 불현(不賢)이 함께 있지 않나요.
- 그렇지요. 다만 사람에 따라 어느 쪽이 더 큰가 하는 차이는 있다고 생각되네요. 다른 사람에게서 배운다는 것은 결국 자기 안에 있는 현(賢)을 키우고 불현(不賢)을 없애 가는 것이 아닐까요?
- 비난하거나 얕보는 심정으로는 다른 사람과 진정한 소통을 할 수 없어요. 먼저 자기 안에서 선(善)을 키우는 것이 순서인 것 같아요. 오직 선(善)한 것이 주위를 선(善)하게 한다는 말이 생각나네요.
- 지나치게 자기 성찰만을 강조한다고 말하는 사람도 있는 것 같아요. 시시비비는 가려야 하지 않느냐는 것이지요. 성찰이라는 이름으로 불의에 맞서지 못하는 비겁을 감추려 한다고 비난하는 사람마저 있는 것 같고요.
- 여기서 말하는 것은 그것과는 별개이지 않을까요? 실제로 공자는 여러 장면에서 시시비비를 날카롭게 지적하고 있거든요. 문제는 '어떤 사람이 되어 그렇게 할 것인가.'라는 문제라고 생각해요. 이것은 시대를 넘어 오늘도 절실히 요구되는 것 아닐까요?

- 동감이에요. 진리나 의(義)를 끝까지 찾아 갈 힘도 그렇게 될 때 가능하지 않을까요?
- 안연편 21장에 보면 번지라는 제자가 마음속의 사악을 다스려 없애는 길을 묻자 공자가 '자기의 악은 공격하되 타인의 악은 공격하지 않음이 그 길이 아니겠는가(攻其惡 無攻人之惡 非脩慝與)?'라고 답하는 장면이 나오는데, 스스로를 닦는 것이 먼저임을 이야기하고 있습니다.

## 17

공자 말하기를, "부모를 모실 때 부모에게 간할 때는 기미를 보아서 할 것이니, 내 뜻을 따라주지 않더라도 더욱 공경하며 어기지 아니하며 수고로워도 원망하지 않는다."

子曰 事父母 幾諫 見志不從 又敬不違 勞而不怨
자왈 사부모 기간 견지부종 우경불위 노이불원

효에 관한 공자의 말들을 들으면 현대 사회의 여러 조건이나 현대인의 감각과 맞지 않는 옛말로 치부해 버리기 쉽지만, 시대를 넘어 부모와 자식 간의 바람직한 관계가 무엇일까를 생각하게 하는 내용들이 그 안에 있다.

과거 가부장제의 대가족제도의 윤리 규범이 지금과 같은 핵가족과 개인주의 사회에서는 맞지 않고, 효가 지나치게 당위적으로 강조되어 현대인들의 자유 감각에 거슬리는 것은 분명해 보인다. 이미 현실성을 상실한 도덕이나 윤리로 형해화(形骸化) 되다 보니, 오히려 부모 자식 간의 자연스런 인

정의 흐름이 방해받는 면이 있다.

'기간(幾諫)'은 비단 부모에 대한 태도로서만 아니라 모든 관계에서 생각해 볼 일이다. 다른 사람에게 충고할 때 어떤 심정이 옳은 것일까? 자신의 불평이나 비난하는 마음을 전하는 것이 아니라 상대가 진정으로 그 허물을 고치기를 바란다면 그 심정은 '기간하는 마음'이라고 생각한다.

'간함을 따르지 않더라도 공경하는 마음이 변치 않는다.'는 것은 기간(幾諫)의 본질이다. 거기에는 자신의 생각을 강요하는 마음이 없기 때문이다. 가부장적 권위와 당위적 윤리로 강요받을 때는 기간의 의미가 제대로 살아날 수 없다. 자식이 부모에게만 하는 것이 아니라 부모가 자식에게도 기간하는 것이다. 형제간에도 부부간에도 서로 그렇게 한다.

그런데 실제로는 가족 안에서 기간(幾諫)이 잘 안 된다. 다른 사람에게는 조심하면서 오히려 가족끼리는 서로 참지 않고 막 대하는 경우가 많다. 그러다 보면 서로의 적나라한 모습에 상처를 받고 원망과 미움이 커진다.

기간(幾諫)의 연습이 가장 필요한 곳이 가정이다. 가정이야말로 풍성한 인격을 함양할 가장 좋은 도량(道場)이라고 생각한다.

노이불원(勞而不怨)도 그것이 도덕적 의무로 강요될 때는 심한 부자유감을 가져올 것이다. 하지만 마음 깊은 곳에 있는 사랑과 헌신의 숭고본능에서 나와 그것을 더욱 신장시키는 방향으로 작용한다면 인간으로 태어나 부모 자식의 인연을 맺은 것만큼 큰 축복이 있을까? 물론 노이불원도 일방적인 것이 아니라 부모 자식의 쌍방 간에 이루어지는 것이 아름답다.

'내리사랑'이라고 하는 말이 있다. 부모가 자식에 대해서는 '노이불원(勞而不怨)'이 정상적이다. '내가 어떻게 키웠는데, 자식이 나한테 이럴 수 있나?'라는 원망이 자주 잘 일어나는 사회라면 어딘가 아픈 것이다. 다만 '긴 병에 효자 없다.'는 말처럼 지나친 고통은 감당하기 어려운 것이 지금 우리의 실태이기 때문에 합리적 가족관계와 사회보장 등이 마련되어야 할 것이다.

- 무언가 말씀드렸는데 들어주시지 않았을 때 어떤 마음이 되는가가 이쪽이 어떤 심정으로 말씀드렸는지를 알 수 있는 기회 같아요. 내 뜻에 따라 달라고 하는 심정이 많은 것 같아요.
- 노이불원(勞而不怨)이란 말을 듣고 역으로 '원망하지 않을 정도로 수고해라.'라는 말이 생각났어요. 사실 원망하는 마음을 품고 수고하는 것은 어느 편에도 좋을 것 같지 않거든요. 가족관계가 합리적으로 되는 것이 필요하겠지요.

## 18

공자 말하기를, "부모가 살아 계실 때는 멀리 떠나지 말 것이며, 혹시 먼 곳에 갈 일이 있으면 반드시 가는 곳을 알린다."

子曰 父母在 不遠遊 遊必有方
자 왈 부 모 재 불 원 유 유 필 유 방

'멀리 떠나지 않는다.'는 말은 요즘처럼 핵가족 시대 특히 자식들이 멀리 떠나 사는 것이 일반화된 시대에는 아주 생뚱맞다.
'먼 곳에 갈 일이 있으면 반드시 가는 곳을 알린다.'라는 말도 현대인들에게는 대단히 번거롭게 들릴지 모른다. 실제로 그렇게 하는 사람도 많지 않다. 부모와 자식 간에 문화 격차가 너무 크고 그 생활 영역이 달라서 이야기를 해도 모르기 때문이라고 생각할 수 있겠지만 오히려 그렇기 때문에 부모와 자식 간의 소통을 위해 이 말이 새롭게 다가온다.

먼 곳에 간다는 말이 단순한 지리적 공간을 의미하지 않고 생각이나 가치관을 포함해서 읽는다면 어떨까. 뭘 생각하고 있는지 어떻게 살고 있는지를 서로 알리는 것이다. 다만 부모의 도리는 자식을 자기 쪽으로 잡아끌지 않는 것이다. 부모로서는 자식을 풀어놓고 자식으로서는 부모에게 알리는 그런 관계를 그려볼 수 있지 않을까?

지리적 공간이 아니라, 정신적 정서적 거리로 읽는다면, 새로운 공동체의 가치가 요구되는 현대에도 울림이 있다고 생각한다.

- 저는 전에는 부모님께 전화도 자주 안 드렸어요. 전화 드리는 것이 뭔가 의무처럼 생각될 때는 가벼운 마음으로 전화가 잘 안 되더라고요. 요즘은 가볍게 전화 드리는데요. 제가 살아가는 이야기를 전해 드리는 것만으로도 기뻐하시는 마음이 느껴져 와요.
- 나는 효에 대한 공자의 말들을 읽으면서 반대로 부모의 길을 생각하게 됩니다. 현대 사회에서 부모와 자식 간의 진정한 소통과 상호 이해가 어떠해야 할지를 생각하게 되는군요.

## 19

공자 말하기를, "삼년 동안은 아버지의 도를 고침이 없어야 효를 행했다고 말할 수 있다."

子曰 三年無改於父之道 可謂孝矣
자 왈 삼 년 무 개 어 부 지 도 가 위 효 의

이 말은 당시의 농경 사회를 배경으로 하던 말이니까 현대에는 전혀 어울리는 말이 아니다. 실제로 부모의 가업을 물려받는 경우가 적기도 하거니와 심지어는 요즘같이 '변화하지 않으면 살아남을 수 없는 시대'에 무슨 케케묵은 이야기인가 하고 생각할 수도 있다.

그러나 그 말 속에 있는 인간의 도리라는 점에서 보면 시대를 넘어서 통하는 것이 있다고 생각한다. 부모 세대로부터 자식 세대로 이어지는 바람직한 흐름을 생각해 보자. 그 가풍이나 지향이 어떻게 이어지는 모습이 아름다울까?

이것은 비단 부모와 자식 사이에서만 요구되는 덕목은 아니라고 본다. 전임자와 후임자 사이가 어떻게 이어질 때 그 사회가 안정되고 진보할 수 있는가도 생각해 볼 일이다. 어떤 집단에서 후임자가 전임자가 바뀌기를 기다렸다는 듯이 전임자의 방식을 바꿔 버린다면 예의라는 관점을 떠나 뭔가 그 집단에 문제가 있는 것이다. 승계와 변화의 바람직한 모습은 어떤 것일까? 앞 세대의 어깨를 딛고 그 위에서 변화도 개혁도 이루어지는 것이 순리라고 생각한다.

나라의 정치도 마찬가지다. 정권 교체가 전(前) 정권에 대한 전면 부정으로 되어 이 극단에서 저 극단으로 옮겨 다닌다면 그 나라가 성하겠는가?

## 20

공자 말하기를, "부모의 연세는 늘 기억하지 않으면 안 된다. 한편으로는 기쁘고 한편으로는 두렵다."

子曰 父母之年 不可不知也 一則以喜 一則以懼
자왈 부모지년 불가부지야 일즉이희 일즉이구

부모와 자식이 서로 사랑하고 공경하는 마음으로 이어질 때 부모는 오래 사실수록 좋은 것이 아닐까?

부모가 아직 건강하게 사시는 모습이 기쁘고, 한편 그 아름다운 인연이 다할 날이 가까워지는 것이 두려운 것이다.

## 21

공자 말하기를, "옛사람들이 말을 앞세우지 않았던 것은 몸이 따라가지 못함을 부끄러워했기 때문이다."

子曰 古者 言之不出 恥躬之不逮也
자왈 고자 언지불출 치궁지불체야

실천이나 체득의 중요성을 말한 것이다. 사람이 진실하기 위해서는 지행(知行)이 일치하고, 언행(言行)이 일치해야 한다. 지행(知行)이 일치하는 것보다 더 알기 쉬운 것은 언행의 일치라고도 말할 수 있다. 말은 그 사람을 나타내는 가장 대표적인 것이다.

그리고 말은 일단 자기를 과대포장하기 쉽다. 그래서 불가(佛家)에서는 개구즉착(開口卽錯)이라는 말이 있을 정도로 말을 쉽게 하는 것을 삼가게 된다. 23장의 군자가 말을 어눌하게 한다는 것은 형태적으로 더듬거리듯이 말한다는 것이라기보다 단정적으로 확신에 차서 말하거나 예쁘게 꾸며서 말을 하지 않는 상태를 표현하는 것이다.

어떻게 말을 할 것인가 하는 것은 기교 이전의 마음의 문제라고 생각한다. 말에 행동이 따르지 못하면 스스로 공허감(空虛感)에 빠진다. 적어도 이 공허감을 느낄 수 있다면 진실에 대한 욕구가 살아 있는 것이다.

거짓이나 과장이 반복되어 이 공허감마저 느끼지 못하고, 더 나아가 부끄러움마저 느끼지 못한다면 최악의 상태라고 할 수 있을 것이다.

## 22

공자 말하기를, "검약하면 잃을 것이 적다."
子曰 以約失之者鮮矣
자 왈 이 약 실 지 자 선 의

■ 약(約)을 무슨 뜻으로 해석해야 할는지요?

- 검약으로도 볼 수 있고, 예에 맞게 단속한다는 것으로 볼 수 있을 것 같습니다. 어느 쪽이든 통할 것 같습니다. 6편 25장에 약지이례(約之以禮)라는 공자의 말이 있군요.
- 검약을 물질적인 면에서 보아도 되겠지만 그보다 더 넓게 '과장됨이 없고 소박한 마음'으로 보는 것이 좋을 것 같습니다.

## 23

공자 말하기를, "군자는 말은 어눌하더라도 행동은 민첩하게 하려고 한다."

子曰 君子 欲訥於言而敏於行
자왈 군자 욕눌어언이민어행

사람은 누구나 자기를 알리고 싶은 욕구가 있다. 그런데 이것이 지나쳐 과장하려 하거나 공명심에 사로잡히면 결국 거짓의 길로 들어서게 된다. 종국적으로 그 자신의 행복이나 자유의 길과는 반대로 가게 된다. 그렇다고 말하는 것을 두려워하는 것과는 전혀 다른 문제라고 본다.

에고가 있는 한 말은 과장되기 쉽다. 그래서 '개구즉착(開口卽錯)'이라는 말도 있다. 그러나 말을 통해 사람의 생각이 형성되고 문화가 이루어지며 다른 사람과 소통이 이루어지는 것이 사실이다.

말과 행동이 일치하지 않는 것이 불완전한 우리의 실태라면 그 일치하는 방향으로 노력하는 수밖에 없지 않을까. 말이 앞섰으면 열심히 행동으로 따라갈 수밖에 없는 것이다. 진실 되어 공허하지 않으며, 자연스럽게 우러나와서 하는 사람이나 듣는 사람이나 무겁지 않은 그런 말을 할 수 있는 사람이 되고 싶은 것이다.

- 참이 아닌 말을 하면 스스로 마음이 언짢아 즐겁지 않아요. 처음에는 자기를 만족시키기 위해서 했는데 뒤 끝이 안 좋아요.
- 그래서 말하는 것이 두렵다고도 하는데, 저는 말이 잘 안 나오는 것이 부끄러울 때가 있어요. 잘 모른다는 사실이나 행동으로 안 나타나는 것을 감추려고 하는 것 같아서 내심 부끄러울 때가 많아요.
- 공허감이나 부끄러움을 느낀다면 아직 희망이 있지 않을까요? 불감증이 되면 더 문제지요.
- 황우석 사건을 접하면서 참 많은 생각이 들었어요. 그토록 지능이 높은 과학자들이 공명심 앞에서 그렇게 허약한가를 보면서 자신을 돌아보게 돼요. 저 자신도 자유롭지 못한 걸 느끼거든요. '검약하면 잃을 것이 적다.'라는 말이 실감이 가네요.
- '말은 어눌하게, 행동은 민첩하게' … 어쩌면 저하고는 정반대지요.
- 저는 평소에 내가 관념적이라고 생각을 했거든요. 실무에 어둡고요. 그런데 오늘 이야기하면서 그것을 성격 탓으로만 돌릴 수 없는 무엇인가가 있다는 생각이 들어요. 저를 돌아보게 돼요. 무실역행(務實力行)이라는 말이 새삼스럽게 들리네요.
- 남아일언중천금(男兒一言重千金)이란 말이 있잖아요. 꼭 남자라야 하는 말에는 걸리지만요. 말에는 책임이 따른다는 점에서는 맞는다고 생각해요. 하도 밥 먹듯 말을 뒤집는 사람들을 많이 보니까요. 옛사람들이 요즘처럼 공증이니 뭐니, 문서로 하지 않고도 말로 한 약속을 철석같이 신

뢰했던 그런 것이 그립기도 해요.
- 저도 그런 말의 무게랄까 하는 것에는 동감이에요. 하지만 말을 무겁게 하는 것은 좀 다르다고 생각해요. 마음에 단정(斷定)함이 없고 자기를 과시하거나 과장함이 없으면 말이 힘이 있으면서도 가볍게 될 것 같아요. 가볍다는 것은 자유롭다는 것이지요.

## 24

공자 말하기를, "덕은 외롭지 않다. 반드시 이웃이 있다."

子曰 德不孤必有隣
자 왈 덕 불 고 필 유 린

덕(德)은 마음을 잘 닦고 길러서 얻어지는 사람의 품성이라고 할 수 있다. 어떤 사람은 대단히 지혜롭지만, 어딘가 차가운 느낌이 있는 사람이 있다. 또 어딘지 빈 듯한 구석이 있지만 따뜻한 사람도 있다. 타고난 성품도 있지만, 다른 사람을 얼마나 잘 받아들이는가가 덕(德)의 요체가 아닐까?

내가 덕이 있는가 알아보려면 '내 안에 얼마나 많은 사람이 들어와 있는가?' 하고 자문(自問)해 볼 일이다. 덕이 있는 사람은 이미 그 안에 많은 사람이 들어와 있어 외롭지 않다.

그런데 이러한 덕성은 혼자서 수행을 통해 길러지는 면도 있겠지만 올바른 사회적 관계와 사회적 실천을 떠나서는 온전한 것이 되기 어렵다고 생각한다. 그것이 인간 존재의 특성이 아닐까? 그래서 덕은 고립된 상태에서 존재할 수 없고, 반드시 사람과의 관계 속에서 성립한다는 의미로 이 구절을 읽을 수도 있다고 생각한다.

개인의 수양과 사회적 실천이 조화될 때 덕은 따라온다. 자신의 에고를 잘 보고 그것으로부터 자유롭기 위한 부단한 노력이 수양이라면 그것을 통해 다른 사람을 있는 그대로 받아들이고 나아가 다른 사람들과 협력하며 상생하는 사회적 실천을 할 수도 있고, 사회적 실천 속에서 자신의 에고를 발견하고 그것을 줄여가는 수양을 할 수도 있고, 이 두 가지가 뭐가 먼저랄 것이 없이 함께 이루어질 수도 있을 것이다.

사회적 존재인 사람이 진정으로 행복해지려면 '이웃과 함께' 행복하지 않으면 안 된다. 특히 요즘처럼 각자도생의 개인주의 풍조가 심한 '외로운' 사회에서 인간의 진정한 행복이 무엇인가를 생각하게 하는 말이다.

- 옆에 있으면 따뜻하게 느껴지는 사람이 있어요. 그런 사람이 덕이 있는 사람 아닌가요?
- 똑똑하지만 찬바람이 부는 사람도 있고요. 옆에 있는 사람이 느끼는 것도 있지만 본인이 느끼는 행복도(幸福度)가 다를 것 같아요. 아무래도 시시비비를 칼같이 따지는 사람은 우선 자신이 먼저 힘들지 않을까요? 재승박덕(才勝薄德)이라는 말도 있지 않아요.
- 나는 천성이 좀 날카롭게 태어난 것 같아요. 아무래도 덕이 모자라는 것 같아 많이 노력하지만 잘 안 되는 면이 있어요. 보이기는 하거든요. 결국 '나'라는 의식이 강하다 보니까 내 안에 다른 사람이 잘 못 들어온다는 것을 자각은 하고 있는데 좀처럼 잘 안 되는군요.
- 타고난 천성이 중요한 것 같아요. 요즘 『삼국지』를 읽고 있는데 유비는 타고난 덕인(德人)이더라고요. 천성이라는 것도 생각해 보면 누대(累代)

의 유전인자가 모여서 이루어진 것이니까 하나의 인품 속에는 수많은 선조의 삶과 실천이 축적되어 있다고 말할 수 있겠지요.

- 지금 내가 노력하면 나는 어떨지 모르지만, 후대에는 반드시 그 결과가 나타날 수 있다고 생각되네요. 세세생생(世世生生)이라는 말이 실감이 갑니다.
- 다른 사람에게 베풀고 싶어지는 마음이 덕(德)인 것 같은데요? 그런 마음이 생기려면 아무래도 물질적 기반이 어느 정도 갖추어지는 것이 중요한 것 같아요. '곳간에서 인심 난다.'는 속담도 있잖아요.
- 저도 그렇게 생각해요. 그러나 그것이 결정적인 것은 아닌 것 같네요. 물질이 고도로 발달한 지금 오히려 이기적 풍조가 만연한 것을 보면요. 중요한 것은 물질적 풍요가 사람들을 덕이 신장하는 쪽으로 진보시키는 데 기여할 수 있도록 하는 것이라고 생각해요.
- 빈 골(谷)에 바람이 모인다고 해요. 겸양이야말로 덕이라고 생각되네요. 진정한 리더십이나 카리스마는 덕이 아닐까요?
- 다른 사람을 잘 받아들이고 스스로 겸허하면 참다운 의미에서 리더십도 생기겠지요. 그러나 그보다 먼저 자신이 자유롭고 행복한 상태로 되지 않을까요? 덕은 결코 억지로 꾸밀 수 없는 것일 테니까요. 그 인격에서 풍기는 향기 같은 것이겠지요.

## 25

자유가 말하기를, "군왕을 섬기는데 자주 간하면 오히려 욕이 되고 친구를 사귀는데 자주 충고하면 오히려 사이가 멀어지게 된다."

子游曰 事君數 斯辱矣 朋友數 斯疏矣
자 유 왈 사 군 삭 사 욕 의 붕 우 삭 사 소 의

- 안연편 23장에 자공이 벗 사귐에 관하여 묻자 공자가 '충고하여 이끌되 듣지 않으면 그만두어 스스로 욕됨이 없게 할 것이다(忠告而善道之 不可則止 無自辱焉)'고 답하는 장면이 나옵니다.
- 스스로 욕됨이 된다는 것은 상대에게 배척받는다는 의미도 있겠지만, 말이 먹히지 않는 상대에게 집요하게 말을 하는 것은 결국 사람도 놓치고 말도 놓친다는 의미로 들립니다.
- 남에게 충고하는 것의 어려움에 대해서 말하고 있는데, 인간의 심리를 잘 파악하고 있다고 생각합니다. 아무리 선의(善意)에서 한다고 하더라도 그것이 계속되면 결국 인간관계를 해치게 되지요.
- 앞에서 기간(幾諫)에 관해 이야기를 나누었는데, 역시 통하는 이야기로 보입니다.

# 제5편

# 공야장(公冶長)

---

"열 집이 사는 고을일지라도 반드시
나와 같은 충(忠)과 신(信)이 있는 사람은 있겠으나
나만큼 배우기를 좋아하지는 못할 것이다."

자왈 십실지읍 필유충신여구자언 불여구지호학야
子曰 十室之邑 必有忠信如丘者焉 不如丘之好學也

# 1

공자가 공야장을 일러 "사위로 삼을 만하다. 비록 그가 검은 노끈으로 묶여 있었으나 그것은 그 사람의 죄가 아니다." 하고, 그의 딸과 결혼하게 했다.

子謂 公冶長 可妻也 雖在縲絏之中 非其罪也 以其子妻之
자 위 공 야 장 가 처 야 수 재 누 설 지 중 비 기 죄 야 이 기 자 처 지

- 제5편은 공자의 제자들에 대한 인물평들이 주가 되어 있군요. 이 편의 첫 부분에 공자가 사위로 삼은 사람과 조카사위로 삼은 사람이 나옵니다. 편집에 의도가 있었는지는 모르겠지만, 자녀들의 배우자들을 어떤 사람으로 선택하고 싶어 하는가는 예나 지금이나 그 사람의 진실한 됨됨이를 알 수 있게 하는 척도가 아닌가 합니다.
- 공야장(公冶長)이라는 이름은 논어의 이 장에서 한 번 언급되는 사람이고, 이름에 '야(冶)'가 들어간 것으로 대장장이 집안의 자식이었을 것으로 보입니다. 당시의 신분 계급제 사회에서 명문 세가의 자식이 아닌 평민의 자식이고 더구나 검은 노끈으로 묶인 적이 있는 사람, 즉 감옥에 갇힌 적이 있는 사람을 사위로 선택했군요.
- 공자와는 아마 사제(師弟)의 관계로 만난 것 같지만 공야장에 대해서는 별로 알려진 것은 없고, 어떤 기록에 보면 그가 곧잘 새들의 말을 알아듣고 새들과 소통했다는 이야기를 전하는 것을 보면, 어쩌면 세상에 알려지지 않은 은자(隱者) 부류의 사람으로 그의 사람됨을 공자가 높이 산 것이 아닌가 합니다.

- 요즘 부모들이 가장 선호하는 사윗감이나 며느릿감은 어떤 사람일까를 생각하게 됩니다. 물론 부모의 결정보다는 본인의 선택이 앞서고는 있지만, 그 부모의 가치관이나 인생관 더 확대해서 생각하면 그 사회의 가치관이나 행복관을 알게 하는 심층의 척도라는 점에서는 마찬가지가 아닐까 합니다.
- 공야장은 신분도 그렇지만, 더구나 감옥에 갇혔던 적이 있는 전과자였군요. 물론 전과자에도 크게 두 종류가 있겠지요. 불의(不義)에 항거하다가 감옥에 갇힌 경우도 있겠지요. 독립투사나 민주투사 같은 경우 감옥에 갇힌 것이 영광이 되는 것은 작금의 역사를 통해 잘 보고 있지요.
- 공야장이 어떤 사유로 포승줄에 묶인 적이 있는지는 말하지 않아 모르지만, 공자의 말은 '그의 죄가 아니었다.'는 것입니다. 아마 관부에 옳은 소리를 하다가 갇혔을 수도 있고, 누명을 쓰고 억울한 옥살이를 했다는 말일 수도 있을 것 같습니다. 그 외부에 나타난 전과자라는 현상보다 그 심층의 동기나 사정을 더 중시하는 것이지요.
- 지금도 쉽지 않습니다. 조금 다른 이야기일지 모르지만, 이른바 민주투사들의 일부가 감옥에 갇혔던 것을 마치 무슨 훈장처럼 자신의 이익을 위해 사용하는 모습은 정말 보기가 역겹습니다. 어떻게 보면 젊은 시절에 그가 품었음 직한 대의(大義)마저 스스로 쓰레기통에 넣는 행위지요.
- 지금처럼 부끄러움이 사라진 세태에서는 그야말로 감옥 담장 위를 아슬아슬하게 걷는 사람들이 많지요. 우연히 '크래시'라는 드라마를 봤는데, 경찰 내부의 비리와 범죄를 다룬 이야기였습니다. 법을 집행하는 자들이나 변호사들이 교묘하게 범죄를 행하고 은폐 왜곡하여 법망을 피하지만, 결국은 쇠고랑을 찬다는 그런 이야기인데 물론 드라마이긴 하지만 그 비슷한 현상들이 만연하고 있다면 이른바 '법치'가 어떻게 무너지고

있는지를 실감하게 됩니다. 그러다 보니 대중들에게 배우 마동석이 영웅으로 다가가는 것 아닌가요? 둘 다 위험한 현상이지요.
- 공야장을 이야기하다가 어떻게 여기까지 왔네요. 범죄 도시 이야기보다는 우리 자신의 가치관과 인생관을 돌아보는 것이 더 좋을 것 같습니다. 나는 어떤 배우자를, 어떤 사윗감이나 며느릿감을 원하고 있는가. 한번 자신을 돌아볼 좋은 소재인 것 같습니다.

2

공자가 남용을 일러 "나라에 도가 있으면 버려지지 않고, 나라에 도가 없다 하더라도 형벌이나 죽임을 면할 사람이다." 하고, 형의 딸과 결혼하게 했다.

子謂 南容 邦有道 不廢 邦無道 免於刑戮 以其兄之子妻之
자위 남용 방유도 불폐 방무도 면어형륙 이기형지자처지

- 11편 5장에 남용에 대한 언급이 있군요.
- 남용은 공야장과는 달리 노나라의 명문 세가에 속한 사람이군요. 권력에 가까이 갈 수 있는 사람인데 이 사람에 대한 공자의 이런 평가는 무엇을 의미할까요?
- '버려지지 않고'라는 말이나 '나라에 도가 없을 때도 죽임을 면할 사람'이라는 말을 들으며, 지나치게 소극적이거나 일신의 안위만을 도모하는 기회주의자로 볼 소지도 있겠는데요.

- 수많은 사람들이 불의한 사회를 개혁하는 과정에서 감옥은 물론 생명까지도 바쳐온 그간 변혁의 역사를 떠올리면서 이런 평가를 접하고 사회 변혁에 소극적인 보수적 인물로 공자를 비판하는 사람들도 있겠네요.
- 공자는 폭력과 난(亂)을 일관되게 경계한 사람입니다. 난(亂)이 아닌 혁명을, 그것도 평화적인 혁명을 추구하였는데, 제도적인 변혁이 현실적으로 불가능함을 받아들이고 그의 방식으로 정치를 개혁하려고 합니다. 그런 시대적 조건과 공자의 현실적 이상주의를 이해하면서 공자의 이런 평가를 판단해야 할 것 같습니다.
- 현실 참여의 경우 자신의 무리한 욕망 때문에 패가망신하는 경우나 혼란이 극심한 사회에서 허무하게 희생되는 것을 경계한 것으로 보아야 하지 않을까요?
- 그런 면도 있지만, 나는 공자의 세상일에 임하는 기본적인 태도로부터 나오는 이야기라는 생각이 듭니다. 술이편 10장에 '용지즉행 사지즉장'을 할 수 있는 사람은 오직 자신과 안연만이라는 말을 합니다. 그 장(章)을 연찬할 때 다뤄보면 좋을 것 같습니다만, 당시의 제자들도 제대로 이해하지 못했던 공자의 심층의 태도에서 남용에 대한 평가를 이해할 수 있다고 생각합니다.
- 공자 당시에도 공자를 비판하고 비난한 제자(諸子)들이 많았지요. 지금도 역사와 인간을 바라보는 관점이 다르면 얼마든지 공자를 비판할 수 있다고 생각합니다.
- 공자의 관점에 동의하든 반대하든 일방적인 동조나 일방적인 반대가 아니라, 연찬을 할 수 있으면 좋겠습니다. 그렇게 읽을 때만 논어라는 고전을 통해 공자가 현대에 살려질 수 있다고 생각합니다.
- 축(軸)의 시대의 여러 선구자가 이 시대에 태어나서 함께 세상사(世上事)

를 연찬한다면 어떨까 하는 생각을 하게 됩니다.
- 기독교와 불교 창시자의 생일을 함께 공휴일로 기념하는 이 나라에서 예수와 석가, 공자나 노자, 소크라테스와 플라톤이 현대와 만나서 대연찬(大硏鑽)의 장(場)을 만들 수 있다면, 그것이야말로 만국활계의 신문명을 이 땅에서 시작할 수 있을 텐데요.
- 현실이 어려울수록 등대가 될 만한 원대하고 담대한 꿈이 필요하다고 생각합니다.

### 3

공자 자천(子賤)을 일러 말하기를, "이런 사람이야말로 정말 군자다. 만약 노나라에 군자가 없었다면, 이 사람이 어찌 이러한 덕을 이룰 수 있었겠는가."

子謂子賤 君子哉 若人 魯無君子者 斯焉取斯
자 위 자 천 군 자 재 약 인 노 무 군 자 자 사 언 취 사

- 자천의 성은 복(宓)이고 이름은 부제(不齊)인데, 공자 만년(晚年)의 제자로 공자보다 49세 연하인 청년이군요. 제나라 사람인데 노나라로 공자를 찾아 유학 온 사람 같군요. 사람을 군자나 인자(仁者)라고 좀처럼 평하지 않는 공자가 이 청년을 극찬하고 있군요.
- 설원(說苑)이나 한시외전(漢詩外傳) 등에 적혀 있는 자천에 대한 이야기입니다. "자천은 어버이같이 섬긴 사람이 세 사람이고, 형으로 섬긴 사

람이 다섯 사람이고, 벗으로 사귄 사람이 열두 사람, 스승으로 섬긴 사람이 한 사람이다." 이 말을 듣고 공자가 말하기를, "어버이처럼 섬긴 사람들로부터는 효도를 배웠고, 형처럼 섬긴 사람들로부터는 공경하는 것을 배웠고, 벗으로 사귄 사람들로부터는 자기의 편견을 깨닫고, 스승으로 모신 사람으로부터는 과실을 고쳐 받았을 것이다. 그렇다면 그 공은 요순과 같을 것이다." 하며 칭찬했다는 거예요.

■ 공자가 자천을 군자라고 감탄한 것을 알 수 있을 것 같습니다. 섬김과 배움이 군자가 되는 요체라는 것이지요. 탁월한 자질이 있더라도 더 중요한 것은 배우기를 좋아하는 것, 즉 호학(好學)을 핵심으로 보는 점이 공자 사상의 특성 같습니다.

■ '진정으로 배운다.'는 것이야말로 '무아(無我)'라고 하는, 자신의 각을 세우는 것보다는 한결 나아간 상태가 아닐까요?

■ 공자가 끊었다는 네 가지 가운데 무아(毋我)는 명상 등에서 말하는 '무아(無我)의 깨달음'과는 결이 좀 다른데 바로 호학의 노력을 통해 도달하는 실제적이고 구체적인 상태를 말하는 것 같습니다.

■ '노나라에 군자가 없었다면 그가 어찌 그런 경지를 얻었겠는가?' 하는 말에서는 어떤 성취도 평지돌출이 아니라 이미 이룩한 선인(先人)들의 어깨 위에서 이루어진다는 말이지요.

■ 공자의 노나라에 대한 긍지는 대단한 것 같아요. 비록 삼환(三桓)의 전횡에 실망하여 고국을 오래 떠나 유랑생활을 했지만, 노나라의 역사와 문화에 대한 긍지는 대단한 것 같아요.

■ 다음 22장에 '제나라가 일변하면 노나라 같이 되고, 노나라가 일변하면 도를 이루는 나라가 될 것이다.'라는 말이 그것을 잘 나타냅니다.

■ 자기 나라의 역사와 문화에 대해 긍지를 갖는 것은 사회를 앞으로 전진

시키는 가장 중요한 요소이며 행복의 대단히 중요한 조건이라고 생각해요. 그런 점에서 현재의 우리를 돌아보게 됩니다. 실사구시의 바탕에서 역사와 문화를 공부한다면 그 속에서 진정한 긍지를 발견할 만한 요소가 이 나라와 공동체에는 많다고 생각합니다. 일부 '국뽕' 유의 주장들은 오히려 방해되지요.

- 상전벽해와 같은 물적 제도적 성취를 이루었음에도 젊은이들이 '헬조선'으로 비하하는 이 상태가 바로 난세(亂世)의 표징입니다.
- 벗어나야지요. 어렵게 만들어온 귀중한 밑천들을 살려 이 나라를 새로운 문명을 선도하는 21세기의 선진국으로 만드는 것이야말로 우리 모두 마음속 깊이 원하는 비원(悲願) 아닌가요?
- 현재에 세계인의 빛이 될 만한 내용을 창조하고 담아야 하겠지요. 현재가 당당하면 과거에 집착하거나 미래를 걱정할 필요가 없습니다.
- 과거사를 입맛에 맞게 개편하는 것들은 진정한 자긍심이 아니지요. 비록 수치스러운 역사가 있었다고 할지라도 그것을 넘어서는 것은 현재의 수준을 높이는 것뿐입니다. 이 몇 년 동안 우리가 문명 전환과 정치 전환을 함께 추구하는 정치학교를 운영한 것도 그런 취지에서였지요. '사람'과 '제도'가 함께 진보하는 역사를 만들어 가 봅시다.

4

자공이 묻기를, "저는 어떤 사람입니까?"

공자 말하기를, "너는 그릇이다."
"어떠한 그릇입니까?"
"호련(瑚璉)이다."

子貢問曰 賜也 何如 子曰 女器也 曰 何器也 曰 瑚璉也
자공문왈 사야 하여 자왈 여기야 왈 하기야 왈 호련야

- 자천을 군자라고 칭찬한 앞 장에 비해서, 자공이 크게 실망할 말을 공자가 한 셈이군요.
- 그렇지요. '군자는 그릇이 아니다(君子不器)'라고 공자가 말했는데, 자공에 대하여 '너는 그릇(器)'이라고 하니 아직 군자가 아니라는 소리지요.
- 호련(瑚璉)은 종묘 제사에 쓰이는 귀한 그릇이긴 하지만, 자공의 실망이 컸겠지요. 공자도 자공의 실무적 능력을 높게 평가하는데, 기재(器才)에 빠지지 말고 더욱 분발하라는 취지로 이런 말을 했고, 자공도 그 뜻을 받아 스승을 떠나지 않고 진심으로 배우려고 했지요.
- 이 편 12장에서도 공자는 자공에게 자신의 실태를 직시하도록 이야기합니다. 기간(幾諫)을 중시하는 공자가 자공에게 섭섭할 정도로 직설적인 말을 하는 것을 보면 아마도 사제간의 신뢰가 그만큼 깊었다는 생각이 듭니다.
- 공자의 제자들 가운데 안연과 자공이 가장 뛰어났지요. 두 사람은 여러 면에서 대조적인데, 자공과 안연을 비교하여 말하는 구절들이 많이 나옵니다(5/9, 11/18). 물론 공자는 안연을 더 높게 평가했지만, 그것을 받아들이는 자공의 태도 또한 뛰어납니다. 공자가 후세의 귀감이 될 만한 학단을 꾸릴 수 있었던 것은 바로 이처럼 여러 면에서 서로 대비되는 다양한 제자들을 한 울타리 안에 품을 수 있었기 때문이 아닌가 합니다.
- 논어 가운데 대단히 중요한 대화들은 안연보다 자공과의 대화에서 나옵

니다. 특히 물질적 부(富)와는 거리가 먼 안연보다는 그 자신 이재(理財)에도 밝았고 부자였던 자공이 부자(富者)가 진정한 행복을 위하여 가져야 할 덕목과 그 부의 사회적 환원에 대해서 공자와 대화하는 장면들은 물신이 지배하는 지금의 세상에서 보면 시사(示唆)하는 바가 큽니다.

- 공자가 이상으로 한 인간상은 '빈이락(貧而樂)'과 '부이호례(富而好禮)'인데 안연과 자공은 각각 그 대표적인 예처럼 보입니다. 안연에게서는 안빈낙도(安貧樂道)하는 수행자의 모습이 보인다면, 자공에게서는 박시제중(博施濟衆)을 향한 실제적인 실천가의 모습이 보입니다. 공자는 안연을 더 높이 평가했지만, 나는 자공에게 더 후한 점수를 주고 싶군요. 실제로 자공은 공자 학단에 물질적 도움을 많이 주었을 뿐 아니라, 공자가 죽었을 때 혼자서 6년이나 시묘살이를 할 정도로 공자를 진심으로 공경했지요.

- 공자, 안연, 자공이 보여준 조화와 우애가 시대를 넘어 지금과 같은 난세(亂世)를 문명의 대전환기로 만들어가려는 사람들에게는 큰 울림으로 다가옵니다.

5

어떤 사람이 말하기를, "옹(雍)은 어질기는 하나 말재주가 없는 것 같습니다."

공자께서 말씀하시기를, "말재주가 무슨 소용이 있단 말이오? 남을 구변으로 막아내면 오히려 자주 남의 미움만 사는 것이니, 그가 어진지는 알 수 없으나 그 말재주가 무슨 소용이 있겠소?"

或曰 雍也 仁而不佞 子曰 焉用佞 禦人以口給 屢憎於人 不知其仁 焉用佞
혹왈 옹야 인이불녕 자왈 언용녕 어인이구급 누증어인 부지기인 언용녕

공야장 편의 장(章)들을 보면서 적재적소(適材適所)라는 말이 떠오른다. 편견이나 사심이 없이 보면 그 사람이 그대로 보이는 것이다. 공자에게 제자들이 어떻게 비치고 있는가를 생각하며 읽으면 그 정경이 떠오른다.

실제로 어떤 사람을 사심 없이 보면 그 사람의 됨됨이나 재목의 크기가 보이지 않는가. 그런데 사실은 '사심 없이' 보는 것이 어려운 것이다. 편견이나 자신의 욕망이 투영되지만 않으면 그 사람(자신을 포함해서)을 그대로 볼 수 있는 것이다. 사슴은 사슴으로 말은 말로 보이는 것이다.

공자는 제자들에 대해 구체적으로 이야기하면서도 인(仁)에 대해서는 부지(不知)라고 일관(?)되게 말하고 있다. 보통은 사람에 대해 '모른다'고 할 때는 부정적인 생각, 비판이나 비난의 마음이 담기는 경우가 많다. 그러나 여기서 공자가 제자들에게 그런 마음을 품었을까? 공자쯤 되는 분이 그렇지는 않았을 것이라고 생각한다.

말 그대로 모르는 것이다! 공자가 가장 중요하게 여겼던 것, 인격의 총체를 인(仁)으로 표현하였는데 그 사람의 능력이나 적성 같은 것은 표면에 나타나는 것이니까 이야기할 수 있지만 그 사람의 속마음, 즉 심층(深層)은 알 수 없는 것이다.

그것을 안다고 하는 것은 위험한 일이다! 그것을 안다고 이야기하는 것은 그 사람을 침범하는 것이 되기 쉽다. 공자의 '부지기인야(不知其仁也)'는 그렇게 읽는 것이 좋다고 생각한다.

- 옹(雍)은 염옹(冉雍)으로 자는 중궁(仲弓)인데, 공문십철의 한 사람으로 특히 덕행으로 이름이 높았군요.
- 이 대화에서 특히 가까운 제자들에 대한 관찰을 통해서 사람에 대한 평가의 기준이랄까 하는 것을 알 수 있을 것 같습니다.
- 어떤 사람, 즉 당시의 보통 사람들의 평가와 정반대로 말하고 있군요. 말재주가 없는 것을 단점이라고 지적한 것에 대해서는, 그것이 단점이 아니라 오히려 장점이 될 수 있고, 인(仁)하다고 평한 데 대해서는, '그 인(仁)은 모르겠다(不知其仁)'고 답하고 있군요.
- '구변으로 막아내면 미움을 살 뿐'이라는 말이 말재간으로 다투는 지금의 세태, 특히 영혼이 결여된 어용지식인들과 정치인들의 행태를 떠올리게 하는군요.
- 진심과 진심의 대화만이 난세를 대전환기로 만들 수 있을 텐데요.

6

공자가 칠조개(漆雕開)에게 벼슬을 하라고 하시자 칠조개가 대답하기를, "저는 아직 감당해 내리라고 믿어지지 않습니다." 이 말을 듣고 공자는 기뻐했다.

子使漆雕開仕 對曰 吾斯之未能信 子說
자 사 칠 조 개 사   대 왈   오 사 지 미 능 신   자 열

- 칠조개라는 제자는 성이 칠조(漆雕)고 이름이 개(開)이며 자는 자개(子開)

인데, 성으로 미루어 부유하지 않은 낮은 신분의 집안 출신 같습니다.
- 공자의 문하에는 벼슬을 노리고 오는 제자들도 많아서, 공자가 '삼 년을 배우고도 벼슬길에 나갈 걸 꿈꾸지 않는 자가 드물다.'고 탄식을 한 적도 있는 데, 칠조개의 말을 듣고 공자가 기뻐하는 모습이군요.
- 관직에 오르기 위해 학문을 하는 것은 목적이 전도(顚倒)된 것이지요. 공자에게 있어서 학문의 목적은 일관되게 '위기지학(爲己之學)'입니다. 자신을 위한 학문이라는 것이지요. 일시적 이익(권력이나 지위)이 아니라 근본적인 이익 즉 군자나 인자가 되기 위한 학문이라는 말이지요.
- 그런데 실태는 지금도 마찬가지 아닌가요? 안정된 고소득 직장이나 권력을 꿈꾸며 법률을 공부하고 의술(醫術)을 공부하는 사람들이 얼마나 많습니까?
- 그런 사람들이 더 많은 것이 현실이지요.

## 7

공자 말하기를, "도가 행하여지지 않아서 뗏목을 타고 바다로 떠나고 싶구나. 나를 따를 사람은 유(由)뿐일 거다." 자로는 이 말을 듣고 기뻐하였다. 공자 덧붙이기를, "유는 용맹을 좋아하기는 나보다 낫다. 그런데 뗏목을 만들 재목을 구할 수가 없구나."

子曰 道不行 乘桴浮于海 從我者 其由與 子路 聞之喜 子曰 由也 好勇過我 無所取材
자왈 도불행 승부부우해 종아자 기유여 자로 문지희 자왈 유야 호용과아 무소취재

- 공자와 자로의 대화는 이런 대화가 종종 나오는데, 그만큼 허물없던 두 사람의 관계를 나타내는 것 같아요. 자로는 나이가 많은 제자였지요.
- 애정과 함께 자로의 무인적 용맹(勇猛)에 대해 기탄없이 지적하는 장면들이 많이 나오지요.
- 마지막 부분 '무소취재(無所取材)'를 자로가 용감하기는 하나 사리를 잘 분간하지 못해서 함께 하기 힘들다고 해석하기도 하지만, 그런 박절한 말보다는 넌지시 당시의 세태를 탄식하면서, 자로가 정말로 그렇게 하자는 말로 알아들을까 봐 농을 하듯 말을 마치는 모습이 연상되네요.
- 술이편 10장에도 비슷한 장면이 나옵니다. 공자가 신뢰하는 제자들에게는 직설적으로 이야기를 하고, 그럼에도 제자들이 공자를 떠나지 않고 진심으로 존경하고 따르는 관계로 되는 것이 공자 학단이 오랫동안 생명력을 가질 수 있었던 근원적 힘이 아닌가 생각되는군요.

8

맹무백이 묻기를, "자로는 어진 사람입니까?"
공자 말하기를, "잘 모르겠습니다."
맹무백이 다시 묻자,
"유는 천승의 나라에서 군무는 다스릴 수 있으나 그의 인(仁)에 대해서는 잘 모르겠습니다."
"구(求)는 어떠한 사람입니까?"

"구는 천 가구의 고을과 백승의 집에서 읍장이나 가재(家宰) 일은 맡아서 함 직하나 그의 인(仁)에 대하여서는 잘 모르겠습니다."
"적(赤)은 어떠한 사람입니까?"
"적은 예복을 갖추고 조정에서 빈객과 더불어 서로 이야기를 논할 만하지만 그의 인(仁)에 대해서는 잘 모르겠습니다."

孟武伯問子路仁乎 子曰 不知也 又問 子曰 由也 千乘之國 可使治其賦也 不知其
맹 무 백 문 자 로 인 호 자 왈 부 지 야 우 문 자 왈 유 야 천 승 지 국 가 사 치 기 부 야 부 지 기
仁也 求也 何如 子曰 求也 千室之邑 百乘之家 可使爲之宰也 不知其仁也 赤也
인 야 구 야 하 여 자 왈 구 야 천 실 지 읍 백 승 지 가 가 사 위 지 재 야 부 지 기 인 야 적 야
何如 子曰 赤也 束帶立於朝 可使與賓客言也 不知其仁也
하 여 자 왈 적 야 속 대 립 어 조 가 사 여 빈 객 언 야 부 지 기 인 야

- 맹무백은 노나라의 삼환(三桓) 가운데 하나인 맹손씨 집안의 후계자인데, 공자의 제자들이 능력이 뛰어나다는 이야기를 듣고, 채용해 보고 싶어서 공자와 문답을 하는 장면인 것 같습니다.
- 자로, 염구, 공서적 세 사람의 능력과 자질에 대해 자신의 생각을 밝히고 있군요. 자로는 국방 분야에, 염구는 행정 분야에, 공서적은 외교 분야에 추천할 만하다고 말하고 있군요.
- 이 편 여러 장에서 공통되지만, '그 인(仁)에 대해서는 부지(不知)'라고 말하는데, 제자들을 폄하하는 것은 아니고, 말 그대로 '그 인(仁)'은 알지 못한다고 말하는 것 같습니다.
- 공자의 사람에 대한 평가는 잘 이해할 필요가 있습니다. 그 능력이나 자질과 인(仁)을 분리해서 생각하는 것이 주목됩니다. 인자(仁者)가 아니더라도 실무적 능력이 있으면 그 역할을 할 수 있다고 봅니다. 다른 한편 관중에 대한 것처럼 인격이 미흡하더라도 탁월한 경세(經世)나 정치를 '인(仁)'이라고 평가하기도 합니다.
- 정치에 있어서 인사(人事)의 중요성은 예나 지금이나 같습니다. 누가 평

가하고 누가 선발하느냐 하는 차이지요. 그 평가의 안목과 파당에 치우치지 않는 선택이 정치의 성공을 담보하겠지요.

9

공자 자공에게 이르기를, "너를 회(回)와 비교하면 누가 더 낫다고 생각하느냐?"
자공이 대답하기를, "제가 어찌 감히 회와 비교가 되겠습니까? 회는 하나를 들으면 열을 아는 사람이고, 저는 하나를 들으면 둘을 알 뿐입니다."
공자 말하기를, "비교가 안 되지. 나와 너, 둘 다 회만 못하지."

子謂子貢曰 女與回也 孰愈 對曰 賜也何敢望回 回也 聞一以知十 賜也 聞一以知
자 위 자 공 왈 여 여 회 야 숙 유 대 왈 사 야 하 감 망 회 회 야 문 일 이 지 십 사 야 문 일 이 지
二 子曰 弗如也 吾與女弗如也
이 자 왈 불 여 야 오 여 여 불 여 야

- 한 제자에게 다른 제자와 비교하여 누가 더 낫느냐고 묻는 것은 보통으로는 생각하기 힘든 대화지요. 유머가 섞인 것도 같지만, 안회에 대한 공자의 신뢰를 알 수 있는 것 같습니다.
- 어떤 점에서는 자공의 뛰어남이 돋보이는 장면 같기도 합니다. 공자도 자공의 뛰어남을 알고 그에 대한 신뢰가 있었기에 이런 대화가 이루어졌겠지요.
- 자공은 안회를 높이면서도 스스로에 대한 자긍심도 표현합니다. '하나

를 들으면 둘을 알 뿐'이라는 말이 그렇군요. 자긍심이 있으면서도 자기보다 나은 사람에 대해 경쟁심이나 질투가 없는 모습에서 공자가 군자(君子)의 특성으로 말한 긍이부쟁(矜而不爭)의 인격을 보는 것 같습니다.

## 10

재여(宰予)가 낮잠을 자니, 공자 말하기를, "썩은 나무는 조각할 수 없고, 썩은 흙으로 쌓은 담장은 흙손질할 수 없으니, 재여 같은 사람에게 무슨 질책이 소용 있겠는가."

또 말하기를, "전에는 내가 사람을 대할 때 그 말을 듣고 그 행실을 믿었으나, 이제 나는 사람을 대할 때 그 말을 듣고 그 행을 관찰하게 되었으니, 재여 때문에 고치게 되었다."

宰予晝寢 子曰 朽木不可雕也 糞土之牆不可杇也 於予與 何誅 子曰 始吾於人也
재여주침 자왈 후목불가조야 분토지장불가오야 어여여 하주 자왈 시오어인야
聽其言而信其行 今吾於人也 聽其言而觀其行 於予餘 改是
청기언이신기행 금오어인야 청기언이관기행 어여여 개시

- 재여는 재아(宰我)로 자공과 함께 '언어'로 공문십철에 이름을 올린 사람인데, 이 장면에서는 공자의 질책이 너무 심하군요.
- 낮잠 정도 잤다고 이렇게 심하게 이야기할 수 있나 하는 생각 때문에 주침(晝寢)의 '주(晝)'를 여러 가지로 해석하는 것 같아요.
- 강의 시간이나 공부 시간에 졸았다고 썩은 나무나 썩은 흙 같다고 나무란 것은 제자에 대한 나무람으로는 지나친 것 같은데, 재여의 평소 말재

간에 싫증이 나 있던 공자가 아마 화가 몹시 난 것 같은데요?
- '언어'에 뛰어났다는 것은 그 '언어'의 함정, 즉 언행일치의 어려움이나 말솜씨가 좋은 사람들에게서 나타나기 쉬운 단점을 갖기 쉽겠지요. 공자가 그것을 못마땅하게 생각하다가 이때를 만나 퍼부은 것이 아닐까요?
- 재여 때문에 사람들의 말을 믿지 못하게 되었다는 공자의 말은 확실히 지나치군요.
- 논어에 보면 공자의 그런 인간적인 풍모가 가감 없이 나옵니다. 그것이 논어가 갖는 재미이기도 해요.
- 공자는 다른 제자들에게도 직설적으로 나무랍니다. 염구에게는 그가 노나라의 실세인 계씨의 가신으로 계씨를 옳은 길로 이끌지 못하고 오히려 백성들에게 해를 끼치는 것을 비난하여, '북을 치면서 규탄하라.'고까지 합니다. 능력을 인정할 것은 하면서도 흔들리지 않는 판단기준, 즉 '군자의 도(道)'라는 잣대가 있었지요.
- 이렇게 지나칠 정도의 엄격함이나 질책을 받으면서도 제자들이 공자 학단에서 떠나지 않고 배우려고 한 것이야말로 공자의 사상이 시대를 넘어 오랫동안 생명력을 가질 수 있었던 힘이 아닌가 생각합니다.
- 일반적인 인간관계에서는 듣지 않으면 두 번 이상 충고를 하지 말라고 하고 기간(幾諫)을 권하면서, 제자들에게는 때로는 심할 정도의 비판을 하는 공자의 태도에서 여러 생각이 떠오릅니다.
- 불교에서는 부처의 신통력 가운데 교계통(教誡通)을 이야기하더군요. 반발이나 떠남이 없이 사람을 가르치고 훈계할 수 있는 것이 얼마나 어려운 일이면 그것을 신통력이라고 부를까 하는 생각이 듭니다.
- 공자가 그런 능력을 갖췄는지 어떤지는 모르겠지만, 제자들의 눈에 비

친 공자의 인격, 즉 네 가지를 끊었다는 절사(絶四)의 인격이 공자 학단의 기풍을 만드는 결정적 요소임에는 틀림없을 것 같습니다.
- 지금도 난세를 한탄하고 새로운 세상을 꿈꾸는 사람들은 많지만, 백가쟁명(百家爭鳴)을 넘어 다원성과 다양성을 포용하는 구심력(求心力)이 잘 이루어지지 않는 것을 보면서, 그것을 가능하게 하는 핵심(核心)이 무엇일까를 생각하게 합니다.

11

공자 말하기를, "나는 아직 강(剛)한 사람을 보지 못했소."
그러자 어떤 사람이 말하기를, "신정이 있습니다."
공자 말하기를, "정은 욕심이 많은 사람이거늘, 어찌 그를 강한 사람이라 하리요?"

子曰 吾未見剛者 或對曰 申棖 子曰 棖也慾 焉得剛
자왈 오미견강자 혹대왈 신정 자왈 정야욕 언득강

'강(剛)'은 꿋꿋함이나 일관됨 같은 느낌으로 다가온다. 사람들이 '의지가 굳세다.'라고 말하는 경우는 흔히 고집이 세고 자기를 관철하려는 욕망이 강한 사람을 가리킬 때가 있지만 공자에게 그것은 강(剛)한 모습과는 거리가 멀다.

욕(慾)은 대체로 자기중심적이다. 판단 기준이 '자신'이다. 그 상태에서 그냥 밀고 가는 것은 완고함이다. 그것을 꿋꿋함이나 일관됨과 혼동하고 있다. 아집을 만족시킬지는 모르나 그것은 진정한 강(剛)이 아니다.

진리를 지향할 때만 진정으로 일관될 수 있다. '무엇이 진리인가.'를 고정하지 않고 찾아가기 때문에 부드러운(柔) 것이다. 이 부드러움 속에 진정한 강(剛)이 있다. 구분하는 것은 가능할지 모르지만, 흔히 '비타협(非妥協)'이 자신의 아집을 관철하려는 태도라면 끝까지 진리나 정의를 추구하는 태도는 '무타협(無妥協)'이라고 생각한다.

무타협은 '내가 옳다.'라는 데서 출발하는 것이 아니라 '무엇이 진리인가.'를 끝까지 연찬하는 것이기 때문에 자신의 생각을 고수하려는 것과는 전혀 다른 세계이다. 공자가 말하는 '강(剛)'은 아마도 이 무타협의 세계와 통하는 것이 아닐까 생각된다.

'비타협'은 투쟁의 길이고, '무타협'은 연찬의 길이다. 이인편 10장의 '무적야 무막야 의지여비(無適也 無莫也 義之與比)'는 무타협의 길이고 연찬의 길을 제시한다.

- 신정(申棖)은 당시 노나라의 많은 사람들로부터 굳센(剛) 인물이라는 평판을 받던 인물이군요. 그런데 공자의 평가는 전혀 다르군요. 굳셈에 대한 기준이 다른 것이지요.
- 예나 지금이나 대중의 평가는 그렇게 믿을 만한 것이 아니지요. 요즘 우리 정치를 보십시오. 과연 ㅇㅇㅇ이 그렇게 유능하고 민주적인 사람입니까? 퇴행적 편가름의 팬덤 정치는 허위에 바탕을 둔 신기루 같은 것이지요. 어떤 정신 나간 철학자가 그를 '역사가 점지한 위인'이라고 칭송하는 말을 들었는데, 그 스스로가 얼마나 천박한 사람인지를 나타낼 뿐이죠. 공자는 '많은 사람들이 싫어해도 반드시 살피고 많은 사람들이 좋아해도 반드시 살핀다.'는 말을 하고 있지요.

- 어쩌면 사람에 대한 객관적 평가는 불가능할지 몰라요. 다만 거짓 모습에 속지 말라는 정도는 말할 수 있을 것 같군요. '한 사람을 오래 속일 수는 있고, 많은 사람을 잠시는 속일 수 있어도, 많은 사람을 오래 속일 수는 없다.'는 링컨의 말이 생각납니다.

## 12

자공이 말하기를, "저는 남이 저에게 시켜서 원치 않는 일은 저도 남에게 시키지 않으려고 합니다."
공자 대답하기를, "너는 아직 그런 경지에는 미치지 못한 것 같구나."

子貢曰 我不欲人之加諸我也 吾亦欲無加諸人 子曰 賜也 非爾所及也
자공왈 아불욕인지가제아야 오역욕무가제인 자왈 사야 비이소급야

- 위령공편 23장에 자공(子貢)과 공자(孔子)의 대화가 나옵니다; "제가 평생 실천할 수 있는 한마디의 말이 있습니까?" "그것은 바로 서(恕)이다. 자신이 원하지 않으면 다른 사람에게도 시키지 말아야 한다."(子貢問曰 有一言而可以終身行之者乎 曰其恕乎 己所不欲勿施於人)
- 논어 편집에서는 이 장이 앞이지만, 말의 맥락으로 보아 공자의 가르침인 서(恕)를 실천하고 싶어 하는 말인데, 찬바람이 부는 대답이군요.
- 재여를 나무라는 것과는 다르지만, 자공의 진심 어린 희망을 이렇게 이야기하다니 하는 생각도 들지만, 이것이 공자가 맺는 나름의 진실한 사

제 관계가 아닌가 생각됩니다.
- 자신의 실태를 정확히 알아서 결코 관념이 먼저 앞서는 공허함이나 허위의식에 빠지지 말라는 충고 아닐까요?
- 자공이 하고자 하는 바가 얼마나 어려운 경지인지를 말함으로써 그가 하고자 하는 일의 가치를 새삼 상기시켜 주는 말로도 들립니다.
- '너는 아직 그런 경지에 미치지 못하였느니라(非爾所及也)'에서 그런 경지란 무엇일까요. 위령공 편의 물시(勿施)의 '물(勿)'은 '하지 말라'는 당위이고, 이 편의 '욕무가저인(欲無加諸人)'의 '무(無)'는 그런 마음이 일어나지 않는 상태로도 들립니다. 체득(體得)의 어려움을 이야기하고 자공으로 하여금 더욱 정진하게 하려는 스승의 배려가 아닐까요?

## 13

자공이 말하기를, "선생님의 문장은 가히 얻어들을 수 있으나, 선생님의 성(性)과 천도(天道)에 대한 말씀은 가히 얻어들을 수 없었다."

子貢曰 夫子之文章 可得而聞也 夫子之言性與天道 不可得而聞也
자공왈 부자지문장 가득이문야 부자지언성여천도 불가득이문야

- 자공의 혼잣말 같지만, 성(性)이나 천도(天道) 같은 형이상학적인 언급이 별로 없는 것이야말로 공자의 특징이라고 말할 수 있지 않을까요?
- 제자들의 형이상학적 관심들에 대해 언급이 없고, 너무나 평이한 이야기들을 하니까, 여기에 걸려 넘어지는 제자들의 모습도 논어 이곳저곳

에서 보이지요. 심지어는 공자의 아들에게 특별한 가르침이 없느냐고 묻는 모습도 나옵니다. 공자의 제자이기도 하고 자공의 제자이기도 한 진자금(陳子禽)과 자공과의 대화(19/25)는 공자에 대한 이해의 수준을 나타내는 대표적인 예지요.

■ 흔히 공자의 가르침은 구체적이고 실천적이나 '철학이 없다.'라는 비판을 받기도 하였지만, 철학이 없는 것이 아니라, 실증되지 않는 공허한 형이상학적 추론들에 사로잡히는 것을 피했다고 볼 수 있지요.

■ 공자의 세계에 깊이 들어간 제자들의 눈에는 그것이 보였지요. 안회나 자공 같은 제자들은 그것을 본 사람들입니다.

■ 공자 스스로 말하지 않았지만, 제자들의 눈에 비친 공자의 깊이를 이야기한 대표적인 예가 '공자는 네 가지를 끊었다.'라는 간단한 언급이지요. 무의(毋意) 무필(毋必) 무고(毋固) 무아(毋我)의 네 가지는 인간 의식이 도달할 수 있는 최고의 경지가 아닙니까? 그 바탕에서 나오는 평범한 이야기들에 대해 그것을 볼 눈이 없는 제자들은 불만이 있었던 것이지요.

■ 이런 내부의 형이상학적 욕구들이 다른 사상 철학 사조들과 만나 더 커지면서 그것에 부응해서, 중용이나 맹자를 거쳐 송대(宋代)의 성리학으로 발전해 갔지요.

■ 일면 발전이라고도 할 수 있지만, 나에게는 공자의 진의(眞義)에서 벗어나는 왜곡의 시작이라는 생각이 들 때가 많습니다. 유교(儒學)의 원석(原石)은 역시 논어라고 생각합니다.

■ 나도 그렇게 생각합니다. 21세기에 가장 잘 살려질 인문철학이라면 현실 속에서 이상을 추구하고, 화광동진(和光同塵)을 실천한 공자라고 생각합니다.

## 14

자로(子路)는 들은 것을 미처 실천하지 못했는데 또 새로운 말을 들을까 두려워하였다.

子路 有聞未之能行 唯恐有聞
자 로 유 문 미 지 능 행 유 공 유 문

- 자로가 언행일치(言行一致)를 강조한 공자의 가르침을 얼마나 중시하였나 하는 것을 나타내는 문장입니다.
- 자로의 이런 솔직하고 우직한 태도가 아마도 공자의 마음에 와 닿았을 거라는 생각이 드네요.
- '자로는 한번 허락한 일은 잠을 재우지 않았다.'는 말도 있지요. 받아들여 약속한 일에 대해서는 하룻밤을 묵히지 않는다는 말로 바로 실천에 옮긴다는 자로의 기개와 용기를 말하는군요.

## 15

자공이 묻기를, "공문자는 어찌 '문(文)'을 시호에 쓸 수 있습니까?"
공자 말하기를, "그는 영민한데다가 배우기를 좋아하며, 아랫사람에게 묻는 것을 부끄럽게 여기지 않았으므로 '문'이라고 부르게 되었다."

子貢問曰 孔文子 何以謂之文也 子曰 敏而好學 不恥下問 是以謂之文也
자 공 문 왈 공 문 자 하 이 위 지 문 야 자 왈 민 이 호 학 불 치 하 문 시 이 위 지 문 야

■ 공문자는 어떤 사람인가요?
■ 이름이 공어(孔圉)로 위나라의 대부였는데 자공이 보기에는 그다지 훌륭한 사람이 아니었던 것 같습니다. 공자가 두 번째 위를 방문했을 때 아들(出公)과 아버지(괴외)가 왕위를 다투고 있었고, 이때 위의 실권자가 공어였습니다.
■ 공어가 공자를 예우했지만, 여러 정황으로 보아 성인과는 거리가 먼 인물이었던 것 같습니다. 그래서 중국 학자들 가운데는 공자가 그와 관계를 맺었다는 사실에 당혹감을 표하는 사람도 있습니다.
■ 그런데도 가장 좋은 '문(文)'이 시호로 들어간 데 대해 자공이 의문을 표한 것이군요. 스승에 대해 높은 기준에 따라 사람과의 교류할 것을 기대하는 제자들의 마음도 느껴지고요.
■ 공자의 사람에 대한 평가도 일관된 태도가 있는 것 같아요. 어떤 일면에 대한 사람들의 평가로 그 사람의 전체를 보지 않는다는 것입니다. 사람들이 다 싫어해도 또는 다 좋아해도, 그럴수록 그런 평가에 좌우되지 않으려는 이런 태도야말로 공자에게서 배울 점이라는 생각이 듭니다.
■ 요즘 우리의 현실에서 우리가 벗어나야 하는 집단적 확증편향과 팬덤 현상을 생각하게 됩니다.
■ 공자는 공문자에 대한 일반의 평가와 달리 몇몇 결점을 가졌음에도 진지하게 지식을 추구하는 사람이라는 점을 높게 평가한 것이지요. 그것이 공어의 '호학(好學)'과 '문(問)'이군요. 영민하면서 배우기를 좋아한다는 것은 결코 쉬운 일이 아니지요. 대체로 머리가 뛰어난 사람들은 자신

의 판단에 대해서 단정하거나 고정하기 쉬운데, 그렇지 않고 배우기를 좋아한 것을 높게 평가했군요.

■ '호학(好學)'한다는 것은 끊임없이 묻는 것이지요. 어떤 점에서 호학(好學)은 호문(好問)이지요. 당시의 신분 계급제 사회에서 아랫사람에게 묻는 것을 부끄럽게 생각하지 않는 것을 대단히 높게 평가한 것 같습니다.

■ 묻는 것(問)을 부끄러워하지 않는 것을 넘어서 묻는 것을 좋아하고, 나아가 듣는 것(聞)을 좋아하는 것이 바로 호학(好學)의 길이고, 그 점을 높이 산 것이겠네요.

■ 여기서 공자가 말한 '불치하문(不恥下問)'은 꽤 유명한 관용어가 되었군요. 저는 불치하문(不恥下問)이라는 말에서 남에게 잘 묻지 못하는 자신의 실태가 새삼스럽게 보입니다. 정말로 '잘 모르겠다.' 하는 심정이 되지 않거나 '내로라' 하는 마음이 있는 한 묻는 것이 잘 안 된다고 생각해요. 묻는 것 같지만 자기 생각을 확인하거나 심지어는 강요하려는 마음으로 하는 경우도 많지 않나요.

## 16

공자가 자산을 일러 말하기를, "그는 군자의 네 가지 도를 지니고 있었으니 그 행함에 있어서는 공손하고, 그 윗사람을 섬기는 데는 공경하고, 민생을 돌보는 데는 은혜로우며, 그 정치는 의로웠다."

自謂子產 有君子之道四焉 其行己也恭 其事上也敬 其養民也惠 其使民也義
자 위 자 산 유 군 자 지 도 사 언 기 행 기 야 공 기 사 상 야 경 기 양 민 야 혜 기 사 민 야 의

- 자산은 어떤 인물인가요?
- 정나라의 대부인 공손교라는 사람인데, 공자가 같은 시대를 살았던 인물 가운데 높게 평가한 몇 안 되는 인물입니다. 그가 죽었다는 소식을 듣고 공자가 매우 슬퍼하였다는 이야기도 전해집니다. 높은 지위에서 권력을 쥔 사람이 이 네 가지 덕을 갖춘 것을 높게 평가한 것이지요.
- 시대와 사회가 달라졌지만, 지금도 정치인들이나 관료들에게 요구되는 덕목이라 생각됩니다.
- 공(恭)·경(敬)·혜(惠)·의(義)의 조화야말로 지금도 여전히, 어쩌면 더 절실한 과제가 아닌가 합니다. 사랑(恭·敬·惠)과 정의(義)의 조화는 고금(古今)을 통하는 아름다운 정치의 요체라고 생각합니다.
- 헌문 편 10장에서도 자산에 대해서 '혜인(惠人)'이라고 높게 평가하고 있군요.

---

17

공자 말하기를, "안평중은 사람과 잘 사귄다. 오래되어도 공경한다."

子曰 晏平仲 善與人交 久而敬之
자 왈 안 평 중 선 여 인 교 구 이 경 지

구이경지(久而敬之)는 인간관계의 정수(精髓)를 잘 지적하는 말로 다가온다. 실제로 부모와 자식 간이나 부부 간의 관계를 생각해 보면 이 말이 절실하게 느껴지지 않는가. 가까운 사이나 늘 보는 관계에서는 각자의 아집(我執)들이 속속들이 드러난다. 심지어는 수행자들 사이에서도 '가까이 보면 성인이 없다.'라는 말까지 있을 정도다.

　연인 사이일 때는 모르던 것을 결혼 생활을 하다 보면 알게 된다. 흔히 '콩깍지가 씌었다.'라고 말한다. 그것은 상대가 자신의 흠을 감추는 면도 있겠지만 그 보다는 상대를 자신이 만든 상(像)으로 보았기 때문이 더 크다.

　그 상(像)은 실제와 다른 허상(虛像)이어서 깨어지게 되어 있다. 그것을 이해하고 서로의 실태를 받아들이면서 '서(恕)'를 실천하는 것이야말로 사랑과 공경의 길이다.

　이렇게 할 때 구이경지(久而敬之)가 된다. 가까운 사이, 오래된 사이에서 존경하고 존경 받는 것이야말로 인생의 참 행복이라고 생각한다.

- 안평중은 어떤 인물인가요?
- 제나라의 대부로 안영(晏嬰)이라는 사람인데, 공자가 유랑생활을 할 때 제나라의 경공이 공자를 등용하고 싶어 할 때 반대를 했던 인물입니다. 그럼에도 공자는 그의 덕망과 정치를 칭송하고 있습니다.
- 부부 사이야말로 구이경지(久而敬之)가 가장 필요한 것 같습니다. 그런 의미에서 부부야말로 인격을 숙성시키는 연습을 하는 가장 좋은 파트너라고 생각되네요.

## 18

공자 말하기를, "장문중은 큰 거북 껍질을 보관하는 집을 따로 만들었고, 기둥머리에 산의 형상을 조각하고, 대들보 위의 짧은 기둥에는 마름풀을 그려서 복을 빌고자 하니 어찌 그를 지혜로운 사람이라 하겠는가."

子曰 臧文仲 居蔡 山節藻梲 何如其知也
자 왈 장 문 중 거 채 산 절 조 절 하 여 기 지 야

- 장문중은 어떤 인물인가요?
- 노나라의 대부로 삼환의 세력이 그다지 강하지 않을 때 활동한 사람으로 일반적으로는 지자(知者)라는 평가를 받던 인물입니다. 공자의 평가는 다르지요.
- 이 장의 단어들은 무슨 의미인가요?
- 채(蔡)는 점치는데 쓰는 큰 거북이고, 기둥머리에 산을 새기고 대들보 동자기둥에 조(藻; 마름풀)를 새겨 복을 빌었는데, 이렇게 점을 치거나 복을 비는 행위를 지자(知者)가 할 일인가 하는 비판이지요.
- 거북 껍질을 보관하는 집을 따로 만들거나 산절조절(山節藻梲)로 집을 꾸미는 사치 또한 비판하는 것 같습니다.
- 공자의 미신을 배척하는 태도와 검소한 삶을 이상으로 하는 태도를 볼 수 있는 문장이군요. 그런 점에서 장문중의 사치와 기복(祈福)의 미신을 비판했다고 볼 수 있습니다.

## 19

자장이 묻기를, "초나라의 영윤 자문은 세 번 벼슬을 하여 영윤이 되었으되 기쁜 빛을 드러내지 않았으며, 세 번 쫓겨났으되 성난 빛을 나타내지 않고 자기가 맡았던 영윤의 정사를 새로운 영윤에게 인계하였는데, 어떻게 보아야 합니까?"

공자 말하기를, "충(忠)이다." 묻기를, "인이라고도 할 수 있습니까?"

말씀하시기를, "모르겠다. 어찌 인을 얻었다고까지 할 수 있겠느냐?"

子張問曰 令尹子文 三仕爲令尹 無喜色 三已之 無慍色 舊令尹之政 必以告新令尹 何如 子曰 忠矣 曰仁矣乎 曰未知焉得仁

"최자가 제나라의 임금을 살해하자 진문자는 가지고 있던 10승의 땅을 버리고 다른 나라로 가서 살펴보다가 말하기를 '여기도 우리나라의 대부 최자와 같은 사람이 있구나!' 하고 또 그 나라를 떠났으며, 또 다른 나라로 가서 말하기를 '여기도 우리나라의 대부 최자와 같은 사람이 있구나!' 하고 떠나갔으니, 이 사람은 어떻습니까?"

공자 말하기를, "맑은 사람이다."

"인이라고 할 수 있습니까?" "모르겠다. 하지만 어찌 인을 얻었다고까지 할 수 있겠느냐?"

崔子弑齊君 陳文子有馬十乘棄而違之 至於他邦 則曰 猶吾大夫崔子也 違之 之

一邦 則又曰 猶吾大夫崔子也 違之 何如 子曰 淸矣 曰仁矣乎 曰 未知焉得仁
일방 즉우왈 유오대부최자야 위지 하여 자왈 청의 왈인의호 왈 미지언득인

자문의 충(忠)만 하더라도 대단한 것이다. 특히 '구령윤지정 필이고신영윤(舊令尹之政 必以告新令尹)' 하는 것은 쉽지 않은 것이다. 권력투쟁과 정쟁이 심한 사회에서 이런 이어짐은 대단히 뛰어난 것이라고 할 수 있다. 그러나 공자는 그것이 인(仁)인지에 대해서는 미지(未知)라고 이야기한다. 일면의 행위 즉 여기서는 정치적 행위만 가지고 그 총체적이고 심층적인 평가를 유보하고 있다.

진문자의 청(淸)에 대해서도 마찬가지이다. 특히 청(淸)은 탁(濁)이라고 생각되는 것을 배척하는 날카로움을 수반하기 쉽다. 흔히 '맑은 물에는 고기가 놀지 않는다.'는 말이 있는데 청(淸)이 나쁜 것이 아니라 청(淸)이 갖기 쉬운 불수용성(不受容性)과 판단에 대한 근본주의적 자기 확신을 성찰해 보아야 한다는 뜻이다.

충(忠)이나 청(淸)은 인(仁)의 구성 요소는 될 수 있지만 그 자체를 인(仁)이라고 하기에는 부족하다는 것이 공자가 인(仁)을 보는 관점인 것 같다.

- 영윤자문은 어떤 사람인가요?
- 초나라 사람인데 이름이 투누오도이고 초나라 최고 벼슬인 '영윤'을 세 번이나 했다고 합니다. 상당히 존경받는 인물이었던 것 같은데, 그 됨됨이를 공자에게 묻는 장면입니다.
- '인(仁)'을 묻는 말에 '미지언득(未知焉得, 모르지만 어찌 인을 얻었다고까지 말할 수 있겠는가?)'이라고 답하는 경우가 많군요. 충(忠)이나 청(淸)과는 다른 차원으로 보는 것 같습니다.
- 최자와 진문자는 어떤 사람들인가요?

- 최자는 제나라 대부 최저(崔杼)로 제나라 임금인 장공을 한 여인을 두고 다투다 시해한 사람이고, 진문자는 제나라 대부 진수무(陳須無)라는 사람입니다.
- 유마십승(有馬十乘)이라는 말이 무슨 뜻인가요?
- 당시에 재력(財力)을 나타내는 단위로 '승(乘)'을 썼지요. 천승지국(千乘之國)이니 만승지국(萬乘之國)이니 하는 말들이 국력을 나타내는데, 전차(戰車)한 대는 말 4필과 무사 3명이 있어야 합니다. 전차(戰車) 10대라면 상당한 재력이라고 봐야지요.
- 진문자의 '청(淸)'을 요즘 상황에서도 떠올리게 되네요. 난세일수록 어떤 태도가 진정으로 '인(仁)'에 부합할지 묻고 싶습니다.
- 저는 자신이 맑다(淸)고 생각하는 편인데 다른 사람이 많이 걸려요. 내가 걸리니까 상대도 걸리는 것 같아요. 요즘에는 어떤 것이 옳은 태도인지 다시 생각하게 되는 경우가 많아요.

20

계문자는 세 번 생각해 본 후에야 비로소 행동에 옮겼다.
공자 이 말을 듣고 말하기를, "두 번이면 된다."
季文子 三思以後行 子聞之曰 再斯可矣
계 문 자 삼 사 이 후 행 자 문 지 왈 재 사 가 의

계문자는 노나라 대부 계행부라는 사람으로 삼환(三桓) 가운데 가장 강력

한 계씨 집안의 실권자였다. 신중함과 우유부단의 중용을 이야기하고 있다. 사람에 따라 달리 이야기하는 것은 중용은 고정되는 것이 아니라 사람과 때와 환경에 따라 달라지기 때문이다. 만일 신중하지 못한 사람이었다면 다른 말을 했을 것이다. 예컨대 '세 번 생각하는 것으로도 부족하다.'와 같은 내용으로.

흔히 우유부단(優柔不斷)이라는 말을 부정적으로 사용하지만 '쉽게 단정하지 않는 마음'은 아주 필요한 덕성이라고 생각한다. 다만 '망설임'이 생기는 그 의식의 심층을 살펴보는 것이 필요하다.

'단정하지 않는다'와 '망설이지 않는다'라는 것을 과제로 해서 실제로 구체적으로 실천해 보면 여러 가지가 보일 것이라고 생각한다. '단정(斷定)하지도 망설이지도 않는' 그런 사고법(思考法)은 어떤 것일까?

- 신중한 것과 우유부단한 것은 다른 것 아닐까요? 저는 망설임이 많은 편인데요. 자신감이 부족한 것도 같고 왜 그런지 잘 모르겠어요. 다른 사람을 지나치게 의식하는 것도 같고요. 성격이라지만 심층의 마음을 잘 보고 싶어요.
- 구체적으로 작업을 해 보면 잘 보여요. 된장을 소분할 때나 고추를 골라 딸 때 등 실제로 해 보면 마음의 상태가 잘 보이는 것 같아요. 각자 자신의 특성이 있는 것 같아요. 어떤 사람은 망설이는 것이 문제이지만 또 어떤 사람은 너무 과감(?)한 것이 문제로 되는 경우도 있지 않나요.
- 언제 같이 작업할 때 '망설이지 않는다.'라는 과제로 한번 해 보면 좋겠어요.

## 21

공자 말하기를, "영무자는 나라에 도가 있을 때는 지혜로웠고, 나라에 도가 없을 때는 어리석었다. 그의 지혜로움은 가히 미칠 수 있으나 그의 어리석음은 가히 미칠 수 없다."

子曰 甯武子 邦有道則知 邦無道則愚 其知 可及也 其愚 不可及也
자왈 영무자 방유도즉지 방무도즉우 기지 가급야 기급 불가급야

- 영무자는 위나라의 대부로 이름이 영유(甯兪)인데, 위나라의 문공과 상공 두 임금을 보필했습니다. 현군(賢君)인 문공 때는 지혜롭게 보필했고, 폭군인 성종 때는 목숨의 위협을 무릅쓰고 간언하며 바른 정치를 위해 노력한 사람으로 알려져 있습니다. 이 우직함을 높이 평가한 것 같군요.
- 지(知)가 밝은 이성(理性)이라면 우(愚)는 깊은 심덕(心德)을 가리키는 말로 느껴집니다.
- 지금 세상에는 '공정한 거래'도 이루어지지 않아 그것을 목표로 하고 있지만, 그것만으로는 화기애애한 사회로 되는 것은 어려운 것 같습니다. '상대가 해 준 것만큼 나도 해 주겠다.' '나는 잘하고 싶지만 상대가 응해 주지 않는다.' '하나를 양보하면 전체를 잃는다.' 등등.
- 그래서 오늘날 더욱 요청되는 것이 '양보'의 주도성(主導性)이 아닌가 생각합니다.
- 조건 없이 먼저 양보하는 것이지요. 가장 진보적인 개인이나 집단이 먼저 터야 할 물꼬가 아닐까요?
- 영무자의 어리석음(愚)을 찬탄한 공자의 심경이 느껴져요. 전혀 다른 차

원 같지만, 우리도 여기서 먼저 양보하는 삶을 살려고 하고는 있지만 정말 속마음에서부터 그렇게 하기는 힘들더라고요. 때로는 서로 따지고 다투는 것이 솔직한 것이 아닐까 하는 생각도 들지만 뒤로 후퇴하기보다는 약간 무리가 될지 몰라도 한번 해 보자 하는 심정인 것 같네요.

- 선물 정치(膳物政治)라는 말을 하는 사람이 있어요. 저도 좋아하는 말인데요. 주는 것으로 성립하는 사회야말로 우리가 바라는 사회가 아닐까요? 공정거래(公正去來)를 넘어서는 관계라고 생각돼요. 공자가 찬탄한 우(愚)를 현대에서 생각해 보면 어떨지 많은 생각이 드네요.
- 지금 같이 앞이 잘 안 보이는 난세(亂世)의 갈등과 모순 속에서 어쩌면 톨스토이의 '바보 이반' 같은 대우(大愚)가 물꼬를 틀 수 있지 않을까요?
- 대지(大智)와 대우(大愚)는 통하는 것 같습니다.
- 요즘 혹세무민(惑世誣民)하는 자칭 영(靈) 능력자들의 황당무계(荒唐無稽)한 소설 쓰기를 보면서 그 '구성력'에 놀라야 할지, 탄식이 나옵니다.
- 그것은 소지(小智)도 아닌 '헛짓'이고, 말 그대로 '어리석음'이고, '속이는 것'이지요. 아마도 먼저 자기를 속일 것입니다. 안 그러면 '아주 나쁜 놈'이죠.

22

공자가 진나라에 있을 때 말하기를, "돌아가자. 돌아가자. 우리 고장의 젊은이들이 뜻은 크고 진취적이지만 면밀하지 못하며, 문채는 찬란하지만 재단하는 바를 모르는구나."

子在陳曰 歸與 歸與 吾黨之小子 狂簡 斐然成章 不知所以裁之
자재진왈 귀여 귀여 오당지소자 광간 비연성장 부지소이재지

공자가 고국인 노나라를 떠나 위나라를 거점으로 진, 송, 제 등의 나라를 다니면서 제 뜻을 펼 수 있는 군주를 만나려 했지만, 그런 지위를 얻지 못했다. 지치기도 했지만, 나이도 칠순에 가까워 정치를 하기는 어렵다고 생각하고, 고국인 노나라에 돌아가 젊은이들을 교육하고 싶다는 심경을 말하고 있는 것으로 보인다. 실권을 쥔 계씨 집안에 보내는 정치 불관여의 메시지이기도 하다.

마침내 68세에 귀국하고 교육에 전념한다. 그리고 5년 뒤 파란만장한 생애를 마감한다. 논어의 많은 대화들이 이때 이루어진다.

공자의 인생 역정은 어쩌면 예정되어 있었는지도 모른다. 그는 괴력난신(怪力亂神)을 거론하지 않고 인간의 이성(理性)을 믿는, 평화(平和)를 추구하는 사람이었고, 성(性)이나 천도(天道) 같은 관념적 형이상학에 빠지는 것을 경계한 실천가였다.

예(禮)와 양(讓)에 의한 덕치를 정치의 이상으로 생각하고, 그 실현 방법을 성군(聖君)이 다스리는 군주제로 보았다. 춘추전국 시대에 이런 이상과 방법의 만남은 원천적으로 실현 불가능한 것이었다.

공자가 그리는 예(禮)와 양(讓)에 의한 덕치는 대단히 높은 민(民)의 의식(意識)의 진화가 있어야 가능한 것이다. 이런 의식의 진화는 물질적 수요의 충족과, 억압과 착취에서 벗어나기 위한 오랜 투쟁과, 신분 계급제에서 해방된 민(民)이 주체가 되는 정치제도의 발전 등을 거쳐 비로소 보편화될 수 있는 이상이기 때문이다.

공자의 이런 이상과 방법의 불일치는 어쩔 수 없는 한계이지만, 그가 이

상으로 한 인간 의식의 진화에 대한 믿음과 평화주의는 2500여 년을 지난 지금 중층의 위기 앞에 선 인류에게 영감(靈感)의 원천의 하나로 작용하고 있다.

가장 낙관적인 희망을 이야기하고 싶다. 자본주의를 통과하면서 물질적 생산력이 높아지고, 자유민주주의를 통해 개인의 자유가 확장되고, 사회민주주의를 통하여 공동체의 평등과 보편복지가 진척될 수 있는 지금이야말로 서로 양보하고 싶어지는 '양(讓)'과 강제가 아닌 자율적 질서인 '예(禮)'에 의한 정치 질서를 실제로 그려볼 수 있지 않을까?

지금의 자본주의와 민주주의를 포월(包越)하는 의식(意識)과 생활양식, 그리고 제도와 예술이 이 땅에서 발화(發花)하기를 바라는 것은 이 땅에 태어나서 운명을 같이하는 사람들이 함께 꾸는 꿈이 아닐까 한다.

## 23

공자 말하기를, "백이와 숙제는 예전의 악을 마음에 새겨두지 않았다. 그래서 원망하는 일이 드물었다."

子曰 伯夷叔齊 不念舊惡 怨是用希
자 왈 백 이 숙 제 불 념 구 악 원 시 용 희

공자가 이상으로 하는 인간상을 느낄 수 있다. 오직 선(善)을 구하고 행할 뿐 불념구악(不念舊惡)인 것이다. '마음에 두지 않는다.'는 말이 다가온다. 실제로는 어려운 일이다. 그것이 결코 자신의 행복에 도움이 되지 않는다는 것을 머리로 이해하는 경우에도 실제로는 미워하고 원망하는 마음에 사로잡히는 경우가 허다하지 않은가.

   과거에 집착하고 미래에 집착하는 삶은 자유로운 삶이 될 수 없다. 또한 원망은 원망을 낳아 악순환한다. 이 악순환의 고리를 끊는 것은 불념구악(不念舊惡) 하는 것이다.

## 24

공자 말하기를, "누가 미생고를 곧다고 하느냐? 어떤 사람이 식초를 빌리러 갔는데, 그 이웃에 가서 빌려다가 주었다는데."

子曰 孰謂微生高直 或乞醯焉 乞諸其隣而與之
자왈 숙위미생고직 혹걸혜언 걸제기린이여지

- 미생고는 노나라 사람으로 정직하다고 이름이 난 사람인데, 공자가 이를 비판하고 있군요.
- 식초가 떨어져서 이웃에서 빌려다 준 것은 오히려 칭찬받을 일 아닌가요?
- 솔직하게 말하고 빌려다 주었다면 그것을 정직하지 않다고 비난할 것이 아니라, 오히려 그 배려심을 칭찬해야지요. 공자가 그런 정도를 모르고 이야기했을 것 같지는 않은데요.
- 아마도 미생고의 허위의식이나 위선을 지적한 것 아닐까요?
- 나는 이 구절을 읽으면서 '곧은 것(直)'과 '심층의 부자유(不自由)'에 대한

생각이 떠오릅니다. 흔히 곧은 사람들 가운데 '하지 않으면 안 된다.' '해야만 한다.'는 생각에 묶이는 경우가 많은데 이런 심층의 부자유에 대해 생각하게 하는 구절로도 읽히네요.
- 미생고의 직(直)에 대해서도 여러 가지 해석이 있는 것 같아요. 공명심이나 위선 등을 지적한 것이라는 사람도 있는 것 같은데, 나 역시 공자의 말과 통하는 이야기인지는 모르겠지만 당위에 사로잡혀 있는 경직성 같은 것으로 다가와요.
- 지나치게 답답한 점에 대해 공자의 유머 섞인 평인지도 모르겠네요.

## 25

공자 말하기를, "교묘한 말솜씨와 거짓 꾸미는 얼굴빛과 지나친 공손함을 좌구명은 부끄럽게 여겼는데 나 역시 부끄럽게 여긴다. 원망을 마음속에 숨기고 그 사람과 친구로 지내는 것을 좌구명은 부끄럽게 여겼는데 나 또한 부끄럽게 여긴다."

子曰 巧言令色足恭 左丘明恥之 丘亦恥之 匿怨而友其人 左丘明恥之 丘亦恥之
자 왈 교 언 영 색 족 공 좌 구 명 치 지 구 역 치 지 익 원 이 우 기 인 좌 구 명 치 지 구 역 치 지

- 교언영색(巧言令色)이나 과공(過恭)은 공자가 일관되게 경계하는 것이지요. 좌구명이 누구인지 알려진 바는 없지만, 공자보다 앞선 시대의 인품이 뛰어난 인물인 것 같습니다.
- 부끄러워하는 마음이 중요한 것 같습니다. 그것이 자신의 태도를 바로

잡을 수 있는 출발 같거든요.

- 누차 이야기하지만, 부끄러움을 모르는 사회야말로 위험한 사회라고 생각합니다.

- 무엇에 대해 부끄러워하는가를 생각하게 됩니다. 우리가 어떤 사람이 되고 싶은가를 알고 싶으면 우리가 속마음으로 무엇을 부끄러워하는가를 생각해 보면 분명해지는 것 같아요. 공자는 진실 되지 않은 것을 부끄러워했는데, 우리는 돈이 없거나 힘이 없는 것을 부끄러워하지는 않는지.

- '원망하는 마음을 숨기고 벗으로 사귀는 것을 부끄러워한다.'는 말도 진실되지 않은 사귐을 이야기하는데, 실제로 많은 사회생활에서 그렇게 해야 할 경우가 부득이 발생하지 않나요?

- 그렇지요. 그러나 그 경우는 벗(友)은 아니지요. 여기서는 벗을 이야기하는 것이지요.

- 요즘 사업을 잘하는 사람들, 특히 정치를 잘(?)하는 사람들을 보면 서로 싸우다가도 자리를 바꾸면 언제 그랬느냐는 듯이 함께 밥 먹고 웃고 그러는 것을 보면 우리 같은 사람들은 잘 이해가 안 갈 때가 많아요. 한때는 공자가 말한 것처럼 '원망을 가슴 속에 숨기고 교제하는 것은 부끄러운 일'이라고 은근히 비난했던 적이 있었어요. 그러다가 어느 땐가 다른 면이 보이더라고요. '오히려 이런 사람들이 훨씬 아집이 적은 사람이 아닐까' 하고요. 그다음부터는 정치하는 사람들이 달리 보이더라고요.

- 천만에요. 아집이 적은 것이 아니라, 철저히 자신이나 자당의 이익에 복무하는 것이지요. 적대적이면서도 공통된 특권이나 이익을 위해 동맹을 맺는 이른바 '적대적 공생' 같은 파렴치지요.

# 불념구악 이직보원의 길
- 광주의 논어 연찬에서, 2023년 -

극단은 극단을 부르고, 원망은 원망을 부릅니다. 양극단의 악순환이 아니라, 양극단을 두들겨서 진실을 향해 나아가야 합니다. 그것이 자타(自他)의 생명을 살리는 길이고 평화의 길입니다.

'역사를 잊은 민족은 미래가 없다.'는 말을 많이 합니다. 그렇습니다. 아픈 역사의 원인을 성찰하고 반성하여 다시는 되풀이하지 않아야 합니다.

그렇게 된 내부 원인을 성찰하는 것이 먼저입니다. 힘이 없으면 약육강식의 냉엄한 국제 현실에서 피눈물을 흘리게 되는 것도 잊으면 안 됩니다.

그러나 그 원한을 잊지 말라는 것이 아닙니다. 원한의 역사는 '이직보원(以直報怨)'하는 것이 원한의 악순환을 끊어내는 길입니다. '바름으로 그 원한을 갚는다.'는 뜻입니다.

이 나라에 인류가 나아가야 할 바른 질서를 세우는 것이야말로 약육강식의 낡은 세계를 우애와 평화와 공동번영의 세계로 바꾸는 선두에 우리가 서는 길입니다. 우리가 받았던 그 많은 희생과 억울함을 진정으로 갚는 길입니다. 우리 선조들의 비원(悲願)이 바로 그것 아니겠습니까?

## 26

안연과 계로(자로)가 공자를 모시고 있을 때 공자 말하기를, "각기 너희들의 뜻을 말해보지 않겠느냐?" 자로가 말하기를, "수레와 말과 가벼운 가죽옷 등을 벗들과 함께 사용하다가 그것들이 낡아 못 쓰게 된다고 하더라도 유감이 없고자 합니다." 안연이 말하기를, "잘한 일을 자랑하지 않고, 남에게 수고로움을 끼치지 않는 것을 원합니다." 자로가 말하기를, "선생님의 뜻을 듣고 싶습니다." 공자 말하기를, "늙은이를 편안하게 해드리고, 벗들에게 믿음을 주며, 젊은이들을 품어주겠다."

顔淵季路侍 子曰 各言爾志 子路曰 願車馬衣輕裘 與朋友共
안 연 계 로 시  자 왈  각 언 이 지  자 로 왈  원 거 마 의 경 구  여 붕 우 공
敝之而無憾 顔淵曰
폐 지 이 무 감  안 연 왈
淵無伐善無施勞 子路曰 願聞子之志 子曰 老者安之 朋友信之 少者懷之
연 무 벌 선 무 시 로  자 로 왈  원 문 자 지 지  자 왈  노 자 안 지  붕 우 신 지  소 자 회 지

무엇을 하고 싶은지, 어떤 사람이 되고 싶은지 사제간에 진솔하게 이야기하는 정경이 떠오른다.

자로의 원(願)은 벗과 귀중한 물건을 함께 사용하고 그때문에 빨리 못쓰게 되더라도 서운한 마음이 나지 않겠다는 희망이다. 추상적이지 않고 구체적이다. 자로의 성격이 나타나는 것 같다. 실제로 당시의 귀한 물건들, 특히 무인(武人)들에게 목숨처럼 소중한 물건을 함께 쓰겠다는 것은 대단한 것이다. 추상적인 말로 '무소유'나 '우정'을 이야기하는 것보다 훨씬 울림이 있다.

자기가 잘한 일을 자랑하고 싶어 하는 것은 인지상정이다. 그래서 남들

이 그것을 몰라주면 화가 난다. 논어 첫머리에서 인부지이불온불역군자호(人不知而不慍不亦君子乎)를 이야기하는 것은 그것이 쉽지 않기 때문이다. 안연은 그 자랑하고 싶어 하는 마음으로부터 자유스러워지고 싶다는 것을 희망한다.

또 다른 사람을 혹시라도 침범하는 일이 없도록 자각하는 삶을 살겠다는 바람으로 구체적인 목표로 이야기한다. 침범하지 말아야 한다는 당위를 훨씬 뛰어넘는 의식을 목표로 하는 것이다.

공자는 노인, 벗, 젊은이와의 관계 속에서 어떤 삶을 사는 것이 참되게 사는 것인지를 말하고 있다. 그와 같이 사람과 관계를 맺는 가운데 인(仁)이 체득되는 면도 있고, 또 다른 면에선 자신이 먼저 인(仁)에 편안해질 때 노인을 편안하게 하고 벗에겐 진정한 신뢰를 주며 젊은 사람을 품을 수 있지 않을까. 수기안인(修己安人)의 구체적인 길이다.

안연의 '원무벌선무시로(願無伐善無施勞)'를 '선을 내세우지 않고 헛되이 베풂이 없기를 원합니다.'로 해석하는 임수태 님의 경우는 수기(修己)의 차원을 건너뛰어서 사람들에게 무엇을 베풀려고 하는 것은 결국 헛된 것으로, 공자의 가르침과는 다르다는 것을 강조하고 있다. 음미할 만한 내용이라고 생각되어 소개한다; "우리도 친한 벗끼리, 같은 방향을 바라보고 실천하려는 동지끼리, 부모 형제간에 이런 대화를 나누어 보았으면 한다. 딱딱한 분위기에서는 별 의미가 없다. 가벼운 술 한 잔 나누면서 또는 산책길에 풍광 좋은 곳에 잠시 쉬면서."

## 27

공자 말하기를, "다 되었나 보다. 그만두어야 하나! 나는 아직 자기의 허물을 보고 스스로 송사하듯 자신을 살피는 사람을 보지 못하였다."

子曰 已矣乎 吾未見能見其過而內自訟者也
자 왈 이 의 호 오 미 견 능 견 기 과 이 내 자 송 자 야

- '남의 불현(不賢)을 보면 먼저 안으로 자신을 성찰하라(內自省).'와 같은 맥락인데 여기서는 내자송(內自訟)이라고 했군요.
- 자신의 잘못은 잘 보지도 못하거니와 그것을 변명하고 합리화하려는 사람들의 일반적인 실태에 몹시 실망한 상태에서 한 말인데, 여과 없이 수록한 것 같습니다.
- '내자성(內自省)'보다 더 나아가 자신을 피고석에 앉혀서 송사하듯 객관화시켜 보라는 취지로 말한 것 같습니다. 예수의 '남의 눈의 티는 보면서, 네 눈의 들보는 보지 못하느냐?'는 말이 생각납니다. 모든 성현들의 출발점인 것 같습니다.
- 공자의 인간에 대한 신뢰랄까 이상주의가 때로는 이런 극도의 절망감으로 나타나지 않나 하는 생각도 듭니다. 그는 아마도 평생을 이런 절망감과 싸우면서 그것을 넘어서기 위한 삶을 살지 않았을까 하는 생각을 하게 됩니다.
- 지나친 이상주의나 근본주의는 공자 스스로 가장 중시한 '서(恕)'를 어렵게 하는 면이 있어요. 자기중심적인 인간의 실태를 인정하고, 스스로 자

신을 피고석에 앉히는 불가능에 가까운 요구를 하기보다는 발전된 소송 제도와 과정에 판단을 맡기는 것이 현실적이라고 생각합니다. 사회적 판단의 성숙에 맡기는 것이지요.

■ 자신의 자각과 사회의 성숙은 함께 나아가야 할 것 같습니다. 요즘 발달한 과학기술이 오히려 '알고리즘' 등으로 사회적 판단을 퇴보시키는 것이 걱정입니다.

■ 2,500여 년 전 한 선구자의 소회를 읽으면서, 얼마나 많은 세대와 사회를 거치며 이런 한탄이 계속되었을까를 생각하게 됩니다. 그러나 세상은 그만두어야 할 정도로 다 되지는 않았지요.

■ 보기 나름 아닐까요? 그동안의 잘못들이 축적되어 인류가 지금 미증유의 위기를 만나고 있는지도 모르지요.

■ 요즘 담론(談論)과 도덕(道德)이 함께 허물어지고, 자기 쪽을 바라보는 메타인지 능력이 인터넷이나 인공지능 같은 과학기술에 반비례해서 오히려 현저하게 감소하는 현실을 보면서, 이런 비관이 나오는 것도 어쩔 수 없는 것 같습니다.

■ 다른 쪽을 보지요. 우여곡절에도 불구하고 여러 면에서 자유를 확대해 온 인간이 이제 '관념계의 자유'라는 최종적인 목표를 인간이라는 종(種)의 운명을 걸고 업그레이드해야 하는 단계로 된 것 자체를 진보의 질적 확장이라고 볼 수 있지 않을까요?

■ 인류의 명운을 건 진보군요. 자기중심성에 바탕을 둔 문명의 대전환이라는 지평을 바라보며 인간이 가진 특유한 생명력을 발현하는 데 최선을 다할 뿐이라는 생각이 듭니다.

## 28

공자 말하기를, "열 집이 사는 고을일지라도 반드시 나와 같은 충(忠)과 신(信)이 있는 사람은 있겠으나 나만큼 배우기를 좋아하지는 못할 것이다."

子曰 十室之邑 必有忠信如丘者焉 不如丘之好學也
자 왈 십 실 지 읍 필 유 충 신 여 구 자 언 불 여 구 지 호 학 야

이 구절은 공자가 스스로 자신의 진면목을 높은 긍지를 가지고 나타낸다.

충(忠)과 신(信)은 대단히 중요한 덕성이다. 그런데 공자는 호학(好學)을 한층 더 높게 보고 있다. 그는 스승 중의 스승으로 떠받들어졌지만, 그 자신은 그의 정체성을 이 호학에 두고 긍지로 여겼다.

이 호학(好學)이 무엇인지를 이해하는 것이 공자의 핵심 사상을 이해하는 것이다. 출발점이 '무지의 자각'이다. 따라서 어떤 선입견이나 고정 관념에 사로잡히지 않고, 끝까지 진실을 탐구하고, 의(義)를 추구한다. 공자는 이것을 충신(忠信)은 물론 인의예지(仁義禮智)의 선행 조건으로 생각했다.

유학이 권력과 유착하면서 공자의 뜻이 왜곡되는 것은 물론이고, 그 제자를 자처하는 사람들에 의해서 크게 빗나가는 갈림이 바로 이 호학(好學)을 제대로 이해하지 못하고 살리지 못하는 데서 연유한다.

주자가 집대성한 성리학(性理學)은 공자의 '공호이단 사해야이(攻乎異端斯害也已)'라는 말을 '이단을 행하면 해로울 뿐'으로 해석한다. 공자의 가르침을 진리로 보고 그와 다른 것은 이단(異端)으로 배척하는 것은 공자의 사

상과는 거리가 멀어도 너무 먼 것이다.

'자기와 다른 생각은 공격의 대상이 아니라, 검토의 대상일 뿐이다. 그것을 공격하는 것은 진리를 탐구하고 의(義)를 실천하는 데 결정적인 장애(害)가 될 뿐이다.'로 보는 것이 맞는다고 본다. 갈림길이다.

공자의 학(學)은 온고(溫故)를 포함하여 미지의 세계에 대한 탐구이다. 미지의 세계에 대한 끊임없는 탐구 정신이야말로 동물계와 구별되는 인간의 특징이다. 지금은 과학이 그 주된 역할을 하고 있다. 우주의 생성과 소멸이라는 극대(極大)의 세계, 소립자 등의 극미(極微)의 세계, 물질과 생명의 기원과 진행, 뇌과학의 발전, 3차원을 넘어 이(異)차원 등 과학이 발전할수록 우리를 우주의 신비 앞에 더욱 경외감으로 서게 한다.

과학을 이용한 기술은 나노기술에 의한 인체의 수술이나 우주선을 우주선으로 격파하는 수준으로 발달하고 있다. 핵전쟁이나 세균전이나 화학전을 넘어 우주를 전장(戰場)으로 만들고 있다. 그 기술이 가공할 수준임에도 전쟁해야 하고 전쟁할 수밖에 없는 인간의 심성(心性)과 사회성(社會性)은 고대(古代)와 크게 달라진 것이 없다. 과학이 우주 자연에 대한 진정한 신비와 경외감을 높이는 것이 아니라, 전쟁 기술로 쓰이는 것이야말로 인류 위기의 근본 원인이다. 공자의 학(學)은 주로 인간의 심성(心性)과 사회성(社會性)에 관한 것이다. 석가나 예수의 깨달음도 같다고 본다.

인간의 생명 연장에 대한 욕구는 사후(死後)의 세계나 윤회, 신(神)이나 영계(靈界)에 대한 관심을 높인다. 사람들 가운데는 이른바 영매(靈媒)의 기질을 타고난 사람들이 있다. 미지의 신계(神界)나 영계(靈界)에 접속하는 것을 목표로 수행이나 수련을 하는 사람들도 많다. 공자의 학(學)은 이런 세계에는 일단 문을 닫는다.

불교 『능엄경』에도 50종 변마를 설하면서 이런 유(類)의 수행에 따르는 위험을 경계하고 있다. '스스로 창조주라는 생각이 들고. 부처가 나의 자식이라는 마음'이 드는 것도 그 하나다. 실제로 이런 마경(魔境)에 빠져드는 사람들이 역사에 꽤 많았고, 지금도 여기저기서 그런 소리들이 들린다.

일정한 기간은 인간에게 해(害)가 되지 않고 사람들의 고통을 덜어주는 역할을 하는 경우도 있을 수 있다. 그러나 그것은 올바른 깨달음이 아니기 때문에 결국은 혹세무민(惑世誣民)하게 되고, 특히 '돈'과 결합하고 '팬덤'을 형성하면 사교(邪敎)가 되어 큰 해악을 끼치게 된다. 참된 수행은 탐진치(貪瞋癡) 삼독(三毒)에서 벗어나는 것이다. 그 길이 공자의 학(學)이며 석가의 가르침(敎)이다.

이른바 영성(靈性)을 이야기할 때도 그 대도(大道)에서 일탈하지 않는 것이 중요하다. 그 출발은 무지의 자각을 바탕으로 아집과 탐욕에서 벗어나는 것이다. 그리하여 지금 살아 있는 동안 자신과 이웃을 있는 그대로 받아들이며, 사회와 자연에 감사하며, 미움과 분노 그리고 편가름을 넘어 협동사회를 만들어 가는 삶을 사는 것, 그것이 진정으로 자타의 생명(生命)을 가장 드높게 발현하는 것이다.

# 제6편

# 옹야(雍也)

―

"바탕이 문채보다 두드러지면 야(野)하고,
문채가 바탕보다 두드러지면 사(史)하니,
문채와 바탕이 잘 어울려야 군자다."

<sub>자 왈 질 승 문 즉 야 문 승 질 즉 사 문 질 빈 빈 연 후 군 자</sub>
子曰 質勝文則野 文勝質則史 文質彬彬然後君子

# 1

공자 말하기를, "옹(雍)은 가히 남면(南面)할 만하다."

子曰 雍也 可使南面
자왈 옹야 가사남면

옹(雍)은 이름은 염옹(冉雍)이고 자는 중궁(仲弓)이다. 공문십철의 한 사람으로 덕행으로 알려진 제자인데, 공자의 사랑을 많이 받았다. 그런데 여기서 극찬을 했다.

남면(南面)이란 왕의 자리를 말한다. 왕이 정북에 앉아서 정남을 바라보는 정치를 하는 데서 연유한 말이다. 아버지는 천박한 사람으로 알려질 정도로 신분이 낮은 평민인데, 왕이 될 만하다고 이야기한 것이다.

신분 세습, 특히 왕위의 세습이 엄격했던 공자 시대에 이런 말을 한다는 것은 요즘 말로 하면 '국기(國基)'를 흔들 만한 말이다. 공자 특유의 슬쩍 던지는 어법(語法)으로 그의 심층에 있는 변혁의 꿈을 나타내는 것이다.

H.G.크릴이 『공자-인간과 신화』라는 저서에서 이 점을 놓치지 않고 서술하고 있다; "공자의 제자 가운데 한 사람을 보고 군주가 되기에 족하다고 말한 사실도 당시의 모든 상황을 알지 못한다면 별 의미가 없지만, 그것을 알 경우에는 매우 중요한 의미를 갖게 된다. 그 제자는 군주의 후계자도 아니었을 뿐 아니라, 그의 가문도 무엇인가 오점이 있다는 것조차 암시되었기 때문이다. 한대(漢代)가 되면 덕망과 능력 때문에 그 제자가 군주가 되기에 족하다는 발언은 상식화되었다. 그러나 공자 이전의 시대까지 소급되는 문헌 및 청동기 명문(銘文)을 보면 군주와 같이 언제나 존중받는 지위를

요구할 수 있는 유일한 자격 요건은 상속권뿐이었던 것 같다. 이런 사실에 비추어 볼 때 공자의 발언은 무심결에 나온 칭찬이 아니라, 가장 중대한 의미를 갖는 혁명적인 정치 원리를 언명한 것이 분명하다."

## 2

중궁이 자상백자는 어떠냐고 묻자 공자 말하기를, "괜찮은 사람이다. 대범한 사람이지." 중궁이 또 묻기를, "자기 처신은 경건하면서, 행동하는 데에는 대범하게 하여 백성들에게 임한다면 좋은 것 아니겠습니까? 그러나 자기 처신도 대범하고 행하는 것도 소탈하다면 지나치게 대범한 것이 아닐까요?" 공자 말하기를, "그대의 말이 옳다."

仲弓問子桑伯子 子曰 可也簡 仲弓曰 居敬而行簡以臨其民 不亦可乎 居簡而行
중궁문자상백자 자왈 가야간 중궁왈 거경이행간이임기민 불역가호 거간이행
簡 無乃太簡乎 子曰 雍之言然
간 무내태간호 자왈 옹지언연

- 자상백자는 어떤 사람인가요?
- 노나라의 자상호(子桑戶)라는 사람인데, 대범하기로 이름이 높았던 인물이랍니다.
- '간(簡)'은 관대하고 대범하다는 의미로 쓴 것 같은데, 공자의 말에 대해서 중궁이 남에게 관대한 것은 좋지만, 자신에게도 관대한 것은 어떠냐는 취지의 물음이군요.

- 중궁이 보기에는 자상백자가 자신에게도 관대하다고 보고 이를 비판한 것이고, 공자도 그것을 인정하는 내용이군요.
- 자신에게는 관대하고 남에게는 엄격한 사람들이 많은 현실을 볼 때, 옛사람들의 대화가 새삼스럽게 다가오는군요.
- 그렇지요, 요즘 유행어가 '내로남불' 아닌가요?

3

애공이 묻기를, "제자 중에서 누가 배우기를 좋아합니까?"
공자가 대답하기를, "안회가 배우기를 좋아했지요. 노여움을 옮기지 않고 잘못을 두 번 하지 않았으나, 불행하게도 명이 짧아 일찍 죽었습니다. 그가 떠나간 지금에 와서는 배우기를 좋아하는 사람을 듣지 못하였습니다."

哀公問弟子孰爲好學 孔子對曰 有顏回者好學 不遷怒 不貳過 不幸短命死矣 今
애 공 문 제 자 숙 위 호 학   공 자 대 왈   유 안 회 자 호 학   불 천 노  불 이 과  불 행 단 명 사 의  금
也則亡 未聞好學者也
야 즉 망  미 문 호 학 자 야

많은 것을 생각하게 하는 장(章)이다. 우선 '호학(好學)'의 의미다. 배우기를 좋아함이란 탐구와 학습을 넘어 인격의 수양으로 이어져야 진짜라는 것이다. 지성과 덕성의 동반 진보가 호학(好學)의 지향점이다. 호학은 과학적 탐구의 길일 뿐 아니라 구도(求道)의 길이기도 한 것이다.

다음으로 공자는 안회를 예로 들어 그 인격의 목표에 대해 중도적(中道

的) 입장을 밝힌다. 불노(不怒)나 불과(不過)를 이야기하지 않고, 불천노(不遷怒)와 불이과(不貳過)를 목표로 제시한다. 화(怒)가 나지 않는 상태나 잘못(過)을 하지 않는 상태를 말하지 않고, '화를 옮기지 않고' '잘못을 두 번 범하지 않는' 것을 목표로 제시하고 있다.

여기서 좀 더 생각해 보고 싶은 것이 있다. 불천노(不遷怒)는 '종로에서 뺨 맞고 한강에서 눈 흘긴다.'는 말처럼 자기보다 약자에게 화를 옮기는 것을 하지 않는다는 뜻으로 볼 수 있지만, 깨달음(의식의 진화)이라는 점에서 2차 화살을 맞지 않는다는 것을 의미할 수 있다.

자신의 화가 난 상태를 반추하여 '사실'과 '관념'을 분리함으로써 화를 멈추는 것이다. 그 반대는 '생각할수록 화가 나는' 상태로 되어 심한 후유증을 앓게 된다.

불이과(不貳過)도 '같은 잘못을 두 번 범하지 않는다.'로 볼 수 있지만, '잘못을 인정하지 않고 변명하거나 합리화하려는 태도'를 두 번 잘못하는 것으로 보고 그것을 하지 않는 것이다. 공자는 잘못을 인정하지 않는 것이 진짜 잘못이라는 말을 여러 차례 이야기하고 있다.

사람은 누구나 잘못을 범할 수 있지만, 그것을 인정하고 바로 고치는 것(過則勿憚改)을 잘못에서 벗어나는 목표로 제시하고 있다. 요즘 많이 회자되는 '내로남불'의 위선이나 자기합리화를 하지 않는 것이다.

호학은 진리 탐구의 길인 동시에 인격 수양의 길이다.

# 탐진치 삼독에서 벗어나는 길

불교(佛敎)는 고(苦)의 근본 원인을 탐진치(貪瞋癡) 삼독(三毒)으로 보고, 그 삼독에서 벗어나는 것을 자유의 길·해탈의 길·열반의 길로 안내하고 있다. 어디까지나 자등명(自燈明) 법등명(法燈明)의 자각과 자율을 권하는 점에서 다른 종교와 구별되는 점이 있다.

탐(貪)은 탐욕이다. 물질적인 소유욕이나 독점욕뿐만 아니라 비물질적인 탐욕을 포함한다. 남을 지배하려는 권력욕이나 자기를 과시하려는 명예욕 같은 것들도 탐욕이다. 어떤 것이 탐욕이고 어떤 것이 정상적 욕망인가를 분간하는 것은 쉽지 않다. 타자(他者)에 대한 침범(侵犯)이 그 판단 기준이 될 것이다.

진(瞋)은 성냄이다. 노(怒)다. 한자(漢字)가 절묘하다. 노예(奴)와 마음(心)의 합성어다. 화가 나는 상태는 자신의 자주성을 뺏기는 상태다. 외부의 강압에 의해 자주성을 뺏기는 상태는 알기 쉽지만, 스스로 자주성을 빼앗기는 화(怒)에 대해서는 당연한 것으로 생각하는 사람들이 많다. 근원적인 어리석음(癡)인데 그것을 인지하지 못한다.

치(癡)는 어리석음이다. 이 어리석음에 대해서도 제대로 이해하지 못하는 경우가 허다하다. 어리석음은 크게 두 가지로 나눌 수 있다. 첫째가 보통 말하는 무지한 것이다. 사물과 사실을 판단하는 인지능력이 부족하거나 왜곡된 상태다. 인과관계에 대한 인지 능력이 부족한 것이다.

그런데 그것 못지않게 심각한 것은 '무지(無知)를 자각하지 못하는' 어리석음이다. 여기서 '무지(無知)의 자각'이란 인간은 실상(實相) 그 자체를 인식할 수 있는 존재가 아니고, 자신의 감각 기관과 판단을 통한 상(像)을 인식할 뿐이라는 자각이다. 그러다 보면 '내 생각이 틀림없다.'는 근거 없는 확신에 사로잡힌다. 이것이 아집의 근본 원인으로 된다. 자신의 인지 처리 과정을 인식하고 이해하는 메타인지 능력이 부족한 것이다.

첫 번째의 어리석음(癡)은 비교적 알기 쉽지만, 두 번째의 어리석음(癡)은 알기 어렵고 이 어리석음이 야기하는 결과는 첫 번째에 비할 수 없이 심각하다. 요즘은 뇌 과학의 발달 등으로 과학적으로 이해하는 것은 그다지 어렵지 않게 되었지만, 실제의 삶 속에서는 '내 생각은 틀릴 수 있다.'는 것을 좀처럼 받아들이지 못한다. 그리하여 곳곳에서 크든 작든 아집과 아집, 확신과 확신, 정의와 정의가 부딪치며 갈등과 투쟁 그리고 전쟁을 계속하고 있다. 축의 시대의 현자들은 지금처럼 과학이 발달하지 못한 상태에서도 이 '무지의 자각'을 사고와 실천의 출발점으로 삼았다.

탐진치 삼독은 서로 유기적으로 연생(緣生) 연멸(緣滅)한다. 자유와 행복을 진심으로 원한다면 개인적으로나 사회적으로나 이 삼독에서 벗어나는 길뿐이다.

## 4

자화가 공자의 심부름으로 제나라에 가게 되어, 염자가 자화의 어머니를 위해 곡식을 보내 줄 것을 청하자 공자 말하기를, "여섯 말 넉 되를 보내주어라." 염자가 더 주기를 요청하자, "열여섯 말을 보내주어라." 하고 공자가 말했는데, 염자는 곡식 여든 섬을 보내주었다. 공자 말하기를, "적(자화)이 제나라에 갈 적에 살찐 말을 타고 가벼운 털옷을 입었다고 들었다. 군자는 곤궁한 사람을 도와주되 부한 이는 더하여 주지는 않는다." 원사가 가신이 되자, 곡식 9백 섬을 주거늘 그것을 사양하였다. 그러자 공자 말하기를, "그러지 말라. 너의 이웃과 향당에 나누어 주어라."

子華使於齊 冉子爲其母請粟 子曰 與之釜 請益 曰與之庾 冉子與之粟五秉 子曰
자 화 사 어 제  염 자 위 기 모 청 속   자 왈  여 지 부  청 익  왈 여 지 유  염 자 여 지 속 오 병  자 왈
赤之適齊也 乘肥馬 衣輕裘 吾聞之也 君子周急不繼富 原思爲之宰 與之粟九百
적 지 적 제 야  승 비 마  의 경 구  오 문 지 야  군 자 주 급 불 계 부  원 사 위 지 재  여 지 속 구 백
辭 子曰 毋 以與爾隣里鄕黨乎
사  자 왈  무  이 여 이 여 리 향 당 호

- 자화는 공서적(公西赤)을 말하는 데, 앞에서 공자가 외교에 재능이 있다고 칭찬한 제자군요.
- 노나라에서 공자가 대사구라는 벼슬을 지낼 때의 이야기 같습니다.
- 꽤 높은 벼슬이라 집안의 일을 총괄하는 집사도 두고, 재정을 담당하는 사람도 두었는데 이때 집사는 원사였고, 재정 담당이 염구였습니다. 염구(또는 冉有)는 나중에 실권자 계씨의 가신으로 등용된 사람인데, 공자가 반대하는 중과세(重課稅) 정책을 실행하여 공자의 미움을 받았던 사

람이기도 합니다.
- '곤궁한 사람은 도와주되, 부유한 이는 보태주지 않는다(周急 不繼富)'는 공자의 태도와는 다른 행동을 하는 것 같군요.
- 원사는 원헌이라는 제자인데, 공자 집안의 총재를 맡았을 때 녹봉에 관한 이야기군요.
- 자화와 마찬가지로 원사도 가난한 사람은 아니었는데, 공자는 자화나 염구 때와는 전혀 다른 입장이군요. 아마 재물에 대한 태도의 다름에 따른 공자 나름의 대처 방식인 것 같군요.
- 원사를 재물이 생기면 베풀고 나누는 부이호례자(富而好禮者)로 본 것 같군요.
- 공자가 요즘에 활동한다면 어떤 방식의 경제정의(經濟正義)를 추구할지 궁금하군요. 그의 언행으로 볼 때 상속에 대해 대단히 혁신적인 정책을 내놓을 것 같아요. 아마 부유세(富裕稅)도 신설하자고 하지 않을까요? 부나 소득의 재분배에 대해서도 적극적인 정책을 펼 것 같고요. 그러나 부(富)를 경시하거나 부정적으로 보는 사고는 전혀 안 할 것 같아요.
- 세계 10위권의 부국(富國)이 된 한국의 경우, 종래의 성장이냐 분배냐 하는 좌우 대립은 자칫 부(富)도 잃고 정의(正義)도 잃는 최악의 길을 갈 수 있어요. 그런 점에서도 연합정치가 답이라는 생각이 듭니다. 시장의 효율은 우파가 경제정의는 좌파가 맡아서 서로 머리를 맞대고, 대립이 아니라 시너지를 내는 정책을 개발해야겠지요.
- 참고로 당시의 곡식을 양을 말하는 단위에 대해서 알아보지요. 부(釜)는 여섯 말 넉 되, 유(分)는 열여섯 말, 1병(秉)은 열여섯 곡(斛), 곡(斛)은 열 말에 해당하는 양입니다. 1병(秉)이 160말이니까 5병(秉)이면 800말이군요. 8톤에 해당하는 양입니다. 그 당시 곡물 생산량은 상당했던 모양입니다.

## 5

공자가 중궁에게 말하기를, "얼룩소의 새끼라도 털이 붉고 뿔이 제대로 났으면 비록 쓰지 않으려 해도 산천의 신이 내버려두겠는가?"

子謂仲弓曰 犁牛之者 騂且角 雖欲勿用 山川其舍諸
자 위 중 궁 왈  이 우 지 자  성 차 각  수 욕 물 용  산 천 기 사 제

- 공자가 왕이 될 만하다고 칭찬한 중궁의 집안 환경이 좋지 않고 특히 그 아버지의 행실이 좋지 않았던 모양이에요. 아마 중궁이 그 점을 비관하는 것을 위로 격려하는 장면 같군요.
- 주나라는 간색(間色)이라 불리는 사이 색을 좋아하지 않았지요. 얼룩소는 간색인데, 그 새끼가 붉은 정색(正色)이고 뿔까지 잘 생겼다면 귀하게 쓰인다는 말로 중궁을 격려하고 위로한 말이군요.
- '개천에서 용난다.'는 말이 옛말로 되었다는 탄식이 생각나는군요. 요즘 우리 사회가 양극화, 더 나아가 이중화가 진행되면서 계층 상승의 사다리가 끊어졌다는 논란이 생각납니다.

## 6

공자 말하기를, "회(回)는 그 마음이 석 달이 지나도 인(仁)을 어기지

않는다. 그 나머지는 하루에 한 번 아니면 한 달에 한 번 정도 인에 이르고 만다."

子曰 回也其心三月不違仁 其餘則日月至焉而已矣
자왈 회야기심삼월불위인 기여즉일월지언이이의

- 이 문장에서 그 나머지를 다른 제자들을 가리키는 말로 보입니다. 그래도 제자들이 반발하지 않는 것을 보면 안회가 대단하긴 대단한 사람이었던 것 같습니다.
- 안회가 공자 학단에 들어오고 나서 모두가 평화로워졌다는 말을 공자가 한 적도 있답니다.
- 인(仁)을 체득하고 있는 안회를 칭찬하면서, 인(仁)의 체득처럼 어려운 일을 해내는 안회에게 그 나머지 것들, 예컨대 삶에 필요한 지식이나 기에 같은 것들은 하루나 한 달이면 쉽게 달성할 수 있다는 의미로 '기여즉일월지언이이의(其餘則日月至焉而已矣)'를 해석하는 사람도 있군요.

7

계강자가 공자에게 물었다.
"중유는 정치를 맡길 만합니까?"
"유는 과단성이 있으니 정치에 종사하는 데 무슨 어려움이 있겠습니까?"
"자공은 정치를 맡길 만합니까?"

"사는 사리에 통달하니 정치에 종사시키는 데 무슨 어려움이 있겠습니까?"

"염구는 정치를 맡길 만합니까?"

"구는 재주가 많으니 정치에 종사시킴에 무슨 어려움이 있겠습니까?"

季康子問 仲由 可使從政也與 子曰 由也果於從政乎何有 曰 賜也可使從政也與
계강자문 중유 가사종정야여 자왈 유야과어종정호하유 왈 사야가사종정야여
曰 賜也達於從政乎何有 曰 求也可使從政也與 曰 求也藝於從政乎何有
왈 사야달어종정호하유 왈 구야가사종정야여 왈 구야예어종정호하유

- 노나라의 실권자 계씨의 장자인 계강자가 공자에게 그들이 주목하고 있는 공자의 제자 세 사람 즉 자로, 자공, 염구에 관하여 묻고 있군요.
- 공자가 세 사람의 특징을 각각 '과(果)' '달(達)' '예(藝)'로 말하고 있는데, 이렇게 이야기할 수 있다는 것은 제자들의 특징과 장단점을 정확하게 알고 있다는 이야기지요.
- 추천하는 입장에서도 상대에게 각각의 특징을 제대로 알리는 것이 성실한 태도지요.
- 사실 어려운 것이 '사람을 아는 것(知人)'이지요. 번지가 인(仁)을 물었을 때 공자가 '사람을 사랑하는 것(愛人)'이라고 말하고, '지(知)'를 묻자 '지인(知人)'이라고 답합니다. 사람을 사랑하는 구체적 과정이 정치고, 그 정치는 곧은(直) 사람을 선거(選擧)하는 것이고, 그 출발이 '사람을 알아보는 것'이라고 말합니다. (12/22)
- 미국 독립선언문을 기초하고 3대 대통령을 역임한 제퍼슨은 공자의 '곧은 사람'에 해당하는 사람을 '자연의 귀족'이라고 표현합니다. 공자와 다른 것은 선거의 주체지요. 군주에서 국민으로 바뀌었지만, 좋은 정치는 좋은 선거에서 비롯된다는 점은 시대와 제도를 넘어 같지요. 요즘 미국

대선을 보면서 미국 민주주의의 실태가 씁쓸하게 다가옵니다만.
- 호오(好惡)나 집착이 없는 마음이라야 제대로 사람을 알아볼 수 있지요. 흔히 자식이나 좋아하는 사람에게 자신의 바람을 투사하면 그 사람을 제대로 볼 수 없어요.
- 마찬가지로 어떤 사람을 싫어하거나 미워하게 되어도 그 사람을 제대로 볼 수 없어요. 그래서 호오(好惡)나 집착에 휘둘리지 않아야 사람을 알아볼 수 있지요.
- 오죽하면 '오직 인자(仁者)라야 사람을 좋아할 수도 미워할 수도 있다.'라는 말을 공자가 했겠어요.

## 8

계씨가 민자건을 '비'라는 고을의 관장을 삼으려 하니, 민자건이 전하러 온 사람에게 말했다. "제발 나를 위해 잘 말해주시오. 만일 다시 부른다면 나는 반드시 문수강 가에 있을 것입니다."

季氏使閔子騫爲費宰 閔子騫曰 善爲我辭焉 如有復我者 則吾必在汶上矣
계 씨 사 민 자 건 위 비 재   민 자 건 왈   선 위 아 사 언   여 유 부 아 자   즉 오 필 재 문 상 의

- 민자건은 민손(閔損)인데, 효자로 이름이 높았고, 공문십철에 덕행으로 이름을 올린 사람입니다.
- 공자가 못마땅해 한 삼환(三桓) 가운데 실력자인 계씨가 민자건을 비읍의 관장으로 탐냈는데, 민자건이 단호하게 거절하는 장면이군요.

- 비읍은 계씨 집안의 근거지로 계씨에게는 대단히 중요한 곳이지요. 야심이 있는 자에게 맡겼다가는 배반할 위험이 있지요. 실제로 공산불요라는 사람이 계씨에게 반기를 든 적이 있는 곳이지요.
- 계속 청하면 아예 노나라를 떠나 제나라의 문수(汶水) 가로 가겠다는 말이네요.
- 공자의 제자 가운데도 계씨 편에 서서 일한 염구와는 대조적이네요. 공자도 그 판단은 제자들에게 맡겼던 것 같습니다.
- 예나 지금이나 관직이나 정치를 하려는 사람들이 무슨 목적으로 하는지를 묻게 되지요. 꼭 필요한 사람은 사양하고, 권력이나 이익을 추구하는 사람들은 음식에 달려드는 파리 떼처럼 몰려들지요.

## 9

백우가 병에 걸리자 공자가 문병을 갔다. 창 너머로 손을 잡고, "죽겠구나, 운명이로구나. 이 사람이 이런 병에 걸리다니, 이 사람이 이런 병에 걸리다니."

伯牛有疾 子問之 自牖執其手曰 亡之 命矣夫 斯人也而有斯疾也 斯人也而有斯疾也
백 우 유 질 자 문 지 자 유 집 기 수 왈 망 지 명 의 부 사 인 야 이 유 사 질 야 사 인 야 이 유 사 질 야

- 백우는 염경(冉耕)으로 공문십철의 한 사람으로 특히 덕행으로 이름을 올린 사람입니다. 중궁, 민자건, 안회와 나란히 덕행을 갖춘 인물이지

만, 논어에는 이 사람에 대한 이야기는 별로 없고, 오직 이 장에서 죽음을 앞두고 공자와 만나는 장면만 소개되고 있습니다.
- 공자는 두 번씩이나 '이런 사람이 이런 병에 걸리다니' 하며 안타까워합니다.
- 아마 직접 만나지 못하고 창 너머로 손을 잡는 것으로 보아 나병일 것이라는 설이 있습니다.

## 10

공자 말하기를, "어질도다, 회(回)여! 한 소쿠리의 밥과 한 표주박의 물로 누추한 곳에 거처하며 산다면 다른 사람은 그 근심을 견디어 내지 못하거늘 회는 즐거움을 잃지 않는구나. 어질도다, 회여."
子曰 賢哉 回也 一簞食一瓢飮在陋巷 人不堪其憂 回也不改其樂 賢哉回也
자왈 현재 회야 일단식일표음재루항 인불감기우 회야불개기락 현재회야

논어에는 공자가 안회를 찬탄하며 칭찬하는 구절이 여러 곳에서 나온다. 그 가운데서도 이 장의 다음 구절이 의미하는 것이 특별하다. 그것은 '불개기락(不改其樂)'에 있다. 한 소쿠리의 밥과 한 표주박의 물로 누추하게 거처하며 산다면 보통의 경우는 그 근심을 견디어내는 것도 힘이 드는데 오히려 그 즐거움을 잃지 않는다는 것은 어떤 마음일까?

생태적 위기에 대응하여 '자발적 가난'이나 '공생공빈(共生共貧)'을 운동 차원에서 제안하는 경우도 있지만, 그것과 관련하여 '불개기락'이라는 공

자의 말이 큰 울림이 있다. 가난을 참고 견디는 것이 아니라 그 즐거움을 잃지 않는 것이다! 공자는 일부러 가난을 택하는 것을 말하지 않는다. 오히려 공정한 방법에 의한 부의 추구를 당연한 것으로 여긴다.(제7편 11장 참조)

그러나 항상 (가난은)→삭제 부(富)보다 더 높은 가치가 있고 그것을 체득할 때 비로소 흔들리지 않는 행복을 얻을 수 있다고 말하고 있다. 욕구의 질과 삶의 동기가 업그레이드되는 것이다. 가장 중요한 징표는 그것을 마음 깊은 곳에서 즐기는(樂) 것이다.

무엇을 즐기는가? 인류의 존속을 묻는 생태적 위기를 넘어서기 위해 문명의 전환을 이야기하는 사람들은 많지만, 실제로 많은 사람들은 끊임없는 물질의 소유와 소비를 부추기는 제도와 의식 속에 살고 있다. 아무리 위기를 강조해도 이런 삶의 관성에서 벗어나기 힘들다.

문명의 전환의 내용 가운데 핵심이 되는 것은 바로 삶의 양식(樣式)을 바꾸는 것이다. '단순 소박한 삶'은 절대빈곤을 벗어난 사회에서는 보편적 목표로 할 만하다. 다만 그것이 가능하기 위해서는 위기를 강조하며 당위적인 목표로 강요하는 것이 아니라, 정신적·예술적·영적 가치를 실현하는 삶의 기쁨을 확장하여 단순 소박한 삶이 풍요롭고 자유로운 삶으로 변해야 한다.

생태적 위기가 더 심각해져서 손 쓸 수 없는 상태가 되기 전에 이런 변화가 자발적이고 자율적으로 이루어져야 한다. 만일 그렇지 못하면 괴멸적 파국을 맞거나 생태 파시즘이라는 디스토피아를 만나게 될 것이다.

나는 그런 의미에서 자발적이고 자율적인 문명의 전환은 인류의 명운을 건 과제로 되고 있다고 생각한다. 그 동력이 '기쁨'이 될 수 있을까? '불개기락'이 현대에 던지는 간절한 메시지다.

시간이 기다려 주지 않는다고 생각할 수도 있지만, 적어도 이런 노력이 현실 정치를 움직이는 데 상당한 수준의 역할을 하도록 최선을 다해야 할 것이다.

## 11

염구가 말하기를, "선생님의 도를 기뻐하지 않는 것은 아니나 힘이 미치지 못합니다."
공자 말하기를, "힘이 미치지 못하는 사람은 도중에서 그만둔다. 그런데 지금 너는 미리 금을 긋고 있구나."

冉求曰 非不說子之道 力不足也 子曰 力不足者中道而廢 今女畫
염 구 왈 비 불 열 자 지 도 역 부 족 야 자 왈 역 부 족 자 중 도 이 폐 금 녀 획

- 염구도 공문십철(孔門十哲)에 드는 제자로 계씨에게 등용되어 벼슬을 살면서 공자가 노나라에 귀국할 수 있도록 계씨를 설득한 사람이기도 합니다. 그런데 공자의 이상에 어긋나는 정치를 하여 공자의 공개적인 비난을 받기도 합니다.
- 공자의 이상주의와 염구의 현실주의가 어떻게 만나는가도 이 구절의 읽을거리 같습니다,
- 10장에서 안회의 '바꾸지 않는 즐거움(不改其樂)'과 술이편 15장의 공자의 '즐거움이 그 속에 있다(樂在其中)'를 합쳐 공안낙처(孔顔樂處)라고 부르기도 하는데, 아마 이 글이 전(前) 장과 이어지는 속에서 나왔다면, 안회에 대한 칭찬을 듣고 염구가 한 푸념같이 들리기도 합니다.

- 실제로 보통의 사람들에게는 뜬구름 잡는 이야기로 들리는 현실을 이야기했다고 볼 수도 있습니다.
- 역부족(力不足)을 이야기한 데 대해서 '금을 긋고 있다(畫).'라고 답변한 것이 정곡을 찌르네요.
- 그 말이 저를 돌아보게 하네요. 저도 이상적인 삶에 대해 늘 생각은 하지만 '이상은 이상, 현실은 현실!'이라고 하면서 '나는 할 수 없어!' 하고 해 보지도 않고 포기해 버리고 있는 것 같아요.
- 현실적으로 실현 불가능한 이상에 매달리는 것도 어리석은 일이 되겠지만, 해 보지도 않고 아예 스스로 한계를 설정하고 닫아버리는 것은 자기 안에 있는 창조력이나 생명력을 발견할 수 없게 하는 단정(斷定)이라고 생각됩니다.
- 많은 사람들이 현실을 핑계 대면서 이상에서 눈을 돌리게 하는 사고법이지요. 실제로 인류 역사를 빛내 온 수많은 창조들은 '안 될 것 같은 현실을 돌파해 온 선구자들'이 있어서 가능했지요.
- 보통의 경우에 그런 선구자가 되라고 이야기하는 것은 무리겠지만, 적어도 가슴에 진실한 이상을 품고 있는 사람이라면, 스스로 역부족이라고 말하기 전에 미리 선을 긋고 있지 않는지 돌아보라는 메시지로 읽힙니다.
- 지금 이 나라에서도 진흙탕 싸움 같은 정치판에 그 현실을 개혁해 보겠다는 좋은 명분으로 국회의원이 되거나 행정부에 참여하는 사람이 있을 것입니다만, 두터운 현실의 벽 앞에서 머뭇거리게 될 것입니다. 이때 자신의 내면에서 공자와 염구의 대화를 떠올려 볼 만합니다.

## 12

공자가 자하에게 이르기를, "너는 군자유가 되고, 소인유는 되지 말라."

子謂子夏曰 女爲君子儒 無爲小人儒
자 위 자 하 왈  여 위 군 자 유  무 위 소 인 유

- 자하는 복상(卜商)이라는 제자인데, 공문십철의 한 사람으로 특히 문학으로 이름을 올린 인물입니다. 성이 복(卜)씨인 것으로 보아 점치는 무당 집안이었을 것으로 추정됩니다.
- '유(儒)'는 선비나 유학자로 알고 있지만, 원래의 뜻은 사람을 뜻하는 '인(人)'과 비를 구하는 '수(需)'의 합성어로 기우제를 지내는 샤먼, 즉 무당을 가리키는 말이라는군요.
- 공자도 모계(母系)가 무당이었다는 설도 있는데, 이 샤먼을 유사(儒士)라는 지(知)와 덕(德)을 갖춘 선비나 학자로 승격시키는데 공자가 기여를 했다는 설도 있군요.
- 사실 공자는 기왕의 말에 새 내용을 부여하는 방법으로 조용한 혁명을 이룬 경우가 많지요. 군자(君子)도 그렇고, 예(禮)도 그렇지요.
- 군자유(君子儒)가 되라는 말도 군자의 덕을 갖춘 유(儒)가 되라는 뜻으로, 단지 지식이나 기예만 있는 소인(小人)이 되지 말라는 충고인 것 같군요.
- 요즘의 지식인들에 대한 따끔한 충고로도 들립니다. 자신의 명예나 권력이나 부(富)를 위해 지식을 파는 사람들이 바로 소인유(小人儒)에 해당하겠지요.

■ 오늘날 정치에 참여하는 교수를 폴리페서(polifesser)라고 부르는데, 주로 부정적인 이미지가 많지만, 공자가 권하는 군자유(君子儒)도 있겠지요. 전(前) 장과 이어서 생각하면 미리 선을 긋지 않아야 그렇게 되겠지요.

## 13

자유가 무성의 읍재가 되었을 때 공자 말하기를, "너는 인재를 얻었느냐?" 자유가 말하기를, "담대멸명이란 자가 있습니다. 그는 일을 함에 있어 지름길을 택하지 않고, 공적인 일이 아니면 제 방에 들어오지 않습니다."

子游爲武城宰 子曰 女得人焉爾乎 曰 有澹臺滅明者 行不由徑 非公事未嘗至於
자유위무성재 자왈 여득인언이호 왈 유담대멸명자 행불유경 비공사미상지어

偃之室也
언 지 실 야

■ 자유는 이름이 언언(言偃)이라는 제자로 자하와 함께 문학으로 이름을 올린 공문십철의 한 사람이군요.
■ 자유가 무성이라는 고을의 수령이 된 것이 아마 제자들 가운데 가장 어린 나이(25세쯤)여서 공자도 관심이 많았던 모양이지요.
■ 담대멸명(子羽)이라는 사람에 대한 평가가 관리의 바람직한 모습으로 표현되고 있군요. 공사(公私)의 구분이 엄격하고, 편법(便法)을 쓰지 않는 강직함은 요즘의 공직자들에게도 요구되는 덕목입니다.

## 14

공자 말하기를, "맹지반은 자기 자랑을 하지 않는다. 패하여 달아날 때는 뒤에서 적을 막았지만 성문에 이르러서는 말에 채찍을 가하면서 '내가 감히 뒤를 맡으려던 것은 아니고 말이 나아가지 않았구나.' 하고 말했다."

子曰 孟之反不伐 奔而殿將入門 策其馬曰 非敢後也 馬不進也
자 왈 맹 지 반 불 벌 분 이 전 장 입 문 책 기 마 왈 비 감 후 야 마 부 진 야

- 맹지반은 노나라의 대부로 삼환(三桓)의 하나인 맹씨 집안 사람인데, 노나라가 다른 나라와 전투를 할 때 장수의 한 사람으로 출전했던 때의 사정을 말하는 것 같습니다.
- 후퇴할 때는 뒤를 담당하는 장수의 공(功)이 가장 큰데, 맹지반이 그것을 뽐내지 않은 것을 큰 덕으로 본 것이지요.
- 불벌(不伐)의 '벌伐'은 자기를 과시하는 것을 말하는 것으로, 공야장편 26장의 안회의 무벌선(無伐善)과 헌문편 2장에 '극벌원욕(克伐怨慾)'이라는 말이 나오지요.

# 인재(人材) 유감

요즘 '인재 영입'이라는 말을 많이 듣는다. 선거 때마다 나오는 말이지만, 특히 내년 선거가 나라의 운명이나 민주주의의 진화라는 면에서 대단히 중요한 분기점이 될 수 있기 때문에 나도 깊은 관심을 가지고 보고 있다. 일대회전(一大會戰)을 앞두고 자기 진영에 능력 있는 장수를 영입하여 참전시키자는 것이다.

무엇을 위한 누구를 위한 회전(會戰)인지를 자기 시야에 갇혀서는 이해할 수도 없지만, 자기 진영의 승리를 위한 정치공학적 인재 영입이라도 정치 시장(市場)을 건강하고 풍요롭게 한다면 도움이 되는 것이다.

인재(人材)를 생각하면 나에게 떠오르는 글이 있다. 얼마 전에 페북에 소개하였던 H.G.크릴의 『공자전』 가운데 나오는 문장이다. "1813년 제퍼슨은 애덤스(John Adams)에게 다음과 같은 내용의 서한을 보냈다; '나는 인간 사회에 자연의 귀족제도가 있다는 당신의 견해에 동의합니다. 이것의 근거는 덕망과 재능뿐입니다. 그러나 재산이나 문벌에 기초한 인위적인 귀족제도도 있습니다. 나는 자연의 귀족 제도를 자연의 가장 귀중한 선물로 생각합니다. 그것은 사회를 교육하는 데뿐만 아니라 사회의 위임을 받고 그것을 다스리는 데도 필요한 것이기 때문입니다. 가장 효과적으로 이 자연적인 귀족들이 공직을 담당할 수 있는 깨끗한 선발 제도를 갖춘 정부를 최선의 정부 형태라고 말할 수 있지 않겠습니까?'"

몇 번의 정권교체를 거치면서 정치 분야에서의 인재(人材) 풀(pool)의 허약함을 많이 느껴 왔다. 지난 시기 압축적 사회 변동, 즉 산업화와 민주화 과정에서 우리가 어떤 인재(人材)를 양성해 왔는지에 대한 성찰과 함께, 비상하게 높은 교육열과 대학 진학률에 비추어볼 때 우리 교육의 허상(虛像)을 생각하게 된다. '인재(人材)가 빈약한가?' '인재를 찾지 못하는가?' '인재가 낭비되는 정치 풍토가 문제인가?' 아마도 다 해당할 것이다.

덕망과 재능을 함께 갖추어야 진정한 인재(人材)다. '재승박덕(才勝薄德)'이라는 말이 있다. 재능은 있는데 덕이 부족하다는 뜻이다. 그 반대말은 들어보지 못했는데, '유덕무능(有德無能)'이라고나 할까? 덕(德)은 있어 보이나 재능이 부족한 사람을 말한다. 둘 다 인재(人材)가 아니다.

'문질빈빈(文質彬彬)'이라는 논어에 나오는 말을 빗대서 말한다면 '재덕빈빈(才德彬彬)'이라야 인재라고 할 수 있다. 영민(英敏)함은 재능의 중요한 부분이다. 머리만 좋다고 영민함이 되는 것이 아니다. 인문 철학적 바탕이 허약하여 문해력(文解力)이 턱없이 부족한 사람들이 인재(人材)라고 영입되는 것을 그동안 많이 보아 왔다. 자신의 생각과 다른 가치관이나 정치적 견해에 대해 찬반을 떠나 그것을 이해할 수 있는 지적 능력이 문해력(文解力)이며 그 문해력을 갖추는 것이 영민함이다.

사실 이런 영민함은 '세상과 사람에 대한 배려와 사랑'이라는 덕(德)이 뒷받침될 때라야 얻어지는 것이다. 정치적 격동기에 국민들에게 희망과 감동을 주는 인재(人材)들이 정치 시장(市場)에서 우량주(優良株)로 선택되기를 바라는 마음에서 이런 단상을 남긴다.

## 15

공자 말하기를, "축타의 말재주나 송조의 미모가 있지 않으면 요즘 세상에서 힘든 삶을 면키 어렵겠구나."

子曰 不有祝駝之佞 而有宋朝之美 難乎免於令之世矣
자 왈 불유축타지녕 이유송조지미 난호면어영지세의

- 축타는 위나라의 대부로 종묘의 제사를 관장하는 관리로 말재주가 좋다고 소문이 난 사람이고, 송조는 송나라의 공자(公子)로 미남으로 스캔들이 많았던 사람이군요.
- 축타의 구변은 나라를 구한 데 비해, 송조는 미모로 나라를 어지럽혔다는 것으로 해석하기도 합니다.
- 공자의 평소 생각으로 보아 그런 해석보다는 진심이나 실력보다는 말재주나 외모를 높이 평가하는 세태를 함께 한탄한 것으로 보입니다.
- 고대의 이야기인데, 오늘 우리 현실과 겹쳐 보이는 것 같아 놀랍습니다. 요즘 성형외과가 가장 돈을 잘 버는 것이나 성형은 기본이라는 외모지상주의, 진심이 빠진 말재간으로 출세하려는 정치인이나 언론인들을 떠올리게 됩니다.
- 악화가 양화를 구축하는 그런 세상은 결국 쇠락의 길을 갈 수밖에 없지요.

## 16

공자 말하기를, "누가 문을 통하지 않고 밖으로 나갈 수 있겠는가? 그런데 어찌하여 사람들은 이 길(道)로 가려 하지 않는가?

子曰 誰能出不由戶 何莫由斯道也
자왈 수능출불유호 하막유사도야

- 앞 장(章)의 거짓과 꾸밈이 판치는 세태를 한탄한 데 이어서, 왜 사람들은 정도(正道)를 가려고 하지 않는지를 묻는 심정이 절절히 느껴집니다.
- '이 길(斯道)', 사람이라면 마땅히 걸어야 할 이 길이 무엇일까요?
- 18장(章)으로 이어서 보면 공자의 인간에 대한 근원적 신뢰와 함께 '이 길'을 걷지 않는 사람들이 만들어가는 인간의 역사에 대한 안타까움을 느낄 수 있습니다.
- 인류의 존속이 위협받는 미증유의 난세(亂世)를 만나면서, 지금의 민주주의가 이 난국을 헤쳐 나가는데 전혀 효율적이 아니라는 것이 점점 더 확연히 보이는 현실이어서 옛날 한 현인(賢人)의 탄식이 지금도, 아니 지금이 더 실감이 갑니다.
- 근대 민주주의의 위기라고도 말할 수도 있을 것 같습니다.
- 크릴은 그의 저서에서 공자 철학을 근대적 의미에서 민주적이라고 말하는 것은 지나치다고 생각할지 모르지만, 공자는 추상적인 원리로서의 민주주의가 아니라 실제에 나타날 수 있는 더 어려운 민주주의의 여러 요건들에 대해 일관성 있는 철학을 제시하였고 그것은 시대를 관통하는

상당한 수준이라고 말합니다. 민주주의를 위한 가장 큰 싸움은 악에 대한 극적인 투쟁이 아니라 개개인의 마음속에서 조용히 진행되는 나태와 타락에 대한 투쟁이라는 것을 공자는 인식하였고, 결국 그 투쟁에서 승리하는 길은 새로운 상황에 대처할 수 있는 인간이 되는 것뿐이며, 그것이 바로 '도(道)'라고 말하고 있다는 것입니다.

- 공자는 이 도(道)는 고정된 법전도 아닐 뿐 아니라 더욱이 형이상학과는 관계가 없고 그것은 인간이 만든 이상(理想)의 집합체이며 인간은 그것을 계속 발전시켜 나가지 않으면 안 된다는 것을 지적하고 있습니다. 위령공편 28장의 '사람이 도를 넓히지 도가 사람을 넓히는 것은 아니다(人能弘道 非道弘人)'는 말은 지금 들어도 놀라운 혜안입니다.

## 17

공자 말하기를, "바탕이 문채보다 두드러지면 야(野)하고, 문채가 바탕보다 두드러지면 사(史)하니, 문채와 바탕이 잘 어울려야 군자다."

子曰 質勝文則野 文勝質則史 文質彬彬然後君子
자 왈 질 승 문 즉 야 문 승 질 즉 사 문 질 빈 빈 연 후 군 자

질(質)과 문(文)의 조화에 대한 말은 현대에 와서 더욱 빛나는 말이라고 생각한다. 질(質)은 자연성을, 문(文)은 인위성을 나타내는 말로 자연(自然)과 인위(人爲)의 조화를 강조한 것으로 보인다.

한 개인의 성품 안에서도 원숙한 인격이 되기 위해서는 그 조화가 필요

하다. 현대에 오면 그것은 비단 사람의 인격에 대한 이야기를 넘어 문명 전반에 관한 문제로 다가온다. 그동안의 문명이 자연 생태계의 질서와 인간 본연의 순박함을 깨트리는 방향으로 치달아 온 점이 많았던 것이 사실이다. 그래서 그런 문명에 대한 비판이나 반대가 나오는 것은 자유와 행복을 추구하는 인류에게는 당연한 것으로 보인다. 그렇다고 그것이 원시적 소박함으로 돌아가는 것은 아닐 것이다.

지나치게 자연성만을 강조하는 것은 하나의 단(端)이라고 생각한다. 문승질(文勝質)의 방향으로 치달아 온 현대 문명의 방향을 돌려 문질(文質)이 빈빈(彬彬)한 새로운 문명으로 진화해 가는 것이 인류의 큰 길이 아닐까? 또한 그런 방향으로 체화된 인격이 새로운 인간의 모습, 이 시대의 군자(君子)가 아닐까 생각된다.

- '질승문즉야(質勝文則野)요 문승질즉사(文勝質則史)'라는 말은 현대에 와서 정말 음미해야 할 말인 것 같아요. 여기서 야(野)와 사(史)가 의미하는 것이 무엇인지 궁금해요.
- 야(野)는 야인(野人)으로 성(城) 밖 들판에 사는 사람, 즉 문명의 혜택을 입지 못한 사람을 가리킨다면, 사(史)는 사관(史官)을 말하는 것으로 당시의 높은 문맹률로 보면 가장 대표적으로 문식(文飾)을 할 수 있는 사람을 가리키는 것 같습니다.
- 질(質)은 바탕이나 소재를 나타내는 말이니까 원래의 타고난 성품 같은 것이 아닐까요? 문(文)은 그가 태어난 사회의 문화를 이야기하는 것 같고요. 인간 본연의 성품이 무엇이냐에 대해서는 여러 가지 견해가 있을 수 있다고 생각해요. 문명을 인간의 순박한 바탕이 깨지는 것으로만 보는 것은 너무 치우친 생각 같기도 하고요.

■ 그렇지요. 어떻게 보면 인간은 동물로부터 진화하는 존재이잖아요. 원래의 성품이라는 것을 지나치게 미화하는 것은 옳지 않다고 생각해요. 오히려 동물계로부터 질적으로 진화한 인간의 특징을 가리키는 것으로 보고 싶어요. 그렇다면 문화는 그 역기능이 있음에도 불구하고 전체적으로는 인간이 진화해 가는 과정이 아닐까요?

■ 다만 문화의 역기능에 대해서는 충분히 생각할 것이 있는 것 같아요. 특히, 불건전한 풍조가 만연하는 사회에서는 그 문화를 혁명하는 것이 필요하겠지요. 이것과 문화 자체를 반대하는 것은 다르다고 생각해요. 그런 점에서 자연과 인위의 조화라는 것이 중요하다고 생각되네요.

■ 공자는 문(文)을 숭상하는 것으로 비치고, 중원을 중심으로 생각하고 이른바 변방을 '이(夷)'라고 하여 '중화(中華)주의'로 비치기도 하지만, 야(野)나 이(夷)에 대한 태도에서 일방적으로 매도하는 것만은 아닌 것 같아요.

■ 아마도 그런 부분에 대해 해석이 분분할 것 같습니다만, 그 당시의 시대적 한계 등을 고려해서 봐야 할 것 같습니다.

## 18

공자 말하기를, "사람의 삶은 원래 정직한 것이다. 그렇지 않고 살아 있음은 요행으로 환난을 면하고 있는 것이다."

子曰 人之生也直 罔之生也 幸而免
자왈 인지생야직 망지생야 행이면

- 이른바 성선설(性善說)의 원조네요. 인간에 대한 근원적인 신뢰가 공자 사상의 뿌리 같습니다. 누구보다도 이상을 현실 속에서 실현하려는 욕망이 강했지요. 그러다 보니까 '그 안 될 줄 알면서 헛되이 노력하는 자'라는 비아냥거림도 받았지요. 요즘 '낭만닥터 김사부'라는 드라마를 보는데, 공자는 그 시대의 '낭만 혁명가 공사부' 같네요.
- 요즘 거짓과 위선이 팬덤과 결합하여 진실과 정직을 밀어내는 것을 보면서 과연 인간은 원래가 '바른' 것인지 회의가 드는 것이 사실입니다.
- 사람이 원래 어떤 존재인지는 앞으로도 계속 진화할 것이기 때문에 그 원형질을 따지는 것이 어떤 의미일까 하는 생각도 들지만, 역시 나는 이런 태도, 즉 긍정적인 태도가 중요하다고 생각합니다.
- 저도 그렇습니다. 원죄(原罪)를 가지고 고해(苦海)에 태어난 존재가 아니라, 인생은 기쁜 것이 진짜이고 원래 바른 성품을 가지고 태어난다고 보는 관점이 더 좋다고 생각합니다.

## 19

공자 말하기를, "아는 것은 좋아하는 것만 못하고, 좋아하는 것은 즐기는 것만 못하다."

子曰 知之者 不如好之者 好之者 不如樂之者
자왈 지지자 불여호지자 호지자 불여낙지자

- 사람들이 즐겨 인용하는 문장의 하나지요.
- 불여(不如)를 '무엇 무엇보다 못함'으로 해석하는 것이 일반적인 것 같은데, '같지 않음'으로 해석할 수도 있겠어요.
- 지(知)와 호(好)와 낙(樂)을 뭔가 차등이나 나아가야 할 순서로 파악하는 것은 어떨까 생각이 됩니다. 먼저 좋아하게 되어서 더욱 알아가는 경우도 있지 않나요?
- 그런 경우도 있지만, 머리로 아는 것에서 시작해서 체득해 가는 과정, 그리고 마침내 그것이 즐거움이 되는 과정을 이야기하는 것 같습니다.
- 상당한 경지에 이른 운동선수들이나 감독들이 하는 말들이 있지요. '힘을 빼라', '즐겨라'라는 말인데, 사실 처음 시작하는 사람들에게는 무리한 요구인 경우가 많습니다. 일정한 경지에 오른 사람이라야 그 말이 다가오지요.
- 적어도 어떤 일에 임할 때, 그 목표를 제시하는 면은 있다고 생각합니다. 예컨대 협동조합운동 같은 경우도 그 운동을 즐기는 상태가 되는 것이 최고이겠지요.
- 협동운동뿐이겠어요? 그 어려워 보이는 정치 전환이나 문명 전환의 동

력도 이렇게 될 때, 그 과정 자체가 '전환'이겠지요.

## 20

공자 말하기를, "중인 이상의 사람과는 높은 경지를 토론할 수 있으나, 중인 이하의 사람과는 토론하기 힘들다."

子曰 中人以上 可以語上也 中人以下 不可以語上也
자왈 중인이상 가이어상야 중인이하 불가이어상야

- 공자는 사람을 그 의식 수준에 따라 상중하로 구분해서 말하곤 했지요.
- 사람의 의식 수준이나 문해력에 차이가 있는 것은 어쩔 수 없는 일이지요. 사람을 차별하는 것이 아니라 그 차이를 인정하는 것이라고 봅니다.
- 위령공편 7장에 나오는 공자의 말이 떠오릅니다; "가히 더불어 말할 만한데 말하지 아니하면 사람을 잃고, 가히 더불어 말할 만하지 못한데 말을 하면 말을 잃는다. 지자(知者)는 사람을 잃지 않고 말도 잃지 않는다."
- 엘리트 의식이나 선민의식 같은 것은 엘리트 독재를 낳는 원인이 됩니다. 한편 공공성에 대한 판단력이 약하고, 욕망이나 분노 그리고 집단적 확증편향으로 나타나는 팬덤 현상은 역사상 많은 악을 범한 민중 독재의 원인으로 작용하지요.
- 흔히 중산층이 튼튼해야 건강한 사회가 된다고 이야기를 합니다만, 그 중산층을 물질적 수준만을 나타내는 개념으로 사용하는 것이 안타까울 때가 많습니다. 특히 급속한 산업화과정과 결부된 천민자본주의에서는

그런 식의 분류가 나타나지요. 한국도 그 정도가 심한 사회라고 생각합니다.

- 공자가 말하는 중인(中人)은 물질이나 신분이나 계급을 나타내는 말이 아니라 그 지적 정신적 도덕적 수준을 나타내는 말인데, 사실은 공자도 지적했다시피 이런 정신적 성숙은 물질적 수요가 충족되는 것이 필요조건이기는 하지요.

- 공자의 안타까움이 상전벽해로 물질적 수준이 바뀐 지금에도 존재합니다. 물론 공자 당시보다는 보편적인 조건은 매우 좋아졌습니다만. 물질과 정신의 양면에서 중산층이 두터워지는 과정으로 지금의 혼돈을 볼 수 있다면 좋겠습니다만.

- 이제 과학기술, 특히 인터넷의 발달로 암기 위주의 지식이나 정보는 특수한 재능이 있는 사람들의 전유물이 아니지요. 가장 두려운 것은 확증편향(아집)과 탐욕이지요.

- 우리가 겪고 있는 심리적 내전에 가까운 정치적 혼돈이야말로 우리 사회가 넘어서야 할 최대의 과제인데, 그 힘은 바로 공자가 말한 중인(中人) 이상의 정신적 성숙이 아닌가 생각합니다. 엘리트 독재와 폭민(暴民) 독재라는 양극단을 넘어서는 과제 앞에 우리가 서 있다는 생각입니다.

- 태백편 9장의 '민가사유지 불가사지지(民可使由之 不可使知之; 백성은 따르게 할 수는 있어도 알게 할 수는 없다.)'는 말도 우민정책(愚民政策)으로 오해받을 소지가 있는 말이지만, 실제로 이해하는 지적 능력의 성숙이 어렵다는 말로 들립니다.

## 21

번지가 지(知)에 관해서 묻자 공자 말하기를, "사람들이 의(義)라고 생각하는 일에 힘쓰고, 귀신을 공경하면서도 멀리하면 지(知)라고 할 수 있다."

인(仁)에 관하여 묻자 공자 말하기를, "인자(仁者)는 어려운 것은 먼저 하고 보답을 얻는 것은 뒤로하면 가히 인(仁)하다고 할 수 있다."

樊遲問知 子曰 務民之義 敬鬼神而遠之 可謂知矣 問仁 曰 仁者先難而後獲 可謂仁矣
번지문지 자왈 무민지의 경귀신이원지 가위지의 문인 왈 인자선난이후획 가위인의

- 번지는 번수(樊須)라는 제자인데, 공자가 수레를 타고 움직일 때 말을 모는 역할을 하는 제자로 논어에 나옵니다. 머리가 그다지 총명한 사람은 아니어서, 스승의 말을 바로 알아듣지 못해 스승이 나간 다음에 다른 사람에게 묻는 장면들이 있습니다.
- 여기서처럼 지(知)나 인(仁) 같은 큰 질문을 하기도 합니다. 그런데 그 이해력에 맞게 공자도 다른 제자들과 달리 쉬운 말로 대답합니다. 바로 그런 면이 번지와 공자의 대화 특징이고, 이런 대화를 통해서 공자를 좀더 균형감 있게 이해할 수도 있는 것 같습니다.
- 지(知)에 대해서 두 가지를 이야기하고 있군요. 백성의 의(義)와 신(神)에 대한 경이원지(敬而遠之)요. 의로운 일에 힘쓰지 않고, 귀신을 가까이하여 미혹되면 지자(知者)가 될 수 없다는 이야기지요.
- 인(仁)도 너무 쉬운 일상적 실천을 그 검증 대상으로 말하고 있군요. 어

려운 일은 먼저 하고 이익을 얻는 것은 나중에 하라고 말이죠. 선사후득(先事後得)이죠.

## 22

공자 말하기를, "지자(知者)는 물을 좋아하고 인자(仁者)는 산을 좋아한다. 지자는 동적이고 인자는 정적(靜的)이다. 지자는 즐겁게 살고 인자는 오래 산다."

子曰 知者樂水 仁者樂山 知者動 仁者靜 知者樂 仁者壽
자왈 지자요수 인자요산 지자동 인자정 지자락 인자수

- 지자요수(知者樂水), 인자요산(仁者樂山)은 많이 들어 익숙합니다만, 왜 그런지는 잘 모르겠어요.
- 공자는 지자와 인자를 비교해서 말하는 경우가 더러 있는데, 이인편 2장에서 인자는 인을 편안히 여기고 지자는 인을 이롭게 여긴다고 말했지요. 물과 산에 비유해서 지자는 동(動)과 락(樂), 인자는 정(靜)과 수(壽)로 비교하고 있군요. 지(知)와 인(仁)의 차이가 감각적으로 느껴지는 구절이 아닌가 생각됩니다.
- '인자(仁者)는 오래 산다.'는 말은 안인(安仁)과 통하는 것 같습니다.
- 나이 들어 원숙한 인격이 되는 것은 내면의 부동심(不動心)을 기르는 것이 아닐까 생각됩니다.
- 감히 저를 지자(知者)라고 말하기는 계면쩍은 일이지만 굳이 지자와 인

자로 구분해 본다면 저는 지자에 가까운 것 같아요. 시시비비를 늘 생각하고, 뭔가 외적인 행동이나 결과에서 기쁨이나 만족을 느끼는 경향이 있거든요.
- 인자(仁者)가 지자보다 한참 상수(上手) 같아요. 저도 잘 안 되지만 인자로 살면 얼마나 좋을까 하는 생각은 간절해요. 모든 것을 수용하고 어떤 변화에도 흔들리지 않는 사람이 될 수 있다면 얼마나 좋겠어요.
- 산(山)에 빗대어 인자(仁者)를 말한 것을 생각한다면, 산(山)이 그 안에서 온갖 생명이 나고 죽으면서 계속되는 생명의 장(場)인 것처럼 인(仁)의 생명력을 수(壽)라고 표현하지 않았을까요?

## 23

공자 말하기를, "제나라가 일변(一變)하면 노나라에 이를 것이요, 노나라가 일변(一變)하면 도(道)를 행하는 나라가 될 것이다."

子曰 齊一變至於魯 魯一變至於道
자 왈 제 일 변 지 어 노 노 일 변 지 어 도

- 일변(一變)이라는 말이 마음에 와 닿습니다. 뭔가 질적 전환이 급속히 이루어지는 것을 표현하는 것이지요. 지금 우리나라가 선진국의 문턱에서 빠져 있는 일종의 함정이랄까, 급속한 산업화와 민주화 과정에서 발생한 복잡하고 중층적인 모순들과 인간 중심의 근대 문명이 봉착한 생태적 위기를 벗어나기 위해서는 그야말로 일변(一變)이 필요한 시점이 아

닌가 생각합니다.
- 변증법의 '양(量)에서 질(質)로의 전화(轉化)'나 테이야르 드 샤르댕의 '오메가 포인트'가 연상됩니다.
- 공자의 일변(一變)은 괴력난신(怪力亂神)을 통하지 않는 평화적인 혁명으로 생각됩니다. 영토, 재력, 군사력 등 모든 면에서 제나라가 노나라보다 앞섰는데도, 공자는 제나라를 한 수 아래로 보고 있군요. 공자가 존경하는 주공(周公)이 시조로 봉해진 나라에 대한 자부심인데, 그 문화에 대한 자부심이겠지요.
- 우리나라가 일변하면 어떤 나라쯤 될까요. 스웨덴이나 뭐 그런 나라를 생각할 수 있을까요? 지금의 선진복지국가가 일변하면 도(道)에 이를까요?
- 글쎄요. 그러나 목표를 갖는 것은 좋을 것 같습니다. 우리나라가 일변하여 달성할 국가를 그리는 큰 꿈을 함께 꿀 수 있다면 얼마나 좋겠습니까? 제가 생각하는 꿈은 문명 전환을 선도(先導)하는 21세기형 선진국이 되는 것입니다.
- 지금의 퇴행적 정치나 도덕적 혼돈을 생각하면 비현실적인 것으로 보이지만, 관점을 바꾸어 생각하면 함께 그리는 큰 꿈이 분열과 대립을 넘어서 나라를 일변시킬 수 있는 국민적 동력을 이끌어낼 수 있다고 생각합니다. 한반도를 The Next Peninsula(고대 로마 제국이 탄생한 이탈리아반도처럼 21세기 새로운 문명이 한반도에서 태동한다는 의미)로 만드는 꿈같은 것을요.
- 근대(近代) 초기 이 땅에서 나타난 개벽운동에서 나타난 '만국활계남조선(萬國活計南朝鮮) 문명개화삼천국(文明開化三千國)' 같은 꿈이죠.
- 허황한 '국뽕'이 되면 시대와 맞지 않을 뿐 아니라, 오히려 진정한 동력

을 방해하지요. 우리도 민족에 대한 자부심이나 긍지는 대단한데, 실증이 어려운 고대사에서 찾을 것이 아니라, 우리가 만들어갈 새로운 문명에서 찾았으면 좋겠습니다. 개벽운동도 그것으로 만들어 갈 사회의 내용과 그것을 위한 주체와 동력이 구체화되지 않으면 공허할 뿐이지요.

- 민족에 대한 긍지를 우리가 만들어 갈 나라에 대한 긍지로 바꿀 수 있어야 합니다.

- 내가 공자를 노년에 만나 좋아하게 된 것은 그의 혁명성에 동감했기 때문입니다. 그 혁명성의 특징은 '일변(一變)의 평화적 이행'에 대한 꿈이었고 그것을 실현하고자 하는 강한 의지와 실천이었습니다. 그의 꿈은 시대의 한계에 갇힐 수밖에 없었지만, 그 정신은 다른 시대 다른 사회 다른 제도를 만나면서도 면면하게 이어져 왔다고 볼 수 있습니다.

- 그런데 지금 인류는 존망이 걸린 위기에 직면하고 있습니다. 근대적 생활양식(生活樣式)이 초래한 생태적 위기가 인류의 존속을 위협하고 있고, 행위능력과 가치이념체계의 현저한 괴리는 핵전쟁에 의한 공멸의 위험을 막지 못하고 있으며, 평화적 전환을 이루기에는 근대 민주주의가 그 생명력과 효율성을 상실하고 있습니다.

- 세계 도처에서 일어나는 현실입니다.

- 과연 '일변(一變)의 평화적 이행'이라는 꿈은 여전히 유효할까요?

- 불가능할지 모릅니다. 괴멸적 파국을 막지 못할지 모릅니다. 그러나 그 꿈을 포기할 수 없습니다. '파국 후의 일변(一變)'이라도 가능하게 하는 것은 그 꿈을 포기하지 않는 힘과 비전이 준비되어 있어야 가능하기 때문입니다.

- 그 동력은 '백마 타고 오는 초인(超人)'에게서가 아니라, 욕망의 질이 업그레이드된 '보통 사람들'에게서 나올 것입니다. 그들이야말로 새로운

문명과 새로운 정치질서의 창조자가 될 것입니다.
- 그런 의미에서 이 시대의 혁명운동을 생각합니다. 사이좋고 즐겁게 마을을 만들고 나라를 만들어 갑시다. 일변(一變)을 꿈꿉시다.

## 24

공자 말하기를, "모난 그릇이 모나지 않으면 모난 그릇이라 할 수 있겠는가! 모난 그릇이라 할 수 있겠는가!"

子曰 觚不觚 觚哉觚哉
자 왈 고 불 고 고 재 고 재

- 공자의 정명(正名)론의 요약이네요.
- '다움'을 생각하게 됩니다. 사물의 본질과 그 이름이 부합되어야 참된 것이지요.
- 요즘 우리 정치에서 '진보'라는 말에 공자의 이 말을 돌려주고 싶네요.
- '보수'도 마찬가지지요. 무엇이 먼저랄 것 없이 '어디로 진보하는지' '무엇을 지키려고 하는지'가 헷갈리는 상태가 점점 심해지는, 퇴행적 편가름의 정치적 혼돈을 벗어나기 위해 '정명(正名)'이 절실한 때입니다.
- 명실(名實)의 불일치를 비판하는 말인데, 그 불일치는 대부분 실(實)의 타락으로 인하여 발생한 것이지요.
- '고(觚)는 모난 데가 없으니, 고로구나 고로구나.'라고 해석하는 분(이수태)도 있군요. 그는 인자(仁者)의 치우침 없는 원융한 자세가 오탁(汚濁)

의 세상에서는 오히려 모난 것으로 부각될 수밖에 없는 역설적 현실을 공자가 모났다는 이름의 둥근 잔에 비유하여 지적한 것이라고 봅니다.
- 공자는 고(觚)는 고답게 만들어야 한다고 고집을 부리는 것이 아니라, 고가 아닌 새로운 형태가 되었으면 그에 맞는 이름을 붙이면 된다는 유연함을 나타내는 말이라고 해석하기도 합니다.(장주식)

## 25

재아가 묻기를, "인자(仁者)는 가령 우물 속에 사람이 빠졌다고 일러주면 당장에 그 우물 속에 뛰어 들어가 사람을 구해주겠지요?"
공자 말하기를, "어찌 그러겠느냐. 군자는 가게는 할지언정 빠지게는 못하며, 속일 수 있을지언정 얽어맬 수는 없다."

宰我問曰 仁者 雖告之曰 井有仁焉 其從之也 子曰 何爲其然也 君子 可逝也不可
재아문왈 인자 수고지왈 정유인언 기종지야 자왈 하위기연야 군자 가서야불가
陷也 可欺也不可罔也
함야 가기야불가망야

- 아, 바로 전 편에서 낮잠을 잤다고 공자가 크게 비난한 그 재아군요.
- 재아는 변론의 달인으로 공문십철에 든 사람인데, 그 말솜씨를 공자가 탐탁지 않아 하는 장면들이 나옵니다.
- 이 장면도 재아가 그의 특유한 말솜씨로 공자와 인(仁)에 대해 말 겨루기를 하는 것 같군요.
- 인자(仁者) 또는 군자(君子)가 위험을 보고 어떻게 행동할 것인가에 대해

아마도 명분을 중시하는 스승을 곤경에 빠뜨리는 것 같기도 하고, 명분에 치우치는 듯한 공자를 비난하는 것도 같습니다.
- 좋게 보면 재아 스스로 빠져 있던 고민을 말한 것으로도 볼 수 있겠지요.
- 실제로 이런 일은 많이 발생하지요. 선하게 살려고 하는 사람이 이런 시험에 직면하는 경우가 많은 것 아닌가요?
- 그것에 대해 공자의 답변이 '가서야(可逝也) 불가함야(不可陷也) 가기야(可欺也) 불가망야(不可罔也)'이군요.
- 술이 편 10장의 자로와 공자의 대화에서도 인자(仁者)의 용(勇)에 대한 언급이 있습니다만, 우직한 자로에 대해서 직설적으로 답변하는 것보다 변론에 능한 재아에게 답하는 것이 어려웠을 것입니다. 불함(不陷)과 불망(不罔)의 뜻을 새겨듣는 것이 중요한 것 같습니다.

## 26

공자 말하기를, "군자가 널리 문화를 배우고 예(禮)로써 단속하면 도에서 어긋나지 않을 것이다."

子曰 君子 博學於文 約之以禮 亦可以弗畔矣夫
자 왈 군 자 박 학 어 문 약 지 이 례 역 가 이 불 반 의 부

- '박문약례(博文約禮)'라는 말은 논어에서 여러 차례 강조되는 문장이지만, 그 말뜻을 제대로 이해하는 것은 쉽지는 않습니다. 너무 당연한 이

야기 같아서 흘려듣기 쉬운 것 같아요.
- 우선 '박문(博文)'인데 주이불비(周而不比)를 생각하게 됩니다. 사람들이 만들어 온 문화에 대한 학습이 어떤 쪽으로 치우치지 않아야 한다고 말하는 것으로 생각됩니다. 그런데 그러다 보면 그런 학습이 서로 모순이나 충돌을 일으키게 되겠지요. 치우치지 않으면서도 혼란에 빠지지 않을 어떤 기준을 약례(約禮)라고 말한 것 아닐까요?. 널리 배우는 가운데 어떤 기준으로 선택할 것인가가 가장 중요한 주제인데, 공자는 이 기준을 아집(확증편향)이 되기 쉬운 자신의 주관에 맡기지 말고 '예(禮)'로 하라는 것이죠.
- 그 예(禮)를 제대로 이해하는 것이 '박문약례'를 말하는 공자의 참뜻을 이해하는 열쇠가 아닐까 합니다. 그 시대에 통용되는 예의범절(禮儀凡節)이나 관혼상제(冠婚喪祭)의 의식(儀式) 같은 것을 넘어 인간과 사회가 추구해야 할 이상적인 질서라는 의미로 예(禮)를 확장합니다. '인(仁)은 극기복례(克己復禮)'라고 말한 그 '예(禮)'지요.
- 공자 사상을 총체적으로 이해할 때, 그가 사용하는 언어들의 뜻이 제대로 들려오리라고 생각합니다. 치우치거나 편벽하지 않게 널리 배우되, 자신의 주관을 넘어 '예(禮)'를 기준으로 판단하라는 말로 들립니다. 지식을 널리 습득하는 것이 목표가 아니라 지혜롭게 되는 것, 학식이 많은 것이 아니라 참된 인격을 도야하는 것이 배움의 목표라는 말이지요.
- 종심소욕불유구(從心所欲不踰矩)는 그 인격의 완성태인 셈이지요.

# 중도의 전략과 생명선

1

나의 사상적 정치적 입장은 중도(中道)다. 이 '중도(中道)'가 사상이나 정치 무대에서 주류가 되어 본 적이 없다. 그러다 보니 조선(朝鮮)은 망했고, 독립운동이나 해방공간이나 건국과정에서도 합작(合作)이나 연합(聯合)보다는 격렬한 대립으로 동족상잔의 비극을 겪어야 했다.

다행히 산업화와 민주화에 성공함으로써 2차대전 후 독립한 나라 가운데서는 유일하게 세계 10대 부국(富國)의 민주주의 국가로 나라의 위상을 세울 수 있었지만, 오늘 위기 앞에 직면하고 있다. 외적 요인보다는 그동안 '중도(中道)'가 사상과 정치의 주류로 되어본 적이 없는 우리 내부의 업보(業報)라고 나는 보고 있다.

중도(中道)는 양극단으로부터 두들겨 맞는 허약한 중간 지대가 아니다. 우리가 제대로 중도를 주류로 만들어 본 경험이 없기때문에 '중도'라는 말이 이렇게 비치고 있을 뿐이다.

중도(中道)는 양극단을 두들겨(叩其兩端) 시대 정신의 과녁을 적중(的中)하는 사상이며 정치다. 양극단에는 진리가 숨쉬기 힘들다는 것은 모든 성현들의 일치된 견해이기도 하지만, 역사를 거치며 거칠게 증명되어 온 사실이다.

'중도'는 다양한 문화권이나 정치권에서 여러 말로 표현된다. 미국은 남북전쟁을 겪고 나서 국민을 통합하는 철학 사상으로 프래그머티즘을 탄생시켰다. 실용주의라고 주로 번역하지만, 내용은 중도 철학이다. 이 철학으로 국가를 운영할 수 있었다는 것이 미국을 그동안 세계의 영도국가로 만들었던 배경의 하나라고 생각한다.

지금의 미국은 중도의 철학 사상이 더 이상 국가 운영의 중심으로 작동하지 못하는 것으로 보인다. 미국의 내부도 심각한 심리적 내전 상태라는 말을 듣고 있다. 그

동안의 밑천이 있어서 아직도 막강한 힘을 유지하고는 있지만, 미래 세계를 주도할 사상 철학적 기반을 잃고 있는 것으로 보인다. 트럼프 정권은 그런 현상을 보여주는 하나의 단면이다. 물론 미국이 어떤 변화를 만들어낼지는 미지의 영역에 속한다.

대한민국은 근래 악성의 편가름 속에서 증오와 적대의 정치를 확대해 왔다. 그 극단적 결과가 2024년 12.3 내란(內亂) 사태였다. 다행히 실패한 해프닝으로 끝났지만, 지금도 여전히 내전(內戰) 중이다. 탄핵과 처벌로 내란이 조속히 진압되어야 한다. 그러나 그것만으로는 내전(內戰)이 종식될 수 있는 것은 아니다.

위기는 기회를 동반한다. 퇴행적이고 망국적인 악성 편가름에서 벗어나 '중도'의 바탕에서 연합정치와 협동정치를 성공시킬 수 있는 기회로 만들어야 한다. 양쪽에서 두들겨 맞는 허약한 중간 세력이 아니라, 양쪽을 두들겨 시대정신을 구현하는 진짜 중도가 무대의 중심으로 나와야 한다. 이것은 최근의 위기를 넘어서기 위한 것이기도 하지만, 오랜 역사를 거치며 한결같이 바라온 민족의 비원(悲願)이기도 하다.

지금의 정치 지형에서는 꿈같은 이야기로 치부하거나 지레 좌절하는 사람들이 많지만, 나는 그렇게 생각하지 않는다. 시대가 요구하고 있고, 국민이 바라고 있다. 양극단의 증오와 대결의 정치를 멈추지 않으면 나라는 쇠망한다.

강령과 정책을 통하여 '새로운 담론과 도덕(정치문화)'을 선명한 기치로 세우는 중도 정치 세력이 결집할 수 있는 절호의 기회다. 급박하게 진행될 정치 정세 속에서 어떻게 가능하겠느냐는 회의론이 아직은 더 강할지 모르지만, 그것은 단기간에 이루어지는 속성품이 아니라 오랜 역사적 축적 위에서 이루어지는 결정체(結晶體)가 될 것이다. 양(量)보다는 질(質), 합종(合從)연횡(連橫)의 정치 공학(잔꾀)보다는 대의(大義)의 기치를 세우는 정공법(正攻法)이 시대와 정치를 바꾸는 미중물로 만들 것이다. 미중물에서 출발하여 점차 중심 무대로 나아간다. 중도의 공개적이고 당당한 전략이다.

2

　양극단을 두들긴다는 점에서는 양비론과 비슷한 점도 있다. 그러나 그것에 그치는 것은 내가 이야기하는 중도(中道)가 아니다. 양단(兩端)을 두들기는 것은 그 시점에서 가장 옳은 것을 끝까지 탐구하고 실천하기 위한 과정이다. 시대정신의 과녁을 정조준하는 것이 중도(中道)다.

　공자의 태도가 이 점을 정확히 가리키고 있어서 참고하고 있다.

　'그 양단을 두들겨 끝까지 진실을 탐구한다(叩其兩端而竭焉).'

　이 '갈(竭)'이야말로 중도(中道)의 핵심이다. '이다' '아니다'라는 단정(斷定) 없이, 오직 의(義)를 추구하여 실천한다(無適也 無莫也 義之與比). 양시론이나 양비론과 중도가 다른 것은 그 시대의 의(義)를 찾아서 단정하거나 고정(固定)하지 않고 실천하는 데 있다.

　어디까지나 '무지(無知)의 자각'에 바탕을 두고 연찬하며, 어떤 결론도 고정하지 않는 것이 중도(中道)의 생명선(生命線)이다.

## 27

공자가 남자(南子)를 만난 것을 알고 자로가 좋아하지 않았다. 공자가 맹세하여 말하기를, "내가 부정한 짓을 했다면 하늘이 버릴 것이다. 하늘이 버릴 것이다."

子見南子 子路不說 夫子矢之曰 予所否者 天厭之天厭之
자견남자 자로불열 부자시지왈 여소부자 천염지천염지

- 논어에 이런 장면이 나오다니, 논어의 솔직한 기록들이 돋보이네요.
- 위나라는 공자가 노나라를 떠나 유랑생활을 할 때 주로 근거지로 삼았던 나라인데, 그 위령공의 부인이 남자(南子)였고, 젊고 예쁜데다가 스캔들이 많았던 여자인 모양입니다.
- 자로는 위나라에 공자가 머물 수 있도록 주선을 한 제자인데, 아마 공자를 조롱하는 뒷소문에 화가 났겠지요.
- 먼저 남자(南子)가 만나기를 재차 청하여 만났다는 설도 있고 여러 이야기가 있습니다.
- 공자가 아마 위나라에서 자기 뜻을 펼 지위를 얻기 위한 로비일 수도 있는데, 이것을 일반인들이 곱게 보지 않았겠지요. 더구나 음란하다고 소문난 여자인데.
- 공자가 맹세까지 하며 펄쩍 뛰는 모습도 재미있지만, 어떻게든 자신의 이상을 실현하기 위해 노력하는 선구자가 부딪치는 오해와 비난을 접하는 그 심정이 이해되는 것 같습니다.
- 화광동진(和光同塵)이 어려운 것이지요. 노자가 말한 것으로 알려졌지

만, 실제로 노자는 이런 경험들이 있었는지 모르겠습니다.

## 28

공자 말하기를, "중용(中庸)의 덕(德)을 행함이 덕의 극치이다. 그런데 이 덕이 있는 사람이 드물어진 지가 너무 오래 되었구나."

子曰 中庸之爲德也其至矣乎 民鮮久矣
자왈 중용지위덕야기지의호 민선구의

- '중용'이라는 말이 처음 나오지요? 아마도 논어 전편을 통해서 이 장 한 번뿐일 걸요?
- 공자는 '중용'이라는 단어는 말하지 않았지만, 여러 곳에서 실제로 '중용'에 해당하는 태도나 사고를 이야기합니다. 주이불비(周而不比)나 군이부당(群而不黨)처럼 어느 한쪽에 치우치거나 파당을 만들지 말라고 권하고, 의(義)를 행함에 있어서도 미리 단정하는 일이 없어야 한다(無適也 無莫也)고 말하며, 진실을 탐구하고 옳은 판단을 하기 위해서는 선입견이나 주관에 사로잡힘 없이(空空如也) 양극단을 두들기라고 말합니다. 그리고 지나침과 모자람이 없는 태도를 권하지요. 과유불급(過猶不及)을 이야기합니다. 그런데 사실 말하기는 쉽지만, 실제로 행하기는 대단히 어렵습니다. 사람들은 그 반대의 성향을 많이 갖기 때문이지요.
- 공자는 추상화되거나 형이상학으로 빠질 수 있는 논의를 피합니다. 그것이 공자의 학풍이기도 하지요. 그러다 보니 당대의 다른 사상에 비해

형이상학적인 깊이가 떨어진다는 비판들이 있었겠지요. '중용'이라는 단어만 보더라도 공자는 이 말을 거의 하지 않습니다. 다만 구체적으로 이야기하지요. '중용'을 사서(四書)의 하나로 끌어낸 것은 공자의 손자인 자사인데, 아마도 사상 간의 경쟁에서 유학을 형이상학과 결부시켜 풍부하게 하려는 의도에서 나온 것 같습니다.

- 공자의 일관된 학풍이나 실천의 태도는 '중용'이지만, 그것을 추상적이나 형이상학적인 개념으로 말하지 않았다는 것이 나에게는 더 크게 다가옵니다. 내가 자사의 '중용'보다 논어를 더 높게 평가하는 이유입니다.

- 중용은 소극적 개념으로 양단(兩端)의 반사적 개념이며 어떤 실체를 나타내기보다 허상(虛像)이라고 할 수 있습니다. 모든 진리는 'ㅇㅇ이 아니다.'에 의해서 조금씩 좁혀지는 비부정지대(非否定地帶)로 우리에게 다가오고 있을 뿐이지요. 따라서 중용을 실체로 인식하는 것은 위험할 수 있습니다. 그 위험을 알고 경계하는 한에서 유효한 진리로 볼 수 있지요.

- 요즘 논리로 이야기했지만, 공자는 이를 의식하지 않았을까 생각합니다.

- 공자 당시에도 중용의 덕을 갖춘 사람이 드물어진 지가 오래되었다는 말을 들으니, 2500년이 지난 지금을 생각하게 됩니다. 확실히 지금은 공자 때보다는 '중용'을 이해하고 그렇게 살려는 사람들이 많아졌겠지요. 세계사를 통해서 변증법을 비롯한 여러 사조(思潮)가 발전했고요.

- 그러나 여전히 위기 상황을 만들고 있는 것은 세력을 쥔 극단적 세력들 간의 쟁투지요. 어떤 면에서 인류사는 극단적 세력과의 투쟁의 역사라고 볼 수 있을 것 같아요.

- 지금 한국의 상황을 생각하게 됩니다. 양극단의 퇴행적 세력이 서로 극

단적으로 대립하는 것 같지만, 나는 그 두 세력을 한편으로 하고 중도를 지향하는, 아직 그 실체가 구체화되지 않은 세력과의 투쟁이라고 생각합니다. 이렇게 진영이 짜이기를 바랍니다.

- 이야기하다 보니까 거대 담론이 되었습니다만, '중용(中庸)'은 일상의 평범한 삶 속에서 실천되는 것이 사람들의 행복을 위해 중요한 것 같습니다. 공자는 그런 구체적인 개인의 삶에서부터 세상을 변혁하는 데까지 일관된 태도를 가졌지요. 그것이 제자들에 의해 '수신제가치국평천하(修身齊家治國平天下)'라는 거대 담론으로 표현되기도 했지요.
- 중용의 일상화야말로 참 어려운 것 같아요. 마음이 따라주지 않으면 가짜가 되고 말아요. 저도 중용이 이상이라고 늘 생각하지만, 실제를 보면 극단으로 흐르는 경우가 많아요. 극단으로 흐르는 것으로 보이는 사람이나 집단을 보면 마음에 각이 서거든요. 뭔가 그것도 아니라는 기분이 들어요.
- 중용은 정지된 상태에서 말하는 것이 아니지요. 그런 점에서 생각하면 변증법의 정반합(正反合)의 연속 과정과 통하는 면이 있다고 생각해요.
- 용(庸)은 일상이지요. 평상의 삶이 행불행을 좌우하지요. 일상의 삶에서 '중'의 덕을 실천하려는 태도가 바탕이 되어야 한다고 생각합니다.

## 29

자공이 말하기를, "만일 백성들에게 널리 베풀고 많은 사람들을 구제해 줄 수 있다면 어떻겠습니까? 인(仁)이라고 할 수 있겠습니까?" 공자 말하기를, "어찌 인이라고만 하겠느냐? 반드시 성(聖)이라고 할 수 있다. 요순 같은 사람도 오히려 그렇게 못함을 걱정하였을 것이다. 무릇 인(仁)이라고 하는 것은 자신이 서고 싶은 곳에 남도 세워주며, 자신이 이루려고 하는 것을 남도 이루게 한다. 가까운 곳에서 알아차리고 실천하는 것이 인(仁)의 올바른 방향이라 말할 수 있다."

子貢曰 如有博施於民而能濟衆 何如 可謂仁乎 子曰 何事於仁 必也聖乎 堯舜其猶病諸 夫仁者 己欲立而立人 己欲達而達人 能近取譬 可謂仁之方也已
자공왈 여유박시어민이능제중 하여 가위인호 자왈 하사어인 필야성호 요순기유병제 부인자 기욕립이립인 기욕달이달인 능근취비 가위인지방야이

- 부자(富者)인 자공이 박시제중(博施濟衆)이라는 큰 포부를 이야기하고 있군요.

- 공자의 응대가 재미있네요. 우선 박시제중이야말로 인(仁)을 넘어 성(聖)이라고 극찬하면서, 동시에 자공에게 넌지시 가까운 곳에서부터 인(仁)을 실천하라고 말하고 있네요. 앞에서도 자공에게 꿈은 좋지만 아직 그것을 실천하기에는 미흡한 자공의 실태를 깨우쳐주는 대화들이 나왔지요. 여기서도 직접적으로는 아니지만, 그런 뉘앙스가 느껴지네요.

- '기욕립이립인 기욕달이달인 능근취비 가위인지방야이(己欲立而立人 己欲達而達人 能近取譬 可謂仁之方也已)'를 '스스로 서기를 바라서 남을 세우고, 스스로 통달하기를 바라서 남을 통달시킨다.'로 해석하는 사람도 있

어요. 위기(爲己)가 먼저라는 것이지요. '자신을 뒤로하고 오히려 남을 앞세우니 인(仁)이 아닌가?' 하는 사고방식에 대한 반문이지요. 그것은 인(仁)이 아니라 숨겨진 아욕(我慾)이기 쉽다는 것이지요.

- 남을 위해 베푼다는 생각 속에 숨어 있는 허위의식을 경계하는 것인데, 금강경의 무주상보시(無住相布施)를 떠오르게 합니다.

# 박시제중(博施濟衆)이 최고의 인(仁), 대동세상을 위하여
### -〈공자의 변명〉에서 -

인(仁)에 관한 세 번째 이야기다. 자공과 공자의 대화다; "만일 널리 백성에게 베풀고 능히 대중을 구제한다면 어떠합니까? 인자(仁者)라 할 수 있겠습니까?" "어찌 인자(仁者)에 그치리오. 성인(聖人)이라고 할 수 있을 것이다. 요순(堯舜) 같은 사람도 부족함을 느낀 경지라 할 것이다."(논어 6편 29장)

(子貢曰, 如有博施於民 而能濟衆 何如 可謂仁乎 子曰, 何事於仁 必也聖乎 堯舜 其猶病諸)

공자는 박시제중(博施濟衆)을 인(仁)의 최고의 목표라고 말하고 있다. 그 당시의 왕조시대를 생각하면 성군(聖君)이 인정(仁政)을 베풀어서 모든 사람이 가난이나 폭정에 시달리지 않도록 하는 것을 최고의 이상으로 하고 있는 것이다.

2,500년의 세월을 경과하며 물질적 생산력과 민주적 제도가 발전한 현대에 이 꿈을 이야기한다면 어떻게 말할 수 있을까? 과연 사회와 세상의 성화(聖化)를 꿈꿀 수 있을까? 고대로부터 인류가 그리던 최고의 이상사회, 대동세상은 어떤 모습일까?

과거에는 그야말로 꿈의 이야기였지만, 요즘은 지평선 너머로 보이는 듯하다. 물질과 제도의 준비가 상당하고 의식이 성숙한 사회라면 사회안전망의 구축을 향한 획기적 실험들이 이런 사회를 향한 구체적이고 보편적인 길을 열어갈 수 있다. 그리고 더 중요한 것은 국가나 어떤 주체가 베푸는 사회보장보다, 시장(市場)의 형태와 교환방식이 일변(一變)하는 것이다.

유가(儒家)의 박시제중(博施濟衆)이나 불가(佛家)의 하화중생(下化衆生)은 베푸는 주체와 받는 객체가 분리되는 표현인 데 비해 이보다 한발 더 나아간 표현이 있다. 그것이 홍익인간(弘益人間)이다. 주체와 객체가 분리되지 않는 표현이다. 이것을 우주자연의 리(理)로 파악하여 그것을 인간 세상에서 실현하겠다는 바람이 재세이화(在

世理化)다.

우리의 건국이념인 홍익인간(弘益人間)과 재세이화(在世理化)는 위대한 사상이다. 인간과 자연의 분리와 인간 중심적인 문명이 생태적 재앙으로 이어지는 현실에서 홍익인간(弘益人間)을 홍익만유(弘益萬有)로 확장한다면, 21세기 문명의 방향을 제시하는 가장 보편적인 최고의 목표라고 할 수 있다.

그런데 지금 우리의 현실은 어떤가? 극심한 양극화가 우려되는 이기적인 각자도생의 세계 10위권의 경제 대국, 핵무기와 SLBM(잠수함발사탄도미사일)을 가진 가난하고 시대착오적인 세습왕조. 남북의 현실이다.

이 위대한 정신을 지닌 우리 공동체가 그 정도(正道)로, 본류(本流)를 찾아 일변(一變)할 수 있다면, 사상과 문화뿐 아니라 새로운 문명의 선도국가로 되어, 아직도 지배적인 세계의 패권 투쟁의 질서를 그 근본에서 바꾸는 진원지가 될 수 있는 꿈을 꿀 수 있다.

나는 박시제중(博施濟衆)의 이상을 민주(民主)가 진화된 사회로 확장해서 말한다면 '줄 수 있는 것이 있고, 주고 싶은 마음이 있어, 주는 것만으로 성립하는 사회'라고 생각한다.

서세동점의 제국주의가 세계를 제패하던 격변기에 우리 공동체가 꿈꾸었던 '개벽'이라는 말을 사용해서 이 이상을 생각해 본다.

첫째, 줄 수 있는 것이 있어야 한다. 총수요를 넘어서는 총공급이 가능해야 한다. 이것이 물질 개벽이다. 이것을 가능케 한 것이 자본주의였고, 그 동력은 과학기술의 발전과 해방된 개인의 이익과 경쟁이었다.

지금 논의가 시작되고 있는 기본소득을 비롯한 사회안전망의 획기적 구축 방안도 튼튼한 물적 토대가 있어야 가능하다. 자본주의 시장 경제의 건강성과 효율성의 조화야말로 물적 토대를 튼튼하게 하는 기초다.

실물경제의 흐름이 갖는 자본주의 시장의 복합성을 이해하지 못하고 정의를 구현한다고 국가가 지나치게 개입하는 것은, 자칫 시장의 자율성과 활력을 떨어뜨려 어렵게 구축한 물적 토대를 허물어트릴 위험이 있다. 환상을 부추기지만 실제로는 권력 쟁취를 위한 포퓰리즘인 것을 경계하는 이유다.

둘째, 주고 싶은 마음이 넓어져야 한다. 총체적 물량은 풍부해졌지만 자기중심적인 탐욕이 수그러들지 않으면, 불평등과 양극화가 심해지고 생태계의 조화를 깨트림으로써 생태적 재앙에 직면하는 위기를 낳는다. 각자도생의 차가운 이익과 경쟁을 넘어, '자아실현과 우애'라는 동기로 비약적으로 발전하는 인공지능을 비롯한 과학기술을 활용하여 물질적 토대를 튼튼하게 할 수 있을까?

그 바탕에서 양보하고 싶고 주고 싶은 마음 즉 박시(博施)·보시(布施)·홍익(弘益)의 마음이 커지고, 소비 위주의 물질문명에서 단순 소박한 삶의 풍요를 즐기는 정신문명으로 전환하는 것만이 위기를 벗어나 인류가 새롭게 도약할 수 있는 길로 보인다. 이것은 법규나 윤리 도덕규범으로 강제될 수 있는 것이 아니다. 자신의 필요를 충족시키고 남는 부분을 풀어놓고 베푸는 것이 기쁨이 되는 자발적이고 자유로운 마음에 의해서 이루어지는 것이다. 이것이 정신개벽이다.

셋째, 물질개벽과 정신개벽이 어울려 제도화됨으로써 사회의 성화(聖化)가 완성되는 것이다. 주는 것(풀어놓음)의 순환 과정에서 자신도 자연스럽게 받게 되는 사회 시스템을 만들어가는 것이다. 선물(膳物)의 사회, 호양(互讓) 호혜(互惠)의 시장이 보편화되는 것이다. 자본주의를 평화적이고 무리 없이 넘어서는 것이다. 국경이나 소유도 자연스럽게 사라져갈 것이다. 이것이 제도 개벽이다.

꿈같은 이야기이지만, 혼돈과 위기의 시대일수록 어둠의 악순환에 묻히지 않기 위해서는 밝은 이상을 마음에 품고 그것을 북극성(北極星) 삼아 한발 한발 나아가는 것이 필요하다.

그런데 이런 유장(悠長)한 꿈을 실현하는 첫 단추로 반드시 통과해야 할 관문이 있다. 남북한의 적대와 전쟁 위험을 끝내고, 퇴행적이고 적대적인 분열의 정치를 생산적인 연합정치로 바꾸는 것이다. 선거 과정의 치열함 속에서 치부(恥部)와 환부(患部)가 드러나는 것은 자유민주주의가 갖는 장점의 하나라고 생각한다.

도덕적 정치적 권위를 갖는 개혁 세력이 새 정부를 구성함으로써 새로운 문명의 물꼬를 틀 수 있도록 국민이 집단지성을 발휘하기를 간절하게 기도하는 심정이다.

# 제7편

# 술이(述而)

---

"세 사람이 같이 길을 가면
그중에 반드시 내 스승 될 만한 사람이 있다.
그 좋은 점을 골라서 따르고,
좋지 못한 것을 거울삼아 고친다."

<sub>자왈 삼인행 필유아사자 택기선자이종지 기불선자이개지</sub>
子曰 三人行 必有我師者 擇其善者而從之 其不善者而改之

# 1

공자 말하기를, "옛것을 술(述)하되 창작하지 않으며, 옛것을 믿고 좋아한다. 나는 슬며시 노팽(老彭)에게 견주어 본다."

子曰 述而不作 信而好古 竊比於我老彭
자 왈 술 이 부 작 신 이 호 고 절 비 어 아 노 팽

공자의 호학(好學)과 온고지신(溫故知新)의 태도를 자신을 돌아보는 감회 형식으로 말하는 문장이다.

이 '술이부작(述而不作)'에 대해서 사람마다 보는 관점들이 다르다. 말 그대로 '오직 옛 것을 기술할 뿐 창작하지 않는다.'로 해석해서 공자의 복고성이나 보수성을 강조하고, 좀 더 비약해서 근대사에서 동양이 서양에 지배당한 사상적 뿌리로까지 보고 있다. 그것은 단견(斷見)이다.

어떤 창조도 갑자기 새롭게 돌출하는 것은 없다, 그때까지의 축적을 바탕으로 나아가는 것이다. 그것을 강조하는 겸허다. 이 겸허야말로 계속되는 창신의 진정한 동력이 된다.

정수일(깐수) 선생 같은 분은 공자의 이 표현을 반어적(反語的)으로 바꿔서 그 자신의 일관된 탐구태도로 '술이작(述而作) 하는 창신'을 들고 있다. 창신(創新)은 실제로 술(述)의 튼튼한 어깨 위에서 이루어진다. 그리고 술(述)에 비하면 아주 작은 것이다. 아주 작지만, 앞으로 나아가는 점에서는 아주 큰 것이다.

공자는 뿌리 약한 새로운 시도에 대한 경계와 술(述)에 머무는 교조적 태도의 어리석음을 함께 이야기한다. '학이불사즉망(學而不思則罔), 사이불학

즉태(思而不學則殆)'가 그것이다.

공자는 옛것을 받아들이되, 그 내용을 바꾸거나 새로운 내용을 슬며시 끼워 넣는다. 이른바 헌 부대에 새 술을 담는 방식이다. 공자 사상의 중요한 개념들인 '군자(君子)' '인(仁)' '예(禮)' '지(知)' '학(學)' 등이 그렇다.

말을 새로 창조하는 것이 아니라 옛말에 새로운 내용을 담는 방식으로 당시의 지배적인 신분계급 질서와 직접적인 충돌을 피하면서 '조용한(은밀한) 혁명'을 꿈꾼다.

요즘 들어 최신의 첨단과학을 고대의 사상과 접목하는 듯한 연구나 주장들을 본다. 예컨대 양자역학과 고대 동양철학을 연결하는 것이다. 나는 자연과학에 대해서는 잘 모르지만 지나친 비약도 있는 것 같다. 사회나 인문의 분야에서는 그 나선형 순환의 모습을 더 빈번히 볼 수 있다.

공자의 주(周) 문화에 대한 지나친 미화는 확실히 복고(復古)적 사고로 볼 수 있는 면이 있다. 내 생각이지만, 그것은 주(周) 문화의 단순한 복고가 아니라 새롭게 나타날 창신의 방향성에 대한 신뢰가 아닐까 생각한다.

현대 일본의 사상가인 가라타니 고진은 '자본제 사회의 모순을 해결하고 영구적 평화를 가져오기 위해서는 원시 씨족 사회의 호수성의 교환양식을 고차원적으로 회복해야 한다.'라고 주장한다. 이 '고차원적인 회복'이 긴 시대를 통과하면서 나타나는 나선형 순환이라고 볼 수 있을 것이다.

'하늘 아래 새로운 것은 없다.'라는 말과 '하늘 아래 같은 것은 없다.'라는 말을 함께 생각할 때 '술이부작'의 의미가 다가오지 않을까.

이 절에서 노팽(老彭)의 노(老)를 스승으로 본다면, '스승인 팽'이 된다. 팽(彭)은 은나라의 현자인 팽조(彭祖)라고 보는 견해가 많다. 800살을 살았다고 하는 전설의 인물이다.

- 용어(단어, 개념)를 처음으로 사용하는 것을 흔히 창조라고 부르지요. 그런데 그 용어는 이미 사용되고 있는 언어를 전제로 하고 있습니다.
- 반(反)이나 탈(脫)을 앞에 붙이거나(예컨대 반제국주의, 탈성장 등), 포월(包越) 등으로 표현되다가 새로운 용어가 만들어지지요.
- 따라서 그 용어가 만들어진 순간을 딱 집어서 창조라고 말할 수 없지요. 반(反)이나 탈(脫)이나 포월(包越)의 전 과정이 창조의 과정이지요. 그런데 그것은 이미 존재하는 것을 전제로 하고 있습니다. 신구(新舊)의 상호 의존성이지요. 공자는 그 점을 잘 인식하고 있었다고 생각합니다.
- 그럼에도 새로운 용어를 창조하는 것이야말로 진보의 핵심이라고 생각합니다. 새로운 문명은 이 창조를 통해서 이루어질 것이기 때문입니다.
- 용어를 처음으로 사용하고, 그것이 보편성을 획득하게 만드는 나라를 선진국이라고 부르지요. 문명 대전환의 세기에 우리말로 그런 용어들이 창조되기를 바랍니다.
- 탁상에서 만들어내는 용어가 아니라, 정치·경제·문화의 구체적 현실 속에서 만들어지는 용어라야 생명력이 있겠지요.
- 현대 일본의 학자 시라카와 시즈카(白川靜, 1910~2006)는 그의 저서 『공자전(孔子傳)』에서 이 '술이부작(述而不作)'을 다음과 같이 말하고 있네요; "철인은 새로운 사상의 선포자가 아니다. 차라리 전통이 간직한 의미를 추구하고 발견하며, 그로부터 지금 존재하는 사실의 근거를 묻는다. 탐구자이며, 구도자임을 그 본질로 한다. 소크라테스가 델포이 신탁의 의미를 추구하여 마지않았듯이, 공자는 '술(述)하되, 작(作)하지 않는다. 옛 것을 믿고 좋아한다.'고 한 사람이었다. 소크라테스는 묻는다는 것의 의미에 그 목숨까지 걸었지만, 공자는 물음을 통해 이데아의 세계를 발견

하고 있다."*

## 2

공자 말하기를, "묵묵히 알아가고, 배우는 것에 싫어하는 마음이 없으며, 사람을 가르침에 게을리 하지 아니하니, 그 밖에 또 무엇이 나에게 있단 말이오!"

子曰 黙而識之 學而不厭 誨人不倦 何有於我哉
자왈 묵 이 식 지 학 이 불 염 회 인 불 권 하 유 어 아 재

- 묵(黙)은 아마 여러 의미가 있을 것 같습니다. 묵상(黙想)처럼 깊이 생각한다는 의미로 다가오기도 하지만, 공자의 언행으로 미루어 보면 자기의 깨달음이나 알아차림을 남들에게 알리려고 애쓰지 않는다는 뜻도 있을 것 같군요.
- 배움을 싫어하지 않는다는 말은 호학(好學)을 그의 가장 큰 정체성으로 일관되게 이야기하고 있는 것입니다. 그리고 이어서 다른 사람을 가르치는 데 권태(倦怠)를 모른다고 말합니다.
- 배움을 청하는 사람이 포육 몇 속(束)의 작은 정성만 표해도 누구든 받아들인다는 것이나 평판이 안 좋은 마을의 아이를 제자들의 반대에도 받아들이는 공자의 태도가 그것을 잘 나타냅니다. 그러면서도 '중인(中人)

---

\* 이인우 님이 본인의 페이스북에 연재하는 글 중에서

이하는 가히 높은 도를 말할 수 없다.'라는 말이나 '한 귀퉁이를 일러도 나머지 세 귀퉁이를 알지 못하는 자에게는 다시 가르쳐 주지 않는다.'는 엄격한 기준이 있군요.
- 배움과 마찬가지로 가르침의 본질이 무엇인가를 묻고 있다고 생각합니다. 어떤 입장, 어떤 생각에서 가르치려 하는가? 무엇을 가르치려 하는가? 단순한 지식인가 아니면 삶의 지혜인가?

## 3

공자 말하기를, "덕이 닦아지지 않는 것과 학문이 익혀지지 않는 것과 의를 들어도 능히 옮기지 못하는 것과 선하지 않음을 능히 고치지 못하는 것이 바로 나의 근심이다."

子曰 德之不修 學之不講 聞義不能徙 不善不能改 是吾憂也
자 왈 덕 지 불 수 학 지 불 강 문 의 불 능 사 불 선 불 능 개 시 오 우 야

- 자한편 29장에서는 지자불혹(知者不惑) 인자불우(仁者不憂) 용자불구(勇者不懼)라는 말을 하고 있는데, 여기서는 네 가지 근심을 이야기하고 있군요.
- 무엇을 부끄러워하는지 무엇을 즐거워하는지를 보면 그 사람을 알 수 있듯이 무엇을 근심하는지가 그 사람의 심층(深層)의 의식을 알 수 있게 합니다.
- 자신은 못 속이지요. 인격의 차이는 그 근심의 성격으로 나타나는 것 같

아요. 덕(德)이 체득되지 않는 것, 학(學)이 익혀지지 않는 것, 의(義)를 듣고도 실천으로 옮기지 못하는 것, 불선(不善)을 고치지 못하는 것, 이 모두가 행(行)과 실천을 지향하고 있습니다.

- 누가 우리에게 '지금 당신의 근심은 무엇입니까?' 하고 묻는다면 솔직하게 어떤 대답을 할 수 있을까요? 늘 돈 걱정, 사람과의 스트레스가 끊이지 않는 나를 돌아보게 하네요.
- 사람들이 나를 몰라주는 것을 근심하지 말고, 자신의 능력이나 실천 의지가 자신의 생각을 따라가지 못하는 것을 걱정하라는 말이 요즘처럼 실감 날 때가 없어요. 요즘 같은 난세(亂世)야말로 그 근심의 대상이 알기 쉽게 나누어지는 것 같습니다. 명상할 때 그것을 들여다보면 좋을 것 같습니다.

4

공자는 한가하게 있을 때는 마음을 턱 놓은 것 같았고, 기색이 즐거워 보였다.

子之燕居 申申如也 夭夭如也
자 지 연 거 신 신 여 야 요 요 여 야

- 앞 장과 이어서 읽으면 그 정황이 느껴집니다. 근심을 이야기한 다음에 제자들이 바라본 공자의 평소의 모습이 대조적입니다.
- 신신(申申)과 요요(夭夭)는 몸과 마음이 모두 편안하고 즐거운 상태를 가

리키는 말이죠. '군자는 드넓고 평평하여 거침이 없고 소인은 늘 근심 걱정에 휩싸여 있다 (君子坦蕩蕩 小人長戚戚)'(7/36)는 말이 떠오릅니다.

- 평소에 심신(心身)이 평안하고 즐거운 상태, 사실 이것이 어렵지요. 억지로 노력한다고 해서 되지 않습니다.
- 다른 사람들에게 잘 비칩니다. 자기가 편해야 주위를 편안하게 합니다. 억지로 표정을 꾸미는 것은 오래 가지 못합니다. 성숙한 인격이 내뿜는 자연스러운 향기지요.
- 3장의 근심과 4장의 근심 없음이 서로 모순되는 것이 아니라, 성숙한 인격의 양면이라고 생각되는군요. 자기만 편하면 된다는 이기적 상태에서는 결코 진정한 평안에 이를 수 없고, 뭔가 의(義)나 선(善)을 위한다고 하지만 사실은 다른 사람의 평가나 세상의 평가에 신경을 쓰는 자기중심적인 소심함이나 위선(僞善)이어서는 진정한 평안을 얻을 수 없겠지요.

5

공자 말하기를, "심하구나, 나의 노쇠함이여! 오래되었구나, 내가 꿈에서 주공을 보지 못함이"

子曰 甚矣吾衰也久矣 吾不復夢見周公
자 왈 심 의 오 쇠 야 구 의 오 불 부 몽 견 주 공

공자의 주공(周公) 사랑을 어떻게 볼 것인가? 공자가 닮고 싶었던 인물들은 시대 순으로 보면 요·순·우·탕·문·무·주공이다. 그런 사람들이 있어

서 술이부작(述而不作)을 이야기할 수 있었을 것이다. 그 가운데서도 가장 가까운 주공(周公)을 과거 성현들을 집대성한 인물로 보아 꿈에서라도 만나서 소통하고 싶을 정도로 닮고 싶어 했다.

주공은 성(姓)은 희(姬) 이름은 단(旦)으로 주(周)를 창건한 무왕의 동생이다. 무왕이 죽자 직접 왕권을 장악하라는 주변의 유혹을 뿌리치고, 어린 조카인 성왕(成王)을 보좌하여 주(周)의 제도와 문물을 확립하는 데 결정적인 기여를 한 인물이다.

지금의 민주주의 제도와 문화에서 생각하면 주공(周公)은 사라져야 할 유물인 군주정의 한 페이지를 장식한 정치가에 불과하다. 그러나 공자 당시에는 주공(周公)은 공자의 영원한 '롤 모델'이었다. 주공이 완성한 것으로 알려진 주(周)의 문화는 공자가 세상에 펴고 싶었던 꿈이었고, 주공은 내성외왕(內聖外王)의 모델이었다.

당시 군주제의 최고 담론(談論)은 성군(聖君)의 덕치(德治)였고, 최고 도덕(道德)은 권력을 둘러싼 부모 형제 간의 골육상쟁을 벗어난 평화적인 정권 승계였다. 이 두 가지를 함께 구현한 사람을 공자는 주공(周公)으로 본 것이다. 공자가 태어나기 500년 전 사람이기 때문에 공자의 주공 상(像)은 상당 부분 공자에 의해서 만들어진 것도 있을 것이다.

이 장이 논어 술이(述而)편에 나오는 것이 편집자의 어떤 의도인지는 모르겠지만, 가공의 이상형을 창조하는 것이 아니라, 술이부작(述而不作)의 태도에 입각한 공자의 인물 창조라는 생각을 들게 하는 면도 있다. 즉 주공(周公)은 실제의 역사적 인물이면서, 동시에 공자가 창조한 당시의 이상형(理想型)이었다고 말할 수 있다.

군주제가 아닌 정치체제는 공자의 상상력을 넘어서는 것이다. 지금 내성외왕의 군주제를 꿈꾸는 사람이 있다면 아마도 그는 비정상적인 사람으로 취급될 것이다. 사라진 군주제와 함께 공자의 정치적 이상이나 도덕적 이상도 사라질 것인가?

예수나 석가와 비교하면 그의 이상을 구체적인 정치 현실에서 실현하려고 한 바로 그 특성 때문에, 공자는 자칫 그 시대적 한계 속에 갇혀서 제대로 평가를 받지 못하기 쉽다. 공자가 추구한 보편적 목표를 그 시대의 특수한 현실 속에 가두는 것은 공자를 제대로 살리는 것이 아니라고 생각한다.

요즘 이 나라가 겪고 있는 심리적 내전에 가까운 분열과 정치적 혼돈은 여러 원인이 있겠지만, 그 가운데 하나는 대한민국 건국 이후 75년이 지나면서도 보편적인 지지를 받는 정치지도자의 모델이 만들어지지 않았다는 것이다. 한쪽이 열렬하게 지지하면 다른 한쪽은 극단적으로 혐오하는 현상이야말로 단적으로 지금의 우리 정치 상황을 나타내는 것이다.

우리 시대 정치가의 모델은 그 자신의 자질에도 달려 있겠지만, 새로운 정치를 지향하는 흐름 속에서 만들어지는 것이다. 산업화나 민주화 시대의 일꾼들을 함께 품을 수 있는 정치로 발전하는 것이 우리가 산적한 내외의 문제를 풀어가면서, 21세기 새로운 문명을 선도하는 국가로 진화할 수 있는 물꼬를 트는 것이 아닐까?

먼저 우리 내부에 그런 힘이 생긴다면 해양 세력과 대륙 세력을 함께 품을 수 있는 광대한 전망, 즉 'The Next Peninsula(문명의 새로운 중심)'의 꿈을 꿀 수 있을 것이다. 공자가 당시의 최고 담론과 최고 도덕의 체현자로 주공(周公)을 창조(?)함으로써 그가 이상으로 한 정치의 구체적인 상(像)을 정립한 것을 다만 옛날 일로 치부할 것인가? 논어의 이 장을 보면서 드는 생각이다.

## 6

공자 말하기를, "도에 뜻을 두고, 덕에 근거하며, 인에 의지하고, 예에서 노닌다."

子曰 志於道 據於德 依於仁 游於藝
자왈 지어도 거어덕 의어인 유어예

- 도(道)를 지향하며, 덕(德)을 바탕으로, 인(仁)에 의지한 삶을 살라는 말이군요. 공자가 말하는 도(道)는 무엇일까요? 도덕경의 첫 장에 나오는 화두이기도 한데요.
- 인생을 포함한 우주 자연의 '길'이겠지요. 모든 종교와 철학의 궁극적인 질문이기도 하고요. 공자는 거증하기 힘든 형이상학적 담론이나 정의(定義)는 피하는 편이니까 '이것이 도(道)다.'라고 말한 적은 없는 것 같습니다. 노자도 첫머리에 '도가도비상도(道可道非常道) 명가명비상명(名可名非常名)'이라고 했지요. 이름 붙이면 뭔가 어긋난다는 것을 이야기했지요.
- 덕(德)은요?
- 그 도(道)를 지향하는 총체적 인격 아닐까요? 덕의 크기는 그 안에 얼마나 많은 사람이나 자연이 들어와 있는가가 되겠지요. 덕불고필유린(德不孤必有隣)이지요. 그 도와 덕에 바탕을 두게 되면, 행동을 유발하는 동력은 인(仁)이 되겠네요. 사랑이겠지요.
- 인(仁)은 결국 자타의 생명력을 신장시키는 동력이라고 할 수 있겠지요.
- 그런데 예(藝)로 노닌다(游)는 말이 신선하게 다가옵니다. 도(道), 덕(德),

(인仁)과 같은 관념들을 정말로 부드럽고 자유롭게 다가오게 합니다. 공자는 스스로가 음악에 깊이 심취하고, '시(詩)에서 일어나고 악(樂)으로 완성한다.'고 말하고 있는데, 아마도 이것이 다른 성인들과 다른 특성 같기도 합니다.

- 저도 이 모든 거룩하고 경건해 보이는 목표들이 예술이라는 율동 속에서 살아 움직이는 것을 느낍니다.
- 우리가 어떤 목표를 최고의 경지로 실현할 때 그것을 '예술'이라고 표현하잖아요. 예를 든다면 정치의 최고 경지를 '사람을 사랑하는 구체적 기술' 나아가 '이상과 현실을 조화시키는 예술' 같은 식으로 표현하잖아요.
- 누가 그렇게 말하나요? 권력 탈취의 기술이나 이전투구의 싸움을 연상하게 되는데요.
- 그래도 인간이 동물계로부터 진화한 존재라면 공자가 가리키는 방향이라야 할 것 같습니다.
- 돈이 지배하고, 각자도생의 살벌한 투쟁이 주류가 되는 사회는 진화의 길에서 크게 일탈한 사회지요. 우주 자연과 조화될 수 없는, 그래서 전체 생명계를 죽이는 암(癌) 세포와 같은 역할을 하는 존재로 되어 멸종의 길을 자초하는 것이지요.
- 흔히 말하는 '공자 왈 맹자 왈' 같이 비아냥거림의 대상이 되어 이런 말들이 겉도는 현실이 정말로 위험하게 느껴집니다.

## 7

공자 말하기를, "스스로 속수(束脩; 말린 고기 두름으로 적은 예물이라는 뜻) 이상의 예를 행한 사람이면 나는 아직 가르치지 않은 적이 없었다."

子曰 自行束脩以上 吾未嘗無誨焉
자왈 자행속수이상 오미상무회언

- 2장(章)의 '회인불권(誨人不倦)'과 이어지는 말이군요. '속수(束脩) 이상'을 '스스로의 행동을 검속하고 수련하는 정도 이상의 태도를 지닌 사람'으로 해석하는 사람도 있는데, 공감이 갑니다. 진정으로 배우려는 자발성이 있는 사람에 대해서 가르치지 않은 적이 없다는 말이 되겠지요.
- 돈으로 고액과외를 해서 부와 권세를 대물림할 수 있는 학력을 쌓는 요즘의 세태가 떠오릅니다.

## 8

공자 말하기를, "분발하지 않으면 열어주지 않고, 표현하려고 애쓰지 않으면 일깨워 주지 않으며, 한 귀퉁이를 들어 올려주면 세 귀퉁이로 반응하지 못하는 자에게는 되풀이하지 않는다."

子曰 不憤不啓 不悱不發 擧一隅不以三隅反則不復也
자왈 불분불계 불비불발 거일우불이삼우반즉불부야

- 앞 장에 이어서 읽으면, 공자의 가르침에 대한 태도를 알 수 있습니다. 배우려는 자의 자발성과 탐구심이 가르치는 자의 평등심과 성심과 만나야 진정한 가르침과 배움이 된다는 것이지요.
- 뭔가 스스로 알고 싶고 표현하고 싶은, 즉 배우려고 하는 마음이 있을 때 문을 열어준다는 것이네요. 그냥 들은 것을 기억하는 정도가 아니라 문을 열고 들어가 스스로 탐구하려는 마음이 있을 때라야 진정한 가르침이 배움과 만날 수 있다는 이야기 같습니다.
- '이러이러한 사람은 가르치지 않겠다.'는 구절을 보면서 '우물에는 데리고 가도, 물을 마시게는 하지 못한다.'는 말이 생각나네요. 진실로 가르친다는 것은 일방통행이 아니라 가르치는 사람과 배우는 사람의 참된 만남이 아닐까요? 배우려는 사람의 열의도 중요하지만 가르치는 사람의 마음속 동기(動機)도 살펴보아야 할 것 같아요. 저도 가끔 누구에게 뭔가를 이야기하고 나서 공허감을 느낄 때가 많은데, '결국 혼자 이야기한 것이 아닌가.' 하는 생각이 들 때가 있어요.
- 배움의 자발성에 대해서는 주희도 '가서 배울 수는 있어도 와서 가르치는 예는 없다.'고 말합니다. 요즘은 와서 가르치는 경우도 많지요. 자발성이 떨어지는 것이지요.
- 지난번 차를 타고 오다가, 어떤 수학 학원에 걸려 있던 플래카드가 생각이 납니다. '알 때까지 가르친다.' 부모가 그런 학원에 자식을 보내지요.
- 요즘 교육의 일그러진 자화상입니다.

## 9

공자는 상을 당한 사람 곁에서는 배부르게 잡수시지 않고, 곡을 하신 날에는 노래를 부르지 않았다.

子食於有喪者之側未嘗飽也 子於是日哭則不歌
자 식 어 유 상 자 지 측 미 상 포 야  자 어 시 일 곡 즉 불 가

- 공자의 진솔한 모습을 말하고 있군요. 의례적인 태도라기보다 상을 당한 사람의 슬픔에 공감하는 것이지요.
- 바로 이런 공감 능력이 인격의 중요한 요소라고 생각합니다. 요즘 너무 공감 능력이 떨어지는 사람들이 사회의 중요한 자리에 있는 것이 세상을 퇴행시키는 원인이 되는 것 같아서요.
- 공자는 아마 노래를 무척 즐긴 것 같군요. 과거 성인으로 추앙받는 사람 가운데는 특이하지만, 그 점이 현대인의 감성과 통하는 면이 있는 것 아닐까요?

## 10

공자 안연에게 말하기를, "쓰이면 행하고, 쓰이지 않으면 간직하는 것은 오직 나와 너만이 할 수 있는 일이다." 자로가 묻기를, "만약 선

생님께서 삼군을 통솔하신다면 누구와 더불어 하시겠습니까?" 공자 말하기를, "맨손으로 호랑이에게 덤비고, 맨발로 강을 건너려 하다가 죽어도 후회하지 않는 그런 무모한 사람과는 같이 하지 않을 것이다. 반드시 어려운 일에 임하여서는 두려워하며, 미리 계획을 세워서 성공하는 사람과 함께 할 것이다."

子謂顔淵曰 用之則行 舍之則藏 唯我與爾有是夫 子路曰 子行三軍則誰與 子曰
자 위 안 연 왈 용 지 즉 행 사 지 즉 장 유 아 여 이 유 시 부 자 로 왈 자 행 삼 군 즉 수 여 자 왈
暴虎馮河死而無悔者 吾不與也 必也臨事而懼 好謀而成者也
포 호 빙 하 사 이 무 회 자 오 불 여 야 필 야 임 사 이 구 호 모 이 성 자 야

'용지즉행 사지즉장(用之則行 舍之則藏)'을 보통 '나를 인정하여 써주면 나아가 도(道)를 행하고, 버리고 써주지 않으면 도(道)를 내 몸에 간직한다.'는 식으로 해석한다. 군주(君主)에 의해서 등용되거나 버려질 때나 일관된 덕의 실천이라는 경지를 나타내는 말로 읽는 것이다. 맹자의 호연지기로 유명한 문장 가운데 '득지여민유지 부득지독행기도(得志與民由之 不得志 獨行其道)'가 그것을 더욱 진전시킨 말이라고 이해한다.

그런데 이 정도의 경지를 굳이 공자가 안회를 향하여 '오직 나와 너만이 할 수 있다.'고 했을까? "쓰이면 행하고, 쓰이지 않으면 간직한다."고 말 그대로 해석하는 것이 옳다고 생각한다. 그것이 쉽지 않은 것이다. 그래서 '안연 정도라야 나와 함께 그것을 행할 수 있다.'라고 한 것이다.

맹자의 말과 차이가 무엇인가? 맹자의 말에는 '지(志)'가 들어간다. 미미한 차이 같지만, 공자의 세계에서 멀어지는 단초로 나에게는 보인다. 공자의 말은 철저한 수동태(受動態)다. 네 가지를 끊은(毋意, 毋必, 毋固, 毋我) 사람이 아니면 이런 말을 할 수 없는 경지다.

세상일에 오불관언하는 이른바 달관이나 초연함이 아니다. 오히려 세상을 위해 자신의 최선을 다하는 적극성이 자연스럽게 녹아 있다. 수기(修己)

와 안인(安人)이 하나의 동심원(同心圓)이 되어 있는 상태다. 맹자의 호연지기와도 차원이 다른 세계다. 그래서 사람들에게 잘 다가오지 못한다. 대지(大志)나 웅지(雄志)가 있는 사람들에게 맹자가 훨씬 매력적이다.

그러나 그 '지(志)'가 '아(我)'를 벗어나지 못하면 배반하고 배반당하기 쉽다. 역사 속에서, 특히 권력을 다투는 정치의 세계에서 그런 현상은 무수히 일어났다. 아니, 지금도 끊임없이 일어나고 있다. 그래서 웅지(雄志)가 있는 사람일수록 공자의 경지(用之則行 舍之則藏)를 늘 염두에 두고 자신을 살피는 것이 중요하다. 그것이 세상을 살리고 자신을 살리는 길이다.

쓰임을 정(定)하는 것은 자기가 아니다. 정치인이나 관료뿐만 아니라 모든 분야의 사람들이 그렇다. 정치를 두고 말한다면 예전에는 군주가 선택하였다면, 지금은 국민이 선택한다. 나아가고 물러감에 때를 아는 것을 자신이 정(定)할 수 있다.

아주 잘못된 경우를 나타내는 말로 '토사구팽(兎死拘烹)'이 있다. 이것은 비정한 권력의 세계를 말하지만, '용지즉행 사지즉장'을 제대로 못 하면 나타나기 쉬운 현상이다. 우리는 짧은 시간에 '산업화'와 '민주화'라는 두 개의 시대정신을 실현해야 했다. 그러다 보니 사고방식과 인물의 교체가 자연스럽게 이루어지지 않았다. 그러다 보니 '용지즉행 사지즉장'의 모습보다는 '토사구팽'의 모습이 많이 나타나고 있다.

누가 누구를 토사구팽 하는가? 권력이든 돈이든 탐욕에 젖어 있거나 자기 생각에 갇혀서 변화하지 않는 것은 스스로를 토사구팽으로 몰고 가는 주범이다.

■ '용지즉행 사지즉장'은 수동적 적극성으로 다가옵니다. 수동적이라는 것은 쓰임을 결정하는 것은 내가 아니라 세상이라는 자각과 그것을 뒷

받침하는 인격을 말하는 것이고, 적극적이라는 것은 자신의 경륜과 능력을 최대한으로 살려 세상을 이롭게 하려는 것입니다. 이 둘의 조화가 얼마나 어려운지를 말하고 있네요.

- 요즘 뛰어난 견해와 분석하고 종합하는 능력을 갖춘 사람들이 자신이 쓰이지 못하는 것을 안타까워하는 글을 읽으면서 드는 생각은 먼저 자신의 경륜과 능력이 복합적이고 중층적인 현실과 수많은 지위와 역할의 연계 속에서 '쓰일 수 있게 만드는' 것이 중요하다는 생각이 듭니다.

- 그것이 어쩌면 가장 중요한 능력이 아닐까 생각합니다. 아무리 스스로는 탁월한 능력이 있다고 생각해도 실제로 쓰이지 않는다면, 원망해 봐야 소용없지요.

- 적재적소(適材適所)라는 말을 깊이 생각해 보아야 합니다. 사람만이 아니라, 이념과 사상, 정책과 비전도 적재적소에 제시될 때 비로소 '쓰이게' 되는 것이지요. 그렇게 되도록 스스로를 준비하는 것이 가장 필요한 능력 같습니다.

- 안연을 칭찬하는 말을 듣고 샘이 난 자로가 말하는군요. '선생님께서 삼군을 통솔하시려면 누구와 함께하시겠습니까?' 물론 용맹한 자신을 선택하리라고 생각한 질문이지요. 그런데 공자는 매정하게 끊어버리는군요. 자네처럼 무모한 자와는 함께 할 수 없다고.

- 자로는 공자보다 아홉 살 연하로 다른 제자들보다는 나이가 많은 편이죠. 사제지간이지만, 때로는 허물없는 동생 대하듯 하는 장면들이 나옵니다. 공자는 자로의 용기와 의리를 높게 보면서도 그 무모함을 늘 걱정했어요. 실제로 자로는 허무한 죽음을 맞이합니다.

- 필야임사이구(必也臨事而懼; 일에 임하여 반드시 두려워한다)는 구절에서는 참다운 용기가 무엇인지를 생각하게 합니다. 어떤 일을 책임지고 끝까

지 완수하려는 것과 무모함의 차이를 지적하고 있습니다.

## 11

공자 말하기를, "부를 가히 구할 수 있다면 비록 마부 노릇이라도 나 역시 하려니와, 가히 구할 수 없는 것이라면 내가 좋아하는 것을 하겠다."

子曰 富而可求也 雖執鞭之士 吾亦爲之 如不可求 從吾所好
자왈 부이가구야 수집편지사 오역위지 여불가구 종오소호

- 논어를 읽다 보면 공자가 안회의 가난한 삶 속에서도 그 즐거움을 놓치지 않는다(不改其樂)는 것을 찬탄하고, 스스로도 가난한 삶 속에서도 즐거움이 또한 그 가운데 있다(樂亦在其中)는 말들이 인상에 남아서 자칫 공자가 부(富)를 경시하거나 멀리한 것으로 알기 쉽지만, 사실은 행복을 위한 일차적 조건으로 부(富)를 대단히 중시합니다.
- 그 점이 물질적 삶과 정신적 삶을 이원적으로 파악하고, 정신 혹은 영적(靈的) 삶을 더 중시하는 것과는 다르지요.
- 이 장에서 부(富)를 구하는 것이 가능하다면, 당시의 천직(賤職)인 마부라도 하겠다는 것이 그냥 꾸며서 하는 말이 아니라 솔직한 심정이라고 봐야겠지요. '가구야(可求也)'는 '구할 수 있다면'의 뜻도 있지만, 정당한 노력으로 '얻을 수 있다면'의 뜻도 있는 것 같습니다.
- 부를 구할 수 없을 때는 자신이 좋아하는 일을 하겠다는 말에서도 어떤

겸허함이 묻어납니다. 부(富)를 얻는 것이 좋지만, 그것이 안 되면 이런 것은 어떤가 하고 슬쩍 끼워 넣는 식이지요. 논어 첫 장의 불역락호(不亦樂乎)의 표현 방식이 생각납니다.
- 그런 마음일 때 비록 가난한 살림에 팔베개하고 누워도 즐거울 수 있는 거지요. 그 좋아하고 즐기는 것이 무엇인가를 논어 전편(全篇)에서 말하고 있지요.

## 12

공자가 가장 조심한 것은 제계(齊戒)와 전쟁과 질병이다.

子之所愼 齊戰疾
자 지 소 신 제 전 질

- 제자들이 공자의 평소 모습을 기록한 것인데, 이런 문장이 논어의 여기저기에 나옵니다.
- 제계는 제사에 앞서 천지신명과 만나기 위한 준비지요. 온 정성을 다하는 것이지요. 사람의 생명을 앗아가는 전쟁과 질병은 가장 조심하고 신중해야 할 것으로, 제사에 정성을 다하는 것과 같았겠지요.
- 춘추 전국 시대, 그 전쟁과 난(亂)이 끊이지 않던 시대에 일관된 평화주의자로서 공자의 모습을 제자들이 기록한 것 같습니다.

## 13

공자가 제나라에 있을 때 소(韶) 음악을 듣고 석 달 동안 고기 맛을 몰랐다. 말하기를, "음악이 이런 경지까지 이르리라고는 생각도 못 했다."

子在齊聞韶 三月不知肉味 曰 不圖爲樂之至於斯也
자 재 제 문 소  삼 월 부 지 육 미  왈  부 도 위 락 지 지 어 사 야

- 공자의 음악에 대한 조예와 사랑은 많이 언급되고 있지만, 여기서는 과장이 심한 편이네요. 슬픔이나 근심·걱정 때문에 식욕을 잃는 경우는 있겠지만, 음악을 듣고 그 감동으로 석 달 동안 고기 맛을 몰랐다니요.
- 공자의 말을 바꿔서 그에게 돌려주고 싶군요. '아, 공자의 음악 사랑이 이런 경지까지 이르리라고 생각도 못 했네요.' 소(韶)는 순(舜) 임금의 덕을 기린 음악이라는군요. 이때가 공자의 나이 35세로 제나라에 망명했을 무렵이라고 합니다.

## 14

염유가 말하기를, "선생님께서는 위나라의 임금을 도우실까요?" 자공이 말하기를, "알겠소, 내가 여쭈어 보겠소." 공자의 처소에 들어

가서 말하기를, "백이와 숙제는 어떤 사람입니까?" 공자 말하기를, "옛 현인들이다." "원망했나요?" "인을 구하여 그 인을 얻었는데, 다시 무엇을 원망했겠느냐?" 자공이 밖으로 나와 말하기를, "선생님께서는 돕지 않을 것입니다."

冉有曰 夫子爲衛君乎 子貢曰 諾 吾將問之 入曰 伯夷叔齊 何人也 曰 古之賢人也
염유왈 부자위위군호 자공왈 락 오장문지 입왈 백이숙제 하인야 왈 고지현인야

曰 怨乎 曰 求仁而得仁 又何怨 出曰 夫子不爲也
왈 원호 왈 구인이득인 우하원 출왈 부자불위야

- 염유(염구)와 자공과 공자의 대화군요. 그런데 염유가 공자에게 직접 묻지 않고 자공에게 알아보게 하는군요. 염유와 자공은 비슷한 나이로 염유가 두 살 연상입니다.
- 이 대화들을 이해하기 위해서는 당시의 상황을 알아야 할 것 같은데요? 좀 알려주시죠.
- 공자가 노나라의 계씨를 비롯한 삼환의 전횡을 피해 14년 동안 여러 나라를 전전했지만, 주로 머문 나라가 위나라입니다. 위나라 영공이 죽고 왕위 다툼이 심했습니다. 영공의 부인 남자와의 다툼에서 밀려 외국으로 도주했던 태자 괴외(蒯聵)는 아버지가 죽자, 왕위를 노려 귀국하려고 했습니다. 그런데 괴외의 친아들인 첩(輒)이 왕위에 올라서 괴외의 귀국을 막았지요. 부자간의 권력 다툼이지요.
- 염유가 말하는 위군(衛君)은 첩(輒)을 말하는 것이지요. 공자가 죽은 위령공에게 대우를 받았던 만큼 혹시 첩이 공자에게 도움을 요청한다면 들어줄 것인지를 알고 싶었던 것이지만, 염유 자신이 첩에게 요청을 받으면 어떻게 할 것인지를 알고 싶었던 거지요. 직접 묻지 않고 자공에게 묻고 있는데, 염유가 나중에 계씨의 가신이 되고 공자에게 비난받는 행동을 한 것을 보면 그는 권력 참여 욕구가 강했던 것 같습니다.

- 그런데 자공은 백이숙제를 끌어들여 간접화법으로 공자의 의중을 탐색해 보는군요. 백이숙제는 주나라 무왕이 은나라를 치러 갈 때 말고삐를 잡고 말린 인물들이지요. 무왕이 은나라를 멸망시키고 주나라를 새우자 곡식 먹기가 부끄럽다면서 고사리를 캐 먹다가 죽었다는 일화가 전해지는 인물입니다. 첩이 괴외를 막는다면 전쟁이 불가피한데, 공자가 백이숙제의 행동에 정당성을 부여한다면 첩의 행동을 부당한 것으로 생각하고 돕지 않을 것이라고 판단한 것이지요. 그런데 공자는 백이숙제를 현자라고 평했습니다. 나아가 원망했느냐는 질문에 인(仁)을 구하여 득인(得仁)을 했는데 어찌 원망하겠느냐고 답하는 장면입니다.
- 그래서 자공은 공자와 대화를 하고 나와서 돕지 않을 것이라고 이야기하는 장면이군요.
- 그런데 공자가 '백이숙제는 인을 구해서 득인을 했다.'고 말한 것은 좀 생각할 문제 있는 것 같습니다. 인(仁)의 주관성입니다. 그것은 백이숙제의 인(仁)이지요. 공자가 백이숙제가 처했던 상황이라면 백이숙제와 같은 처신을 했을까요? 그것은 별개의 문제 같습니다. 백이숙제의 인(仁)을 긍정한 것일 뿐 공자가 생각하는 인(仁)과는 다르지요. 인자(仁者)라고 하지 않고 현자(賢者)라고 하고 있습니다. 실제로 공자는 주군을 배신하고 적에게 투항한 관중이지만, 그의 정치적 업적을 기려 그를 불인(不仁)하다고 비난하는 제자들에게 관중을 변호하여 대인(大仁)이라고 말하지요. 스스로 인(仁)을 얻었으면 무엇을 원망할 것이 있겠는가는 말은 공자의 심경이었을 것입니다.

## 15

공자 말하기를, "거친 밥을 먹고 물마시고 팔베개를 하고 살더라도 즐거움이 또한 그 가운데 있는 것이니, 의롭지 않은 부귀는 나에게 있어 뜬구름과 같다."

子曰 飯疏食飮水 曲肱而枕之 樂亦在其中矣 不義而富且貴 於我如浮雲
자왈 반소식음수 곡굉이침지 낙역재기중의 불의이부차귀 어아여부운

- 공자의 호연지기가 느껴지는 한 구절입니다. 공자의 호연지기에는 바탕에 기쁨이 있습니다. 사실 논어 1편 1장이 그 호연지기를 잘 나타내고 있지요.
- '만일 부를 구할 수 있다면….'이라는 구절과 '거친 밥을 먹고 물 마시고 팔베개를 하고 누웠어도….'라는 구절을 통해 공자의 부(富)에 대한 태도가 잘 나타나 있습니다. 부(富)는 행복의 필요조건이지만, 충분조건은 아니라는 것이죠.
- 인간의 실태를 그대로 인정하는 '현실적 사고'와 인간이라면 추구해야 할 '이상'의 조화를 생각하게 합니다. 안빈낙도(安貧樂道)의 일면만 강조하는 것은 공자의 중용과는 거리가 있지 않을까 생각됩니다.
- '의롭지 않은 부귀는 나에게 뜬구름과 같다.'를 읽고 큰 기운이 느껴지기도 하지만, 한편 지금의 삶의 모습을 생각하면 사람들에게 이 말이 어떻게 다가갈지 괴리감이 생기기도 하네요.
- 그런데 공자와 같은 현실참여의 정의파가 의롭지 않은 부귀에 대해 강하게 비판하거나 미워하지 않고, 왜 '뜬구름 같다'는, 마치 세상을 피해

사는 은자(隱者) 같은 말을 했을까요?
- 공자는 사실 은자(隱者) 같은 삶을 동경했을지도 모릅니다. 논어에는 그런 장면들이 소개되어 있지요.
- 그보다는 불의한 부귀에 대한 미움이나 투쟁 속에 섞여 있을지 모르는 그것을 동경하는 마음을 뛰어넘어야 새로운 세상을 만들 수 있다는 그의 신념에서 나온 이야기라고 생각합니다. 이인편 6장의 '불인을 미워하는 사람은 그 인을 행함에 있어 그 불인이 자신의 몸에 붙지 않도록 해야 한다.'는 말과 통하는 것이지요.

16

공자 말하기를, "나에게 몇 년의 수명이 더 주어져 쉰 살부터라도 주역을 배우게 된다면 큰 과실은 없을 것이다."

子曰 加我數年 五十以學易 可以無大過矣
자 왈 가 아 수 년 오 십 이 학 역 가 이 무 대 과 의

- 이 장은 공자의 사상이나 철학과 상충되는 정도가 심하여 원본에 첨가된 위작이라는 주장이 있는데, 논어 전체를 볼 때 이 장은 갑자기 돌출하는 느낌입니다.
- 실제로 주역의 내용이 언급되는 것은 13편 22장에서 주역의 항괘(恒卦) 구삼(九三) 효사(爻辭)뿐이지만, 공자가 주역을 학습하고 많은 깨달음을 얻을 수 있었을 것으로는 생각합니다.

- 공자가 실제로 이 말을 했다면 쉰 살이 되기 전이었겠지요. 그것도 몇 년의 수명을 이야기하는 것으로 보아 대단히 어려운 시기였을 것으로 보입니다.

- 주자는 공자가 이 말을 할 때 이미 일흔을 넘겼다고 보고, 오십(五十)을 졸(卒)의 잘못된 기록으로 보고 '주역 배우기를 마칠 수 있다면'으로 해석하지만, 무리한 해석이라고 봅니다.

- 사람은 누구나 미래를 불안해합니다. 그래서 점(占)을 치는 유일한 종(種)이 인간이겠지요. 특히 난세(亂世)일수록 점집이 문전성시(門前成市)를 이룹니다. 21세기 한국의 현실을 보십시오. 사이비 도사들의 전성시대 같습니다.

- 모친이 무당의 가계(家系)라는 설도 있고, 상례(喪禮)나 제례(祭禮)의 전문가로 알려진 공자지만, 그는 당시의 사회 문화적 환경 속에서도 괴력난신(怪力亂神)을 멀리한 합리주의자였지요. 그것이야말로 그가 불세출의 인물이 될 수 있었던 바탕이 아닐까 생각합니다.

- 13편 22장에서도 주역을 거론하지 않고 남쪽 사람들의 말을 인용하며, 점을 치지 않아도 알 수 있는 원리로 이야기하고 있습니다.

- 나는 주역을 제대로 공부한 적은 없습니다만, 무상(無常)이라는 우주 자연의 원리를 물극필반(物極必反)이나 궁즉변(窮卽變) 변즉통(變卽通)의 이치로 우주의 변화 원리와 인간의 길흉화복을 설명하는 탁월한 철학으로 보고 있습니다. 그런데 사람들은 주로 자신의 현재나 미래를 점치는 점술서로 활용하고 있지요. 미래에 대한 불안 때문에 당연한 현상이지요.

- 공자는 주역을 점술이 아닌 도덕적 수양과 세상의 이치를 깨닫는 도구로 보았고, 후대의 유학자들이 그 방향으로 해석을 확장해 역경을 5경의 하나로 만들지 않았나 생각합니다.

- 공자가 주역을 가죽끈이 세 번 끊어질 정도(韋編三絶)로 공부했다는 이야기나 주역의 전(傳)을 공자가 지었다는 등은 사실과 다르지 않을까 생각합니다.
- 주역의 권위를 공자를 앞세워 강화하려는 시도나 그 반대로 주역의 권위를 빌려 공자를 높이려는 시도인지는 모르지만, 공자 사상과 주역은 그 결이 다르다고 생각합니다.

17

공자가 늘 하는 말은 시와 서와 예를 실천하라는 것이었다. 이 셋을 모두 우아하게 말하였다.

子所雅言 詩書執禮 皆雅言也
자 소 아 언   시 서 집 례   개 아 언 야

- 시경, 서경, 그리고 예의 실천에 대해서 공자가 각별히 우아하게 말하였다는 제자들의 전언이군요.
- 우아(雅)하게 말했다는 것은 그 말에 정성과 공경이 담겼다는 것이겠지요. 『논어, 세 번 찢다』의 저자 리링은 아언(雅言)을 당시의 표준말로 보고 있군요. "공자는 시를 읊을 때 아언(雅言)을 썼으며, 의례에서 발언할 때도 아언을 썼다. 발언을 하거나 거기에 시구를 끼워 넣거나 완전히 한 가지 언어로 했다는 것이다. 아언이란 당시의 표준말이었다."

## 18

섭공이 자로에게 공자의 사람됨을 물었는데, 대답하지 못했다. 공자가 자로에게 말하기를, "너는 왜 말하지 못했는가? 그 사람됨이 학문을 좋아하여 발분하면 밥 먹는 것도 잊어버리고, 즐거워서 근심을 잊어버리며 늙어 가는 것조차 알지 못한다고."

葉公問孔子於子路 子路不對 子曰 女奚不曰 其爲人也 發憤忘食 樂以忘憂 不知老之將至云爾
섭공문공자어자로 자로불대 자왈 여해불왈 기위인야 발분망식 낙이망우 부지 노지장지운이

- 섭공은 논어에 몇 번 공자의 대화상대로 나오는 인물인데, H.G.크릴은 "공자가 진(陳)에 머무는 동안 두 명의 비범한 인물이 서로 만났는데, 공자와 섭공의 만남"이라고 이야기하고 있군요.
- 섭(葉)은 초나라의 현이고, 섭공은 섭현의 수령으로 이름은 심제량(沈諸梁)입니다. 공(公)이라는 호칭은 임금에게 붙이는 것인데, 일개 고을의 수령을 백성들이 그렇게 부른 것을 보면 그가 대단히 신뢰를 받던 인물이었던 것 같습니다. 『좌전』에는 그가 여러 차례 등장하여 공자와 비슷한 발언을 한 것이 보인다고 합니다.
- 이때 공자가 60을 넘긴 나이로 조국인 노나라를 떠나 이국을 유랑하면서 모처럼 만난, 지기로 사귈 만한 사람에 대한 애틋한 심정이 느껴집니다.
- 자로가 섭공의 공자에 대한 관심에 대꾸를 안 한 것은 자로 나름의 이유가 있었겠지만, 공자는 그것이 아쉬웠고, 자신을 왜 이렇게 소개하지 않

았느냐고 나무라는 대목이군요.
- 그런데 그 자기 소개가 '발분망식 낙이망우 부지지장지운이'군요. 대단합니다. 60이 넘으면 당시로는 노인인데, 젊은 사람 이상의 기개가 보입니다. 공자의 초상화를 보면 늙어서 주름이 잡힌 꾸부정한 노인이 많은데, 바꿔야 할 것 같아요. 이런 기개와 열정이 나타나면 좋겠어요. 초상집 개처럼 그리지 말고.
- 자로편에는 공자와 섭공의 대화가 나오고, 특히 자로편 18장의 대화는 두 사람의 다름을 느끼게 합니다.
- '즐거워서 근심을 잊는다(樂而忘憂)'는 글을 보면서 자신을 되돌아보게 되는군요. 저는 근심하느라고 즐거움을 잊는 경우가 많은 것 같은데.
- 우리가 하고자 하는 일이 모두가 행복해지는 것이라면 그 과정에서 어려움이 있다고 할지라도 근심보다는 낙관적 공기가 감돌아야 할 것 같아요. 만일 그렇지 않다면 무언가 그 원인을 찾아봐야 할 것 같고요.
- '늙어가는 것조차 모른다.'는 말이 내 나이가 공자보다 더 오래 살고 있다 보니 요즘 새삼 다가옵니다.
- 가장 바람직한 삶은 어떤 것일까요?
- 어떤 일에 온전히 집중하여 그 일이 즐거워 근심을 잊고, 죽음이 다가오는 것조차 의식하지 못하는 삶이 아닐까요?

## 19

공자 말하기를, "나는 나면서부터 아는 사람이 아니라, 옛것을 좋아하여 부지런히 찾아 배워 아는 사람이다."

子曰 我非生而知之者 好古 敏以求之者也
자왈 아비생이지지자 호고 민이구지자야

- 공자에 대한 사람들의 찬탄에 공자가 응답하는 이야기 같습니다. 나는 당신들이 생각하는 그런 '나면서부터 아는 천재나 초월적 존재'가 아니라 보통의 인간일 뿐이라는 선언 같군요.
- 어디까지나 호학(好學)하며, 온고(溫故)를 바탕으로 지신(知新)에 온 정성을 다하는 사람일 뿐이라는 것은 술이부작(述而不作)이라는 말을 시작으로 술이편의 여기저기서 일관되게 이야기하고 있군요. 바로 전 장(章)은 그런 자신의 상태를 스스로 발분망식(發憤忘食) 낙이망우(樂以忘憂)라고 표현하고 있고요.
- 이런 점이 공자의 특징이라고 생각합니다. 내가 생각하는 '보통 사람들의 성인화(聖人化)'라는 인류적 과제에 가장 부합하는 태도가 아닐까 생각합니다. 지금 우리가 겪고 있는 인류의 위기를 생각할 때, 어떤 초월적 존재에 대한 믿음이 더 이상 설득력이 있기 힘들 정도로 인간의 과학적 지식이 발달한 상태에서 이제 보통 사람들의 보편적 자각만이 위기 극복의 유일한 출구로 되고 있다고 생각합니다. 공자는 그런 면에서 하나의 모델이 되는 것이지요. 지금까지의 문명을 부정하지 않으면서 그것을 넘어설 수 있는 길은 결국 이런 태도에서 가능하지 않을까요?

## 20

공자는 괴력난신(怪力亂神)에 관해서는 말하지 않았다.

子不語怪力亂神
자 불 어 괴 력 난 신

- 이 구절을 보면서 '종교'에 대해 생각하게 됩니다. 사람들은 미지(未知)의 것에 대해, 불확실한 미래에 대해 불안감이나 두려움을 가지고 있잖아요. 그런데 걸출한 사람들은 보통의 사람들이 보지 못하는 것을 보고, 할 수 없는 일을 하는 능력이 있지요. 이런 분들이 역사상 성인(聖人)으로 일컬어진 것이고요. 그런데 사실 이런 능력은 그가 아집(我執)에서 벗어날 수 있어서 생기는 것 아닐까요? 사람들에게는 그 능력이 크게 보이지만 오히려 능력은 부산물(副産物)이지요. 부산물에 정신이 팔리면 그 진수를 알고 실행하는 것은 어려워진다고 생각해요. 여기에 종교의 근원적 뒤틀림이 있는 것 같은데요?

- 공자의 그런 모습에 답답해한 제자들도 있었던 모양이에요. 너무 평이한 이야기만 하고, 궁금증을 해소할 만한 시원한 이야기는 없으니까요. 그래서 혹시 뭔가를 숨기고 있는 것이 없을까 하고 의심도 했던 모양이지요. 그에 대한 공자의 대답 또한 명쾌하고요.

- '배우기를 좋아한다(好學) 불혹(不惑) 지천명(知天命) 이순(耳順) 종심소욕불유구(從心所慾不踰矩)' 같은 경지야말로 진짜로 자유와 행복의 길이라 할 수 있지요. 이것은 사실 모든 성인의 길이라고 할 수도 있을 것 같고요. 그런데 보통의 사람들에게는 막막하게 느껴지는 것 같아요. 이적(異

蹟)이나 신비주의에 끌리는 거지요.
- 신비(神秘)는 있다고 생각해요. 우리가 모르는 세계에 대한 외경(畏敬)도 있고요. 그러나 자신의 의식을 근본적으로 변혁하는 길, 즉 자기중심성을 넘어서는 길이 자유와 행복의 길이라는 자각이 없이 신비주의나 기적에 대한 동경에 빠지는 것은 결국은 도움이 안 된다고 생각해요. 언젠가 막다른 골목에서 자신의 아집과 직면할 수밖에 없거든요. 정말로 하고 싶은 것은 공자처럼 신비주의에 빠지지 않고 자유인이 되고 싶은 거지요.
- 증명되지 않는 허구의 신화에 바탕을 둔 문명은 그 뿌리가 허약하지요. 언젠가는 심각한 아노미 상태에 빠지게 되고요. 우리가 겪고 있는 지금의 상태가 아닌가 합니다. 어찌 보면 인류가 결국은 만나게 되고 극복하게 될 근본 모순이 아닌가 합니다. 마르크스주의 등에서 말하는 모순은 이에 비하면 부분적이고 작은 것이지요.
- 역(力)과 난(亂)을 말하지 않았다는 것은 그의 일관된 평화주의를 이야기하는 것이지요. 폭력을 포함한 일체의 힘에 의한 강제와 미움과 분노가 부딪치는 난(亂)이 아닌 지적 혁명을 추구하였다고 생각합니다. 그동안의 인류 역사를 통하여 극복되지 않았을 뿐 아니라, 그 가공할 행위능력에 의해 지금 인류는 존속을 위협받는 위기를 만나고 있지요. 지금이야말로 '일변(一變)의 평화적 이행'을 추구한 공자의 이상과 방법론이 새삼 주목되는 것이 아닌가 생각합니다.

## 21

공자 말하기를, "세 사람이 같이 길을 가면 그중에 반드시 내 스승 될 만한 사람이 있다. 그 좋은 점을 골라서 따르고, 좋지 못한 것을 거울삼아 고친다."

子曰 三人行 必有我師者 擇其善者而從之 其不善者而改之
자왈 삼인행 필유아사자 택기선자이종지 기불선자이개지

- 공자는 주공(主公)을 롤모델로 삼아 스스로 그런 인물이 되려고 노력했지만, 실제로 어떤 특정한 스승으로부터 배우지 않고 인간과 자연 모두로부터 배웠지요. 그리고 유학이라는 학단(學團)의 비조(鼻祖)가 되었지요. 술이부작(述而不作)을 말하면서 실제로는 위대한 창작을 한 것입니다.

- 반면교사(反面敎師)라는 말이 있지 않아요. 남의 허물을 보고 자신의 허물을 고친다는 것이지요. 사실 남의 허물이 보이는 경우, 잘 보면 같은 것이 자기 안에 있을 때가 많거든요. 그런데도 상대를 비판하고 때로는 비난하고 심하면 가르치고 고치려고까지 하잖아요. 실제로 고칠 수 있는 것은 자기뿐이지요. 상대가 바뀌기를 진정으로 원한다면, 상대가 스스로 바꿀 마음을 낼 수 있도록 자신이 그런 환경이 되는 것뿐이지요.

- 뛰어난 사람에게는 질투하고 자기만 못하다고 생각하는 사람에게는 비난하고 가르치려 한다면 인간적인 진보는 불가능하지요.

- 저는 어떤 분에 대해 '너무 가르치려 한다.'고 생각해서 좀 걸리고 있어요. 그런데 다른 사람들은 그다지 걸려 하지 않아요. 지금 생각해 보니

내 안의 '가르치고 싶어 하는 욕구'가 부딪치고 있지 않는가 하는 생각이 듭니다.
- 그런 것 같네요. 누구나 자기가 어떤 사람에게 걸려 있는 경우 그것을 잘 들여다보면 자기를 돌아보게 될 것 같아요. 언제 한번 그런 이야기들을 진솔하게 나누어보지요.
- 요즘 흔히 '스승이 없다.'는 말을 듣지만, 공자의 이런 태도야말로 그에 대한 응답 같네요. 스승이 없는 것이 아니라, 스스로 문을 닫는 것이지요.
- 부처 눈에는 부처가 보이고, 돼지 눈에는 돼지가 보인다는 무학 대사의 유머가 생각납니다. 마침 어떤 대화 마당에서 한국 정치의 전환을 위해 권력욕보다는 대의(大義), 사심(私心)보다는 공심(公心)이 큰 진심(眞心)의 연대가 절실하다는 총론에는 동의하면서도, 그런 진심이 있는 사람이 너무 드물다는 이야기가 나왔어요. 먼저 자신이 진심인가를 묻고 그렇게 되려고 노력할 때만 다른 사람들의 진심이 보이고 감응하리라고 생각합니다.
- 자신의 주위에 스승 아닌 사람이 없다고 생각하면 얼마나 삶이 풍성하게 되겠습니까?

22

공자 말하기를, "하늘이 내게 덕을 내리셨는데 환퇴 따위가 나를 어찌 하리오."

子曰 天生德於予 桓魋其如予 何
자왈 천생덕어여 환퇴기여여 하

- 환퇴라는 사람은 공자의 제자였던 사마우의 동생 되는 송의 귀족이군요. 공자가 진나라를 향하여 송을 통과할 때 매복하고 있다가 공자를 살해하려 했다는 기록이 있다고 합니다. 그런데 그 이유를 설명하는 문건은 없는 모양입니다. 환퇴는 형인 사마우가 형제로 인정하지 않을 정도로 망나니 귀족이었던 모양입니다.
- 크릴은 그의 저서에서 아마도 환퇴의 눈에는 공자가 소크라테스가 처형된 죄목, 즉 청년을 타락시킨(실제는 계몽시킨) 죄를 범한 죄인으로 보였을 것이라고 말합니다.
- 공자의 하늘(天)을 잘 이해하는 것은 공자 사상을 이해하는 핵심 가운데 하나라는 생각이 듭니다. 여러 곳에서 천(天)을 이야기하고 있거든요. 분명한 것은 이적(異蹟)을 행하는 전지전능한 인격신(人格神)을 이야기하는 것과는 전혀 다르다는 생각입니다. 사실 그런 인격신(人格神)은 사람이 창조한 것 아닙니까?
- 인간의 인식과 능력을 넘어서는 미지의 세계에 대해서는 미지로 남겨두고, 그런 신비(神祕)에 대해서는 언급하지 않는 공자의 태도로 미루어, 인간을 넘어서는 어떤 존재에 대해서 부정하지도 않지만, 지나치게 가까이하지도 않으려 했지요.
- 어떻게 보면 신(神)에 의지하고 신(神)의 지배 아래 인간이 들어가는 것을 공자는 경계했습니다. 신(神)에 대해서는 '경이원지(敬而遠之)'를 말했지요.
- 천(天)을 구체적으로 정의하듯이 말하지 않지만, 공자의 여러 언급으로 미

루어 '우주 자연의 리(理)'를 그렇게 표현하고 그것에 부응하는 인간의 길을 자각한 자신에 대한 높은 긍지를 나타내는 것이 아닌가 생각됩니다.
- 50세에 지천명이라는 말도 무슨 정해진 하늘의 명(命)을 알았다는 그런 이야기라기보다 자신을 아는 데 집중하여 자신의 분수를 깨달았다라고 보는 것이 공자의 일관된 태도에 가깝지요.
- 이런 하늘에 대한 관념은 역사적으로 은주(殷周) 교체기에 나타났다고 보는 설(說)이 있군요.
- 은을 대신한 주에는 인격신으로서의 제(帝)의 관념은 버려지고 비인격적인, 말하자면 이성적인 하늘의 관념이 이를 대신했다고 하는 겁니다. 합리주의적인 정신의 맹아는 이 하늘의 관념에서 출발하고 있다고 볼 수 있다는 거지요.
- 공자도 자주 하늘을 일컫고는 있지만, 이를 정치사상으로 조직하지는 못했지요. 정치사상은 맹자에 의해 회복되어 그의 민본사상의 근거가 되었지요.

## 23

공자 말하기를, "너희들은 내가 무엇을 숨기고 있다고 생각하느냐? 나는 숨김이 없다. 나는 행함에 있어 너희들과 함께하지 않은 것이 없으니, 그것이 바로 나다."

子曰 二三子 以我爲隱乎 吾無隱乎爾 吾無行而不與二三子者 是丘也
자 왈 이 삼 자  이 아 위 은 호  오 무 은 호 이  오 무 행 이 불 여 이 삼 자 자  시 구 야

- 공자의 진면목을 스스로 분명하게 나타내는 말이군요. 보통 사람들의 기대에 비추어 보면 공자가 자기들에게 이야기하지 않고 감추고 있는 것이 없는지 의문을 가졌음직도 합니다.
- 그러다 보니 공자의 아들에게 혹시 당신에게 특별히 가르치는 것이 없느냐는 질문을 하는 제자도 생기지요. 그 제자는 공자보다 자공이 더 뛰어나다고까지 말하다가 자공에게 나무람을 받는 장면도 논어에 소개됩니다.
- 일상의 평범함 속에 진리가 있다는 것, 구체적인 현실 속에서 진리를 추구하는 것이야말로 공자의 가장 큰 특징이라고 생각합니다. 이것이 장점이 아니라 무언가 부족한 것으로 여겨서 논어 편집 후 추가로 편입된 것으로 보이는 여러 장(章)이나 자사(子思)가 편집한 중용 등에서는 형이상학적 요소나 도가(道家)의 요소가 섞여 들어가기도 한 것 같습니다.
- 대중은 뭔가 신비한 것, 이적(異蹟), 내세(來世)나 신(神) 이야기 등을 좋아합니다. 지금도 황당무계(荒唐無稽)한 자들에게 사람과 돈이 모이는 것을 보면 과학이 발달하지 못한 과거에는 어땠을까요? 특히 샤먼이 중요한 제례 같은 것을 주관하던 시대에 공자가 단호하게 이렇게 말할 수 있던 것이야말로 공자의 양심(良心)이라고 생각합니다.

## 24

공자는 네 가지로 가르치니, 문(文)과 행(行)과 충(忠)과 신(信)이다.

子以四教 文行忠信
자 이 사 고 문 행 충 신

문(文)은 박문약례(博文約禮)를 말한다. 널리 배워 예(禮)에 맞도록 정돈하는 것이다. 참된 지(知)를 갖추는 것이다. 그러나 지(知)보다 더 중요한 것이 행(行)이다. 지행합일(知行合一)은 예나 지금이나 참된 인간의 변함없는 목표이다. 그 바탕이 되는 것은 충(忠)과 신(信)이다.

충(忠)이라는 한자를 풀어보면 中(중)과 心(심)이 합쳐진 것이다. 사람의 마음에 중심(中心)을 세우는 것이 아닌가 생각된다. 그것은 그 사람이 어떤 가치를 가장 중시하느냐와 직결되는 것이다. 과거에 국가나 군주에게 충성하는 것을 의미하는 말로 주로 쓰다 보니 충(忠)이라 하면 현대인에게는 별로 와 닿지 않는 것처럼 생각하기 쉽다. 그러나 충(忠)의 의미를 과거의 사회제도나 관념과 결부시키지 않고 인간의 보편적 가치로 생각하는 것은 아주 중요하다고 생각한다.

요즘은 이기주의가 발달하다 보니 사람들이 중심을 '자신의 이익'이라는 바탕에 세우려고 한다. '자신의 이익'이 최고의 가치가 되는 것이다. '자신의 이익'에 충성하는 것이다. 그런데 이 '이익'이라는 것은 수시로 변한다. 따라서 여기에 중심을 세우려 하면 중심이 제대로 서지 않는다. 그것이 각자도생(各自圖生)의 삶이다. 한 사회를 움직이는 중심이 서질 않는다. 결국 충(忠)이 사라지는 것이다.

자신의 이익을 넘어서는 가치를 받아들일 때 그 사회의 중심이 세워진다. 무엇인가 자신의 이익을 넘어서는 가치를 지닌 사람들, 즉 소아(小我)를 넘어 확장된 자아를 실현하려는 사람들이 충(忠)을 실천할 수 있는 것이다. 그 구체적 내용은 시대와 사회에 따라 달라지더라도 그 마음의 작용은 시대를 초월하여 보편적이라고 생각한다. 궁극적으로 충(忠)의 대상은 진리라고 생각한다. 점점 그렇게 되어 가고 있다고 생각한다. 이 진리라고 하는 것은 결국 모두(자연과 인간)의 행복이 아닐까 한다.

신분제나 군주제 같은 전제적 질서가 민주주의로 발전한 시대에 충(忠)은 군주나 국가에 대한 충(忠)이라는 의미를 넘어서 훨씬 더 바르게 세워질 수 있다. 동시에 물신(物神)이 지배하고 각자도생의 이기주의가 인류 존속을 위협하는 시대적 모순을 해결하기 위해서는 충(忠)이 새롭게 살려져야 한다. 즉 새로운, 사회 새로운 문명을 위한 동력으로 살려져야 하는 것이다.

내가 협동 운동이나 마을 운동에서 이 충(忠)을 그 동기(動機)나 동력(動力)으로 말하는 배경이다. 충(忠)이 없으면 신(信)이 이루어질 수 없다. 공통적으로 받아들여지는 마음의 중심이 바르게 세워지지 않는데 사람과 사람의 관계에 신(信)이 생기기 어려운 것이다.

자기 이익을 최고의 가치로 여기는 곳에는 오직 정글의 법칙이 지배할 뿐, 진정한 인간의 신의(信義)는 이루어지기 어렵다. 자신의 행복을 위해서도 주위가 행복하지 않으면 안 된다. 궁극적인 이익은 모두가 행복해지는 것이다. 이런 점에서 충(忠)과 신(信)이 새로운 세상과 새로운 문명의 창조적 동력이 되는 것이 더욱 절실하게 요청되는 시대가 아닌가 생각한다.

■ 오늘 충(忠)이나 신(信)을 이야기하다 보니까 지금 나 자신의 삶을 돌아보게 되는 것이 많아요. 저는 노동계에서 일하고 있는데 그곳 역시 철저한 개인주의의 물결은 막을 수 없는 것 같아요. 서로의 자유를 존중한다고 하지만 소통이나 사랑, 관심 같은 것이 사라진다면 나중에는 무엇을 위해 그토록 싸우는지를 모르게 될 것 같아요. 부분적인 싸움에서 이기는 것 못지않게 동료 상호 간에 충(忠)과 신(信)을 넓혀 가는 것이 오히려 더 중요하지 않을까 생각되네요. 그것이 궁극적으로 승리하는 길이 아닐까요?

- 한자(漢字)를 보면 옛 선인들의 지혜에 절로 감탄하게 돼요. 중심(中心)이 모두의 행복(自利利他)이라는 가치에 세워지고, 사람(人)의 말(言)이 바로 믿음이 된다면 얼마나 좋을까요?
- 이런 충(忠)과 신(信)을 바탕으로 지(知)와 행(行)이 일치하는 그런 사람이 되는 것이 우리 인생의 목표가 되었으면 좋겠네요.

## 25

공자 말하기를, "성인은 내가 볼 수 없겠지만, 군자라도 만나본다면 좋겠다."

또 말하기를, "선인(善人)은 내가 볼 수 없을지라도 항심(恒心)이 있는 사람이라도 볼 수 있으면 좋겠다. 없으면서 있는 체하고, 비었으면서 가득한 체하고, 작으면서 큰 체하면 항심이 있기 어렵다."

子曰 聖人 吾不得而見之矣 得見君子者 斯可矣 子曰 善人 吾不得而見之矣 得見
자 왈 성 인 오 부 득 이 견 지 의 득 견 군 자 자 사 가 의 자 왈 선 인 오 부 득 이 견 지 의 득 견
有恒者 斯可矣 亡而爲有 虛而爲盈 約而爲泰 難乎有恒矣
유 항 자 사 가 의 망 이 위 유 허 이 위 영 약 이 위 태 난 호 유 항 의

- 논어를 읽다 보면 공자가 사람들에게 몹시 실망하고 그의 이상 실현에 좌절하는 듯한 심경을 말하는 장면들이 나옵니다. 그러면서도 평생을 일관되게 당시의 시대적 사회적 조건 속에서 그의 이상을 현실 속에서 실현하기 위해 '그 안 될 줄 알면서 헛되이 애쓰는 자'라는 비아냥거림을 받아 가면서도 노력했거든요.

- 그의 이상은 신(神) 같은 초월적 존재에 의존하는 것이 아니라, 철저히 인간의 진화에 바탕을 둔 것이었지요. 그 스스로가 생이지지자(生而知之者) 같은 특별한 존재가 아니고, 오직 배움과 수양에 의해서 진보해 가는 존재일 뿐이라는 것을 여러 차례 강조하고 있지요. 그에게 호학(好學)과 수기(修己)는 같은 길이었지요.
- 그는 노나라의 정치에 실망하여 많은 나라를 전전하면서 그의 이상을 실현할 지기(知己)를 찾았지만, 그가 만난 통치 계급에 속하는 사람들에 대해 그의 실망감이나 좌절감들을 피력합니다. 인간에 대한 신뢰를 바탕으로 인간의 진화에 의해 아름다운 사회를 만들어가려는 그런 이상을 품었기에 때로는 심한 좌절과 절망감에 사로잡힐 때가 많았겠지요. 그런 심정이 느껴집니다.
- 지금도 그렇지 않나요. 가슴에 큰 이상을 품은 사람, 특히 그 이상을 '사람'이 실현할 수 있다고 믿는 사람이 만나는 좌절감이나 절망감 같은 것이죠. 결국은 이런 좌절감을 극복해 가는 과정을 거치면서 그것에 지지 않는 신념과 낙관성을 갖는 것이 중요한 것 같아요.
- 공자도 그것을 극복하는 과정에서 그 나름의 '하늘(天)'이 필요했던 것 아닌가 싶습니다.
- 이 장에서도 공자가 생각하는 인간의 진화에 대한 목표들이 제시되어 있군요. 성인(聖人)이 최고의 단계이고, 그다음이 군자(君子), 그리고 조금 다른 차원으로 선인(善人)과 항자(恒者)를 말하고 있군요. 선인과 군자를 직접 비교하고 있지는 않지만, 11편 19장에서 해석이 쉽지 않은 문장이 있습니다. 그 취지로 보아서 타고난 선인보다는 노력하는 군자를 더 높게 평가하는 것 같기도 합니다.
- 이런 구별은 사람을 구분하는 어떤 고정된 기준이라기보다 인간이 진화

해야 할 지향점을 가리키는 것이죠. 그 출발을 항심(恒心)을 갖는 것이라고 보고 있는 것 같습니다. 조건이나 상황의 변화에도 흔들리지 않는 심지를 갖는 것이죠. 그리고 그 시작이 자신을 진실하게 보는 것에서 출발한다고 말하고 있군요.

- 그런데 '망이유위 허이위영 약이위태(亡而爲有 虛而爲盈 約而爲泰)'라는 말을 듣다 보니까 유(有)보다는 무(無), 영(盈)보다는 허(虛), 태(泰)보다는 약(約)을 더 나아간 상태로 말하는 사람들이 요즘은 많아졌잖아요.

- 생태적 위기를 만나다 보니까 무위자연(無爲自然) 같은 도덕경의 세계에 매력을 느끼는 것이죠. 그러나 제대로 보지 않으면 일종의 뿌리 없는 지적 허영이나 허위의식이 될 가능성이 커요. 노자의 대교약졸(大巧若拙)이나 화광동진(和光同塵)을 잘 이해하면 일정한 축적을 경험한 상태에서 허(虛; 비움)나 무(無)를 이야기하는 것이죠.

- 무위(無爲)를 애써(인위적으로) 강조하는 사람들이 있어요. 허위의식이죠. 무엇을 비우자는 것인지, 자기가 소유한 것은 꽉 움켜쥐고 있으면서 관념으로 비우는 척하지요. 오히려 유위(有爲)를 무위(無爲)의 태도, 즉 비움과 허심(虛心)으로 행하는 것이 진실하다고 생각합니다.

- 요즘 문명 전환이나 정치 전환을 이야기하다 보면 정말 항심(恒心)이 출발점이구나 하는 생각을 하게 돼요. 항심(恒心)은 완고하거나 변하지 않는 마음이 아니에요, 그런 것은 아집이지 항심과는 다른 것이지요. 조건이나 상황이 바뀔 때 자신의 이익에 따라 표변하는 그런 마음이 있는 사람이라면 함께 하기가 힘들지요. 가난하다가 부자가 되었을 때, 지위나 권력이 미미하다가 높은 지위나 권력을 가지게 되었을 때 표변하는 그런 사람들이 항심이 없는 것이지요. 어떻게 들릴지 모르지만, 항심(恒心)이 있는 좌파와 항심(恒心)이 있는 우파라면 그 생각의 다름에도 불구하

고 아니 그 다름이 있어서 오히려 함께 새로운 정치나 문명을 함께 추구할 수 있다고 생각합니다.

## 26

공자께서는 낚시는 하셨으나 그물로 고기를 잡지는 않으셨으며, 주살로 자는 새를 쏘지 않으셨다.

子 釣而不網 弋不射宿
자 조이불망 익불사숙

- 자연 생태계 안에서 사람과 동물이 어떻게 공존해야 하는지에 대한 근본적인 물음을 떠올리게 됩니다. 먹이 사슬은 원시적 수렵 채취 경제로부터 불가피한 자연계의 질서지요. 요즘 남획으로 야생 동물의 개체가 현저히 줄거나 멸종되는 경우마저 있고, 인간의 오래된 육식(肉食) 습성 때문에 엄청난 공장식 축산이 성행합니다. 남획을 막기 위한 법적 제도적 노력과 공장식 축산에서 나타나는 동물 학대를 막기 위한 노력도 있고, 반려동물에 대한 동물권(動物權) 주장도 상당한 호응을 얻고 있습니다.
- 자연생태계의 먹이 사슬과 동물권(動物權) 사이에 어떤 조화점이 있을까요? 앞으로의 큰 과제라고 생각됩니다. 특히 육식을 장려하는 듯한 '먹방'들이 유행하는 것을 보면 솔직히 불편한 마음이 들기도 하고, 반려동물과 함께 사는 독거노인들이 많아지고, 사람과의 관계보다는 반려동물

과의 교류가 더 편한 세태에 대해 불편한 마음이 드는 것은 사실입니다. 오래된 식습관을 바꾸는 것은 어렵겠지만, 가급적 채식을 권장하는 것이 좋다는 생각을 합니다.

- 공자가 낚시를 한 것은 먹기 위한 것이지요. 그물질은 하지 않았다는 것은 최소한의 필요에 국한하고 어류 생태계를 존중한다는 것이고, 잠자는 또는 알을 품은 새를 쏘지 않았다는 것도 요즘 말로 동물권 존중의 표현이라고 생각됩니다. 먹기 위해서가 아니라 취미로 낚시를 하는 것이나 사냥을 하는 것에 대해서는 깊은 성찰이 필요한 것 같습니다.

## 27

공자 말하기를, "대개 알지도 못하면서 창작하는 사람이 있는데 나는 그런 일이 없다. 많이 들어서 좋은 것을 가려서 따르고, 많이 보아서 가려서 기억해 둔다. 그것이 앎의 차례다."

子曰 蓋有不知而作之者 我無是也 多聞擇其善者而從之 多見而識之 知之次也
자왈 개유부지이작지자 아무시야 다문택기선자이종지 다견이식지 지지차야

- 술이부작(述而不作)의 정신을 좀 더 구체적으로 말하는 문장이군요. 술이작(述而作) 하는 과정이라고 봐도 되겠네요.
- 많이 듣고 많이 본다는 것은 어떤 한쪽에 치우치지 않는 것을 말하고, 그것을 바탕으로 새롭게 나아가기 위해서는 그 수많은 정보를 가려서 선택해야 하는데 결국 그 선택을 하는 마음의 상태가 핵심이 되겠네요.

- 공자는 여러 장면에서 그 점에 관해 이야기하는 것 같습니다. 우선 널리 보고 듣는 것이지요. 그것을 주이불비(周而不比)라고 말하지요. 그리고 무지의 자각에 바탕을 두고 일종의 기어 중립 상태에서 출발합니다. 그것이 9편 7장의 '공공여야(空空如也)' 같습니다. 구체적으로 어떤 결정을 할 때는 '무적야 무막야 의지여비(無適也 無莫也 義之與比)'로 합니다. 이것은 요즘 우리가 많이 이야기하는 연찬(硏鑽)의 핵심 내용입니다.
- 자기 신념이나 신앙이 강한 사람들은 이것이 잘 안 되지요. 특히 종교인들이나 문학 예술인들에게서 보이는 확증편향이나 정치적 판단의 극단성 같은 것이 오히려 건강한 국민통합을 방해하고 있습니다.

## 28

호향 땅 사람들은 함께 말을 나누기가 어려울 정도로 평판이 나빴다. 그런데 거기 사는 아이가 찾아와 공자가 받아들였다. 제자들이 당황했다. 그러자 공자 말하기를, "앞으로 나가는 것을 거들어 준 것이고 뒤로 물러나는 것을 거들어준 것이 아니다. 어찌 그리 심하게 구느냐? 누구든 그 몸을 깨끗하게 하여 나오면 그 깨끗함과 함께하는 것이니 그 과거의 잘못을 묻지 말라."

互鄕 難與言 童子見 門人惑 子曰 與其進也 不與其退也 唯何甚 人潔己以進 與其潔也 不保其往也

- 참 아름다운 문장이군요. 그 나아감을 함께하고, 그 깨끗함을 함께할 뿐, 그가 속한 집단이나 그의 과거에 연연하지 않는 태도가 참 좋습니다.
- '누가 그 퇴행을 함께하겠는가.'라고 생각할 수도 있지만, 실제로는 반동이나 퇴행이 집단으로 이루어진 일이 얼마나 많았던 역사입니까?
- 어디 역사에만 많았나요? 지금 현재 세계 도처에서 보고 있는 현상 아닌가요? 그 대표적인 예가 퇴행의 물결에 휩싸여 그 속에서 어디로 가는지도 모르고 부화뇌동하는 한국 정치지요.
- 그것은 너무 심한 말 같습니다만, 역사는 어떤 극단에서 다른 극단으로 심하게 출렁이면서 조금씩, 때로는 급격하게 나아온 것이 아닌가 싶네요.
- 과거에는 천민촌(賤民村)이 있었던 것처럼 신분에 따라 거주하는 곳이 달랐지요. 그런데 세습적 신분제도에서 해방된 현대에서 자본주의의 양극화에 의해서 새로운 장벽들이 생기는 것 같습니다. 거주 공간들이 나누어지고 생활 패턴들이 달라지지요. 심지어 부유층의 아파트와 임대아파트 같은 저소득층의 아파트 사이에서 통행을 둘러싸고 분쟁이 발생하는 것을 보면 옛날이 무색할 정도입니다.
- 노동의 양극화도 심각합니다. 그 주거 공간이나 생활패턴이 확연히 구별됩니다. 양극화를 지나 이중사회의 모습이 여기저기 나타납니다. 그 사이에 선망과 멸시, 증오와 혐오의 벽이 생기는 것이지요. 이런 상태를 방치하면 난(亂)이 일어납니다. 난(亂)은 파멸로 이어집니다. 우리에게 필요한 것은 난(亂)이 아니라 혁명(革命)이지요. 그것도 평화혁명이지요.
- 난(亂)을 부추기는 팬덤 문화나 포퓰리즘을 어떻게 극복할 수 있을까가 지금 우리 정치의 사활적 과제로 보입니다.

■ 그가 속한 집단이나 그가 떨치고 나온 과거를 묻지 말라는 말에서 공식적으로 폐지된 연좌제를 생각하게 됩니다. 그러나 다른 형태로 여전히 사람들의 마음속에 '심정적 연좌제'가 강하게 작동되고 있습니다. 그런 의미에서 공자의 이 말들은 시대를 넘어서 들려옵니다.

## 29

공자 말하기를, "인이 멀리 있겠는가? 내가 인을 욕망하면 그 인이 곧바로 이른다."

子曰 仁遠乎哉 我欲仁 斯仁至矣
자 왈 인 원 호 재 아 욕 인 사 인 지 의

■ 인(仁)은 공자의 중심 사상을 나타내는 말이지만, 공자는 그것을 정의하듯이 말하지는 않았지요. 제자나 다른 사람과의 문답을 통해 말하지만, 묻는 사람이나 정황에 따라 그때그때마다 다르게 답하지요.
■ 인(仁)에 대해서는 상당히 엄격한 편이지요. 어떤 사람에 대해 그의 능력은 인정하면서도 인자(仁者)냐는 물음에는 대답을 유보하는 경우가 대부분이지요. 그만큼 기준이 높다고 봐야겠지요.
■ 때로는 제자들이 공자의 생각이라고 짐작한 것에 반대되는 답변을 하기도 하지요. 대표적인 예가 관중에 대한 평가인데, 제자들이 생각하기에는 관중을 불인(不仁)하다고 말할 것 같은데, 오히려 관중을 인(仁)을 행했다고 높게 평가하지요. 관중의 정치를 높게 평가한 것이지요.

■ 공자의 인(仁)에 대한 문답 가운데 내가 기억하는 것은 안회와의 대화와 번지와의 대화입니다. 안회는 공자가 거의 유일한 지기(知己)로 생각한 제자인데, 그가 인을 물었을 때 '극기복례'라고 대답하지요. 내가 해석하기로는 '아집을 넘어서 사람들과 사이좋게 되는 것'이라는 의미로 다가왔습니다만, 인(仁)의 근본 자리를 이야기했다고 생각합니다. 그다음은 번지인데, 번지에게는 인(仁)은 '사람을 사랑하는 것(愛人)'이라고 말하며 그것을 실현하는 가장 보편적인 방법은 정치를 잘하는 것이라고 말합니다. 이 두 요소가 공자에게는 조화된 것이지요. 공자가 관중을 평가한 것은 후자(後者)의 관점이라고 보입니다.

■ 그런데 여기서는 '인은 멀리 있지 않다. 당신이 일을 원하면 그 인이 바로 이르러 온다.'고 아주 편하게 이야기하고 있네요. 누구를 인자(仁者)라고 평(評)하는 데는 인색해 보이는 공자가 또 이렇게 인(仁)이 쉬운 것처럼 이야기하고 있군요.

■ 안회와의 '극기복례'라는 대화에서 '인을 행하는 것은 나로부터 말미암은 것이니 어찌 남으로부터 비롯될 것인가?(爲仁由己 而由人乎哉)'라는 말을 하는데 그 실천을 이야기하는 것 같습니다.

■ 일상의 삶 속에서 자기로부터의 실천을 생각하면 정말 가까운 곳에서 인(仁)을 느낄 수 있지 않나요. 좌회전 방향지시등을 켜고 있는 차를 위해 잠깐 스톱하는 것만으로 그 길 위에 인(仁)이 흐르지요. 아파트 같은 공동주택에서 먼저 인사하는 것만으로도, 붐비는 전철에서 약자에게 자리를 양보하거나 공원에서 조용히 쓰레기를 줍는 행위가, 그 주위의 공기를 밝고 따뜻하게 하지요. 다른 사람과 대화를 하면서 그 사람의 심정이 되어 잘 듣는 것만으로 그 사람과의 사이에 인(仁)이 흐르지요. 사실 일상의 삶에서 이런 작은 양보나 주위를 의식하지 않는 선행들이 그 주

위의 공기를 일변시킵니다. 해 보면 바로 알게 되는 것 같은데요?
- 물론 그런 행위들을 인(仁)이라고 말하기는 어려울지 몰라도, 적어도 자기로부터 시작한다는 것은 분명하다고 생각됩니다. 내가 원하면 되는 것이죠. 맹자가 불능(不能)과 불위(不爲)를 구별해서 이야기한 것도 이런 취지라고 생각합니다. 태산을 옮기는 것은 내가 할 수 없는 것이지요. 그러나 약자에게 양보하지 않는 것은 내가 하지 않는 것이지요.
- 권력, 금력, 명성, 무력을 가진 사람들에게 인자(仁者)라는 평가를 내리기에 인색할 수밖에 없는 것은 그들이 그 '힘'이 갖는 유혹에 흔들리기 때문인 것 같습니다. 단지 일시적인 말이나 행위나 결과만 가지고는 그 진정한 모습을 알기 어렵기 때문이지요. 지금 우리가 만나고 있는 현실 아닌가요?
- 그에 비해 보통 사람들에게는 인(仁)이 훨씬 쉽게 다가갈 수 있는 면은 있다고 생각해요. '윗물이 맑아야 아랫물이 맑다.'라는 말이 있지만, 민주(民主) 시대의 윗물은 민(民)이 아닐까요? 시민들의 도덕적·정신적 수준이 정치를 바꿀 수 있어야 할 텐데요.
- 그것은 하나의 이상일 뿐입니다. 물신의 지배와 각자도생의 차가운 이기주의가 지배적인 풍조에서 과연 사회적(社會的) 공기(空氣)를 바꿀 힘이 그런 소소한 미담으로 가능할까요?
- 계란으로 바위 치기라는 생각도 들지만, 두 방면에서의 노력이 서로 상응하면서 시너지를 낼 수 있기를 바랍니다. 결국은 민중이 스스로 길을 열어가야겠지요. 지금과 같은 도덕적 정치적 혼돈기에야말로 새로운 사상 철학이 민중들 속에서 움트고 자라나지 않겠어요? 그것만이 사실 희망이라고 생각합니다.
- 지금 인류는 이중(二重)의 위기를 겪고 있어요. 하나는 누구나 피부로 느

끼는 것이죠. 기후 위기입니다. 인간에 의해 생태계가 황폐(荒廢)하게 된 때문이라는 것이 과거와 다른 것이지요. 또 하나는 인간의 심성(心性)이 황폐하게 된 것이지요. 전쟁과 전쟁 같은 정치가 세계를 휩쓸고 있어요. 적대와 증오가 우애와 연대를 밀어내고 있지요. 이 두 황폐가 같은 원인에서 출발했지요. 이제 근대문명 그 자체를 전환하지 않으면 이 위기를 넘어서지 못하는 단계가 왔어요.

- 그런 의미에서 '아욕인(我欲仁)'이라는 말이 나에게는 크게 다가옵니다. '인(仁)을 욕망한다.'는 말입니다. 인간이라는 새로운 종(種)이 탄생하면서 동물로부터 구분되는 특성의 하나가 바로 이 욕망이 2차 본능으로 생기는 것 아니었던가요? 이 욕망이 뒷전에 밀리고 약육강식과 각자도생의 차가운 경쟁과 갈등이 우리의 심성을 황폐화시킨다면 그것이 무슨 진화와 발전이겠습니까? 퇴행과 몰락의 길이죠.

- 내가 욕망을 바꿀 때, 원래 나에게 있던 그 숭고 지향의 욕망을 회복하고 일깨울 때 비로소 세계가 바뀌겠지요. 2,500년 전 공자는 그것을 '하루 극기복례 하면 천하가 인(仁)으로 돌아간다. 인(仁)은 나로부터 말미암는 것이니 어찌 남으로부터 비롯할 것인가?(一日克己復禮天下歸仁焉 爲仁由己 而由人乎哉)'라고 말했지요.

30

진나라의 사패 벼슬을 하는 사람이 "소공이 예를 아느냐"고 물었다.

공자 말하기를, "예를 아십니다."

공자가 나가자, 사패가 무마기에게 읍하고 다가와 말하기를, "나는 들으니 군자는 편들지 않는다고 하는데 군자도 편드는군요. 소공이 오나라 공주를 부인으로 맞았는데 동성(同姓)을 감추려고 오맹자라고 불렀으니 그런 임금이 예를 안다면 누가 예를 모르겠소?"

무마기가 그 이야기를 전했더니 공자 말하기를, "나는 다행이구나, 잘못이 있으면 남들이 반드시 알아차리는구나."

陳司敗問 昭公知禮乎 子曰 知禮 孔子退 揖巫馬期而進之曰 吾聞君子不黨 君子
진사패문 소공지례호 자왈 지례 공자퇴 읍무마기이진지왈 오문군자부당 군자
亦黨乎 君取於吳爲同姓 謂之吳孟子 君而知禮 孰不知禮 巫馬期以告 子曰 丘也
역당호 군취어오위동성 위지오맹자 군이지례 숙부지례 무마기이고 자왈 구야
幸 丘有過 人必知之
행 구유과 인필지지

- 진사패는 진나라의 사패 벼슬을 하는 사람을 말하는데, 요즘으로 말하면 법무부 장관쯤 되는 벼슬입니다. 공자가 노나라를 떠나 전전하던 중 진나라에 들렀을 때의 이야기이군요.
- 소공은 노나라 임금으로 아마 예를 잘 안다고 소문이 났던 것 같고, 이에 진사패가 궁금하던 말을 꺼냈는데, 공자가 소공을 옹호하는 듯한 말을 하자 무마기에게 불만을 이야기하는 장면입니다. 주나라 왕가의 성(姓)은 희(姬)씨이고, 오나라와 노나라의 왕도 조상이 같은 희(姬)씨인데, 노나라 소공이 오나라의 공주와 결혼하였습니다. 이것은 주나라의 예법인 동성불혼(同姓不婚)에 어긋나는 것이었고 그것을 가리기 위해서 오희자라고 불러야 할 것을 오맹자라고 불렀다는 것을 지적한 것입니다.
- 그래서 소공과 함께 공자를 비난하는 말을 했군요. '군자는 부당(不黨)이라고 들었는데, 군자 역시 자기편을 드는군요.'라고 하면서 공자의 군자론을 들어서 공자를 비판하고 있군요.

- 그 말을 전해들은 공자의 응답이 이 대화의 백미(白眉) 같습니다. 공자도 동성불혼의 주나라 예법을 알았을 것이고 그것을 위반한 것과 이름으로 호도하려 했다는 것을 알았을 텐데, 아마도 자기 나라 임금의 허물을 다른 나라 사람에게 알리는 것이 예가 아니라고 생각했을 수 있지요. 그런데 지적을 받자 어떤 변명도 없이 쿨하게 인정하는 장면입니다. 나아가서 그렇게 잘못을 지적받을 수 있는 것을 행복이라고 말하는군요.
- 행복이라고 말하는 것은 좀 지나친 과시용 아닌가 생각하지만, 공자의 언행을 보면 그것이 진심이었을 것입니다. 그래서 공자가 지금까지도 생명력이 있는 것 아니겠습니까? 과즉물탄개(過則勿憚改)를 실천하는 것이지요.

## 31

공자는 남과 같이 노래 부를 때 남이 잘 부르면 다시 부르게 한 뒤에 화답하였다.

子與人歌而善 必使反之而後和之
자여인가이선 필사반지이후화지

- 공자는 음악에 조예가 깊었을 뿐 아니라 상가에 가서 곡을 한 날이 아니면 하루도 노래 부르지 않은 날이 없을 정도로 즐겨 노래했다는군요.
- 35세쯤 소악(韶樂)을 듣고 석 달 동안 고기 맛을 알지 못했을 정도였다니까.

■ 이런 성현은 유례가 없는 것 같습니다. 성어락(成於樂)이라고 말할 정도로 음악의 가치를 높게 평가했습니다. 공자를 엄숙하고 고리타분한 도덕군자로 보는 사람들은 이런 기록들에 눈을 돌렸으면 합니다. 더러 초상화도 주름투성이의 구부정한 노인의 모습이 아니라 '여럿이 함께 노래 부르는 공자', '거문고 타는 공자'를 그렸으면 해요. 아마 어떤 성인보다 현대인들에게 친화력이 있을 것 같은데요?

■ 어디 그것뿐인가요? 평소에는 온화하고 편안하지만(申申如也 夭夭如也) 무엇엔가 꽂히면 먹는 것도 잊고 그 일이 즐거워서 온갖 근심을 잊어버리는(發憤忘食 樂而忘憂) 열정의 사람이지요. 공자는 자기를 왜 그렇게 소개하지 않았느냐고 자로를 힐난했지요.

## 32

공자 말하기를, "문(文)은 내가 다른 사람에게 못 미침이 없겠지만, 군자의 도를 몸소 실천하는 경지는 얻지 못했다."

子曰 文莫吾猶人也 躬行君子 則吾未之有得
자 왈 문 막 오 유 인 야 궁 행 군 자 즉 오 미 지 유 득

■ 박문약례(博文約禮)를 통한 지(知)의 세계는 남보다 못하지 않지만, 군자의 도를 체현(體現)하는 데는 아직 부족하다는 말이군요.

■ 군자(君子)야말로 공자가 그 의미를 확장하고 변화시킨 창작품이자, 가장 많이 이야기한 인간이 진화해야 할 목표지요. 그런데 스스로는 그것

을 체현하지 못했다는 일종의 고백이군요. 겸허한 태도라고 볼 수도 있지만, 실제로 자신의 실태를 성찰한 말이라고 생각합니다. 이 말을 통해서도 알 수 있는 것이, 군자(君子)라는 개념은 사람을 구분하는 어떤 기준이 아니라, 누구나 지향해야 할 인간의 참모습으로 공자 자신도 그것을 향해 노력하는 사람일 뿐이라는 것이죠.
- 체현하는 것 즉 궁행(躬行)이 어렵지요. 머리로 아는 것과 몸으로 체득하는 것은 다르지요. 그것을 스스로 잘 보면 겸허해지지 않을 수 없습니다.
- 그렇다고 '나는 할 수 없어' 하고 체념하거나 주저앉지 않고, 끝까지 그 노력을 멈추지 않습니다. 그뿐만 아니라 자신이 불완전한 존재임을 자각하는 바탕 위에서 다른 사람들에게 그렇게 살자고 권하는 일에 게으르지 않습니다. 그것이 공자의 배움과 가르침의 길이었던 것 같아요. 어떤 완성자로서 가르치는 것과는 다른 이런 점이 바로 공자의 모습이 아닌가 합니다.
- 우리 불완전한 인간이 어떻게 하면 좀 더 성숙한 인간으로 발전해 갈 수 있는가에 대한 인간으로서의 모범을 보여주는 이런 진솔한 태도가 현대를 사는 우리에게 감동을 주는 것 같습니다.

33

공자 말하기를, "성인과 인자를 내 어찌 감당하리오. 다만 그 도를 배우기에 싫증 내지 않고, 사람을 가르치기에 게으르지 않은 것만은 내가 할 수 있다고 말할 수 있을 따름이다."

공서화가 말하기를, "바로 그 점이 우리 제자들이 본받지 못하는 것입니다."

子曰 若聖與仁 則吾豈敢 抑爲之不厭 誨人不倦 則可謂云爾已矣 公西華曰 正唯
자왈 약성여인 즉오개감 억위지불염 회인불권 즉가위운이이의 공서화왈 정유
弟子不能學也
제자불능학야

- 공자의 성인·군자·인자(仁者)에 대한 지향은 일관되어 있습니다. 전(前)장(章)에 이어 자신은 그런 경지에 이르지 못했음을 말하면서, 비록 자신이 성인(聖人)이나 인자로 불리는 것은 감당할 수 없으나, 그 길을 가려는 노력에 싫증을 내지 않으며, 다른 사람들에게 그렇게 하자고 권하는 일에 게으르지 않을 뿐이라고 말하고 있습니다.
- 공서화는 바로 그 점이 스승의 위대한 점이라고 말하고 있군요. 그렇게 이해하고 말하는 공서화도 대단합니다. 어떤 초월자나 절대자에 대한 신앙과 다르지요. 공자 학단의 정체성이 바로 그런 점에 세워지지 않았는지 짐작이 되는 문장입니다.

## 34

공자가 위중한 병을 앓았다. 자로가 기도드릴 것을 청하니 공자가 물었다. "그런 일이 있었는가?"

자로가 대답하기를, "있었습니다. 뇌문(誄文)에 이르기를 '너를 위하여 위로 천신과 아래로 지신에게 빈다.'고 했습니다."
공자 말하기를, "나는 그런 기도를 드린 지가 오래되었다."

子疾病子路請禱 子曰 有諸 子路對曰 有之 誄曰 禱爾于上下神祇 子曰 丘之禱久矣
자 질 병 자 로 청 도  자 왈 유 제  자 로 대 왈  유 지 뇌 왈  도 이 우 상 하 신 기  자 왈  구 지 도 구
의

- 아마도 공자가 노나라를 떠나 여러 곳을 전전하면서 중병이 들었을 때, 자로가 천지신명에게 기도드리자고 권하는 장면 같군요. 이에 대해 자로의 간절한 마음을 잘 알면서도 평소의 신관(神觀)이랄까 삶의 태도를 말하고 있군요.
- 큰 병에 걸려 죽음을 앞둔 사람들을 요즘 자주 보면서, 나에게도 얼마든지 닥칠 수 있는 일이라 스스로 그 입장에서 생각하게 됩니다. 종교의 유무를 떠나 죽음을 앞두고 어떤 심정이 될까요. 기도한다면 무엇을 빌까요?
- 공자는 신(神)이나 천(天)을 자신의 건강이나 이익 등을 위해 기도하는 대상으로는 생각하지 않았던 것 같습니다. 공경하면서도 멀리한다(敬而遠之)는 말을 생각하게 합니다. 사람의 주체성을 높였다는 점에서 당시의 사고방식에서 보면 획기적인 태도라고 할 수 있을 것 같습니다.
- 자로가 귀신 섬기는 일에 관하여 묻자, 공자가 이렇게 대답합니다. "아직 사람 섬기는 일도 능히 못 하는데 어찌 귀신을 섬길 수 있겠는가." 자로가 다시 "그러면 죽음은 어떠합니까?"라고 물으니, 공자는 "아직 삶도 모르는데 어찌 죽음을 알 수 있겠는가."(11/11)라고 말하지요. 먼저 사람을 섬기고, 삶에 충실하라는 이야기입니다.
- 죽음은 어차피 살아있는 존재라면 피할 수 없으니까, 자신의 삶을 진실

하게 하는 것 그 자체가 진실한 기도가 되겠지요. 자신의 삶 그 자체를 천지신명에게 부끄러움이 없게 하는 것, 그것이 바로 공자가 생각했던 기도(祈禱)가 아닐까요?
- "아침에 도를 들으면 저녁에 죽어도 좋다(朝聞道夕死可矣)."(4/8)는 말에서도 인간의 기도(祈禱)가 어떤 것이어야 하는지를 말하고 있습니다.
- '나의 기도는 오래되었다.'라는 말을 들으며, 나를 돌아보게 됩니다. 나는 얼마나 죽음에 대한 준비가 되어 있는가?

## 35

공자 말하기를, "사치하면 불손하게 되고 검약하면 고루해지기 쉽다. 굳이 말하라면 불손한 것보다는 차라리 고루한 것이 나으리라."

子曰 奢則不孫 儉則固 與其不孫也寧固
자 왈 사 즉 불 손 검 즉 고 여 기 불 손 야 영 고

- 사치와 검약이 빠지기 쉬운 폐단에 관해 이야기하고 있군요. 사치에 대해서는 공자가 일관되게 그 폐해를 이야기하지만, 검약에 대해서도 고루해지기 쉬운 폐해를 이야기하는군요.
- 검소와 인색은 다르지요. 인색은 일종의 탐욕이지요. 태백편 11장에서 '주공의 재능이 있다고 할지라도 교만하고 인색하다면 더 볼 것이 없다.'고 말하고 있습니다.
- 나는 부자의 사치나 교만 못지않게 부자의 인색을 좋지 않게 생각합니

다. 공자도 부이무교(富而無驕)를 부자의 덕으로 묻는 말에 부이호례(富而好禮)로 응답하지요. 나누고 베푸는 것이 진정한 덕이라는 것이지요.
- 그럼에도 굳이 선택하라면 불손한 것보다는 고루함이 낫다는 이야기겠지요.

## 36

공자 말하기를, "군자는 마음이 평탄하고 너그러우며, 소인은 항상 근심에 차 있다."

子曰 君子坦蕩蕩 小人 長戚戚
자 왈 군 자 탄 탕 탕 소 인 장 척 척

- 소인과 군자를 그 마음의 상태로 구분하고 있군요. 당위로서 군자의 태도보다 실제로 마음의 상태로 이야기하는 것이 진짜라고 생각합니다. 아무리 군자의 태도를 갖추고 살려고 노력한다 해도 마음이 늘 근심에 차 있다면 아직 머릿속의 관념일 뿐이라는 이야기죠.
- 항상 근심이 많은 자신을 들여다보면, 작은 나(小我)에 집착하는 것이 근심의 원인인 줄 이해는 됩니다만 좀처럼 벗어나기 힘든 것도 어쩔 수 없네요.
- 또 그냥 기를 살린다고 해결되는 일은 아닌 것 같아요. 자기중심적인 객기(客氣)나 오기(傲氣)를 기르는 것은 오히려 더욱 큰 기막힘에 직면할 수밖에 없지요.

- 어려서부터 대아(大我)의 호연지기(浩然之氣)를 길러야 하는데, 지금 우리의 아이들이 어떻게 크고 있나요?
- 너무 늦게 깨달으면 알아차린다 해도 이미 마음에 근심이 가득해서 벗어나기가 너무 힘들어요.
- 군자는 먼저 자신이 편안해지고 그럼으로써 다른 사람을 편안하게 하는 사람이라는 말이지요.

37

공자는 온화하면서도 엄정하고, 위엄이 있으면서도 모질지 않고, 공손하면서도 편안하였다.

子 溫而厲 威而不猛 恭而安
자 온이려 위이불맹 공이안

- 제자들에게 보여 온 중용의 덕을 체현한 공자의 모습이군요.
- 온(溫)은 따뜻함이지요. 따뜻하게 품어주는 것이지요. 여(厲)는 원래 '돌이나 쇠를 간다.'는 뜻으로 제자들을 잘 성장하도록 다듬는 단정함이나 엄숙함을 함께 갖춘 따뜻함이지요.
- 위(威)는 위엄과 권위지요. 위세를 부리는 권위주의와는 다른 것이지요. 그것을 불맹(不猛)으로 표현하고 있군요. 사납거나 모질지 않다는 이야기죠.
- 공(恭)과 안(安)의 조화를 말한 것도 절묘합니다. 공손함이 지나치면 자

신도 상대도 불편해지지요. 자연스럽게 우러나는 절도에 맞는 공손함이야말로 자신도 상대도 편안함을 느끼게 되지요. 과공비례(過恭非禮)라는 말도 있지요.

- 19편 9장에 자하라는 제자가 '군자는 멀리 바라보면 엄연하여 위엄이 있고, 가까이 대하면 온화하고, 그 말을 들으면 바르고 범하기 어려운 단정함(厲)이 있다.'고 말하고 있습니다. 제자들에게는 스승 공자가 군자의 본보기로 보였겠지요.
- 가까운 사람에게 마음으로부터 존경과 신뢰를 받는 것이 얼마나 어려운지는 잘 알고 있잖아요. 그런 점에서 공자는 확실히 대단한 분이라는 생각이 듭니다.

# 제8편

# 태백(泰伯)

―

"주공과 같은 재주의 아름다움이 있다 하더라도
교만하고 인색하다면 그 나머지는 볼 것이 없다."

<sub>자 왈  여 유 주 공 지 재 지 미   사 교 차 린   기 여 부 족 관 야</sub>
子曰 如有周公之才之美 使驕且吝 其餘不足觀也

# 1

공자 말하기를, "태백은 가히 덕이 지극하다고 말할 수 있다. 세 번이나 천하를 양보하였는데도 백성들은 그의 덕을 들어 칭찬함이 없구나."

子曰 泰伯 其可謂至德也已矣 三以天下讓 民無德而稱焉
자 왈 태 백 기 가 위 지 덕 야 이 의 삼 이 천 하 양 민 무 덕 이 칭 언

- 이 이야기는 고대 중국의 은(殷) 주(周)의 왕조 교체기를 배경으로 하고 있습니다. '봉신연의'라는 중국 드라마가 이 시대를 배경으로 하고 있지요.
- 은(殷)이 천하의 주인 노릇을 하고 있을 때, 주(周)나라는 그 제후국이었습니다. 주(周)의 태왕에게는 세 아들이 있었는데, 첫째는 태백, 둘째는 중옹, 셋째는 계력입니다. 당시 은나라는 폭정으로 민심이 떠나고 주나라는 한창 국력이 왕성할 때지요. 태왕은 장자인 태백에게 은나라를 멸하고 주나라의 천하를 만들 생각을 알렸지만 태백은 이에 동의하지 않았어요. 태왕이 자식들을 살펴보니 자기의 뜻을 펼 수 있는 자손으로 세 아들 가운데 막내인 계력의 아들, 손자 창(昌)이 마음에 들었지요. 장자상속이 지배하던 때라 그것을 지켜보던 태백이 둘째인 중옹을 설득하여 주나라를 떠났지요. 셋째 계력이 왕이 되고 그 아들인 창에게 이어졌지요. 그 창이 바로 주 문왕(文王)이고, 문왕의 아들인 무왕 때 은나라를 멸망시켰죠. 문왕과 무왕은 공자가 모델로 삼은 성군이었는데, 그들을 있게 한 것이 태백의 양보였다는 것입니다. 권력을 차지하기 위해서는 혈

육 간에도 유혈 투쟁이 빈번했던 시절에 이런 양보를 지덕(至德)으로 본 것이지요.

- 여기서 공자가 말하려는 것이 무엇일까요? 큰 덕이 알려지지 않은 안타까움일까요? 그렇지 않다고 생각합니다. 사람들이 그 덕을 모를 정도가 되는 것이 진짜 큰 덕 즉 지덕(至德)이라고 본 것이지요. 요(堯)임금의 덕을 기릴 때도 그런 말을 하고 있지요. 자신을 알리려고 하는 것, 기림을 받으려고 하는 것으로부터 자유로울 때 비로소 지덕(至德)이 된다는 것을 말하고 있는 것 같습니다.

- '왼손이 하는 일을 오른손이 모르게 하라.'는 말이나, 무주상보시(無住相布施)는 공자가 말하는 지덕(至德)과 다르지 않겠지요.

- 태백의 덕(德) 같은 것은 군주제 아래에서 권력 엘리트에게나 해당하지 근대 민주주의에서는 기대하기 어려운 것 아닌가요? 어떻게든 심지어는 과장과 허위가 섞이더라도 자신을 많이 알려야 하는 것이 당연한 정치로 받아들여지는 시대에 이런 덕(德)이 무슨 의미가 있을까요?

- 요즘 정치에서는 여론의 위력은 대단하지요. 인터넷 등의 발전으로 직접민주주의가 성큼 다가온 느낌마저 들지만, 다른 한편 포퓰리즘이나 여론 조작 등이 알고리즘과 결합하여 민주주의를 타락시키는 부정적인 측면도 많이 나타나지요.

- 꼭 옛날의 군주제도 아래서만 빛나던 덕(德)은 아니지요. 어떤 면에서는 근대 사회의 이런 부정적 현상들 속에서 자기를 내세우지 않고 양보하는 덕(德)이 더욱 빛나는 것 같습니다. 며칠 전에 세상을 떠난 가수 김민기 님 같은 경우 많은 사람들이 진심에서 우러난 사랑과 존경을 보내며 추모하고 있는데, 그의 예술이나 민중적인 활동도 있지만, 그것보다는 '뒷것'이라는 별명이 붙을 정도로 자기를 드러내지 않고 양보하는 덕(德)

때문이라는 생각이 듭니다.
- 지금 우리의 발목을 잡고 있는 퇴행적 진영 정치를 넘어서기 위해서는 제3지대의 새로운 정당의 성공이 필요한데, 지난 총선에서 기존의 양당 구조와 그 흡인력을 벗어나지 못하고 실패했지요. 외부적 조건들도 있지만, 자체의 구심력이 형성되지 못한 것이 큰 원인이지요. 사실은 그 구심력의 새로움이야말로 '새로운' 정치의 본질이 아닐까 생각합니다. 백가쟁명(百家爭鳴)을 연찬(研鑽)으로, 그리고 가장 중요한 것은 내가 서려는 곳에 동지를 세우려고 하는 양보의 구심력이지요. 이런 덕(德)만이 새로운 창조의 진정한 동력이 될 것입니다.
- 어제 국민의힘 전당대회를 보면서 내 눈길이 간 것은 대회장에 걸려 있는 한 슬로건이었습니다. '보수의 진보'였습니다. 지금 보수 여당이 만나고 있는 정체성의 혼란이나 내부 분열을 넘어 변화를 통한 외연 확장을 하겠다는 의미 정도로 받아들여져, 사람들은 그다지 주목하지 않는 것 같았습니다. 그런 슬로건을 건 사람들의 의도가 무엇인지 모르지만, 이런 문법은 우리에게 생소하면서도 정치사상 담론의 지평을 새롭게 전개할 수 있는 폭발력이 있습니다. '보수=우파, 진보=좌파'라는 등식은 이제 현실과 다르다는 이야기는 오래전부터 나도 한 말이지만, '보수의 진보'라는 말은 지금까지의 진보와 보수를 대립항으로 볼 때는 성립하기 힘든 말입니다.
- 이때의 진보는 무엇일까요? 그야말로 정명(正名)이 필요하겠지요. 많은 토론과 논쟁이 필요하겠지요. 다만 이 장과 관련해서 생각되는 것은 정치 문화의 일변(一變)입니다.
- 오직 권력을 목적으로 이합집산하고 이전투구하는 정치 문화와 정당 문화를 변혁하는 것이야말로 진정한 '새로움'이 아닌가 생각합니다. 진보

를 과거와 같은 보수의 대립항의 의미로서가 아니고 좌우(左右) 공히 이런 새로움을 의미하는 보통 명사로 쓸 수 있다면 한국의 정치를 한 단계 끌어올리는 '사건'으로 만들 수 있을 텐데요.

■ 지금의 현실로 보면 '꿈보다 해몽' 같습니다만, 시대의 요구도 있으니 진심을 가진 사람들의 분전(奮戰)을 기대할 뿐입니다.

■ 서투른 한시(漢詩)지만, 내 심정을 표현해 봅니다.

千變萬化 民心之海 천변만화 민심지해
恒心之義 航路開進 항심지의 항로개진
천변만화하는 민심이 바다에서
항심을 가지고 의를 추구하는 사람들이
새로운 항로를 열고 나아간다.

## 2

공자 말하기를, "공손하되 예가 없으면 수고롭게 되고, 신중하되 예가 없으면 두려워하게 되고, 용기가 있되 예가 없으면 난폭하게 되고, 정직하기만 하고 예가 없으면 박절하게 된다.
군자가 가까운 이에게 잘 대하여 주면 사람들 사이에 인(仁)함이 일어나고, 옛 친구를 버리지 않으면 사람들이 박절하지 않게 된다."

子曰 恭而無禮則勞 愼而無禮則葸 勇而無禮則亂 直而無禮則絞 君子 篤於親則
자왈 공이무례즉로 신이무례즉사 용이무례즉란 직이무례즉교 군자 독어친즉
民興於仁 故舊不遺則民不偸
민흥어인 고구불유즉민불투

- 공(恭)·신(愼)·용(勇)·직(直)은 보통 좋은 덕목으로 생각되는 것들인데요, 그런데 예(禮)로써 조화 내지는 절제되지 않을 때 나타나는 폐단을 이야기하고 있군요.
- 보통 무례(無禮)라고 하면 사람 사이에서 지켜야 할 어떤 행동양식의 결함 같은 것을 연상하게 되지만, 여기서 말하는 무례는 사람의 심층의식에 어떤 치우침, 조화의 상실 등을 생각하게 됩니다.
- 공손(恭遜)한 것은 좋은데, 예(禮)가 절도(節度)를 잃으면, 다시 말해 자긍심을 잃을 정도가 되면 미덕으로서의 품위보다는 초라하게 되는 것 같습니다. 자칫 비루해 보이기도 하지요.
- 신중(愼重)함도 그 조화(調和)를 잃으면 일에 당면하여 두려워하는 겁쟁이가 되지요.
- 용기도 절제하지 못하면 난폭해지며, 정직도 사람에 대한 배려를 잃으면 박절함이 되겠지요.
- 여기서 예(禮)의 바탕이 무엇일까를 생각하게 되는 것 같습니다. 자신에 대한 진정한 긍지와 상대에 대한 존중이나 애정이 아닐까요?
- 양화편 8장에 나오는 육언육폐(六言六蔽)를 떠오르게 하는 말입니다. 거기서는 무례(無禮) 대신에 불호학(不好學)을 들어 여섯 가지 덕이 여섯 가지 폐단이 되는 것을 이야기하고 있지요. 예(禮)와 호학(好學)은 둘 다 어떤 조화를 말하는 것 같습니다. 예(禮)는 궁극적으로는 '사이좋음'이라고 생각됩니다. 절도를 잃으면 그것이 안 되는 것이죠.
- 여기서 말하는 군자(君子)는 사회의 지도층을 말하는 것 같은데요? 그런 사람들이 먼저 가까운 사람을 독실하게 대하면 사회 전반에 인애(仁愛)의 기풍이 일어나고, 옛 친구를 잊지 않고 소중하게 대하면 사회의 기풍이 박절하지 않게 된다는 말이지요.

- 독어친(篤於親)과 고구불유(故舊不遺)는 잘못 쓰이면 친척이나 옛 인연에 대한 특혜 등 부정부패의 원인이 되겠지만, 여기서는 가까운 이웃부터 소중히 하라는 가르침으로 다가옵니다.
- '근자열원자래(近者悅 遠者來; 가까운 사람이 기뻐하면 멀리 있는 사람이 다가온다)'라는 말이 생각납니다.

## 3

증자가 병이 위중할 때 제자들을 불러놓고 말하기를, "(이불을) 열고 내 발을 보아라, 열고 내 손을 보아라. (온전하지 않느냐). 시경에 '전전긍긍하여 깊은 못가에 있는 듯하고, 엷은 얼음을 밟는 듯하라.'고 했는데, 지금 이후에야 나는 그 두려움에서 벗어나겠구나, 제자들아."

曾子有疾 召門弟子曰 啓予足 啓予手 詩云戰戰兢兢 如臨深淵 如履薄氷 而今而
증자유질 소문제자왈 계여족 계여수 시운전전긍긍 여림심연 여리박빙 이금이
後 吾知免夫 小子
후 오지면부 소자

- 증자는 이름이 증삼(曾參)인데, 공자보다 46세 연하인 제자로 공자 당시 노(魯; 둔하고 미련하다)하다는 평을 받을 정도의 인물이었는데, 끈기로 정진하여 공자의 학통을 잇는 사람이 되었다고 하고, 논어의 편집도 증자의 제자들이 편집한 것이 아닌가 하는 설도 있는 사람입니다.
- 공자의 뛰어난 제자들을 제치고, 성 뒤에 '자(子)'를 붙인 제자는 증자와 유자(有子; 유약)와 민자(閔子; 민손) 셋뿐인데, 그러다 보니 논어를 편집한

것은 이 세 사람의 제자들이라는 일부 의견도 있지요.
- 그렇지는 않은 것 같은데, 아마도 여러 층위의 종합이 아닌가 합니다. 다만 공자의 언행은 비교적 그대로 기술하고 있는 것 같습니다.
- 이 장을 보면 마치 공자 자리에 증자를 앉힌 것 같은 모습인데, 그렇게 보아서 그런지 공자의 말과는 격이 다른 것 같군요.
- 부모에게 받은 몸을 온전히 보전하는 것이 효의 시작이라는 효경의 구절을 연상케 하는 말인데, 효경도 증자가 지었다는 설이 있군요.

## 4

증자가 병이 위중할 때 맹경자가 병문안을 오니 증자 말하기를, "새가 죽을 때는 그 우는 소리가 애처롭고, 사람이 죽을 때는 그 말이 착합니다. 군자로서 귀하게 여기는 도가 세 가지 있으니, 용모를 움직이는 데는 사납고 거만함을 멀리 해야 하고, 안색을 바르게 하는 데는 믿음을 주도록 할 것이며, 말을 하는 데는 비루하고 등지는 말을 멀리할 것입니다. 제기(祭器)를 다루는 일은 그것을 맡은 사람에게 맡기면 됩니다."

曾子有疾 孟敬子問之 曾子言曰 鳥之將死其鳴也哀 人之將死其言也善 君子所貴乎道者三 動容貌斯遠暴慢矣 正顔色斯近信矣 出辭氣斯遠鄙倍矣 籩豆之事則有司存

- 맹경자는 노나라 대부로 중손첩이라는 사람인데, 노나라의 삼환(三桓) 가운데 맹손씨 집안의 실권자였지요. 당시 현자(賢者)로 이름이 난 증자를 권력자가 문병 온 장면 같습니다. 용모, 안색, 말에 대해서 언급하고 있군요.

- '야비하고 등지는 말' 즉 비패(鄙倍)를 하지 말라는 것은 귀담아들어야 할 것 같습니다. 누구에게도 특히 말한 자신에게 도움이 안 되거든요.

- 나중에 '변두(邊豆)의 일'에 대해 말한 것은 좀 뜬금없는 말 같지만, 제사는 일정한 격식이 있는데, 권력자라고 해서 시시콜콜 간섭하지 말고 전문가에게 맡기라는 말로, 당시 제사가 차지하던 비중으로 보아 권력자에게 구체적인 충고를 하고 있는 것입니다.

- '새는 죽을 때 울음이 슬프고 사람은 죽을 때 말이 착하다.'는 서두가 그 다음 본론보다 더 많이 사람들 입에 오르내렸지요.

5

증자가 말하기를, "유능하면서도 무능한 사람에게 묻고, 많으면서도 적은 사람에게 묻고, 있으면서도 없는 것같이 하고, 실하면서도 허한 듯이 하고, 남이 나에게 침범해 와도 옳고 그름을 따져 다투지 않을 것이니, 옛날 나의 벗이 이렇게 하였다."

曾子曰 以能問於不能 以多問於寡 有若無 實若虛 犯而不校 昔者吾友 嘗從事於 斯矣
증자왈 이능문어불능 이다문어과 유약무 실약허 범이불교 석자오우 상종사어 사의

- 아마도 공자에게 동문수학하였던 안회 등을 회상하면서 그의 겸손하면서 다투지 않는 모습을 그리는 이야기 같습니다.
- 그런데 좀 산뜻하지가 않네요. 위선이나 허위의식의 그림자가 얼씬거리는 것 같은 표현은 스승 공자나 안회 같은 동문의 말과 행동을 제대로 이해했나 하는 생각이 들게 하는군요.

6

증자 말하기를, "육 척의 고아를 맡길 만하고, 사방 백리되는 나라의 운명을 부탁할 만하고, 생사를 건 위기에 처해서도 절개를 빼앗을 수 없다면 군자다운 사람이겠는가? 그렇다, 군자다운 사람이다."

曾子曰 可以託六尺之孤 可以寄百里之命 臨大節而不可奪也 君子人與 君子人也
증 자 왈   가 이 탁 육 척 지 고   가 이 기 백 리 지 명   임 대 절 이 불 가 탈 야   군 자 인 여   군 자 인 야

- 춘추 시대의 도량형으로 보면 1척은 23센티 정도. 6척이라면 138~140센티이니 아직 어린아이이고, 고(孤)는 양친을 잃은 아이인데, 여기서는 왕위를 이을 후계자를 말하는 것 같군요.
- 군자(君子)에 대해 공자와는 좀 강조점이 다르군요. 공자가 주로 인격과 인간성에 대해 말한다면, 증자는 정치의 측면에서 왕을 보필하는 어떤 역할과 태도를 이야기하는군요. 이런 차이들이 미세한 것 같지만, 후대로 가면서 점점 벌어져 때로는 공자의 진의가 왜곡되는 현상이 발생하는 것 같습니다.

- 유교가 한나라 때 국가의 공인 정치철학이 되면서 그런 현상이 더욱 두드러지지 않았을까요?

---

## 7

증자 말하기를, "선비는 마음이 넓고 굳세지 않으면 안 되는 것이니, 임무가 무겁고 갈 길이 멀기 때문이다. 인을 행하는 것을 자기의 임무로 삼으니 무겁지 않은가? 죽은 후에야 그칠 수 있으니 멀지 않은가?"

曾子曰 士不可以不弘毅 任重而道遠 仁以爲己任 不亦重乎 死而後已 不亦遠乎
증 자 왈   사 불 가 이 불 홍 의   임 중 이 도 원   인 이 위 기 임   불 역 중 호   사 이 후 이   불 역 원 호

- 역시 무겁네요. 이런 점이 공자와는 다른 것 같아요. 공자도 물론 무거움이 있지만, 어디까지나 즐거움(好學, 好禮, 樂)과 마음 가벼움(絶四; 毋意 毋必 毋固 毋我)이 바탕이 되지요. 이런 차이들이 점차 유학을 당위(當爲)나 수구적인 윤리 도덕으로 박제화하여 역사의 진전에 걸림돌이 되게 하지 않았는지 그런 느낌이 듭니다.
- 인(仁)을 임무나 당위의 무거움으로 이야기하는 것은 공자가 말하는 인(仁)과는 전혀 느낌이 다릅니다. 공자의 인(仁)은 자타(自他)의 생명력을 최대로 신장시키는 것인데, 이런 무거움은 생명력을 신장시키기보다 오히려 자타를 얽어매는 부자유를 심화시키지요. 공자에게서 직접 배운 증자가 이 정도이니, 공자에게서 멀어질수록 얼마나 멀어지고 왜곡되었

을지 짐작하게 합니다.

- 공자 당시에 그 많은 제자들이 있었지만, 안회나 자공 정도가 공자의 참뜻을 이해했던 것 같습니다. 우리가 지금 논어를 함께 연찬하면서, 특히 증자의 말을 읽으면서 공자와 후대 제자들의 차이가 무엇인지를 알게 되는 것 같습니다.

- 『공자가 죽어야 나라가 산다』라는 책이 한때 사람들의 눈길을 사로잡을 정도로 유학의 폐해가 지적되었지만, 함께 연찬하면서 느끼는 것은 공자의 참모습은 유학이나 유교의 폐단과는 거리가 멀고, 오히려 현대에 와서 그 왜곡을 시정함으로써 오히려 미래 친화적으로 살려 쓸 수 있다고 생각합니다. 나는 자유도(自由度)가 높아진 신세대가 공자의 자유도(自由度)와 만났으면 하는 바람입니다. 공자는 노년에 많은 청년 제자들과 소통했지요. 증자와도 46세 차이인데 장유유서(長幼有序)나 가부장제(家父長制) 사회를 생각하면 그 자체가 당시로는 혁명적이라고도 볼 수 있지요.

- 그때의 청년 증삼(나중에 증자로 불림)보다는 현대의 청년들이 훨씬 공자의 사상을 잘 이해할 것 같은데요? 청년들과 논어를 연찬하는 기회가 많았으면 좋겠어요.

- 나는 물질적으로나 제도로나 개인의 자유라는 점에서나 그 시대와는 비교할 수 없이 좋아진 지금의 공자라면 이런 말을 청년들에게 할 것 같은데요? "이런 경쟁은 어떨까? 소비 중심의 생활을 영위하며, 자기 것을 더 챙기고 과시하며, 다른 사람들을 이기는 것이 기쁨인가? 자연 친화적인 소박한 삶을 영위하며, 예술적이고 영적인 삶을 즐기고, 남음이 있으면 그것을 다른 사람들과 베풀고 나누는 것이 기쁨인가? 어떤 기쁨을 선택하고, 어떤 기쁨이 더 커지는가에 우리의 미래가 갈린다. 기쁨 간의 경

쟁을 제안한다. 우선 자기의 삶 안에서부터. 어떤 기쁨이 더 큰지? 더 오래가는지? 더 허망하지 않은지?"

8

공자 말하기를, "시로 감흥이 일어나고, 예로 세우며, 악으로 이룬다."

子曰 興於詩 立於禮 成於樂
자왈 흥어시 입어례 성어락

의도적인 편집은 아니겠지만, 증자의 말 바로 다음에 공자의 이 말이 나오니까 의무나 당위의 무거움에서 벗어나 인간 심전(心田)의 깊은 곳으로 나오는 느낌이 드는 문장이다.

이 구절은 많이 알려져서 여기저기 인용되기도 하지만, 그 뜻을 제대로 알기는 쉽지 않은 것 같다. 시(詩)나 음악(音樂)에 조예가 있는 지식인이나 상층 계급의 삶을 떠올릴 수 있지만, 그렇게 보기보다는 보편적인 인간 심성에 대한 표현으로 읽는 것이 공자의 뜻에 가깝지 않을까 생각한다.

가장 먼저 흥어시(興於詩)인데, 시(詩)를 짓거나 시를 감상하는 사람들에게만 해당하는 말이 아니다. 인간의 원초적 감성을 시적(詩的) 감흥(感興)이라고 할 수 있지 않을까. 시어(詩語)들을 난해하게 쓰는 경우도 있고, 많은 사람들은 실제로 시(詩)를 써 본 일이 없지만, 이 시적 감흥은 누구나 느끼는 것이다. 아름다운 노을을 보았을 때 '아, 아름답다.'는 감흥이 올라오고 그보다 더 짧게 '아!' 하는 마음이 된다. 그것이 시(詩) 아닐까?

실제로 나는 시(詩)라고 하는 형식으로 뭘 지어본 일은 없다. 뭔가 특별한 표현 형식이나 표현 방법이 필요하다고 생각했다. 그런데 요즘은 어떤 아름다움이나 슬픔, 때로는 마음속에 일어나는 격정 같은 것을 시적(詩的) 언어로 표현하고 싶은 충동을 느낄 때가 있다. 아름다운 풍경을 보거나 한 밤중에 일어나 창공에 은은하게 빛나는 달을 보면 바로 핸드폰으로 사진을 찍고 싶어지는데, 그것이 나(그)에게는 일종의 시(詩)를 짓는 행위다. 요즘 풍광 좋은 곳에 가 보면 이런 손가락 시인(詩人)들이 엄청나게 많아진 것을 본다.

어떤 이성적(理性的)이거나 도덕적인 것보다 먼저 일어나는 마음을 시(詩)라고 할 수 있을 것 같다. 요즘은 사회학이나 심리학이나 정치학에서도 여러 형태의 정동(情動) 이론들이 주목받고 실제로 응용되고 있다. 사람의 마음과 몸이 외부와 만났을 때 반응하는 것을 '정동(情動)'이라고 부르는 것 같다. 요즘 여론의 흐름도 이런 원초적인 반응으로 접근해야 이해되는 현상들이 많다. 바꿔서 말하면 정치 전환이나 사회변혁을 성공시키려면 먼저 사람들에게서 원초적인 감동과 동조가 일어나야 한다는 것이다. 몸과 마음이 반응하는 최초의 느낌을 흥어시(興於詩)라고 표현했다고 생각한다.

그런데 이 원초적 감성은 활력이나 생명력이 되기도 하지만, 때로는 지나치게 격하거나 거칠어서 그것을 조절하지 못하면 오히려 생명력을 저해하게 된다. 공자의 말 가운데 많이 알려진 것들은 바로 그 조절과 조화를 다루고 있다. 낙이불음(樂而不淫)이나 애이불상(哀而不傷) 같은 것도 그 조화를 이야기하는 것이지만, 공자는 그것을 조화시키는 일반적인 덕목으로 예(禮)를 이야기한다. 입어례(立於禮)가 그것이다.

바로 그 예(禮)를 보다 깊고 보편적인 것으로 확장한 것이 공자가 인류 사상에 기여한 것 가운데 하나가 아닐까 생각한다. 그런데 그것을 제대로 발전시키지 못하고 '예(禮)'를 딱딱한 규범이나 질서 속에 가두다 보니 유학이나 유교가 사회와 인간의 진화를 가로막는 걸림돌로 비난받기에 이른 것이 작금의 현실이 아닌가 한다.

그 점은 논어의 여러 장(章)에서 살펴보겠지만, 내 생각에는 대표적으로 인(仁)을 극기복례(克己復禮)라고 답한 공자의 말에 핵심이 있다고 생각한다. 그 예(禮)는 사람 사이의 가장 아름다운 질서, 즉 '사이좋음'을 말하는 것이다. 타(他)를 침범하지 않고 타(他)에게 양보하고 싶어지는 마음이 외부로 나타난 질서를 예(禮)라고 본 것이다. 그래서 공자는 어떤 규모의 집단을 운영할 때도 그 두 기둥으로 예(禮)와 양(讓)을 세우라고 권한다.

마지막이 성어락(成於樂)인데, 이야말로 공자의 절묘한 표현이 아닌가 한다. 나에게는 두 가지 의미로 다가온다. 하나는 음악으로 이룬다는 의미인데, 인간의 감성을 가장 잘 꽃피우는 것을 음악으로 보는 것이다. 특별한 조예나 기능이 필요한, 이른바 전문가의 음악을 가리키는 말이 아니다. 어린아이들의 천진스런 기쁨의 흥얼거림이 가장 원초적인 음악이고, 원시 사회의 자연과 인간이 하나로 이어지던 시대, 그것을 중개하고 그 기쁨과 축원을 표현한 것이 음악이다. 현대에 와서도 사람의 마음을 가장 고양시키는 것은 음악이다. 가무음곡(歌舞音曲)을 즐겼다는 우리 공동체의 후예답게 K-pop이 세계무대에서 빛을 발하고 있고, 근래 각종 방송을 통해서 트로트 열풍이 불고, 임영웅 같은 가수는 국민 힐링의 전도사처럼 되고 있는 데서도 음악의 힘을 느낄 수 있다.

그런데 더 중요한 것은 음악이 담고 있는 내용이라고 생각한다. 공자는 당시에도 음악을 바르게 하는 것의 중요성을 누구보다도 인식한 사람이었고, 실제로 그런 역할을 한 기록들이 논어에 나온다. 예(禮), 즉 인간이 지향하는 아름다운 질서를 내용으로 담는 음악을 통해 인간의 완성이 이루어진 다는 의미로 '성어락'을 읽을 수 있다. 그런 의미에서 K-pop이나 가요 열풍을 바라볼 수 있기를 바란다.

다른 하나는 그 '성어락(成於樂)'의 락(樂)을 즐거움과 기쁨으로 보는 것이다. 인생과 세계는 '기쁨'으로 완성한다는 말이다. 논어 첫 장에서도 이야기를 나누었지만, 인생은 기쁜 것이 본연의 모습이라는 것, 그리고 그 기쁨을 가장 잘 발현하는 것이 음악이라는 것을 이 짧은 문장에서 느끼게 된다.

## 9

공자 말하기를, "백성을 따라오게 할 수는 있어도, 알게 할 수는 없다."

子曰 民可使由之 不可使知之
자 왈 민 가 사 유 지 불 가 사 지 지

이 장은 공자 당시의 사회체제에서는 가능한 말이다. 신분 계급제 사회와 군주정 그리고 이상적인 정치를 성군(聖君)의 위민(爲民)정치에 두었던 시대, 그리고 높은 문맹률을 고려한다면 충분히 할 수 있는 말이다.

그러나 문맹률이 제로에 가깝고 치자(治者)와 피치자(被治者)의 동질성을 바탕으로 하는 근대 민주주의에서라면, 우민(愚民)정치를 공공연히 획책하는 말이라고 만인의 지탄을 받을 수밖에 없는 말이다.

그러다 보니까 공자의 말을 한자(漢字) 띄어쓰기와 뜻풀이를 바꿔서 공자를 변명하는 해석을 하는 학자도 있지만(民可 使由之 백성이 된다고 하면 따르게 하고, 不可 使知之 불가하다고 하면 알게 한다. 팡둥메이), 그것은 오히려 억지스럽게 보인다.

오늘의 세계는 어떤가? 말은 그럴싸하게 해도 사이비(似而非) 위장(僞裝) 민주주의가 얼마나 많은가? 인민민주주의를 표방하는 전체주의 독재는 말할 것도 없지만, 포퓰리즘이나 팬덤이 지배하는 이른바 민주주의 나라들의 실태를 얼마든지 볼 수 있는 현실이다.

제2차 대전 이후 민주주의를 수입한 나라들은 말할 것도 없고, 이른바 오랜 민주주의 전통을 가진 나라들에서도 민주주의가 후퇴하는 현상들을 보고 있다. 실제로 독재나 전체주의를 획책하는 자들은 우민화(愚民化)를 선호한다. 고대 로마의 타락한 정치는 말할 것도 없고, 자본주의와 결합한 개인 중심의 민주주의와 쾌락 추구는 이른바 3S(Screen, Sports, Sex)의 우민화(愚民化)를 자체적으로 확대 재생산한다.

공자의 이 말을 우민화(愚民化)를 획책하는 말로 평가하는 것은 당시의 체제와 민도를 감안할 때 지나치다고 생각한다. 사람들 의식의 실태는 분명히 이해시키는 것보다 따르게 하는 것이 쉬운 면이 있다. 이것을 가(可), 불가(不可)로 이야기한 것은 당시의 문맹률이나 의식 수준에서 바라본 지나친 표현이기도 하고, 안타까움을 반어적으로 표현한 것일 수도 있다.

민사유지이 사지지난(民使由之易 使知之難; 백성을 따르게 하는 것은 쉽고 알게 하는 것은 어렵다) 정도가 적당하지 않았을까? 고대와는 비교할 수 없이 제도나 의식이 발전한 현대에 와서도 포퓰리즘이나 팬덤 현상이 민주주의를 타락시키는 것은 아직도 인간의 의식에 내재하는 이런 특성 때문이 아닐까 한다. 특히 주입식 교육이나 출세주의 교육이 지배하면 이런 현상을 막을 수 없다. 정치에서의 우민화 경향은 잘못된 교육에서부터 비롯되는 것이다.

공자는 사람들의 의식의 실태에서 출발하여 어떤 정치를 지향하였는가? 그는 정치의 이상을 성군(聖君)의 덕치(德治)에 두고 있었기 때문에 군주, 즉 통치자나 통치 계급의 솔선수범을 중시하고 그것에 초점을 맞춘 이야기들이 대종을 이루지만, 백성을 오직 통치의 대상으로만 생각한 것은 아니다. 그가 일관되게 배움(學)과 가르침(敎)에 진력한 것은, 군주의 전제정치를 막고 덕치를 가능하게 하는 백성의 깨어남(自覺)의 중요성을 깊이 인식한 것으로 보인다. 이 점을 더욱 진척시킨 사람이 맹자(孟子)다. 그는 여민(與民)이라는 말을 본격적으로 사용하기 시작한다. 그것이 역성혁명론으로까지 발전한다.

일상의 삶이나 사회적 실천 속에서 자신의 태도를 성찰하는 것이 중요하다. 사람들을 자신의 생각에 따르게 하려고 하는가 아니면 사람들의 자각에 바탕을 둔 자주성과 자발성을 높이려고 하는가? 특히 새로운 사회와 새로운 문명을 향한 삶과 실천을 하는 사람들에게 던지는, 자신에 대한 근본적 질문이다.

## 10

공자 말하기를, "용맹을 좋아하고 가난을 싫어하면 난(亂)이 일어난다. 사람이 불인(不仁)함을 지나치게 미워하면 역시 난(亂)이 일어난다."

子曰 好勇疾貧 亂也 人而不仁 疾之已甚 亂也
자 왈 호 용 질 빈 난 야 인 이 불 인 질 지 이 심 난 야

학이편에 '난(亂)에서 혁명(革命)으로'라는 내가 전(前)에 어떤 잡지에 기고한 글을 소개한 바가 있다.

'난(亂)'과 '혁명(革命)'은 어떻게 '구별'되는가?
사전을 검색해 보면 다음과 같이 구별한다.
난(亂); ① 전쟁이나 폭동, 재해 등으로 세상이 몹시 어지럽고 무질서하게 된 상태 ② 사회나 국가의 질서를 어지럽히는 대규모의 집단적 행동
혁명(革命); ① 기존의 사회체제를 변혁하기 위하여 이제까지 국가권력을 장악하였던 계층을 대신하여 그 권력을 비합법적인 방법으로 탈취하는 권력 교체의 형식 ② 종래의 관습, 제도 등을 단번에 깨트리고 새로운 것을 세움
난과 혁명은 다시 구별되어야 한다. 용어에 대한 정의 자체도 역사의 산물이고, 따라서 변화한다. 그리고 그 구별 자체가 절대적일 수 없고 상대적이다. 난이 혁명으로 발전할 수도 있고, 혁명을 추구했지만 난으로 끝날 수도 있다.
난과 혁명은 '그것을 통해 어떤 질서가 세워지는가?'로 구별된다. 난은 혁명의 전조가 될 수도 있지만, 구질서의 혼돈을 종식시키지 못하고 반동을 불러오는 경우가 대부분이다. 그것은 그 동기와 주체(主體)로부터 이미 다른 길을 예비하고 있다.
공자는 일관된 평화주의자였고, 그것을 사람들 의식의 보편적 진화를 통해 달성하려고 했다. 당시 사람들의 눈에는 '안 될 줄 알면서도 헛되이 노력한 사람'이었고, 근대인의 눈에는 '낡은 질서를 뒤집어엎으려는 혁명적 의지가 없는 보수적 인물'로 비치기도 한다.
그는 혁명을 입에 담지는 않았지만, 여러 곳에서 세상의 근본적 변화를 추

동하는 힘이 인간 자체에 있다는 것을 강조하였다. 그리고 평화적인 일변(一變)이 그의 꿈이었다. 그 시작을 사람 사람의 마음의 일변에서 찾았다. 불인(不仁)을 미워하라고 이야기하면서도, 미움이 지나쳐서는 결코 새로운 질서를 만들지 못한다는 것을 강조하였다. 부(富)를 긍정하면서도, 가난을 싫어하는 것이 지나치면 평등한 세상으로는 결코 나아가지 못한다는 것을 누누이 이야기하였다. 용(勇)을 찬양하면서도 배움을 좋아하지 않고 절제되지 않는 용의 폐단을 특히 경계하였다. 그것들을 난(亂)의 시작으로 본 것이다.

평화롭고 평등하며 풍요로운 세상을 위하여 내가 먼저 난에서 벗어나 혁명을 품게 하소서.

마침 여류 이병철 선생이 산티아고 순례길에서 보내온 마음을 페이스북에서 읽으면서 난(亂)과 혁명(革命)을 생각한다.

〈생명평화를 위한 기도〉

"세상의 평화를 위하여 내가 먼저 평화가 되게 하소서.
세상이 곧 나의 반영임을 깨달아
내 마음의 평화가 세상 평화의 바탕이 되게 하소서.
모든 존재가 생명의 한 끈으로 이어져 있음을 알아
저마다 깃든 신성함을 보게 하시고
하늘과 땅의 가없는 은혜에 감사하며
모든 생명을 우애로 감싸고
한 물건이라도 아끼며 소중히 여기게 하소서.

눈길 가닿는 곳마다

손길 스치는 것마다

발길 머무는 자리마다

생명 평화가 꽃 피어나게 하소서.

언제나 귀 기울여 듣게 하시고

어디서나 환히 미소 짓게 하시어

여기 이 땅 온 누리에

생명 평화가 푸른 강물 되어 흐르게 하소서."

## 11

공자 말하기를, "주공과 같은 재주의 아름다움이 있다 하더라도 교만하고 인색하다면 그 나머지는 볼 것이 없다."

子曰 如有周公之才之美 使驕且吝 其餘不足觀也
자 왈 여 유 주 공 지 재 지 미 사 교 차 린 기 여 부 족 관 야

그 능력이 올바른 인격과 결합되어야 함을 말한 것이다. 교만은 아집이 강한 것이고, 인색은 소유욕이 강한 것이다. 이런 사람은 능력이 클수록 그만큼 다른 사람이나 사회에 해(害)를 더 크게 끼칠 수 있는 것이다. 결국 중요한 것은 그 능력을 어떤 방향으로 쓰는가 하는 것이다.

현대 인류가 당면하고 있는 '인류 존속의 위기'라고 하는 것들도 그 근본을 보면 '엄청나게 커진 행위능력과 그다지 변하지 않은 자기중심적 가치

체계의 모순'이라고 할 수 있다. 오늘날 개인의 자주성이나 자유가 만개(滿
開)하고 있는 것은 좋은 것이다. 그럴수록 '당당함'과 '교만'의 차이를 잘 아
는 것이야말로 진정한 자유, 진정한 자주에 도달하는 요체라고 생각한다.

 또 '단순하고 소박한 삶'을 추구하는 것은 바람직하지만 그것은 '인색'과
는 바탕이 다른 것이다. 소박한 삶이 나누고 베푸는 삶이라면 인색은 가두
고 끌어들이는 것이다. 고린도전서에 나오는 바울의 말이 연상된다; "내가
예언하는 능력이 있어 모든 비밀과 모든 지식을 알고 또 산을 옮길 만한 모
든 믿음이 있을지라도 사랑이 없으면 내가 아무것도 아니요…."

## 12

 공자 말하기를, "3년 동안 학문을 하고서도 벼슬에 뜻을 두지 않는
사람은 쉽게 얻을 수가 없다."
 子曰 三年學 不至於穀 不易得也
 자 왈 삼 년 학 부 지 어 곡 불 이 득 야

 공자는 현실에 초연(超然)한 사람이 아니다. 오히려 적극적으로 벼슬에
나가 위민(爲民) 치세(治世)하려는 사람이고 제자들에게도 그것을 권하는
사람이다. 그래서 여러 방향에서 오해를 사기도 한다. '보수 반동'이나 '벼
슬을 탐하고 구걸하는 사람'으로 악평하기도 하지만 오히려 악평가들이야
말로 극단적 사고를 한 것이다.

 공자는 벼슬을 탐하지도, 벼슬을 거부하지도 않는다. 벼슬이 목적이 아

니다. 학문의 세계와 참여 정치의 세계가 하나로 이어지는 것이다. 출세를 위한 학(學)을 경계한다. 스스로가 사람이 되는 것이 먼저라는 것이다. 위기지학(爲己之學)인데, 여기서 위기(爲己)는 벼슬이나 돈을 구하는 것이 아니라 참 인격을 구하는 것이다. 그것이 자신을 진정으로 위하는 길이기 때문이다.

그런데 공자 당시에도 이것을 제대로 실천하는 사람이 무척 드물었을 것이다. 부지어곡(不至於穀)의 '지(至)'는 주자의 말처럼 '지(志)'로 보는 것이 맞을 것 같다.

## 13

공자 말하기를, "도를 굳게 믿고 배우기를 좋아하며, 옳은 도를 죽음으로 지킨다. 위태로운 나라에는 들어가지 말고 어지러운 나라에는 살지 않으며, 천하에 도가 행하여지면 드러내고 도가 없으면 숨긴다. 나라에 도가 행하여지는데 가난하고 천하게 살면 부끄러운 일이요, 나라에 도가 행하여지지 않는데 부를 누리고 귀하게 살면 부끄러운 일이다."

子曰 篤信好學 守死善道 危邦不入 亂邦不居 天下有道則見 無道則隱 邦有道 貧
자왈 독신호학 수사선도 위방불입 난방불거 천하유도즉현 무도즉은 방유도 빈
且賤焉恥也 邦無道 富且貴焉恥也
차천언치야 방무도 부차귀언치야

■ 공자는 춘추 시대의 혼란 속에서도 자신의 이상 실현을 위해 애쓴 사람

인데. '위태로운 나라에는 들어가지 말고 어지러운 나라에는 살지 않으며, 천하에 도가 행하여지면 드러내고 도가 없으면 숨긴다.'는 말은 대단히 소극적이고 회피하는 태도 아닌가요?

- 춘추 시대 중국의 정치 환경을 생각할 때 단순히 보신(保身)을 이야기하는 것은 아닐 것입니다. '죽음으로 선도(善道)를 지킨다.'와 함께 읽으면, 난세의 혼란 속에서 잘못된 부귀에 빠져들거나 헛되이 죽는 것을 경계하는 말이겠지요.
- 중국이 통일된 나라가 아니고, 주권을 가진 많은 나라들이 서로 싸우고, 한 나라 안에서도 지역 간의 차이가 있고, 그 경계를 넘나드는 것이 일정한 수준으로 열려 있는 상태를 생각할 수 있을 것 같습니다,
- 위태롭고 어지러운 나라에서 도(道)를 실현하려는 적극성을 가지라고 권하는 것보다는 그 선택의 기준을 자신의 이익에 두지 말고 도(道)의 유무(有無)에 두라고 권하는 정도가 낫다고 보았겠지요.
- '현(見)'과 '은(隱)'도 단지 나가고 숨는 선택으로 보기보다, 그 선택을 자신의 사의(私意)보다는 공의(公意)에 따라 하는 그런 세계를 말하지 않나 싶습니다.
- 천하에 도(道)를 실현하려고 하는 공인(公人)으로서, 할 만하면 드러나고(見) 그렇지 못하면 안으로 저장(隱)하는 그런 마음을 가리키는 것 아닐까요? 술이편 10장의 '용지즉행 사지즉장(用之則行 舍之則藏)'과 같은 의미 같은데요, 공자 스스로 자신과 안회 정도라야 가능하다고 본 경지지요.
- '나라에 도가 행하여지는데 가난하고 천하게 살면 부끄러운 일이요, 나라에 도가 행하여지지 않는데 부를 누리고 귀하게 살면 부끄러운 일이다.'라는 말이 지금 우리에게 어떻게 들리는지를 생각하게 됩니다. 지금

이 나라의 현실을 돌아보게 됩니다. 세계 최저 출산율의 원인이 무엇일까요? 여러 원인이 있겠지만, 젊은 세대들에게 부지불식간에 지금 이 나라가 위방(危邦), 난방(亂邦), 무엇을 부끄러워해야 할지를 모르는 무도(無道)한 나라로 느껴져, 위방불입(危邦不入) 난방불거(亂邦不居)를 선택하는 것 같아서 두렵습니다. 객관적인 지수(指數)들은 선진국을 향하고 있는데, 젊은 사람들이 느끼는 것이 '헬조선'이라면 위험한 나라이고 어지러운 나라겠지요. 출산율을 높이기 위한 대책이라는 것들이 주로 경제적 혜택들인데, 돈을 상당히 쏟아 부어도 큰 효과가 없는 것으로 보입니다. 미래에 희망을 주는 나라를 만드는 것이 근원적인 출구로 보입니다.

■ 이른바 선진국들에서 출산율이 낮아지는 일반적 경향은 부정적 현상만은 아니고, 인구의 생태적 균형과 선후진국 간의 인구 이동 등 긍정적으로 생각할 면도 있습니다. 다만 이 나라에서 유독 심하다는 것은 선진국의 일반적 현상과 다르다고 생각됩니다. 요즘 나라의 현상을 보면 이런 나라에 아이를 낳아서 키우고 싶은 생각이 나겠어요?

## 14

공자 말하기를, "그 자리에 있지 않으면 그 정사를 논하지 않는다."
子曰 不在其位 不謀其政
자 왈 부 재 기 위 불 모 기 정

■ 이 구절도 이해하기 쉽지 않아요. 불평등한 위계 사회를 상정하면 통치

자들에게 악용될 소지가 크고, 건강한 비판과 언로(言路)를 막는 것으로 생각될 수도 있습니다.
- 무책임하게 비난하거나 왜곡하는 뒷방공론 같은 것을 경계하는 말 같습니다. 실제로 사람들에게는 그런 경향이 있잖아요?
- 요즘 인터넷의 악성 댓글은 심각한 수준입니다. 그 익명성(匿名性)은 다른 사람을 공격하고 비난하며 침범하려는 부정적 측면을 부추김으로써 이전투구의 정치와 비이성적 팬덤 정치를 조장하고, 건강한 여론 형성을 크게 방해하고 있습니다.
- 언론의 자유는 보장되어야 하지만, 이 자유가 공공의 이익을 해치는 방향으로 오용되지 않도록 정신적 성숙이 필요합니다. 통치 세력의 부정과 부패를 막는 것과 비판 세력의 건강함이 서로 조화될 때라야 '언론의 자유'는 생명력을 유지할 수 있다고 생각합니다.
- 현실적으로 참 어려운 문제인데요, 그 하나의 기준으로서 '부재기위(不在其位)'라는 말을 '그 자리에 있는 것과 같은 책임성과 진정성을 갖추지 않는다면' 정도로 생각하면 어떨까 싶습니다. 권리와 책임의 조화가 대중 민주주의의 폐단을 줄이는 데 대단히 중요하다는 점에서 공자의 이 말을 음미해야 할 것 같습니다.

15

공자 말하기를, "악사 지가 사시(四始)를 연주하였는데 관저의 마지막 장은 마치 넘쳐흐르듯 귀에 가득하게 들려왔다."

子曰 師摯之始 關雎之亂 洋洋乎盈耳哉
자왈 사지지시 관저지란 양양호영이재

- '넘쳐흐르듯(洋洋) 귀에 가득 차다.'는 말에서 공자가 얼마나 음악을 좋아하고 조예가 깊었나를 느낍니다. 논어의 여러 장에 언급되고 있지요. 여기서 사(師)는 노나라의 궁정 악사를 가리키고, 지(摯)는 그 이름입니다. 공자가 이 사람에게 음악을 배웠다고 합니다만, 그 연주를 듣고 이런 감상을 이야기하는 것이나 소악(韶樂)을 듣고 감탄한 것이나 음악에 대해 평가하는 것을 보면 공자의 음악사랑은 타고난 것 같습니다.
- 시경의 맨 처음에 나오는 관저(關雎)의 시가 악곡으로 연주될 때의 아름다움을 이야기하는 장면이군요. '관저지란'의 란(亂)은 마지막 장이라는 뜻이랍니다.

## 16

공자 말하기를, "뜻이 커서 큰소리를 치면서 정직하지 못하고, 미련하면서 삼갈 줄 모르고, 재주가 없으면서 신실치도 못한 사람을 나는 어찌해야 할지 모르겠다."

子曰 狂而不直 侗而不愿 悾悾而不信 吾不知之矣
자왈 광이부직 동이불원 공공이불신 오부지지의

- 광(狂)은 '미치다, 사납다, 거칠다'는 말이지만, 나쁜 의미로만 쓰이지는

않는군요. 뜻이 크고 거칠지만 잘 다듬는다면 훌륭한 인재가 될 가능성이 있는 사람을 광자(狂者)라고 부르고, 공자도 중용의 덕을 가진 사람을 못 만나면 광자(狂者)나 견자(狷者)와 함께 하겠다는 말을 하지요.(13/21)
- 어떤 일에 몰입하는 상태를 '~에 미치다'라고 말을 하지요. 지나치게 치우치는 단점은 있지만, 이런 사람들이 창조적인 에너지를 갖는 경우가 많지요. '당신은 어떤 일에 미쳐보았느냐?'는 말은 밋밋하게 사는 사람들에게는 한번쯤 던져보고 싶은 질문입니다.
- '저 사람은 지나치게 다혈질이지만 거짓이 없다.'든가 '저 사람은 아는 것은 적지만 무척 성실하다.'든가 '무능하긴 하지만 순박하다.' 등 어떤 단점이 있으면 그것을 보완하는 장점이 있게 마련인데, 단점투성이라면 어쩔 수가 없다는 한탄이군요.
- 이런 경우가 희귀한 것은 아닌 것 같아요. 공자 당시에도 있었겠지만, 요즘은 사회적 변화 과정에서 이런 면이 한 개인의 성품을 넘어서 사회적 현상이 되는 면도 있는 것 같습니다. 예를 든다면 농촌에 '자본주의'의 물결이 들어오면서 '합리성은 떨어지지만 소박하고 인정이 많던' 성품들이 '합리적이지도 않고, 자기 이익만 챙기는 완고한' 성품이 되기 쉬운 면이 나타나는 것이죠.

17

공자 말하기를, "배움은 아직 미치지 못한 것처럼 하고, 배워 안 것은 실천으로 이어지지 못한 채 잃어버릴까 두려워한다."

子曰 學如不及 猶恐失之
자왈 학여불급 유공실지

간단한 말이지만, 여러 해석이 있을 수 있다. '배움에는 미치지 못할 것 같이 생각하는 것보다 오히려 잊어버릴까 두려워하라.'고 해석하여 '배운 것을 잊지 않도록 익히는 것이 더 중요하다.'고 보는 견해도 있다.

나는 공자의 일관된 호학과 지행일치를 고려하면 다음과 같은 의역(意譯)도 가능하지 않을까 생각한다. '학여불급(學如不及)'은 자신이 배우고 터득한 것이 최종적인 것이 아니라는 태도를 갖는 것이다. 무언가를 배우고 알게 되면 '이것이 진리다.'라고 단정하고 고정해 버리는 것을 배움과 탐구의 가장 큰 장애로 보는 것이다. '지금으로서는 이것이 진리라고 생각하지만, 어쩌면 그것은 진리가 아닐지도 모른다.'라는 여백이 항상 있어서, 단정과 고정이 없는 탐구를 계속할 수 있는 것이다. '유공실지(猶恐失之)'는 지행합일(知行合一)을 강조하는 것이다.

지식을 단순히 기억하는 것만으로는 별 의미가 없는 것이다. 단지 기억하는 것은 조만간 잊어(失)버릴 수밖에 없다. 잊어버리지 않게 되는 것은 그것을 체득(體得)할 때만 가능한 것이다.

18

공자 말하기를, "위대하도다! 순과 우의 천하를 대함이여! 간섭하지 않았다."

子曰 巍巍乎 舜禹之有天下也而不與焉
자왈 외외호 순우지유천하야이불여언

- 공자가 생각한 정치에 대한 이상(理想)을 간단한 말로 표현하고 있군요. 순(舜)과 우(禹)는 고대 중국의 성군(聖君)으로 추앙받는 전설적인 인물들이지요.
- 고대의 태평성대를 노래하는 격양가의 가사입니다.

    해 뜨면 일하고 해 지면 잠을 자네(日出而作 日入而息)
    우물 파서 물마시고 밭 갈아 밥 먹으니(鑿井而飮 耕田而食)
    임금의 힘이 나에게 무엇인가(帝力于我何有哉)

무정부주의를 연상시킵니다만, 고대 성군의 다스림을 이렇게 표현했습니다. 왕의 위력을 거의 느끼지 못하는 정치를 이상으로 생각한 것이지요.
- 지금도 그렇지 않나요. 정부의 권력이 최소화되는 상태가 좋은 정부 아닌가요? 물론 현대는 자본주의 시장의 문제를 적극적으로 보완하는 큰 정부와 가급적 시장에 맡기고 관여를 최소화하는 작은 정부를 둘러싼 정책적, 이념적 논쟁이 반복되고 있습니다만.
- 그런 측면도 있지만, 요(堯)나 순(舜)은 정사(政事)를 자기가 선출한 관리들에게 맡기고 직접 정사에 관여하지 않았다는 것을 요순 정치의 특징으로 이야기하기도 하지요. 어떤 면에서 '왕은 군림하나 통치하지 않는다(King reigns but does not govern)'는 영국 명예혁명 이후 확립된 입헌군주제를 연상케도 합니다. 물론 고대 중국에는 의회가 없었지만.

## 19

공자 말하기를, "위대하도다! 요의 임금됨이여. 높고 큰 것은 오직 하늘뿐인데, 오직 요임금이 본받았으니, 넓고 넓어서 백성들이 이름 지어 부를 수 없구나! 높고 크도다! 공을 이룸이여! 환히 빛나도다! 그 문화여."

子曰 大哉堯之爲君也 巍巍乎 唯天爲大 唯堯則之 蕩蕩乎民無能名焉 巍巍乎其
자 왈 대 재 요 지 위 군 야  외 외 호  유 천 위 대  유 요 측 지  탕 탕 호 민 무 능 명 언  외 외 호 기
有成功也 煥乎其有文章
유 성 공 야  환 호 기 유 문 장

요(堯)·순(舜)·우(禹)에 대한 공자의 찬탄은 여러 가지를 생각하게 한다. 역대 성인(聖人) 가운데 왕(통치자)을 이상적인 인간의 모델로 삼는 경우는 거의 없다. 이것을 비판적인 시각에서 보는 사람도 있겠지만 정신세계와 현상 세계를 분리하지 않고 하나로 보았다는 점은 공자와 중국 문명의 특성으로 볼 수 있다.

그동안 인류는 마음의 세계에서의 자유와 현상 세계에서의 자유가 서로 다른 영역으로 나뉘어 발전하여 왔다. 원시적 제정일치(祭政一致)로부터 정교분리(政敎分離)로 이행하는 것은 어쩌면 반드시 거쳐야 할 과정이라고 생각된다. 그러나 궁극적인 인간의 자유와 행복은 마음의 세계와 현상의 세계가 하나로 이어질 때 실현 가능할 것이다. 그것은 원시적 제정일치(祭政一致)를 떠나 먼 여행을 거친 후 다시 돌아오는 차원이 달라진 나선형 순환의 세계이다.

이런 점에서 볼 때 공자가 이상적인 인간상으로 그렸던 사람들이 현대를

사는 우리에게 시사하는 바가 크다고 생각한다. 그 사람들은 심덕(心德)의 구현자인 동시에 현상 세계를 변화시키는 데 성공한 사람들인 것이다.

물질과 제도의 발전이 행복의 충분조건이 되지 못하고, 생태적 위기를 비롯한 국가 간의 전쟁과 국가 내부의 갈등을 해소하지 못함으로써 인간의 의식이 다시 진보의 중심 고리로 되고 있다.

수신제가치국평천하(修身齊家治國平天下)가 현대와 미래에 주는 메시지는 참으로 크다고 생각한다. 소유하거나 지배하려 하지 않는 권력에 대한 바람은 인류 역사에서 오래된 것이다. 옛날에는 그것이 뛰어난 개인에 의해서 이루어졌다면 지금은 제도에 의해 보편화된다. 이것이 진보라고 생각한다. 권력 세습은 이제 시대착오적인 것으로 받아들여진다. 물론 아직도 완전한 것은 아니다. 생물학적인 세습(가족이나 친족 간의)은 낡은 것으로 간주하지만 사회적 세습은 곳곳에 남아 있다. 우리의 경우 학연(學緣)이나 지연(地緣), 특정 계층이나 정파에 의한 세습은 여전히 맹위를 떨치고 있다.

또한 정치권력의 세습은 사라지고 있지만 변형된 권력 즉 금력의 세습은 전과 같이 사회 진보의 큰 장애로 되고 있다. 요즘은 대기업이나 재벌의 탈법 상속 등이 사회적 문제가 되고 있을 뿐 아니라, 노동의 양극화와 대물림이 심각한 사회적 과제가 되고 있다.

'요(堯) 임금의 덕이 너무 커 백성들이 말로 형용할 길이 없다.'는 것은 예부터 가장 이상적인 정치를 이야기할 때 많이 입에 오르내리던 것이다. "왕이 누구인지, 왕이 있는지 없는지 모를 때, 세상은 태평하고 백성들은 자유롭게 풍요로운 삶을 누린다." 이것이 하늘을 닮은 요(堯)의 덕이다.

이 구절을 읽으면서 미래를 생각한다. 과거의 덕치(德治)는 통치자 개인에게 의존하기 때문에 언제든지 폭군이 나타날 수 있는 불완전한 것이었다. 그래서 인치(人治)로부터 법과 제도에 의한 법치(法治)로 이행하는 것은 보편적인 진보의 길이 되었다. 그러나 그 법과 제도를 움직이는 것은 사람이기 때문에 사람이 변화하지 않으면 진정한 행복은 올 수 없다는 것을 점점 많은 사람들이 자각해 가고 있다. 그래서 앞으로 나타날 새로운 문물제도에는 '덕(德)'이 필수적이다. 다만 이 덕은 민주주의가 고도로 발달한 사회를 바탕으로 한 민중의 덕이라고 생각한다.

고대 성왕(聖王)의 치(治)라는 무정부주의(無政府主義)의 이상은 여러 과정과 단계를 거쳐 민주주의 제도와 결합한 보편적인 이상으로 발전할 수 있다고 생각한다. 공자를 민주주의에 어울리는 선구적 사상가이며 동시에 그 실현에 헌신한 실천가로 소개하면 유학이나 유교가 근대민주주의에 장애로 작용한 것을 생각하며 황당해하는 사람들이 많겠지만, 오히려 그렇기 때문에 공자 사상의 진수를 이해하는 것이 동양의 민주주의를 위해 필요하다고 생각한다.

그런 의미에서 H.G.크릴의 견해가 참고될 만하여 소개한다; "정부의 형태나 제도적인 장치의 중요성은 과소평가될 수 없는 것이다. 그렇다고 해도 그 형태나 제도의 기초가 될 뿐 아니라 그것을 수행하는 데에도 필요한 정신이나 철학보다는 그것이 중요하지 않다는 것은 인간의 경험으로 충분히 증명되었다. 그뿐만 아니라 진리는 (또는 적어도 진리의 이해는) 부단히 발전 또는 개화 과정에 있으며 모든 사람이 진리를 창조하고 발전시키는 데 참여할 수 있다는 신념은 정치적 민주주의를 지향하는 반면에, 진리를 고정적이고 절대적인 실재로 생각하는 철학은 모두 정치적 전체주의의 방향으로 흐르기 쉽다는 것도 명백해졌다. 공자가 절대론의 입장이 아니라 진리의 부단한 탐구론의 입장을 취하고 있는 것은 명백하다. 공자는 제자들에게 진리를 말하지도 않았고, 절대적인 가치척도를 제시하지도 않았으며, 그들 스스로 진리에 도달하도록 교육하였다."

명백한 독재나 전체주의에 대한 투쟁 못지않게, 민주주의가 물신숭배나 포퓰리즘이나 팬덤 정치 등에 의해 그 본질이 훼손되는 것에서 벗어나는 것이 더 근원적인 과제가 되고 있다. 우리는 지금 2,500여 년 전의 선구자들이 제기하였던 근원적인 문제를 보편적인 정치의 장(場)에서 본격적으로 만나고 있다. 어쩌면 그것이 진화의 과정인지도 모르겠지만, 국내외적으로 진행되는 이중(二重) 삼중(三重)의 모순을 해결하기 위해 새로운 담론과 도덕이 준비되어야 하는 것은 시대의 절박한 과제다.

난세(亂世)는 새로운 사상 담론 도덕이 집중적으로 창조되고 실험되는 시기이다. 인간에 대한 신뢰를 바탕으로 이 세기적 난국을 민주주의의 질적 도약으로 넘어서는 전환을 우리가 할 수 있을까?

20

순은 다섯 사람의 신하가 있어 나라를 다스렸다. 무왕이 말하기를, "나는 열 사람의 신하가 있어 나라를 다스렸다."

공자 말하기를, "인재를 구하기가 힘들다고 하더니 과연 그렇지 않은가! 당우(요순) 이후로 주나라에 가장 인재가 많았으나, 그중에는 부인이 끼었으니 실은 아홉 사람뿐이었다. 주나라는 천하의 3분의 2를 가지고도 은나라에 복종하였으니, 주나라의 덕이야말로 지극한 덕이라 할 것이다."

舜有臣五人而天下治 武王曰 予有亂臣十人 孔子曰 才難 不其然乎 唐虞之際 於
순유신오인이천하치 무왕왈 여유란신십인 공자왈 재난 불기연호 당우지제 어

斯爲盛 有婦人焉九人而已 三分天下有其二 以服事殷 周之德 其可謂至德也已矣
사 위 성 유 부 인 언 구 인 이 이  삼 분 천 하 유 기 이  이 복 사 은  주 지 덕  기 가 위 지 덕 야 이 의

- 순(舜)과 무왕(武王)의 정치를 통해 공자가 이야기하려는 것이 무엇일까요?
- 훌륭한 군주는 자신이 권력을 전횡하는 것이 아니라, 훌륭한 인재를 선발하여 그들에게 정치를 맡긴다는 것을 말하는 것 같습니다. 순(舜)에게는 다섯 명이 있었는데, 그 가운데 한 사람이 안연편 22장에 나오는 고요(皐陶)지요. 고요는 법무를 담당했던 신하여서 그가 등용되자 불인(不仁)한 자들이 멀어졌다는 것이지요. 우(禹)는 치수(治水)를 잘한 인물로 순(舜)이 왕위를 물려준 인물입니다.
- 무왕은 10명의 인재를 이야기하는데, 그 가운데는 강태공으로 불린 태공망도 있고, 무왕의 어머니인 문모(文母)도 포함되는데, 어머니를 빼면 아홉이라는 이야기지요. '난신(亂臣) 십인'에서 난(亂)은 잘 다스린다는 뜻으로 쓰고 있습니다.
- '재난(才難)'은 인재가 귀하다는 뜻인데, 그만큼 뛰어난 인재를 구하여 정치를 맡기는 것의 중요성을 이야기합니다. 군주정에서만 그런 것이 아니고 오늘날에도 마찬가지입니다. 근래 나라가 어려운 상황을 맞는 원인도 따지고 보면 인재난(人才難)에 기인하는 것이 많잖아요. '인사(人事)가 만사(萬事)'라는 말은 민주주의 제도에서도 정치의 요체라고 생각합니다.
- 국민은 대통령을 선출하고, 대통령은 최고 인사권자인데 그가 자기 정파의 권력 유지를 위해 인사를 행하면 정치가 제대로 될 수가 없습니다.
- 사실 민주주의가 발달한 현대에도 인재를 기르는 일이야말로 정치와 사회가 건강하게 발전하는 바탕입니다. 그 인재는 전문화된 능력과 덕을

함께 갖춘 사람이라고 생각합니다.

- 각종 교육기관과 함께 정당이나 시민 단체도 진정한 인재(人才)를 기르는 좋은 장(場)이 될 수 있고 되어야 합니다. 인재의 가장 큰 특성은 무엇일까요? 공자의 우(禹)에 대한 평가처럼 개인의 이익이 아니라 공공의 이익을 먼저 생각하는 사람이 인재가 아닐는지요. 이런 공인(公人)을 기르고 배출하는 교육, 정치, 경제, 문화예술, 시민운동이 기대됩니다.

- 사실 저는 요즘의 퇴행적 정치를 바로잡기 위해 양대 정당을 견제하고 좋은 정치를 견인할 수 있는 제3지대의 신당 창당에 마음을 쏟고 있는데요, 지난 총선에서 참패하면서 절실하게 드는 생각 중 하나는 인재(人材)의 중요함입니다. 좀 낭만적인 생각일지 모르지만, 뛰어난 인재 10명이 진심으로 결합할 수 있으면, 새로운 정치를 충분히 전개할 수 있습니다.

- 내가 공자를 들어 올려 민주주의를 이야기하는 것은 민주주의가 서구(해양 세력)의 역사적 전유물이 아니라는 것과, 자본주의와 결합한 현대 자유민주주의의 맹점을 들여다보고 지금의 중국이나 러시아 등(대륙 세력)의 전체주의를 서구의 관점이 아닌 동양의 전통사상을 통해 비판하는 양수겸장의 의미가 있습니다. 이것은 두 세력의 교차점인 한국에서 21세기 민주주의의 새로운 질적 전환을 통해 새로운 문명의 선도국을 지향하는 방향에 대한 암묵적 제안이 들어있기도 합니다.

- '천하의 3분의 2를 차지하고도 은나라에 복종한 것'을 주나라의 지극한 덕으로 이야기한 것은 강자(强者)가 패권을 차지하기 위해 전쟁을 벌이지 않았다는 것을 지덕(至德)으로 본 것 같습니다. 자신의 패권보다 천하의 이익을 먼저 고려했다는 점을 높게 평가하는 것이지요. 좀 다른 이야기일지 몰라도, 오늘 우리 현실에서도 자신의 권력보다 나라와 국민 전체를 먼저 생각하는 정치인이나 정치세력이야말로 새로운 시대를 열어

가는 도덕성을 갖게 되겠지요.

## 21

공자 말하기를, "우임금은 내가 흠잡을 데가 없다. 자신은 변변치 못한 음식을 먹으면서도 제사를 지내는 데는 풍성하게 하였고, 자신의 의복은 검소하나 예복은 훌륭히 하였고, 거처하는 궁실은 낮게 지어 살면서 보와 도랑을 내는 데는 전력을 다하였으니, 우임금이야말로 흠잡을 데가 없다!"

子曰 禹 吾無間然矣 菲飮食而致孝乎鬼神 惡衣服而致美乎黻冕 卑宮室而盡力乎
자왈 우 오무간연의 비음식이치효호귀신 악의복이치미호불면 비궁실이진력호
溝洫 禹 吾無間然矣
구혁 우 오무간연의

- 공자는 우(禹)의 천하위공(天下爲公)의 정신을 높이 평가하였지요. 공사(公私)의 엄격한 구분과 선공후사(先公後私)라는 점에서 흠잡을 데가 없다고 찬탄합니다.
- 지금은 일반적으로 선공후사(先公後私)를 이야기하지는 않습니다. 그것이 개인의 행복추구권과 자유를 침범할 수 있기 때문이지요. 그러나 동시에 타인의 자유나 행복을 침범하지 않아야 하는 것은 기본이라고 생각합니다.
- 정치란 공사(公事)입니다. 정치의 목적은 수많은 이해관계와 의견 차이를 조정하여 국민 전체의 복리와 행복을 증진시키는 것이죠. 이 목적에

부합하는 유능한 사람이 국정을 담당할 때 비로소 정치가 제대로 되는 것이지요. 그 사람의 가장 큰 덕목은 공사(公私)를 엄격히 구분하고 선공후사(先公後私)의 정신에 따라 정치행위를 하는 것입니다.

- 공자가 '주공의 재주를 가졌더라도 교만하고 인색하면 더 볼 것이 없다.'라고 말한 것도 이런 정신을 능력보다 더 중시한 것입니다.
- 법인카드를 개인의 사익을 위해 사용하면서도 그것이 얼마나 잘못된 행위인가를 의식조차 못 하는 정치인들이 버젓이 능력 운운하는 것을 보는 것이 참으로 불편합니다. 법인카드를 자기 개인 카드보다 더 알뜰히 생각하라고 요구하는 것은 무리일까요? 적어도 정치를 하려는 사람에게는 요구할 수 있다고 봅니다.
- 우(禹)는 순(舜)의 다섯 신하 가운데, 치수(治水) 담당이었지요. 당시 치수(治水)는 민생과 경제의 중심이었지요. 우(禹)가 이것을 잘 수행함으로써 순(舜)의 후계자로 지명되었지요. 민주주의는 선거를 통해 인재를 선출하는데, 그 인재를 검증하는 과정은 고대의 인재 검증 과정보다 허술합니다. 돈에 지배되고 포퓰리즘이나 팬덤에 지배되는 선거문화와 정치문화 속에서는 최선의 인물을 선출하기가 어렵습니다.
- 결국 국민이 인재를 검증하는 눈높이가 변해야 하겠지요.

# 제9편

# 자한(子罕)

---

"내가 아는 것이 있는가? 아는 것이 없다.
그러나 어떤 사람이 물어오더라도 영위에 서서
그 양끝을 두들겨서 끝까지 밝혀 가보겠다."

<sub>자왈 오유지호재 무지야 유비부문어아 공공여야</sub>
**子曰 吾有知乎哉 無知也 有鄙夫問於我 空空如也**
<sub>아 고 기 양단 이 갈 언</sub>
**我叩其兩端而竭焉**

# 1

공자는 이(利)와 명(命)과 인(仁)을 말하는 일이 드물었다.

子罕言 利與命與仁
자 한 언  이 여 명 여 인

제자들의 본 공자의 모습이다. 논어에는 이런 문장들이 더러 나오는데, 대단히 중요한 내용을 담고 있다.

"자불어 괴력난신(子不語怪力亂神)." (7/20)

"자절사 무의무필무고무아(子絶四 毋意毋必毋固毋我)" (9/4)

한언(罕言)은 '드물게 말하였다'는 뜻이다. 드물게 말한다는 것은 중요하지 않은 경우도 있지만, 너무 중요하고 소중해서 쉽게 말하지 못하는 경우도 있다. 여기서는 후자(後者)라고 생각한다. 말을 자주 하다 보면 오히려 그 진짜 가치가 훼손되고, 불필요한 관념의 다툼이 되는 경우가 많다. 지금 우리도 경험하는 세계다.

첫째, 이(利)다. 이(利)를 추구하는 것은 인간을 포함하여 모든 생명체의 속성이다. 자기 존속을 위한 1차적인 욕구다. 그것을 부정하는 것은 우주 자연의 이치에 거슬리는 것이다.

그런데 논어를 읽다 보면 공자가 이(利)에 대해 부정적이라는 느낌을 받을 수 있다. 이(利)와 의(義)를 대칭적으로 표현하고, 소인(小人)과 군자(君子)를 구별하는 기준으로 말하는 장면들이 나오기 때문이다.

그러나 이(利)를 부정한 것이 아니라, 진정한 이(利)에 대해서 말하고 있다. 자기의 이익이 지나쳐 타(他)를 침범하면 결국 그것은 자기에게 불이익

(不利益)으로 돌아온다는 것을 말하고 있을 뿐이다. 말하자면 '자리이타(自利利他)'를 권장하는 것이다.

이인편 11장 '방어리이행 다원(放於利而行 多怨)'으로 표현했듯이 오직 자신의 이익만을 추구한다면 원망이 많아져서 결국 자신에게 불이익으로 돌아온다는 것을 설득하는 말로 하고 있다. 타인의 이익을 침범하지 않는 것이 의(義)라고 보고, 그런 삶과 사회를 지향하기로 마음 먹은 사람을 군자(君子)라고 부르는 것이다.

이익을 추구하지 말라거나 이익을 추구하는 것이 나쁘다거나 하는 말을 한 것이 아니다. 오히려 배움과 수양의 1차적 목적이 자기를 위한 것, 즉 위기지학(爲己之學)이라고 말한 것을 깊이 음미해야 할 것이다. 그래서 드물게 말한 것이다.

둘째, 명(命)이다. 흔히 운명(運命)을 이야기할 때는 개인이나 집단의 길흉화복(吉凶禍福)을 떠올리게 된다. 개인의 행불행(幸不幸)이 가장 큰 관심의 대상이 될 수밖에 없지만, 이기적이고 경쟁적인 상태에서는 자신의 행복이 다른 사람의 불행을 전제로 하는 경우가 많다. 이것은 궁극적으로 진정한 행복이 되지 않는다.

공자에게는 우주 자연의 리(理)가 천명(天命)이었을 것이다. 그러나 이 천명은 인간의 인식 능력을 벗어나는 것이다. 그것을 공자는 인식했다, 오십(五十)에 지천명(知天命)이라는 말은 자신의 분수를 깨닫는다는 의미일 것이다. 자칫 독단과 독선으로 흐를 위험성이 있는 '명(命)'을 쉽게 이야기할 수 없는 것이다. 하늘(天)이나 신(神)을 조심스럽게 말하는 이유다.

셋째, 인(仁)이다. 공자 사상의 핵심을 '인(仁)'이라고 부르는 데 토를 달 사람은 없을 것이다. 그러나 공자 스스로는 인(仁)을 정의하듯이 말하는 경우가 없고, 제자를 비롯해서 다른 사람이 물을 때 답하는 형식으로 말한다.

그것도 묻는 사람에 따라 다르고, 때로는 관중에 대한 질문에서처럼 제자들의 기대와는 전혀 다르게 답하기도 한다.

인(仁)이나 불인(不仁)을 이야기하는 장면이 논어에는 많이 있는데, 인(仁)에 대해 말하는 것이 드물었다는 것은 무슨 의미일까? 인(仁)을 추상화된 관념이나 논쟁적인 관념으로 이야기하는 것이 거의 없었고, 구체적인 질문에 대해여 '글쎄, 그것을 인(仁)이라고 할 수 있을까?'라는 대답이 많았는데, 그만큼 인(仁)을 어떤 개념으로 정의(定義)하면 빗나가기 쉬운 핵심적 가치로 인식했다는 의미일 것이다.

부귀를 좋아하고 빈천을 싫어하는 것은 인지상정(人之常情)이지만 그보다 더 본질적인 것은 순리에 따르는 삶인 것이다. 도가 실현되지 않는 곳에서 부귀는 부끄러울 뿐(8/13)이라는 공자의 말은 그의 진정한 행복관이 무엇인가를 나타내는 것이다. '먼저 그 나라의 의(義)를 구하라.'라는 성경 구절과 맥락을 같이 한다.

진정한 이(利)와 명(命) 그리고 자타(自他)의 생명력을 신장시키는 인(仁)은 모두가 사람을 사람답게 살게 하는 가장 소중한 가치들로서, 그런만큼 공론(空論)이나 희론(戲論)의 대상이 되지 않도록 귀하게 다루었다는 의미로 다가온다.

## 2

달항당의 사람이 말하기를, "크도다, 공자는! 박학하지만 이룬 이름이 없으니." 공자가 듣고 제자들에게 말했다.

"내가 무엇을 잡을까? 수레몰이꾼이 되어 볼까? 사수가 되어 볼까? 나는 수레몰이꾼이 되는 게 낫겠다."

達巷黨人曰 大哉孔子 博學而無所成名 子聞之謂門弟子曰 吾何執 執御乎 執射
달 항 당 인 왈  대 재 공 자  박 학 이 무 소 성 명  자 문 지 위 문 제 자 왈  오 하 집  집 어 호  집 사
乎 吾執御矣
호  오 집 어 의

- 논어에는 말하는 사람을 구체적으로 밝히지 않는 경우가 있어요. '혹왈(或曰), 어떤 사람이 말하기를'로 시작하는 문장이죠. 여기서는 달항이라는 마을(당은 5백 가구 정도의 마을)의 어떤 사람이 말하는 것으로 적고 있군요.
- 대체로 그런 경우는 질문이 실답지 못하거나 비꼬는 경우지요. 공자가 요임금을 칭송할 때 민무능명(民無能名)이라고 한 것을 빗대어 칭찬하는 말 같지만, 특별하게 이룬 일이 뭐가 있느냐는 비꼼이지요.
- 사실 일반 대중이 잘 이해하기 힘든 일을 꿈꾸고 실천하는 사람들이 받게 되는 냉소지요. 공자 같은 사람은 나중에라도 세계적 위인으로 칭송받게 되었지만, 그저 이런 냉소 속에서 생을 마친 사람들이 많지요.
- 이런 비꼼이나 냉소를 의연하게 받아넘길 수 있어야, 일관된 실천을 통해서 이름을 떨치게 되는 게 아닐까요?
- 공자 당시는 전쟁이 끊이지 않던 시대라 아마 말이 끄는 전차(戰車)의 말몰이(영화 〈벤허〉를 상상해 보시라)나 활을 잘 쏘는 명사수(名射手)가 인기가 있었겠지요. 그래서 공자도 그런 사람이 되어 이름을 날려 볼까 하는 개그로 답한 것 같네요. 이런 응답이 그 비꼼이나 냉소에 쿨(cool)한 것 같아요. 요즘 같으면 '내가 잘 나가는 가수나 스포츠맨이 되어 볼까?' 같은 말이죠. 예나 지금이나 뭔가 관종이 되어서는 결코 진정한 이름을 이

루는(成名) 일은 없겠지요.

### 3

공자 말하기를, "삼베로 만든 관이 전통적인 예법인데, 지금은 굵은 실로 만든 것을 쓰니 검소한 편이다. 나도 여러 사람을 따르겠다. 남의 집을 방문할 때 당 아래서 절하는 것이 예법인데, 지금은 당 위에서 하니 거만한 태도다. 비록 여러 사람과 어긋나지만 나는 당 아래서 하겠다."

子曰 麻冕 禮也 今也純 儉 吾從衆 拜下禮也 今拜乎上 泰也 雖違衆 吾從下
자왈 마면 예야 금야순 검 오종중 배하예야 금배호상 태야 수위중 오종하

- 공자의 이런 생각들은 요즘 읽기에 답답한 느낌이 있어요. 특히 예법이나 일상적인 삶의 모습들이 지금과 너무 다른 것도 이유가 되겠지만, 공자의 총론에는 공감이 가다가도 각론에 가면, 특히 팔일편이나 향당편을 읽다 보면 그런 생각이 들어요.
- 어쩔 수 없는 것 같아요. 총론은 보편적이지만, 각론은 구체적이지요. 각론은 그 시대 그 문화 위에 세워져야 하니까요. 그런 점에서 공자를 옹호하거나 비난하는 마음을 내려놓고 읽는 것이 좋을 것 같습니다.
- 지금이야 위치적인 상하 없이 수평적으로 인사하는 것이 너무 당연한 시대지만, 당시의 가옥 구조상으로나 손님으로 방문했을 때의 마음가짐은 당 아래서 인사를 하는 것이 맞다고 본 것이겠지요. 여기에는 손님

으로서의 겸양이 있지만, 상하 관념은 아니라고 봅니다. 그래도 좀 답답하긴 합니다.
- 대중의 문화에 대해 어떤 것은 따르고, 어떤 것은 따르지 않는 데 대한 공자 나름의 기준에 주목하게 됩니다. 검(儉)은 따르고, 태(泰; 교만)는 따르지 않겠다는 정도로 읽으면 좋을 것 같습니다. 대중을 무시하지도 않고 대중을 추수(追隨)하는 것도 아닌 태도는 좋다고 생각해요.

## 4

공자는 네 가지를 끊었다. 무의, 무필, 무고, 무아가 그것이다.
子絶四 毋意 毋必 毋固 毋我
자 절 사 무 의 무 필 무 고 무 아

- 논어를 읽었다는 사람들도 이 문장이 있는지조차 기억을 못 하는 사람들이 있어요. 이 문장은 공자의 말이 아니고, 제자들이 바라본 공자의 모습이지요. 나는 공자의 이런 면이 더 다가옵니다. 추상적이고 형이상학적인 말로 표현하기보다 구체적인 삶 속에서 나타나는 태도를 제자들이 전하는 것이지요.
- 무(無)가 아니고 무(毋)를 쓴 것이 절(絶)의 의미를 나타내는 것이죠. 원래 없는 세계와 달리 노력해서 끊는, 즉 자유로워지는 상태를 말하는 것으로 읽힙니다. 공자는 스스로의 성취를 생이지지자(生而知之者)가 아니라 학이지지자(學而知之者)라고 밝혔지요. 이것은 문득 깨달아서 본래의 성

품을 아는 것과는 차원이 다른 접근이라고 생각합니다.
- 그 점이 과학과 이성의 힘으로 깨달음을 얻을 수 있다는 희망을 줍니다. 물론 그 길은 여러 종교나 명상 등을 통해서도 도달할 수 있지만, 그 깨달음이라는 것이 자신의 머릿속에서 나타나는 일시적 현상이 아니라 삶 속에서 체득되는 것이라야 진실한 것이 되겠지요.
- 논어를 읽다 보면 장(章)과 장(章)의 이어짐에 주목하게 됩니다. 3장에서는 공자가 예(禮)를 취함에 있어서 대중을 무시하지도 않고 대중을 추수(追隨)하지도 않는 분명한 자기(我)의 단단한(固) 생각(意)과 달성하고 싶은 목표(必)를 이야기하는데, 바로 이어서 4장에서는 네 가지 끊음(絕四)이 공자의 모습이라는 이야기를 하거든요. 또 절사(絕四)의 뒷장인 5장에서는 공자의 말을 소개하는데 천(天)이 들어갑니다. 자신(我)의 의(意) 필(必) 고(固)를 끊을 수 있는 것은 무(毋)의 너머에 하늘이 있어서 가능하다는 것이지요. 이 하늘은 뭐라 정의할 수도 의인화(擬人化)할 수도 없기 때문에 더욱 조심스럽지만, 인간을 넘어서는 우주 자연의 진리를 가리키는 말로 사용하고 있는 것 같습니다.
- 그냥 공자의 언행이나 제자들의 말을 병렬한 것이 아니라 그 장과 장 사이, 즉 이어짐에 깊은 의미가 있어 보입니다. 논어 편집자들의 의도를 생각하게 합니다.

# 숭고(崇高) 지향은 인간의 2차 본능이다
### -삶의 진정한 축복은 무엇일까요, IPKU에서 -

1

나는 1945년생 이른바 '해방둥이'입니다. 어린 시절부터 청년 시절까지 지금 청년들은 상상도 못 할 가난을 경험하였습니다. 세끼 밥 먹는 것이 힘들었습니다. 그리고 반세기가 채 못 되는 사이에 물질의 세계에서는 개벽이 일어났습니다.

그러나 나 같은 사람에게는 상전벽해(桑田碧海)가 된 세상에 태어난 청년들은 오히려 더 희망을 품지 못하는 것 같습니다. '삼포'를 이야기하더니 요즘은 칠포세대(七抛世代)를 이야기하는 지경에 이르렀습니다. 사회 경제적 상황으로 연애, 결혼, 출산, 인간관계, 내 집 마련, 취업, 희망의 일곱 가지를 포기한 세대라는 것입니다. 그 가운데도 '희망'을 포기하는 것이 나에게는 가장 커 보입니다. 아무리 어려워도 희망을 품으면, 나머지 여섯 가지는 좋아질 수 있습니다.

지금 청년들의 할아버지 세대는 그들의 청년 시절에 '가난에서 벗어나겠다는 희망'을 가지고 이른바 '한강의 기적'이라고 충분히 불릴 만한 경제발전을 이루는 데 선두에 섰습니다. 그리고 부모 세대는 그들의 청년 시절에 군사 독재에 반대해서 민주화를 이루는 데 그 선봉에 섰습니다.

청년들이 그 시대의 절박한 요구 앞에 희망을 품고 그 난관을 뚫는 것이야말로 역사를 진전시키는 동력입니다. 만일 청년들이 희망을 잃는다면 끝장입니다. 우리는 짧은 시기에 압축적 변화를 성공시킨 나라로 되었습니다. 그것은 한국이 선진국에 진입했다는 객관적인 지표들이 말하고 있습니다. 그런데 막상 한국의 청년들은 '칠포(七抛)'를 이야기합니다. 이 모순을 어떻게 넘어설 수 있을까요?

노년 세대가 청년 시절에 만난 시대적 과제(산업화)와 부모 세대가 만난 시대적 과

제(민주화)가 비교적 뚜렷했던 데 비해, 지금의 청년 세대가 만나는 그것은 그동안 역사를 진전시키는 동력으로 작용해 온 자본주의와 개인 중심의 민주주의가 그 활력을 잃고 있는 것과 생태적 재앙으로 인류 존속의 위기를 불러오는 근대 문명 자체의 위기라는 복합적 위기입니다. 중세적 질곡으로부터 인간을 해방하기 위해 '인간은 어떤 존재인가?'를 물었던 것처럼, 근대가 초래한 체제와 문명의 위기로부터 인류를 해방하기 위해 다시 '인간'을 묻게 됩니다.

나는 최근의 아시안게임에서 아름다운 청년들을 만나면서 벅찬 감동을 느낄 때가 많았습니다. 오직 청춘들만이 할 수 있는 그 약동하는 생명력과 그리고 그동안의 경제적 성취와 민주주의 속에서 성장한 청년들의 꾸밈살 없는 밝음과 당당함에 마음으로부터 박수를 보냈습니다.

체육 활동이나 예술 활동에서 보여주는 이 청춘의 빛남이 왜 정치나 사상 분야에서는 보이지 않는 것일까요? 청년은 육체뿐 아니라 정신에서도 가장 왕성한 시기입니다. 이제 그 능력을 문화예술 분야는 물론 사상 철학 정치 경제의 영역에서 빛나게 전개해야 합니다. 이제 청년들이 '인간'과 '문명'을 묻고 새 길을 열어가는 선두에 서야 합니다. 그것이 청춘의 특권이고 책임입니다.

요즘 'meaning out'이라는 신조어를 들으면서 여러 가능성이 떠오릅니다. 네이버에서 이 단어를 검색해 보았습니다.

"meaning out : 자신의 정치적·사회적 신념이나 가치관, 취향, 성향, 주장 등을 밖으로 드러내는 행위를 말한다. 성정체성을 드러내는 행동을 의미하는 '커밍아웃(coming out)'에 빗대어 만든 신조어이다."

대표적인 미닝아웃 수단이 SNS(소셜네트워크서비스)입니다. 그중에 '해시태그'는 자신이 가치 있게 생각하는 견해나 주장에 즉각적인 지지와 공감을 표하거나 이를 다른 이들과 공유할 수 있게 해주는 도구라고 합니다. 해시태그의 대상은 보편적 신념이나 개인적 신념은 물론이고, 취향, 사회적 이슈에 이르기까지 다양합니다. 예를 들면 불공정 기업의 상품 불매, 인종차별 및 성차별 반대, 사건·사고 규탄 및 희생자 추모, 환경보호 및 동물복지 지지, 투표와 기부 독려, 역사 왜곡 문화 콘텐츠 거

부 등과 같은 주제가 있습니다.

또 다른 대표적인 미닝아웃 수단은 패션입니다. 주로 옷이나 모자, 가방 등에 정치적·사회적 메시지를 담은 슬로건이나 상징을 넣어 미닝아웃을 합니다. '미닝아웃'은 특히 소비 행위를 통하여 이루어지는 경우가 많습니다. 자신의 가치관을 드러내거나 지지할 만한 제품을 구매하는 것으로 신념을 표출하는 것입니다. 단순히 취향을 알리는 것을 넘어 친환경, 동물복지, 공정무역 등을 실천하는 기업 윤리나 사회적 책임을 지향, 지지하는 행동을 보여주기도 합니다.

미닝아웃은 디지털 미디어에 익숙한 MZ세대(1980년대 초반~2000년대 초반 출생 밀레니얼 세대와 1990년대 중반~2000년대 초반 출생 Z세대)를 중심으로 확산되면서, 때로는 고도로 정치화·조직화하며 진지하게, 때로는 일상적이고 유희적으로 표출됩니다. 즉, 미닝아웃은 사회운동이기도 하고, 놀이이기도 합니다.

이 설명은 주로 시장(市場)에서 관심을 보입니다만, 나는 그것도 좋은 일이라고 생각합니다. 시장(市場)이라는 가장 보편적인 광장을 이용하고, 나아가 시장을 고양(高揚)시킬 수도 있습니다. 특히 디지털 세대의 '일상적이며 유희적이고, 어떤 사람에게는 사회운동이고 어떤 이들에게는 놀이로 여겨진다.'라는 말이 감동으로 다가옵니다.

'아, 비로소 새 세대의 장점이 나오는구나! 숭고 지향이나 거룩함 같은 가치가 그 무거움의 옷(당위로서의 윤리나 도덕, 집단주의)을 벗고 새로운 세대에 의해 이제 다시 창조되고 들어 올려지는구나!' 하는 감동입니다.

"산 너머 남촌에는 누가 살길래, 저 하늘 저 빛깔이 그리 고울까?" 〈남촌〉이라는 가곡의 가사 일부입니다. 사람과 자연이 이렇게 어울리는 세상을 누가 원하지 않겠습니까? 이기심을 인간의 본성이라고 이야기하지 맙시다. 원시 문명에도 결코 본성이 아니었고, 인류가 존속한다면 미래 문명에도 결코 본성이 아닐 것입니다. 지금, 이 시대야말로 이기심이 가장 극심한 시대일지 모르지만, 그것은 개인이 집단과 타율적 규범의 구속에서 벗어나는 과정의 한 단면이며, 더 큰 자유를 향한 여정일 뿐입니다.

2

인류 의식이 2차 본능을 일깨우며 깨어나던 축(軸)의 시대 선구자의 한 사람이 누린 대자유를 소개합니다.

공자는 네 가지를 끊었다. 무의, 무필, 무고, 무아가 그것이다.

(子絶四 毋意 毋必 毋固 毋我, 논어 9/4)

내 뜻(意)이 없는 사람이 어디 있겠습니까? 아집(我執)의 감옥에서 해방되었다는 말이겠지요. 세상에는 해야만 할 일 투성인데 무필(毋必)이라니요? 일을 해야지요. 그러나 그것이 반드시 해야만 하는 당위(當爲)라는 자기 본위의 구속에서 벗어나는 상태를 말하겠지요. 세상의 의(義)를 실천하기 위해서는 반드시 해야 할 일이 있는데 이렇게 되면 뭔가 추진력이 약해지는 것이 아닌가, 쉽게 중단하여 중도이폐(中道而廢)하는 폐단이 생기는 것이 아니냐고 걱정하는 사람도 있겠지만 그 추진의 원동력이 달라지는 것이겠지요. 자기 본위의 추진력과는 그 크기도 결과도 비교가 안 되는 것이지요.

'이것이 진리다.' '이것이 옳다.'고 단정하거나 고정하는 것은 자기를 구속하는 가장 원천적인 부자유로 되지요. 이것을 깨닫는 것이 무고(毋固)겠지요. 자신이 알고 있는 것이 진리라고 단정하거나 자신이 옳다고 고집하면 다른 사람과 소통이 안 되는 부자유한 삶이 될 뿐 아니라 더 이상 배우고 알려고 하지 않게 되어 진리를 발견하고 옳은 방법을 찾아내는 것이 불가능하게 됩니다.

사람을 가장 힘들게 하는 것은 나(我)라는 자의식(自意識)이지요. 늘 남의 시선을 의식하고 비교하여 우열감(優劣感)에 사로잡히는 상태에서 벗어나면 모두가 자기만의 고유한 개성으로 빛나는 세상이 되겠지요. 바로 천상천하유아독존(天上天下唯我獨尊)의 세계지요.

우리가 사는 이 나라는 그 어려운 조건 속에서도 이제 보통 사람들이 이런 경지에 이르는 데 공자의 시대와는 비교가 안 되게 유리한 물질적, 제도적 밑천들을 장만하였습니다. 우리 청년들이 이런 자유의 맛을 보고 그 맛을 즐기며 그런 세계를 즐겁게 열어가는 꿈을 꾸는 것은 어떨까요? 물신의 지배와 경쟁이라는, 자신은 스스로 선택했다고 생각하지만 사실은 강요된 상태에서 벗어나기만 하면 펼쳐지는 새로운 세상, 끝이 허망한 욕망의 충족이 아니라 갈수록 더욱 깊어지는 행복의 샘인데요. 한국의 청년들이 이런 신세계를 열어가기를 간절히 바랍니다. 이 시대에 태어난 것은 축복이니까요.

# 5

공자께서 광(匡) 땅에서 위험에 빠졌을 때 말하기를, "문왕은 이미 돌아가셨지만 그 문화는 나에게 전해져 있지 않느냐? 하늘이 이 문화를 없애 버리려고 하셨다면 뒤에 죽을 사람들이 이 문화를 얻지 못하리라. 하늘이 이 문화를 없애 버리려고 아니하였으니, 저 광 땅 사람들이 나를 어떻게 할 수 있겠느냐?"

子畏於匡曰 文王旣沒 文不在玆乎 天之將喪斯文也 後死者 不得與於斯文也 天
자 외 어 광 왈 문 왕 기 몰 문 부 재 자 호 천 지 장 상 사 문 야 후 사 자 부 득 여 어 사 문 야 천
之未喪斯文也 匡人其如予何
지 미 상 사 문 야 광 인 기 여 여 하

- 광(匡)은 위나라의 변방 마을인데, 노나라의 양호(陽虎)라는 사람이 광 땅을 침범하여 난폭한 일을 저지른 적이 있어서 원수로 알고 있었는데, 마침 그곳을 지나던 공자의 모습이 양호와 닮아서 양호로 오해하고 공자를 죽이려고 했던 때의 장면입니다. 나중에 오해가 풀려 무사했지만, 죽음의 공포 앞에서 태연할 수 있었던 공자의 신념과 긍지의 바탕에 하늘(天)이 있었다는 것을 알 수 있습니다.
- 주문왕(周文王)이 완성하고 그 아들 주공(周公)이 보완한 문화를 공자는 가장 이상적인 문화로 보았지요. 스스로를 그 계승자로 이야기하는 당당함이 있군요. 평소에 겸손을 강조하는 데 비해서 문화 계승자로서의 자각과 사명감을 잘 표현한 문장입니다. 공인(公人) 자각이라고 봐야지요. 그것을 뒷받침하는 것이 천(天)이고요.
- 오늘 우리가 그런 긍지나 사명감을 가진다면, 어떤 말을 할 수 있을까

요? 한국인이 갖는 정서로 말해볼까요? "홍익인간 재세이화의 위대한 정신이 지금 우리(나)에게 전해져 있는데, 하늘이 우리를 망하게 하겠는가? 지금의 내우외환은 비상(飛翔)의 기회가 될 것이다."

■ '국뽕' 같지만, 그런 기개도 필요할 것 같습니다. 우리는 이 시대에 태어나 어떤 이야기를 할 수 있을까요? 지금의 개인주의가 공인주의(公人主義)로 진화 발전되는 그런 시대를 우리가 살고 있는 것은 아닐까요?

■ 이 문장의 '사문(斯文)'이라는 말이 공자의 학문과 철학을 뜻하는 용어가 되었지요. 조선은 유학을 비판 반대하는 사람을 사문난적(斯文亂賊)이라고 하여 탄압했고요. 그 조선의 유학이 바로 주자의 성리학이었어요. 그런데 공자의 입장에서 보면 자기와 다른 생각을 한다고 공격하고 탄압하고 죽이는 행위야말로 사문난적(斯文亂賊)이라고 볼 수 있지요. '공호이단 사해야이(攻乎異端 斯害也已)'의 해석에서 극명하게 갈리지요.

■ 공자는 술이부작(述而不作)을 이야기할 정도로 겸손하였지만, 그 당당함과 소명감 또한 대단한 것 같습니다. 그 당당함과 소명 의식은 소아적 엘리트 의식이 아니라, 절사(絶四)의 인격에서 나오는 것으로 걸림이 없어요.

■ 스스로 단정하거나 고정함이 없고, 다른 의견을 배척하거나 공격하지 않으면서 어디까지나 진리를 탐구하려는 정신에 바탕을 두므로 자연스러운 것이죠. 타협(妥協)과 비타협(非妥協)이 아니라, 무타협(無妥協; 타협이나 비타협을 넘어)의 세계에서 노닐 수 있지요.

## 6

태재 벼슬하는 사람이 자공에게 "공자께서는 성인이신가요? 정말로 다능하시군요." 하고 물어, 자공이 "본래 하늘이 보낸 성인이신 데다가 또 능하십니다."하고 대답했다.
공자께서 이 말을 듣고 말하기를, "태재가 나를 알고 있구나. 나는 어려서 빈천했으므로 잔일에 능하게 되었느니라. 그러나 군자가 다능해야 하겠는가? 군자는 다능하지 않아도 된다."
자장이 말하기를, "선생님께서는 전에 말씀하시기를 '내가 세상에 쓰이지 못했기 때문에 재예(才藝)를 익혔다.'고 말했다."

太宰問於子貢曰 夫子聖者與 何其多能也 子貢曰 固天縱之將聖又多能也 子聞之
태 재 문 어 자 공 왈 부 자 성 자 여 하 기 다 능 야 자 공 왈 고 천 종 지 장 성 우 다 능 야 자 문 지
曰 太宰知我乎 吾少也賤故多能鄙事 君子多乎哉 不多也 牢曰 子云吾不試故藝
왈 태 재 지 아 호 오 소 야 천 고 다 능 비 사 군 자 다 호 재 부 다 야 뢰 왈 자 운 오 불 시 고 예

- 태재는 벼슬 이름인데, 오나라와 송나라의 관직명이라는군요. 이 태재가 자공에게 말한 것은 어깃장 놓는 이야기는 아닌 것 같고, 진담인 것 같습니다. 성인(聖人)이 다능(多能)한 것을 성인의 덕으로 본 것이지요.
- 자공의 말을 전해들은 공자의 반응은 자기가 다능하다는 것을 본 것은 태재가 잘 보았지만, 그 다능에 대한 인식은 전혀 다른 응답이지요. 굳이 다능할 필요는 없는데, 자신이 어려서 천(賤)하게 살았기 때문에 여러 기예를 배웠다고 이야기하고 있군요. 공자가 다능비사(多能鄙事)라는 말을 쓴 것은 '비사(鄙事)', 즉 잡다한 일이나 천한 일이라는 차별적인 말로 쓴 것이 아니라 겸손의 의미로 썼을 텐데, '군자는 천한 일은 하지 않는

다.'는 의미로 왜곡하여 농업이나 상업이나 공업에 종사하지 않는 잘못된 풍조를 낳은 측면도 있었지요. 실무 능력이 없는 책상물림으로 된 폐단이지요.

- 뢰(牢)는 자장(子張)의 이름인데, '내가 세상에 쓰이지 못했기 때문에 여러 기예를 익힐 수밖에 없었다.'는 자장의 전언으로 장을 마무리하는 편집인 것 같습니다.

- 시라카와 시즈카(白川靜)는 그의 『공자전(孔子傳)』에서 공자의 출신에 대해 다음과 같이 말하고 있군요; "공자의 세계에 대해 『사기』 등에서 하는 이야기는 모두 허구인 것이다. 공자는 아마도 이름도 없는 무녀의 자식으로서 일찍 고아가 되어 비천(卑賤) 속에서 성장했을 것이다. 그리고 그것이 인간에 대해 처음으로 깊이 응시한 이 위대한 철인을 낳게 했으리라."(번역: 이인우)

7

공자 말하기를, "내가 아는 것이 있는가? 아는 것이 없다. 그러나 어떤 사람이 물어오더라도 영위에 서서 그 양 끝을 두들겨서 끝까지 밝혀 보겠다."

子曰 吾有知乎哉 無知也 有鄙夫問於我 空空如也 我叩其兩端而竭焉
자왈 오유지호재 무지야 유비부문어아 공공여야 아고기양단이갈언

이 장은 진리 탐구에 대한 공자의 태도를 가장 선명하게 나타내고 있는

것으로 공자 사상을 이해하는데 그 출발점으로 나에게는 다가왔다.

그리고 내가 보기에는 많은 논어 해설자들이나 역대의 학자들이 제대로 이해하지 못하고, 그냥 겸손한 태도 정도로 넘어가 버리고, 논어의 일반 독자들은 이 장이 있는지조차 모를 정도로 취급되고 있다.

나는 50대의 대부분을 경기도 화성에 있는 야마기시 실현지에서 새로운 사회를 실험 실천하면서 보냈다. 이때 서로 토의하고 합의해 가며 실천하는 기본 원리로 '연찬(硏鑽)'을 접했다. 그리고 당시에 7박 8일의 '특별강습 연찬회(약칭 특강)'의 진행을 맡았었다.

그런데 논어의 이 장을 접하고 깜짝 놀랐다. 연찬을 이렇게 잘 말할 수 있을까 하는 감동이다. 우선 '모른다'라는 데서 출발한다. 이것은 겸허한 수사가 아니다. 실제로 무지(無知)다. 우리가 무엇을 인식한다는 것은 그 실제의 모습이 아니고 자신의 감각과 판단을 거친 상(像)을 인식하는 것이다. 과학적 사고다. 이 무지를 자각하는 것이 진리를 향해 서는 출발점이다. 속으로는 '안다'고 생각하면서 말로만 하는 가짜 겸허가 아니다.

그러나 '나는 모른다.' 하고 멈춰 버리는 것과는 전혀 다르다. '모른다'는 데서 출발하여 불가지론이나 회의론에 머물지 않고 '무엇이 진리일까?' 하고 끝까지 찾아가는 것이다. 그 찾아가는 태도를 '공공(空空)'으로 표현하고 있는데, 그것은 '무지의 자각'을 견지하는 태도를 가리키는 말로 연찬 특강에서 '영위(零位)에 선다.'는 말과 같은 의미다.

'아고기양단이갈언(我叩其兩端而竭焉)'은 진리 탐구에 대한 공자의 태도를 압축하여 표현한 것이다. '그 양단(兩端)을 두들긴다'는 말에서 선입관이나 주관에 사로잡히지 않고 철저하게 진리를 구명(究明)해 가는 성현의 모습을 본다.

사람의 관념은 단정(斷定)하기 쉬운 경향이 있다. '이것이 틀림없다.'라고 생각하다가 그것이 아니라고 생각되면 이번엔 '저것이 틀림없다.'라고 생각한다. 어떤 것을 틀림없다고 믿고 있는 상태에서는 그것에 실망하거나 좌절했을 때 이번에는 180도 다른 선택을 또 다른 '확신'을 가지고 한다. 이것은 진리탐구의 올바른 자세가 아니라고 말하고 있다. '그 양단을 두들긴다'는 것은 끝까지 '진리란 무엇일까?' 하고 찾아가는 태도이다. 극단과 단정 속에는 진리가 숨쉴 수 없다.

물질과 마음, 좌와 우, 진보와 보수, 인위적 문명과 생태주의, 자유와 평등, 세대(世代) 간의 차이, 양성(兩性) 평등 등 우리 시대의 수많은 과제들에 대해 '그 양단을 두들겨 무엇이 옳은 것인가를 끝까지 찾아가는' 태도가 중요하다고 생각한다. '요즘같이 급변하는 세상에 언제까지나 찾아가고만 있을 수 있는가? 어떻든 신속하게 결정해서 실행에 옮겨야 할 일들이 많은데 공자의 말처럼 한다는 것은 현실성이 없는 것 아닌가?'라고 생각할 수도 있을 것이다. 특히 성급한 사람에게는 공자의 말이 비현실적인 잠꼬대처럼 들릴 수도 있을 것이다.

그러나 그것은 잘못 이해한 것이다. 실제로 우리는 그때그때 시기를 놓치지 않고 수많은 선택을 하고 그것을 실행에 옮겨야 한다. 그러나 그 선택을 '이것이 틀림없어!' 하고 단정(斷定)하는 바탕에서 하는 것과, '지금으로서는 이것이 최선이라고 생각해. 하지만 틀려 있을 수도 있어.' 하고 선택하는 것은 전혀 차원이 다르다. 후자가 추진력이 떨어질 것으로 보는 것은 지금까지의 '아집'에 바탕을 둔 실행에서는 그럴 수 있다고 생각된다.

다양성이 존중되는 다원화된 민주주의 시대에는 어떤 선택과 실행이 더 시대에 맞을까? '지금으로서는 민주적 절차에 따라 이것을 선택하고 그 실행에 최선을 다한다. 그러나 그것이 틀렸다는 것이 밝혀지면 언제나 더 좋은 선택과 그 실천을 하는 것이다.'

이것이 다원화된 민주주의 시대에 맞는 태도가 아닐까? 말로는 상생과 협력을 이야기해도 마음속 깊이 극단과 단정이 지배하고 있다면 그것은 공허한 것이다. 그 양단을 두들긴다는 것은 비단 사상이나 이론만을 이야기하는 것이 아니라 그 실행까지를 포함해서 생각하는 것이 옳다고 본다.

갈(竭)을 어떤 해설자들은 '가르친다'로 해석하는데, 앞에서 공자가 말한 무지(無知)와 배치된다는 것을 의식조차 못 하는 경우마저 있다. '무지(無知)'라는 표현이 겸사(謙辭)가 아니라 실제를 말하고 있다는 것, 공공여야(空共如也)가 비부(鄙夫)를 수식하는 말이 아니라 공자의 태도를 나타내는 말이라는 것을 이해하지 못하는 것이다.

사람이 깨달아가는 주체는 그 자신이다. 어떤 스승도 '줄탁동시(啐啄同時)'의 '탁(啄)'이라는 보조적 역할밖에 할 수 없는 것이다.

이 장은 공자의 사상과 실천을 이해하는 데 핵심이라고 생각한다. 단지 공자를 제대로 이해함으로써 그동안 사회를 정체시키는 원인으로 작용해 온 오래된 유학의 왜곡을 바로잡는 것에 그치는 것이 아니다. 더 절실한 현실적인 과제는 양극단(兩極端)이 정치무대의 중심을 장악하고 있는 정치적 혼란을 넘어서기 위해 인식과 실천의 방향을 근본에서 바꾸는 것이다.

정권이 교체되면 외교와 내치의 방향도 바뀌는 것은 민주주의라는 제도에서 어쩌면 당연하다고 볼 수 있다. 그러나 그 양단(兩端)의 진폭이 너무 크거나 그 바뀜이 거친 것이 문제다. 우리는 짧은 기간의 압축적 변화(산업화를 통한 경제 성장과 군사독재를 벗어난 제도의 민주화)에 성공했지만, 이런 정치 문화를 선진화시키는 데는 상당한 시간과 진통을 겪을 것이다. 일종의 문화 지체 현상이다.

심리적 내전에 가까운 양극단의 충돌을 비극적 결말의 출발로 볼 것이 아니라, 그 양극단의 진폭을 줄이고 변화 과정의 거칠음을 부드럽게 하는 과정에서 우리가 넘어서야 할 과제로 볼 수 있기를 바라는 심경이다. 실제로 그런 국민적 자각이 커지고 있지 않는가?

이 문장에서 뒤 구절을 다음과 같이 바꿔본다.

'叩其兩端而竭焉(고기양단이갈언)'을 '叩其兩端而至中正(고기양단이지중정; 그 양단을 두드려서 중정(中正)에 이른다)'으로. 사람의 인식과 태도, 그리고 사회를 움직이는 도리와 질서가 중정(中正)에 이르는 길은 부단히 양단(兩端)을 두들기는 것을 통해서 이루어진다. 자기 안에서 이루어지는 것을 수기(修己)라고 부르고, 사람들 사이에서 이루어지는 것을 정치(政治)라고 부른다. 중정(中正)은 고정된 개념이 아니고, 그 자체가 동적(動的)이며 입체적(立體的)이다.

# 배움(學)의 의미에 대하여
### - 공자가 말한 행복의 원천을 찾아서, IPKU에서 -

　배움이란 말이 입시나 각종 취업 시험 준비가 되어 버린 지금, 공자의 입을 빌어 배움의 진정한 의미를 다시 생각해 보려고 합니다.

　공자에게 배움이란 삶의 즐거움의 원천이었습니다. 따라서 배움이란 평생의 일이었고, 그것은 무엇을 더 알게 되는 과정이라기보다 '더 배워야 할 것'을 발견해 가는 과정 곧 '내가 아는 것이 없다.'는 무지의 자각입니다. 공자의 지혜는 많이 아는 데서가 아니라 '내가 아는 것이 없다.'라는 자각에서 나온 것으로, 필자는 무지의 자각이야말로 오늘날 우리에게 절실한 자유와 행복의 원천이며, 서로 다른 사람들이 '차이'와 '경계'를 넘어 함께 사는 지혜임을 설파하고 있습니다.

　"배우고 때로 익히면 또한 기쁘지 않겠는가?

　벗이 있어 먼 곳으로부터 찾아오면 또한 즐겁지 않겠는가?

　남이 나를 알아주지 않더라도 노여워하지 않으니 또한 군자가 아니겠는가?"

　(學而時習之 不亦說乎 有朋自遠方來 不亦樂乎 人不知 而不慍 不亦君子乎)

　이 문장은 논어를 전혀 읽어보지 않은 사람도 아마 한 번쯤은 들어보았을 것입니다. 공자 사상의 정수(精髓)가 이 한 문장 안에 압축되어 있습니다.

　공자는 '기쁘고(說) 즐거운(樂) 것이 인생의 당연한 모습'이라는 강렬한 메시지를 시대를 초월하여 보내고 있는 것입니다. 불행이나 고통은 인간의 어쩔 수 없는 숙명이 아니고, 그 원인을 제거할 수 있고 그렇게 함으로써 '인생은 행복한 것이 진짜'라는 긍정적이고 적극적인 선언입니다.

　그리고 기쁨과 행복의 원천을 진리 탐구, 벗과의 진실한 교류, 심층 의식의 진화에서 찾고 있는데, 그 표현 방식이 절묘합니다. 불역(不亦; 이것 또한)이라는 표현입니다. 사람들은 언제부터인가 부(富)와 권력(權力)과 명예(名譽) 같은 끝없는 욕망의 굴레

속에서 그것을 행복이라고 착각하는 삶을 살아왔습니다. 공자는 그러한 인간의 현실을 일단 인정하면서, '당신들이 행복이라고 생각하는 것들도 있지만, 이것 또한 행복이 아니겠는가?' 하는 표현으로 슬그머니 자신이 진실하다고 생각하는 행복관을 끼워 넣는 방식으로 표현합니다.

바꿔치기의 방식도 있습니다. 논어의 이 첫 문장에 나오는 '군자(君子)'는 원래는 봉건 군주제와 가부장제라는 신분 계급 사회에서 귀족이나 관료를 나타내는 말이었는데, '신분이 아니라 인격의 성숙'을 나타내는 말로 그 내용을 슬그머니 바꿔치기합니다. 당시의 사회제도로 보아 이것은 혁명적인 바꿔치기입니다.

오늘은 공자가 진실한 행복의 원천으로 첫 번째 제시하고 있는 배움(學)으로 이야기를 시작해 보겠습니다. 어쩌면 불안과 고통으로 점철될지도 모르는 인생에서 자유와 행복을 향한 첫 여정을 '학(學)'에서 출발하는 것입니다. 공자는 열다섯쯤의 나이를 배움(學)과 만나는 시기로 말하고 있습니다.

"나는 열다섯에 배움에 뜻을 세웠다(吾十有五而志于學)."

열다섯이면 지금의 학제로 고등학교 입학 시기쯤 됩니다. 이른바 좋은 직업(돈 많이 벌고 권력이 있는)을 얻기 위한 경쟁에 올인하는 지금의 교육을 생각하게 됩니다. 학생들도 힘들지만, 엄청난 사교육 투자가 부모들의 허리를 휘게 합니다. 그러니 배움이 기쁨이 될 수 없습니다.

그동안 교육개혁이라는 말은 주로 입시제도의 개혁을 의미하는 말로 사용되어 왔지만, 이제는 근본적인 전환이 필요합니다. 적어도 고등학교부터는 학생 스스로 자신을 최대로 살릴 수 있는 분야를 자발적이고 자유롭게 선택하도록 하는 것입니다. 그러기 위해서는 사회 전반의 혁명적인 전환이 필요하겠지요. 그 핵심은 '배우는 것이 기쁨이 되게 하는 것'이 아닐까요?

공자는 스승 중의 스승으로 추앙받은 사람이지만, 그 자신은 자신의 정체성을 '호학(好學)'에 두었습니다.

"열 집이 사는 작은 고을일지라도 충(忠)과 신(信)에서는 나와 같은 사람이 반드시 있겠지만, 나만큼 배우기 좋아하는 사람은 없을 것이다(十室之邑 必有忠信如丘者焉 不如丘之好學也)."

섭공이라는 사람이 자로에게 공자의 사람됨을 물었는데, 그가 대답하지 못했다는 말을 듣고 다음과 같이 말한 대목이야말로 공자의 진면목을 보여줍니다. "그대는 왜 말하지 못했는가? 그 사람됨이 배우는 것을 좋아하여 발분하면 밥 먹는 것도 잊어버리고(發憤忘食), 즐거워서 근심을 잊어버리며(樂以忘憂), 늙어 가는 것조차 알지 못한다고." 미지의 세계에 대한 이와 같은 끝없는 탐구의 즐거움은 어떻게 하면 가능할까요?

나는 논어를 나이 60이 훌쩍 넘어서 처음 접한 사람입니다만, 다음의 문장을 읽으면서 그야말로 온몸에 전기가 통하는 것 같은 깊은 감동을 맛보았습니다.

"내가 아는 것이 있겠는가? 아는 것이 없다(無知也). 그러나 어떤 사람이 나에게 물어 온다면, [선입견이나 주관에 사로잡히지 않고] 텅 비어 있는 데서(空空) 출발하여, 그 양 끝을 두들겨 끝까지 밝혀 보겠다(叩其兩端而竭焉)."

'아는 것이 없다.' 놀랍게도 이는 지혜의 상징인 공자의 말입니다. 공자의 배움에 대한 끝없는 열정은 바로 '아는 것이 없다.'는 무지의 자각에서 나오는 것입니다. 공자가 말하는 '지혜'란 곧 무지를 자각하고 있는 상태와 다름이 없습니다. 공자에게 배움(學)이란 더 많은 것을 알아가는 과정이 아니라 무지를 자각하고 '더 배워야 할 것'을 발견해 가는 과정이라 할 수 있습니다.

흔히 공자 사상의 핵심을 '인의예지(仁義禮智)'라고 합니다만, 나는 '무지의 자각'을 바탕으로 한 탐구 정신이 공자 사상의 출발점이라고 생각합니다. '인의예지'가 이 바탕에 서지 않으면 특정한 시대와 사회 속에서 형성된 화석화된 관념이 되어 오히려 진정한 자유와 행복을 방해하게 된다는 것을 말하는 장면들이 논어 곳곳에 나옵니다. 공자와 자로의 다음 대화는 그 가운데 하나입니다.

"그대는 육언육폐(六言六蔽)라는 말을 들은 일이 있는가?"

"아직 듣지 못했습니다."

"내가 말해 주겠다. 인을 좋아한다면서 배우기를 싫어하면 그 폐단은 어리석어지고, 지혜를 좋아한다면서 배우기를 싫어하면 그 폐단은 허황해지고, 신의를 좋아한다면서 배우기를 싫어하면 그 폐단은 의를 해치게 되고, 정직함을 좋아한다면서 배우기를 싫어하면 그 폐단은 가혹해지고, 용기를 좋아한다면서 배우기를 싫어하면 그 폐단은 난폭해지고, 굳세기를 좋아한다면서 배우기를 싫어하면 그 폐단은 무모해지는 것이다."

'무지의 자각'은 대단히 과학적입니다. 요즘은 중학교 정도에서 배우는 기초 과학으로도 쉽게 이해가 가는 것입니다. 어떤 사물을 봅니다. 예를 들어 꽃을 봅니다. 우리가 보는 것은 꽃 그 자체입니까? 자기가 본 것이 꽃 그 자체라고 하는 것은 착각입니다. 우리가 보는 것은 각자의 눈을 통해 자기 망막에 맺힌 상(像)인 것입니다. 망막에 맺힌 상(像)이 실물에 아무리 가까워 보여도, 그것은 실물 그 자체와는 별개의 상(像)일 뿐입니다.

우리가 사물과 사건을 인식하는 것은 결국 자신의 감각과 자신에게 저장된 정보에 의한 판단이라는 필터를 거친 것입니다. '장님의 코끼리 만지기'라는 우화(寓話)는 정도의 차이가 있을 뿐, 누구에게나 예외 없이 해당합니다. 이것을 알아차리는 것이 '무지의 자각'인 것입니다. 일종의 메타인지라고 할 수 있습니다.

과학이 발달한 지금은 머리로는 누구나 쉽게 이해할 수가 있습니다. 그런데도 실제로 삶을 영위하거나 사회적 실천을 하는 과정에서는 잘 되지 않습니다. 특히 고상한 가치를 실현하려는 신념이 강한 사람들이나 집단에서 이런 현상이 두드러집니다. 그 주관적 의지와는 반대로 이런 태도가 인류 역사에서 수많은 참극을 일으킨 원인으로 작용해 온 것을 우리가 익히 알고 있습니다.

주관에 사로잡히지 말고 사물과 사건에 대하자는 취지로 '있는 그대로 보자'라거나 '보고 싶은 대로 보지 말고 보이는 대로 보자'라는 말을 합니다만, 그보다는 우리는 있는 그대로를 볼 수 있는 존재가 아니라는 것을 자각하는 것이 더 맞는 말입니다. 우리는 너나없이 '확증편향'에 빠지기 쉬운 존재라는 것을 인정하는 것입니다. 이것이야말로 모든 영역의 사회적 활동에서 갈등과 대립, 적대와 증오를 벗어나기 위한 출발점이 됩니다.

우선 나 자신의 자유와 행복을 위해서 '내 생각이 틀림없다.'는 완고한 아집 관념에서 벗어나 이웃과 사이좋음을 회복해야 합니다. 껄끄럽지만 만나지 않을 수 없는 사람은 주변에 늘 있습니다. 그 사람과 당장이라도 해보면 어떨까요?

인류는 수많은 시행착오를 거치면서도 물질과 제도 면에서 상당한 진보를 이룩했지만, 인류의 행복도(幸福度)는 그다지 높아지지 않았고 오히려 인류의 존속이 무너지는 위기 앞에 스스로를 노정하고 있는 형편입니다. 이제 진정한 자유와 행복을 위해서는 인간의 관념계에 내재(內在)하는 부자유와 불행의 원인을 제거하는 것이 중심 과제로 되고 있습니다. 그 시작이 무지의 자각을 바탕으로 한 호학(好學)이라고 생각합니다.

뛰어난 과학자일수록 말합니다. '무지를 자각하는 것이야말로 과학의 출발점이고 동시에 무한한 가능성을 열어가는 인간의 참된 지혜'라고 말입니다. 정보의 홍수 속에서 알고리즘에 의한 집단적 확증편향에 빠지기 쉬운 것이야말로 과학 기술 시대의 가장 반(反)과학적인 위험입니다.

'무지의 자각'이야말로 이 위험한 쓰나미를 막는 방파제입니다.

## 8

공자 말하기를, "봉황새도 오지 않고, 하수에서 그림도 나오지 않으니, 나는 그만인가 보다."

子曰 鳳鳥不至 河不出圖 吾已矣夫
자왈 봉조부지 하불출도 오이의부

- 5장의 분위기와는 다르군요. 5장에서는 생명의 위험 앞에서도 의연한 희망을 이야기한 데 비해 여기서는 반대로 절망적인 한탄이군요. 봉황이나 하도(河圖; 복희가 황하에서 얻은 그림)의 출현 같은 징조를 빗대어, 성인의 출현을 자기 생전에는 볼 수 없겠다는 탄식 같습니다.

- 공자는 자기 같은 사람은 될 수 없는 성인(聖人)을 염두에 두었지요. 내성외왕(內聖外王)을 말하는데, 아무리 찾아봐도 그런 성인이 출현할 가능성이 안 보이는 춘추 시대에 대한 절망감을 표현한 것 같습니다.

- 공자는 마음의 세계와 현실 세계를 융합하는 성인 즉 성왕을 그렸지요. 제자들은 성왕은 끝났고, 그 이상은 공자에 의해 계승되었다고 보아 공자를 성인의 반열로 끌어올렸지만, 정작 공자는 그런 생각을 하지 않았지요. 공자의 인간적인 면모가 드러나는 장면들이 논어의 여러 곳에서 나오는데, 이 구절도 그런 것 같습니다.

## 9

공자는 상복을 입은 사람이나 예복을 입은 사람이나 장님을 만나면 연소하더라도 반드시 일어났으며, 지나칠 때는 반드시 종종걸음을 했다.

子見齊衰者 冕衣裳者 與瞽者 見之 雖少必作 過之必趨
자견재최자 면의상자 여고자 견지 수소필작 과지필추

- 공자가 깍듯이 예를 차린 사람을 열거하는데 상복을 입은 사람, 예복을 입은 사람, 장님을 함께 이야기한 것이 흥미롭군요.
- 공자 스스로는 왕에 대해 예를 다할 뿐인데, 사람들이 아첨한다는구나 하고 이야기한 적이 있을 정도로 공자는 스스로를 낮추고 상대를 공경하는 태도를 보였지요.
- 가령 말하자면 종종걸음 같은 것도 상대방을 존중해서 방해하지 않으려는 태도인데, 왕 앞을 지날 때 그렇게 했다는 것이죠. 군신(君臣) 관계라는 상하 관계이다 보니까 아첨하는 태도로도 보이겠지만, 그 대상이 상복 입은 사람이나 예복을 입은 사람 그리고 장님에게도 또 자기보다 나이가 어려도 그런 태도를 취했다고 하니까, 아첨과는 그 마음의 출발점이 전혀 다른 것이었겠지요.
- 그것을 이해 못 하는 사람들에게는 상하 질서에 지나치게 따르는 비굴함이나 아첨으로 보이기도 했겠지요. 공자는 그런 납득시키기 어려운 경우를 만나서 구차하게 들리는 변명을 하기도 합니다. 특히 가장 사랑하는 제자 안회가 죽었을 때 안회의 아버지가 공자의 마차를 팔아서 관

을 장만하자는 이야기를 할 때 대부(大夫)의 신분 운운하면서 거절하거든요. 사실은 공자가 안타까웠던 것은 가난한 안회의 장례를 호사스럽게 하는 것이 불편했던 것인데, 그런 말을 하지 못하는 답답함 같은 것이 느껴지더라고요.

- 관존민비(官尊民卑)나 상하관념(上下觀念)과는 다른 차원의 태도라고 생각합니다. 공자의 이런 태도가 제대로 이해되지 못하고 봉건적이고 가부장적인 위계질서를 강조하는 것으로 알려지게 된 것에 대해서 공자를 변명하고 싶군요.

- 이를테면 공공의 업무를 수행하는 공무원, 특히 하급 공무원들을 대할 때의 태도가 어떠해야 할까요? 과거 관존민비의 사회 같으면 공손함이 비굴함이나 아첨으로 느껴지겠지요. 그러나 반대로 평등사상이 역(逆)으로 작용하면 저항하거나 무시하거나 경멸하는 태도로 나타나기 쉽겠지요. 그러나 그것도 성숙한 태도는 아니라고 봅니다.

- 맞습니다. 공직을 수행하는 자의 올바른 태도도 중요하지만, 공직을 수행하는 자에 대한 존중도 중요하다고 생각합니다. 교사와 학생의 관계도 마찬가지죠. 교육 현장에서 교사나 학교의 권위주의로부터 학생의 인권 존중이 과제로 되는 시기에 그것이 심하게 진행되다 보면 역(逆)으로 교사의 권위나 교사의 권리가 침해당하는, 그래서 교실이 붕괴하는 현상이 나타나지요.

- 그동안 이런 종류의 역류(逆流) 현상이 문제가 되는 것 같습니다. 초등학교 교사의 자살이 심각한 문제로 떠올랐지요. 그런 면에서 예(禮)를 생각하게 됩니다. 권리나 제도 면에서 수직 사회로부터 급격하게 수평 사회로 이행하는 시기에 나타나는 과도적 아노미 상태를 어떻게 벗어날지가 시민문화의 성숙이라는 점에서 중요한 과제로 되는 것 같습니다.

- 장님을 비롯한 장애인이나 노약자에 대한 태도도 그것이 동정(同情)에서 보다는 나로부터의 존중이라는 태도로 성숙해야 한다고 생각합니다. 여러 종류의 소수자들에 대한 태도도 마찬가지라고 봅니다.
- 오늘과 같은 민주주의 사회에서 공권력에 대한 존중에 대해 생각해 볼 일입니다. 관존민비(官尊民卑)와 같은 낡은 의식의 잔재는 당연히 청산되어야 하겠지요. 민주화 과정에서 잘못된 국가권력에 저항하는 것은 필요한 일이었지만 민주화가 진전된 상태에서도 저항이나 대립의식을 가지고 공무원이나 선출된 사람을 대하는 것은 성숙한 의식은 아니라고 생각됩니다. 공무원이 과거의 관료적이고 권위적인 의식을 버리고 공공의 서비스를 한다는 의식으로 변화해야 하는 것은 말할 것도 없지만, 국민의 공권력에 대한 태도 또한 굴종적인 의식 못지않게 저항감이나 대립감에서 벗어나 존중하는 의식으로 바뀌어야 하겠지요.
- 쌍방이 상하관념(上下觀念)에서 벗어나는 것이 중요합니다. 관료에 대한 저항감은 관료주의나 권위주의에 대한 반발에서 오는 면도 있지만, 이쪽도 뭔가 같은 요소가 있을 때 부딪치는 것 같아요.
- 앞으로 면사무소에 가면 먼저 친절한 마음을 내야겠어요.

10

안연이 탄식하여 말하기를, "선생님의 덕은 우러러볼수록 더욱 높아 보이고, 뚫고 들어가려 할수록 더욱 단단하며, 바라보면 앞에 있는 것 같다가도 어느덧 뒤에 있다. 선생님께서는 차근차근 사람을 잘 이끌어 주시어 나를 문(文)으로 넓히시고 예로써 요약해 주신다. 그만두려고 해도 그만둘 수 없게 하시고, 마침내 내가 가진 재능을 다 쓰게 하시네. 마치 높은 산처럼 우뚝 서 계시니 따르고 싶어도 길을 모르겠구나."

顔淵喟然歎曰 仰之彌高 鑽之彌堅 瞻之在前 忽焉在後 夫子 循循然善誘人 博我
안 연 위 연 탄 왈 앙 지 미 고 찬 지 미 견 첨 지 재 전 홀 언 재 후 부 자 순 순 연 선 유 인 박 아
以文 約我以禮 欲罷不能 旣竭吾才 如有所立卓爾 雖欲從之 末由也已
이 문 약 아 이 례 욕 파 불 능 기 갈 오 재 여 유 소 립 탁 이 수 욕 종 지 말 유 야 이

- 공자의 제자로는 안회와 자공의 두 사람이 가장 뛰어난 것 같아요. 공자가 자공과 대화하면서 안회를 자공과 공자 자신에 비교하여 그 뛰어남을 칭찬하는 장면이 있었습니다. 안회는 거의 유일하게 공자가 지기(知己)로 생각한 제자 같아요. 비록 나이는 서른 살 차이가 나지만.
- 공자의 안회 사랑에 대한 안회의 스승에 대한 찬탄인 셈이군요. 이런 스승과 제자의 만남이야말로 가장 아름다운 만남 같습니다. 자공이 '당신이 공자보다 더 낫지 않느냐?'는 제자에게 한 말도 생각납니다. 스승의 진면목을 알아차린 제자들이지요.
- 부처의 눈으로 보아야 부처가 보인다는 말이 생각납니다.
- 찬지미견(鑽之彌堅)의 찬(鑽)은 구멍 뚫는다는 뜻으로 철저하게 구명(究明)하는 태도를 말하는데, 어떤 분야든 그렇게 해 보지 않은 사람은 스승의 경지를 알 수 없지요. 스승을 단순히 추종하는 것으로 만족한다면 진정한 제자라고 볼 수 없지요. 스승을 넘어서려는 의지가 있고, 또 그 의지를 스승이 격려해야 참된 사제 관계라고 할 수 있겠지요. 안회의 그런 노력과 태도에서 나오는 찬탄입니다. 여기서 견(堅)은 딱딱함의 고(固)가 아니고, 그 사상 철학의 탄탄함이겠지요.

- '앞에 계신 듯하다가도 어느새 뒤에 계신다.'는 말이 무슨 뜻일까요?
- 그것도 아마 진정한 사제관계를 말하는 것 같습니다. 앞에서 이끌어주시는 것 같아도 어느새 뒤에서 받쳐 밀어주고 있다는 그런 느낌 아닐까요? 스승만 바라보게 하는 것이 아니라 스스로 나아갈 수 있도록 뒤에서 바라보고 받쳐준다는 의미로 다가옵니다.
- 앞에서 끌어주는 방식은 부모 자식 간의 관계나 스승 제자의 관계에서도 바람직한 것이 아니지요. 어버이 친(親)을 파자(破字)해 보면 그런 지혜가 들어 있는 것을 알 수 있습니다. 부모는 나무(木) 위에 서서(立) 자식을 바라보는(見) 것이지요. 그것이 진정한 어버이 사랑이라는 것이지요. 스승도 마찬가지라고 생각되는군요.
- 박아이문(博我以文)과 약아이례(約我以禮)도 꼭 필요한 조화라고 생각합니다. 학문을 통해 넓어지지 않으면 자기가 알고 있는 좁은 소견에 갇히기 쉽고, 많이 알기만 하고 제대로 요약해서 실천하지 않으면 공허한 지식이 되거나 때로는 악용될 수 있겠지요.
- 세계의 문물을 널리 배워 아는 것이 박아이문(博我以文)이라면, 이것을 인간의 보편적 이익을 위해 제대로 응용하여 실천할 수 있게 되는 것이 약아이례(約我以禮)라고 할 수 있겠네요. 오늘날 세계화는 하나의 대세로 되고 있지만, 인류의 의식은 아직도 아리아욕(我利我慾)에 사로잡혀 있는 현실이 새삼스럽게 떠오릅니다. 세계화와 공인화(公人化)는 함께 진전되어야 할 목표라고 생각합니다.
- '욕파불능(欲罷不能), 멈추는 것을 할 수 없다.'라는 말이 감동을 주는군요. 한 사람이 가진 잠재력을 스스로 계발하는데 멈출 수 없게 하는 스승과 선배 또는 부모를 생각하게 합니다. 앞에 있는 듯하지만, 어느덧 뒤에 계신다는 의미가 느껴집니다. 아무리 가르쳐도 그 사람 스스로 내

면에서 자신의 일로 받아들여지지 않으면 아무 소용이 없지요. 그것은 한낱 공허한 지식에 불과할 뿐 어떤 창조도 일어나기 힘들지요.
- 특히 지식이나 학문이 실천하는 삶으로 이어지기보다는 삶과 유리된 지식이나 관념의 덩어리에 그치고 마는 경우를 많이 보게 되니까 더욱 다가오네요.
- 요즘의 우리 현실을 반추해 보면 무슨 꿈같은 이야기인가 하는 생각도 들겠지만, 이미 2,500여 년 전에 살았던 사람들의 이야기입니다. 그때보다 훨씬 좋아진 물질적 제도적 조건 속에서 참된 교육 과정과 환경을 만들어가기 위해 필요한 영감(靈感)을 얻을 수 있기를 바랄 뿐입니다.

## 11

공자가 병이 심하여지자, 자로가 제자들로 하여금 신하를 삼아 장례 준비를 하였다. 병이 좀 나아서 말하기를, "오래되었구나, 유(由)가 거짓을 행한지가. 신하가 없는데 신하가 있는 것으로 한다면, 나는 누구를 속이라는 것인가? 하늘을 속이라는 것인가? 또 나는 신하의 손에서 죽기보다는 차라리 너희들 제자들의 손에서 죽으리라. 또 내가 대장(大葬)의 예를 얻지 못한다고 하더라도 길에서 죽기야 하겠느냐?"

子疾病 子路使門人爲臣 病間曰 久矣哉由之行詐也 無臣而爲有臣 吾誰欺 欺天乎
자 질 병  자 로 사 문 인 위 신  병 간 왈  구 의 재 유 지 행 사 야  무 신 이 위 유 신  오 수 기  기 천 호
且予 與其死於臣之手也 無寧死於二三子之手乎 且予縱不得大葬 予死於道路乎
차 여  여 기 사 어 신 지 수 야  무 녕 사 어 이 삼 자 지 수 호  차 여 종 부 득 대 장  여 사 어 도 로 호

- 자로는 공자보다 9살 연하로 제자들 가운데는 맏형 역할을 한 사람이지요. 논어에는 공자와 가장 가까이 지낸 사람이기도 하고, 우직하고 단순하며 용맹한 무인(武人) 스타일이지요. 안회나 자공처럼 공자와 깊은 이야기를 주고받을 정도의 사람은 아니었지만, 공자에게 어떤 문제가 있을 때는 직접 묻기도 하고 여기서처럼 장례 준비를 하기도 했지요. 공자에게 직접적으로 비난을 받거나 꾸중을 들으면서도 사제간의 의리를 누구보다 중시하였고, 공자와의 대화를 보면 공자가 비난하거나 나무라는 말의 배경에는 정이 흐르는 것을 느낄 수 있습니다.
- 아마 자로는 스승 공자를 대부(大夫) 급의 장례로 모시고 싶었겠지요. 어떤 제후(임금)보다도 존경했으니까요. 대부는 제후 다음의 신분으로서 영토와 가신(家臣)을 지닐 수 있는데, 공자는 그러질 못했습니다. 그러다 보니까 제자들을 가신으로 삼아 장례를 준비했는데, 그것을 듣고 공자가 나무란 것 같습니다. 상당히 심하게 나무란 것 같은데, 그만큼 공자가 그런 허례나 과장을 싫어했던 것이지요. 삼환(三桓)의 대부들의 전횡이 싫어서 노나라를 떠났다가 돌아와서 죽음을 맞는데 대부의 흉내를 내는 것이 얼마나 싫었겠어요.
- 안회의 장례 때도 당시의 허례나 과장된 장례문화를 둘러싸고 아픔이 있었는데, 하물며 자신의 장례에 대해서 어떠했겠습니까?
- 논어 편집자들이 안연의 스승에 대한 찬탄 다음에 자로 이야기를 넣은 것이 어떤 의도가 있는지는 모르겠으나, 논어에는 서로 다른 성향을 지닌 제자들과 함께 만들어가는 서사를 읽을 수 있습니다. 공자의 추상같은 나무람과 동시에 우직한 자로의 충정이랄까 의리도 느낄 수 있는 것 같습니다.
- 사람은 죽는 순간이나 죽은 이후의 일에 대해서도 남을 의식하고, 체면

이나 명예 같은 것에 사로잡히기 쉽지요. 예나 지금이나 살아서나 죽어서나 '남에게 인정받고 싶어 하는 욕구'로부터 자유롭기가 어려운 것 같아요. 그 욕구로부터 자유로워지는 것이 해탈 열반 아닐까요? '내가 길 위에서야 죽겠느냐.' 과장된 허레라기보다는 제자들 몇 사람이 지켜보는 가운데 죽고 싶다는 소망을 밝히고 있군요.

■ 아마도 장례문화야말로 그 사회의 심층 의식을 나타내는 척도 같은 것이 아닐까 합니다. 소박한 가족장(家族葬)이 바람직한 것 같아요.

## 12

자공이 말하기를, "여기에 아름다운 옥이 있다면, 궤 속에 넣어 감춰 두시겠습니까, 좋은 값을 놓는 사람에게 파시겠습니까?"
공자 말하기를, "팔아야지, 팔고말고. 나는 좋은 값을 기다리고 있는 사람이다."

子貢曰 有美玉於斯 韞匵而藏諸 求善賈而沽諸 子曰 沽之哉 沽之哉 我待賈者也
자공왈 유미옥어사 온독이장저 구선가이고저 자왈 고지재 고지재 아대가자야

■ 춘추 시대와 같은 난세에 양심적인 지식인들에게 묻고 싶은 주제지요. 당시에도 난세를 피해 은둔하는 사람들과 출세를 위해 지식을 파는 사람들과 세상을 바르게 하려고 적극 참여하는 사람들 사이에 긴장과 갈등이 있었겠지요. 어떤 선택을 할 것인지 자공이 묻고 있군요. 아마도 자공을 비롯한 공자의 문인들에게는 가장 절실한 질문이었을 것입니다.

- 여기에 대해서 공자는 단호하게 현실 참여를 이야기하고 있군요. 다만 제값을 받고 팔아야겠다는 이야기인데, 여기에 공자의 개인적이고 사회적인 한계도 동시에 느껴집니다. 자신이 창업자가 되어 보겠다는 생각은 할 수 없었던 것이 아닌가 합니다. 자신의 가치를 알고 써 주는 군주라면 자신의 이상(玉)을 그를 통해 실현해 보겠다는 입장이지요.
- 지금도 제도나 문화는 바뀌었지만, 난세의 지식인에게는 늘 묻고 싶은 주제 같습니다. 난세를 넘어서 평천하(平天下)의 세상을 만드는데 적극적으로 참여하는 것이 좋다고 생각합니다. 이때 가장 중요한 것은 무엇을 위해 누구를 위해 정치 참여를 하느냐 하는 것이죠. 자신의 출세를 위해 기웃거리는 태도는 살아서나 죽어서나 아름답지 못하고 추한 것이지요.
- 공자의 이와 같은 현실 참여 태도가 당시 사람들의 눈에는 여러 가지로 비친 것 같습니다. '안 될 줄 알면서도 헛되이 애쓰는 자'는 호평(好評)인 편이고, '상갓집 개(喪家狗)'로 취급받기도 했지요.
- 공자의 정치적 입장은 당시 노나라를 지배하던 삼환(三桓) 체제에 대해서 반대한 양호(陽虎)나 공산불요와 비슷했습니다. 양호가 공자에게 동조를 구한 것도 공자를 자기와 같은 입장에 있는 사람이라고 생각했기 때문일 것입니다. 공자 또한 반체제인사였던 것이지요.
- 공자가 망명을 하지 않을 수 없었던 사정도 양호의 그것과 비슷한 면이 있습니다. 계씨의 재(宰)였던 공산불요가 계씨의 읍인 비(費)에서 반란하려고 할 때, 공자는 그의 초빙에 응하려고 해 자로의 반대를 받았지요. 공산불요는 한때 양호의 협력자였던 인물입니다. 나중에 자로가 계씨의 재(宰)가 되자 공자는 삼환(三桓)의 읍을 무장해제 시키려는 대담한 정책을 자로에게 강행시켰지요. 그리고 그것은 마지막 단계에서 실패하고,

이로써 초래된 계씨와의 갈등으로 오랜 망명길에 오른 것입니다.
- 객관적인 역사로 보면 공자도 당시 사회에서는 권외의 사람들인 '군불령(群不逞)의 무리'(좌전, 애공10년)에 속하는 사람이었습니다. 성인(聖人) 공자를 '군불령의 무리', 즉 불온한 집단의 일원 속에 두려 하는 이 시도에 대해서는 공감하기 어렵다는 분들이 많을 것입니다. 그러나 그런 사실을 인정하는 것이 그 인격이나 사상가 특히 철인으로서의 위대함을 손상하는 것은 아닙니다.
- 공자나 예수가 당시의 불의한 체제에 반기를 든 반체제인사에 머물렀다면, 그들은 역사 속에서 수없이 명멸해 간 사람들 가운데 한 사람이었을 것입니다. 그들과 근본적으로 달랐던 것이 바로 공자나 예수의 생명력이 아닌가 합니다.
- 오랜 세월을 거쳐 나는 이제 옥(玉)들이 모여 창업하는 것을 그려봅니다. 특히 요즘 한국의 정치에서 새로운 정치를 견인할 옥(玉)들의 연대와 연합을 그려 봅니다.

## 13

공자가 구이(九夷) 땅에 살기를 바랐다. 이에 어떤 사람이 말하기를, "누추할 터인데 어떻게 사시렵니까?"
공자 말하기를, "군자가 사는데 무슨 누추함이 있겠소?"

子欲居九夷 或曰 陋如之何 子曰 君子居之 何陋之有
자 욕 거 구 이  혹 왈  누 여 지 하  자 왈  군 자 거 지  하 루 지 유

- 중국을 중심에 놓고 동쪽은 이(夷) 서쪽은 융(戎), 남쪽은 만(蠻), 북쪽은 적(狄)이라고 불렀지요. 동이(東夷)는 아홉 종족이 있다고 해서 구이(九夷)라고도 불렀습니다.
- 중원이 아닌 지역을 오랑캐라고 하는 중화주의의 오랜 관점이죠. 중국 왕조를 보면 이들에게 정복당한 숱한 역사를 가지면서도 문화적인 면에서는 정복자를 동화시키는 그런 힘을 발휘한 면은 있다고 봐야죠.
- 공자가 아마 당시의 중원 정치에 실망하여 '구이(九夷) 땅에나 가볼까.'라는 말을 평소에 했던 모양인데, 이에 대해 당시의 일반적인 사고방식에서 어떤 사람이 묻는 장면 같습니다.
- '군자가 사는데 무슨 누추함이 있겠소'라는 응답은 여러 가지로 생각할 수 있을 것 같네요. 우선 당시의 중국 중심의 사고에서 벗어나는 관점이죠. 즉 중국 이외 지역에도 군자가 산다는 보편적 사고에서 나온 대답이라고도 볼 수 있고, 공자 스스로를 군자라고 생각하고 군자가 가서 산다면 그곳을 얼마든지 정토(淨土)로 만들 수 있다는 생각도 할 수 있겠죠.
- 아마 그 두 가지가 섞여 있다고 볼 수 있겠네요. 공자 사상의 기저(基底)로 보아서는 중화주의를 넘어설 것 같은데, 막상 공자의 여러 언급에서는 중화주의의 테두리에서 벗어나지 못하는 경우도 있거든요. 짐작이지만, 공자의 이런 말도 그런 틈새에서 나온 것이 아닌가 생각됩니다.

## 14

공자 말하기를, "내가 위나라에서 노나라로 돌아온 후에 음악이 바로 잡으니, 아(雅)와 송(頌)이 각각 그 자리를 얻었다."

子曰 吾自衛反魯然後 樂正 雅頌各得其所
자왈 오자위반노연후 악정 아송각득기소

- 공자가 오랜 유랑 생활을 마치고 노나라에 돌아와서 시경(詩經)을 정리하면서 한 말인 듯합니다. 본디 시경을 주나라에서 쓰이던 많은 노래들을 공자가 산삭(刪削)해서 만들었다는 설도 있으나 학계에서는 부정되는 듯합니다.
- 시경은 풍(風) 아(雅) 송(頌)으로 되어 있고, 풍은 서민의 노래, 즉 주나라 15개국의 민요를 말하고, 아는 궁중의 조회나 연회 때 연주하는 노래이며, 송은 선현을 기리는 종묘 제례악을 말합니다.
- 노나라를 떠나 열국을 유세하면서 그가 생각하는 정치적 성공은 얻지 못했지만, 노년에 조국에 돌아와서 음악을 정리하는 작업에 몰두한 공자의 심정이 느껴집니다. 원체 음악에 대한 조예가 깊은 음악 전문가인데다가 성어락(成於樂)이라고 말할 정도로 음악에 대해 품고 있는 이상(理想)을 생각할 때, 정치에서는 실패했을지라도 좌절하거나 절망하지 않고 음악을 정리 편찬하는 데 전념하는 모습이 그려집니다.
- 무엇보다 정치를 바로잡는 것이 중요하다고 하는 생각은 변함없지만, 그것이 불가능하게 보일 때는 자신의 이상을 실현할 수 있는 다른 분야, 예컨대 공자 같으면 음악 분야에 자신의 노후를 전념하는 것이죠. 왜 정

치를 하려 했는지에 대한 자기 증명의 과정이기도 하죠.
- 어떤 면에서는 문화를 바로 잡는 일이야말로 더 큰 정치라고 말할 수 있지요. 우리 시대에도 이상 정치를 꿈꾸다가 좌절하여 주저앉는 사람들을 볼 때 안타까운 심정입니다만, 공자의 예처럼 자신이 할 수 있는 일에 최선을 다하는 모습이 아름답다고 생각합니다.
- 상업주의와 쾌락주의가 창궐하는 현대에서 문화를 바르게 하는 것이 얼마나 중요한 일인가는 절실하게 느껴지지 않나요.
- 정치가 상대화되고 있는 다원화된 오늘과 같은 사회에서는 더욱 그렇지요. 어쩌면 가장 큰 정치일지도 모릅니다.
- 각득기소(各得其所), 각각 그 자리를 얻었다는 말이 참 좋습니다. 사람과 사물과 분야가 가장 잘 어울리는 제자리를 찾는다는 말인데 우리가 지향하는 이상 사회는 바로 각득기소(各得其所) 하는 조화(調和) 세계가 아닐까 합니다.

15

공자 말하기를, "나가면 공경을 섬기고, 들어오면 부형을 섬기고, 상사(喪事)에는 감히 게을리하지 못하고, 술로 말미암아 곤란해지지 않는다. 이런 것들은 나라고 하지 못하겠는가?"

子曰 出則事公卿 入則事父兄 喪事不敢不勉 不爲酒困 何有於我哉
자 왈 출 즉 사 공 경 입 즉 사 부 형 상 사 불 감 불 면 불 위 주 곤 하 유 어 아 재

- 가부장제와 신분제 사회의 수직적 질서에 대한 순응이나 상례(喪禮)를 중시하는 발언 등은 공자의 보수성을 나타내는 것으로 현대인들이 읽기에 솔직히 거부감마저 듭니다.
- 술에 취해서 곤란을 겪는 일이 없다는 말을 공자 정도 되는 사람이 말하는 것은 상당히 솔직하고 겸손한 태도를 나타내는 것 같습니다.
- 나라의 정사를 돌보는 일이나 가정을 돌보는 일이나 술을 마시는 일상사에 이르기까지 일의 대소경중(大小輕重)을 떠나 수미일관된 태도를 보여주는 면은 있는 것 같습니다. 그 일관된 표현이 '사(事)'인데, '섬김'이죠.
- 상사(喪事)는 당시 유가(儒家)의 직업이었다는 말을 들었어요. 그렇게 보면 직업에 충실한 의식(意識)을 읽을 수도 있네요.
- 논어의 일부 장(章)들이 나중에 첨가되었을 것으로 짐작되기도 합니다만, 그렇지 않은 경우는 비교적 공자의 언행을 그대로 옮긴 것이어서 이 장은 논어의 신빙성을 보여주는 면도 있겠네요.

16

공자 냇가에서 말하기를, "흘러가는 것은 이와 같구나, 밤낮으로 멈추지 않는구나."

子在川上曰 逝者如斯夫 不舍晝夜
자 재 천 상 왈 서 자 여 사 부 불 사 주 야

- 흐르는 물을 보면서 세상의 이치를 깨닫는 경우가 있습니다. 늘 보는 현상이지만 어떤 특수한 환경이나 심경에서 문득 어떤 깨달음을 얻게 되는 순간이 있는 것 같아요.
- 망명지에서 모든 희망을 상실하고 공자는 황하의 물가에 서서 탄식했다고 합니다. "아름답구나. 강물이여! 양양하구나. 구(丘), 이를 건너지 못하는 것은 천명(天命)이런가." 공자는 여기서 마침내 환영과 결별합니다. 아마도 이때의 이야기일 것으로 보는 사람도 있군요.
- 세상을 깊게 관찰하고 사유하는 사람들에게는 이런 현상이 나타나는 것 같아요. 공자와 거의 동시대의 사람인 그리스의 헤라클레이토스는 '판타 레이(Panta rhei; 만물은 유전한다)'라는 깨달음을 얻었지요. '영원한 변화'가 핵심 내용이지요. 아마 흐르는 물을 보면서 이런 세상의 이치를 깨달았을지 모르겠네요. 헤라클레이토스는 말하죠. '인간은 같은 시냇물에 두 번 들어갈 수 없다. 왜냐하면 언제나 새 물이 당신에게 흘러 내려오고 있기 때문이다.'
- 아마 흐르는 물을 보면서 깨달음을 얻거나 어떤 인식의 전환을 경험하는 일들은 보통 사람들도 많이 경험할 것 같은데요?
- 그런데 막상 우리의 관념은 무엇엔가 고정시키려 하지요. 그래야 안정되는 것 같은 기분이 들 것 같아서지요. 사실은 그 반대입니다. 무상(無常)을 깨닫는 것이야말로 허무로 빠지는 것이 아니라 진정으로 불안에서 벗어나는 길이죠.
- 자연을 보면 뭔가 깨달음이 오는 것 같다가도 사람과의 관계 속에 들어오면 막혀 버리는 것 같아요.
- 아르키메데스는 목욕탕에 들어가 물이 넘치는 것을 보고 '유레카'를 외쳤고, 아이작 뉴턴은 사과가 왜 옆으로 떨어지지 않고 밑으로 떨어질까

를 생각하다가 만유인력의 법칙을 발견했지요. 같은 현상을 누구나 보면서도 아무에게나 이런 깨달음은 오지 않습니다. 질문하고 숙고하는 자에게만 옵니다.

- 자연현상과 마찬가지로 인간현상에 대해서도 질문하고 숙고할 때 비로소 깨달아지는 세계가 있습니다. 우리가 당연하다고 생각하고 있는 동안은 어떤 깨달음도 개안(開眼)도 진전도 없습니다.
- 맞습니다. 대표적인 예가 '화가 나는 상태' 같아요. 화가 나는 것을 당연하게 생각하는 경우가 많잖아요. 이때 스스로에게 질문을 해 보는 것입니다. '왜 나는 화가 납니까?' 일상의 화두지요. 늘 이 화두를 함께 할 수 있으면 화가 나고 싸우는 현장이 어떤 수행처보다 나을 겁니다.

## 17

공자 말하기를, "나는 아직 덕을 좋아하기를 미색을 좋아하듯이 하는 사람을 보지 못하였다."

子曰 吾未見 好德如好色者也
자왈 오미견 호덕여호색자야

- 인간이라는 존재의 특성과 실태 그리고 지향을 생각해 보게 하는군요.
- 성욕(性慾)보다 강한 것은 없는 것 같아요.
- 그래서 깨달음을 구하는 사람들에게는 이것을 해결하는 것이 가장 큰 과제지요.

■ 금욕(禁慾)하려는 생각이 너무 강해서, 다른 말로 하면 깨달음에 대한 욕구가 너무 강해서 생식기(生殖器)를 절단하는 일도 있었는데, 이것은 극단일 뿐 그것으로 마음의 욕구마저 사라지는 것이 아니라는 이야기가 불경(佛經)에도 나와요.

■ 꼭 금욕해야만 깨달음을 얻게 될까요. 성욕(性慾)도 자연이 준 것인데, 그것에 굳이 역행해야만 될까요.

■ 생존과 번식을 위한 식욕(食慾) 성욕(性慾)은 동물 일반의 본능적 욕구지요. 그것을 넘어 사랑과 자비 그리고 인(仁)을 지향하는 것이야말로 인간의 특성이라고 할 수 있지요. 인간이 덕을 추구한다는 것은 본능에서가 아니라 동물계와 구분되는 그의 지적(知的) 영역에서 출현하는 것이기 때문에 성욕과 같은 자연적인 본능과 달리 이성(理性)에 바탕을 둔 인위적인 것이죠.

■ 호덕(好德)을 호색(好色)과 비교한 표현이 공자답다는 생각이 듭니다. 덕(德)을 마땅히 추구해야 할 당위나 의무의 세계를 넘어 이성(異性)에 끌리는 것처럼 덕에 끌리는 단계로 인간이 진화할 수 있느냐는 목표를 바라보고 있다는 거지요. 인간의 숭고 지향성(好德)이 과연 생존과 번식을 위한 1차 본능을 넘어 2차 본능으로 자리 잡을 수 있을까요? 인간의 특유한 능력과 위치 때문에 우주 자연의 질서 안에서 특히 인간에게 요구되는 것 같습니다만.

■ 실제로 우리가 보고 있는 현실은 그동안 억압되었던 성적(性的) 표현이 봇물 터지듯 터져 나오는 시대를 살고 있습니다. 이런 현상을 어떻게 보아야 할까요? 특히 금욕적인 종교나 규범이나 인습에 저항하는 것이 유행처럼 되고 있잖아요.

■ 과도기적인 현상으로 봅니다. '본능대로 살자'라는 말도 하나의 유행어

처럼 들려오지만, 그것은 '윤리나 도덕에 수반되던 내면의 부자유'로부터 자유스러워지고자 하는 현대인의 욕구를 나타내는 것이지 '본능으로 돌아가자'는 것은 아니라고 생각합니다.
- 지나친 낙관론인지 모르지만, '덕을 좋아하는' 단계로 나아가기 위해 필요한 과정이 아닐까요? 본능을 억압하고서는 한 단계 더 나아갈 수 없겠지요. 부자유가 있는 한 호덕(好德)이 자연스러울 수는 없겠지요.
- 요즘 같은 성 개방 풍조는 좀 지나쳐서 인간을 진보시키기보다는 퇴행시키는 면이 있다고 생각하지만, 어떤 면에서는 그것을 과도하게 사용해 봄으로써 그것에서 벗어나는 그런 과정으로 이어지지 않을까요?
- 실컷 해 보니까 물리기도 하고, 금지되고 억압된 본능을 해방시켜 보니까 '별것이 아니구나. 이것으로는 뭔가 공허한데' 하고 자각하면 질이 다른 욕구가 더 강해지지 않을까요?
- 바로 그 질이 다른 욕구가 깨달음이나 사랑이나 자비 같은 인간의 2차 본능이라고 생각해요. 호색(好色)하듯이 호덕(好德)하는 것이 자연스럽게 되는 그런 세계를 향해 인류는 진화하고 있는 것이 아닐까요? 공자가 바라보았을 세상입니다. 다른 곳에 썼던 짧은 글 하나를 공유합니다.

"나는 아직 덕을 좋아하기를 미색을 좋아하듯이 하는 사람을 보지 못하였다." (子曰 吾未見 好德如好色者也, 9/11)

공자의 '개그'성 발언이다. 비교할 것을 비교해야지. 성욕은 자연스럽고, 덕(德)은 인위적이다. 성욕은 강렬하고, 덕(德)의 추구는 당위의 세계다. 그런데 둘을 같은 반열 즉 '호(好)'의 세계에서 비교하다니.

그런데 그것이 공자답다. 덕의 추구를 당위나 규범의 세계로부터 진화시키고 싶은 것이다.

너무 빨랐다. 욕망을 억압하고서 다른 차원의 욕망을 진화시킬 수 없다. 부자유를 바탕으로는 새로운 질의 욕망이 개화(開花)하지 못한다.

요즘은 오히려 욕망의 해방이 대세다. '본능대로 살자'가 구호다. 식욕과 성욕을 자극하는 온갖 기제가 풀가동된다.

물릴 대로 해 봐야 별 것 아니라는 생각이 들 것이다. 그때가 돼야 아마도 이성(異性)이나 '먹방'에 끌리는 것 못지않게 덕(德)에 끌리는 사람들이 많아지기 시작할 것이다. 공자는 너무 빨랐다.

## 18

공자 말하기를, "산을 쌓아 올리는데 한 삼태기의 흙이 모자라서 완성을 보지 못하고 그만두었으면 내가 그만둔 것이다. 땅을 고르는데 한 삼태기의 흙을 부어 놓아 진척시켰으면 그것은 내가 진척시킨 것이다."

子曰 譬如爲山 未成一簣止 吾止也 譬如平地 雖覆一簣進 吾往也
자 왈 비 여 위 산 미 성 일 궤 지 오 지 야 비 여 평 지 수 복 일 궤 진 오 왕 야

학문과 도(道)는 멈춤이 없이 전진하는 것이 그 성취의 핵심이다. 한 삼태기의 흙이 모자라 산을 이루지 못해도 그것은 내가 중도이폐(中道而廢)한 것이다. 비록 한 삼태기의 흙이라도 내가 땅을 고르는데 부었다면 그만큼 나아간 것이다.

언젠가 어떤 스님한테 들은 이야기가 있다. 하도 자신의 깨달음에 성취

가 없다고 느껴서 '자신의 업장이 너무 두터워서 더 이상 승려 생활을 하는 것이 무슨 소용이 있겠는가?' 하고 그의 은사 스님에게 말씀드리니, '업장의 바다가 너무 방대해서 거기에서 그 업장의 물을 퍼낸다고 해서 그것이 줄어드는 것을 느끼기 힘들겠지만 한 바가지를 퍼내면 그만큼 줄어드는 것은 사실이 아닌가.'라는 말을 듣고 다시 분발심(奮發心)을 내서 수도에 전념하게 되었다는 것이었다.

세상의 진보를 위해 노력하는 사람도 이와 같다고 생각한다. 한 사람의 깨달음의 길도 그러한데 하물며 세상의 진보라는 과정은 말해 무엇 하겠는가? 언제나 장애는 있기 마련이다. 그러나 그 장애 앞에서 좌절하는 것은 세상이 끝난 것이 아니라 내가 중도이폐(中道而廢)하는 것이다.

진정으로 자유롭고 평등한 세상을 원한다면 그것을 위해 산을 만드는데 한 삼태기의 흙이라도 보태고, 땅을 고르는데 한 삼태기의 흙이라도 부을 일이다. 이상(理想)을 향해 비록 그 성과가 미미할지라도 그만큼 나아가는 것이고, 위기의 극복에 그만큼은 기여하는 것이다.

인생과 세계는 과정이다. 그 과정에서 내가 할 수 있는 만큼 최선을 다하는 것이야말로 세계 앞에 책임 있는 주체로 우뚝 서는 것이다. 아름다운 인생이다.

## 19

공자 말하기를, "말해진 바를 게을리하지 않는 자는 회(回)일 것이다."

<small>子曰 語之而不惰者 其回也與
자왈 어지이불타자 기회야여</small>

어(語)는 일방적인 것이 아니고 주고받은 말이나 토론하여 결정한 내용을 말하는 것일 수 있다. 그것을 실행하는 데 게을리 하지 않았던 안회를 회상하는 장면이다.

안회가 죽은 것이 공자 72세 때의 일로 본다. 19장에서 21장까지는 말년의 공자가 안회를 추억하는 말인데, 18장에서 쭉 이어지는 뜻으로 읽으면 그 절절하게 애석해함이 느껴진다.

## 20

공자가 안연을 일러 말하기를, "애석하구나! 나는 그가 앞으로 나아가는 것은 보았으나, 멈추는 것을 보지 못하였다."

<small>子謂顔淵曰 惜乎 吾見其進也 未見其止也
자위안연왈 석호 오견기진야 미견기지야</small>

- 안회에 대한 그리움을 표현한 장이군요.
- 18장에 이어져 있는 글로 읽힙니다. 진(進)과 지(止)가 18장에서는 일반론으로 쓰고 있는데, 여기서는 안회의 이야기로 구체화되고 있습니다. 논어 편집자들이 의도했는지는 모르겠지만, 멈추지 않고 나아가는 아름다운 삶을 산 제자 안회에 대한 그리움과 안타까움을 토로하는 노년의

공자 모습이 그려집니다.
- 요절한 안회에 대한 안타까움과 그에 대한 칭찬은 공자가 바라보는 참된 인간상이 무엇인가를 잘 나타내주고 있습니다.
- 이런 그의 시각은 안회 한 사람에게 그치는 것이 아니라 궁극적으로는 인간 그 자체에 대한 바람으로 이어지는 것이죠. 인류가 그치지 않고 진보 진화하리라는 믿음이 온갖 풍상을 겪으면서 빛바래져 가는 노년에, 그런 삶을 살았던 제자 안회가 더욱 사무치게 그리웠겠죠.
- 21세기 세계를 살면서 물질과 제도의 변화가 세상의 진보로 이어지지 않고 오히려 공멸의 위기로 되는 현상을 보면서, 공자의 꿈과 안타까움이 지금도 계속되고 있구나 하는 심정이 됩니다. 핵무기 보유나 GDP 경쟁에 목을 매는 비천한 무리들 그중에도 이른바 도사를 자칭하는 천박한 자들과 그들을 추종하는 어리석은 대중을 보면서, 2,500여 년 전의 선각자의 한숨이 들려오는 것 같습니다.

## 21

공자 말하기를, "싹은 틔웠으나 꽃을 피우지 못하는 사람도 있고, 꽃은 피웠으나 열매를 맺지 못하는 사람도 있구나."

子曰 苗而不秀者 有矣夫 秀而不實者 有矣夫
자왈 묘이불수자 유의부 수이부실자 유의부

- 씨앗에서 싹을 틔우는 일은, 인위적으로 농사를 짓는 경우에는 별 것 아

닌 것 같지만, 자연 상태에서는 그 자체가 여러 조건이 결합하여야 가능한 엄청난 생명의 신비지요. 그리고 이어서 꽃이 핀다는 것은 인간이 보기에는 아름답기도 하지만, 사실은 다음 생명으로 이어갈 준비지요. 벌이나 바람 등에 의해 수정이 되어 열매를 맺게 되지요. 그리고 이 열매가 씨앗이 되어 다음 생명의 순환을 준비하는 것이지요.

■ 그런데 이런 자연의 이치를 말하면서, 싹은 틔웠으나 꽃은 피지 못하고, 꽃은 피었으나 열매를 맺지 못하는 것을 이야기하는 것은 문장들의 배열로 볼 때, 자신과 세상의 진보를 위해 스스로 그침이 없이 전진하는 아름다운 삶을 살아온 제자 안회의 요절(夭折)을 안타까워하는 심정을 말하고 있는 것 같습니다.

## 22

공자 말하기를, "후생(後生)이 두려워할 만하다. 어찌 오는 자가 지금만 못하다고 하겠는가? 그러나 사십, 오십이 되어도 이름이 들려오지 않는다면 그런 사람들은 두려워 할 것이 못 된다."

子曰 後生可畏 焉知來者之不如今也 四十五十而無聞焉 斯亦不足畏也已
자 왈 후 생 가 외 언 지 래 자 지 불 여 금 야 사 십 오 십 이 무 문 언 사 역 부 족 외 야 이

■ 여기서 외(畏)를 두렵다고 번역하면 오해의 소지가 있다고 봅니다. 뒤에 오는 사람에 대해 '두렵다'고 하는 말은 흔히 말하는 두려움보다는 '외경과 찬탄'의 의미로 읽힙니다. 오는 것을 막는 심정이 되는 '두려움'이 아

니고, 어서 왔으면 좋겠다는 기대로 가득 찬 후생에 대한 '찬탄'의 심정이 아닐까요?
- 그것이 선배의 덕(德)이죠. 사람과 세상이 진보(進步)하는 원리이고 동력입니다.
- 요즘 흔히 말하는 세대교체에 대해서 생각하게 됩니다. 선(先) 세대의 후생가외(後生可畏)의 심정과 후(後) 세대의 술이부작(述而不作) 하는 기풍이 서로 만난다면 얼마나 아름다운 모습일까요? 앞선 세대의 어깨 위에서 새로운 세대가 창조의 날개를 펴온 것이 인류의 역사 아닌가요?
- 그러나 실제로는 그 과정이 자연스러움과 아름다움만 있는 것이 아니라, 거친 갈등과 때로는 피를 부르는 투쟁도 있어 왔지요. 요즘 급격한 사회변동을 겪으면서 세대 간의 가치관과 구체적인 이해관계의 충돌이 사회의 중심 모순이 되는 것을 보면서 인류가 만나고 있는 종(種)의 위기의 한 단면이라는 생각이 강하게 다가옵니다.
- 온고지신(溫故知新)이 우애(友愛)와 협동과 양보 속에 이루어지는 것이 동물계의 세대교체를 넘어서는 인간계의 모습이 아닐까 생각합니다.
- 사십 오십을 이야기한 것은 후배 세대에 대한 선배의 채찍 겸 격려로 들리는군요. 스스로 멈추는 자를 경계하는 것이겠지요.
- '후발성(後發性)의 이익'이라는 말이 생각납니다. 늦게 출발한 자는 앞선 자가 오랜 기간 축적한 경험을 빠르게 따라잡을 수 있다는 것이죠. 한국이 선진국의 문턱에 이르기까지 초고속으로 달려온 것도 후발성의 이익이라고 볼 수 있습니다. 그러나 따라잡기에 그친다면 '가외(可畏)'의 대상이 되지 못하지요. 창조가 뒤따라야 정체나 쇠퇴로 이어지지 않고, 가히 찬탄할 만하게 되겠지요. 그것이 '후발성의 이익'을 제대로 살리는 것이라고 생각합니다. 일정한 시기가 되었는데도 창조로 나아가지 못하면

더 볼 일이 없게 되겠지요. 장년이 되어도 그런 기미가 안 보이면 별로 기대할 것이 없다는 말이지요.

- 지금의 남북 간의 상태로 보면 비현실적으로 들리겠지만, 북의 왕조체제가 붕괴하고 개혁 개방하는 정권이 들어선다면, 북이 한국의 경험 특히 압축적 성과의 폐단들을 원천적으로 피하면서 한국을 배우고 따라잡는 '후발성의 이익'을 발휘했으면 합니다. 상당 기간 같은 체제를 바라보는 두 국가를 운영하면서 한국이 선배로서 북을 돕는 것입니다. 이 과정에서 한국에도 많은 이익이 돌아오겠지요. 북이 '후생가외'가 되도록 해가면서 점차 단순한 영토나 국민의 통합을 넘어서는 창조로 되는 통일을 상상해 봅니다.

- 이른바 민족주의적 친북 통일방안은 북 스스로 포기했을 뿐 아니라 현실과는 동떨어진 망상이 되고 있지만, 반대편의 북의 급격한 붕괴와 흡수통일을 이야기하는 사람들은 꽤 발언을 높이고 있습니다. 그것도 혹세무민하는 사이비 도사들이 앞장서고 있지요.

- 그런데 설령 그렇게 된다고 하더라도 남북의 너무나 큰 경제 수준과 생활양식의 간극, 뿌리 깊은 적대의식 등이 어떤 결과를 가져올지 생각하며, 제대로 준비하고 있나요?

- 지금 한국 안의 통합도 최악의 상태인 정치를 하면서 '통일 운운'을 국가의 지상과제로 이야기하는 것은 내부 문제를 외부로 돌리려는 흔한 정략으로밖에 보이지 않습니다. 진정으로 민족공동체의 자유와 행복을 원한다면, 북의 정권교체 후 상당 기간 두 국가 체제로 북이 후발성의 이익을 최대한으로 살리도록 돕는 것이 민족의 이익으로 이어질 것입니다.

- 핵(核)을 보유하는 것이 마치 북에 대항할 수 있는 유일한 대책처럼 이야기하는 사람들이야말로 대한민국에 대한 자긍심이나 체제의 우월함에

대한 신념이 얼마나 천박한지를 보여줍니다. 북이 무엇 때문에 통일을 포기하고 있습니까? 구(舊) 소비에트연방이 핵 무력이 약해서 해체되었나요? 대한민국의 독자적 핵무장을 주장하는 것은 남북 두 국가의 평화공존을 위해서 과거 남침의 트라우마로부터 벗어나기 위한 방안의 하나로 검토할 수는 있습니다.

- 핵전쟁이 일어나면 그 피해는 고스란히 남북 민중의 몫입니다. 은밀한 장소에서 술잔을 기울이며 황당한 백일몽에 빠져서 전쟁을 획책하고 부추기는 자들이야말로 씻을 수 없는 반역행위를 하는 자들입니다.

## 23

공자 말하기를, "법어를 누군들 따르지 않을 수 있으랴마는, 그 말에 따라 그릇된 것을 고침이 귀하다. 겸손하고 부드러운 말을 기뻐하지 않을 수 있으랴마는 그 말의 참뜻을 찾아냄이 귀하다. 기뻐하기만 하고 참뜻을 찾아내지 않고, 따르겠다고 하기만 하고 그릇된 것을 고치지 않는다면 나로서도 그러한 사람을 어찌할 수가 없구나."

子曰 法語之言能無從乎 改之爲貴 巽與之言能無說乎 繹之爲貴 說而不繹 從而
자왈 법어지언능무종호 개지위귀 손여지언능무열호 역지위귀 열이불역 종이
不改 吾未如之何也已矣
불개 오말여지하야이의

- 머리로는 좋다고 알아듣는 것 같아도 실제 자기 행동은 그렇게 하지 않고, 부드럽게 듣기 좋게 말하면 기뻐하지만 그 말에 담긴 뜻을 깊이 헤아

리지 못하는 사람들에 대한 공자의 탄식이군요.
- 그때나 지금이나 그런 사람이 많지요. 나부터 그런 것 같은데요?
- 지금 종교를 믿는 사람들이 정말로 그 가르침(法語)을 그대로 따르는 삶을 산다면 이 세상은 이미 낙원(樂園)이 되었을 것입니다. 성당에서, 교회에서, 절에서, 신부님의, 목사님의, 스님의 강론·설교·설법을 들을 때나 성경, 불경을 볼 때는 '정말 좋구나. 따르고 싶구나.' 하고 생각하지만, 실제 생활로 돌아오면 별생각 없이 그와 상반되는 행동을 하지요.
- 부드럽게 말하면 기뻐하지만, 그 부드러움만 좋아할 뿐 그 뜻을 살펴서 들으려고 하지 않지요. 나의 경우는 인문운동가로서 직접적으로 어떤 사안에 대해 비난하거나 비판하지 않고 그 사람이 충분히 스스로를 돌아볼 만한 고전이나 경전을 인용하여 말합니다. 페이스북에 그런 글을 올리면 서로 적대적인 사람들이 함께 '좋아요'라는 반응을 합니다. 서로 자기 쪽을 바라보지 않고 상대방을 바라보는 것이지요. 때로는 내가 말하는 방식에 회의를 느낄 때도 있지만, 나로서는 일종의 사고법을 제안하는 것이라서 서로 관용하지 못하는 사람들에게 일종의 접점(接點)이랄까, 대화의 매개를 제시한다는 점에서 그렇게 하고 있습니다.
- 머리로는 이해하나 실제는 따르지 않는 이런 실태를 위선이나 악으로 생각하여 미워하거나 종교적 근본주의나 원리주의의 이름으로 극단적 행동으로 나아가는 것 또한 위험하다고 생각합니다. 사람들의 실태를 진화의 과정이라고 받아들이는 것이 옳지 않을까 생각합니다. 불경(佛經)에 보면 '사람이 머리로 이해하는 데 2겁(劫)이 걸리고 체득하는 데 3겁이 걸린다.'는 말이 있는데, 그만큼 의식의 진화에는 과정과 단계가 필요한 것이 아닐까요? '무아(無我)'가 자유임을 머리로 이해했다 할지라도 그것을 체득하는 데는 훨씬 더 많은 시간과 노력이 필요하겠지요.

- 자신을 변화시키는 것은 결국 자신의 욕망이겠지요. 머리로만 이해해서는 얻어지지 않는 자유에 대한 욕망이 체득으로 나아가게 하는 동력이겠지요.
- '머리로라도 알아듣는 것'은 상당한 수준의 진보라고 받아들이고, 거기서 한 발짝씩 더 나아가는 것이지 않을까 생각됩니다.
- 아직 안 되는 것을 비난하는 심정보다 이미 이루어진 것을 긍정하고, '지금도 좋지만, 좋은 것 위에 더 좋게'라는 진보의 길을 생각합니다. 인간의 선의지(善意志)나 숭고본능(崇高指向性)이 자라도록 물을 붓는 것이 옳은 방법이라고 생각합니다.
- 이런 대화를 나누는 지금도 뉴스에서는 러시아-우크라이나 전쟁과 팔레스타인-이스라엘 전쟁 소식과 나라 안의 심리적 내전에 가까운 대결의 소식들이 들려옵니다. '아, 어쩔 수가 없구나!' 하는 탄식이 나오고 절망감이 들지만, 이런 때일수록 인류의 진보에 대한 신념을 잃지 않는 것이 중요하다는 생각이 듭니다.

## 24

공자 말하기를, "충과 신으로 중심을 잡고, 자기보다 못한 벗이 없으며, 과오를 저지르면 고치기를 꺼리지 말 것이다."

子曰 主忠信 毋友不如己者 過則勿憚改
자왈 주충신 무우불여기자 과즉물탄개

- 학이편 8장에 나오는 말인데, 또 나오네요. 논어는 한 사람이 단시일에 편찬한 것이 아니라, 여러 사람이 오랜 시간에 걸쳐 편집, 수정, 첨가를 통해 이루어진 것을 보여줍니다.
- 학이편에는 이 문장의 앞에 '부중즉불위(不重則不爲) 학즉불고(學則不固)'가 있어요. '무겁지 않으면 위엄이 없고, 배워도 완고하지 않다.'라는 말인데, 그 무거움은 바로 충(忠)과 신(信)으로 흔들리지 않는 중심을 세우는 것을 말하고, 배워도 완고하지 않다는 말이 그 내용을 보완하고 있지요. 권위를 갖게 하는 그 무거움이라는 것이 결코 단단한 아집이 아니라 겸허와 유연함을 내용으로 갖추어야 한다는 것이죠.
- 학이편에는 '무우불여기자(無友不如己者)'에서 무(無) 자를 쓰는데, 이 장에서는 무(毋) 자를 쓰네요. 한자(漢字)를 잘 모르기는 하지만, 무(無)와 무(毋)의 다름이 느껴지는데, '없을 무(無)'를 쓰면 '나보다 못한 벗이 없다.'로 자연스럽게 겸허한 태도가 느껴지지만, '말 무(毋)'를 쓰면 '나보다 못한 벗을 사귀지 말라.'로 전혀 다르게 해석될 소지가 큰 것 같습니다. 이 두 글자가 바뀐 것이 단지 실수가 아니라, 후에 편집한 사람의 인식이 다르지 않았는지 생각하게 됩니다.
- 중요한 지적이네요. 부중즉불위(不重則不爲)는 주충신(主忠信)과, 학즉불고(學則不固)는 '무우불여기자(無友不如己者)' '과즉물탄개(過則勿憚改)'와 대구(對句)를 이룰 때 공자가 말하려는 진의를 알 수 있습니다.

## 25

공자 말하기를, "삼군에서 그 장수를 빼앗을 수는 있지만, 필부에게서 그 뜻을 빼앗을 수는 없다."

子曰 三軍可奪帥也 匹夫不可奪志也
자왈 삼군가탈수야 필부불가탈지야

- 실제로 가장 어려운 것이 사람의 마음을 바꾸고 마음을 얻는 것이지요. 결코 강제로는 변화시킬 수 없죠. 그런데도 사람들은 끊임없이 다른 사람의 생각을 자신에게 동조시키려고 애쓰지요. 그것은 폭력이죠. 다른 사람이 진정으로 바뀌기를 바란다면 상대방이 그런 마음을 내도록 그 환경이 되도록 노력할 뿐이죠.
- 세뇌된 군중을 무지와 몽매에서 벗어나게 하는 것의 어려움도 생각하게 됩니다. 일단 고착된 의식은 그것이 비록 무지와 몽매일지라도 쉽게 바뀌지 않거든요. 북쪽의 세뇌야 강제된 것이라 어쩌면 개방되어 현실을 접하면 급속하게 바뀌게 될 수도 있을 거예요. 누가 바꾸라고 강제하지 않아도 스스로 바뀌게 되겠지요. 그보다는 집단주관적 확증편향과 그것을 부추기는 알고리즘에 의해 형성된 한국형 팬덤이 더 어려울지 모릅니다.
- 여기서 '지(志)'를 어떻게 보느냐에 대해서는 여러 가지 생각이 있겠지만 그것을 대단히 특별한 어떤 것(예컨대 선비의 마음)으로 보기보다는 보통 사람들(匹夫)의 마음이라고 보고 싶네요. 보통의 경우 지(志)는 아집(我執)과 결합되는 경우가 많지요. 그런데 이 아집(我執)은 너무나 견고하여

삼군의 원수(元帥)를 빼앗는 것보다 어렵다는 것이죠.
■ 이런 사실을 깨닫지 못하면 수많은 시행착오를 범하게 돼요. 가정생활에서부터 정치 생활에 이르기까지. 아무리 좋은 목표를 표방하는 독재보다 부족한 민주주의가 인류의 진화에 기여하는 것은 사람 마음의 이런 실상 때문이기도 한 것이죠.

## 26

공자 말하기를, "해진 헌 솜옷을 입고서 여우나 담비 털옷을 입은 자와 함께 하여도 부끄러워하지 않는 사람은 바로 유(由)일 것이다. 시경에 이르길, '남을 해하지 않고 탐내어 구하지 않으니, 어찌 선하지 않으리오.'라는 말이 있다."
자로가 이 시를 평생 외우려 하니 공자 말하기를, "어찌 그것만으로 선을 행함에 족하다 하겠는가?"

子曰 衣敝縕袍 與衣狐貉者立而不恥者 其由也與 不忮不求 何用不臧 子路終身
자 왈 의 폐 온 포 여 의 호 락 자 입 이 불 치 자 기 유 야 여 불 기 불 구 하 용 부 장 자 로 종 신
誦之 子曰 是道也 何足以臧
송 지 자 왈 시 도 야 하 족 이 장

■ 공자의 제자 가운데 자로는 맏형 격이지만, 우직하고 솔직한 데다가 순박한 점이 있어서 다른 제자들과는 좀 다른 분위기가 느껴져요. 뭐랄까 나이 차이도 많이 나지 않아서 마치 허물없이 대하는 형제 같은 느낌이 있어요. 공자에게 직설적인 꾸지람도 많이 듣지만 그럴 때도 정(情)이 느

껴집니다. 안회나 자공처럼 총명하지는 않지만, 공자를 가장 가까이 모시면서 여러 에피소드를 기록에 남기고 있지요.

■ 여기서는 드물게 칭찬을 받는 장면이군요. 요즘으로 보면 허름한 옷차림으로 비싼 명품 옷을 입은 사람들 옆에서도 전혀 주눅들지 않고 당당한 자로를 칭찬하는군요. 사실 쉽지 않죠. 공야장편 26장에도 공자와 안연과 자로가 함께 이야기 나누는 내용이 있지요. 거기서도 자로는 수레와 말과 갖옷을 친구와 나누어 같이 입고 해어져도 유감으로 생각하지 않겠다는 희망을 이야기합니다. 물질적 소유나 소비에 큰 가치를 두지 않는 사람이지요.

■ 그런데 시경에 나오는 말을 빌려 공자가 칭찬하니까 그만 감격해서 그 말을 평생 암송하겠다고 말하니까, 공자가 넌지시 그 정도로 족하겠느냐며 더 나가보라고 권하는 장면 같아요. 자로의 아이 같은 순진함이 매력으로 느껴지기도 하지만, 그 우직하고 용맹한 성격 때문에 공자가 걱정했듯이 비참한 죽음을 맞이하지요.

27

공자 말하기를, "계절이 차가워진 뒤에야 소나무와 잣나무가 늦게 시드는 것을 안다."

子曰 歲寒然後 知松柏之後彫也
자 왈 세 한 연 후 지 송 백 지 후 조 야

- 여러 가지 생각이 떠오르네요. 고난을 겪어봐야 사람의 진가(眞價)가 드러난다는 의미 같고요.
- 간난신고를 겪고 늙어서 나타나는 모습이 그 사람의 진짜 모습이라는 생각도 들고요.
- 난세를 만났을 때 진정한 애국자나 경세가가 나온다는 희망 섞인 이야기로도 들리는군요.
- 실패를 경험하고 난 후의 태도에서 그의 진짜 동기나 이상을 알게 되는 것 같아요. 지난 총선에서 '정치 전환'의 대의를 품고 신당을 만들어 후보자를 냈던 시도가 참패하고 나서 사람들이 가려지는 것 같아요. 결코 좌절하거나 낙망하지 않는 사람들이야말로 우리 시대의 보배(玉)들이지요.

## 28

공자 말하기를, "지자는 미혹되지 않고, 인자는 근심하지 않고, 용자는 두려워하지 않는다."

子曰 知者 不惑 仁者 不憂 勇者 不懼
자왈 지자 불혹 인자 불우 용자 불구

- 지인용(知仁勇)은 뿌리에서 하나가 아닐까요?
- 그렇게 볼 수도 있지만 아직 부족한 사람들에게는 서로 다른 덕목이 되는 것 같네요. 내가 어떤 일을 겪고 어떤 일을 하려고 할 때 어떤 심정이

되는지를 살펴보면 내가 부족한 것이 어떤 것인가를 알 수 있죠.
- 어떤 일을 이루려고 하는 적극성과 진정성이 있는 것과 근심하는 마음은 서로 다르다고 생각해요. 실제로 잘 분리되지 않는 것을 보면 저의 수준이 그 정도라고 생각되는군요.
- '나'라고 하는 소아에 집착하는 데서 흔들리고 근심하고 두려워하게 되지요. 그 근원은 같지만, 각각의 특징은 있는 것 같습니다.
- 담론과 도덕이 함께 붕괴하는 난세(亂世)에 '불혹(不惑)'이란 어떤 마음의 상태를 말하는 것인가요? 공자는 40세에 불혹(不惑)이라는 말을 했고, 또 지자불혹(知者不惑)이라는 말도 했는데요.
- 지자(知者)란 지식을 많이 가진 자가 아니지요. 자신의 무지(無知)를 자각하고 끊임없이 탐구하는 정신을 가진 사람이지요. 그 태도나 마음의 상태가 불혹(不惑)이라는 것이죠. 공자는 그 마음의 상태를 '공공(空空)'이라고 불렀죠. 불가(佛家)에서는 '진공(眞空)'이라고 부르기도 하고, 어떤 프로그램에서는 '영위(零位)'라고도 표현하지요. 그것이 공자가 일관되게 바라보는 지자(知者)의 모습입니다. 선입관이나 자기중심적으로 치우친 고정이나 단정이 없으니까 변화를 만나 선택하고 행동하는 데에서 자기 내면의 정신이 헷갈려서 갈팡질팡 헤매는 일이나 무엇에 홀리는 일이 없지요. 미혹(迷惑)의 반대는 아집이나 독선이 아닙니다. 아집이나 독선을 스스로는 망설임이나 흔들림 없는 불혹이라고 생각할지 모르나 그것은 오히려 미혹(迷惑)의 근본 원인입니다. 자신의 생각이 틀림없다고 생각해야 미혹이 없어진다는 것은 그야말로 사실과는 반대의 허상을 좇는 것이고, 난세를 벗어날 수 없게 하는 근본 장애가 되는 것이지요. 상대를 자기와는 반대 방향의 독선과 아집으로 몰아넣기 때문이죠. 집단적인 확증편향 간의 대화나 소통 없는 갈등과 투쟁, 그것이 곧 난세

가 아니겠습니까?

- 인자(仁者)는 근심 없는 사람이 아니라 근심의 대상이 다른 사람이지요. 소아(小我)의 안위를 근심하는 것에서 벗어난 사람이지요. 근심을 없애려고 해서 그렇게 되는 것이 아니지요. 마음에 큰 '사랑'이 들어와 있는 사람이지요. 공자의 근심을 이야기하는 장면이 있었지요. 그것은 흔히 말하는 자기에 대한 근심이 아니라 세상과 만물에 대한 사랑이지요.
- 생사를 비롯한 자신의 안위에 대해서 두려움이 없는 사람을 용자(勇者)라고 할 수 있지요. 선천적으로 대담한 사람도 있고, 기질적으로 용감한 사람도 있지만, 진정한 용기 즉 두려움이 없는 것은 그 두려움을 넘어서는 더 큰 것이 마음에 자리 잡아서이지요. 그런 의미에서 지인용(知仁勇)은 하나로 통한다고 볼 수 있겠습니다. 어느 하나에서 출발해도 진짜라면 다른 둘도 따라오겠지요.
- 제자들은 공자에게서 이런 모습을 보는데, 그것을 절사(絶四)라고 표현하는 것 같습니다. 무의, 무필, 무고, 무아의 사람이 될 때 비로소 미혹도 근심도 두려움도 없는 사람이 되겠지요.
- 실제로 우리 같은 사람들에게는 너무 멀리 있는 목표같지만, 그것을 목표로 바라보는 것만으로도 호연지기가 느껴집니다. 내가 가슴에 사랑으로 대의(大義)를 품는다면 무엇을 두려워하고 무엇을 근심하고 무엇이 헷갈리겠습니까?

## 29

공자 말하기를, "함께 배울 수는 있어도 함께 도를 지향해 나아가지는 못하고, 함께 도를 바라볼 수는 있어도 함께 서지는 못하며, 함께 설 수는 있어도 '권(權)'을 함께 할 수는 없다."

子曰 可與共學 未可與適道 可與適道 未可與立 可與立 未可與權
자왈 가여공학 미가여적도 가여적도 미가여립 가여립 미가여권

공자의 사람의 마음의 실태와 세상 이루어짐에 대한 날카로운 통찰을 느끼게 하는 글이다. 실제로 우리가 어떤 일을 같이 해보면 경험하는 세계가 아닌가?

사람이 더불어 어떤 일을 도모할 때, 특히 그것이 시대의 의(義)를 실현하기 위한 큰일(大業)일 때 어떤 사람들의 결사(結社)가 그 토대가 되어야 하는지에 대하여 공자의 통찰을 새삼 돌아보게 된다.

미가(未可)는 불가(不可)와 다르다. '아직 안 되는' 것은 되는 방향으로 나아가는 도정에 있는 것이다. 첫 단계는 함께 공부하는 것이다(與共學). 즉 무엇이 진리인가를 함께 탐구하는 것이다. 두 번째 단계는 함께 도에 나아가는 것이다(與適道). 즉 올바른 가치를 함께 바라보는 것이다. 세 번째 단계는 함께 구체적 실천의 장(場)에 서는 것이다(與立). 즉 그 실천의 장(場)을 함께 만드는 것이다.

네 번째 단계는 권(權)을 함께 하는 것이다(與權). 권(權)을 같이 할 수 있어야 성공한다. 이 여권(與權)을 어떻게 해석할 것인가에 대해서 여러 가지 견해가 있겠지만 권(權)을 저울추라는 뜻으로 해석해서 '사물의 경중 등에

대한 판단기준이 다르기 때문에 일치하기 힘들다.'는 뜻으로 본다면 여권(與權)이란 '연찬(研鑽)'할 수 있는 상태로 볼 수 있다. 이 권(權)을 권력이나 헤게모니의 뜻으로 읽어도 좋을 것 같다. 권력이나 헤게모니 다툼이야말로 대의(大義)나 대업(大業)을 망치는 최종적 장애가 되는 수많은 역사와 현실을 볼 때 더욱 그렇다.

인간의 길을 깊이 탐구하여, 그 길(道)을 함께 하기로 서원(誓願)하며, 그 시대와 사회의 요구에 구체적 실천으로 서며, 그 실행의 과정과 방법의 다름을 연찬(研鑽)을 통해 극복한다. 헤게모니를 다투지 않는 덕성과 연찬을 통한 구심력이 바탕이 된다면 이 동업(同業)은 반드시 성공할 것이다.

열(十)이 완전 수(數)라고 알려져선지 가끔 사용된다. 이런 사람 열 사람이 핵(核)이 되어 시작하는 결사(結社)를 그려볼 수 없을까!

## 30

'산앵두 고운 꽃이 바람에 팔랑거리네.
어찌 그대가 그립지 않으랴만 그대 집이 너무 멀구나.'
공자가 이 시를 듣고 말하기를, "진정으로 생각하지 않은 것이지, 무엇이 멀다고 하리오."

唐棣之華 偏其反而 豈不爾思 室是遠而 子曰 未之思也 夫何遠之有
당체지화 편기반이 기불이사 실시원이 자왈 미지사야 부하원지유

■ 당체(唐棣)를 아가위나무라고도 하고 산오얏이라고도 하고 산앵두나무

라고도 번역하는군요. 산앵두나무는 붉은 열매가 아름답지요. 그 아름다운 붉은빛이 바람에 흔들려 반짝이는 것을 보니까, 사랑하는 사람과 함께한 추억이 더욱 사무치는데, '님은 먼 곳에 있구나.' 하는 시(詩) 같아요.

- 그런데 공자가 이 시를 듣고 좀 초치는 이야기를 하는 것 같군요. '멀기는 뭐가 멀어, 간절하지 않는 것이지.' 공자도 흥어시(興於詩)라고 말할 정도로 시(詩)를 좋아하는 사람인데, 그런 시정(詩情)을 날카로운 이성의 잣대로 말하는 것은 아니라고 생각해요. 사실 시(詩)를 짓는 심정도 작가만 알겠지만, 시를 감상하는 것도 독자의 감성으로 보는 것 아닌가요?
- 이 시가 이 편의 마지막 장의 내용들과 연관을 가지고 소개되었다면, 공자의 진리나 인(仁)이나 떠나간 사람에 대한 절절한 심정을 말하는 것이 아닐까요? '아, 내 마음이 아직 덜 간절하구나!'
- 요즘은 기후 변화로 자연 생태계가 요동을 치고 있지만, 여전히 산천은 아름다워요. 그런 산천을 보며 인간 세상의 여러 참상들을 볼 때 어떤 이상주의자라면 이런 감상이 나올 수 있지요. "아, 아름다운 산천이여, 그러나 이상향은 너무 멀구나." 이때 공자라면 이렇게 응대하지 않았을까요? "이상향이 먼 것이 아니라, 그대의 마음이 멀구려!"

# 제10편

# 향당(鄕黨)

―

다른 나라에 있는 사람에게 안부를 전할 때는
가는 사람에게 두 번 엎드려 절하고 보냈다.

問人於他邦 再拜而送之
문인어타방 재배이송지

# 1

공자가 향당에 있을 때는 편안하고 공손한 모습으로 마치 말을 못하는 사람 같았고, 종묘와 조정에 있을 때는 분명하게 사리를 밝혀 말하되 신중함을 잃지 않았다. 조회 때 하대부(下大夫)들과 말할 때는 간간(侃侃)하였고, 상대부(上大夫)와 말할 때는 은은(誾誾)하였으며, 임금이 있을 때는 축적(踧踖)하며 여여(與與)하였다.

孔子於鄉黨 恂恂如也 似不能言者 其在宗廟朝庭 便便言 唯謹爾朝 與下大夫言
공자어향당 순순여야 사불능언자 기재종묘조정 편편언 유근이조 여하대부언
侃侃如也 與上大夫言 誾誾如也 君在 踧踖如也 與與如也
간 간 여 야   여 상 대 부 언   은 은 여 야   군 재   축 적 여 야   여 여 여 야

- 공적(公的)인 자리와 사적(私的)인 자리에서의 언행을 이야기하고 있군요. 특히 사회적 지위가 높고 명망이 있는 사람이 마을 사람들을 대할 때 늘 과묵하게 공경하는 태도였다는 것은 아마 당시에도 높게 평가되었던 것 같군요.
- 정사(政事)를 논하는 공적인 자리에서는 당당하게 말하되 신중함을 잃지 않았다는 것인데, 밖으로 드러나는 이런 태도가 어떤 가식(假飾)이 아니라 그의 인품 자체에서 나오는 자연스러움이었다는 것이지요.
- 당시 제후국(諸侯國)의 벼슬에는 경(卿)·대부(大夫)·사(士) 등으로 구분되었는데, 대부도 상중하로 구분되고, 공자는 하대부에 속한 듯합니다. 조정에서 정사를 논할 때도 그 자리에 맞게 예(禮)를 갖추어 말하였다는 것인데, 제삼자의 눈으로 공자의 태도를 말한 것 같습니다.
- 간간(侃侃), 은은(誾誾), 축적(踧踖), 여여(與與) 등은 한문 실력이 있어야 그

느낌을 제대로 알 수 있을 것 같군요. 신분이 높은 사람들을 대할 때의 태도가 달라지는 것은 요즘 보기에는 좀 보기에 안 좋습니다만, 당시의 신분제와 정치문화를 생각하면서 보아야 할 것 같습니다. 대체로 예의를 지키면서도 할 말은 당당하게 했다는 이야기로 들립니다.

- 왕 앞에서 황공해하는 태도로, 그러면서도 의연하게 이야기하였다고 하는데, 현대에 사는 우리에게는 아무래도 이런 공자의 모습이 상하 관념에 찌든 하대부(下大夫)의 모습으로 보여 솔직히 공자의 이런 이미지가 역겹습니다.

- 공자는 그의 호학(好學) 즉 탐구와 수행을 서재나 교실에만 가두어 두려는 사람이 아니었죠. 끊임없이 그의 이상을 실현할 수 있는 자리(位)를 구했지요. 노나라 정공 때 의미 있는 관직을 얻어 56세 때는 대사구라는 벼슬까지 했다지만, 곧 정치에 실망하여 노나라를 떠나 14년간의 유랑 생활을 하지요. 논어에는 그의 벼슬살이 때의 이야기가 거의 없습니다. 향당편이 유일한 것 같은데, 다른 편들과의 차이가 큽니다. 아마도 나중에 끼워 넣어진 것 같은데, 공자의 개인적인 이야기를 좀 보탰지만, 당시 군자라 불리는 관료들의 예법이나 의전 매뉴얼 같습니다.

- 논어 연찬에서 이 편을 빼 버릴까도 생각했지만, 어떤 면에서는 식생활이나 의생활의 구체적인 모습을 기술한 유일한 편이기에 소중하다는 생각이 듭니다.

## 2

임금이 불러 외국 국빈의 접대를 명하면 얼굴빛을 달리 하고 발걸음이 빨라졌다. 내빈과 마주 읍할 때는 읍한 손을 좌우로 움직이면서도 옷깃의 앞뒤가 가지런했다. 빨리 걸어갈 때는 새가 날개를 활짝 편 듯했다. 내빈이 물러가면 반드시 "손님은 뒤돌아보지 않고 잘 가셨습니다."하고 복명했다.

君召使擯 色勃如也 足躩如也 揖所與立 左右手 衣前後襜如也 趨進 翼如也 賓退
군 소 사 빈 색 발 여 야 족 확 여 야 읍 소 여 립 좌 우 수 의 전 후 첨 여 야 추 진 익 여 야 빈 퇴
必復命曰 賓不顧矣
필 복 명 왈 빈 불 고 의

- 공자가 관리로 있던 시절 이야기 같은데, 노나라의 정치에 실망하여 노나라를 떠나 천하를 유랑하던 공자의 당당함과 이런 이미지는 안 어울리지만 둘 다 공자의 모습이라고 봐야지요. 그 두 모습 속에서 일관된 공자의 모습을 볼 수 있을 때라야 현실 참여 속에서 이상을 실현하려 한 공자를 이해할 수 있겠지요.
- 당시 사신을 접대하던 관리의 의전(儀典) 매뉴얼 같군요. 뒤돌아보지 않고 잘 갔다는 말도 아마 정해진 문법 같은데요? 회담이 만족스럽게 이루어졌다는 복명(復命)을 이렇게 한 것 같습니다.

# 3

대궐 문을 들어갈 때는 몸을 굽히는 것이 마치 문이 작아서 그러는 것 같았고, 멈출 때는 문 가운데는 피했고, 들어설 적에는 문지방을 밟지 않았다. 임금 앞을 지날 때는 얼굴빛을 바꾸고, 발걸음이 빨라지고, 말이 모자라는 것같이 하였다. 옷자락을 잡고 대청에 오를 적에는, 몸을 굽히고 숨을 안 쉬는 사람처럼 하였다. 나올 때는 층계를 한 단 내려와서 얼굴빛을 풀고 편안한 모습이었다.

층계를 다 내려와 빠른 걸음으로 나갈 때는 동작이 단정하였다. 다시 임금 앞을 지날 때는 발걸음을 조심했다.

入公門 鞠躬如也 如不容 立不中門 行不履閾 過位 色勃如也 足躩如也 其言 似不足者 攝齊升堂 鞠躬如也 屛氣 似不息者 出降一等 逞顔色 怡怡如也 沒階 趨進翼如也 復其位 踧踖如也

- 읽는 것만으로도 숨이 막힐 정도네요. 참 자세히도 묘사했네요. 그야말로 비굴할 정도의 과례(過禮)로 보입니다. 망명지들에서 여러 군주 앞에서 당당한 공자의 모습과는 전혀 어울리지 않는 모습 같네요.
- 공자 스스로 '임금에게 예를 다하는데, 아첨한다 하는구나.'라는 말을 하는 장면이 논어에 나오는 걸 보면 공자의 실제 모습이었던 것 같습니다. 벼슬살이할 때의 자기 나라 왕에 대한 예(禮)라고 보이는데, 대부들의 전횡을 막고 군주 중심의 정치를 하기 위해 군주의 권위를 세워주기 위해 이런 예가 필요하다고 보았겠지요. 실망하고 망명하여 열국(列國)

을 유세(遊說)할 때는 달라질 수 있었겠지요.
- 공자는 빈천하게 자랐기 때문에 19세 때 권문세가(權門勢家)인 계씨(季氏) 집안의 창고지기도 하고 축사지기도 했지요. 많은 괄시와 모욕을 받으면서도 저항심보다 이런 식의 예(禮)를 실천했다는 것이 한 단면이기는 하나 공자 방식의 이상 사회 실현 방략과 이어져 있는 것 같습니다.
- 사실 나는 공자의 다른 언행들 속에서 허례(虛禮)를 배격하였을 뿐 아니라, 예(禮)를 그 시대의 상하 신분질서에 맞는 예의범절에서 그 내용을 '인간 사회의 이상적인 질서'라는 내용으로 확장했다는 생각도 했는데요. 이런 현실을 살면서 그 내용을 바꿔 가는 것이 공자의 방식이었다는 생각이 듭니다.
- 제삼자의 관찰이니까 그런 의례적인 태도는 아마 매뉴얼에 나와 있었을 거예요. 공자는 거기에 자기 나름의 마음을 실었겠죠. 공자를 굳이 변명하려고 할 필요는 없을 것 같아요. 궁중에 드나들던 때 공자의 모습이라고 봐야겠지요.

4

규(圭)를 잡고 있을 때는 몸을 굽히어 그 무게를 못 이기는 것같이 하였다. 올릴 때는 읍하듯 하고, 내릴 때는 물건을 주고받듯 하였다. 이때 표정은 긴장하였고 발끝으로 걷는 것이 마치 발이 떨어지지 않는 듯하였다. 연회석상에서는 편안한 기색을, 사적인 응대에는 즐거운 기색을 보였다.

執圭 鞠躬如也 如不勝 上如揖 下如授 勃如戰色 足蹜蹜如有循 享禮 有容色 私覿
집규 국궁여야 여불승 상여읍 하여수 발여전색 족축축여유순 향례 유용색 사적
愉愉如也
유유여야

- 규(圭)는 벼슬아치가 임금을 만날 때 손에 들던 홀을 말하지요. 옥(玉)이나 상아(象牙)로 만들었다지요. 여기서는 외교 사절의 신임장 같은 것으로 볼 수 있겠네요. 공자는 아마 사신을 맞이하기도 했고 사신으로 가기도 했던 그런 일을 했던 것 같습니다. 그때 외교라는 직책의 무거움을 나타내는 태도인 것 같습니다.
- 참 피곤하네요. 그러나 당시로는 아마 이런 예절이 매뉴얼로 작용했겠지요. 앞 장들에서 보이는 태도들은 현대 사회에서는 생각하기 힘들지만, 과거 왕조 시대의 이런 태도나 문화가 지금도 한반도의 북쪽에서는 시행되고 있지 않나요. 티브이에 보이는, 젊은 독재자 앞의 나이 든 간부들의 태도나, 특히 요즘 후계자 운운하는 10살 안팎의 소녀에 대한 원로 간부들의 태도를 보면서 까마득한 고대의 왕조를 보는 듯합니다.

5

군자는 감색과 주홍색으로 옷을 꾸미지 않고 붉은빛과 자줏빛으로 일상복을 만들지 않았다. 더운 철에는 갈포 홑옷을 겉옷으로 입고 외출하였다. 검정 옷에는 검정 염소 가죽옷을, 흰옷에는 어린 사슴 가

죽옷을, 누런 옷에는 여우 가죽옷을 입었다. 평소에 입는 가죽옷은 몸을 다 덮을 정도로 길었는데 오른쪽 소매는 짧았다. 반드시 잠옷이 따로 있고, 그 길이는 키의 한배 반이었다. 여우와 담비의 두꺼운 모피는 집에서 깔았다. 상(喪)을 치를 때가 아니면 늘 패옥을 찼다. 예복이 아니면 주름을 잡지 않았다. 검정 염소 가죽옷에 검정 갓으로는 조상(弔喪)하지 않았다. 초하룻날은 반드시 조복을 입고 조회에 나갔다. 재계(齋戒)할 때는 반드시 베로 만든 깨끗한 옷을 입었다. 재계할 때에는 반드시 음식을 바꾸고, 거처함도 반드시 자리를 옮겼다.

君子 不以紺緅飾 紅紫不以爲褻服 當暑 袗絺綌 必表而出之 緇衣羔裘 素衣麑裘 黃衣狐裘 褻裘長 短右袂 必有寢衣 長一身有半 狐貉之厚以居 去喪無所不佩 非帷裳 必殺之 羔裘玄冠 不以弔 吉月 必朝服而朝 齊必有明衣 布 齊必變食 居必遷坐

- 귀족의 옷 문화를 이야기하고 있군요. 참 대단하네요. 이 글을 읽으면서 처음 보는 한자(漢字)를 많이 만납니다. 평상복, 외출복, 조회에 참석할 때 옷, 그 색깔과 재료, 심지어는 주름잡는 법에 이르기까지, 신분 계급 사회를 나타내는 이런 문화를 만들어냈군요.
- 검은색은 조문할 때는 입지 않았다는 것은 요즘과는 반대군요. 참 대단들 합니다. 공자도 이런 문화 속에 적응해서 살아야 했군요. 논어 편자들은 공자가 대부 신분이었다는 것을 말하려고 이런 문장들을 집어넣었을 것 같은데, 오히려 공자가 논어 전편(全篇)에서 권하는 삶의 태도에는 어울리지 않는 것 같습니다.
- 자한편 26장에 공자가 자로를 칭찬하는 장면이 나옵니다. "해진 헌 솜옷을 입고서 여우나 담비 털옷을 입은 자와 함께 하여도 부끄러워하지 않

는 사람은 바로 유(由)일 것이다.”

---

6

밥은 잘 정미한 밥을 싫어하지 않았으며, 회는 가늘게 썬 것을 싫어하지 않았다. 밥이 쉬어서 맛이 변한 것과 생선이 상하고 고기가 썩은 것은 먹지 않았으며, 색깔이 나쁜 것과 냄새가 나쁜 것은 먹지 않았다.
설익거나 너무 익은 것은 먹지 않았고, 제철이 아닌 음식도 들지 않았다. 음식을 썬 것이 반듯하지 않으면 먹지 않았고, 간이 맞지 않는 것도 먹지 않았다. 고기를 비록 많이 먹는다 하더라도 밥의 기운을 누를 정도까지는 먹지 않았다. 오직 술만은 일정한 양이 없으나 어지러움에 이르게는 들지 않았다. 시장에서 산 술과 시장에서 산 말린 고기는 먹지 않았다. 생강은 끊이지 않고 들었고, 많이 먹지 않았다. 나라의 제사에 참여하고 받은 고기는 밤을 넘기지 않았고, 집안 제사에 쓰인 고기도 3일을 넘기지 않았고, 3일이 지나면 먹지 않았다.
식사 할 때는 말을 하지 않고, 잠자리에 들어서도 말을 안 하였다. 비록 거친 밥과 나물국이라도 반드시 고수레를 지내되 경건한 태도로 하였다.
자리가 바르지 않으면 앉지 않았다.

食不厭精 膾不厭細 食饐而餲魚餒而肉敗不食 色惡不食 臭惡不食 失飪不食 不
식불염정  회불염세  식의이애어뇌이육패불식  색악불식  취악불식  실임불식  불

時不食 割不正不食 不得其醬不食 肉雖多不使勝食氣 唯酒無量不及亂 沽酒市脯
시불식 할부정불식 부득기장불식 육수다불사승식기 유주무량불급란 고주시포
不食 不撤薑食不多食 祭於公不宿肉 祭肉不出三日 出三日不食之矣 食不語 寢
불식 불철강식불다식 제어공불숙육 제육불출삼일 출삼일불식지의 식불어 침
不言 雖疏食菜羹 瓜祭必齊如也 席不正不座
불언 수소식채갱 과제필제여야 석부정부좌

- 공자의 식생활을 자세하게 기록했군요. 어떤 면에서는 대단히 귀중한 자료네요. 공자가 노나라를 떠나 유랑생활을 하기 전 대부 신분으로 생활하던 때의 모습으로 보입니다. 건강식(健康食)에도 철저했지만, 식사에 임함에 경건함이 느껴집니다.

- 유랑생활을 하면서이겠지만, 이런 장들에서는 이렇게 말하고 있습니다. "거친 밥을 먹으며 물을 마시고 팔베개를 하고 누워도 즐거움이 그 가운데 있다."(7/15) "어질도다, 회(回)여. 한 대그릇 밥과 한 표주박 물로 누추한 곳에 살아도 그 즐거움을 바꾸지 않는구나."(6/9)

- 어떤 것이 공자의 진면목일까요? 둘 다라고 생각합니다.

- 공자는 그의 탐구와 수행을 서재(書齋)나 교실(敎室)에만 가두어두려는 사람이 아니었죠. 끊임없이 그의 이상을 실현할 수 있는 자리(位)를 구했지요.

- 공자가 어떤 것을 이상으로 생각했는지는 논어의 많은 곳에 나옵니다. 그러면서도 그 사회의 문화를 수용하는 공자의 현실이 있습니다. 그 이상과 현실 사이에 공자가 서 있는 것으로 보입니다.

- 내가 그 시대에 태어났다면 어땠을까 생각해 봅니다. 아마 공자의 길을 따르지 않았을 것 같아요. 묵자의 길보다 더 급진적으로 나갔을 것 같습니다.

- 공자도 많이 고민했겠지요. 그러면서 그의 길을 만들어갔지요. 묵자나 법가의 길이 아니라 공자의 길이었지요. 그 길이 어떤 길이었는지를 찾

아가 보는 것이 논어 연찬의 목표의 하나라고 생각해 봅니다.
- 신분 계급 제도는 사라졌다고 하지만, 그 의식(意識)은 여전히 맹위를 떨치고 있지요. 이른바 자본주의 아래에서 귀족이 생기고 있지요. 고가(高價)의 음식을 즐기며, 명품 옷을 입고 명품 차를 타며 명품 아파트에 사는 사람들이죠. 더 심하게는 사회주의를 표방하는 나라에서 '무슨 무슨 혈통' 하는 왕족과 그들과 이익공동체인 사회주의 귀족들이 생겨나지요.
- 여전히 공자의 고민은 계속되고 있습니다.

## 7

마을 사람들과 술 마실 때는 지팡이 짚은 노인이 나간 뒤에 일어났다.

마을 사람들이 나제(儺祭)를 지내면 조복을 입고 동쪽 계단에 서 있었다.

鄕人飮酒 杖者出 斯出矣 鄕人儺 朝服而立於阼階
향인음주 장자출 사출의 향인나 조복이립어조계

- 조복(朝服)을 입었다는 것은 그가 귀족 신분의 관리라는 것인데 마을 사람들과 어울릴 때 노인을 공경하고, 마을 일에 구성원의 한 사람으로 적극적으로 성실하게 참여하는 모습을 전하려는 것 같습니다.
- 당시는 예순이 되면 마을에서 지팡이를 짚고, 일흔이 되면 고을에서 지

팡이를 짚고, 여든이 되면 조정에서 지팡이를 짚을 수 있다는 말이 있을 정도로 마을과 조정의 예법에 차별을 두던 시대에 마을 모임에서 전혀 관리의 티를 내지 않던 공자의 모습이 당시로서는 특별했던 것 같습니다.

- 나제(儺祭)는 악귀를 물리치는 마을굿으로 마을 사람들이 추렴해서 천지신명에게 정성을 들이는 치성 굿인데, 동쪽 계단에 서 있었다는 것은 마을 주민이라는 주인의식으로 참여했다는 말이죠. 손님은 주로 서쪽에 선다는군요.

- 굳이 공자를 변명하려는 것은 아니지만, 왕에게 지금 보면 비굴할 정도로 행동거지를 하거나 마을의 사람들에게 겸손하게 예의를 하거나 장님이나 장례 행렬 앞에서 행동을 조심하는 것들이 자연스럽게 이루어지는 것으로 보아서, 강자에게 아첨하는 비굴한 모습보다는 세상에 임하는 공자 자신의 마음가짐이라는 생각이 듭니다. 특히 왕권에 대해서는 당시의 정치적 혼란을 극복하기 위해서는 군주 중심의 질서가 필요하다고 보았겠지요. 대부나 관료들의 전횡이나 민란이 일어나면 결국 가장 피해를 보는 것은 민중(民衆)이니까요. 이것은 공자 정치사상의 한계이면서 동시에 특징이지요.

- 그 시대와 사회의 조건과 한계 속에서 평화적인 지적(知的) 혁명으로 태평 세상을 이루고자 했던 공자의 모습들이라고 봐야겠지요. 『리얼 유토피아』(2012, 들녘출판사)의 저자 에릭 올린 라이트의 틈새 전략이나 공존 전략을 통한 변혁 지향도 공자와 통하는 면이 있어 보입니다.

## 8

다른 나라에 있는 사람에게 안부를 전할 때는 가는 사람에게 두 번 엎드려 절하고 보냈다.

問人於他邦 再拜而送之
문 인 어 타 방 재 배 이 송 지

- 지극한 마음이 느껴집니다. 그 친지에게 보내는 인사를 전하는 사람에게 하는군요.
- 다른 나라에 있는 그 사람에게 전하는 마음이 이런 예절을 통해 전하러 가는 사람에게 전달되겠지요. 겉으로 나타내는 형식이라기보다 그 지극하고 정성스러운 마음들이 교감되는 장면입니다.
- 요즘이야 전달자라는 매개 없이 얼마든지 직접 연락할 수 있는 수단들이 보편화되었지만, 옛날에는 메신저가 사람이었죠.

## 9

계강자가 약을 보내오자 절하며 받으며 말하기를, "저는 약에 통달하지 못한지라 감히 맛볼 수 없습니다."

康子饋藥 拜而受之曰 丘 未達 不敢嘗
강 자 궤 약 배 이 수 지 왈 구 미 달 불 감 상

■ 계강자는 노나라의 실권자인데, 공자가 노나라에 돌아온 후 연로한 공자를 생각해서 보낸 약을 받고 그 약을 안 먹겠다는 의사표시를 하는 장면 같습니다. 권력자에 대해 예의는 지키면서도 담담하게 자기 생각을 전하는 모습입니다. 이런 모습을 전하는 논어 편자들의 감각을 생각하게 됩니다. 아마도 일관된 공자의 태도, 즉 권력자에게 저항하거나 불손하지 않으면서도 당당하게 소신을 밝히는 공자의 모습을 부각하려고 하지 않았나 생각됩니다.
■ 받아 놓고 안 먹으면 그뿐인데, 이런 방식은 공자에게 개운하지 않은 것이었겠지요.

## 10

마구간에 불이 난 적이 있었는데 공자가 퇴근해서 말하기를, "사람이 상했느냐?" 하고, 말에 관해서는 물어보지 않았다.

廐焚 子退朝曰 傷人乎不問馬
구 분 자 퇴 조 왈 상 인 호 불 문 마

■ 동물권(動物權)을 강조하는 요즘 같으면 공자가 비난을 많이 받을 만한 언행이네요. 말에 관해서 묻지 않았다는 것은 말에 대한 배려가 없었다기보다는 우선 사람의 안위를 먼저 챙겼다는 것이겠지요. 굳이 말에 관해서 묻지 않았다는 것을 강조한 것이 좀 이상하다고 생각이 되는데, 그러다 보니 왈상인호부(曰傷人乎不; 사람이 다쳤는가 안 다쳤는가)를 묻고 그

다음에 문마(問馬)를 했다고 해석하는 사람도 있군요. 그럴듯합니다.
- 당시야 말(馬)은 재산으로 취급되는 것이 당연하게 받아들여졌지요. 특히 소와 말은 인간에게 가장 큰 재산이었지요. 특히 말은 교통수단과 전쟁수단으로 그 가치가 지금과는 비교가 되지 않았겠지요. 그러다 보니 말을 사랑하고 말에 목숨을 거는 일도 있었고, 그것이 사극 드라마의 주제가 되기도 합니다.
- 요즘 인간중심주의에 대한 반성이 동물권(動物權)을 강조하는 방향으로 발전하는 것은 바람직합니다. 그런데 그런 사고가 극단적으로 되는 것은 좀 생각할 부분이 많은 것 같습니다. 인간과 동물의 관계지요. 더 깊게 동물 입장으로 생각한다면, 인류의 축산 문명 자체가 인간 본위거든요. 동물권을 존중하고 동물을 사랑하는 것이 과연 어떤 것일까요? 생태계의 질서 속에서 먹이 사슬을 인정한다면 인간과 동물의 관계는 역시 인간 본위로 생각할 수밖에 없을 것 같은데요? 그 바탕에서 인간이 부여하는 사랑이나 배려의 확장 정도 아닐까요?
- 사람과 사람의 관계에서 사랑과 배려가 먼저라는 생각이 듭니다. 특히 각자도생의 차가운 이기적 문화가 지배적인 데다가 인간끼리의 불신과 증오가 팽배하다 보니까 오히려 반려동물과의 친교에서 위안을 찾으려는 것은 뭔가 본말이 전도된 듯합니다. 이런 면에서도 먼저 인간이라는 생각이 듭니다. 인간 사이의 관계가 인정이 흐르고, 그 인정이 동물에게로 넓혀지는 것이 순리에 맞겠지요.
- 우리나라에서 1년에 소비하는 닭고기가 10억 마리라는군요. 그 닭들을 먹기 위해서 키우는 공장식 축산 같은 것은 끔찍하지요. 근본적으로 생각하면 축산은 사라져야 할 것 같아요. 불살생(不殺生)을 제1교리로 하는 불교의 입장에서 어떤 대책을 내놓을 수 있는지 궁금합니다.

■ 채식 문화를 좀 더 보편화시키는 방향이 아닐까요? 사실 문명 전환의 핵심 과제지요. 오랜 육식(肉食) 문화를 어떻게 바꿀 수 있을까요? 육식을 금지하는 법규나 육식을 혐오하는 방식으로는 오히려 부작용이 더 크다고 봐요. 채식이 좋다는 것을 건강뿐 아니라, 오래 길들여진 맛이라는 점에서도 설득할 수 있어야 하겠지요. 말하다 보니 공자의 '불문마(不問馬)'에서 많이 벗어났네요.

---

11

임금이 음식을 내리면 반드시 자리를 바로 하고 먼저 맛을 보았다. 임금이 날고기를 내리면 반드시 익혀서 선조의 제상에 제물로 올리고 나서 먹었다. 임금이 산 짐승을 내리면 반드시 길렀다. 임금을 모시고 식사를 할 때에는 임금께서 고수레하는 동안에 먼저 들었다. 병환 중에 임금이 문병을 오면 머리를 동쪽으로 두고 조복을 몸을 덮고 띠를 그 위에 올려놓았다. 임금이 부르면 수레 준비하는 것을 기다리지 않고 바로 떠났다.

君賜食 必正席先嘗之 君賜腥 必熟而薦之 君賜生 必畜之 侍食於君 君祭 先飯 疾
군 사 식 필 정 석 선 상 지 군 사 성 필 숙 이 천 지 군 사 생 필 축 지 시 식 어 군 군 제 선 반 질
君視之 東首 加朝服拖紳 君命召 不俟駕行矣
군 시 지 동 수 가 조 복 타 식 군 명 소 불 사 가 행 의

■ 특별히 공자가 행했다는 것보다는 왕에 대한 의례(儀禮) 교범 같군요.
■ 왕이 고시례(고수레)를 하는 동안 먼저 식사를 하는 것은 혹시 음식에 독

이 있는가를 신하가 시식하는 데서 유래한 예법이랍니다.

## 12

태묘에 들어가서는 매사를 물었다.

入大廟 每事問
입 대 묘 매 사 문

- 팔일편 15장에도 나오는데, 여기서 또 나오네요. 팔일편에는 이런 공자에 대해 어떤 사람이 공자를 비꼬는 말을 하자 공자가 '매사를 묻는 것이 바로 예(禮)다.'라고 답하지요. 예(禮)를 어떤 고정된 의식으로 묶는 것을 반대한다는 의미겠지요.
- 예(禮)는 그 마음이 중요하고, 형식은 사람마다 나라마다 다를 수 있고, 그곳에 가면 그곳의 형식을 따르는 것이 맞는다고 하는 것이지요.

## 13

벗이 죽었는데 돌보아 줄 사람이 없으면 "나의 집에 빈소를 차려라."하고 말했다. 벗이 보내주는 물건은 수레나 말이라 할지라도 제사에 쓰는 고기가 아니면 절하지 않았다.

朋友死 無所歸 曰 於我殯 朋友之饋 雖車馬 非祭肉 不拜
붕우사 무소귀 왈 어아빈 붕우지궤 수거마 비제육 불배

- 벗에 대한 태도군요. 상례(喪禮)는 가족이 하는 것으로 가장 어려운 일인데 그것을 대신한다는 말은 벗을 그만큼 가까이 생각한다는 것이지요.
- 수레나 말은 당시로 보면 가장 귀한 물건인데, 그것도 함께 나눠 쓸 정도가 되어야 벗이라는 것이지요. 그래서 특별히 감사의 예(禮)를 하지 않는다는 겁니다. 다만 제육(祭肉)일 때는 벗의 조상에 대한 예(禮)로 절한다는 것 같네요.

## 14

잠잘 때는 시체처럼 눕지 않았고, 집에 있을 때는 얼굴을 꾸미지 않았다. 상복을 입은 사람을 만나면 아무리 친한 사이라 할지라도 반드시 얼굴색을 변하여 대하고, 면관을 쓴 사람이나 소경을 만나면 자주 대하는 사람이라 할지라도 예모를 갖추어 대하였다. 수레를 타고 있을 때도 상복을 입은 자를 만나면 가로대를 잡고 예를 취하였으며, 부판(負板)을 진 사람을 만나도 그렇게 하였다. 성찬이 나오면 반드시 얼굴색을 바꾸고 일어났으며, 우레와 비바람이 심하게 불면 얼굴빛을 바꾸었다.

寢不尸 居不容 見齊衰者 雖狎必變 見冕者與瞽者 雖褻必以貌 凶服者 式之 式負
침불시 거불용 견제최자 수압필변 견면자여고자 수설필이모 흉복자 식지 식부

版者 有盛饌 必變色而作 迅雷風烈 必變
판자 유성찬 필변색이작 신뢰풍렬 필변

- 시체처럼 눕지 않는다는 것은 시체 염을 할 때의 모습처럼 눕지 않고, 옆으로 눕는 편한 자세로 잔다는 말이겠지요. 뱃속의 태아의 자세가 가장 편하다는 말도 있어요.
- 재최자(齊衰者)는 상복 입은 사람을 말하고, 흉복(凶服)도 상복인데 재최보다는 가벼운 복장을 말합니다. 면자(冕者)는 면관을 쓰고 예복 차림을 한 관리를 말하고, 부판자(負版者)는 호적을 짊어진 사람을 말하는데 지위의 고하(高下)를 따지지 않고, 공적(公的) 업무 수행에 대한 존중을 나타내는 것 같습니다.
- 예복을 제대로 갖춘 관리나 소경을 만나면 자주 대하는 사람이라도 얼굴빛을 달리 했다는 말인데, 의식적으로 얼굴빛을 바꿨다기보다 자연스럽게 나오는 공감의 표현이라고 보고 싶네요. 일일이 신경 쓰는 것은 피곤한 일이지요. 공자는 예(禮)를 형식보다 마음이 중요하다는 것을 강조하는데, 마음이라는 것은 공감하는 마음이지요. 상복을 입은 사람을 만나면 그 슬픔에 공감하고, 관리나 공직을 수행하는 사람을 만나면 그 공적 업무에 대한 존중하는 마음이 일어나는 것이지요.
- 잘 차린 음식을 만나면 그것을 차린 사람의 노력에 감사의 마음이 일어나고, 기후가 갑자기 변하면 그것에 자연스럽게 반응하는 것이지요. 공자는 한마디로 공감 능력이 뛰어난 사람인 것 같네요. 삼국지에 유비가 조조를 속이기 위해서 우레에 놀라서 수저를 떨어뜨렸다는 이야기가 생각나네요. 처변불경(處變不驚)을 덕(德)으로 말하기도 하지만, 날씨의 급변에 반응하는 것도 자연스러운 것 같습니다. 특히 옛날에는 날씨를 하늘이 인간에게 보내는 어떤 신호로 받아들였지요.

■ 그 말을 들으니까, 요즘 기후 변화에 대해 사람들 반응이 점점 둔해지는 것 같아 걱정입니다. 단순히 불순한 날씨가 아니라, 생태계의 파괴로 나타나는 지구온난화는 기후 위기인데요. 반응 능력이 둔해지면, 열탕 속 개구리의 운명이 될 수 있지요.

## 15

수레에 오를 때는 반드시 똑바로 서서 손잡이 끈을 단단히 잡았다. 수레 안에서는 여기저기 둘러보지 않고, 말을 빨리하지 않았고, 직접 가리키지 않았다.

升車 必正立執綏 車中 不內顧 不疾言 不親指
승 거 필 정 립 집 수 거 중 불 내 고 부 질 언 불 친 지

■ 오늘날 자동차를 타는 모습이 연상됩니다. 손잡이를 잡는 것은 안전벨트를 매는 거고, 차 안에서 여기저기 둘러보며 이야기를 나누거나 말을 빨리하거나 거칠게 하지 않고, 조수석이나 뒷자리에 앉은 사람이 손가락으로 운전자에게 방향을 가리키지 않는 것 등 운전자를 방해하는 행위를 하지 않고, 차내의 공중도덕을 지키는 모범 승객입니다.

## 16

꿩이 인기척에 날아올랐다가 한 바퀴 빙 돈 뒤에 내려앉았다. 선생이 말하기를, "산골짝 나무다리에 앉은 암꿩아, 좋은 때로구나 좋은 때로구나!" 하니, 자로가 꿩을 잡아 바치자 세 번 냄새 맡고 일어났다.

色斯擧矣 翔而後集 曰 山梁雌雉 時哉時哉 子路 共之 三嗅而作
색 사 거 의 상 이 후 집 왈 산 량 자 치 시 재 시 재 자 로 공 지 삼 후 이 작

- 한때의 스케치군요. 공자는 좋은 계절의 풍광 속에서 노니는 꿩을 찬탄하는데, 자로는 꿩고기가 먹고 싶은 줄 알고 꿩을 잡아다 바치는 장면 같군요.
- 논어에는 가끔 이런 아리송한 장면의 스케치도 들어 있어요. 해석이 분분할 수밖에요. 삼후(三嗅; 세 번 냄새 맡는다)란 말이 여기에서 유래하여, 상대방이 내 생각을 오해했으나 악의가 없고 오히려 나를 위한다고 한 일일 때 그에 대한 응대의 의미로 사용되나 봐요.
- 무더위 속에 논어 향당편을 읽은 소감을 소개합니다.

논어 편집과 첨삭(添削)에 대해서는 여러 설(說)이 있다. 분명한 것은 오랜 시간을 두고 여러 사람들에 의해 수정 보완되었다는 것이다.

향당편은 공자의 일상 모습을 제삼자의 눈으로 기록한 것이다. 마스페로와 웨일리 같은 학자에 따르면, 그 자체가 본래 군자(귀족 관료)가 실천해야 할 것이 무엇인가를 가르친 '예론(禮論)'인데 약간 개작되어 논어에 편입된

것이라고 한다. 그렇게 볼 여지가 크다고 나도 생각한다. 다른 편들과 결이 많이 다르기 때문에 공자의 행위를 서술할 때 향당편 전체를 신뢰하기는 힘들 것 같다.

예(禮)는 문화라고 할 수 있다. 문화는 넓은 의미로 그 시대 사람들의 공통된 생활양식을 말한다. 예가 추구하는 본질적인 것은 시대를 넘어 보편적일 수 있지만, 그 구체적 형식은 그 시대 그 사회에 특수하게 나타난다. 인간에 대한 공경과 예의는 보편적이지만 그것을 나타내는 구체적 행위나 형식은 그 시대 그 사회를 떠나서 이해하기 어렵다.

특히 향당 편을 읽으면서는 이런 점에 유념하면서 읽는 것이 필요하다고 생각되었다. 공자에 걸리기 쉽다. 지금까지 공자의 말에 감동했는데 막상 공자의 일거수일투족이나 의식주 생활을 접하면서는 지금의 이상적인 인간상과는 너무나 거리감이 느껴져 실망할 수 있다.

그 시대가 봉건 군주 시대, 가부장 시대라는 것을 염두에 두고 읽어야 한다. 봉건적, 군주제적, 가부장적 질서는 공자가 살아가야 했던 환경이다. 그 환경 속에서 인간의 보편적인 이상을 실현하려 했던 한 인간의 모습을 읽으면 되는 것이다. '이래서 공자를 수구 반동이라 하는구나. 역시 공자는 우리에게 안 맞아!' 하고 논어 읽기를 중단해 버린다면 참으로 아까운 일이다.

오늘과 같은 민주주의 시대, 개인의 자유가 고도로 발휘되는 사회에서 공자를 읽는다는 것은 그 특수한 행동 양식 속에 공자의 보편적 이상이 어떻게 구체적으로 나타나고 있는가 하는 점을 느끼고 생각하며 읽는 것이다. 자기의 이상을 그 사회에서 구체적으로, 남이 알아주건 알아주지 않건 최선을 다해 실천하려 한 사상가이자 실천가인 사람을 만나는 것이다.

그런데 과거 오랫동안 잘못되어 왔고, 공자를 제대로 알지 못하게 한 가장 큰 요인은 그 특수한 행동양식을 절대화한 후세 사람들의 잘못이다. 이것은 종교화(宗敎化) 과정이 나타내기 쉬운 치명적 약점의 하나이다. 교주(敎主)나 성인(聖人)의 행동을 절대화하는 것이다. 그 가장 본질적인 정신은 오히려 숨고, 특수한 시대와 사회 속에서 나타낸 그 행동 양식은 절대화된다. 더구나 그것이 권력과 관계될 때는 그 폐해는 엄청난 것이다. 우리나라의 경우도 전례(典禮)가 권력투쟁의 주된 쟁점이 되었던 시대를 살아왔다.

이제 공자를 그런 질곡에서 해방해야 한다. 그것이 인류 정신의 귀중한 자산인 공자를 현대에 살리는 길이다.

각 장마다 '지금의 내 모습은 어떨까?' 하며 읽어 본다. 걸음걸이, 사람을 대할 때 손을 어떻게 두고 있는지, 윗사람이나 아랫사람을 대할 때의 태도, 식생활 습관, 옷 입는 습관, 잠자리, 주거 생활 등을 생각하면서 읽으면 이 편도 흥미 있게 읽을 수 있을 것 같다.

## 제11편

# 선진(先進)

―

계로가 귀신을 섬기는 일에 관하여 묻자, 공자 말하기를,
"사람을 섬기지 못하면서 어찌 귀신 섬기는 일을 할 수 있겠는가?"
"감히 죽음에 대하여 여쭈어보겠습니다."
"아직 삶도 모르는데 어찌 죽음을 알겠는가?"

<sub>계로문사귀신 자왈 미능사인언능사귀 감문사 왈 미지생언지사</sub>
季路問事鬼神 子曰 未能事人焉能事鬼 敢問死 曰 未知生焉知事

# 1

공자 말하기를, "선진의 예악(禮樂)에 대한 태도는 야인과 같고, 후진의 예악(禮樂)에 대한 태도는 군자와 같다. 만약 택한다면 나는 선진의 길을 따르겠다."

子曰 先進於禮樂野人也 後進於禮樂君子也 如用之則吾從先進
자 왈 선 진 어 예 악 야 인 야 후 진 어 예 악 군 자 야 여 용 지 즉 오 종 선 진

공자가 예(禮)와 악(樂)을 중시한 것에 대해 아는 사람이 많은 데 비해, 예악(禮樂)에 임하는 태도에 대해서 아는 사람은 많지 않다.

여기서 말하는 야인(野人)과 군자(君子)는 아마도 당시의 사회에서 통용되던 개념, 즉 벼슬을 하지 않고 있는 사람(野人)과 벼슬을 하는 사람(君子)의 의미로 사용한 것 같다. 이상적인 인간상으로서의 공자가 말하는 군자(君子)의 의미가 아니라, 질박(質朴)한 야인(野人)에 대칭되는 이른바 외부로 나타나는 문화적 교양을 갖춘 사람을 가리키는 말로 썼다.

선진(先進) 후진(後進)을 선배와 후배로 볼 수도 있지만, 예악에 먼저 나아감과 후에 나아감으로 해석할 수도 있을 것 같다. 먼저 예악(禮樂)에 나아가는 것은 출세와 관계없이 예악을 좋아함이요, 나중에 예악에 나아가는 것은 체통과 권위를 위함이다.

출세한 사람이 밖으로 보이기 위한 교양으로 예악에 나아가는 것은 진정으로 예악에 나아가는 것이 아니다. 먼저 인간으로서 갖추어야 할 인격과 교양을 갖추고 사회적으로 성공하는 사람과 성공을 목적으로 그 필요에 의해서 교양을 몸에 걸치는 사람과는 큰 차이가 있다.

공자가 지향한 것은 문질(文質)이 조화되는 것이지만, 질(質)과 문(文) 가운데 굳이 선택하라면 질(質)을 더 중시한다는 의미로도 받아들여진다.

언제부터인가 선진(先進)과 후진(後進)이 나라(國)를 구분하는 말로 많이 쓰인다. 이 장에서 언급하는 것을 조금 확장해서 읽어 본다면 공자의 이상 정치는 덕치(德治)이고, 그것은 예악(禮樂)이라는 문화에 의해 이루어지는 것이다.

맹자는 이것을 좀 더 진전시켜 예악과 덕치로 이루어지는 정치를 왕도정치(王道政治)로, 반대로 무력을 앞세우는 정치를 패도(覇道)로 구분한다. 그리고 다음과 같이 말한다; "무력으로 인을 가장하는 자는 패자이며 그는 반드시 큰 나라이기를 바란다. 반면에 덕으로써 인을 행하는 것이 왕도이며 왕도는 큰 나라가 아니어도 된다(以力假仁者覇 覇必有大國 以德行仁者王 王不待大)."

무력으로 인(仁)을 가장하는 것을 패도(覇道)라고 정의(定義)하는 것이 현재 진행 중인 세계사를 바라보는 관점으로도 유효하다. 말로는 자유와 평화와 평등과 우애를 이야기하면서, 실제로는 군사력을 바탕으로 하는 전쟁국가들을 과연 선진국이라고 부를 수 있을까?

인간이 제대로 길을 찾지 못하는 것을 자연생태계가 경고하고 있다. 그것이 기후 변화나 팬데믹 현상 등이다. 문명의 전환은 인류의 생존을 위해 절체절명의 요구가 되고 있다. 맹자 식 표현으로 하면 그 주요 내용의 하나가 패도에서 왕도로 바뀌는 것이다. 그것은 이른바 선진 강대국이 아니라 작은 나라가 선도할 수 있다.

무엇이 선진(先進)인가? 외화(外華)의 오랜 세월을 거쳐 대교약졸(大巧若拙)의 질박한 문명으로 먼저 나아가는 나라가 우리 시대의 선진국(先進國)이 아닐까!

# 2

공자 말하기를, "나를 따라 진나라와 채나라에 갔던 사람들은 다 내 문하에 있지 않구나! 덕행에는 안연·민자건·염백우·중궁이었고, 언어에는 재아와 자공이었고, 정사에는 염유와 계로였고, 문학에는 자유와 자하였다."

子曰 從我於陳蔡者 皆不及門也 德行 顔淵 閔子騫 冉伯牛 仲弓 言語 宰我 子貢
자왈 종아어진채자 개불급문야 덕행 안연 민자건 염백우 중궁 언어 재아 자공
政事 冉有 季路 文學 子游 子夏
정사 염유 계로 문학 자유 자하

- 이른바 사과십철(四科十哲)의 출처군요. 덕행·언어·정사·문학을 공문사과(孔門四科)로 분류하고, 뛰어난 제자 열 사람을 십철(十哲)이라고 하지요.
- 공자가 노나라를 떠나 유랑생활을 할 때 함께 했던 제자들인데, 진나라와 채나라 사이에서 고생을 함께한 제자들인데, 어려움을 함께한 시기에 공자의 문하(門下)가 가장 빛났던 것 같습니다.
- 공자가 이 말을 한 시기는 노나라에 돌아와서 제자들이 죽기도 하고 벼슬도 사는 등 대부분의 제자가 떠난 시기라서 아마도 공자가 세상을 떠나기 직전이라고 생각됩니다.
- 그런데 이 말을 직접 공자가 했으리라고 보기는 힘든 면이 있어요. 공자가 이런 식으로 분류해서 열 사람의 제자를 언급하지는 않았을 것 같아요. 그리고 공자는 제자들을 부를 때 이름으로 부르는데 여기서는 자(字)로 부르고 있거든요.

- 아마 이 구절은 후대에 제자들의 말을 기록한 것으로 보는 것이 맞을 것 같지만, 평소 공자의 말들을 종합하여 정리한 것 같습니다. 선진편은 이 제자들에 대한 이야기들로 편집되어 있습니다. 사실 공자가 역사에 오래 남아 인류의 진보에 기여할 수 있었던 것은 이 제자들과 함께했기 때문이지요.

## 3

공자 말하기를, "회(回)는 나를 돕는 자가 아니다. 나의 말에 기뻐하지 않은 바가 없으니."

子曰 回也非助我者也 於吾言無所不說
자 왈 회 야 비 조 아 자 야  어 오 언 무 소 불 열

- 안회(顔回, 안연)은 공자와 나이는 30세 차이가 나지만, 공자가 지기(知己)로 생각한 첫 번째 제자가 아니었던가 싶습니다. 공자가 그 어려운 시기를 통해 그의 학문과 사상을 발전시킬 수 있었던 것은 이런 제자들이 있었기 때문이라고 생각합니다. 위대한 인격이나 사상은 이런 피드백을 통해서 이루어집니다. 석가도 예수도 이 점에서는 같다고 생각합니다. 성인(聖人)이 혼자서 만들어가는 세계가 아니지요.
- 공자에게 안회는 석가에게 가섭과 같은 존재였던 것 같습니다. '나의 말에 기뻐하지 않은 바가 없으니'라는 표현은 가섭의 미소를 떠올리게 합니다.

- 그런데 공자는 '회는 나를 돕는 자가 아니다(非助我者)'라고 말하는군요. 이것은 극찬(極讚)의 반어법(反語法)이라고 볼 수도 있겠지만, 말 그대로 공자의 심정이라고도 볼 수 있습니다.
- 진리를 향해 나아가는 데는 동조자보다 비판자가 도움이 된다는 말로 들리는데, 그 점이 공자의 가장 뛰어난 점 같습니다. 이 점을 이해하지 않으면 논어의 여러 구절에서 소개되는 공자의 마음을 놓치게 됩니다. 비판이나 지적받는 것을 싫어하면 진리로 나아갈 수 없지요. 비판이나 지적을 싫어하지 않는 태도는 그런 것을 참고 잘 듣는 수행을 해서가 아니라 무지(無知)의 자각에서 길러지지요. 이 자각이 있을 때 비로소 진정으로 배우는 것을 좋아하게 되겠지요.
- 그 점이 바로 공자 불세출(不世出)의 뛰어남이라고 생각합니다.
- 우리는 보통 비판자를 싫어하고, 동조자를 돕는 자라고 생각하고 있지 않습니까?
- '나를 비판하는 자야말로 진리를 향해, 완성을 향해 나를 진정으로 돕는 자'라는 생각이 진짜로 마음속 깊이 자리 잡는다면 얼마나 좋을까요?
- 그렇게 될 때 개인과 사회는 자유롭게 서로 피드백하며 성숙을 향해 나갈 수 있겠지요. 생각만 해도 가슴이 벅차지 않습니까? 민주주의는 질적으로 도약할 것이고, 상생(相生)은 실질이 될 것입니다.

## 4

공자 말하기를, "효성스럽도다, 민자건이여. 사람들이 그의 부모나 형제의 말에 토를 다는 사람이 없구나."

子曰 孝哉閔子騫 人不閒於其父母昆弟之言
자왈 효재민자건 인불문어기부모곤제지언

- 민자건은 계씨가 고을 수령 자리를 주려 하니까 노나라를 떠나겠다고 하며 거절한 사람이지요. 사과십철(四科十哲) 가운데 덕행으로 이름을 올렸는데 특히 효행이 뛰어났다고 합니다.
- 민자건의 부모형제가 그 효행을 칭찬하는 말에 대해서 사람들이 토를 달지 않는다는 말로 그 효를 보증하고 있군요. 보통은 부모나 형제가 말하면 아무래도 과장이 섞일 수 있는데, 누구도 민자건의 효에 대해서는 이론이 없었다는 것이지요.
- 많이 알려진 일화를 소개해 보겠습니다. 민자건은 그 어머니가 일찍 작고했으므로 그는 계모 밑에서 컸습니다. 추운 겨울날 그는 아버지의 수레를 몰고 가다가 말고삐를 놓쳤습니다. 아버지가 아들의 손을 만져보니 얼어있었고 옷은 홑옷을 입고 있었습니다. 집에 돌아와 이복형제인 두 아들을 불러 살펴보니 그들은 두꺼운 옷을 입고 있었습니다. 아버지가 노하여 계모를 쫓아내려 하였습니다. 민자건은 아버지에게 간청하였습니다. "저 혼자 추위를 참으면 되지만, 어머니가 가시면 모든 아들이 다 춥습니다." 민자건의 말에 계모도 진심으로 감동하여 좋은 어머니가 되었다는 이야기입니다.

- 실제로 계모 밑에서 자라는 아이들이 많이 느낄 수 있는 상황입니다. 아주 악인(惡人)이 아니라도 차별을 받기 쉬운 상태지요. 그런데 민자건의 행위는 모두를 다 살렸군요. 효(孝) 이전에 인간에 대한 깊은 통찰과 애정이 감동을 줍니다. 솔로몬의 재판에 나오는 친어머니의 심경과 대비되는 자식의 현명함이군요.
- 사람을 변화시키는 것은 결국은 이런 마음이 아닐까 합니다. 실제로는 운명공동체인데 낡은 관념과 정서로 기이하게 편을 갈라 증오와 분노로 서로를 배척하는 싸움판 막장 정치를 보면서 드는 생각도 바로 이런 '관용과 배려와 사랑'이야말로 공동체와 나라를 위기로부터 구할 수 있는 새로운 정치력의 근본이라는 것입니다.

## 5

남용이 백규의 시를 되풀이하여 여러 번 읊었으므로, 공자가 그 형님의 딸로 아내를 삼게 하였다.

南容三復白圭 孔子以其兄之子妻之
남 용 삼 복 백 규  공 자 이 기 형 지 자 처 지

- 남용에게 조카딸을 시집보낸 이야기는 공야장편에서도 나왔지요. '나라에 도가 있으면 크게 쓰이고, 나라에 도가 없어도 위험은 면할 사람'이라고 평했지요. 공자는 기회 있을 때마다 말을 신중하고 책임 있게 할 것을 강조합니다. 그 점에서 남용을 높이 평가했는데, 백규의 시가 그런

내용이군요. 시경 억편(抑篇)에 나오는 시인데, 다음과 같습니다; "흰 옥의 흠은 갈아서 없앨 수 있으나, 말의 흠은 어찌 할 수 없구나(白圭之玷 尙可磨也 斯言之玷 不可爲也)."
- 요즘 거짓된 말로 가짜 뉴스를 남발하는 사이비 언론과 유튜브를 보면서 또 자기 말에 책임을 지지 않고 조변석개하는 정치인들을 보면서 새삼스럽게 '말'이 생각됩니다.
- 고대인들도 인간의 가장 큰 특성인 '말'의 중요성을 인식하였지요. 사람(人)과 말(言)의 합성어가 신(信)입니다. 믿음을 상실한 말이 판치는 세상이야말로 세상을 허물어뜨리는 난세이지요.

6

계강자가 묻기를, "제자 중에서 누가 배우기를 좋아합니까?"
공자께서 대답하기를, "안회라는 사람이 있어 배우기를 좋아하더니 불행하게도 명이 짧아 죽은지라 지금은 없답니다."

季康字問 弟子孰爲好學 孔子對曰 有顔回者好學 不幸短命死矣 今也則亡
계 강 자 문 제 자 숙 위 호 학 공 자 대 왈 유 안 회 자 호 학 불 행 단 명 사 의 금 야 즉 망

- 호학(好學)을 묻고 있군요. 그런데 계강자가 묻는 호학과 공자가 답하는 호학이 같은 의미일까요?
- 계강자가 공자의 호학을 이해했다면 대단한 것이지요. 공자가 안회를 거의 유일하게 거론한 것을 이해했으리라고 생각하지 않습니다.

■ 지금도 마찬가지지요. 논어를 해설하는 학자에서 독자까지 공자의 호학(好學)을 제대로 이해하는 사람이 얼마나 되겠어요? 이런 문제의식을 포함하여, 요즘 나라를 온통 심리적 내전에 가깝게 흔들고 있는 논쟁을 보면서 드는 생각을 소개해 보겠습니다.

'사실과 관념(가치)의 분리'라는 말은 구체적인 실용적 필요에 따라 제기된다. 한 방향은 사실을 탐구하는 과학의 세계가 인간의 관념(가치)에 의해서 방해받지 않아야 한다는 필요에서 제기된다. 또 한 방향은 관념계의 자유를 원천적으로 가로막는 분노나 증오와 같은 부정적 심리를 벗어나기 위한 필요에서 하나의 과제가 된다.

사실의 탐구를 위해 관념의 분리를 이야기하는 것은 고대, 특히 축의 시대부터 제기되었다. '무지의 자각'이 그것이다. 그런데 그것은 관념(가치)을 부정하거나 경시하는 것을 의미하지는 않았다. 가치를 지향하는 인간의 관념은 인간이라는 종(種)이 갖는 특성이기 때문이다. 사실의 탐구를 '무지의 자각'에서 출발하는 것은 과학적 탐구의 시작일 뿐 아니라, 인간과 사회의 질적 진화(理想社會)를 위한 종교와 철학과 정치의 과제이기도 하다.

확증편향(내가 사실을 알고 있다, 내가 틀림없다는 관념)의 대립으로부터 연유하는 증오와 전쟁에서 벗어나는 중심 과제로 되는 것이다. 더구나 현대과학은 탐구의 주체와 객체가 어떻게 연관되는지를 밝히는 데까지 나아가고 있다.

지금 이 나라는 심리적 내란이나 내전에 준하는 상태를 겪고 있다. 사실의 세계에서는 반일 민족주의나 종북(친북) 민족주의의 객관적 배경이 이미 사라졌다. 대한민국이 물적 제도적 힘을 갖추고 당당한 나라가 되었기 때문이다. 일본에 지배당했던 과거의 트라우마나 콤플렉스에 지배될 상황이 아니라는 것이다.

그리고 이미 남북 간의 체제 경쟁에서 물질과 정신의 양면에서 압도적 우위를 점한 대한민국에서 어떤 정파가 친북이나 종북 민족주의에서 벗어나지 못한다는 것은 스스로 소멸의 길을 가는 것이다. 서로를 '토착왜구'니 '종북좌빨'로 공격하는 사실과 유리된 낡은 관념과 정서에서 벗어나는 것이 '심리적' 내전이 '실제적' 내전으로 이행하지 않게 하는 길이다.

관념(가치)은 여전히 중요하다. 인간의 가장 중요한 특성이기 때문이다. 그 관념을 현재의 모순을 해결하고 보다 이상적인 사회와 보다 자유로운 인간으로 진화하는 데 유용하게 사용하는 것이 그 특성을 살리는 길이다.

문명의 대전환기에 사실을 추구하는 과학과 손을 잡고 새로운 문명을 선도하는 대한민국의 꿈, 우리 민족의 오랜 비원(悲願)을 추구하는 것이다. 어디서부터 잘못되었는지를 따지는 것은 학자들의 손에 맡겨 두었으면 한다. 기록을 바로잡는 것은 중요한 의미가 있다.

그러나 지금의 심리적 내전을 더욱 가중시키는 '건국절' 논란 같은 것이 권력 투쟁의 철 지난 이념 논쟁이 되는 것은 사실과 관념(가치)의 어느 편에서도 도움이 되지 않는 것이다. 정치무대의 중심에 이런 논쟁이 자리할 필요가 전혀 없다는 것이다. 객관적 현실과 너무나 먼 심리적 퇴행 상태가 안타깝다. 이 심리적 상태가 객관적 현실을 무너뜨리게 될까 봐서 걱정이다.

9월에 몇 차례 서울과 지역에서 사람들과 대화를 나눌 기회가 있다. 이런 상황에서 인문운동가의 한 사람으로서 어떤 역할을 할 수 있을지를 고민하게 된다.

# 7

안연이 죽자 안로가 공자의 수레를 팔아 안연의 외관(外棺)을 마련하자고 청하였다.

공자 말하기를, "재주가 있건 없건 간에 역시 그 아들에 대한 정리는 있게 마련이오. 내 아들 이(鯉)가 죽었을 때 관은 했으나 외관(外棺)은 하지 않았소. 내가 걸어 다니면서까지 외관을 장만하지 않은 것은, 내가 대부의 끝자리에 있었기 때문에 걸어 다니는 것이 어울리지 않기 때문이었소."

顔淵死 顔路請子之車以爲之椁 子曰 才不才 亦各言其子也 鯉也死 有棺而無椁
안 연 사 안 로 청 자 지 거 이 위 지 곽 자 왈 재 부 재 역 각 언 기 자 야 이 야 사 유 관 이 무 곽

吾不徒行以爲之椁 以吾從大夫之後 不可徒行也
오 불 도 행 이 위 지 곽 이 오 종 대 부 지 후 불 가 도 행 야

- 여러 가지를 생각하게 하는 대화군요. 안로는 안연의 아버지로 부자(父子)가 다 공자의 제자였지요. 그런데 공자가 안연을 사랑하는 것을 알고, 장례에 곽(椁), 즉 관을 담는 외관을 장만하기 위해 공자의 수레를 팔아 그 비용을 마련해 달라고 부탁하는 장면이군요. 곽(椁)은 비싸서 돈이 많은 사람이나 높은 관직의 사람이 쓸 수 있었지요.
- 이런 경우가 난감하지요. 공자의 대답도 구차스러울 수밖에 없지요. 분수에 맞지 않게 장례를 치루는 것은 허례(虛禮)라는 것을 말하는 것이 속마음이었지요. 그 자신의 장례를 가신(家臣)이 있는 대부의 예로 하려는 자로를 나무라는 데서도 그런 마음을 볼 수 있고요. 그런데 자기 아들이 죽었을 때도 외관(外棺)을 쓰지 않았다고 말하고, 그 이유를 자기도 대부

(大夫)의 말석에 있는 사람이라 걸어서 출입하는 것이 당시의 예절에 맞지 않았기 때문이라고 구차한 이야기를 하고 있군요.
- 아마도 안로 같은 사람을 설득하기에는 이치를 가지고 하는 것보다 안로가 굳이 성대하게 장례를 치르려는 그런 실태에 맞게 현실을 들어서 거절하는 장면이군요. 안연의 장례는 제자들이 외관도 장만하여 성대하게 치른 모양인데, 공자는 아들처럼 생각한 안연의 장례를 그렇게 치르는 것을 막지 못한 것을 한탄하는 장면이 10장에 나옵니다.
- 가끔 가치관이나 지향점이 다른 사람이 내가 보기에는 엉뚱한 이야기를 할 때, 이치로 설득하는 것이 불가능한 데서 오는 당혹감과 구차스러움을 느끼게 되는데, 아마 공자의 심정도 비슷했을 거라는 생각이 듭니다.
- 안연이 죽고 얼마 안 지나 공자도 세상을 떠나니까, 말년의 슬픔이지요. 자식을 먼저 떠나보내는 기구한 팔자였군요. 슬픔은 이루 말할 수 없지만, 거기다가 의례 문제로 이런 문답을 해야 했던 공자의 심경이 짐작됩니다.

8

안연이 죽자, 공자 슬퍼하며 말하였다. "아, 하늘이 나를 버리시는구나! 하늘이 나를 버리시는구나!"

顔淵死 子曰 噫 天喪予 天喪予
안 연 사 자 왈 희 천 상 여 천 상 여

- 공자는 슬픔은 물론이지만, 그의 정신과 사상을 이어받아 세상에 그것을 펼쳐줄 제자로 안연을 믿고 있었는데, 그가 죽자 그의 희망이 사라지는 절망감을 표현하는 말이군요.
- 천상여(天喪予)라는 말의 의미를 이해하려면 자한편 5장을 읽어보면 될 것 같습니다. 천(天)과 상(喪)을 같은 의미로 썼는데 자한편에서는 이 문화(斯文)를 후세에 전할 나를 하늘이 버리지 않았는데 광 땅 사람들이 어찌하겠는가 하는 믿음이라면, 안연의 죽음 앞에서는 절망감을 토로하는 것 같습니다.
- 실제로 공자의 사상을 후세에 널리 알린 사람들은 다른 제자들이었지요. 그리고 대를 거치면서 공자의 사상이 왜곡되는 점도 많았지요. 공자 생전에 아마도 어렴풋이 그런 걱정을 했을 수도 있습니다. 공자 자신을 제대로 이해하는 제자는 안연밖에 없다고 생각했으니까요. 안연이 공자 사후에 오래 살면서 공자의 사상을 집대성하고, 논어 같은 책을 편집하는 데 주도적으로 관여했다면 어땠을까요?
- 그건 가정(假定)에 불과하지만, 어떤 사상이나 이론, 종교가 구체적인 사람들의 이어짐에 의해 크게 좌우된다는 생각은 들어요. 마르크스의 사상이 레닌이나 스탈린으로 이어지지 않았을 가능성도 있거든요. 아마 그랬더라면 세계사가 좀 달라졌을까요? 마르크스의 근본 한계라는 주장도 있겠지만, 그 물줄기가 어떻게 흘러가는가는 그것을 이어받는 사람들에 의해 크게 좌우되는 것도 같습니다. 그것이 역사의 우연일까요?

## 9

안연이 죽으니, 공자께서 통곡하였다. 공자를 따르던 한 제자가 말하기를, "선생님께선 너무 슬퍼하십니다."
"아, 그렇게 보였느냐. 그 사람을 위해 통곡하지 않으면 누구를 위해 그리하겠느냐."

顔淵死 子哭之慟 從者曰 子慟矣 曰 有慟乎 非夫人之爲慟而誰爲
안 연 사 자 곡 지 통 종 자 왈 자 통 의 왈 유 통 호 비 부 인 지 위 통 이 수 위

- 통곡(慟)은 꾸며서 나오는 것이 아니지요. 노년 공자의 슬픔이 얼마나 절절했는지가 느껴집니다. 보다 못한 제자가 너무 슬퍼하면 몸이 상할까 봐 말리는 이야기를 하니까 그에 응답하는 장면이군요. 안연에 대한 사랑과 기대가 자식보다 더한 것을 느낍니다.
- 애이불상(哀而不傷)을 이야기하는 공자이지만, 안연의 죽음 앞에서 무너지는 공자의 인간적인 면모입니다.

## 10

안연이 죽자 문인들이 너무 애통하니 장례라도 성대하게 치러주고 싶다고 하자, 공자 말하기를, "옳지 않다."

그러나 문인들은 성대하게 장례를 치렀다. 공자 말하기를, "회(回)는 나를 부모같이 대하여 주었거늘, 나는 그를 아들처럼 대하여 주지 못하였구나. 그러나 그것은 나 때문이 아니라 너희들 때문이다."

顔淵死 門人欲厚葬之 子曰 不可 門人厚葬之 子曰 回也視予猶父也 予不得視猶
안 연 사 문 인 욕 후 장 지 자 왈 불 가 문 인 후 장 지 자 왈 회 야 시 여 유 부 야 여 부 득 시 유
子也 非我也 夫二三子也
자 야 비 아 야 부 이 삼 자 야

그토록 자신의 학문과 도를 잘 이해하고 그대로 실행하던 안회의 요절(夭折)은 공자에게 큰 타격이었다. 8장과 9장은 그런 공자의 심정을 잘 표현하고 있다. 그런데 난처한 일이 생겼다. 안회의 아버지가 공자에게 난처한 청을 한 것이다. 그 아들의 장례를 위해 공자의 수레를 팔 것을 청한 것이다. 그토록 사랑하던 제자의 장례를 위해, 그 제자의 아버지가 청을 한 것이다. 공자의 생각과 달리 성대하게 장례를 치르려는 안회의 아버지를 비롯한 제자들의 요구 앞에서 어떻게 할 것인가? 실제로 부딪칠 수밖에 없는 난감한 정황이다. '그토록 사랑하는 제자를 위해 그쯤도 못 한단 말인가?' 하고 생각하는 것이 보통의 정서일 수 있다.

그러나 공자는 아버지의 청을 거절하였고, 제자들이 성대하게 장례를 치르는 것을 적극적으로 막지는 못했지만 '나는 그를 아들같이 대하여 주지 못하였구나.' 하며 한탄했다. 보기에 따라서는 공자의 거절 이유가 구차하게 느껴질 수도 있고, 특히 대부의 말석 운운하면서 수레를 팔아서는 안 되는 이유를 이야기하는 것은 좀스럽게도 느껴진다.

어느 쪽이 더 형식에 사로잡혀 있는지 모를 정도라고 공자를 비난해도 할 말이 없을 것 같기도 한 장면이다. 그러나 공자쯤 되는 인격이 구차한 변명을 한 것으로는 보고 싶지 않다. 자신의 아들이 죽었을 때 소박한 장례를 치른 것이 공자의 예(禮)였다. 안회는 자신을 아버지처럼 섬겼는데, 자

신은 안회를 자식처럼 대하지 못하였다는 것이 공자의 진심일 것이다.

고원(高遠)한 이상의 소지자일수록 그것을 이해하지 못하는 사람들과의 구체적 관계 속에서는 대단히 난처한 상황에 처하는 경우가 많다고 생각한다. 어쩌면 당면하기 싫은 것이지만 이런 때야말로 자신의 이상이 관념 속에서가 아니라 실제로 생명력을 갖느냐고 묻게 되는 때인 것이다.

대단한 용기가 필요한 때이기도 한 것이다. 공자의 인간적인 면모가 느껴지는 대목이기도 하다.

## 11

계로가 귀신을 섬기는 일에 관하여 묻자, 공자 말하기를, "사람을 섬기지 못하면서 어찌 귀신 섬기는 일을 할 수 있겠는가?"
"감히 죽음에 대하여 여쭈어보겠습니다."
"아직 삶도 모르는데 어찌 죽음을 알겠는가?"

季路問事鬼神 子曰 未能事人焉能事鬼 敢問死 曰 未知生焉知事
계 로 문 사 귀 신 자 왈 미 능 사 인 언 능 사 귀 감 문 사 왈 미 지 생 언 지 사

'사람을 섬기지 못하면서 어찌 귀신을 섬길 수 있겠는가?'라는 말과 '아직 삶도 모르는데 어찌 죽음을 알리오.'라고 하는 말은 공자의 현실적이고 이성적인 면모를 잘 나타내는 구절이다.

삶과 죽음, 종교에 대해 깊은 성찰을 하게 하는 대목이라고 생각한다. 사람은 죽음이라는 절대적 과제를 안고 산다. 이 근원적 공포로부터 자유로

워지기 위해서 종교를 갖는다. 공자는 '잘 사는 것이야말로 죽음에 가장 잘 대처하는 길'이라고 말하고 있다.

괴력난신(怪力亂神)을 논하지 않고, 인간의 참된 삶에 대해 여러 방면에서 현실적이고 구체적으로 말하고 있다. 알지 못하는 신의 세계나 내세(來世)를 이야기하지 않고 우리가 알 수 있고, 할 수 있는 인간의 길을 이야기하는 것이다. 죽음은 인간의 의지나 노력으로 피할 수 없다. 죽음으로부터 자유롭게 되는 것은 공포라는 관념으로부터 자유로워지는 것이다.

모든 성인이 하는 말은 이 점에서 같다. 종교화하면서 그 진의가 왜곡되는 경우는 있다고 하더라도 그 참된 가르침은 '잘 사는 것'이 죽음의 두려움에서 벗어나는 유일한 길이라는 것이다.

예수의 '한 사람의 보잘것없는 이웃에게 한 일이 곧 하느님에게 한 일'이라는 말이나, 죽음이나 내세 등 형이상학적 질문을 하는 사람에게 '독화살의 비유'로 우선 탐진치(貪嗔痴) 삼독(三毒)에서 벗어날 것을 말하는 부처의 말이 다 같은 것이 아니겠는가.

공자의 하늘(天)에 대한 생각은 다른 종교와 다름이 있다. 그는 대단히 이성적인 사람이어서 '무지의 자각'을 그의 탐구와 실천의 바탕으로 삼았다. 그러면서도 가장 어려운 선택 앞에 설 때, 예컨대 죽음 앞에 설 때나 큰 좌절이나 실망을 경험할 때, 그의 이상(理想)을 하늘(天)에 의지했다. 그의 하늘은 의인화(擬人化)된 신(神)이 아니었다. 그것에 관해서는 다른 장(章)들에서 더 다뤄볼 것이다.

귀신(鬼神)에 대해서는 그것을 긍정하지도 않았지만, 일반 대중의 믿음을 애써 부정하지도 않았다. 그래서 사람들에게 경이원지(敬而遠之)를 권했다. 사람들의 삶 속에 깊이 들어오는 것을 경계한 것이다.

- 신(神)을 섬기는 일에 앞서 사람을 섬기라는 말로 다가오네요.
- 신(神)은 미지의 영역이지만 사람은 바로 같이 살고 있잖아요. 그런데도 미지의 신에 대해서는 지극정성으로 섬기면서 바로 이웃의 사람들에 대해서는 냉담하다면 무언가 잘못되어도 한참 잘못된 것이지요.
- 신이 영감의 원천이 되는 것도 큰 것 같아요. 신을 섬기는 것과 이웃을 섬기는 것이 같은 것이라고 자각하고 그렇게 살고 있는 사람들도 많아요. 참된 종교인의 모습입니다.
- 우리 인간의 가장 뿌리 깊은 두려움은 죽음 아닐까요?
- 살려고 하는 것은 생명체의 속성이라고 할 수 있을지 몰라도, 살고 있으면서 죽음을 의식하고 두려워하는 것은 인간만의 특성이지요.
- '죽지 않는다'가 아니라, '잘 죽는다'가 목표가 되어야겠습니다. 잘 죽는다는 것은 잘 사는 것의 결과물로 오는 것이라고 생각해요. 아집(에고)으로부터 자유로운 삶을 사는 것이 좋은 죽음을 맞이하는 길이 아닐까요?
- 소극적으로 말하면 아집으로부터 자유스러운 삶이지만, 그것은 자기중심적으로 이해되기 쉬운 것 같아요. 그보다는 적극적으로 사랑하는 삶, 자비의 실천 같은 것이 훨씬 중요하게 생각됩니다.
- 개인적인 깨달음이나 삶의 실천도 중요하지만 한 사회나 문화로 넓혀서 생각해야 할 것 같습니다. 각자도생의 이기적 가치관이 바탕이 되는 사회는 '삶과 죽음'을 옳게 바라보는 문화를 만들기 힘들다고 생각해요.
- 지금 사람들의 욕망 수준에는 개인주의와 자본주의가 어울리는 사회라는 생각이 들지만, 사람들의 궁극적 자유 욕구를 충족시킬 수 있는 사회는 아니라고 생각해요. 그런 점에서 자본주의는 언젠가는 보다 자유로운 사회로 넘어가리라고 생각합니다. 자본주의 체제의 전환에 관해 이야기하면 이미 실패한 사회주의나 공산주의를 떠올리는 사람이 있지만,

그것은 아니고요. 이웃에 대한 배려와 사랑이 사회 구성과 운영의 바탕이 되는 사회라고 생각합니다. 뭐라 이름 붙여질지는 모르겠지만, 굳이 말하자면 사회주의(社會主義)가 아니라 사회애주의(社會愛主義) 사회 같은 것이 아닐까요? 해방된 개인들의 자발적이고 자유로운 공동체지요.
- 이런 사회라면 사랑하는 가족이나 이웃들에 둘러싸여 두려움 없는 편안한 죽음을 맞이하는 문화를 그려볼 수 있겠지요. 아메리카 원주민(인디언)의 '오늘은 죽기 좋은 날'이라는 가슴 따뜻한 이야기가 들려오는 것 같습니다.
- 이런 순간에 나누고 싶은 시 한 편을 소개합니다.

〈두려움〉

칼릴 지브란

바다로 들어가기 전에
강은 두려움에 떤다고 합니다.

그녀는 산 정상에서부터
숲과 마을을 가로질러 구불 구불
그녀가 여행 한 길을 되돌아 봅니다.

그리고 그 앞에 있는 너무나 광대한 바다를 보고
그리로 들어가는 것은
영원히 사라지는 것 외에는 아무것도 아닌 것 같습니다.

그러나 달리 어떻게 할 길이 없습니다.

강은 되돌아갈 수 없습니다.

아무도 되돌아갈 수 없습니다.

되돌아가는 것은 현생에서는 불가능한 일입니다.

강은 바다로 들어가는 위험을 감수해야 합니다.

그래야만 두려움이 사라지고,

강이 바다로 사라지는 것이 아니라

바다가 되는 것임을 알게 될 것이기 때문입니다.

## 12

민자건이 공자를 모시고 있을 적에는 그 태도가 온화했고, 자로는 강건하고, 염유와 자공은 화락하여 선생은 즐거워하셨다. 선생은 "유와 같은 사람은 제대로 죽기 어려울 것이다." 하며 근심하였다.

閔子侍側誾誾如也 子路行行如也 冉有子貢侃侃如也 子樂 若由也不得其死然
민 자 시 측 은 은 여 야  자 로 항 항 여 야  염 유 자 공 간 간 여 야  자 락  약 유 야 부 득 기 사 연

한 사람의 성격은 그 사람의 운명이다. 물론 외부의 조건이 중요한 역할을 하는 것은 사실이지만 그 외부의 환경에 대해 어떻게 반응하는가 하는 것은 그의 성격에 크게 좌우된다.

역경 속에서도 성공하는 사람이 있는가 하면 역경 속에서 벗어나지 못

하고 평생을 괴로움 속에 사는 사람도 있다. 보통 그것을 그 사람의 운명이라고도 하지만 잘 보면 그의 성격에 의해 어느 정도 예견이 가능한 것이다. 긍정적인 성격을 가진 사람은 역경을 기회로 활용할 수 있지만 부정적인 성격은 언제나 불행을 몰고 다닌다. 불가(佛家)의 표현을 빌리면 성격은 그의 업장(業障)이다.

공자가 자로에 대해 말한 것은 제자를 걱정해서 한 말이지만 그의 저돌적일 만큼 강직하고 의리를 중시하는 성격은 어떤 조건을 만나면 당시의 정치 정세로 볼 때 그런 자연스럽지 못한 죽음으로 몰아갈 가능성이 컸다. 실제로 자로는 공자가 죽기 1년 전 위나라의 내전 중에 목숨을 잃는다. 이미 대세가 기울었지만, 자로는 자신이 모시던 주군에게 의리를 지키려고 죽음을 택했다.

사실 사람이 늙어서 천수(天壽)를 다하고 평온하게 죽는 자연사(自然死)야말로 한 인간의 대미(大尾)라고 말할 수 있다. 공자는 조문도석사가의(朝聞道夕死可矣)라는 말을 했지만 '오전에 좋아하는 일을 하고, 오후에 평온한 죽음을 맞는' 자연사(自然死)의 모습이야말로 행복한 인생이 아닐까? 전쟁이나 각종 사고, 질병 때문에 일찍 죽는 경우도 있고, 오래 산다고 하더라도 치매나 숙환(宿患)으로 임종을 맞이하는 경우가 허다하다.

타고난 것은 어쩔 수 없는 부분이 있다고 하더라도 어려서부터 좋은 성격을 갖도록 하는 것이야말로 그의 행복한 운명을 예비하는 것이다. 매사에 긍정적이고, 수용(受容)적인 성격이 좋은 성격인 것이다. 극단에 치우치지 않고 중용을 취하는 성격이 좋은 성격인 것이다. 스트레스가 적고, 인간관계가 좋다. 그래서 일도 잘 되고 건강도 좋게 된다.

지나치면 모가 나기 쉽고, 다른 사람을 비난하기 쉽다. 남을 비난하는 마음이 생기면 먼저 자신이 괴로워진다.

## 13

노나라 사람들이 장부(長府)를 다시 지었다. 민자건이 말하기를, "옛 것을 그대로 쓰면 어때서 다시 짓는단 말인가?"
공자 말하기를, "그 사람은 말이 없지만, 말하면 반드시 적중함이 있다."

魯人爲長府 閔子騫曰 仍舊貫如之何 何必改作 子曰 夫人不言 言必有中
노 인 위 장 부 민 자 건 왈 잉 구 관 여 지 하 하 필 개 작 자 왈 부 인 불 언 언 필 유 중

- 장부(長府)는 노나라 궁정의 재물 창고를 말하는데, 이것을 새로 짓는 것을 비판했군요.
- 공자가 딱히 이 장면만을 보고 민자건을 칭찬한 것은 아닌 것 같습니다. 평소 그가 말이 적은 편이지만 말하면 잘 들어맞는 말을 한다고 칭찬하는 것 같습니다. 민자건은 덕행으로, 특히 효행이 널리 알려진 공문십철의 한 사람이지요.
- 평소 공자의 말에 대한 태도로 보아서, 불언(不言)과 언필유중(言必有中)은 공자에게서 받는 극찬이지요.

## 14

공자 말하기를, "유(由)가 거문고 타는 것을 어찌하여 내 집에서 하는가?" 문인들이 자로를 공경하지 않으니 공자 말하기를, "유는 당에는 오를 만하지만, 아직 실에는 들지 못하였다."

子曰 由之瑟 奚爲於丘之門 門人 不敬子路 子曰 由也 升堂矣 未入於室也
자왈 유지슬 해위어구지문 문인 불경자로 자왈 유야 승당의 미입어실야

- 자로를 가볍게 나무라면서도 그의 위신을 지켜주려는 일화 같습니다. 당(堂)이나 실(室)은 공자 당시의 가옥 구조를 이야기하는 것입니다. 대문 밖에서부터 대문 안마당, 섬돌, 마루, 안방의 순서인데, 마루가 당(堂)이고, 가장 깊숙이 있는 방이 실(室)이지요.
- 당대 최고의 음악인인 공자의 귀에는 자로의 슬(瑟; 큰 거문고) 연주가 마음에 안 들었겠지요. 그래서 유머 섞인 말로 '내 문하에서 어찌 이런 음(音)이 나는가?'라고 했겠지요. 그러자 다른 제자들이 자로를 무시하는 것 같으니까, '당(堂)에는 올랐다. 아직 실(室)에 들지는 못했을 뿐이다.'라고 체면을 살려 주는 이야기군요.
- 아마도 어떤 분야든지 당에는 올랐어도 실에는 들지 못한 경지가 있을 것 같습니다. 그 분야의 최고 경지가 어떤 것인지는 그 분야의 전문가의 눈에는 보이겠지요. 자신은 실에 들지 못했어도 그것을 분간하는 것은 가능한 것 같아요.
- 그 경계가 아주 미세할지 몰라도 그런 경지는 있는 것 같습니다. 나는 중용의 중(中)도 그런 적중(的中)의 의미로 봅니다. 이른바 실(室)에 드는

것이지요.

- 아마 깨달음을 추구하는 세계도 그럴 것으로 생각합니다. 자기가 실(室)에 들었다고 자만하는 사람들 가운데는 아마도 안마당이나 섬돌 근처에서 헤매는 사람들도 있겠지요. 요즘 사이비 도사들을 보노라면 문 안에 들어오지도 못한 사람들이 저 같은 사람의 눈에도 보입니다.

- 나는 야구를 보면서도 그런 생각이 많이 들어요. 스카우트 전문가들이 있잖아요. 그들의 눈에는 어떤 선수가 섬돌에 올랐는지, 당에 올랐는지, 실에 들었는지가 보이겠지요. 요즘은 여러 측정 도구까지 들고 다니더군요.

- 스카우트 이야기가 나오니까 하는 말인데, 미국 스카우터들이 한국에 와서 이른바 실(室)에 든 선수들을 메이저 리그에 스카우트하려고 하고, 한국 스카우터들은 메이저리그에서 당(堂)이나 섬돌에 오른 수준을 데려오려고 하는 것 같아요. 그런데 이것을 기분 나빠하는 사람은 없어요. 그만큼 메이저리그의 수준과 코리안리그의 수준이 다른 것을 누구나 인정하는 것이죠. 메이저 리그에 가는 것을 가문의 영광으로 생각하지, '왜 빼 가느냐?'고, '왜 가지 못해 안달하느냐?'고 비난하는 사람은 없거든요.

- 나는 나라의 격(格)도 있다고 생각해요. 애국자라면 격(格)이 높은 나라를 꿈꾸어야지요. 어차피 지금의 출산율로 보면 이민의 확대는 불가피할 것 같은데, 한국에 스카우트되는 것을 영광으로 받아들일 수 있는 그런 나라를 만들어야지요.

## 15

자공이 사(師)와 상(商)은 누가 더 현명한가를 물었다. 공자 말하기를, "사는 과하고, 상은 못 미친다."
"그러면 사가 낫다는 말씀이십니까?"
"지나친 것은 모자란 것과 같다."

子貢問師與商也孰賢 子曰 師也過 商也不及 曰 然則師愈與 子曰 過猶不及
자 공 문 사 여 상 야 숙 현 자 왈 사 야 과 상 야 불 급 왈 연 즉 사 유 여 자 왈 과 유 불 급

- 자공은 비교하기를 좋아한 것 같아요. 공자에게 그런 질문을 많이 하고 자기가 되고 싶은 경지를 스승에게 말하고 점검받는 듯한 대화가 많지요. 공자도 역(逆) 질문을 하기도 하지요. '너와 안회는 어떠냐?'가 대표적이지요. 그리고 자공의 자기 점검형 질문에는 대체로 칭찬보다는 더 분발하게 하는 이야기를 하지요. 때로는 듣기에 매우 서운할 답을 하지만, 그래도 자공의 스승에 대한 존경과 스승을 따르는 점에서는 일관되지요. 공자 사후 복상(服喪)을 가장 오래 한 제자이기도 하고요.
- 여기서는 한참 후배인 사(師)와 상(商)을 비교해서 물었군요. 사(師)는 진손사인데 자는 자장(子張)이지요. 공자보다는 48세, 자공보다는 17세 어린 제자지요. 상(商)은 복상인데 자는 자하(子夏)이지요. 공자보다 44살 어렸지요. 이렇게 큰 나이 차이인데 공자 학단에서 함께 어울렸다는 것이 공자 학단이 공자 사후에 번성할 수 있었던 배경이 아닌가 합니다. 자장과 자하는 나중에 공문십철에 들 정도로 뛰어난 후배 제자들이었는데 자공은 그 둘을 비교해서 이야기하고 있군요. 이런 질문에 대답하는

과정에서 '과유불급(過猶不及)' 같은 유명한 말이 나오는군요.
- 자공은 시원시원하고 똑똑한 자장을 신중하고 어리숙해 보이는 자하보다 더 낫게 보고, 그것을 확인하려고 공자에게 질문했는데 그 대답이 과유불급이군요.
- 과유불급을 '지나친 것보다는 못 미치는 것이 낫다.'로 해석하는 사람들이 많은 것 같아요. 나도 그랬으니까요. '낫다'는 것은 '유(愈)'고, '유(猶)'는 '같다'는 뜻입니다.
- 실제로 우리 주위에서 얼마나 자주 만나게 됩니까? 너무 청결한 사람과 너무 못 치우는 사람이 살면 정말 힘들어요. 우리 집도 좀 그런 편인데 과유불급이라는 말이 실감이 가요. 서로 자기가 사는 방식을 상대에게 강요하려 하면 그야말로 전쟁이지요.
- 개인의 경우도 그렇지만 사회의 경우도 마찬가지라고 생각해요. 개혁이나 혁명의 경우에도 과유불급의 이치를 많은 경험을 통해 보고 있지 않습니까?
- 그렇지요. 의욕이 지나치면 오히려 실패하기 쉽지요. 불급(不及)일 때는 다음을 기다리면 되지만 지나쳐서 반작용이 심하면 오히려 더 후퇴할 수도 있을 것 같아요. 우리나라의 경우 그 진폭이 너무 크고 거친 것이 가장 큰 문제 같습니다. 지금 우리가 보고 있는 정치적 퇴행도 그런 점이 나타나는 현상으로 보입니다. 이런 과정을 거쳐 세상이 좋아지는 방향으로 나아가길 바랄 뿐입니다.
- 그런 점에서 진보나 보수, 좌나 우 모두가 인문학적이고 과학적인 사고력을 키워야 할 것 같아요. 문명 전환과 정치 전환의 동심원적 전개와 언젠가 예상되는 아시아 연방 같은 목표를 바라볼 때, 공통의 정신적 사상적 자산인 공자를 제대로 살리는 것이 중요하다고 생각해요.

## 16

계씨가 주공보다 더 부유한데도, 구(求)는 계씨를 위해 백성에게 세금을 거두어 그를 더 부하게 만들어 주었다.
공자 말하기를, "그는 내 제자가 아니다. 제자들아, 북을 치며 그를 공격해도 좋다."

季氏富於周公 而求也爲之聚斂而附益之 子曰 非吾徒也 小子 鳴鼓而攻之可也
계 씨 부 여 주 공  이 구 야 위 지 취 렴 이 부 익 지  자 왈 비 오 도 야  소 자  명 고 이 공 지 가 야

- 전에도 비슷한 이야기가 나왔지만, 공자의 경제 정의에 대한 관점은 뚜렷하다는 생각이 드네요.
- 결코 경제를 경시하거나 부를 멀리하거나 하지는 않지요. 18장의 안회와 자공의 경우도 그런 맥락에서 읽히고요.
- 그러나 지켜야 할 선이 있는 것 같아요. 부자를 더 부유하게 만드는 일은 해서는 안 되는 선인 것이지요.
- 당시의 봉건 군주 시대를 감안한다면 대단하다는 생각이 들어요. 자기 제자를 다른 제자들에게 공격하게 하는 말을 들으면 그가 얼마나 뚜렷한 가치관을 견지하고 있었는가를 알 수 있어요. 더구나 염구는 정사에 능한 공문십철의 한 사람으로 이름을 올린 사람이고, 그 능력으로 계씨에게 중용되어 공자를 노나라에 귀국할 수 있도록 계씨를 설득한 사람이기도 하거든요.
- 지연(地緣)·학연(學緣)·혈연(血緣) 같은 패거리 의식을 넘어서 함께 진리와 의(義)를 추구하는 공자 학단의 특성을 잘 나타내는 장면 같습니다.

- 사람의 성품이나 역할에는 단점만 있거나 장점만 있는 것은 아니잖아요. 우리 편이니까 좋게 본다든가 다른 편이니까 나쁘게 보는 그런 편향성에서 벗어나 구체적인 사안에 따라 평가하는 것이지요.
- 다만 경제를 움직이는 메커니즘에 대해서 공자보다는 염구가 더 현실적인 인식을 할 수도 있었겠지요. 지금도 파이를 키우는 것과 분배하는 것 사이에 여러 입장들이 있지 않나요.
- 부의 집중이 일어나는 재벌 중심 경제에 대해 비난만 하는 것은 일면적이라는 생각이 듭니다. 사실 한국 경제가 이만큼 국제적 위상을 갖게 된 것은 재벌이 견인한 측면도 크거든요. 가치 판단으로 사실을 보지 못하는 우(愚)를 범하지 않아야지요.

17

시(柴)는 어리석고, 삼(參)은 둔하고, 사(師)는 편벽되고, 유(由)는 거칠다.

柴也愚 參也魯 師也辟 由也喭
시 야 우 삼 야 노 사 야 벽 유 야 언

- 제자들의 단점을 이야기하고 있군요. 스승이 제자의 장단점을 제대로 파악하는 것은 스승이 제자를 집착이 아닌 애정으로 바라볼 때 가능하겠지요. 그것은 스승의 의무이기도 하고요. 내 학적부에 어떻게 기록되어 있을지 궁금하네요.

- 시(柴)는 이름이 고시(高柴)이고 자고(子羔)라는 제자로 공자보다 40살이 어렸지요. 남의 그림자를 밟지 않고 자라는 풀도 함부로 밟지 않았다고 전해지는 사람이지요. 삼(參)은 증삼(曾參)이고 증자(曾子)로 불리지요. 송대 유학자들은 증자를 공자의 학통을 이은 수제자로 보지요. 사(師)는 과유불급(過猶不及)이라는 말이 나온 바로 그 자장(子張)이고, 유(由)는 자로를 말합니다.
- 단점을 지적하는 것은 진정한 스승이라야 가능할 것 같아요. 제자가 그것을 받아들여 단점을 고치고 장점을 키우게 될 때 비로소 아름다운 사제의 관계가 되고, 그것이 자신과 세상이 진보하는 데 기여한다면, 그런 학단이야말로 빛나겠지요.

18

공자 말하기를, "회(回)는 도를 깨친 사람인가? 자주 텅 비는구나. 사(賜)는 그런 경지가 아니나 재물을 잘 늘리고 생각은 적중할 때가 많았다."

子曰 回也 其庶乎 屢空 賜不受命 而貨殖焉 億則屢中
자 왈 회 야 기 서 호 누 공 사 불 수 명 이 화 식 언 억 즉 누 중

- 안회와 자공은 나이도 비슷하고, 자공이 안회를 은근히 경쟁자로 생각했던 사이지요. 물론 공자는 단연 안회를 높이 평가하고 자공도 수긍했지요.

- 이 두 사람은 공자 학단에서 특이한 쌍을 이룹니다. 한 사람은 너무 가난하고 한 사람은 부자입니다. 둘 다 높은 지력을 가지고 있지만, 안회의 덕성은 공자가 하늘로부터 받았다는 뜻의 수명(受命)이라고 부를 만큼 뛰어나고 자공은 그렇지 못하다(不受命)고 말하는군요. 공자의 솔직함이랄까 야박함이지요. 그러나 아랑곳하지 않고 자공은 공자를 따르지요. 내가 볼 때는 이런 점이 자공의 뛰어남 같아요.
- 이 두 제자야말로 공자가 정신과 물질의 조화를 이야기할 때, 대표적으로 제시한 두 모델 즉 빈이락(貧而樂)과 부이호례(富而好禮)의 체현자인 셈이지요. 공자 학단을 풍성하게 한 두 사람입니다.
- 자공을 이재(理財)에 능한 사람이라고 말한 것은 그를 폄하했다기보다 그런 실제적인 능력을 평가했다고 봐야지요.
- 누공(屢空)과 누중(屢中)을 대비한 것도 한문이 지니는 묘가 있는 것 같아요. 안회의 누공(屢空)은 자주 텅 빈다는 말인데, 자신을 비우는 것을 말한다고 볼 수도 있고, '가난하여 쌀독이 자주 빈다.'의 뜻으로 볼 수도 있습니다. 어떤 사람은 안회가 남모르는 공허에 시달리고 있음을 말하기도 하지만 어떻든 안회의 덕성으로 볼 때 스스로를 비운다는 것이 더 어울리는 해석이라고 생각합니다. 그에 비해 자공은 안회처럼 자기를 비우는 상태까지는 아니지만, 명철하여 생각이 적중할 때가 많다고 평하는 것 같습니다. 재물을 늘리는 데 예측이 적중한다고 해석하는 것은 좀 지나친 것 같다는 생각도 들고요.
- 세상의 변화를 바라볼 때 이 두 사람이 보여주는 조화가 머릿속에서 어떤 영감으로 떠오릅니다. 빈이락(貧而樂) 하는 개혁주체와 그것을 뒷받침하고 보완하는 부이호례(富而好禮) 하는 중산층 이상의 지원 세력의 결합이랄까요.

■ 어제 박석 교수와 대화하는 가운데, 공자가 언급한 공(空)의 의미에 관해서 이야기를 나누었습니다. 내가 '노자는 공(空)을 언급하지 않았느냐?'고 물어보자 '내가 알기로는 없다.'고 했습니다. 공(空)은 불교가 전파된 이후 많이 사용되었다고 합니다. 나는 '노자나 석가의 생각을 공자도 공유했을 것'이라고 말했더니, 박 교수는 '그것은 당신 상상력인데, 누구도 그것을 부정할 수 없지만, 학자로서는 인정하기 어렵다.'고 했습니다. 그래서 챗지피티(chatGPT)에 '노자『도덕경』에 공(空)이라는 한자가 몇 번이나 나오는지' 물어 봤습니다. 즉각 답이 왔습니다.

> 도덕경(道德經)』에서 '공(空)'이라는 한자는 등장하지 않습니다. 대신, '허(虛)'라는 개념이 자주 언급되며, 이 개념은 현대의 '공(空)'과 유사한 의미로 사용됩니다. '허(虛)'는 주로 빈 것, 비어 있는 상태를 의미하며, 무위(無爲), 무형(無形), 무한(無限)의 개념을 나타냅니다.
> 노자는 이러한 '허'를 통해 만물이 생겨나고, 존재할 수 있다고 보았습니다. 이처럼 비어 있거나 텅 빈 상태가 오히려 가능성과 잠재력을 내포하고 있다고 강조합니다. 따라서 '공(空)'이라는 한자가 직접적으로 사용되지는 않았지만, 비슷한 개념으로 '허(虛)'가 중요한 철학적 의미를 지니고 있다고 볼 수 있습니다.

■ 챗지피티의 위력을 실감했습니다. 나는 논어 전체의 맥락을 통해 공자가 공(空)을 노자의 허(虛)와 비슷한 개념으로 썼을 수 있다고 생각합니다. 만일 그렇다면 공자는 불교 전파 이전에 공(空)을 선구적으로 사용한 셈입니다. 자한편 7장의 '공공여야(空空如也)'를 내가 다른 학자들과 다르게 해석한 이유이기도 합니다. 선진편 18장의 안회의 누공(屢空)도 보

통 해석하는 '쌀독이 비었다.'는 해석과는 다르게 볼 수 있습니다. 선진편 25장에서 증석(증자의 아버지)의 말에 동조하는 공자를 이해할 수 있습니다.

## 19

자장이 선인(善人)의 도(道)에 관하여 묻자, 공자 말하기를 "성현의 자취를 밟지 않아도 나쁜 일은 하지 않는다. 그러나 그것만으로는 실(室)에는 들지 못한다."

子張問善人之道 子曰 不踐迹 亦不入於室
자 장 문 선 인 지 도 자 왈 불 천 적 역 불 입 어 실

14장에서 자로의 슬(瑟)이라는 악기 연주 실력을 "당(堂)에는 올랐지만, 아직 실(室)에는 들지 못하였다(升堂矣 未入於室也)"고 평가해서 말한 것과 연관해서 읽으면 그 의미가 들어온다. 상당한 경지에는 이르렀지만, 가장 깊은 경지에는 도달하지 못한 것을 가리킨다.

선인(善人)을 어떻게 볼 것인가로 해석이 갈릴 수가 있다. '타고난 바탕이 선한 사람이지만, 성인(聖人)의 길을 배우지 않은 사람'이라고 보면, "성현의 자취를 밟지 않아도 나쁜 일은 하지 않는다. 그러나 성인(聖人)의 경지에는 들지 못한다."로 읽힌다.

그러나 선인(善人)을 공자가 말하는 군자(君子)와 같은 반열의 사람으로 보면, "자취만 밟지 말라. 성인의 경지에는 이르지 못한다."고 해석하여 온

고(溫故)에 그치지 않고 스스로 체득하여 지신(知新)할 것을 말하는 것으로 읽을 수도 있다. 어느 쪽으로 읽어도 좋다고 생각한다.

예술이건, 사업이건, 깨달음의 세계이건, 사회 변혁의 길이건 그 오의(奧義)를 깨닫고 체득하는 단계에까지 가는 것이 실(室)에 드는 것이다. 보통은 대청마루(堂)까지만 들어가도 대단한 것으로 보지만 공자와 같은 분의 눈에는 중도이폐(中道而廢)로 보이는 것이다. 그렇다고 당(堂)에 오른 정도만 해도 결코 가벼이 볼 수 있는 것은 아니다. 보통의 경우라면 칭찬받을 수 있는 것이다. 문제는 자만하고 거기에 머물러 버리는 것이다. 스스로 당(堂)에도 못 들었으면 우선 당에 들 일이요, 당에 들었다면 자신이 아직 실(室)에 들지 못했음을 겸허하게 자각할 일이다.

본성이 착한 사람이 있다. 우리가 흔히 말하는, '법이 없어도 살 수 있는 착한 사람(善人)'이다. 그러나 그 착함만으로는 실(室)에 들어가지 못한다. 착한 사람이 그 착함 때문에 완고한 경우도 있고, 불인(不仁)을 지나치게 미워할 수도 있고, 깨트리기 어려운 물렁물렁한 아집을 가지고 있는 경우도 얼마든지 많은 것이다.

실(室)에 든다는 것은 어떤 것일까. 공자의 절사(絶四)를 생각해 볼 수 있다. 공자와 같은 경지는 저절로 된 것이 아니다. 네 가지를 끊는 치열한 노력으로 실(室)에 든 것이다. 무의(毋意)·무필(毋必)·무고(毋固)·무아(毋我)를 체득한 것이다. 결코 착함만으로는 이루어지는 세계가 아니다.

'나는 경우 없는 일은 절대로 안 해.', '나는 법 없어도 살 사람이야.' 하면서 아집이 강한 사람들은 착함이 하나의 굴레가 되어서 오히려 자신과 주위를 힘들고 어둡게 하는 경우가 있다. 오계(五戒)나 십계(十戒)를 아무리 잘 지키는 사람이라 할지라도 아집(我執)이 강하면 자신과 주위를 결코 자유롭게 하는 사람이 아니다.

이 문장을 읽으면서 조선 선조 때의 당쟁(黨爭)을 그린 이정철의 『왜 선한 지식인이 나쁜 정치를 할까』라는 책의 제목이 생각난다. 스스로 선하다고 생각하는 사람들, 특히 엘리트 지식인이라고 자처하는 자들의 아집(확증편향)이 사회적으로 얼마나 나쁜 결과를 초래하는지를 지금도 겪고 있지 않는가?

20

공자 말하기를, "하는 말이 독실한 것은 인정할 만하지만, 그것만으로 사람이 과연 군자다운 사람일까? 아니면 색장자일까?"

子曰 論篤是與 君子者乎 色莊者乎
자왈 논독시여 군자자호 색장자호

- 공자가 평소 가장 경계하는 것을 여기서도 이야기하고 있군요. 일단 말의 중요성은 인정하는 것이지요. 토론하면서 그 주장이 수미일관하고 알맹이가 있는 것은 좋은 일이지만, 그것만 보고 그가 군자인지 색장자인지는 알 수 없다는 것이지요. 색장자는 밖으로 드러나는 모습이 엄숙하고 위엄이 있는 사람을 말하지요.
- 그가 언행이 일치하는 군자인지 표리부동한 색장자인지를 구분하는 것은 어렵지요. 결국 그의 행위나 생활을 오랫동안 지켜봐야 알겠지요. 누구나 사실은 다소간 자기를 포장하려는 욕구가 있는 것은 사실이니까 너무 야박하게 평가할 일은 아니지만, 요즘과 같이 말 다르고 행동 다른

사람들이 공적(公的)인 자리에 많은 사회에서는 이런 판별력이 국민들에게 생기면 좋겠습니다.
- 특히 말이 번지르르한 정치인을 비롯한 지식인들이 중요한 지위를 차지하고 세상을 혼란에 빠트리는 것을 경계하는 말로 들립니다.

## 21

자로가 묻기를, "들으면 곧 행해야 합니까?"
"부형이 계시니 어찌 듣고 바로 행하겠느냐."
염유가 묻기를, "들으면 곧 행해야 합니까?"
"들으면 곧 행해야 한다."
이에 공서화가 말하기를, "유由가 '들으면 곧 행해야 합니까?'라고 물었을 때는 '부형이 있느니라.' 하시고, 구(求)가 '들으면 곧 행해야 합니까?'라고 물었을 때는 '듣고 곧 행할 것이다.'라고 말씀하시니 저는 의심스러워서 묻습니다."
그러자 공자 말하기를, "구(求)는 매사가 물러서는 편이므로 앞으로 나아가게 하고, 유(由)는 다른 사람의 일까지 겸해서 하려 함으로 물러서게 한 것이다."

子路問聞斯行諸 子曰有父兄在如之何其聞斯行之 冉有問聞斯行諸 子曰聞斯行之 公西華曰 由也問聞斯行諸 子曰有父兄在 求也問聞斯行諸 子曰聞斯行之 赤也惑敢問 子曰 求也退故進之 由也兼人故退之

- 공자와 자로(由)와 염유(求)가 이야기하는 것을 듣고, 그 이야기를 지켜보던 공서화(赤)가 질문하는 장면이군요. 공자보다 자로는 9세, 염유는 29세, 공서화는 42세 연하인데 이렇게 세대가 다른 제자들이 함께 이야기를 나누는 장면이 자주 나옵니다.
- 사람에 따라 다르게 반응할 수 있는 것은 스승이 그만큼 제자들을 잘 알고 있어야 하지만, 나아가 스승 스스로 어떤 교조적 관점에서 벗어날 때 가능한 것 같습니다.
- 다르게 반응하면서도 꿰뚫고 있는 일관됨이 있는 것 아닌가요?
- 그렇지요. 굳이 말하자면 중용이 아닐까요?
- 유난을 떠는 정도로 청결에 집착하는 사람에게는 '좀 털털하게 살라.'고 이야기하고 싶어지고, 지나치게 지저분하게 사는 사람에게는 '좀 정리정돈하고 살라.'고 이야기하고 싶어지잖아요.
- 좀 극단적인 생태주의자들에게는 '사람들의 현실을 생각하라.'고 이야기하고 싶어지고, 극단적인 물질주의자들에게는 '인간 위주에서 생태적 조화를 생각하라.'고 이야기하고 싶어져요.
- 농사에서도 유기농과 관행농 사이에서 그런 균형이 필요한 것을 많이 느껴요.
- 일반적으로 타협을 생각하는데요. 타협이 아니라 중용이란 어떤 것일까를 찾아갔으면 해요.

## 22

공자가 광 땅에서 목숨의 위협을 겪었을 때, 안연이 뒤늦게 도착했다. 공자 기뻐하며 말하기를, "나는 네가 죽은 줄만 알았다."
"선생님께서 계시는데 회가 어찌 감히 죽을 수 있겠습니까?"

子畏於匡 顏淵後 子曰 吾以女爲死矣 曰 子在回何敢死
자 외 어 광 안 연 후 자 왈 오 이 여 위 사 의 왈 자 재 회 하 감 사

- 광 땅에서의 이야기는 앞에서도 나왔지요. 고난의 시절 제자들도 뿔뿔이 흩어졌다가 모이는 광경이군요. 이때 안연이 나중에 도착하면서 사제간의 극진한 정을 나타내는 장면입니다.
- 그 말들이 진심에서 나온다는 것이 느껴집니다. 혈육의 부자지간보다 더한 것 같습니다.
- 나이나 신분을 떠나 지기(知己)나 동지(同志)와 느끼는 심정의 진실함이지요. 논어 첫 장에 나오는 '유붕 자원방래 불역낙호(有朋 自遠方來 不亦樂乎)'는 이런 심정을 경험하는 사람들이 느낄 수 있는 것 같습니다.
- 안회는 공자보다 먼저 죽지요. 노년의 공자에게 깊은 슬픔을 안긴 채.

## 23

계자연이 묻기를, "중유와 염구는 가히 대신이라 할 만합니까?"
그러자 공자께서 말씀하시기를, "나는 당신이 좀 더 색다른 질문을 하는가 하였더니 유와 구에 관해서 묻는군요. 소위 대신이란 도(道)로써 임금을 섬기고, 그것이 불가능하면 그 자리를 물러나는 것입니다. 이제 유와 구는 겨우 신하의 구색만 갖춘 정도이지요."
"그러면 따르기만 하는 자들입니까?"
"그러나 아비와 임금을 죽이는 일에는 따르지 않을 것입니다."

季子然問仲由冉求 可謂大臣與 子曰 吾以子爲異之問 曾由與求之問 所謂大臣者
계자연문중유염구 가위대신여 자왈 오이자위이지문 증유여구지문 증유대신자
以道事君不可則止 今由與求也 可謂具臣矣 曰 然則從之者與 子曰 弑父與君亦
이도사군불가즉지 금유여구야 가위구신의 왈 연즉종지자여 자왈 연부여군역
不從也
불종야

- 공자의 직설적인 화법이 나오는군요. 계자연은 노나라의 실세(實勢) 계씨 집안의 대부로서 공자에게 글을 배운 사람이었기 때문에 이런 대화가 가능했을 것 같습니다.
- 자로와 염구가 계씨의 가신으로 있을 때, 공자의 뛰어난 제자를 가신으로 두었다는 자부심으로 한 계자연의 질문인데, 그것을 못마땅해 하는 공자의 답변이지요. 우선 계씨의 가신(家臣)을 대신(大臣)으로 말하는 자체가 공자에게는 참월(僭越)로 들렸겠지요.
- 무릇 대신(大臣)이란 도(道)로써 임금(君)을 섬기고, 그렇게 할 수 없으면 그 자리를 물러나는 것이라는 답변 속에 공자의 계씨 가문의 전횡에 대

한 비판과 그런 계씨 가문에 종사하는 제자들에 대한 못마땅해 하는 감정이 묻어납니다.

- 그러다 보니까 자로와 염구에 대한 평가도 자연히 야박하군요. 그저 흉내나 내는 정도(具臣)라고 평가하는군요. '그러면 따르기만 하는 자들이란 말인가요?'라는 질문에는 그렇지는 않고 아비와 임금을 죽이는 일은 따르지 않을 것이라고 하는 답변 속에서도 대부인 계씨 가문의 참월에 대해서 경계하고 있군요.

- 물론 계자연이 공자에게 글을 배운 사람이긴 하지만, 이 정도 말을 할 수 있는 것을 보면 공자가 요즘 말로 국가원로 대우는 받았던 것 같습니다.

- 지금이야 왕이니 대부니 하는 신분이야 말할 것 없고, 신하(臣下)라는 말도 난센스지만, 정치의 본질을 보면 변하지 않은 것도 있지요. 대통령제 아래에서 대통령과 그를 보좌하는 각료와의 관계를 연상할 수 있지요. 물론 대통령도 주권자인 국민을 도(道)로 섬겨야 하지만, 각료나 참모들이 대통령을 보좌하는 그 자세를 생각하게 됩니다. 도(道)로써 보좌하다가 그것이 불가능하다면 그만두라는 것이지요.

- 그런 기개와 원칙을 가진 각료와 참모들이 보좌할 때 제대로 된 정치가 이루어지겠지요. 결국은 그런 각료와 참모들을 임명하는 대통령의 자질과 능력이 핵심이겠지요. 제대로 된 철학과 국가 비전을 제시하는 원로들의 역할도 중요하고요.

- 지금의 도(道)는 무엇일까요? 민주주의와 시대정신 아닐까요? 지금의 과제는 한반도의 평화와 국민통합 같습니다만, 한 발 더 나아가면 생태 위기에 대한 문명의 전환 같은 것이겠지요. 우선은 심리적 내전에 가까운 퇴행적 분열을 극복하는 것이 선결 과제로 보입니다.

## 24

자로가 자고로 하여금 비(費)의 읍재를 시키려는 것을 알고 공자 말하기를, "남의 자식을 망치려 드는구나."
자로가 말하기를, "백성도 있고 사직이 있으면 되지 어찌 반드시 책을 읽은 연후라야 배웠다고 하겠습니까?"
공자 말하기를, "이렇기 때문에 말 잘 둘러대는 놈을 미워한다."

子路使子羔爲費宰 子曰 賊夫人之子 子路曰 有民人焉 有社稷焉 何必讀書然後
자로사자고위비재 자왈 적부인지자 자로왈 유민인언 유사직언 하필독서연후
爲學 子曰 是故惡夫佞者
위학 자왈 시고오부녕자

여물지 않은 상태에서 쓰려고 하면 폐단이 나타나기 쉽다. 학문을 하는 것이 지식과 교양을 습득하는 것에 그치는 것이 아니라 자신의 인격을 완성하고, 남에게 도움이 되는 데까지 나가야 함은 공자가 늘 강조하는 바다.

자로의 '어찌 꼭 책을 읽어야만 배움이 된다고 하겠습니까?'라는 물음은 어쩌면 당연한 말로 들린다. 그런데 이런 말을 하는 사람이 어떤 상태에서 어떤 심정으로 말하는가를 생각해야 한다. 아직 익지 않아서 권력에 맛을 들이면 그의 인격이 오히려 후퇴할 가능성이 있는 상태라면 자로와 같은 말은 교묘한 말재주에 그치는 것이다. 결국 본인도 망치고 다른 사람들에게도 해악을 끼치게 된다.

공자에게는 그것이 보이는 것이다. 사람들은 자신의 실태로서는 감당할 수 없는 일이나 말을 하는 경우가 많다. 사실을 보지 않고 욕망에 휘둘리는 것이다. 그 욕망을 교묘하게 호도하는 것을 공자는 미워한 것이 아닐까?

불가(佛家)에서도 대승(大乘)을 자처하면서 계율(戒律)을 경시하고 자신과 남을 속이는 사람들이 있다. 대승(大乘)의 서원(誓願)은 소승의 계율을 무시하는 것이 아니다. 그 서원(誓願)이 진실하지 않으면서 성현의 필요에 따른 계율을 넘어서는 행위만 모방하려 한다면 누구에게도 도움이 되지 않는 것이다.

요즘도 지식인이 정치권력에 몸을 담글 때 이러저러한 참여의 변(辯)을 하는 경우가 있는데 공자가 자로에게 한 말이 생각나게 하는 경우도 있지 않는가? 배움(學)은 참여를 통해서 더욱 깊어지고 넓어질 수 있지만, 여물지 않은 상태에서는 우선 그 자신을 해치고 많은 사람들에게 해악을 끼칠 것이다.

- 자고(子羔)는 이 편 17장에서 '시야우(柴也愚)'로 공자가 평가하는 어린 제자입니다. 공자보다 40살 연하니까 자로보다도 31세 연하인 젊은이지요. 자고에 대해서는 논어 선진편에서 소개되는 것이 다인데, 공자가어에는 이런 기록이 있습니다; "고시(高柴)는 길을 걸을 때 남의 그림자를 밟지 않았으며, 봄이 되면 동물을 죽이지 않았고, 새로 나오는 싹이나 가지를 꺾지 않았다. 부모의 상을 치를 때엔 삼 년 동안 울면서 이를 드러내고 웃은 적이 없었다."
- 지혜는 부족하지만, 품성이 좋은 청년인데, 자로가 읍재(邑宰)로 추천하려 하자 이를 나무라는 장면이군요.
- 그러자 자로가 대드는군요. "백성이 있고 사직이 있으니, 고을을 다스리면서 정치를 배우면 되지 꼭 책을 읽어 정치를 배운 뒤에 고을의 수령을 맡아야 하겠습니까?"
- 공자가 그 말을 듣고 더 나무라는군요. "이래서 말 잘하는 놈을 내가 싫어한다니까."

- 노나라의 어지러운 정세 속에서, 덕성은 좋지만 지혜는 모자라 보이는 젊은 청년을 읍재로 앉히는 것은 그를 해치는 것이니 그렇게 하지 말라는 공자의 당부군요. 제자 가운데 맏형 격인 자로와 나눈 상당히 직설적인 대화군요. 과연 어떤 길이 젊은 청년 제자를 위하는 것인지를 생각하게 합니다.
- 요즘도 이런 스승이나 부모가 있을까요? "너의 성품이나 견식으로 볼 때, 네가 정치를 하거나 관료가 되는 것은 결국 너에게 해가 될 거야. 좀 더 실력을 쌓은 다음에 하거나, 아니면 너의 적성과 능력에 맞는 일을 찾아보는 것이 어떻겠니?"
- 실제로 덕성이나 능력이 부족한 사람이 정치를 맡아 국민을 해치고 자신도 망치는 예를 많이 보고 있지 않나요.
- 흔히 자신의 정치 참여 동기를 이렇게 말하는 사람들이 있지요. '호랑이를 잡으려면 호랑이 굴에 들어가야지.'라고 하는 말은 맞는데요. 실제는 자기가 호랑이가 되거나 호랑이의 새끼가 되고 마는 경우도 많잖아요.
- 사리사욕을 채우면서 그럴듯한 명분을 내세우는 것이야말로 가장 경계할, 이른바 지식인의 함정인 것 같네요.

## 25

자로·증석·염유·공서화가 공자를 모시고 앉았는데 공자 말하기를, "내가 너희보다 나이가 조금 많다 하나 어렵게 생각 말아라. 너희들이 평소에 '나를 알아주지 않는다.'고 말하였는데, 만약 알아주는 이 있어 등용된다면 어떻게 하겠느냐?"

자로가 서슴지 않고 대답하기를, "천승의 나라가 큰 나라 사이에 끼여서 대군의 침입을 당하고, 기근으로 시달린다고 하여도 제가 다스린다면 3년이면 그 나라의 백성들을 용감하게 만들고, 잘 살아갈 방도를 알게 할 수 있겠습니다." 하니, 공자께서 빙그레 웃으셨다.

"구야, 너는 어떠하냐?" 대답하기를, "사방 6, 70리 혹은 5, 60리의 지역을 제가 다스린다면 3년이면 백성들을 풍족히 살게 할 수 있겠으나, 그 지방의 예(禮)와 악(樂)에 대해서는 군자의 힘을 기다려야 하겠습니다."

"적아, 너는 어떠하냐?" 대답하기를, "해낼 수 있다는 것이 아니라 앞으로 배우고자 바랄 따름입니다. 종묘의 일과 제후들의 모임에 예복과 예관 차림으로 보좌하는 작은 벼슬이나 맡아보았으면 합니다."

"점(點)아, 너는 어떠하냐?"

점은 간간이 타던 거문고를 치렁 소리가 나게 밀어내 놓고, 자리에서 일어서면서 대답하기를, "저는 세 사람의 생각과 다릅니다."

그러자 공자께서 말씀하시기를, "무슨 상관이 있겠느냐? 다만 각자 그 뜻을 말하는 것이다."

"늦은 봄철에 봄옷이 만들어지거든 어른 대여섯 명과 아이들 육칠 명과 더불어 기수에서 목욕하고, 무우에 올라 바람을 쐬고 노래를 부르다가 돌아오겠습니다."

공자께서 깊이 탄식하며 말씀하시기를, "나도 점의 의견을 따르겠다."

세 제자가 나가고 증석이 뒤에 남아 말하기를, "저 세 사람의 말을 어떻게 생각하십니까?" 공자 말하기를, "그런대로 각자의 뜻을 말한 것이다."

묻기를, "선생님께서는 어찌 유의 말을 들으시고 빙그레 웃으셨습니까?"

말씀하시기를, "예로써 나라를 다스려야 하거늘, 그의 말에는 겸양의 빛이 없는지라 웃었다."

"구가 말한 것이라면 나라가 아니지 않습니까?"

"어찌 사방 6, 70리나 5, 60리라 하여 나라가 아니라 하겠느냐?"

"적이 말한 것이라면 나라를 다스리는 일이 아니잖습니까?"

"종묘와 제후들의 모임이니 제후의 일이 아니고 무엇이겠느냐. 적이 소상(小相)을 한다면 누가 대상(大相)을 할 수 있겠느냐?"

子路 曾晳 冉有 公西華 侍坐 子曰 以吾一日長乎爾 毋吾以也 居則曰 不吾知也
자로 증석 염유 공서화 시좌 자왈 이오일일장호이 무오이야 거즉왈 불오지야
如或知爾則何以哉 子路率爾而對曰 千乘之國攝乎大國之間 加之以師旅 因之以
여혹지이즉하이재 자로솔이이대왈 천승지국섭호대국지간 가지이사여 인지이
饑饉 由也爲之 比及三年 可使有勇 且知方也 夫子哂之 求爾何如 對曰 方六七十
기근 유야위지 비급삼년 가사유용 차지방야 부자신지 구이하여 대왈 방육칠십
如五六十 求也爲之 比及三年 可使足民 如其禮樂 以俟君子 赤爾何如 對曰 非
여오육십 구야위지 비급삼년 가사족민 여기예악 이사군자 적이하여 대왈 비
曰能之 願學焉 宗廟之事如會同 端章甫 願爲小相焉 點爾何如 鼓瑟希 鏗爾舍瑟
왈능지 원학언 종묘지사여회동 단장보 원위소상언 점이하여 고슬희 갱이사슬
而作對曰 異乎三者之撰 子曰 何傷乎 亦各言其志也 曰莫春者 春服旣成 冠者
이작대왈 이호삼자지찬 자왈 하상호 역각언기지야 왈모춘자 춘복기성 관자
五六人 童子六七人 浴乎沂 風乎舞雩 詠而歸 夫子 喟然歎曰 吾與點也 三子者出
오륙인 동자육칠인 욕호기 풍호무우 영이귀 부자 위연탄왈 오여점야 삼자자출
曾晳後 曾晳曰 夫三子者之言 何如 子曰 亦各言其志也已矣 曰 夫子何哂由也 曰
증석후 증석왈 부삼자자지언 하여 자왈 역각언기지야이의 왈 부자하신유야 왈
爲國以禮其言不讓 是故哂之 唯求則非邦也與 安見方六七十如五六十而非邦
위국이례기언불양 시고신지 유구즉비방야여 안견방육칠십여오육십이비방
也者 唯赤則非邦也與 宗廟會同非諸侯而何 赤也爲之小 孰能爲之大
야자 유적즉비방야여 종묘회동비제후이하 적야위지소 숙능위지대

네 제자가 공자와 담소하는 정경이 그려진다. 우리도 '기회가 부여된다

면 당신은 어떤 일을 하고 싶은가?'라는 물음을 스스로에게 하면서 이 글을 읽는다.

'내가 나이가 위이기는 하지만 나를 개의치 말아라.' 하는 말씀이 대화의 분위기를 생각하게 한다. 한쪽에서는 증석이 거문고를 간간이 타고 있고.

공자와 제자들은 자신의 학문과 인격을 도모하는 것만이 목표가 아니고 정치에 참여해서 세상을 이롭게 하는 일에 적극적이므로 자연스럽게 그쪽으로 이야기가 이루어진다.

네 사람의 서로 다른 대답이 그 사람을 잘 나타내고 있다고 생각한다. 아마 우리도 '당신은 지금 무엇을 하고 싶은가?'라는 질문에 솔직히 답변하다 보면 자신의 마음속 깊은 곳의 욕망을 비롯한 자신의 상태를 가장 잘 알 수 있을 것이다. 자로의 대답은 그의 기질과 욕구를 잘 보여준다.

공자는 빙그레 웃으실 뿐이다. 나중에 증석이 묻자 '예로써 나라를 다스려야 하거늘(爲國以禮) 그의 말에는 겸양의 빛이 없는지라 웃었다.'라고 말한다. 특별히 다른 의견을 내거나 못마땅한 표정이 아니라 빙그레 웃음 짓는 공자의 심중은 어떤 것이었을까?

염유는 작은 지방이라도 잘 다스려보고 싶다는 포부를 나타낸다. 물질적으로 풍요롭게 할 자신은 있으나 문화와 정신을 다루는 일은 자기로서는 역부족(力不足)이라고 말한다. 그것은 좀 더 유덕한 사람의 힘을 바라겠다는 말에서 마음속으로부터 자신의 실태를 깨닫고 있는 겸양이 보인다.

나중에 증석이 "염유가 말한 정도는 나라를 다스리는 일이 아니잖습니까?" 하고 묻자 "어찌 규모를 가지고 나라가 아니라고 하겠느냐?"라고 반문한다. 규모의 대소보다는 그 내용이 중요한 것이라는 점에서 오늘날 많은 것을 생각하게 하는 말이다.

지방화, 세계화는 현대의 추세이다. 지금의 국민국가는 양방향에서 점점 약화할 것이다. 더욱 작은 규모의 자치 단위가 세계적 네트워크로 발전할 것이 예상된다.

이런 시대에 염유가 그리는 규모의 정치는 시사하는 바가 크다. 도덕이나 문화의 힘과 경제를 비롯한 이해관계를 조정하고 생산력을 키우는 힘이 서로 어떻게 조화될 것인가가 지방화·세계화 시대에 물어지는 것이다.

공서화는 더욱 겸손하다. 고관대작을 바라지 않고 소관(小官)을, 그것도 지금 할 수 있다는 것이 아니라 배워서 하겠다는 것이다. 공서화가 자신의 분수를 스스로 알았다고 생각할 수도 있지만, 나중에 공자가 '그가 소상이 되겠다고 하면 누가 대상이 되겠느냐?'고 말한 것을 보면 그의 겸손을 읽을 수 있다.

자신의 능력에 맞는 일을, 성심을 다해 하는 것이 참된 정치의 모습이 아닐까? 상하 관념에 사로잡혀 높이 올라가려는 경쟁에 시달리는 것보다 얼마나 진실한 모습인가. 관료주의에서 벗어나 공적(公的) 서비스로 나가야 하는 공무원에 대한 현대의 요구를 생각할 때 공서화의 태도는 돋보인다.

이 긴 문장에서 특이한 것은 증석과의 대화다. 증석의 대답은 다른 세 사람과는 판이했고, 더구나 스승인 공자가 그에게 동조한다. 적극적인 현실 참여를 주장하는 공자가 증석의 은자(隱者)류의 답변에 '위연탄(喟然歎)'하는 것이다. '한숨을 내쉬며 공감하는 것이다.'

왜 한숨을 쉬며 공감하는 것일까? 은자(隱者)들이 공자를 비웃을 때, '자신도 그런 삶을 원하지만, 지금의 세상에서 정치나 문화를 바로잡지 않으면 어떻게 그런 삶을 누리겠는가?' 하는 심경을 토로하는 장면들이 논어 뒤편에 소개된다. 이 구절이 의외처럼 읽히는 것은 오래된 공자와 노자에 대한 오해에서 비롯되는 것이 있다. 이 구절이 공자보다는 노자를 연상시키기 때문일 수 있다. 노자와 공자의 다름에 대해 든 생각 때문에 이런 마음이 나는 것 같다.

그러나 사실은 두 성현의 궁극적 목적이나 지향은 같은 것이 아닐까? 다만 그 방법이나 과정서 어디에 더 비중을 두느냐 하는 차이 정도가 아닐까? 공자가 모델로 생각한 요순(堯舜)의 치(治)나, 노자의 무위(無爲)의 치(治)나 구경은 같은 것이라고 생각한다. 궁극적 이상은 같지만, 현실에 임하는 구체적 대응이 달랐던 정도가 아닌가 싶다. 실제로 지금도 우리가 바라는 최고의 정치는 타율적 규제가 없는, 자율적이며 자연스럽게 조화된 상태의 정치다. 지금은 공자 시대보다 훨씬 더 그러한 가능성이 높아진 사회가 되었다,

사회 제도의 민주화, 인류의 총수요를 충족시킬 수 있는 물질적 생산력, 일반적으로 높아진 자유도와 자율성 등이 2,000년의 세월이 지나면서 이루어진 성과들이다. 좀 더 나아가야 하겠지만, 언젠가는 공자와 노자가 함께 그려 왔던 이상향을 구체적으로 바라볼 수 있는 지점에 다가갈 것이다. 다만 그 상태는 원시 시대의 자연적 조화가 아니라 문명 시대를 충분히 경험한 이후의 조화일 것이다. 지금 겪고 있는 인류 존속의 위기를 극복할 수 있을 경우에 가능하겠지만.

## 제12편

# 안연(顔淵)

―

"극기복례(克己復禮)가 곧 인을 실천하는 것이니,
하루 극기복례하면 천하가 다 인으로 돌아간다.
인(仁)을 실천함은 나로부터 비롯되지
어찌 남으로부터 말미암은 것이겠는가?"

극기복례위인 일일극기복례 천하귀인언 위인유기이유인호재
**克己復禮爲仁 一日克己復禮 天下歸仁焉 爲仁由己而由人乎哉**

# 1

안연이 인에 관하여 묻자 공자 말하기를, "극기복례(克己復禮)가 곧 인을 실천하는 것이니, 하루 극기복례하면 천하가 다 인으로 돌아간다. 인(仁)을 실천함은 나로부터 비롯되지 어찌 남으로부터 말미암은 것이겠는가?"

"구체적인 사항을 말씀하여 주시기를 바랍니다."

"예가 아니면 보지 말고, 예가 아니면 듣지 말고, 예가 아니면 말하지 말고, 예가 아니면 움직이지 말라."

"제가 비록 불민하오나 그 말씀대로 실천해 보겠습니다."

顔淵問仁 子曰 克己復禮爲仁 一日克己復禮 天下歸仁焉 爲仁由己而由人乎哉
안 연 문 인 자 왈 극 기 복 례 위 인 일 일 극 기 복 례 천 하 귀 인 언 위 인 유 기 이 유 인 호 재
顔淵曰 請問其目 子曰 非禮勿視 非禮勿聽 非禮勿言 非禮勿動 顔淵曰 回雖不敏
안 연 왈 청 문 기 목 자 왈 비 례 물 시 비 례 물 청 비 례 물 언 비 례 물 동 안 연 왈 회 수 불 민
請事斯語矣
청 사 사 어 의

극기복례(克己復禮)라는 말은 참으로 익숙한 말이다. 그런 만큼 그 참뜻을 이해하는 것이 쉬운 것은 아니다.

요즘 극기훈련(克己訓鍊)이 유행하고 있는데 조금도 참지 못하는 요즘 세대에게는 '참는 훈련'이 필요한 것일지도 모른다. 절대빈곤이나 독재 시대에는 싫어도 참아내야 할 일이 많았지만, 경제가 성장하고 민주화가 진척되다 보니 높아진 자유도(自由度)만큼 자기가 싫다고 생각하는 일에 대해서는 참아내는 힘이 너무 없다. 마치 '참는 행위'를 자유에 반하는 것으로 간주해 버리는 것이다.

연세 많으신 분들이 새로운 일을 시작하는 자식들에게 '어려운 일이 있더라도 참아내라.'는 충고를 많이 하시는데 젊은이들의 참는 힘이 적은 것도 있지만 그분들의 관념 속에는 '참는다'는 것이 중요한 덕목으로 자리 잡고 있다. '참지 못하는' 사람들에게는 '참는', '견뎌내는' 연습이 필요하다고 생각한다. '자기가 하고 싶지 않은 일'을 하지 않고 '만나고 싶지 않은 사람'을 만나지 않고 살 수만 있다면 좋겠지만 세상은 그렇게 되어 있지 않다. '자기가 하고 싶은 일'만 하려 한다면 그는 자유인이 아니고, 오히려 극심한 부자유에 시달리게 될 것이다.

그렇다고 극기(克己)를 요즘 흔히 말하는 식으로 '자기를 이기는' '참고 극복하는' 식으로 이해하는 것은 공자의 뜻에서 한참 멀다고 생각한다. 진정한 극기는 공자가 끊었다는 절사(絶四)를 통해서 이루어지는 것이라고 생각한다. 무의(毋意)·무필(毋必)·무고(毋固)·무아(毋我)의 네 가지이다. 결국 극기란 무아집(無我執)의 세계라고 생각한다. 이것은 '참아야 하는' 부자유의 세계가 아니라 '참을 것이 없는' 자유의 세계인 것이다. 현대인은 과거와 같은 참아야만 하는 세계에서 크게 앞으로 나아 왔다. 하지만 그것이 진정한 자유와는 거리가 먼 것도 사실이다. 그렇다고 '참아야만 하는 과거'로 다시 돌아갈 수는 없고 또 그렇게 하는 것은 자유를 추구하는 인류에게는 맞지 않다. 이제 앞으로 나갈 수밖에 없다. 진정한 자유를 향해 나아가는 것이다. 그것은 공자가 모범을 보인 절사(絶四)다. 이것이 진정한 극기라고 생각한다.

따라서 복례(復禮)도 극기와 따로 보는 것은 옳지 않다. 복례를 '사람 사이에 지켜야 할 행위규범에 따라야 한다.'라는 식으로 생각하기 쉽다. 물론 '하고 싶지 않아도 참고 다른 사람을 생각해서 행동거지를 예(禮)에 맞게 하는 것'은 필요한 일일 수도 있지만 그것은 극기와 복례가 따로 노는 것으로 그 바탕에는 부자유가 있다. 즉 즐겁지 않은 것이다.

공자는 예(禮)를 즐긴다는 말을 여기저기서 기회 있을 때마다 한다. 즐긴다는 것은 자유롭다는 것이다. 예(禮)를 무어라 정의하기 어렵겠지만 여기서 '인(仁)이 사람 사이의 관계를 형태화(形態化)한 것'으로 보면 극기와 복례는 표리의 관계이다. '아집으로부터 자유로운 사람이 되어 다른 사람과 사이좋게 되는 것'을 인간이 지향해야 할 바람직한 모습이라고 보았다.

유교나 유학을 생각하면 먼저 떠올리는 것이 '예(禮)'다. 실제로 관혼상제(冠婚喪祭) 등 예의 전문가들이 초기 유자(儒者)들이었다. 공자는 이 개념을 확장하였다. 단순히 기존의 규범으로부터 인간이 지향해야 할 이상적인 질서로 그 의미를 넓혔다. '극기복례'가 그 대표적인 경우다. 군자(君子)의 의미를 바꿔치기한 것 못지않게 예(禮)의 의미를 확장한 것 또한 공자 식 혁명이라고 생각한다.

'예(禮)와 양(讓)으로 운영한다면 어떤 사회 집단이라도 운영하는 데 무슨 어려움이 있겠는가.'라는 공자의 말에서 알 수 있듯이, 극기(克己)의 적극적인 마음 상태가 양(讓)이고 그 양(讓)이 사회화된 형태가 예(禮)인 것이다. 극기복례의 다른 표현인 것이다.

일일극기복례(一日克己復禮) 천하귀인언(天下歸仁焉)이라는 말은 깊은 감동을 준다. '한 사람이 하루라도 무아집의 사람이 될 수 있다면 천하가 인(仁)으로 돌아간다.'는 말은 세상이 어떻게 성화(聖化)될 수 있는가를 잘 보여주고 있다. 일일(一日)은 지금(now)을, 천하(天下)는 여기(here)를 가리키는 말로 다가온다.

인(仁)이 되는 것은 자기로부터 말미암은 것(爲仁由己)이지 다른 사람으로부터 오는 것이 아니다. 지금 여기에서 바로 실현되는 세계인 것이다. '아욕인 사인지의(我欲仁 斯仁至矣)'라는 말과 상통하는 것이다.(제7편 29장) '비례물시(非禮勿視)·비례물청(非禮勿聽)·비례물언(非禮勿言)·비례물동(非禮勿動)'이라는 말도 비례(非禮)에 대해서 오불관하는 식의 소극적 은둔적 사고방식으로 읽기 쉽지만 그런 것과는 거리가 멀다고 생각한다. 자기로부터 비례(非禮)를 범하지 않는다는 적극적이고 능동적인 실천 과제인 것이다. 이렇게 함으로써 근본적으로 사회의 부조리나 부정을 시정할 힘을 갖게 되는 것이다.

사회를 변혁하는 것과 자기를 변혁하는 일이 둘이 아닌 하나라는 사고방식을 갖지 않으면 이 말을 제대로 이해하기 힘들다. 먼저 자기로부터 인(仁)을 실현하여 천하의 인(仁)을 실현해 간다. 이것은 동서고금을 관통하는 진리라고 생각한다. 특히 외적인 변혁(자연, 사회)이 한계에 봉착한 것으로 보이는 현대에 있어 내적인 변혁, 즉 관념계의 변혁이 절실히 요구된다. 진실로 인간의 진보를 위하는 사람이나 집단이라면 극기복례(克己復禮)를 현대의 상황에서 살려야 한다.


- 극기의 진정한 의미는 결국 아집으로부터의 자유이겠네요.
- 그런 의미에서 복례(復禮)도 현대적 의미로 보면 새롭게 생각되는 것이 많아요.
- 전에는 복례라 하면 '마땅히 지켜야 할 예의 규범을 잘 지키라.'는 식의, 뭔가 의무 같은 것으로 들렸거든요. 하기 싫어도 해야 할 그 무엇 같은 것으로 생각되었죠.
- 그렇지요. 유교나 공자에 대한 관념이 그런 식으로 형성되었고, 그동안 도덕 교육이나 윤리 교육도 그런 쪽에서 이루어진 것 같기도 하고요.
- 그러다 보니 현실의 행동과 관념상의 윤리가 서로 다르게 되는 것이지요. 심하게 표현하면 인격의 분열 같은 현상도 나타나는 것이지요.

- 즐거운 일은 아니지요. 그런데 공자께서는 예를 즐기신다는 말씀을 여기저기서 하시거든요.
- 그것이 중요하다고 생각해요. 현대인들에게도 어울리고요. 어떻게 예로 돌아가는 것이 즐거울 수 있을까요
- 즐기는 연습을 해야 할 것 같아요. 저는 차로 외출하다가 원촌 마을을 지날 때 거동이 불편한 노인을 자주 뵙는데요. 처음에는 무심코 지나쳤는데 요즘은 서로 웃는 얼굴로 목례를 해요. 그것만으로도 참 즐거워지는 것 같았어요. 그래서 차츰 그런 인사를 확대하고 있어요. 제가 넓어지는 느낌이 들거든요.
- 하루 극기복례를 하면 천하가 인으로 돌아간다는 말이 가슴에 와 닿아요. 정말 '지금-여기(here and now)의 세계이구나.' 하는 생각이 들어요.
- 결국 자기로부터 출발해서 자기로 돌아온다는 말이겠네요. 일상의 삶 속에서 조금씩 경험하잖아요.
- '예가 아니면 보지도 듣지도 말하지도 행하지도 말라.'는 말씀을 전에는 너무 방관자적인 소극적인 말로 들었는데요.
- 그렇게 듣기 쉬운 것 같아요. 그런데 자기로부터의 적극적 실천이라는 생각이 드네요.
- 남 흉보는 것을 사람들은 좋아하지 않나요. 그것에 동조하는 자신을 느낄 때가 있어요. 우선 자기 자신은 그런 말을 들으려 하지 않고, 다른 말로 하면 그 흉보는 이야기를 듣고 즐기는 마음을 일으키지 않고, 가담하지 않는 것을 말하는 것이 아닐까요?
- 비례(非禮)를 묵인하거나 피하거나 방관하라는 말이 아니라는 것은 확실하네요.
- 그렇다고 생각해요. 오히려 자신이 먼저 '비례를 행하지 않는' 상태가 되

어서 그것을 시정할 수 있겠지요.
- 특히 외적인 변혁과 성장을 추구한 근대 문명이 위기에 봉착한 지금, 예(禮)를 자연과의 관계로까지 확대한다면, 예는 이제 인류가 살아남기 위해 가장 필요한 덕목이 되는 것 같습니다.
- '자기중심성을 넘어서 자연과 상생하는 문명으로 전환하라!'는 메시지로 들립니다.

## 2

중궁이 인에 관하여 묻자 공자 말하기를, "문을 나서면 큰 손님 대하듯이 하고, 사람을 부릴 때는 큰 제사를 받드는 것같이 하고, 내가 하고 싶지 않은 일을 남에게 시키지 말라.
그렇게 하면 나라에서도 원망이 없고, 집안에 있어서도 원망이 없을 것이다."
"제가 비록 불민하지만, 그 말씀대로 실천하겠습니다."

仲弓問仁 子曰 出門如見大賓 使民如承大祭 己所不欲勿施於人 在邦無怨 在家無怨 仲弓曰 雍雖不敏 請事斯語矣
중궁문인 자왈 출문여견대빈 사민여승대제 기소불욕물시어인 재방무원 재가무원 중궁왈 옹수불민 청사사어의

인(仁)을 묻는 제자들의 물음에 공자는 각각 다른 대답을 한다. 가장 대표적인 답이 안연에게 한 '극기복례(克己復禮)'지만, 다른 제자들에게 한 답에서는 더 구체적으로 언급하는 경우가 많아서 서로 보완해서 읽으면 좋을

것 같다.

중궁은 이름이 염옹(冉雍)으로 안연과 함께 덕행으로 공문십철에 이름을 올린 사람이다. 주자는 공자가 중궁에게 한 말을 주경행서(主敬行恕)라고 요약했다. 큰 손님이나 큰 제사를 모시듯 하는 마음을 주로 하고, 사람들에게 서(恕)로 임하라는 말이다. 15편에서 서(恕)의 실천을 '기소불욕물시어인(己所不欲勿施於人)'으로 말하고 있다.

누가복음 6장 31절에 나오는 황금률(黃金律)인 "남에게 대접을 받고자 하는 대로 너희도 남을 대접하라."를 연상하게 한다.

무엇이 인(仁)인가 하는 질문에 대해 공자가 알기 쉽게 말한 것이지만, 실제로 실천하기는 쉽지 않다.

우리가 어떤 일을 행함에 있어 그것이 인(仁)한 것인지 어떤지를 판별하는 데 대단히 유용한 기준으로 생각된다. 보통의 경우 자기가 싫어하는 일은 상대도 싫어하는 것이다. 일상의 삶 속에서 의식하지 않는 가운데 자기가 싫어하는 일을 남에게 시키는 경우가 얼마나 많은가?

공자의 이 말만 의식해도 상당히 인(仁)에 가까운 생활을 할 수 있을 것 같다. 역지사지(易地思之)하는 습관을 몸에 붙인다면 사람들 사이가 좋아질 수밖에 없는 것이다. 원망이 없어지는 것이다. 사이가 좋아지면 함께 살아가는 것이 즐거운 것이다. 이것이 예로 돌아가는 것(復禮)이다. 복례(復禮)가 즐거운 것이다.

가족 안에서도 그렇고, 직장 안에서도 그렇고, 이웃끼리도 그렇고, 나라의 정치에서도 그렇다. 개인과 개인, 개인과 집단, 집단과 집단 간에 기소불욕물시어인(己所不欲勿施於人)이라는 말대로 행하는 연습을 한다면 세상은 매우 아름다워질 것이다. 진보와 보수, 자본과 노동, 젊은 세대와 나이든 세대, 여성과 남성 사이에 이런 것을 연습하는 풍조를 유행시킬 수는 없는 것일까?

## 3

사마우가 인에 관하여 묻자 공자 말하기를, "인자(仁者)는 그 말을 참는다." "말을 참으면 곧 인이 이루어진다는 말씀입니까?"
"행하기가 어렵다. 말을 참음이 없이 안 하는 경지까지 얻을 수 있겠는가?"

司馬牛問仁 子曰 仁者其言也訒 曰 其言也訒斯謂之仁矣乎 子曰 爲之難 言之得
사 마 우 문 인  자 왈  인 자 기 언 야 인   왈   기 언 야 인 사 위 지 인 의 호   자 왈  위 지 난  언 지 득
無訒乎
무 인 호

사마우는 이름이 리(犁)다. 송나라 사람으로 공자를 살해하려고 한 적이 있는 환퇴(桓魋)의 아우다.

인(仁)을 묻자 '인자는 그 말을 참는다.'라고 대답한다. 안연의 물음에는 '극기복례(克己復禮)'로, 중궁의 물음에는 '주경행서(主敬行恕)'로 답한 것에 비해 너무 간단하다. 그래서 사마우도 당황한 것 같다. "아니, 말만 참으면 인(仁)이 된다는 말씀입니까?"라고 되묻는다. 그러자 공자는 말한다. "그것은 참 어려운 일이다. 참고 말을 안 하는 것도 어렵지만, 더 나아가 참음이 없이 그런 경지까지 가는 것이 어떻겠느냐?"

'개구즉착(開口卽錯)'이라는 말이 있는 것처럼 사람들은 입을 열기만 하면 거짓되기 쉬운 존재다. 악의적이고 고의적인 거짓이 아니더라도, 의식

하지 않는 가운데 자신을 과장하는 경향이 있는 것이다. 그런 존재인 자신을 잘 보는 것이 중요한 것 같다. 따라서 말을 신중히 해야 한다.

그러나 여기서 이야기하는 것은, 자기 생각과 다른 이야기를 들을 때 남의 말을 자르거나 끼어들지 않고, 그 말을 경청하는 것을 의미하는 것 같다. 아마 처음에는 말하고 싶은 것을 참는 노력이 필요할 것이다.

참는 것도 쉽지 않다. 그러나 참는 동안에는 사실 경청이 어렵다. 꾸준히 연습하다 보면 참음이 없이 되는 경지까지 갈 수 있을까? 그럴 때 상대의 말을 잘 들을 수 있게 될 것이다. 공자는 그것을 말하고 있다.

극기(克己)가 하고 싶은 것을 참는 부자유가 아니라 아집에서 벗어나 자유롭게 되는 것이라면, 이것이야말로 극기(克己)의 구체적 실천 목표다.

일일일선(一日一善)이라는 말이 있다. 하루에 한 가지라도 선한 일을 꾸준히 하다 보면, 가랑비에 옷 젖듯 그 인격이나 성품이 밝게 변할 것이다. 사람마다 선(善)함에 대해서 생각이 다를 것이다. 구체적일수록 실행의 목표도 선명하고 하기도 쉽다.

몇 가지 떠오르는 것이 있다. 먼저 '하루 한 번 양보하기'다. 운전하는 경우 아주 구체적인 장면들을 늘 만난다. 자신의 일상생활에서 얼마든지 발견할 수 있다. 경쟁하거나 갈등하는 마음이 일어날 때가 찬스다. 하루에 한 번씩은 양보를!

다음은 '하루 한 번 상대의 입장 되어 보기'다. 자기 생각이나 이익과 부딪치는 사람은 늘 있기 마련이다. 마음에 미움이나 분노가 일어나면 그때가 찬스다. 하루 한 번은 상대의 입장이 되어 보는 것이다. 처음은 좀 쉬운 것부터 한다. 꾸준히 하다 보면 아마도 조금씩 자기와 다른 사람들을 받아들이는 품이 넓어질 것이고, 내 안의 평화도 깊어질 것이다. 결국은 자기를 위한 것이다. 위기지학(爲己之學)이다.

사마우에게 공자가 말한 것 또한 아주 구체적인 목표로 삼을 만하다. 내가 경청(傾聽)하면 상대도 내 말을 경청하여 소통이 원활(圓滑)하게 된다. 이런 연습을 시민운동으로 할 수 있다면, 도시에 흐르는 '마음의 강물'이 맑고 풍성할 것이다.

4

사마우가 군자에 관하여 묻자 공자 말하기를, "군자는 근심하지 않고, 두려워하지 않는다."
"근심하지 않고 두려워하지도 않는다면, 이를 곧 군자라 이른다는 말씀입니까?"
"마음을 돌아보아 병 되는 것이 없다면 무엇을 근심하고 두려워할 것이 있겠는가?"

司馬牛問君子 子曰 君子不憂不懼 曰 不憂不懼斯謂之君子矣乎 子曰 內省不疚
사 마 우 문 군 자  자 왈  군 자 불 우 불 구  왈  불 우 불 구 사 위 지 군 자 의 호  자 왈  내 성 불 구
夫何憂何懼
부 하 우 하 구

- 3장과 마찬가지로 사마우가 약간 당황해하는 모습이군요. 군자를 묻자 기대와는 달리 너무 평이한 말을 해서 되묻는 장면이군요.
- 공자의 응병여약(應病與藥)하는 대화 방식이지요. 사마우는 송나라의 귀족 가문 출신이지만, 그의 형제들이 반란을 일으켜 가문이 몰락하는 아픔을 겪었지요. 이런 이유로 자신을 비관하며 늘 자신의 불행을 토로하

곤 했습니다. 그런 사마우를 공자가 깨우쳐주는 대화 같습니다.
- 저는 타고날 때부터 겁이 많은 편이에요. 군자 되기는 애초에 글렀네요.
- 사람마다 두려움이나 근심의 대상이 다른 것 같아요.
- 타고난 성격은 어떻게 할 수 없지만, 스스로 '하늘을 우러러 부끄러움 없는' 사람이 되기 위해 노력하다 보면 근심이나 두려움으로부터 많이 자유로워지는 것 같아요.
- 근심이나 두려움은 결과를 지나치게 의식할 때 심한 것 같아요.
- 결과는 하늘에 맡기고 그 과정에 최선을 다하는 삶이 군자의 삶이 아닐까요?

## 5

사마우가 근심하여 말하기를, "사람들은 다 형제가 있는데 나만 없구나!"

그러자 자하가 말하기를, "내가 들으니 '살고 죽음은 명에 있고, 부귀는 하늘에 달렸다.'고 하오. 군자가 삼가서 과실이 없고 남과 사귐에 공경하며 예가 있으면 사해 안이 다 형제가 되는 것이오. 그런데 군자가 어찌 형제 없음을 근심하리오."

司馬牛憂曰 人皆有兄弟 我獨亡 子夏曰 商聞之矣 死生有命 富貴在天 君子敬而
사 마 우 우 왈 인 개 유 형 제 아 독 망 자 하 왈 상 문 지 의 사 생 유 명 부 귀 재 천 군 자 경 이

無失 與人恭而有禮 四海之內 皆兄弟也 君子何患乎無兄弟也
무 실 여 인 공 이 유 례 사 해 지 내 개 형 제 야 군 자 하 환 호 무 형 제 야

- 사마우가 자신의 불행을 한탄하는 이야기군요. 그러자 자하가 아마 사마우를 위로한다고 한 이야기 같은데, 이 글만 보아서는 그다지 위로가 될 것 같지 않군요. 높은 데 서서 가르치는 것 같습니다.
- 말은 아주 그럴듯하지요. 명(命)이나 부귀(富貴)는 하늘에 달린 것이지만, 군자가 되는 것은 자기가 하기 나름이고 그렇게 해서 군자가 되면 세상 사람이 모두 형제가 될 터인데, 형제 없음을 걱정할 필요가 있는가? 호연지기가 넘치는 말 같지만, 위로가 되기에는 공감이 부족한 것 같습니다. 높은 곳에서 가르치는 것 같은 이야기로는 위로보다도 반감을 느낄 가능성이 크지요.
- 요즘에는 형제가 없는 경우가 많아요. 한 때는 출산 억제 정책으로 한 자녀 갖기를 권장한 때도 있었지요. 지금은 출산율 저하가 인구 소멸로 이어져 출산율을 높이는 정책을 펴고 있지만, 여전히 출산 기피 현상이 심합니다. 각자도생의 차가운 풍조에다가 형제마저 없는 경우가 많아서 인정이 말라가는 것이 걱정입니다.
- 어떻게 보면 친형제가 없다는 것이 가족의 범위를 넘어 여기서 말하는 '사해지내 개형제야(四海之內 皆兄弟也)'를 바라볼 수 있었으면 좋겠습니다만, 현실은 거리가 먼 것 같아요. 앞으로 그렇게 되면 좋겠네요.
- 진짜 중요한 것은 같은 시대 같은 땅에 태어나 함께 사는 사람들이 동포의 정을 느끼는 삶과 사회를 만드는 것이라고 생각해요. 지금 우리는 그와 반대로 심리적 내전에 가까운 증오와 분노의 기이한 편가름 때문에 고통을 받고 있지요.
- 의식혁명을 이야기하고 영성을 강조하는 것은, 결국 서로 서로 연민의 정으로 바라볼 수 있는 상태로 우리의 마음들이 변해가는 것 아니겠어요. 우선 내 안에서 그런 마음이 먼저 우러나야 하겠지요. 사회적 모순

을 해결하는 목적도 결국 이런 '마음의 강물'이 흐르게 하는 것이겠지요. 그것이 인문 운동이라고 생각합니다.

## 6

자장이 밝음(明)에 관해서 묻자 공자 말하기를, "물이 스며드는 것 같은 참언과 피부로 와 닿는 듯한 하소연을 물리친다면 가히 밝다고 할 수 있다. 은근히 스며드는 참소와 피부를 자극하는 하소연을 물리친다면 멀리 내다본다고 말할 수 있다."

子張問明 子曰 浸潤之譖 膚受之愬 不行焉 可謂明也已矣 浸潤之譖 膚受之愬 不行焉 可謂遠也已矣
자장문명 자왈 침윤지참 부수지소 불행언 가위명야이의 침윤지참 부수지소 불행언 가위원야이의

명(明)에 관한 공자의 말은 지극히 구체적이며 현실적이다. 실제로 혼자서 깊이 사고하거나 명상에 잠겨 있을 때는 세상의 이치가 훤히 보이는 듯하다가도 구체적인 사람과의 관계 속으로 돌아오면 전혀 달라져 버리는 것을 많이 경험한다. 구체적인 삶 속에서 포폄(褒貶), 즉 비난이나 칭찬에 흔들리지 않는 마음이 되지 않으면 진정으로 밝은 상태로는 되지 않는다.

공자는 '밝음'을 구체적 상황과 관계 속에서 말한다. 머리로 생각하는 추상적 깨달음이 아니라 '물이 스며드는 듯한 참소와 말초 신경을 자극하는 하소연'을 넘어서는 상태를 밝다고 하는 것이다. 밝아야 멀리 볼 수 있다.

- 혼자 있을 때는 뭔가를 깨달아 밝아졌다고 느껴도 사람들과의 관계 속에 들어오면 그만 흐려져 버리는 경우가 많잖아요.
- 비난을 받아 흐려지는 경우는 알기 쉽지만, 칭찬을 받아도 흐려진다는 것은 느끼지 못하는 사람이 많은 것 같아요.
- 칭찬을 좋아하는 것은 항상 흐려질 준비를 하는 것과 마찬가지인 것 같아요.
- '물이 스며드는 듯한 참소'와 '살갗을 자극하는 하소연'이라는 표현은 너무 넘어서기 어려운 인간의 약점을 정말 잘 지적한 것 같아요.
- 가까운 사람의 참소나 하소연을 받아들이지 않는다는 것은 어떻게 보면 공감 능력이 떨어지는 사람으로 비칠 수 있을 것 같은데요?
- 몰인정한 것과는 차원이 전혀 다른 것이라고 생각해요. 더 큰 사랑과 정의의 가치가 참소와 하소연을 넘어설 수 있게 하겠지요.
- 특히 권력의 코드 인사가 요즘 문제로 되는 것 같은데요?
- 지금의 대통령제 아래에서는 대통령의 밝음(明)이 국운을 좌우하는 것 같습니다.

7

자공이 정치에 관하여 묻자 공자 말하기를, "식량을 풍족하게 하고 군비를 충분하게 하며 백성의 신뢰를 얻어야 한다."
"부득이 세 가지 중에서 하나를 버려야 한다면 어느 것이 먼저입니까?" "군비를 버릴 것이다."

"또 부득이하여 버려야 한다면 나머지 둘 중에서 어느 것을 버려야 합니까?" "식량을 버릴 것이다. 자고로 누구나 죽음은 어쩔 수 없지만, 백성의 신뢰를 잃으면 존립할 수가 없다."

子貢問政 子曰 足食 足兵 民信之矣 子貢曰 必不得已而去 於斯三者 何先 曰 去兵 子貢曰 必不得已而去 於斯二者 何先 曰 去食 自古皆有死 民無信不立
자공문정 자왈 족식 족병 민신지의 자공왈 필부득이이거 어사삼자 하선 왈 거병 자공왈 필부득이이거 어사이자 하선 왈 거식 자고개유사 민무신불립

■ 민무신불립(民無信不立)이라는 유명한 말이 나오는 자공과 공자의 대화군요. 한문(漢文)을 잘 몰라서일지 모르지만, 나에게는 경제(足食)와 안보(足兵)가 튼튼해야 국민이 정부를 신뢰하는 정치(民信)가 이루어진다는 말로도 들립니다.

■ 그렇게 볼 수도 있겠네요. 그러나 대체적인 해석은 이 세 가지를 정치가 제대로 되기 위한 조건들로 보고 있지요. 중요한 것은 부득이 버려야 한다면 그 버리는 순서인데, 특히 식(食)과 신(信)의 둘 가운데 어느 것을 먼저 버리는가에 대한 대답이 이 장의 백미(白眉) 같군요.

■ 부(富)를 가장 선차적인 요소(先富後敎 13/9)로 중시한 공자의 언급으로 볼 때 자공에겐 의외였을 수도 있었겠지요. 아마 자공 스스로도 고민한 주제였을 수도 있고, 스승의 생각도 궁금했겠지요.

■ 이식위천(以食爲天)이란 말도 있듯이 식(食)이 더 중요하지 않을까요? 그런데 공자가 식(食)을 먼저 버린다고 하는 이유로 '사람은 누구나 다 죽는다.'는 것을 거론하는군요. 그렇다면 이 질문에 대한 대답은 '인간 존재의 특이함'에 대한 인식에서 오는 것이라고 말할 수 있겠네요.

■ 나도 그런 생각이 듭니다. 인간이 동물계로부터 진화한 특징이지요. 그것을 인간의 관념, 즉 의식(意識)으로 보고 그 대표적인 것으로 신(信)을

말하는 것이 아닌가 합니다. 요즘의 과학기술 같으면 AI로 대체할 수 없는 것이 무엇인가를 묻게 되겠지요. 아마도 병(兵)이나 식(食)은 대체 가능하겠지요.

- 또 한 가지는 이런 질문이 나오는 것 자체가 2,500여 년 동안 그다지 변하지 않은 '국가'라는 사회 조직과 그 국가를 움직이는 '정치'에 대한 변하지 않은 관념과 현실 때문이지요. 국가라는 조직이 약화되거나 사라진다면 그에 따라 정치라는 현상도 근본적으로 바뀌겠지요. 이런 문답이 별 의미가 없게 되겠지요.

- 어떻든 공자 당시에 이런 주제로 대화가 오고 갔다는 것이 대단하게 느껴집니다. 더욱이 민신지(民信之)를 두 가지로 해석했다는 것이 그동안의 역사를 느끼게 합니다. 하나는 민신어상(民信於上)이고, 다른 하나는 '민신기상(民信其上)'입니다. 전자는 백성들이 군주에게 신의를 지켜서 떠나지 않으면 좋은 정치가 이루어진다는 뜻이고, 후자는 백성들이 신뢰할 만한 군주라야 좋은 정치가 이루어진다는 뜻으로 그 의미가 완전히 다르지요.

- 전자는 어떤 경우라도 백성은 군주를 믿고 따라야 하는 것이 좋은 정치의 조건이라면, 후자는 군주가 믿을 만하지 않으면 버려도 된다는 이야기죠. 주자가 전자의 해석을 지지했지요. 16세기 조선에서도 성혼은 전자를 지지했고 송익필은 후자를 지지했지요. 성혼이 명문대가의 후손이었는데, 송익필은 할머니가 노비 출신이었지요.

- 공자의 답변을 현실을 모르는 지나친 이상주의라고, 더욱이 오늘과 같은 물질을 둘러싼 경쟁과 대립이 치열하고, 국가 간의 군비 경쟁이 조금도 수그러들지 않는 세상에서 공자의 말은 한가한 백일몽(白日夢)처럼 들린다고 말하는 사람도 있겠지만 잘 생각해 보면 정치의 요체를 이처

럼 간명하게 말할 수 있을까 하는 생각이 듭니다.
- 지금 한국이 당면하고 있는 최대의 위기도 바로 이 신(信)이 붕괴하는 현상 아닌가요? 경제나 안보도 이 신(信)이 붕괴하면 제대로 세울 수가 없지요. 더구나 이 신(信)의 붕괴는 정부와 국민 간의 문제만은 아니지요. 국민들 상호간의 문제라서 더욱 심각합니다. 안 그래도 천박한 자본주의 문명이 각자도생의 차가운 불신(不信)을 조장하고 있는데, 이미 낡은 관념과 정서로 편을 갈라 심리적 내전에 가까운 상태라는 것이 안타까움을 넘어 절망적입니다.
- 이래서는 안 된다는 의식이 커지고 있습니다. 어디에서 출발해야 할까요? 서로 '이래서는 안 된다.'고 주야장천 이야기해 봐야 소용이 없지요. 나부터 관용과 양보의 이니셔티브를 취해야지요. 그것이 진정성입니다. 신뢰를 회복하는 첫 단추입니다.
- 이상사회를 향해 나가는 데는 물질적 조건(食,兵)보다 정신적 조건(信)이 더 결정적인 것이죠. 이것은 비단 이상주의적 생각에 그치는 것만은 아니라고 봅니다. 물질적 풍요가 정신적 성숙과 결합하지 않을 때는 그 물질적 풍요는 오히려 재앙으로 나타날 수 있죠. 오늘 우리 현실이 보여주고 있지요.
- 현대의 국방력은 그 나라의 경제와 과학기술 수준에 크게 달려 있지만, 가장 중요한 것은 만일 전쟁이 일어났을 때 궁극적으로 승패를 좌우하는 것은 그 나라 국민이 '왜 싸워야 하는지'를 얼마나 공감하고 자각하고 있느냐에 달려 있다는 점에서는 예나 지금이나 마찬가지라고 생각합니다. 이때 자기 나라를 싸워서 지키려는 의지는 어디에서 오는 것일까요? 그것은 그 나라가 지켜내려는 가치에 대한 공통의 신뢰죠. 이러한 신(信)이 없다면 아무리 방대한 병력과 첨단의 무기가 있다 할지라도 그 나라

를 지켜낼 수 없는 것입니다. 민무신불립(民無信不立)은 이런 점에서 읽
힙니다.
- 이 신(信)이 인류보편의 가치 위에 세워져야 한다는 자각이 점점 더 세계
  인류의 마음속에 자리 잡아 갈 때라야 우리에게는 희망이 있다고 생각
  합니다.

8

극자성이 말하기를, "군자는 바탕이 훌륭하면 되지, 문식(文飾)을 해
서 무엇하리요?" 자공이 말하기를, "애석하오, 그대의 군자에 대한
말이. 사두마차도 그대의 혀를 따르지 못할 것이오. 문은 질과 같아
야 하고, 질도 문과 같아야 합니다. 호랑이와 표범의 가죽과 개와 양
의 가죽은 털을 뽑으면 같지요."

棘子成曰 君子質而已矣 何以文爲 子貢曰 惜乎夫子之說君子也 駟不及舌 文猶
극 자 성 왈   군 자 질 이 이 의   하 이 문 위   자 공 왈   석 호 부 자 지 설 군 자 야   사 불 급 설   문 유
質也 質猶文也 虎豹之鞟猶犬羊之鞟
질 야   질 유 문 야   호 표 지 곽 유 견 양 지 곽

- 옹야편 16장의 '질승문즉야 문승질즉사 문질빈빈연후군자(質勝文則野 文
  勝質則史 文質彬彬 然後君子)'의 다른 버전이네요. 질(質)은 바탕을 말하고,
  문(文)은 꾸밈을 말하는데, 자연(自然)과 인위(人爲)의 조화를 공자는 말
  했지요. 극자성이 질(質)에 치우치자, 자공이 그것을 안타깝게 생각하는
  장면인데, 그 말이 재미있군요. '극자성의 혀가 사두마차보다 빠르다.'

제12편 안연(顏淵) | 581

고 그의 단정적인 말을 나무라고 있군요. '좀 더 생각하고 말하지.'라는 말을 고대(古代)형 개그로 했군요. 요즘 같으면 아마 '로켓보다 빠르다'로 했겠지요.

- 그런데 사실은 자공의 경우도 지나쳤지요. 질(質)을 가죽에 문(文)을 털에 비유하면서, 털이 없으면 호랑이와 개의 가죽이 같지 않겠느냐는 비유죠. 사실은 가죽도 다름이 있지요. 극자성의 치우침을 교정하려고 한 말이 또 다른 치우침으로 나타났군요. 그래서 중용이 어렵다는 생각도 들지만, 세상의 일들이 많은 경우 이런 방식으로 중용을 향해 나아가는 것 같아요. 특히 요즘 한국의 정치나 사회현상을 보면서 극단에서 다른 극단으로 거칠게 이동하는 모습을 생각하게 됩니다. 너무 거칠어서 중용을 향할 수 있을까 하는 의문이 들기도 하지만, 그렇지 않으면 쇠망의 길밖에 없는데요. 갈 데까지 가서(物極必反) 중용을 찾기를 바랄 뿐입니다.
- 좀 다를지 몰라도 내용과 형식의 조화를 떠올리게도 됩니다.
- 그래요. 지나치게 형식적 의례를 좇는 것은 눈에 거슬리지만, 내면의 마음이 중요하다고 지나치게 예의작법을 무시하는 것도 불편하게 하는 것 같아요.
- 실질이 중요하다고, 형식이나 절차를 경시하는 것은 옳은 태도가 아니라고 봐요.
- 민주주의에 대해서 말한다면, 지나치게 형식적이고 절차적인 데 매달려 실질적 민주주의가 뒷전으로 밀리는 것도 문제이지만, 반대로 실질적 민주주의, 즉 경제적 민주주의나 약자의 자유와 평등을 위한다는 명분 아래 절차적 민주주의를 경시하는 것은 더 큰 문제를 낳을 수 있다고 생각해요.
- 그렇지요. 우리는 그런 과정들을 겪으면서 자유를 향한 여정을 만들고

있다고 생각합니다.

## 9

애공이 유약에게 묻기를, "흉년이 들어서 나라의 비용이 부족하니 어찌 하리오?"
유약이 대답하기를, "어찌하여 철법(徹法)을 쓰지 않으십니까?"
"10분의 2를 거두어도 부족하거늘 어찌 철법을 쓴단 말이오?"
"백성이 풍족하면 임금이 누구와 더불어 부족하겠습니까? 백성이 부족하면 임금이 누구와 더불어 풍족하겠습니까?"

哀公問於有若曰 年饑用不足如之何 有若對曰 盍徹乎 曰 二吾猶不足如之何其徹
애공문어유약왈 년기용부족여지하 유약대왈 합철호 왈 이오유부족여지하기철
也 對曰 百姓足君孰與不足 百姓不足君孰與足
야 대왈 백성족군숙여부족 백성부족군숙여족

- 유약(有若)은 논어 학이편 2장에 등장하는 공자의 제자지요. 상당히 촉망되는 제자였던 것 같은데 논어에는 그다지 언급이 없습니다. 여기서는 당시 노나라의 군주인 애공과 조세에 대한 대화를 하고 있군요. 애공은 실권을 계씨 등에게 빼앗긴 군주였지요.
- 애공은 공자를 존경했지만, 그를 등용하지는 못했지요. 제자인 유약에 대해서도 이런 대화를 할 정도로 존중한 것 같습니다.
- 철(徹)은 주나라에서 만든 세법(稅法)이지요. 땅 백 묘(畝)씩 받은 여덟 명의 농부가 백묘에 해당하는 공유지를 공동 경작하여 세금으로 내는 정

전법(井田法)이지요. 그런데 노나라의 선공(宣公) 때부터 공유지의 수확은 물론 나누어준 땅의 수확에서도 10분의 1을 거두어 모두 10분의 2를 세금으로 거두었는데, 그것도 모자라 세금을 더 거둘 요량으로 묻고 있는 장면 같습니다.

- 그런데 유약이 오히려 깎으라고 하니 기가 막혔겠지요. 그 과정에서 백성과 군주가 어떤 관계여야 하는지를 말하고 있는 것 같습니다. 공문(孔門)의 경제관을 보여줍니다.
- 당시로서는 '백성이 임금의 근본'이라는 생각만 해도 대단한 것이었겠지요.
- 국가가 있고, 정부가 있는 한 조세는 국가와 국민 간에 피할 수 없는 모순인 것 같아요.
- 지금도 '작은 정부', '큰 정부'에 대한 논의는 반복해서 끊임없이 일어나지요.
- '큰 정부'를 하다 보면 세금을 많이 거두어들여야 하니 생산성이 저하되고, '작은 정부'를 하다 보면 복지 정책의 후퇴나 양극화의 심화라는 문제를 낳게 되지요.
- 결국은 어떤 조화를 이루는 지점을 찾게 되겠지만, 그 이전에 전적으로 국가의 조세를 통해서 자본주의의 모순을 해결하려는 생각에서 좀 앞으로 나가야 할 것 같아요.
- 국가 권력에 의한 조세권의 행사로 다 해결하려는 것은 인간의 진정한 진보에도 도움이 되지 않는다고 생각해요. 이제는 '마음의 경제'가 점점 중요하게 생각이 돼요.
- 그럼요. 분배라고 하면 시장의 투쟁이 생각나고, 재분배라면 국가의 강제력이 생각나서 둘 다 인간의 마음을 이끌어내지는 못하는 것 같습니

다.
- 우선 시장의 분배 과정 자체가 더 평등하고 공정하게 이루어져야겠지요. 노사 간을 비롯한 여러 주체 간의 사회적 대타협이 자본주의 시장을 인간화하는 방향으로 이루어져야겠지요.
- 가진 자를 억압하고 빼앗는 방식은 오히려 경제를 망가트려 분배의 물적 기반을 허물게 되지요. '가진 자'의 마음을 끌어내는 것이 중요한 것 같아요. 요즘 '기부'와 '나눔' 운동이 많이 일어나잖아요. 이것이 '마음의 경제'라는 생각이 들어요. 좀 더 나가면 세금을 내는 것도 국가라는 기관을 통해 이루어지는 기부나 나눔이라는 자각이 이루어지면 얼마나 좋겠어요.
- 세금을 받아 그것을 집행하는 정부 기관의 공무원이나 그 혜택을 보는 사람들은 가능한 한 절약하고 알뜰히 써서 그것을 가능하게 해 준 사람들에게 감사하는 심정이 되는 것도 '마음의 경제'라고 봐요.
- '작은 정부' '큰 정부' 같은 정책이 여전히 당분간 큰 영향을 주겠지만 앞으로는 이 '마음의 경제'가 점점 더 큰 영역이 되어서 자본주의의 모순을 넘어서는 큰 흐름을 이루기를 바랄 뿐입니다.

10

자장이 덕을 숭상하고 미혹됨을 분별하는 것에 관하여 묻자, 공자 말하기를, "충(忠)과 신(信)을 바탕으로 의(義)를 실천하는 것이 덕을

숭상하는 것이다. 사랑하면 그 살기를 바라다가 미워하면 그 죽기를
바라는데, 이미 그 살기를 바란 데다 또 죽기를 바라니 이것이 미혹
이다. 시(詩)에 이르기를 '참으로 풍부함도 없고 다만 기이할 뿐'이라
는 구절이 있는데 이를 말하는 것 같다."

子張問崇德辨惑 子曰 主忠信徙義崇德也 愛之欲其生 惡之欲其死 旣欲其生又欲
자장문숭덕변혹 자왈 주충신사의숭덕야 애지욕기생 오지욕기사 기욕기생우욕
其死是惑也 誠不以富亦祇以異
기사시혹야 성불이부역지이이

- 덕을 높이는 것(崇德)과 미혹을 분별하는 것(辨惑)을 묻고 있군요. 아마도 모든 제자들이 묻고 싶은 것이죠. 충(忠)과 신(信)을 중심으로 삼고 의(義)를 실천하는 것이 숭덕(崇德)의 길이라고 말하는 것은 공자의 일관된 생각이지요. 주충신(主忠信)은 다른 대화에서도 많이 나옵니다. 충과 신을 덕의 기본으로 보고 더 나아가 의를 실천에 옮기는 것을 덕을 높이는 것으로 봅니다.

- 그런데 공자는 이 기본에서 더 나아가 호학(好學)을 이야기하지요. '열 사람이 사는 마을에도 나 정도의 충과 신은 갖춘 사람이 있겠지만, 나처럼 배우기를 좋아하는(好學) 사람은 없을 것'이라는 말을 하지요.

- 의(義)를 실천으로 옮기는 것도 단정이나 고정이 없는 호학의 정신(無適也 無莫也 義之與比, 4/10)으로 해야 한다는 것이죠. 거기에 자기 마음 안에서 일어나는 미혹(迷惑)을 알아차리고 그것에서 벗어나야 함을 이야기하고 있군요.

- 미혹을 분별하는 것(辨惑)에 대해서는 예를 들어 말합니다. 같은 사람에 대해서 '사랑할 때는 살기를 바라다가 미워하면 죽기를 바라는 그 마음이 미혹 아니겠는가?'라는 말 같군요. 사물을 놓고 천변만화하는 마음에 미혹이 있다는 것이지요. 그 사람은 그대로인데, 내 마음이 바뀌어서

사랑이 미움으로 변하고, 그것이 그 사람이 살기를 바랐다가 다시 죽기를 바라는 식으로 변하는 마음이 바로 미혹이고, 그것을 알아차리는 것이 미혹에서 벗어나는 길이라는 말로 들립니다.

- 애증(愛憎)이 번갈아 일어나는 것에 미혹이 있다는 거지요. '오직 인자(仁者)만이 미워할 수 있다.'고 한 말도 이런 면에서 이해되는 것 같습니다.
- '성불이부 역지이이(誠不以富 亦祗以異)'는 시경 소아(小雅)의 시구인데, 이것에 대해서는 논어 편집이 잘못된 것 아닌가 하는 주장도 있지만, 미혹이란 '참으로 풍부한 것이 없는 다만 기이할 뿐인 마음의 상태'라는 의미로 쓰이지 않았나 생각됩니다. 미혹(迷惑)은 실질이 아닌 허상(虛像)이고, 이런 허상에 끌려 다니지 않기 위해서는 그 허상이 자기 마음 안에서 생기는 것을 보라는 이야기지요.

## 11

제나라 경공이 공자에게 정치에 관하여 묻자 공자 대답하기를, "임금은 임금다워야 하고 신하는 신하다워야 하며, 아비는 아비답고, 아들은 아들다워야 합니다." 공이 말하기를, "좋은 말씀이오. 진실로 임금이 임금답지 않고 신하가 신하답지 않으며, 아비가 아비답지 않고 아들이 아들답지 않다면, 비록 곡식이 많이 있어도 내 어찌 그것을 먹을 수 있겠습니까?"

齊景公問政於孔子 孔子對曰 君君臣臣父父子子 公曰 善哉 信如君不君臣不臣父
제 경 공 문 정 어 공 자 공 자 대 왈 군 군 신 신 부 부 자 자 공 왈 선 재 신 여 군 불 군 신 불 신 부

不父子不子 雖有粟吾得而食諸
불부자불자 수유속오득이식저

사람들 입에 꽤 많이 오르내리는 문장이다. 이 문답은 공자가 제나라에 갔을 때, 제 경공과의 대화다. 당시 제나라는 군사 강국이었을 뿐 아니라 문화도 자랑하는 나라였는데, 경공이 정치를 잘 못하였다. 공자는 그 사정을 알고 경공에게 충고하였는데, 경공은 좋다고 감탄하면서도 실천을 하지 못했다. 경공은 주색(酒色)을 좋아하여 후궁이 많았고 아들도 많았지만, 후계를 잇지 못하고 결국은 대부인 진항(陳恒)에게 왕권을 빼앗겼다.

이런 배경에서 나온 이야기지만, 이 말이 공자의 유명한 정명론(正名論)의 내용으로까지 해석되는 경우도 많았다. 나는 정명론을 다르게 보고 있다. 그 점은 자로편 3장에서 따로 이야기한다.

이 장의 함의(含意)를 살펴보는 것은 현대를 사는 우리에게도 중요한 의미가 있다고 생각한다. 공자는 고대 중국의 신분 계급제 사회에서 살았다. 그리고 신분 계급제를 부정하거나 혁파하려는 적극적인 의지를 표명하지 않았다. 그러다 보니 그의 언설들이 신분 계급제를 옹호하는 것으로 비치기 쉽다. 그래서 나도 젊어서는 논어 한 번 읽어 보지도 않고, 공자를 수구 반동의 사상적 원조쯤으로 치부했다. 나 스스로 사회운동에 참여하고 여러 경험을 거쳐서 노년에 논어를 처음 접하면서 공자와 같은 사람에 대한 평가가 얼마나 자기류(自己流)의 편견이었는지를 느낄 수 있었다.

그는 일견 신분 계급제 사회를 변혁하려는 의지를 가지지 않고 그에 순응하는 태도가 있는 것으로 보이지만, 그만의 방식으로 조용한 내파(內破)를 시도했다. 대표적인 예의 하나가 '군자(君子)'의 정의(定義)를 바꿔치기 한 것이다. 세습적인 신분이 아니라, 신분을 떠나 '인격(사람됨)'으로 군자라는 말을 사용한 것이다.

'군군신신부부자자(君君臣臣父父子子)'라는 말이 나온 것도 군주제와 가부장제라는 제도와 규범의 한계 속에 있는 것은 사실이지만, 그 제도의 한계 속에서나마 일정한 사회적 지위에 부응하는 바람직한 역할의 조화에 관해서 이야기하고 있다.

'~답다'라는 것이 그 조화를 나타내는 말이다. 물론 불평등한 신분제 사회에서 '~답다'는 것은 지배계급의 통치 이데올로기로 사용되어 온 것이 사실이지만, 어떤 사회에서나, 즉 불평등이나 차별이 공식적으로 철폐된 사회라 하더라도 우리가 사는 세상은 무수히 많은 사회적 지위와 역할이 거미줄처럼 연결되어서 존재한다.

현대 사회에서 '대통령다움' '공무원다움' '아버지다움' '아들다움'은 무엇일까? 우리 사회의 정상적이고 조화로운 삶을 위해 절실하게 묻고 싶다.

일정한 지위를 가지고 역할을 수행함에 의해서 상호작용이 이루어지는 인간존재의 특성에 비추어 볼 때 이 역할 행동들이 잘 조화되는 것이야말로 그 사회의 성숙에 가장 결정적인 요소가 되는 것이다. 공자는 이것을 정치라고 말한다.

특히 아버지가 아버지다워야 하고, 아들이 아들다워야 한다는 것을 정치라고 말한 것이야말로 정치의 근본이랄까 정치의 목표랄까 하는 것을 명쾌하게 말하는 것이라고 생각한다. 공자에게 있어 '아버지와 아들'의 관계나 그 조화는 비정치적인 것이 아니라 정치적인 것이다!

'아버지가 아버지답게', '아들이 아들답게' 사는 사회가 정상적이고 건강한 사회이고, 정치란 그런 사회를 만들어가는 기술(예술)이 아닐까!

'부모답다' '자식답다'라는 말에서 그 '~답다'의 내용은 시대와 사회에 따라 달라진다. 가부장제와 수직적 질서 아래서의 '부모다움'이나 '자식다움'으로 강요되던 규범들은 그런 질서가 혁파된 현대 사회에서는 당연히 해체되지만, 그렇다고 그 '다움' 자체가 사라지는 것이 아니다. 좀 더 자유롭고 평등한 세상을 만들어 간다는 것은 '부모와 자식다움'이 진정한 의미를 찾아가는 과정이라고 생각한다. 이 길이 세상과 역사의 진화가 아닌가 한다.

아마도 젊은 세대가 가장 거부감을 느끼는 말의 하나가 예전의 '남자답다' '여자답다'라는 말일 것이다. 가장 오래되고 심각한 불평등이 바로 남녀 간의 불평등이었기 때문이다. 그래서 오랫동안 이 불평등한 남성 우위의 제도와 관습에 붙어 있던 '다움'은 철저히 깨지는 것은 옳다.

그런 의미에서 다소 무리가 있어 보이는 현상마저 나는 거쳐야 할 과정으로 본다.(사실 나 같은 노인 세대에게는 문화 충격인 경우도 많다.) 그러나 그것은 남성과 여성의 차이를 빛나게 서로 실현하는 진정한 '다움'을 찾아가는 과정이라고 생각한다.

'다움'에 대해 생각하다 보니, 조금 다른 차원의 생각이 떠오른다. 직업이 가져다주는 일종의 체취 같은 것인데 자신은 잘 느끼지 못하고 그 속에 갇히는 습성 같은 것이다. 내가 오래 살면서 여러 사람들을 접하다 보니까, 직업에서 오는 공통점들이 때로는 사람을 규정하는 답답함으로 다가올 때가 있다. 학자, 종교인, 언론인, 정치인, 상인들이 가지는 일종의 후천적으로 형성된 성격 같은 것을 느낄 때가 많다.

둘째 아들이 뒤늦게 학자(學者)의 길을 가고 있다. 10여 년 사회운동을 하다가 석사과정을 거쳐 지금 박사 과정을 밟고 있다. 5년째인데 아들에게서 '학자 냄새'를 느낄 때가 있다. 가끔 농담 삼아 아들에게 하는 말이다.

"학자의 길을 가는 것은 필요한 것 같지만, 그 속에 함몰되지는 말아라."

'~다움'이 스스로를 어떤 유형의 틀 속에 가두지 않았으면 하는 바람에서다.

- '여자다워야 한다'는 것이 얼마나 큰 스트레스인지 몰라요.
- 우리 아들이 학교에서 여성학과 관련된 어떤 강의를 듣는데 '남자다워야 한다'라는 강박 관념에서 많이 벗어날 수 있어서 좋았다는 거예요. 뭐가 가장 좋았느냐고 물으니까 자기가 가족을 다 부양하고 책임을 져야 할 줄 알았는데 그런 것이 아니라서 대단히 자유스러워졌다는 거예요.
- '아버지다워야 한다.' '남자다워야 한다.'는 것이 남자들한테도 얼마나 큰 스트레스인데요. 뭔가 스트레스로 되는 데는 그 '다워야 한다'는 것이 구시대의 잘못된 역할을 강요받는 것 같다는 생각이 묻어 있는 것 같아요.
- 과감하게 벗어나지도 못하고요.
- 요즘은 '~다움'의 제자리 찾기가 이루어지는 것 같아요.
- 이렇게 말하면 욕먹을 수도 있겠는데, 저는 정말 부드러운 여자가 좋아요. 왜 그렇게 억센 여자들만 만나게 되는지.
- 여자들이 억센 게 아니라 그쪽이 너무 유약한 것 아니에요?
- 그런 면도 있겠지요. 순종적인 여인상을 그리는 것은 아니라는 생각이에요. 어쩌면 좀더 수용적인 여인상, 즉 모성을 그린다고 할까요?
- 한 가정이 행복하려고 하면 '아버지는 아버지답고, 어머니는 어머니답고, 자식은 자식다워야' 되는 것 아닐까요?
- 그렇지요. 나라도 마찬가지고, 사회도 마찬가지인 것 같아요.
- 문제는 무엇이 '진정한 다움'인지에 대해 큰 동의가 아직은 이루어지고 있지 않다는 것이지요.

## 12

공자 말하기를, "짤막한 한두 마디 말로 옥사를 판결할 수 있는 자는 바로 유(由)일 것이다." 자로는 승낙한 일을 미루고 실행하지 않음이 없었다.

子曰 片言可以折獄者 其由也與 子路無宿諾
자 왈 편 언 가 이 절 옥 자 기 유 야 여 자 로 무 숙 락

- 공자의 시대에는 지방 수령이 판관(判官)을 겸했지요. 송사(訟事)를 잘하는 것이 그 직책을 잘 수행하는 판단기준이 되기도 했지요. 한국에서 가장 흥행이 잘 된 중국 드라마 '포청천'이 있는데, 그 대표적인 예죠.
- 판결을 잘한다는 것은 원고와 피고가 승복할 수 있게 한다는 것인데, 자로가 그것을 잘 한다고 칭찬하는군요. 자로를 칭찬하는 경우가 많지 않은데.
- 자로가 성질이 급하고 거친 면이 있어도 공정한 마음으로 딱 부러지게 송사를 진행하는 것 같은 일은 잘했던 것 같습니다. 그리고 사람들이 보기에 자로는 한 번 맡기로 한 일은 미루는 일 없이 바로 실천하는 사람이었습니다.
- 두 문단이 나뉘어 있는데, 이어진 것으로 좀 무리하게 해석하면 허락한 송사를 묵히는 일이 없었다는 것으로 볼 수는 없을까요? 요즘 말로 '지연된 정의는 정의가 아니다.'라는 말이 있지요.
- 맞아요. 사람들이 포청천을 좋아하는 이유가 즉각 작두형을 시전하는 것이죠. 요즘 범죄 영화들에서 마동석 등이 대중의 이런 요구에 부응해

서 인기를 얻고 있는 것처럼요.

## 13

공자 말하기를, "소송을 판결하는 일은 나도 남만큼 할 수 있지만, 반드시 송사가 없게 만들어야 할 것이다."

子曰 聽訟 吾猶人也 必也使無訟乎
자왈 청송 오유인야 필야사무송호

- 앞 장에서 자로를 칭찬했는데, 바로 뒷장에서는 한 발 더 나아가는군요. 송사를 잘 진행하는 것도 큰일이지만, 더 본질적으로는 송사가 일어나지 않는 정치를 해야 한다는 공자의 이상주의를 말하고 있군요.
- 짧지만 강렬한 메시지군요. 정치의 북극성이랄까요.
- 자신의 이해관계가 걸리지 않고 공정한 판단력이 있으면 시비를 가리는 일은 그다지 어렵지 않겠지요.
- 송사(訟事)를 잘 처리하는 것보다 송사가 일어나지 않도록 하는 것이라는 공자의 말은 동서고금을 막론하고 정치의 이상이 아닐까요?
- 우선 자신의 주위, 예컨대 가족이나 친족 안에서 송사가 일어나지 않도록 하려면 어떻게 할 것인가 생각해 보는 것이 먼저일 것 같네요.
- 송사가 일어나지 않을 수 있는 환경, 예를 들어 물질이 풍부해서 다툴 필요가 없어졌다거나 서로 먼저 양보하고 싶어지는 사회 기풍이 조성되었다거나 하는 것이 구체적으로 진전되는 것이 필요하겠지요.

- 그 두 가지가 함께 가야 할 것 같아요. 물질이 풍부해져서 송사가 없어지진다면 이미 정신적으로는 풍요로운 사회지요. 사실은 물질이 풍부해져도 정신이 가난한 사람들이 너무 많이 있잖아요.
- 지금의 우리 사회를 생각하게 됩니다. 물질은 상전벽해로 풍부해졌지만, 탐욕은 오히려 더 커지다 보니 그야말로 송사가 끊임이 없습니다. 송사로 먹고사는 직군(판검사 변호사)의 사람들이 나라의 정치를 좌지우지한다는 자체가 우리 사회의 아픈 현실 같습니다.

14

자장이 정치에 관하여 묻자 공자 말하기를, "물러나 있을 때는 게으리하지 말고, 일을 맡아 행할 때는 충(忠)으로 해야 한다."

子張問政 子曰 居之無倦 行之以忠
자 장 문 정 자 왈 거 지 무 권 행 지 이 충

- 자장과의 문답임에 비추어 자장의 어떤 성격을 염두에 두었을 것이라는 해석도 있군요. 자장이 공자가 보기에 인심(仁心)이 부족하다고 생각했을 거라는 거죠.
- '거(居)'와 '행(行)'을 구분해서 말한 것도 여러 해석이 나오는 것 같습니다. 거지(居之)를 '정치하는 지위에 있는 것'을 말한다고 해석하는 경우도 있고, '현실 정치에서 물러나 있는 상태'로 해석하는 사람도 있어요. 나는 후자라고 생각합니다. 7편 10장의 '용지즉행 사지즉장(用之則行 舍之

則藏)'이 떠올려지는 문장이기도 해서요. 거(居)는 '사지즉장', 즉 물러나 있을 때도 게을리하지 말라는 것이죠.
- 그럴듯합니다. '용지즉행'일 때는 '충(忠)'으로 하라는 것이죠. 이때 '충(忠)'의 시대를 넘어 의미하는 것이 무엇일지를 생각하게 됩니다.

## 15

공자 말하기를, "군자가 널리 문화를 배우고 예(禮)로써 단속하면 도에서 어긋나지 않을 것이다."

子曰 君子 博學於文 約之以禮 亦可以弗畔矣夫
자왈 군자 박학어문 약지이례 역가이불반의부

- 제6 옹야편 26장에 같은 문장이 나옵니다. 논어는 10편까지가 전편(前篇)이고, 11편부터는 후에 편집된 후편(後篇)이라고 봅니다. 더러 같은 문장이 나오기도 합니다.
- '박문약례(博文約禮)'라는 말은 논어에서 여러 차례 강조되는 문장이지만, 그 말뜻을 제대로 이해하는 것이 쉽지는 않은 것 같아요. 너무 당연한 이야기 같아서 흘려듣기 쉬운 것 같아요.
- 우선 '박문(博文)'인데 주이불비(周而不比)를 생각하게 됩니다. 사람들이 만들어 온 문화에 대한 학습이 어떤 쪽으로 치우치지 않아야 한다는 것을 말하는 것으로 생각합니다. 널리 배우는 가운데 어떤 기준으로 선택할 것인가가 가장 중요한데, 공자는 이 기준을 '예(禮)'로 하라는 것이죠.

- 그 예(禮)를 제대로 이해하는 것이 '박문약례'를 말하는 공자의 참뜻을 이해하는 열쇠가 아닐까 합니다. 공자는 예의범절(禮儀凡節)이나 관혼상제(冠婚喪祭)의 의식(儀式) 같은 것을 넘어 인간과 사회가 추구해야 할 이상적인 질서라는 의미로 예(禮)를 확장합니다.
- 인(仁)을 극기복례(克己復禮)라고 말한 그 '예(禮)'지요.
- 공자 사상을 총체적으로 이해할 때 그가 사용하는 언어들의 뜻이 제대로 들려오리라고 생각합니다. 치우치거나 편벽하지 않게 널리 배우되, 자신의 주관을 넘어 '예(禮)'를 기준으로 판단하라는 말로 들립니다. 지식을 널리 습득하는 것이 목표가 아니라 지혜로워지는 것, 학식이 많은 것이 아니라 참된 인격을 도야하는 것이 배움의 목표라는 말이지요.

## 16

공자 말하기를, "군자는 사람의 아름다운(좋은) 점을 이뤄주고 나쁜 점을 이뤄주지 않는다. 소인은 이와 반대로 한다."

子曰 君子 成人之美 不成人之惡 小人 反是
자왈 군자 성인지미 불성인지악 소인 반시

- 군자와 소인을 구별하는 촌철(寸鐵) 같은 말이네요. 아마 스스로를 돌아보는 데 가장 알기 쉬운 말 같아요.
- 사람의 본성에 대해서는 여러 설(說)이 예부터 있어 왔지만, 공자가 '군자'라는 개념에 담으려 했던 것도 그 하나겠지요.

- 살아남기 위한 동물적 속성에서 비롯된 인간의 관념계를 소인(小人)이라고 본 것 같은데, 그것을 나쁘다고 말할 수는 없죠. 다만 그런 인간의 실태를 보자는 것이죠. 그 표현이 투현질능(妬賢嫉能)이지요. 현자를 보면 시기하고 능한 자를 보면 미워한다는 말이죠.
- 이인편 17장에 '현자를 보면 그와 같이 되기를 바라고, 불현을 보면 안으로 스스로를 살핀다(見賢事齊焉 見不賢而內自省).'라는 말이 나오지요. 실제로 어려운 경지 같아요.
- 그래서 수행이 필요하지 않을까요? 수행도 이런 구체적인 경우를 놓고 스스로가 변할 때 진정한 것이 되겠지요.
- '내로남불'이 소인의 전형이지요. 요즘 유행어가 되고 있습니다만, 남의 '내로남불'은 보여도 자신의 '내로남불'은 안 보이지요. 남의 눈에 있는 티는 잘 보여도 자기 눈의 들보는 잘 안 보이지요. 사람은 누구나 그럴 수 있다는 것을 인정하고, 남에게 들이대는 잣대를 먼저 자신에게 적용해보는 연습을 하는 과정이 바로 수신(修身) 아닐까요?
- 개인적인 수신에만 의존하는 것은 인간의 속성, 즉 사회적 존재라는 것을 간과하는 것이죠. 그런 인간형을 조장하는 차가운 각자도생의 사회, 경쟁과 갈등이 지배적인 사회를 우애와 협동의 사회로 변화시키려는 노력이 함께 가야지요. '수신제가치국평천하(修身齊家治國平天下)'가 어떤 순서별 단계가 아니라 동시적으로 진행되어야겠지요. 자기 혁명과 세계 혁명이 동전의 앞뒷면 같은 것이지요.
- 문명 자체의 전환이 요구되는 현대에 먼 길을 거쳐 다시 돌아온 근본적 과제입니다. 요즘 심리적 내전에 가까운 미국 대선을 보면서도, 전체주의를 더욱 강화하는 중국의 현실을 보면서도 이른바 세계열강의 정치에는 인류의 희망이 안 보입니다. 국수주의적이고 비이성적인 과거 추앙

형의 사고에서 벗어나 우리가 새로운 문명의 모델을 창조했으면 합니다만, 우리 현실은 오히려 세계열강의 나쁜 자력권(磁力圈)에서 벗어나지 못한 것 같아 안타깝습니다.
- 큰 전환의 기미를 포착하고, 함께 그려갈 큰 꿈을 제시하는 것이 중요하다고 생각합니다. 너무 허황한 이야기가 아니라 'The Next Peninsula(문명의 새 중심)'와 같은 꿈을 높은 이성과 밝은 감성으로 제시하는 기풍이 일어나기를 간절히 바랍니다.
- 밥상 앞에서 이런 이야기들이 꽃을 피우는 것을 상상만 해도 가슴이 뛰지 않습니까!

---

17

계강자가 공자에게 정치에 관하여 묻자 공자께서 대답하시기를, "정치라는 것은 바름입니다. 당신이 솔선해서 바름으로 한다면 누가 감히 부정을 행할 수 있겠습니까?"

季康子問政於孔子 孔子對曰 政者正也 子帥以正孰敢不正
계 강 자 문 정 어 공 자  공 자 대 왈  정 자 정 야  자 솔 이 정 숙 감 부 정

- 노나라의 실권자인 계씨 가문의 대부가 정치를 묻자, 바로 날카롭게 찌르고 들어가는군요. 22장의 번지와의 대화에서도 공자는 이 점을 강조합니다. 바른 사람, 곧은 사람을 등용하고 비뚤어진 사람을 버리면 비뚤어진 사람도 곧게 할 수 있다(擧直錯諸枉 能使枉者直)고 말하지요.

■ 요즘의 정치를 보면서도 실감합니다. 악화(惡貨)가 양화(良貨)를 구축한다는 말이 정치판을 보면 실감이 가거든요. 윗물이 맑아야 아랫물이 맑다는 말도 생각이 나고요. 민주(民主) 시대에는 민(民)이 윗물이 되어야 하는데, 아직은 권력의 상층부를 윗물이라고 봐야지요.
■ 관련하여 쓴 짧은 글을 소개합니다.

'인구 절반을 노비 삼은 주자학(朱子學)의 나라 조선'이라는 글을 보았다.
최악의 노예제도를 실시한 조선의 지배 사상이 주자의 성리학(性理學)이었다는 사실에서 당시 조선의 지배계급이 얼마나 깊은 허위의식과 위선에 빠져 있었는지를 느낄 수 있다.
그들은 공자의 '군자(君子)'를 집단적 허위의식으로 철저히 왜곡하였다.
사람들은 불평등하게 태어난다. 특히 신분 계급이 세습되는 인위적인 제도 아래서 많은 사람들이 고통을 겪어 왔고, 이 고통에서 해방되는 과정을 역사의 진보 또는 진화라고 할 수 있을 것이다. 이런 진보를 이루는 데 앞장서는 것이 진정한 선각자들이었다.
수많은 희생과 투쟁을 통해서 신분 계급 제도는 철폐되었다. 그러므로 양극화와 이중화의 심화로 '합법적 불공정'에 의해 '보이지 않는' 신분제도를 부활시키는 것이야말로 역사의 가장 심각한 퇴행이 아닐 수 없다.
인위적 제도에 의한 불평등은 사라져야 하겠지만, 인간은 인위적 제도와 관계없이 불평등하게 태어난다. 관념적인 평등주의자들이 이 점을 놓치는 것은 보다 평등한 세상을 만들어가는 데 있어 가장 중요한 실사구시를 하지 못하는 것이다.

## 18

계강자가 도둑을 걱정하여 공자에게 물으니 공자 대답하기를, "진실로 그대가 탐욕을 부리지 않는다면 상을 준다고 하더라도 도둑질하지 않을 것이오."

季康子患盜問於孔子 孔子對曰 苟子之不欲 雖賞之不盜
계 강 자 환 도 문 어 공 자  공 자 대 왈  구 자 지 불 욕  수 상 지 부 도

■ 앞 장(章)에 이어지는 공자의 날카로운 직설이군요. 삼환(三桓) 가문의 권력 남용과 부패를 비판하는 공자의 입장에서 이런 직언을 할 수 있었던 것은 그만큼 공자를 인정했다는 말도 되겠네요. 결국 공자의 이상이 받아들여지지 않고, 그것이 공자가 노나라를 떠나 유랑 생활을 하게 되는 원인의 하나였지요.

## 19

계강자가 공자에게 정치에 관하여 묻기를, "무도한 자를 죽여서 도(道)로 나아가게 하면 어떻겠습니까?" 공자 말하기를, "그대는 정치를 함에 있어 어찌 '죽임'을 말하시오? 그대가 선을 행하고자 하면 백성들도 선을 행하게 될 것이오. 군자의 덕이 바람이라면 소인의

덕은 풀입니다. 풀 위에 바람이 불면 풀은 눕습니다."

季康子問政於孔子曰 如殺無道以就有道何如 孔子對曰 子爲政焉用殺 子欲善而
계강자문정어공자왈 여살무도이취유도하여 공자대왈 자위정언용살 자욕선이
民善矣 君子之德風 小人之德草 草上之風必偃
민선의 군자지덕풍 소인지덕초 초상지풍필언

- 공자의 이상주의와 계속 부딪치는군요. 당시에도 공자의 이상주의보다는 일벌백계(一罰百戒)의 엄격한 법 집행을 통해서 질서를 바로잡으려는 법가적 견해가 위정자들에게는 더 현실적으로 다가왔겠지요.

- 여기에 대해서 공자는 단호하게 입장을 밝히는군요. 당신들이 먼저 탐욕에서 벗어나고 선을 행한다면 그것이 바른길이라고 강조합니다. 당시에 아마 이런 이야기에 귀 기울이는 위정자는 거의 없었을 것입니다. 실제로 노나라 정치에 실망하고 여러 나라를 유세했지만, 공자는 자기 뜻을 펼 수 있는 제후를 만나지 못했지요.

- 그런 이상은 공자 사후 2,500여 년 여러 차례의 전쟁과 혁명 등을 거치며 돌고 돌아 제도가 상당히 진보한 현대에도 아직 이상일 뿐입니다. 그러나 지금이야말로 이런 이상을 보편적으로 들어 올릴 만한 때는 되었다고 생각합니다.

- 군자(君子)와 소인(小人)을 여기서는 정치담당자인 귀족 관료와 백성으로 말하고 있군요. '바람과 풀' 이야기가 여기서 나오는군요. 군자의 덕풍(德風)이 민초(民草)를 바르게 한다는 말로 쓰이고 있습니다. 민(民)이 주체가 되는 혁명에 대해서는 공자의 상상력이 미치지 못할 때이죠.

- 김수영의 시 〈풀〉이 떠오르는군요; '풀이 눕는다 / 비를 몰아오는 동풍에 나부껴 / 풀은 눕고 / 드디어 울었다 / 날이 흐려서 더 울다가 / 다시 누웠다 // 풀이 눕는다 / 바람보다도 더 빨리 눕는다 / 바람보다도 더 빨리 울고 / 바람보다 먼저 일어난다 // 날이 흐리고 풀이 눕는다 / 발목까

지 / 발밑까지 눕는다 / 바람보다도 늦게 누워도 / 바람보다 먼저 일어나고 / 바람보다 늦게 울어도 / 바람보다 먼저 웃는다 / 날이 흐리고 풀뿌리가 눕는다'

## 20

자장이 묻기를, "사(士)는 어떻게 되어야 달(達)했다 할 수 있습니까?" 공자 말하기를, "네가 생각하는 달(達)은 무엇이냐?"
"나라에서도 이름이 나고, 집에 들어앉아 있어도 이름이 나는 것을 말합니다."
"그 명성은 달(達)함이 아니다. 무릇 사(士)의 달(達)이란 질박하고 정직하여 의(義)를 좋아하며, 남의 말이나 표정을 잘 살펴 이해하며, 사려 깊이 생각하여 나를 남보다 낮출 줄 아는 것이다. 그래야 나랏일을 하거나 집에 있거나 달(達)할 수 있는 것이다. 무릇 명성에 연연한 사람은 겉으로는 인을 행하는 척하고 실제 행동은 어긋나면서도 조금도 의심하지 않는다. 이렇게 하는 사람은 나라에 있으나 집에 있으나 이름만 날 뿐이다."

子張問士何如斯可謂之達矣 子曰 何哉爾所謂達者 子張對曰 在邦必聞 在家必聞
자장 사하여사가위지달의 자왈 하재이소위달자 자장대왈 재방필문 재가필문
子曰 是聞也非達也 夫達也者 質直而好義 察言而觀色 慮以下人 在邦必達在家
자왈 시문야비달야 부달야자 질직이호의 찰언이관색 여이하인 재방필달재가
必達 夫聞也者 色取仁而行違居之不疑 在邦必聞在家必聞
필달 부문야자 색취인이행위거지불의 재방필문재가필문

- 누구나 이름이 알려지기를 바라는 욕망이 있어요. 그래서 부(富), 권력(權力), 명예(名譽)를 삼대 욕망이라고 하지요.
- 자장은 사(士)의 달(達)은 그 이름이 널리 알려지는 것이라고 한 데 대해서 공자는 그것은 명성일 뿐 달(達)이 아니라고 말합니다. 공자도 자한편 22장에서 후생가외(後生可畏)라는 말을 하면서 사오십 세가 되어도 이름이 알려지지 않으면 기대할 것이 없다고 말하지요. 그러나 그것은 어디까지나 진실한 행위와 업적을 통해서 나타나는 결과이지 명성을 추구하거나 명예를 탐내는 것과는 다르다는 것을 확실하게 구별합니다.
- 요즘은 '관종'이라는 말도 유행하지만, 이 이름을 알리고 싶어 하는 욕망으로부터 자유롭지 않으면 진실로 통달하기가 어렵지요. 자기를 과대포장하고 위선을 하게 되지요.
- 통달함이란 마음에 부자유가 없이 활짝 열려 있는 상태를 말하는 것인데, 공자는 질직(質直)과 의를 좋아함(好義) 그리고 타자에 대한 공감능력과 겸손을 그 내용으로 말합니다. 남의 말과 얼굴 표정을 살피는 것은 눈치를 보는 것이 아니라 타자에 대한 관심과 애정에서지요.
- 그와 달리 명성만을 추구하면 위선적이 되고, 그 위선을 느끼지도 못하고 자기합리화에 열중하여, 어떤 반성적 성찰도 하지 못하게 된다는 것이죠. 현실에서도 절대 자유로울 수 없고, 미래에도 좋은 이름으로 기억되지 못하게 되겠지요.

## 21

번지가 공자를 따라 무 언덕에서 산책하면서 말하기를, "감히 덕을 높이는 것과 간특함을 닦는 것과 미혹을 분별하는 것에 관하여 묻겠습니다."
공자 말하기를, "좋은 질문이다! 일을 먼저 하고 얻기를 뒤에 하는 것이 덕을 높이는 일이 아니겠느냐? 자기의 나쁜 점을 공격하고 남의 나쁜 점을 공격하지 않는 것이 사특한 마음을 없애는 일이 아니겠느냐? 하루아침의 분노로 그 몸을 망치고 그 화를 부모에까지 미치게 하는 것이 미혹함이 아니겠느냐?"

樊遲從遊於舞雩之下曰 敢問崇德脩慝辨惑 子曰 善哉問 先事後得非崇德與 攻其惡無攻人之惡非脩慝與 一朝之忿忘其身以及其親非惑與
번지종유어무우지하왈 감문숭덕수특변혹 자왈 선재문 선사후득비숭덕여 공기악무공인지악비수특여 일조지분망기신이급기친비혹여

- 10장에서 자장이 숭덕(崇德)과 변혹(辨惑)을 물었는데, 여기서는 수특(脩慝)을 더 물었군요. '특(慝)'은 숨길 닉(匿)과 마음 심(心)의 합성어(合成語)입니다. 자기 잘못을 숨기는 마음이죠. 이런 마음을 없애는 방법을 묻자 '자신의 악은 공격하되 다른 사람의 악은 공격하지 말라.'고 합니다.
- 대체로 사람들은 그 반대로 다른 사람의 악을 공격하고 자신의 악은 숨기려 하지요. 때로는 자신의 악을 감추기 위해 상대방의 악을 공격하기도 하고요. 요즘 우리가 퇴행적 정치 현실에서 늘 보고 있지요. 그렇게 해서는 결코 간특함에서 벗어날 수가 없어요.
- 다른 사람의 악을 제거하려고 광분하고 있는 세상에서 공자의 말을 받

아들이기 쉽지 않겠어요.

- 그러나 인간의 실태를 잘 보면 이 말이 인간과 사회에 대한 깊은 통찰에서 나오는 것을 이해할 수 있습니다. '남의 잘못은 사소한 것도 잘 보이지만, 자신의 잘못이나 아집은 잘 보이지 않는 것'이 우리 보통 사람들의 실태가 아닌가요? 또한 스스로 마음을 내기 전에는 누구도 다른 사람을 변화시킬 수 없는 것이 인간의 실태가 아닙니까? 다른 사람의 악을 진정으로 제거하기를 바란다면 그가 스스로 마음을 낼 수 있도록 나는 환경이 될 뿐이죠. 내가 먼저 나의 악을 제거하는 일이 그가 그의 악을 제거하는 마음을 낼 수 있는 환경이 되는 것이죠. 개혁이나 변혁 주체의 과제라고 생각합니다.

- 숭덕(崇德)에 대해서도 자장 때와는 다르게 말합니다. 번지가 물으면 아주 쉽게 또 구체적으로 답합니다. '일을 먼저하고 얻기를 나중에 하는 것(先事後得)'이 덕을 높이는 것이 아니겠느냐고 말합니다. 이 얻는 것에는 권력이나 부도 있겠지만 명성도 있지요. 권력이나 부를 탐하는 것보다 명성에 탐착하는 것은 더 뿌리치기 힘든 유혹일 수 있지요. 앞 장에서 자장과의 대화가 그것이죠.

- 선사후득(先事後得)이란 단순한 시간의 선후를 말하는 것이라기보다 그 이어짐이 자연스러운 상태를 말하는 것이 아닐까요? '오로지 받는다는 생각이 없이 줄 뿐으로 세상의 이어짐에 의해 나에게 돌아오는 것'이 선사후득이라고 생각됩니다만.

- 미혹에 대해서 공자가 '일조지분(一朝之忿)'을 말한 것 또한 가장 알기 쉬운 것이죠. 화(怒)야말로 미혹의 대표적인 것입니다. 심하면 자기의 몸과 마음을 잃고, 자신은 물론 그 여파를 주위에 미칩니다. 순간의 화를 못 이겨서 자신을 망치는 것은 물론이고, 부모의 가슴에 씻지 못할 한을

안겨주는 일이 얼마나 많은가요.
- 근래 화로 인한 살인 사건 등에서 이것을 절감하게 됩니다. 미혹을 알아채는 바로미터는 화(怒)라고 생각합니다. 내 마음에 화가 일어나면 그것이 미혹이라고 알아채는 것이 출발점이죠. 화를 다스리고 화가 나지 않는 사람이 되는 것은 미혹에서 벗어나 대자유인이 되는 첩경이라고 생각합니다.
- 분(忿)은 나눌 분(分)과 마음 심(心)의 합성어(合成語)이고, 노(怒)는 노예 노(奴)와 마음 심(心)의 합성어지요. 옛사람들도 마음이 분열되고, 자주성을 상실하는 상태가 되는 대표적인 것이 분노(忿怒)로 보았지요. 불가(佛家)에서도 진(瞋)을 삼독(三毒)의 하나로 보고 있지요.
- 범위를 좀 넓혀서 생각해 보면 사회 개혁이나 변혁에서도 분노는 결코 소기의 목표를 달성할 수 있는 동력이 될 수 없는 것입니다. 수많은 역사가 그것을 증언하고 있지요. 그럼에도 분노를 촉발하고 부추겨서 뭔가 개혁을 시도하는 노력을 보게 됩니다만, 그것이야말로 미혹 중의 미혹이지요. 자신과 부모에게 불행을 가져다주는 것보다 훨씬 심각한 피해를 주게 됩니다.

22

번지가 인에 관하여 묻자 공자 말하기를, "사람을 사랑하는 것이다." 지(知)에 관하여 묻자 "사람을 아는 것이다."

번지가 말뜻을 알아듣지 못하자 공자 말하기를, "곧은 사람을 천거하여 굽은 사람 위에 두면, 굽은 사람을 곧게 할 수 있다."

번지가 물러 나와 자하를 만나서 말하기를, "아까 내가 선생님을 뵙고 지(知)에 대해서 여쭈어 보았더니, 선생님께서 '곧은 사람을 천거하여 굽은 사람의 위에 두면 굽은 사람을 곧게 할 수 있다.'고 하셨는데 그게 무슨 뜻이오?" 자하가 말하기를, "뜻이 넓고 큰 말씀이오. 순 임금께서 천하를 다스릴 때 여러 사람 중에서 고요를 골라 등용하시니 어질지 아니한 자가 멀리 사라졌으며, 탕 임금께서 천하를 다스림에도 여러 사람 중에서 이윤을 골라 등용하시자 어질지 아니한 사람이 멀리 사라져 버렸소."

樊遲問仁 子曰 愛人 問知 子曰 知人 樊遲未達 子曰 擧直錯諸枉能使枉者直 樊遲
번 지 문 인 자 왈 애 인 문 지 자 왈 지 인 번 지 미 달 자 왈 거 직 착 저 왕 능 사 왕 자 직 번 지
退見子夏曰 鄕也吾見於夫子而問知 子曰 擧直錯諸枉能使枉者直 何謂也 子夏曰
퇴 견 자 하 왈 향 야 오 견 어 부 자 이 문 지 자 왈 거 직 착 저 왕 능 사 왕 자 직 하 위 야 자 하 왈
富哉言乎 舜有天下 選於衆擧皐陶 不仁者遠矣 湯有天下 選於衆擧伊尹 不仁者
부 재 언 호 순 유 천 하 선 어 중 거 고 요 불 인 자 원 의 탕 유 천 하 선 어 중 거 이 윤 불 인 자
遠矣
원 의

번지가 인(仁)에 관해 묻자 '사람을 사랑하는 것'이라고 간단명료하게 말한다. 이것은 동서고금 모든 성현의 공통된 말씀이고, 세계 인류가 궁극적으로 진화해야 할 목표라는 데는 이견(異見)이 있을 수 없다.

그런데 구체적으로 어떻게 하는 것이 사람을 사랑하는 것인가에 대해서는 시대와 사회 문화에 따라 다른 대답이 나온다. 번지가 지(知)에 관해서 묻자 사람을 알아보는 것(知人)이라고 말하였는데 공자는 정치를 염두에 두고 말한 것으로 보인다. 다시 말하면 인(仁) 즉 사람을 사랑하는 것은 지(知) 즉 사람을 알아보는 것으로부터 실현되는 것을 강조한 것이다.

나라는 물론이고 모든 사람의 조직이 인(仁)을 실현하는 방향으로 나아

가는 것은 그 인사(人事)의 옳음에 있는 것이다. 적재적소(適材適所)라는 말이 있는데 정치에서 가장 중요한 적재(適材)는 정직한 사람이다. 특히 윗자리에 정직한 사람이 있으면 정직하지 못한 사람도 바르게 되는 방향으로 움직이는 것이다. 그 집단 그 사회의 기풍이 점차 인(仁)한 방향으로 나갈 수 있는 것이다. 실제의 사회에서는 악화가 양화를 구축하는 현상이 많이 나타나는데, 그렇게 해서는 불인(不仁)한 사회로 되고 만다. 그것이 난세(亂世)다.

양화가 악화를 구축하는 관계 맺음이 중요한 것이다. 여기서 구축(驅逐)함이란 그 사람을 미워하거나 제거한다는 것보다는 그 악(惡)이 제거되는 것을 말한다. 어떻게 보면 '이웃을 사랑하라.'나 '원수를 사랑하라.'는 목표보다는 한 차원 낮은 것으로 생각되기도 하지만, 구체적으로 인을 실현하는 것은 정치(나라의 정치만을 이야기하는 것은 아니고 크게는 국제 정치, 작게는 기업이나 마을 그리고 가정에 이르기까지 모든 관계에서 관철되는)를 통할 수밖에 없다는 점을 생각하면 대단히 현실적이다.

사람을 사랑한다는 것은 그 사람 안에 있는 좋은 것을 신장시키는 것이다. '원수를 사랑하라.'는 것도 사랑의 절대성을 말하지만, 사랑함으로써 그 사람 안에 선한 것이 신장되는 것이다. 악은 그 사람을 미워하고 제거해서 사라지는 것이 아니라는 것은 현자의 통찰일 뿐 아니라 구체적인 역사에 의해서 증명되는 것이다.

현자의 교훈과 역사의 경험을 통해 어떻게 하면 '사람이 서로 사랑하는 사회'를 향해 나갈 수 있을까? 민주주의는 공자의 이상을 실현할 수 있는 가능성을 넓게 열어가고 있다고 생각한다.

선어중거고요(選於衆擧皐陶; 여러 사람 가운데 고요를 골라 등용하다)라는 말에서 선거(選擧)라는 말이 나오는 것이 자못 흥미롭다. 전에는 군주(君主)가 주체가 되어서 선거(選擧)했지만 지금은 국민이 주체가 되어서 선거(選擧)하는 것이다. 이제 민주주의는 올바른 사람을 선택하는 것이 국민에 의해 이루어질 수 있는 시스템을 발전시키고 있는 것이다.

예전에는 성군(聖君)이라야 제대로 되었다면 현대에는 그 요체가 국민의 수준이라고 생각한다. 그런 점에서 공자가 말한 지(知)는 오늘날도 유효할 뿐 아니라 어떤 점에서는 더 현실적인 과제다. 이제 국민 일반의 지(知)의 수준 즉 민도(民度)야말로 좋은 선거를 위한 핵심 조건이다.

사랑을 실천하는 가장 보편적이고 현실적인 기반이 '좋은 정치'라는 것을 2,500년 전의 현자는 이야기하고 있다. 성인으로 추앙받는 사람들 가운데서 정치를 가장 적극적으로 들어 올리는 사람이 공자다. 그는 좋은 정치의 출발은 '좋은 선거(選擧)'라는 것을 간명하게 이야기한다. 좋은 선거를 통해 난세(亂世)를 넘어설 수 있다는 것이야말로 민주주의의 가치이며 희망이다.

이와 관련해서 H.G.크릴은 『공자, 인간과 신화』라는 책에서 흥미로운 작업을 했다. 그는 미국 독립선언문 기초자, 제3대 대통령인 토머스 제퍼슨(1743~1826)의 사상과 공자의 사상을 비교한다. 두 사람 모두 '형이상학을 아주 싫어했고', '부자에 대항하는 가난한 사람들에게 관심을 가졌으며', '인간의 평등을 주장하였고', '모든 인간이 본질적으로 고상하다는 것을 신뢰하였으며', '권위에 호소하지 않고 모든 성실한 인간의 이성과 감정에 호소하였다.' 제퍼슨의 "정치의 기술이란 성실의 기술에 불과한 것이다."라는 말은 논어 안연편 제17장과 놀라울 정도로 비슷하고 이러한 사례는 더 많이 제시할 수 있다.

공자와 제퍼슨은 모두 열렬하게 평민(시민)을 옹호하면서도 인간의 능력이 동등하지 않다는 사실도 잊지 않았다. 1813년 제퍼슨은 아담스(John

Adams)에게 보낸 편지에서 '인간 사회에 자연스러운 귀족 제도가 있다.'는 아담스의 견해에 동의한다면서도 "이것의 근거는 덕망과 재능뿐입니다. … 그러나 재산이나 문벌에 기초한 인위적인 귀족제도도 있다."는 점을 상기시키면서 "나는 자연의 귀족 제도를 자연의 가장 귀중한 선물로 생각합니다. 그것은 사회를 교육하는 데뿐만 아니라 사회의 위임을 받고 그것을 다스리는 데도 필요한 것이기 때문입니다. 가장 효과적으로 이 자연적인 귀족들이 공직을 담당할 수 있는 깨끗한 선발 제도를 갖춘 정부를 최선의 정부 형태라고 말할 수 있지 않겠습니까?"라고 강조하였다.

## 시진핑 주석에게 드리는 글(2)
- 〈이남곡의 인문의 창〉 아시아경제 2016.11.03. -

시 주석께서도 주시하고 계시겠지만, 이 글을 준비하는 동안 한국에서는 대단히 황당하고 부끄러운 일들이 표면으로 드러났습니다. 정세가 대단히 급박하여 사실은 이번 칼럼에서는 국내문제를 다뤄볼까도 생각했지만, 많은 분들이 다루고 있고, 또 제가 이 글에서 다루고 있는 것이 인류 보편적인 과제라서 그대로 글을 이어가겠습니다. 오늘은 '민주주의'에 대해서 말씀드려볼까 합니다.

흔히들 말하는 관점, 이른바 서구적(西歐的) 관점에서가 아니라, 인류 보편의 이상과 그것을 실현해 가는 구체적 과정의 역사적·사회적·문화적 특성의 다양함이라는 관점에서 이야기해 보려 합니다. '민주주의는 서양에서 발전했다.'는 것은 하나의 견해에 불과하다고 저는 보고 있습니다. 아마 근대 몇 백 년을 두고 말하면 일리가 있겠지만, 오랜 역사와 더 오래 진전될 미래를 생각하면, 이것은 대단히 일면적인 단견(短見)이라고 생각합니다.

'민주주의'에 대해서도 시대와 사회제도를 넘어 인류 보편의 지혜가 '논어' 속에 보물처럼 들어 있습니다. 서양 민주주의의 뿌리로 보는 고대 그리스의 민주주의는 사실상 노예제를 바탕으로 하는 지극히 불완전한 것이었고, 그 후 동양보다 훨씬 엄혹한 중세의 암흑기를 거치고, 근대 민주주의의 요람으로 알려진 영국에서 1688년 명예혁명 이후에 확립된 '왕은 군림하나 통치하지 않는다.'는 전통은 2,500여 년 전 공자가 이미 고대 중국에서 실현된 사례로 소개하고 있습니다. 지금과는 전혀 다른 조건에서도 2,500여 년 전의 현자는 정치의 본질을 '사람을 사랑하는 것(愛人)'이라고 설파하고 있습니다.

논어 '안연'편 22장을 보면 번지라는 제자가 공자께 인(仁)에 대해 묻습니다. 그때 공자는 "사람을 사랑하는 것이다(愛人)"라고 대답합니다. 구체적으로 어떻게 하는 것이 사람을 사랑하는 것인가에 대해서, 사람을 아는 것(知人)에서 출발하여 바른 정치에 의해 실현된다는 취지로 대답합니다. 즉 공자에게는 '정치란 사람을 사랑하는 구체적 기술(技術)'인 것입니다.

존경하는 시 주석님.

중국은 실제적으로 일당(一黨)이 통치하는 국가입니다. 이것이 서구민주주의라는 입장에서 보면 민주주의의 최대 장애입니다. 그러나 저는 일단 중국의 현실을 바탕으로 이야기해 보려고 합니다. 그러다 보니 중국공산당의 당내(黨內) 민주주의가 그 출발점으로 떠오릅니다.

아시다시피 근대의 공산주의(과학적 사회주의)는 동양에서는 오래된 이상인 '대동세상'을 이른바 '과학적'이고 '현실적'으로 이루려는 목표를 가지고 서양에서 출현하였습니다. 그러나 실제로는 '반과학적'이고 '비민주적'인 사고와 태도 그리고 실천 등으로 결국 세계자본주의를 넘지 못하고, 세계자본주의에 포섭(包攝)되고 말았습니다. 오늘은 그 단정(공산당의 무오류성)의 반과학성과 이른바 민주집중제가 갖는 비민주성에 대해 논어의 지혜를 통해 말씀드려볼까 합니다.

이와 관련된 논어의 구절들을 소개해 보겠습니다.

〈공자 말하기를, "내가 아는 것이 있겠는가? 아는 것이 없다. 그러나 어떤 사람이 나에게 물어오더라도, 텅 비어 있는 데서 출발하여 그 양 끝을 들추어내어 마침내 밝혀 보겠다."〉 (子曰, 吾有知乎哉? 無知也. 有鄙夫問於我 空空如也. 我叩其兩端而竭焉, 제9편 자한)

〈공자 말하기를 "군자는 세상 모든 일에 옳다고 하는 것이 따로 없고 옳지 않다고 하는 것도 따로 없이, 오직 의를 좇을 뿐이다."〉 (子曰, 君子之於天下也 無適也 無莫也 義之與比, 제4편 이인)

〈공자 말하기를, "다른 생각을 공격하면 해로울 뿐이다."〉 (子曰 攻乎異端 斯害也已 제2편 위정)

이 세 문장을 관통하는 것이야말로 과학적이고 민주적인 사고와 태도입니다. 지금 세계의 어떤 나라, 어떤 정당의 민주주의보다 더 업그레이드된 민주주의를 가능케 하는 사상의 보고(寶庫)가 됩니다.

　제가 나름대로 현대적으로 읽어보면 다음과 같지 않을까 생각합니다. "인간은 실재를 인식할 수 있는 존재가 아니다. 그러나 불가지론에 빠지지 않고 무지를 자각(空空)한 상태에서 단정하지 않고(無適 無莫) 끝까지 무엇이 현 단계에서 가장 옳은 것인지, 무엇이 사실에 가장 가까운지를 모두의 지혜를 모아 찾아간다(義之與比, 叩其兩端而竭焉). 이때 가장 경계할 것은 '자기와 다른 생각을 공격하려는 마음'이다. 자기와 다른 생각은 검토의 대상이지 공격의 대상이 아니다(攻乎異端 斯害也已)."

　아마도 지금까지 논어를 해석하는 것과 차이가 있을지 모르지만, 저는 위와 같이 읽는 것이 논어 전체를 통한 공자의 뜻에 부합한다고 생각하고 있습니다. 만일 중국 공산당의 당내 민주주의가 이런 정도의 의식과 태도에 바탕을 둔다면, 새로운 민주주의의 역사를 쓰게 될 것입니다. 이렇게만 되면 일당독재를 넘어 다당제와 자유선거는 물론 직접민주주의와 분권(권력분립과 지방분권 포함)과 자치를 확대하는데 중국이 전혀 두려워할 것이 없을 것입니다.

　원래는 두 회 정도로 마무리하려고 했는데, 아무래도 앞으로 2회 정도 더 '인권, 민족, 새로운 문명 등'에 대해 말씀드려 보겠습니다.

## 23

자공이 벗을 사귀는 것에 관해 묻자 공자 말하기를, "충고하여 선한 길을 함께 가야 하지, 하지만 듣지 않거든 그만두어 스스로 욕됨이 없게 하여야 한다."

子貢問友 子曰 忠告而善道之 不可則止 無自辱焉
자공문우 자왈 충고이선도지 불가즉지 무자욕언

- 벗에게 충고하여 좋은 길을 가게 하는 것이 친구를 사귀는 것이라는 말은 와 닿는데 듣지 않으면 그만두라는 말은 얼른 이해가 가지 않는데요.
- 정말로 충고하는 것은 쉬운 일이 아닌 것 같아요. 어디까지나 상대의 입장이랄까. 상대에 대한 사랑이 없으면 충고는 아닌 것 같아요.
- 그렇지요. 자칫하면 자기 생각을 들이미는 경우가 많지요. 그리고 사람은 남의 충고를 듣고 그것을 받아들일 마음이 스스로 생기기 전에는 바꾸려 하지 않잖아요.
- 남에게 진실로 충고할 수 있는 관계가 되기 전에 하는 충고는 오히려 사이를 나쁘게 할 수 있다고 봐요.
- 그렇다고 좋지 않은 것을 그대로 보고 있으라는 말은 아닐 것 같고요. 정말로 상대를 위하는 마음이 아니라면 안 하는 편이 좋다는 말 아닐까요?
- 상대를 비난하거나 공격하고 싶은 마음, 자기 생각을 강요하는 기분이 들 때는 그런 마음이 사라질 때까지 이른바 충고를 삼가는 것이 좋을 것 같아요.

- 그래서 앞에서도 부모에 대해서 기간(幾諫)을 말하였는데 비단 부모에게 한정된 것이 아니라는 생각이 들어요.
- '자신을 욕되게 한다'는 말이 무슨 의미일까요.
- 말도 놓치고 사람도 놓치는 어리석음 아닐까요?
- 요즘 저는 원불교 대종경을 읽고 있는데 소태산 대종사의 말이 상당히 구체적이어서 소개하고 싶습니다. 이인편 17장과 함께 보면 좋을 것 같습니다.

> 대종사, 서울에 행가하시니 제자들이 와서 뵈옵고 서로 말하되 "우리 동문 형제는 인연이 자중하여 같은 지방 같은 시대에 태어나 한 부처님 문하에서 공부하게 되었으니 어찌 반갑지 않으리오. 이는 실로 길이 갈리지 않을 좋은 인연이라." 하거늘, 대종사 들으시고 말씀하시기를, "내가 그대들의 말을 들으니 한편으로는 반갑고 한편으로는 염려가 되노라. 반가운 것은 오늘날 그대들이 나의 앞에서 서로 화하고 즐거함이요, 염려 되는 것은 오늘날은 이와 같이 좋은 인연으로 서로 즐기나 이 좋은 가운데서 혹 낮은 인연이 되어질까 함이니라."
> 
> 한 제자 여쭙기를 "이같이 좋은 가운데서 어찌 낮은 인연이 될 수 있으오이까?" 하니 대종사 말씀하시기를, "낮은 인연일수록 가까운데서 생겨나니 가령 부자 사이나 형제 사이나 부부 사이나 친우 사이와 같이 가까운 사이에는 그 가까움으로써 혹 예를 차리지 않거나 조심하는 생각을 두지 않아서, 서로 생각해 준다는 것이 도리어 오해를 가지게 되어, 마침내는 아무 관계없는 외부 사람만도 못하게 되는 수가 허다하니라."
> 
> 한 제자 또 여쭙기를, "그러하오면 어떻게 하여야 가까운 사이에 낮은 일이 생기지 않고 영원히 좋은 인연으로 지내겠나이까?" 하니, 대종사 말씀하시

기를, "남의 원 없는 일을 과도히 권하지 말며, 스스로 높은 체하여 남을 이기려고만 하지 말며, 남의 시비를 알아서 내 시비는 깨칠지언정 그 허물을 말하지 말며, 스승의 사랑을 자기만 받으려 하지 말며, 친해질수록 더욱 공경하여 모든 일에 예를 잃지 않으면, 낮은 인연이 생기지 않고 길이 이 즐거움이 변치 않으리라." (대종경 제13 교단품 3장)

- 동업(同業)하는 동료나 협동조합이나 공동체 운동이 성공하기 위해서 가장 명심해야 할 일 같습니다. 초기에 뜻이 같아서 대업(大業)을 도모하는 사람들이 사욕(私慾)과 아집(我執) 때문에 서로 원수가 되어 일을 그르치는 경우가 얼마나 많습니까?

## 24

증자가 말하기를, "군자는 배움을 통해 벗과 만나고, 벗과 함께 인(仁)을 넓힌다."

曾子曰 君子 以文會友 以友輔仁
증자왈 군자 이문회우 이우보인

- 이문회우(以文會友) 이우보인(以友輔仁)이라는 말은 진실한 삶을 살고 싶어하는 우리에게 뭔가 신선한 느낌으로 다가오네요.
- 그런 것 같네요. 학문(學文)을 함께 배우는 과정에서 벗을 사귀고, 그 벗들과 더불어 인(仁)한 세상을 만들어가는 아름다운 모습이 그려집니다.

- 뜻이나 사상을 함께 탐구하는 과정을 통하여 벗과 만나고, 세상의 인(仁)을 넓혀가는 동지로 되어 평생을 함께할 수 있다면 얼마나 좋겠어요.
- 나는 인문운동가로서 이 구절을 참 좋아합니다. 액자를 만들어서 벽에 걸어놓고 있어요.
- 우리 마을이 이문회우(以文會友) 이우보인(以友輔仁) 하는 마을이 되기를 진심으로 바랍니다.

# 제13편

# 자로(子路)

---

"중용의 길을 행하는 사람을 얻지 못할 바에는
반드시 '광견(狂狷)'한 사람과 함께할 것이다.
광자는 진취적이고, 견자는 하지 않는 바가 있는 사람이다."

<sub>자왈 부득 중행이여지 필야광견호 광자진취 견자유소불위야</sub>
子曰 不得中行而與之 必也狂狷乎 狂者進取 狷者有所不爲也

# 1

자로가 정치를 물으니 공자 말하기를, "앞서서 노력하라." "좀 더 말씀해 주십시오." "게으르지 말라."

子路問政 子曰 先之勞之 請益曰 無倦
자 로 문 정 자 왈 선 지 로 지 청 익 왈 무 권

- 자로와의 대화가 간명하군요. 그냥 들으면 너무 평이한 말 같지만, 실제로는 좀처럼 이루어지지 않는 정치의 핵심을 꿰뚫는 말입니다.
- 정치를 하겠다는 것은 권력을 갖겠다는 말과 표리를 이루지요. 그러다 보니 권력을 위임받는 자에게는 일반인과 다른 덕성과 노력이 요구되지요. 개인의 해방과 자유가 대세인 지금 세상에서는 활사개공(活私開公; 개인을 충분히 살리는 과정을 통하여 공심이 열린다)이 맞는다고 생각합니다만, 스스로 공익을 위하겠다며 권력을 위임해달라는 사람들에게는 선공후사(先公後私; 공공의 이익을 먼저 생각하고 개인의 이익은 뒤로 돌린다)가 요구됩니다. 공공의 이익을 위하여 앞서서(先) 생각하고 실험하며 실천(勞)하는 것이 그가 스스로 약속한 의무지요.
- 너무 앞서는 것은 현실과 유리된 이상주의로 실천하기 힘들고 때로는 엉뚱한 부작용으로 오히려 역사를 후퇴시킬 가능성이 있어서, 반보(半步)쯤만 앞서라는 사람의 말도 일리가 있지만, 어떻든 공공의 이익이나 나라나 사회의 미래를 위해 남보다 앞서서 생각하고 남보다 더 노력해야지요. 그것이 그에게 권력을 양도한 국민의 바람이며 명령이지요.
- 요즘 정치인들이 무엇을 '선지로지(先之勞之)'하는지를 봅시다. '어떻게

하면 줄을 잘 서서 공천을 받을까?' '어떻게 하면 다음 선거를 위해 선거구를 잘 관리할까?'로 대단히 부지런한 정치인들을 자주 보게 됩니다. 앞서서 공(公)을 생각하는 것이 아니라 먼저 자신의 이익과 권력을 생각합니다.

- 얼마 동안은 그래도 정치를 하려 한 초심(初心)이 있어서 열심히 마음을 내보기도 하지만, 흐린 물에 들어가서는 그 초심은 어디로 숨고 그 흐린 물에 동화되고 말지요. 그래서 자로의 재차 물음에 공자는 '무권(無倦; 게으르지 말라)'이라는 죽비를 날리는 것이군요.
- 난세(亂世)일수록 공공의 이익과 나라와 사회의 미래를 위해 대중보다 한발 앞서서 충심으로 진력하며 스스로에게 초심을 잃지 않고 정진하라는 죽비를 늘 준비하고 있는 정치인을 시대와 국민이 바라고 있지요. 이상한 도사들이 예언하는 하늘이 내린 사람이 아니라, 그 스스로 준비되어 가는 것이지요. 시대의 요구를 제대로 인식(正名)하고 그 실천에 앞장설 때 비로소 하늘은 스스로 돕는 자를 돕게 되는 것이겠지요.
- 다음 장에서 언급하는 '정명(正名)'론에서 좀 더 다뤄 보았으면 합니다.

# 2

중궁이 계씨의 총재가 되어 공자에게 정치를 물으니 공자 대답하기를, "먼저 각 관원에게 일을 맡기고, 작은 과실은 용서해 주고, 어진 인재를 등용하도록 하라." "어떻게 어진 인재를 알아서 등용합니까?"

"네가 알고 있는 사람을 제대로 등용하면, 네가 모르는 사람을 다른 사람들이 내버려두겠느냐?"

仲弓爲季氏宰問政 子曰 先有司 赦小過 擧賢才 曰 焉知賢才而擧之 曰 擧爾所知
중궁위계씨재문정 자왈 선유사 사소과 거현재 왈 언지현재이거지 왈 거이소지
爾所不知人其舍諸
이소부지인기사저

- 중유는 염옹으로 공자가 왕이 될만하다고 칭찬한 제자인데, 그가 노나라의 실권자인 계씨의 총재가 되어 공자에게 묻는 구체적인 질문이군요.
- 공자는 매우 간단하게 답하는군요. 먼저 전문관리(有司)에게 맡겨라. 일단 맡겼으면 간섭하지 말고 사소한 잘못은 문제 삼지 말라. 그리고 현재(賢才)를 등용하라.
- 말은 간단하지만, 쉽지 않죠. 그래서 좋은 정치는 아무나 하는 것이 아니겠죠. 특히 자기 나름대로의 생각이 강한 사람이 최고 권력을 쥐었을 때 왕왕 나타날 수 있는 폐해를 잘 지적하고 있군요.
- 전문가에게 맡겨야 할 일들을 스스로 결정하려고 하는 것은 우리가 최근에 보고 있지 않습니까? 이른바 의료대란(醫療大亂) 사태도 최고 권력자의 아집이 큰 원인이 되었죠.
- 사소한 잘못을 일일이 문제 삼지 말라는 것은 일단 맡길 때 신중해야 하지만 맡겼으면 시시콜콜 간섭하지 말고, 그의 전문성이나 능력을 최대한 살리도록 해주는 것이 인사(人事) 경영의 묘(妙)라는 것이죠.
- 가장 중요한 것은 인재 등용인데, 이에 대해 공자의 대답도 명쾌하군요. 우선은 네가 아는 인재를 등용할 수밖에 없지만, 그 인사가 제대로 이루어질 때라야 그것을 보고 다른 사람들이 뛰어난 인재를 추천할 것이라고 하네요.

■ 실패하는 정권은 인사(人事)가 제대로 안 되는 것이 주된 원인이죠. 인재(人材)의 풀이 좁은 것이야 어쩔 수 없더라도, 권력자의 인품이 아집이 강해서 자기중심적이고, 비전의 궁색함이 인사(人事)의 궁핍으로 나타날 때 그 결과는 뻔히 보이는 것이죠.

## 3

자로가 말하기를, "위나라 군주가 선생님을 맞아들여 정치를 하게 된다면, 선생님은 무엇을 가장 먼저 하시겠습니까?" 공자 말하기를, "반드시 정명(正名)을 하겠다." 자로가 말하기를, "그렇습니까? 선생님은 너무 먼 이야기를 하십니다. 어찌 명(名)을 먼저 바로잡는다고 하십니까?"

공자 말하기를, "유(由)야, 너는 생각이 참 얕구나. 군자는 모르는 일은 제쳐놓는 법이다. 명(名)이 바르지 않으면 말이 불순하고, 말이 불순하면 일이 이루어지지 않고, 일이 이루어지지 않으면 예악이 일어나지 않고, 예악이 일어나지 않으면 형벌이 적중하지 못하고, 형벌이 적중하지 못하면 백성은 손발 둘 곳이 없게 된다. 그러므로 군자가 명을 바로 하면 반드시 말이 서고, 말이 서면 반드시 실행하게 될 것이니, 군자는 그 말에 있어 조금도 구차함이 없다."

子路曰 衛君待子而爲政 子將奚先 子曰 必也正名乎 子路曰 有是哉 子之迂也奚
자로왈 위군대자이위정 자장해선 자왈 필야정명호 자로왈 유시재 자지우야해

其正 子曰 野哉由也 君子於其所不知蓋闕如也 名不正則言不順 言不順則事不成
기정 자왈 야재유야 군자어기소부지개궐여야 명부정즉언불순 언불순즉사불성

事不成則禮樂不興 禮樂不興則刑罰不中 刑罰不中則民無所措手足 故君子名之
사불성즉예악불흥 예악불흥즉형벌불중 형벌불중즉민무소조수족 고군자명지

必可言也 言之必可行也 君子於其言無所苟而已矣
필가언야 언지필가행야 군자어기언무소구이이의

- 그 유명한 정명론(正名論)이 여기서 나오는군요. 이 대화가 오고 간 시대적 배경을 알아야 하는데, 당시 위나라의 영공이 죽고 손자인 첩(輒)이 왕위를 물려받았을 때 그 아버지인 괴외(蒯聵)가 왕권을 둘러싼 전쟁을 일으켰을 때입니다. 그 과정에 영공의 부인이었던 남자(南子)가 개입된 복잡한 상황이 있습니다. 그런 배경에서 나온 자로와의 대화라 '정명(正名)'을 왕권의 명분을 바로잡는다는 의미로 해석을 해서, 제경공과 공자의 대화에서 나오는 '군군신신(君君臣臣) 부부자자(父父子子)'를 정명(正名)으로 보는 해석이 나옵니다.

- 물론 그런 배경에서 나온 이야기이기는 하지만 나는 정명(正名)을 단순히 왕위를 둘러싼 투쟁에서 명분을 바로 세운다는 의미로 생각하는 것은 공자의 진의(眞意)를 너무 좁히는 것이 아닌가 생각합니다. 그러다 보니 정명론은 절대군주세습제를 옹호하는 이론이 되고 말아, H.G.크릴 같은 학자는 이 장은 공자의 말이 아닌데 나중에 끼워 넣은 대표적인 위작(僞作)으로 보고 있습니다.

- 또 다른 면에서는 도덕경 1장에 나오는 '명가명비상명(名可名非常名)'과 관련해서 공자의 생각을 비판하기도 합니다. 그런데 이 점에서는 공자의 정명이 정명(定名)이 아니라는 점에 주목해야 합니다. 공자는 일관되게 어떤 개념을 단정적으로 고정시키지 않습니다. 그 점에서 공자의 정명(正名)도 노자의 '명가명비상명(名可名非常名)'과 충돌하는 것은 아니라고 생각합니다.

- 공자의 정명에 대해 자로는 '그것은 현실과 너무 동떨어진 먼 생각'이 아

니냐고 반문하지요. 현실적으로 풀어야 할 난제들이 너무 많은데 한가하게 명분을 세우는 일이나 하고 있을 수 있느냐는 의미인 것 같습니다. 공자는 단호한 어조로 자로를 나무라지요.

■ 흔히 정명(正名)을 '명분을 바르게 하는 것'으로 번역하고, 명분이라는 말이 형식적이거나 자기합리화 또는 반동적인 세력의 권력 유지와 결합하여 왔던 과거의 기억들이 연상되다 보니까 이 말이 현대를 사는 사람들에게 그다지 좋은 이미지로 다가오지 않는 것도 사실인 것 같습니다.

■ 그러나 그런 이미지를 떠나 그 말의 진의(眞意)를 찾아본다면 대단히 중요한 의미로 다가옵니다. 풀어야 할 난제들이 너무 많을수록, 또 그런 문제들에 대한 해결 방법이 서로 모순되는 것으로 보일수록 먼저 할 일은 '시대정신을 올바로 실현할 수 있는 바탕이 되는 사상과 비전을 바로 세우는 일'이 아닐까요?

■ 언젠가 읽은 기억이 있는데, 중국의 대장정 기간에 마오쩌둥(毛澤東)이 철학을 학습할 것을 말하자 많은 사람들이 '이 엄혹한 시기에 철학을 학습하는 것이 과연 필요한가?'라고 말했는데 마오쩌둥은 '이런 시기야말로 철학을 학습하는 것이 더욱 절실하다.'라고 말했다고 합니다. 적절한 예가 될지는 모르지만 공자를 누구보다 더 비난 공격한 마오쩌둥이 나름대로 공자의 정명(正名)을 체득 응용한 것이 아닌가 싶습니다.

■ 오늘날에는 과거의 진보니 보수니 하고 한 면만을 강조하면서 서로 투쟁하고 대립하며 역사를 발전시켜 온 그런 패러다임과는 질이 다른 패러다임을 요구하고 있습니다. 산적한 난제들, 서로 해결책이 모순되는 것으로 보이는 문제들을 풀어나가 인류의 존속과 진화를 가능하게 하기 위해서는 지금이야말로 '정명(正名)'이 절실한 것입니다.

■ 정명(正名)을 현대적인 용어로 표현한다면 '인간 진화를 위한 종합철학

을 바로 세우는 일'이라고 할 수 있지 않을까 생각합니다. 그것을 위해 '자유와 평등을 보장하는 사회제도', '다툼이 필요 없을 정도의 물질적 생산력', '서로 양보하고 싶어지는 정도의 정신적 성숙' 등이 조화되어야 하겠지요.

- 과거의 좌우, 보수와 진보 등의 관점으로는 이에 대한 종합적 시각이 불가능합니다. 하나를 잡으려면 다른 것이 꼬이지요. 예컨대 물질적 생산력을 높이려면 사람들의 이기적 동기를 높여야 하고 따라서 불평등이나 양극화 현상이 나타나지요. 불평등이나 양극화를 해결하려 하면 이번에는 생산력이 떨어집니다. 그래서 과거의 시각으로는 여러 가지 관점을 봉합(縫合)하는 수밖에 없지요. 좌파 신자유주의 같은 단어가 그렇게 해서 나온다고 생각합니다.

- 그런데 이렇게 되면 양쪽에서 비난받을 뿐 아니라 그것을 주장하는 사람들마저 자기주장의 정합성(整合性)을 찾기 어렵습니다. 공자의 말로 하면 언(言)이 불순(不順)하게 되는 것입니다. 언(言)이 불순(不順)하면 실행력을 갖기 어렵지요. 그 결과 양극화도 잡히지 않고, 생산력도 떨어집니다. 이렇게 되면 문화(禮樂)가 제대로 발달하기 힘들고, 도덕이 붕괴되어 사람들이 법망(法網)을 피하기에 급급하고, 대중들이 삶의 지표를 잃고 방황하게 되겠지요.

- 일견 모순되게 보이는 요소들이 이제 상호보완적이며 인간 진화를 위한 길에서 함께 나가야 할 동반자라는 관점이 우리가 세우고자 하는 종합철학일 것입니다. 민주화와 물질적 생산력의 진보 등은 과거에 비해 이런 종합철학이 많은 사람들에게 받아들여질 수 있는 객관적 조건을 비할 수 없이 발전시켰습니다. 이 길에서 과거의 좌우, 보수와 진보 등의 고정 관념이 가장 큰 장애가 될 것입니다.

- 이런 고정 관념에서 벗어나 사실에 바탕을 두고 인류가 지향해야 할 이상을 추구할 때 우리 시대의 정명(正名)이 가능할 것이고, 이것을 앞서서 이루는 곳이 새로운 문명을 선도하게 될 것입니다.
- '난세(亂世)에 정치를 한다는 것'이라는 이름으로 페이스북에 올린 글이 있습니다.

> 난세에 살아남기 위한 정치가 아니라, 난세를 넘어 새로운 세상을 열어가는 정치를 한다는 것. 그런 정치 주체라면, 개인이든 정당이든 '철학(哲學)'을 해야 한다. '이런 난세에 무슨 철학을 한단 말인가?'라고 반문할 수 있다. 나는 반대로 이야기한다.
> "진정으로 난세를 넘어 새로운 길을 열어가려는 정치를 원한다면, 난세일수록 '철학'을 하라! 그것은 시간이 남으면 여유 부리는 양념이나 교양이나 선택과목이 아니다. 가장 우선순위로 시간을 배정할 '필수 과목'이다. 이 철학은 거리에서 만나는 '철학관' 같은 것이나 실증하기 어려운 형이상학이 아니라, 시대를 읽고 시대정신을 실현할 수 있는 '종합철학'을 말하는 것이다. 그 목표는 명확하다. 난세를 넘어설 정치권력을 획득하는 것이다. 급할수록 철학하라!" (2023년 3.1절 새벽)

# 시진핑 주석에게 드리는 글(3)
- 〈이남곡의 인문의 창〉 아시아경제 2016.10.06. -

　국가는 인간과 사회의 진화를 가로막는 직간접의 범죄와 부정과 부패를 제거하는 가장 강력한 기구입니다. 개방을 하고 자본주의를 도입하면 덩샤오핑(鄧小平)의 말대로 창(窓)을 열면 파리 모기와 온갖 벌레가 함께 들어오듯 여러 부정적 현상들도 나타나게 됩니다. '부패와의 전쟁'이라는 말을 할 정도의 시 주석의 노력을 지지하고 응원합니다. 그러면서도 그 지향하는 이상만은 놓치지 않기를 바라는 심정 또한 말씀드리고 싶습니다. 논어에 나오는 공자의 말들입니다.

　〈"법제로 다스리고 형벌로 질서를 유지하면, 인민들이 형벌을 면하는 데 급급하여 부끄러움을 모를 것이다. 그러나 덕으로 다스리고 예로써 질서를 유지하면 부끄러움을 알고 바르게 될 것이다."〉(道之以政 齊之以刑 民免而無恥 道之以德 齊之以禮 有恥且格, 제2편 위정)

　〈"송사를 듣고 판결을 함에는 나도 다른 사람과 같으나 반드시 송사가 없도록 해야 한다."〉(聽訟 吾猶人也 必也使無訟乎, 제12편 안연)

　위의 구절들은 국가와 정치의 목적이 무엇인가를 고금을 통해 명확하게 밝히고 있습니다. 최고 최선의 인권 보장은 좋은 정치와 좋은 제도입니다. 그러나 범죄자의 인권 보장을 포함한 근대 서양의 형벌 제도에 대해서는 진지한 검토와 도입이 필요하다고 생각합니다. 특히 사상과 양심의 자유를 철저히 보장하는 것은 오래된 동양의 이상주의에 더 부합하는 것입니다. 위대한 목적을 가진 당(黨)이나 국가일수록 그 절차나 과정의 정당성을 확보하는 것이 중요하다고 생각합니다.

　물론 저 같은 촌부(村夫)가 짐작할 수 없는 많은 고충이 거대한 국가를 경영하는 시 주석을 비롯한 중국 지도부에 있다는 것을 알고, 충분히 존중합니다만, 여건이 허락하는 대로 자본주의 국가의 불평등이나 차별 같은 실질적인 수많은 합법적인 인권침해보다 오히려 중국의 정치범 탄압이나 범죄자에 대한 가혹한 처벌이 더 이슈화되는 것에서 하루 빨리 벗어날 수 있기를 바랍니다.

존경하는 시 주석님.
마지막으로 민족문제와 새로운 문명에 대해 말씀드려 보겠습니다. 중국은 광활한 영토와 55개의 민족으로 구성된 그 자체로 세계국가입니다. 미국이 이민(移民)에 의해 몇 백 년 동안에 인위적으로 형성된 세계국가라면, 중국은 수천 년의 역사, 수많은 분열과 통일을 경험해 온 세계국가입니다.

현실 사회주의의 실패 이후로 '이념의 종언'이라는 말이 유행했습니다. 불완전한 정치 이데올로기로서의 사회주의를 이념이라고 하면 성립하는 이야기일지 모르지만, 이념을 '우주 자연의 리(理)에 부합하는 인간의 관념'으로 해석한다면, 그런 이념의 시대는 온 적이 없습니다. 이제 와야 합니다.

중국에게는 패권다툼이라는 현재의 세계질서를 변화시키기 위해서도 의연히 대처해야겠지만, 그 힘의 원천은 내부에 진정으로 리(理)에 바탕을 둔 새로운 질서를 세우는 것입니다. '권력은 총구(銃口)에서'라는 말은 지금까지의 권력을 획득하는 과정에서는 맞는 말일지 모르지만, 진정으로 새로운 질서는 '이념'에서 나온다고 생각합니다. 다음은 공자와 제자의 대화입니다.

〈"위나라 임금께서 선생님께 정치를 맡기신다면 무엇을 가장 먼저 하시겠습니까?" "반드시 명(名)을 바로 세울 것이다."〉(子路曰, 衞君 待子而爲政 子將奚先 子曰, 必也正名乎)

이 '정명(正名)'을 여러 가지로 해석하고 있는 것 같습니다. '고정하지 않음'은 공자의 특징입니다. 따라서 '정명' 또한 고정되는 것이 아닙니다. 현대적인 용어로 표현하면 '시대정신을 가장 바르게 실현할 수 있는 종합철학을 세우는 것'으로 저는 보고 있습니다. '정명'은 진정한 의미의 '이념'을 찾아가는 과정입니다. 이제 인간과 자연 ·인간 상호간·물질과 정신의 관계가 어떻게 되는 것이 우주 자연의 '리'에 부합하는지가 엄청난 파국적 위기와 함께 근원적으로 물어지는 시대가 되었습니다.

그런 점에서 저는 중국 공산당이 진정한 이념 정당으로 진화하여 민족문제를 원활하게 해결함으로써 미래에 도래할 세계정부의 모델을 만드는 데 선구적 역할을 하기를 바랍니다. 여러 민족의 자치와 분권을 최대한 확대하면서, 동시에 인류의 보편적 가치를 위해 협력 통합하는 실험은 중국 같은 나라가 아니면 어려운 일입니다.

동시에, 지구적 인류적 위기를 초래하고 있는 지금의 소비와 소유 중심의 문화를 정신적 예술적 가치나 욕구가 증대되는 생태적 삶의 문화로 전환하는 새로운 문명의 선두에 설 수 있기를 기대합니다. 이는 특히 4차 산업혁명이 진행되는 현실에서 더욱 절실한 요구가 됩니다. 1억 명의 중국 공산당원들이 이런 문명적 전환을 시도한다면 인류에 대한 최대의 기여가 될 것입니다.

과거 혁명 시기의 '조사 없이는 발언권 없다.''라는 실사구시의 전통을 넘어, '생활 없이는 발언권 없다.'는 자각이 중국공산당의 자율적 문화로 자리 잡는다면, 이것이야말로 진정한 문화혁명의 길입니다.

존경하는 시진핑 주석님.

저의 글을 이제 마치려 합니다. 너무 잘 아시고 실천하고 계시는 것들에 대해 촌부의 중언부언을 너그러이 받아들여 주시기 바랍니다. 다만 중국과 중국 인민을 사랑하고, 시 주석의 성공을 기원하는 마음에서라는 것을 헤아려 주신다면 고맙겠습니다.

# 4

번지가 곡식을 심는 법에 관하여 배우기를 청했다. 공자께서 말하기를, "나는 늙은 농부만 못하다." 채소 가꾸는 것에 관하여 배우기를 청하자 말하기를, "나는 채소 가꾸는 늙은이만 못하다."
번지가 물러나자 공자 말하기를, "소인이로다, 번지는. 윗사람이 예를 좋아하면 백성들이 감히 불경하지 않을 것이고, 윗사람이 의(義)를 좋아하면 백성이 감히 따르지 않을 수 없고, 윗사람이 신(信)을 좋아하면 백성들이 감히 진실하지 않을 수 없을 것이다. 무릇 이렇게 되면 사방의 백성들이 그 자식을 포대기에 싸 업고 모여들 것이다. 어찌 농사짓는 법을 나에게 묻는가?"

樊遲請學稼 子曰吾不如老農 請學爲圃曰 吾不如老圃 樊遲出 子曰 小人哉樊遲
번지청학가 자왈오불여노농 청학위포왈 오불여노포 번지출 자왈 소인재번지
也 上好禮則民莫敢不敬 上好義則民莫敢不服 上好信則民莫敢不用情 夫如是則
야 상호례즉민막감불경 상호의즉민막감불복 상호신즉민막감불용정 부여시즉
四方之民襁負其子而至矣 焉用稼
사방지민강부기자이지의 언용가

공자에 대한 비난 가능성이 높은 내용이다. 농사를 천한 일로 치부하고, 윗사람 이른바 지배계급의 덕을 이야기한다고 볼 수 있다.
그러나 공자의 다른 언행으로 볼 때 이렇게 비난하는 것은 좀 지나칠 수가 있다. 번지라는 제자가 그다지 총명하지 못해서 엇갈리는 문답을 하는 것으로 보인다. 노농(老農)이나 노포(老圃)보다 못하다는 것은 사실을 말하는 것이다. 공자에게 그런 물음을 하는 것이 대화의 포인트를 잡지 못하는 것이다. 아마 번지에게는 절실한 질문이었고, 공자는 어쩌면 농사나 텃밭

을 가꾸는 데도 익숙했을지 모른다.

　엉뚱한 질문에 답답해하는 심정을 말한 것 같은데, 어떻든 지배층의 덕치를 위주로 하고 민(民)의 주도성이나 노동의 가치를 경시한 점에서는 그 시대의 한계이기도 하고 공자의 한계이기도 하다.

　나중에 논어 편집자들이 당시의 지배적인 사고방식, 즉 상(上)을 지배계급(君子)으로 민(民)을 소인(小人)으로 구분해서 공자가 군자(君子)의 의미를 바꾸려 했던 그 이전으로 돌려놓은 장면 중 하나가 아닌가 생각된다.

## 5

공자 말하기를, "시 3백 편을 다 외우되 정치를 맡겨 통달하지 못하고, 사방에 사신으로 가서 단독으로 대응하지 못한다면, 비록 시를 많이 외우고 있다 한들 무엇하겠는가?"

子曰 誦詩三百 授之以政不達 使於四方不能專對 雖多亦奚以爲
자왈　송시삼백　수지이정부달　사어사방불능전대　수다역해이위

- 공자의 일관된 생각을 말하고 있군요. 학문은 실용적이어야 한다는 것이죠. 여기서는 그 실용성이 정치에 유용해야 한다고 말하고 있는데, 당시로서는 내치(內治)와 외교(外交)에 능력을 발휘할 수 있어야 한다고 말하는군요.
- 학문을 서재(書齋) 안에 가두어 놓거나 자기 교양 정도로 위안을 삼는 것에 대해 경계하는 말로 들립니다만, 이론과 실제를 한 사람이 겸한다는

것은 어렵지요. 더구나 지금처럼 다원화된 사회에서 이런 이야기는 설득력이 없지요.
- 유교의 폐단으로 지적되어 온 비실제적인 명분론 등과는 거리가 멀지만, 오히려 정치 일원론에 가까워 그것이 나에게는 걸리네요.
- 그런 것 같아요. 사람은 성향이나 능력이 서로 달라 둘 다 되는 사람도 있겠지만 어느 한쪽이 우수한 경우가 많잖아요. 서로 다른 사람들의 장점들이 조화롭게 살려지는 방향으로 제도와 문화가 바뀌어 가는 것이 진보라고 할 수 있겠지요.

## 6

공자 말하기를, "그 자신이 바르면 명령하지 않더라도 행해지고, 그 자신이 바르지 않으면 명령하더라도 따르지 않는다."
子曰 其身正不令而行 其身不正雖令不從
자 왈 기 신 정 불 령 이 행 기 신 부 정 수 령 부 종

- 공자 덕치(德治)사상의 바탕이죠. 그런데 이 덕치(德治)는 '성왕(聖王)의 치'라는 군주정의 이상이긴 하지만, 동시에 그 한계가 있어요. 대부분의 왕이나 권세가들은 덕(德)이 아니라 힘으로 지배했지요.
- 사람들의 실태에 대해서도 지나친 낙관론으로, 현실과는 맞지 않는 면이 많아서, 공자 당시에도 법가(法家) 등으로부터 많은 비판을 받았지요.
- '성왕의 치'가 갖는 근본적인 한계는 '인치(人治)'라는 것입니다. 왕이라

는 개인의 덕에 정치가 달려 있다는 것은 언제나 불안하죠. 그래서 인치에서 법치로 이행하는 것은 역사의 큰 흐름이라고 봐야지요.
- 그러나 그것이 공자의 덕치에 대한 이상을 무시하거나 배치되는 것은 아니라고 봐요. 지금도 아니 지금이야말로 제도와 규범 즉 시스템을 운영하는 사람들의 덕성이 그 제도나 규범의 성패(成敗)를 가르고 있지 않나요? 프랑스에서 유래한 '노블레스 오블리주(noblesse oblige)'도 상류층이나 권력층의 도덕적 솔선(率先)이 민주주의 제도에서도 얼마나 중요한 것인지를 이야기하고 있지요.

---

7

공자 말하기를, "노나라와 위나라의 정치는 형제다."
子曰 魯衛之政兄弟也
자 왈 노 위 지 정 형 제 야

- 노나라는 주공이 제후로 봉해진 나라이고, 위나라는 주공의 동생인 강숙(康叔)이 제후로 봉해진 나라여서 당연한 이야기를 하는 것으로 들리는데, 왜 이런 말을 새삼스럽게 하고 있을까요?
- 공자 당시 두 나라가 엇비슷하게 정치가 망가지는 모습을 한탄하는 것 같습니다. 노나라는 왕권이 실추되어 삼환(三桓)이 전횡하고, 위나라는 왕위 세습 때문에 부자간에 전쟁하는 모습을 본 공자의 자조(自嘲) 섞인 말이 아닌가 합니다.

## 8

공자가 위나라의 대부 형(荊)을 평하여 말하기를, "집을 잘 다스린다. 재물이 조금 모였을 때는 '그런대로 쓸 만큼 모였다.'고 했고, 조금 더 모였을 때는 '그런대로 다 갖추어졌다.'라고 했으며, 많이 모였을 때는 '그런대로 아름답게 되었다.'고 말하였다."

子謂衛公子荊 善居室 始有曰苟合矣 少有曰苟完矣 富有曰苟美矣
자 위 위 공 자 형 선 거 실 시 유 왈 구 합 의 소 유 왈 구 완 의 부 유 왈 구 미 의

- 공자는 여러 나라를 다니면서 당시 명망가들을 만나는데, 위나라에 있을 때 만난 대부 형(荊)에 대해 칭찬하는 장면이군요. 그 사람에 대해서는 더 이상 언급이 없어 구체적인 것은 알 수 없지만, 이 문장으로 미루어보면 부(富)를 이루는 과정이나 부(富)에 대한 관념이 공자가 보기에 좋았다는 것 같습니다.
- 그 단계를 시유(始有), 소유(少有), 부유(富有)로 나누고 각각 그 단계마다 합(合), 완(完), 미(美)로 마음을 표현했군요. '구(苟)'의 의미가 '진실로'라는 뜻도 있고, '그런대로'라는 뜻도 있지만 어느 경우든 자족과 감사의 마음을 표현하는 것 같습니다.
- 돈이 생기자(始有) '쓸 만큼 모였구나(合).' 하고, 조금 더 모이자(少有) '다 갖추어졌구나(完).' 하는 심경이 되고, 많이 갖추어지자(富有) '아름답게 되었다(美).'라고 하며, 분수에 넘치는 재물을 탐하지 않았다는 점을 높이 평가한 것이군요.
- 공자의 유명한 말이 있는데, 빈이락(貧而樂)과 부이호례(富而好禮)지요.

아마도 형(荊)이란 사람을 부이호례자(富而好禮者)의 한 사람으로 본 것 같습니다.

## 9

공자가 위나라에 갈 때 염유가 수레를 몰았다. 공자 말하기를, "백성들이 많구나." 염유가 말하기를, "백성이 많아졌으면 무엇을 더해야 합니까?"
"부(富)하게 살도록 해야지"
"부하게 된다면 다음엔 무엇을 더 해야 합니까?"
"교(敎)다."

子適衛冉有僕 子曰庶矣哉 冉有曰旣庶矣又何加焉 曰 富之 曰 旣富矣又何加焉
자 적 위 염 유 복   자 왈 서 의 재   염 유 왈 기 서 의 우 하 가 언   왈 부 지   왈 기 부 의 우 하 가 언
曰 敎之
왈 교 지

'물욕(物慾)은 끝이 없다.'는 말도 있지만 반드시 그런 것만은 아니라고 생각한다. 부족한 사람이 물욕이 생기는 것은 생존의 욕구로부터 나오는 것이지만 많이 가진 사람이 물욕이 줄어들지 않고 오히려 늘어나는 것을 보면서 사람들은 물욕은 어쩔 수 없는 인간의 속성이 아닌가 하는 생각을 갖게 되는 것 같다.

오랜 세월 부족한 재화를 둘러싼 대립·경쟁·투쟁 속에서 유전 인자 속에 각인되면서 물욕은 마치 사람의 타고난 속성처럼 보일 정도로 견고하게 되

었을지는 몰라도 그것은 결코 고정된 본능은 아니라고 생각한다. 물질적 궁핍으로부터의 자유를 추구하는 것은 행복을 위하는 인간에게는 당연한 것이다. 그런데 물질적 궁핍에서 벗어났으면서도 물욕(物慾)의 굴레에서 벗어나지 못하면 진정한 행복은 없는 것이다. 물욕이 완고한 관념이 되었기 때문에 객관적 상태를 개선하는 것만으로는 자유롭게 되지 못한다.

그래서 사람은 두 가지 굴레에서 함께 벗어날 때 진정한 자유와 행복을 누리게 된다. 그 하나는 생존에 필요한 물질을 충분히 생산 공급하는 것이고 또 하나는 물욕이라는 완고한 관념에서 벗어날 수 있는 정신적 성숙을 이루는 것이다. 물론 개인이나 사회나 국가의 형편에 따라서 이 둘 중 어느 것이 더 일차적인 과제가 되는지가 서로 다를 것이다.

그러나 결국은 이 둘 중 어느 하나가 빠지면 결코 완전한 것이 되지 못한다. 공자가 위나라의 형(荊)이라는 사람을 찬탄한 것은 예나 지금이나 이상(理想)으로 그리는 인간상은 같구나, 하는 것을 느끼게 한다. 모아도 모아도 부족감을 느끼는 사람과 조금만 생겨도 자족할 줄 아는 사람 중 누가 더 행복해지기 쉬운가 하는 것은 자명하다.

시유(始有)에 합(合), 소유(少有)에 완(完), 부유(富有)에 미(美)라고 표현한 것이 절묘하다는 생각이 든다. 물질적 조건과 정신적 조건은 어느 한쪽에 치우치지 않고 조화되는 것이 보편적인 인간에게는 맞는 것이다.

특출한 사람들의 예를 들어 사람들에게 정신적 성숙만을 강조하는 것은 무리(無理)라고 생각한다. 공자는 이런 점을 명쾌하게 말한다. 우선 물질적 수요를 충족시키고, 그다음 정신의 성숙을 이야기한다. 물론 그 순서가 고정불변의 것은 아니라고 생각하지만, 공자의 이 말에는 사람들의 일반적 실태를 통찰한 데서 나오는 자연스러움이 있다고 생각한다.

- 이 문장을 읽으면서 물질과 정신의 조화에 대해 이런저런 생각을 하게 됩니다.
- 생존에 필요한 기본 수요를 충족하지 못하는 사람에게는 물질적 조건이 선결과제로 되겠지요. 그런 사람에게 안빈낙도(安貧樂道)를 이야기하는 것은 전혀 귀에 들리지 않겠지요.
- 물질적 수요를 충족시키는 것은 정신적 성숙을 위한 필요조건이라는 생각이 드네요.
- 개인이나 가정이나 국가도 마찬가지 아닐까요?
- 우리나라는 1960년대부터 30여 년간 세계가 놀라는 부국화(富國化)에 성공했습니다. 그 속도는 가히 세계신기록에 가까울 정도지요. 그리고 30-50클럽(1인당 GDP 3만불 이상, 인구 5천만 이상)에 일곱 번째로 가입했습니다. 그러나 그것이 사람들의 행복도를 높이는 것이 되지는 않았습니다. 오히려 부국에 태어난 젊은 세대는 헬조선을 이야기하고 있고(실제로 3포에서 5포 지금은 7포를 말하는 형편), 출산율은 세계 최저이고 자살률은 세계 최고인 위기 국가로 되고 있습니다. 출산율 저하로 인구가 감소하고 지방이 소멸하는 현상은 선진국들이 일반적으로 거치는 과정이라는 점도 있지만, 우리의 경우는 자랑스러워했던 경제발전의 그 속도가 위기의 국면에서도 그대로 나타납니다.
- 그 위기의 원인은 여러 가지가 복합적이겠지만, 아주 단순화하면 정신의 붕괴에 있다고 보입니다. 공동체 정신의 붕괴와 물질 위주의 전도된 행복관이지요.
- 그렇다고 가난하고 계급적 신분적 억압 속에 있던 과거의 공동체로 돌아갈 수는 없지요. 가난에서 해방되고 집단주의로부터 해방된 개인들이 물신의 지배와 각자도생의 차가운 이기주의에서 벗어나는 새로운 정신

문명을 만들어야 하는 것은 이제 생존 자체의 요구로 되고 있습니다.
- 나는 이것을 인문 운동이라고 부르고 있습니다만, 새로워진 객관적인 환경, 즉 물질과 제도를 행복의 조건으로 하기 위해 필요한 정신과 문화를 만들어가는 일이죠.
- 공자 시대는 물론 오랫동안 행복의 일차 조건은 부(富)였다고 할 수 있지만, 이미 부(富)를 달성한 지금은 행복의 제1 조건이 교(敎)로 옮겨 왔습니다. 물론 아직도 세계 곳곳에는 부(富)가 일차적인 목표인 나라들이 훨씬 많습니다만, 한국을 비롯한 이른바 선진국들의 과제는 확실히 바뀌었습니다. 지금의 빈곤한 사회나 나라도 결코 선진국의 뒤를 따라서는 안 되겠지요.
- 공자가 말한 '교(敎)'를 가르친다는 것으로 해석하는 경우가 많은데, 그것은 너무 좁게 이야기하는 것이고, 이것을 '정신적 성숙'으로 보는 것이 맞다고 생각합니다.
- 서양 근대화 과정에서 부르주아가 그 주역이 될 수 있었던 것은 그들이 '부(富)'와 '교양(敎養)'을 가졌기 때문이라는 것은 잘 알려진 이야기이죠.
- 이제 '탈근대(脫近代)'는 인류가 생존하여 행복을 증진할 수 있는 인류사적 과적입니다. 근대(近代)를 부정하는 것이 아니죠. 그 물질적 토대와 제도적 진보의 성과들을 부정하는 것이 아니라, 포월(包越)하여 근대가 제기한 위기들을 넘어서는 것이죠.
- 예로부터 물질적 부(富)가 불행의 원인이 되는 일은 개인의 역사나 집단의 역사 속에 많았지요. 그러나 지금처럼 인류라는 종(種) 전체의 과제가 된 적은 없었던 것 같습니다.
- 그렇다고 오히려 가난할 때가 더 나았다는 말은 할 수 없지요. 이제 정신을 더욱 고양하는 것이 과제입니다.

- 물질만 풍부해지면 행복한 사람은 이미 정신이 풍부한 사람이지요. 대체로는 그렇지 못한 것 같아요. 그래서 노력이 필요합니다.
- 우리가 '인간화'라는 목표를 '산업화'나 '민주화' 이후의 과제로 이야기할 때, 그 인간화는 결국 이런 정신적 풍요를 그 내용으로 하는 것입니다.
- 옳은 말씀입니다. 무엇이 '인간화'냐고 묻는다면 인간의 행복 조건을 충족시키는 과정이라고 말할 수도 있겠지요.
- 지나친 인간중심주의라고 말하는 사람도 있는데요.
- 그것은 지난 시기의 '산업화' 다시 말하면 인간의 물질적 수요와 욕망을 충족시키는 과정에서 큰 모순이 있었기 때문이지요. 즉 자연과의 모순이 발생한 것이지요. 우리가 말하는 인간화는 이런 모순을 시정하는 것이 중요한 내용이 되겠지요.
- 인간의 행복은 인간만으로는 도저히 이루어질 수 없지요. 그런 면에서 인간의 진정한 행복은 자연 생태계와의 아름다운 조화 속에서만 가능한 것이지요. 이것은 21세기 새로운 문명의 당연한 기조라고 생각해요.

## 10

공자 말하기를, "진실로 나를 써주는 사람이 있다면, 일 년이면 기틀을 잡고, 삼 년이면 이룸이 있을 것이다."

子曰 苟有用我者 朞月而已可也三年有成
자왈 구유용아자 기월이이가야 삼년유성

- 아마 공자가 위나라의 영공에게 쓰임을 받지 못하면서 그에 대해 한탄을 한 심정을 날 것 그대로 표현한 것 같군요.
- 이상주의자들이 갖는 치기(稚氣) 어린 포부와 열정 같은 것이지요. 비록 실현 가능성이 없지만, 이상주의자들을 버티게 하는 동력임은 틀림없어요. 공자 당시에도 '안 될 줄 알면서도 헛되이 애쓰는 자'라는 비아냥거림을 얼마나 많이 받았습니까?
- 그의 희망은 몇천 년이 지나도 실현되지 않고 있지요. 다만 그의 이상(理想)만은 시대를 넘어 생명력을 가지고 지금도 진정한 진보를 꿈꾸는 사람들에게 영감(靈感)으로 작용하고 있지요. 그것이 그가 이룬 성공이라면 성공이겠지요.

## 11

공자 말하기를, "선인(善人)이 백년 정도 나라를 다스리면 잔(殘)을 이기고 살(殺)을 없앤다고 했으니, 이 말은 참으로 옳은 말이다."

子曰 善人爲邦百年 亦可以勝殘去殺矣 誠哉是言也
자왈 선인위방백년 역가이승잔거살의 성재시언야

- 전(前) 장(章)보다는 시일이 더 현실적이네요. 백년 정도는 걸린다는 것이기도 하고, 백년 정도면 가능하지 않겠느냐는 희망이죠.
- 당시의 난세를 보면서 어진 통치가 대(代)를 이어 백년이 가면 치세가 될 것이라는 희망을 말하는 것인데, 역사를 보면 100년 정도의 치세(治世)

는 더러 있었지만, 세상은 그런 정도로는 승잔거살(勝殘去殺)의 사회를 만들어내지 못했지요. 21세기 지금도 잔혹한 전쟁과 살상이 그치지 않고 있잖아요.

- 그럼에도 100년 정도의 선치(善治)를 지속할 수 있다면, 이런 희망을 품어볼 만하다고 생각합니다. 더욱이 요즘처럼 급변하는 세상에서 100년이면 인류가 멸종할 수도 있는 시간이거든요.
- 그런데 보다시피 이 나라 정권만 하더라도 양극단으로 왔다 갔다 하는데 5년에서 길어야 10년 사이로 왔다 갔다 하고 있지요. 100년 선치(善治) 자체가 어려운 것이 난세의 특징이지요.
- 선치(善治)는 이제 민(民) 스스로 주체가 되어야 하는데, 그렇게 발전할 수 있을지 솔직히 회의가 듭니다. 시각은 재깍재깍 가는데. 이런 심정을 오늘 페이스북에 올려 보았습니다.

가을 날씨가 되었다. 몸과 마음의 상태가 반응한다. 기후 변화를 겪으면서 실감한다.

인간은 우주자연계 안에서 언젠가는 사라질 미물(微物)이라는 것, 그의 온갖 능력은 대자연의 질서 앞에서는 한낱 하루살이의 재주부림 같다는 것, 인간이 대우주에서 빛나는 것은 오직 그의 숭고 지향성, 즉 영성(靈性)이라는 것…. 영성이 능력을 이끌어야 인류는 비록 한시적일지라도 우주 자연계 안에서 그의 존재를 빛나게 실현할 것이다.

그의 욕망이 그의 선택이며 운명이다. 지금의 실태를 벗어나지 못하면 누구나 필연적으로 만나는 죽음을 한꺼번에 급작스럽게 맞게 될지 모른다.

그것을 대멸종(大滅種)이라고 부른다.

그렇다고 공포에 떨 필요는 없다. 인간의 최상의 존재가치를 실현하는 삶을 살면 된다. 이것이 인간의 진정한 자유의지(自由意志)다.

대우주 속의 인간존재를 자각하며, 하루살이의 허깨비 놀음에 빠져 있는 자신의 실태를 느껴보기를 권한다. 그 하찮은 우쭐거림과 그 하찮은 패권을 다투느라 정신 차리지 못하고 우주 속의 의미 없는 미물로 소멸해 가는 자신의 실태를.

내일 인류가 종말을 맞을지라도 나는 오늘 비록 작더라도 나에게 있는 숭고한 영성 즉 사랑과 자비를 실천할 것이다. 나와 다른 타인을 받아들이며, 그를 이해하고, 그와 협동하려고 노력하는 것, 자연의 신비를 경탄하며, 모든 존재를 존중하며, 겸허를 배우는 것 그것이 실천이다.

그것이 삶의 은혜이며 기쁨이며 영광으로 되게 하소서.

## 12

공자 말하기를, "만일 왕자(王者)가 있을지라도 반드시 한 세대 이후에라야 세상이 인(仁)하게 되리라."

子曰 如有王者 必世以後仁
자왈 여유왕자 필세이후인

■ 아는 사람으로부터 얼마 전에 군수(郡守) 선거에 나가는 변을 들은 적이 있는데 자기가 군수가 되면 자기 임기 안에 공무원 사회를 일변(一變)시킬 수 있다는 것이었어요. 재선에 도전하던 분이죠. 평소에 신뢰하던 사람이라 그 말의 진정성을 믿었는데 그만 선거에서 실패하고 말았어요.

- 진정성은 있는지 모르겠지만 현실을 제대로 파악했는지는 모르겠군요.
- 군(郡)에 대대적인 사업을 추진해서 상전(桑田)을 벽해(碧海)로 만드는 것은 오히려 가능할지 몰라도 공무원 사회를 일변(一變)하게 한다는 것은 그보다 훨씬 힘든 일이 아닐까요?
- 그렇게 생각해요. 공자도 자기를 써주는 사람이 있으면 삼 년이면 이룸이 있을 것(有成)이라고 했지만 그다음에 이어지는 말은 다르지요. 선인(善人)이 나라 다스리기가 적어도 백년은 계속되어야 승잔거살(勝殘去殺)할 수 있다거나 왕자(王者)가 있을지라도 반드시 일세(一世) 뒤라야 인(仁)하게 될 것이라는 말은 인간 세상의 실태를 나름대로 통찰한 것이죠.
- 세상이 변하는 것의 어려움을 잘 아는 것은 독선과 아집에서 벗어나는 데 필요한 것 같아요.
- 그러나 진정으로 변화 진보하려는 의지가 약해지거나 좌절하는 것과는 다르겠지요.
- 자기 당대에, 자기 임기 안에 어떤 결과를 얻으려 하면 독선에 빠질 가능성이 커요. 세상 이치가 그렇지 않은데 무리한 목표가 되기 쉽지요. 때로는 자기 욕망의 표출로 추한 모습이 되기도 쉽고요.
- 길게 보고 진정한 변화의 초석을 놓는다고 생각하는 것이 좋지 않을까요? 진보의 긴 노정에 유리한 환경을 하나라도 더 만들어 놓는다고 생각하고 실천하는 것이 순리(順理)라고 생각해요. 그리고 그 길의 시작은 먼저 자신을 바르게 세우는 일이겠지요.
- 그렇지요. 자신과 자기 집단을 먼저 바르게 하는 것에서부터 시작해야 하겠지요.

## 13

공자 말하기를, "참으로 내 몸을 바르게 한다면 정치를 함에 무슨 어려움이 있겠는가? 내 몸을 바르게 하지 못하면서 어찌 남을 바로 잡겠는가?"

子曰 苟正其身矣 於從政乎何有 不能正其身如正人何
자왈 구정기신의 어종정호하유 불능정기신여정인하

- 귀에 못이 박히도록 듣다 보니까, 좀 심드렁해집니다.
- 그만큼 공자가 일관되게 주장하는 것이지요.
- 실제로 민주주의라고 하는 지금의 정치에서야말로 더 극명하게 나타나는 현상 같습니다. 지금의 한국 정치는 너무 분열되어 있어서 '내 편의 주장이 정의(正義)' '내로남불'이라는 비이성적인 퇴행적 심리가 정치를 지배하는 것처럼 보입니다. 서로가 상대를 '제거되어야 할 악(惡)'으로 보고 싸우다 보니 자기편의 흠이나 악(惡)은 잘 보이지 않지요.
- 그러다 보니 개혁(改革)의 방향도 개혁의 주체도 애매해지고, 남는 것은 오직 권력을 뺏기지 않거나 빼앗는 투쟁뿐이지요.
- 서로 개혁하겠다고 나서지만, 어떤 개혁도 개혁 주체의 바름(正)이 바탕이 되지 않으면, 동력도 안 생기고 실패할 수밖에 없지요.
- 심리적 내전에 가까운 난세(亂世)를 넘어서기 위해서 진정한 개혁 세력이 정치무대의 전면에 나와야 하는데요, 국민의 바람도 점점 이런 정치력의 등장을 바라고 있고요. 그 개혁 세력은 정공법(正攻法)이 답입니다. 권력을 쟁취하기 위한 정치공학적 전술적 접근이 아니라 시대정신을 관

통하는 새로운 담론과 개인의 자유를 바탕으로 하는 민주주의 시대의
새로운 도덕, 즉 정치 문화를 선명한 기치로 해야겠지요.

- 일시적으로 혜성같이 등장했다가 사라지는 인물 중심의 정치세력이 아니라, 지금까지의 낡은 담론(이데올로기)과 정서적 편향에 사로잡힌 진영적 사고가 아니라, 먼저 공(公), 즉 나라와 민(民)의 행복을 생각하는 진실한 사람들의 연합체가 되어야겠지요.
- 개인의 해방이 대세가 되다 보니까, 원심력이 커지고 구심력이 약해지는 현상이 어쩔 수 없이 나타납니다. 과거와 같은 구심력이 아니라 새로운 시대의 구심력이 어떻게 형성되는지가 최대의 과제인 것 같습니다.
- 어떤 사회든 구심력과 원심력이 조화되지 않으면 존속할 수가 없지요. 그 조화점이 어떤 것이어야 하는지를 물을 뿐이죠.
- 국민들에게 감동을 줄 수 있어야 정치 전환과 문명 전환이라는 시대정신을 실현하는 정치력이 될 수 있겠지요. 그 출발은 먼저 자기를 바로 세우는 것이 아닌가 합니다. 이것이 정공법의 출발이지요. 그것이 일시적 팬덤 현상이 아닌 감동의 원천이지요.
- 지금의 민주주의에서도 아직은 대통령이라든지 내각의 수상이라든지 하는 개인에게 권력이 집중되고, 그 개인에 대한 호불호가 정권의 향방을 결정하는 현실이 있지요. 국민에게 퇴행적 편가름 속에서 지지를 받는 그런 인물이 아니라, 낡은 진영을 넘어서 감동을 주는 그런 인물을 탄생시키는 것이 어쩌면 정치의 전환을 추구하는 정치력의 구체적인 과제로 보입니다.
- 백가쟁명(百家爭鳴)은 그 자체가 나쁜 것은 아니지요. 어떤 면에서는 가장 활발한 정치 현상이지요. 다만 그것이 망국적 분열로 치닫는 것이 문제지요. 그래서 나는 백가쟁명을 새로운 구심력의 동력으로 전환하기

위해서 '연찬'을 제안해 왔습니다. 연찬의 정치 문화지요. 또 하나는 '양보'라고 생각합니다. 자신이 아닌 다른 사람을 자기가 서고 싶은 곳에 먼저 세우려 하는 그런 정치 문화 속에서 대통령이나 수상을 탄생시키는 것입니다. '연찬과 양보'가 정공법(正攻法)의 주된 무기(武器)지요. 어떤 합의도 어떤 권위도 잠정적일 뿐인, 지금까지 볼 수 없었던 구심력과 원심력의 조화를 바라보는 것입니다.

## 14

염자가 퇴청하자 공자 말하기를, "왜 그렇게 늦었느냐?"
대답하기를, "정사의 논의가 있었습니다."
"집안일이었을 것이다. 만일 정사라면 비록 현직에 있지 않더라도 나도 그 일을 들었을 것이다."

冉子退朝 子曰 何晏也 對曰 有政 子曰 其事也 如有政 雖不吾以吾其與聞之
염자퇴조 자왈 하안야 대왈 유정 자왈 기사야 여유정 수불오이오기여문지

- 염자(冉子)라고 한 것을 보면 염유(冉有)를 높이는 제자들이 편집하는 것으로 보입니다만, 내용은 공자가 염유를 비난하는 것이군요.
- 공문십철에 세 사람의 염(冉)씨 제자가 들어 있는데, 염유는 염구를 말하고 정사(政事)의 재목으로 들었지요. 염경은 백우, 염옹은 중궁으로 불렸는데 덕행으로 들었지요.
- 염유(염구)가 그 정사의 능력으로 당시 노나라의 실권자였던 계씨의 총

재로 있을 때 이야기입니다. 공자가 노나라에 귀환할 수 있도록 주선한 사람이 염유였을 것이라고도 알려져 있기도 하고, 염유가 공자를 극히 존중하여 퇴청한 후에도 공자에게 들러 인사를 했을 정도인 것 같은데, 이 이야기는 상당히 가시가 박혀 있군요.

- 공자가 미워하는 삼환(三桓)의 전횡, 즉 국정 농단에 염유가 총재로 역할을 하는 것이 마음에 안 들었던 것이죠. 그래서 염유를 제자가 아니라면서 다른 제자들에게 북을 치며 공격하라고까지 비난하기도 했지요.
- 여기서도 공자에게 늦게 들른 이유를 '유정(有政)'이라고 하자, 그것은 아마 계씨 가문의 가사(家事)였을 것이라고 쏘아붙이는 장면이군요. 뒤에 덧붙인 말은 만일 국가의 일이었다면 자신은 비록 현직에 있지는 않지만 국가 원로로서 알았을 것이라는 이야기인데 좀 무리가 있는 발언이지만, 그 속에는 계씨의 국정 전횡을 비난하는 마음을 표현한 것으로 보입니다.
- 예를 현대에서 들자면, 어떤 정파가 특정 개인의 사당화(私黨化)가 되다시피 하고 있을 때, 그 당에서 활동하는 제자에게 이런 말을 하겠죠. '네가 말하는 정사(政事)라는 것이 사실은 그 사람을 위한 일 아니냐?'는 힐난이겠죠.

15

정공이 묻기를, "한마디로 나라를 흥하게 할 수 있다는데 그런 말이 있습니까?" 공자 대답하기를, "한마디 말로 그렇게 되기를 기대할 수는 없겠지요. 다만 사람들의 말에 '임금 노릇하기도 어렵고, 신하 노릇하기도 쉽지 않다.'라는 것이 있습니다. 만일 임금 노릇하기가 어려운 줄 안다면 그 한마디가 나라를 흥하게 하는데 가깝지 않겠습니까?"

"한마디로 나라를 망칠 수 있는 말이 있습니까?"

"말 한마디로 그렇게 되겠습니까? 다만 사람들의 말에 '나는 임금 노릇을 하는 것이 즐거운 것이 아니고, 내가 말만 하면 아무도 나를 어기지 못하는 것이 좋다.'라는 것이 있습니다. 만일 그 말이 선하여 아무도 어기지 않는다면 좋겠지요. 그런데 그 말이 선하지 아니하여도 어기지 못한다면, 이것이 바로 한마디로 나라를 망치는 말에 가깝지 않겠습니까?"

定公問一言而可以興邦有諸 孔子對曰言不可以若是其幾也 人之言曰爲君難爲臣不易 如知爲君之難也 不幾乎一言而興邦乎 曰一言而喪邦有諸 孔子對曰 言不可以若是其幾也 人之言曰予無樂乎爲君 唯其言而莫予違也 如其善而莫之違也 不亦善予 如不善而莫之違也 不幾乎一言而喪邦乎

공자가 노나라에서 벼슬을 지낼 때의 임금인 정공과의 대화다. 사람들의 말을 빌려 '나라를 흥하게 하는 자'와 '나라를 망하게 하는 자'를 구분하고 있다. 요즘 말로 하면 '일(역할)을 즐기는 자'와 '권세를 즐기는 자'로 나누어 말하고 있다. 임금 노릇을 하는 것의 어려움을 알고 그것을 잘하는 것에 보람을 느낀다면 그것은 나라를 흥하게 하는 위정자인 것이다.

반면에 자기 말을 사람들이 거스르지 않는 것을 즐기는 자, 즉 자기의 권세와 위력을 즐기는 위정자는 나라를 망치는 위정자인 것이다. 시대를 넘어 정치의 요체를 지적한 것으로 보인다. 오히려 공자의 시대보다는 현대에 와서 더욱 현실적인 과제가 되는 것 같다.

민주주의가 발전하면 권세를 즐기는 위정자는 금방 심판을 받게 된다. 민주주의가 발전하면 할수록 정치의 목적이 권력을 쟁취하는 것으로부터 상생과 조화를 만들어내는 작용으로 변해가야 하는 것이다. 힘이 지배하는 동물계의 질서가 아니라 모두의 자유와 행복을 추구하는 진정한 의미에서 인간의 정치가 출현하는 것이다.

그러나 아직은 사람들의 의식이 그에 상응하지 못하고 있는 것도 사실이다. 옛날과 비교하면 놀라운 발전을 한 것이 사실이지만 사람들의 의식, 특히 권력 지향적 정치인의 의식은 그 제도의 변화에 비해 낡은 욕구나 인습에서 벗어나지 못하고 있는 경우가 많다. 그래서 좋은 지도자도 있고, 그렇지 않은 지도자도 나타나기 마련이다.

지금은 선거에 의해 국민이 선택하는 것이 되어 있지만 그 시점에서 국민이 판단하는 데는 어려움이 있는 것이 사실이다. 국민이 선택의 안목을 더 발전시키는 것과 함께 위정자가 되려는 사람들의 자질이 바뀌어야 한다. 그것이 나라를 흥하게 하는 길이다. 나라를 선진국으로 만드는 길이다.

공자가 생각하는 좋은 위정자는 남을 지배하려는 위력을 즐기는 자가 아니라 아집이 없이 상하가 소통하면서 정치 본연의 역할을 잘하는 것을 목적으로 삼는 사람인 것이다. 지금의 민주주의 사회에서 요구되는 위정자상(爲政者像)인 것이다.

우리나라에서도 이제 본격적인 대권(大權) 경쟁이 시작되고 있다. 자천타천으로 그 경쟁에 뛰어들고 있는 사람들은 '나는 왜 대통령이 되고 싶은가?'를 진지하게 물어야 한다. 국민들도 여러 가지 판단기준으로 선택하겠지만 그중에서도 대권주자들이 이 물음에 얼마나 진지한가를 가장 중요한 판단기준으로 삼아서 그것을 판별하는 안목을 발전시켜야 한다. 이른바 이것이 '진정성'인 것이다.

얼마 전에 지금의 대통령이 '대통령 노릇하기가 힘들다.'고 말했다고 들은 적이 있다. 이 말이 공자가 말한 지위군지난(知爲君之難)과 통하는 것이라면 훌륭한 위정자의 품성을 표현하는 말로 들린다. 그런 의미일 것으로 생각하지만 만일 자기 말을 거스르는 것에 대한 불쾌감을 표현한 것이라면 그것은 좀 생각해 볼 일이다.

민주주의 사회에서 위정자의 가장 큰 덕목은 서로 다른 이해관계와 관점을 가진 사람들이나 집단들과 소통할 수 있는 품성을 갖는 것이다. 이것은 유약한 지도자의 모습과는 거리가 멀다. 오히려 진정한 권위나 진정한 힘을 가진 위정자로 되는 것이다. '대통령 노릇의 힘듦'을 아는 것은 그 역할을 제대로 인식하고, 정치의 목적이 권력이 아니라 국민 모두의 행복 증진이라는 길에서 벗어나지 않는 것을 말하는 것이다.

아집이나 지배욕이 강한 사람은 지도자로서 어울리지 않는 시대로 점점 가고 있다. 과거에는 어쩔 수 없었을지 몰라도 민주주의가 발달하고 민도가 높아지면 이런 지도자는 도태될 수밖에 없다. 세상이 진보한다는 하나의 표지(標識)다. 아집이나 독선에서 벗어나면 벗어날수록, 자유로울수록 그 역할을 제대로 수행할 힘을 갖게 된다. 공자가 일관되게 자기를 바르게 한다(正其身)는 것은 바로 이것을 말한다.

힘이 들 수는 있지만 이런 태도를 일관성 있게 견지한다면 그 역할은 그 자신에게도 진정한 보람(樂)을 선물할 것이다. 우리는 대통령 역할을 진정으로 즐길 줄 아는 지도자를 대망(待望)한다.

## 16

섭공이 정치에 관하여 묻자 공자 말하기를, "가까이 있는 자가 기뻐하면, 먼 데 있는 사람들이 찾아옵니다."

葉公問政 子曰 近者說遠者來
섭 공 문 정 자 왈 근 자 열 원 자 래

- 공자의 정치 문답 가운데 아마 가장 짧은 것이 섭공(葉公)과의 대화가 아닌가 합니다. 섭(葉)은 초나라의 현(縣)인데, 섭공은 그 현의 수령으로 이름은 심재량(沈諸梁)이란 사람인데, 임금에게 붙이는 공(公)이라는 칭호를 붙일 정도로 초나라에서 신망이 두터운 정치가였다고 합니다.
- 가까운 사람을 기쁘게 하는 것이 사실은 참 어려워요. 가까운 사람들은 서로 도우며 의지하는 관계이기도 하지만, 사이좋기가 어려운 관계이기도 하지요. 인간에게는 그런 이중적이고 상호 모순적인 실태가 있습니다.
- 외부의 적(敵)이 공통의 이익을 침범할 때는 굳게 단합하여 대항하지만, 동시에 서로 간섭하고 침범하며 경쟁하며 부딪치는 것 또한 가까이 있는 사람들이죠.
- 내부 결속과 통합을 위해 공동의 적(敵)을 상정하고 그 대결을 심화시키는 독재자들의 방식이나, 국제관계에서 '원교근공(遠交近攻)' 현상이 나타나는 것도 이런 모순적인 실태에서 나오는 것이죠.
- '가까운 사람들이 서로 기뻐할 수 있는 상태'는 정치의 목표를 꿰뚫는 것으로 들립니다. 그것은 인간의 진화와 맞닿아 있기 때문이지요. 추상적 인류는 사랑할 수 있어도 구체적 이웃은 사랑하기 힘든 것이 인간의 실

태이기도 합니다. 그래서 '네 이웃을 사랑하라.'는 것이 최고의 목표로 되는 것이죠.

- 가까운 이웃끼리 사이좋고 즐거운 사회를 만들 수 있을까요? 소박한 꿈이 아니라, 정말 큰 꿈인데요.
- 개인의 자유가 억압되던 가부장제, 신분 계급제, 전체주의나 집단주의로부터 개인이 해방되는 과정이 근대의 출발이고 아직도 진행 중이죠. 개인 중심의 민주주의와 자본주의가 세계의 보편 제도로 되어 온 바탕이죠. 그러나 각자도생의 차가운 경쟁과 물신의 지배는 가까운 사람들을 서로 기쁘게 하는 질서가 아니라는 것 또한 피할 수 없는 현상이 되고 있습니다.
- 그렇다고 개인의 자유가 억압되던 과거의 공동체로 돌아간다는 것은 불가능할 뿐 아니라 악몽이죠. 개인의 자유가 최대로 보장되면서 인정이 흐르는 따뜻한 사회는 어떤 모습일까요? 그것을 향한 크고 작은 실험들이 세계의 도처에서 진행되고 있습니다만, 아직은 보편적인 정치사회 질서로는 되지 못하고 있습니다.
- 문명 전환이나 정치 전환은 궁극적으로 이런 사회를 목표로 하는 것이지요.
- 나는 지역소멸이라는 이야기를 들을 때 떠오르는 것이 이 '근자열 원자래(近者說 遠者來)'라는 말입니다. 그런 모델 지역을 만드는 아름다운 경쟁을 생각해 봅니다. 개인의 자유가 마음껏 꽃피는 바탕에서 서로 협력하고 배려하는 따뜻한 사회적 공기가 감도는 '도농복합 행복 도시'를 꿈꾸게 되지요. 그러면 아마도 멀리 있는 사람들이 오고 싶어 하는 지역이 될 것입니다.
- 초저출산율에 의한 인구의 자연감소는 국가적 위기로까지 이야기가 될

정도로 심각합니다만, 나는 인구 감소를 그렇게 큰 위기로 보지 않습니다. 세계적 범위에서 자연생태계의 균형이라는 점에서는 과다 인구가 문제지요. 선진국들의 인구의 자연 감소는 길게 보면 적정 인구를 향한 과정일 수가 있지요. 한국은 너무 급속하게 진행되는 것이 여러 정치 경제적 문제를 발생시키고 있어서 '이민 정책'이 폭넓게 고려될 수밖에 없지요. 기왕이면 나라가 이상적인 다시 말해 이 나라에 사는 사람들이 기뻐하는 사회와 문화를 만들어가는 것이 바람직한 이민 정책과 문화를 만들 수 있는 바탕이라고 생각합니다. 가까운 사람들을 기쁘게 하면 멀리서 그런 이상을 품은 사람들이 오겠지요.

■ 부정적인 측면들에 압도되기보다, 그 어려운 조건 속에서도 우리가 장만한 물질적 제도적 요소들이 의식과 생활양식을 일변(一變)할 수 있는 밑천이라는 자각이야말로 '근자열 원자래'의 이상을 현실화할 수 있는 출발이 아닐까요?

---

17

자하가 거보의 읍재가 되어 정치에 관하여 물었다.
공자 말하기를, "빨리하려고 하지 말며 작은 이익을 돌아보지 말라. 빨리하려고 하면 달하지 못하고, 작은 이익을 돌아보면 큰일을 이루지 못한다."

子夏爲莒父宰問政 子曰 無欲速無見小利 欲速則不達 見小利則大事不成
자 하 위 거 보 재 문 정 자 왈 무 욕 속 무 견 소 리 욕 속 즉 부 달 견 소 리 즉 대 사 불 성

- 공자는 이렇듯 짧게 그 핵심을 말하는 능력이 뛰어나요. 한자(漢字)가 갖는 특성을 잘 살려서 액자에 써서 벽에 걸어놓고 싶은 말들이 많거든요, 이 문장도 그중 하나네요.
- 게으르지 않은 것과 빨리하려는 것은 다르다고 생각해요. 보통은 그 극단을 취하는 경우가 많지만요. 어떤 일. 특히 그것이 정사(政事)라면 게으르지 않으면서도 신중해야지요. 목표의 달성을 조급하게 바라는, 마음속에 있는 자기의 욕망을 잘 보고 다스리라는 말이죠. 지금도 어떤 정책이 결국 실패하는 것은 자기 임기 내에 어떤 성과를 내고 싶어 하는 사람들의 조급함과 과시욕 때문인 경우가 많지요.
- 그런데 우리나라는 '빨리빨리'가 그 국민적 특성처럼 알려져 있고, 실제로 우리가 실감하고 있지 않나요. 자동차를 몰고 길에 나서보면 실감이 가지요. 마치 경주장에 들어 온 느낌이라니까요.
- 그 덕을 본 것도 있지요. 한국이 절대빈곤에서 벗어나 세계의 부국(富國)이 되는데 걸린 시간이 아마 세계 신기록일걸요.
- 맞습니다. 그러나 이제 그 부작용이 나타나는 것도 그 속도만큼 빠르고 급하지 않나요. 최저 출산율, 최고 자살률 등이 그것을 극명하게 보여주는 것 같은데요?
- 비관하고 낙망하기보다는 이제부터라도 변화된 나라의 위상에 맞게 국민 의식이 바뀌고, '좋은 정치'와 '좋은 경제' 그리고 '높은 시민의식'을 만들어 가야지요.
- 작은 이익 앞에 눈이 멀면 큰 것을 바라보지도 못할 뿐 아니라, 설령 큰 것을 본다고 하더라도 그것을 이룰 힘을 갖지 못하게 되지요. 여기서 자하가 읍재(邑宰)가 되어 묻는 것인데, 지금 지방자치단체의 장(長)으로 출마하는 정치 지망자가 있다면 내가 해주고 싶은 말이기도 합니다.

■ 큰 뜻을 가진 정치 지망자라면 이 말을 가슴에 새기면 좋겠습니다.

## 18

섭공이 공자에게 말하기를, "우리 고장에는 참으로 올곧은 사람이 있습니다. 그 아비가 양을 훔친 것을 아들이 증언했습니다." 공자 말하기를, "우리 고장의 올곧은 사람은 그와 다릅니다. 아비는 자식을 위해 숨기고, 자식은 아비를 위해 숨기니, 올곧음은 그런 가운데 있는 것입니다."

葉公語孔子曰 吾黨有直躬者 其父攘羊而子證之 孔子曰 吾黨之直者異於是 父爲
섭 공 어 공 자 왈 오 당 유 직 궁 자 기 부 양 양 이 자 증 지 공 자 왈 오 당 지 직 자 이 어 시 부 위
子隱子爲父隱直在其中矣
자 은 자 위 부 은 직 재 기 중 의

섭공과 공자의 '정직한 사람'에 대한 대화는 여러 가지를 생각하게 한다. 아들이 아버지의 죄를 고변하는 것이 정직인가 하는 것은 인간 세상에 무엇이 더 중요한 가치인가 하는 물음과 직결된다.

쉽게 결론이 나는 이야기는 아니지만 공자의 "우리 중의 정직한 사람은 그와 다릅니다. 아버지가 아들을 위해 숨겨주고, 아들이 아버지를 위해 숨겨주는데, 정직한 것은 그 가운데 있습니다."라는 말이 가슴에 와 닿는다. 지켜야 할 사회적 법익(法益)도 있고, 국가적 법익(法益)도 있지만 그보다 먼저 아버지와 아들의 사랑이 있다는 이야기로 다가온다.

이 사랑이 무너지는 곳에 세워지는 정의(正義)가 과연 진실할 수 있을 것

인가에 대해 역시 공자의 판단이 옳다고 생각한다. 만일 부모 자식이 서로 감시하고 고발하는 사회가 있다면 아무리 정의를 외치더라도 그 사회는 결코 바람직한 사회가 될 수 없을 것이다.

이것은 부모의 죄를 감싸라거나 사회적 정의를 무시하라는 이야기와는 차원이 다르다. 실제로 현대의 법질서에서도 부모 자식 간에는 불고지죄(不告知罪)니 범인은닉죄(犯人隱匿罪)가 성립하지 않도록 되어 있는 것으로 안다.

이 구절과 이어져서 생각되는 것이 있다. 정의(正義)와 사랑의 관계에 대해서이다. 무엇이 더 높은 가치일까. 둘 다 동물계로부터 진화하는 인간의 질서를 만드는 데 없어서는 안 될 것이지만 정의가 필요조건이라면 사랑은 충분조건, 정의가 소극적인 것이라면 사랑은 적극적인 것이라는 생각도 들고, 정의가 인간이 동물계로 추락하는 것을 막는 안전판이라면 사랑은 인간계를 더 높이 상승시키는 힘이라는 생각도 든다. 실제로는 이 둘의 조화가 어떻게 이루어지는지가 그 사람, 그 사회, 그 국가의 성숙도를 나타내는 것이 아닐까?

- 전에 어떤 혁명을 하는 과정에서 아들이 아버지를 반혁명으로 고발한 것이 마치 대단한 미담처럼 이야기되었던 것이 기억나요.
- 뭔가 그 당시의 정황이나 집단적 정열, 정의감 같은 것은 있었다고 생각은 되나 왠지 섬뜩하지 않나요.
- 더 중요한 것을 놓치는 거지요.
- 실제로 그런 혁명이 성공한 사례가 없어요.
- 맹자 진심편에 도응이란 사람이 '성천자 순(舜)의 아버지가 살인했다면 이때 순은 어쩌겠습니까?' 하고 물으니, 맹자가 '순은 천자라 할지라도

천하의 법을 무시할 수 없으니 아버지를 체포하게 할 것이다.'고 대답했습니다. '그러면 살인죄로 처형합니까?' 하고 물으니 맹자는 '순은 천자의 위를 헌신짝처럼 버리고 아버지를 업고 해빈(海濱)으로 도망쳐 흔연히 아버지를 섬기면서 일생을 마칠 것이다.'라는 구절이 있어요.

- '직재기중의(直在其中矣)'라는 말을 맹자 식으로 해석하고 있군요. 사랑과 정의가 어떻게 조화되어야 하는지에 대한 고심(苦心)이 느껴집니다. 솔로몬의 재판에 나오는 친어머니의 심정 같은 것 아닐까요? 퇴행적 편가름의 정치판에서 자주 보이는 '내 편 감싸기' 같은 것은 여기서 말하는 '부위자은자위부은(父爲子隱子爲父隱)'과는 감히 비교할 수도 없지요. 그것은 '사랑'과는 거리가 너무 먼 것이지요. 아주 삐뚤어진 '깡패의 의리'에 불과한 것이죠.

## 19

번지가 인에 관하여 묻자 공자 말하기를, "일상생활에 공손하며, 일을 할 때 신중하며, 사람과 사귈 때 정성을 다해야 한다. 이것은 비록 이적(夷狄)의 땅에 간다고 해도 결코 버려서는 안 된다."

樊遲問仁 子曰 居處恭執事敬與人忠 雖之夷狄不可棄也
번지문인 자왈 거처공집사경여인충 수지이적불가기야

- 인(仁)을 묻는 사람에게 각각 다른 답을 하곤 하지만, 같은 사람이 세 번이나 인(仁)을 묻고 다른 답을 하는 것은 번지에 대해서인 것 같군요.

- 번지는 머리가 둔한 제자지만, 논어에 많이 나오는 것을 보면 공자를 위하는 마음이 지극하고 공자 또한 그런 번지를 따뜻하게 대한 것 같아요. 대답의 내용도 아주 구체적이고 실제적이지요.
- 한문으로 읽으면 더 명쾌한 느낌이 와요. 거처공(居處恭), 집사경(執事敬), 여인충(與人忠)인데요. 공(恭) 경(敬) 충(忠)을 실천하는 것이 인(仁)이라는 것이지요.
- 이적(夷狄)의 땅에서도 버리지 않는다는 말도 인(仁)의 중요한 요소라는 생각이 들어요.
- 그럼요. 환경이 바뀌면 행동이 바뀌는 것은 진실한 것이 아니지요.
- 그런 말이 있잖아요. '예비군복만 입으면 O가 된다.'고요.

## 20

자공이 묻기를, "어찌하여야 가히 사(士)라고 이를 수 있겠습니까?"
"행동함에 부끄러움을 알며, 사방에 사신으로 감에 임금을 욕되게 아니하면 사(士)라 할 수 있다."
"감히 그다음을 묻습니다."
"친척들에게 효자라고 인정을 받으며, 마을 사람들로부터 공손하다는 말을 듣는 사람이다."
"감히 그다음을 여쭈어 묻습니다."
"말에는 반드시 믿음이 있고, 행동에는 반드시 결과가 있는 사람이다. 단단한 고집이 있어 소인 같기는 하나 그런대로 역시 그다음 가는 사람이라 할 수 있다."

"요즈음 정치에 종사하는 사람들은 어떻습니까?"

"헐, 한 말 들이밖에 안 되는 그 작은 사람들을 어찌 셈에 넣을 수 있겠느냐."

子貢問曰 何如斯可謂之士矣 子曰 行己有恥 使於四方 不辱君命 可謂士矣 曰 敢問其次 曰 宗族稱孝焉 鄕黨稱弟焉 曰 敢問其次 言必信 行必果 硜硜然小人哉 抑亦可以爲次矣 曰 今之從政者何如 子曰 噫斗筲之人何足算也
자 공 문 왈 하 여 사 가 위 지 사 의 자 왈 행 기 유 치 사 어 사 방 불 욕 군 명 가 위 사 의 왈 감 문 기 차 왈 종 족 칭 효 언 향 당 칭 제 언 왈 감 문 기 차 언 필 신 행 필 과 경 경 연 소 인 재 억 역 가 이 위 차 의 왈 금 지 종 정 자 하 여 자 왈 희 두 소 지 인 하 족 산 야

- 행동에 부끄러움을 아는 것을 사(士)의 첫째 덕목으로 말씀하시네요.
- 자기를 진실로 돌아보고 잘못을 고칠 수 있는 가장 근본적인 출발점을 유치(有恥)라고 말한 것이 뛰어난 통찰이라고 생각합니다.
- 타(他)를 침범하는 부끄러움을 아는 것이 사랑·자비·인(仁)으로 나아가는 바탕이 되지요.
- 사방에 사신으로 가 임금을 욕되게 하지 않는다는 것은 무엇을 말하는 것일까요?
- 아마도 공인으로서의 태도를 말하는 것 아닐까요? 요즘 말로 하면 외국에 나가 국민으로부터 자기에게 맡겨진 임무를 사심 없이 처리하는 그런 심성과 능력을 말하는 것 아닐까요?
- 꼭 외국에 나가는 것만 아니라 국내에서도 공인으로서 자신에게 그 역할을 맡긴 국민을 욕되게 해서는 안 되겠지요.
- 언필신(言必信) 행필과(行必果)하는 사람이 딱딱하여 소인 같기는 하지만 그다음 가는 사람이라고 할 수 있다는 말도 인상적이네요. 공자는 항상 차선(次善)을 이야기하시는 것 같아요.

- 이상이나 담론에 그치는 분이 아니기 때문에 사람의 실정이나 세상의 실정을 누구보다 잘 아시는 것 같아요.
- 정치에 종사하는 사람에 대해서는 너무 야박하신 것 아닌가요?
- 예나 지금이나 정치하는 사람들은 그다지 존경받는 사람들은 아닌 것 같네요.
- 그런데도 왜 기를 쓰고 정치를 하려고 하지요?
- 뭔가 이율배반적인 마음들이 있는 것이지요.
- 저는 요즘 정치하는 사람들을 좀 달리 보게 되었는데요. 이전투구(泥田鬪狗)처럼 보이지만 사실 그분들이 그걸 대신 해주고 있구나 하는 생각이 들었어요. 그러니까 우리가 이런 고상한 이야기도 할 수 있는 것 아니겠어요?

## 21

공자 말하기를, "중용의 길을 행하는 사람을 얻지 못할 바에는 반드시 '광견(狂狷)'한 사람과 함께 할 것이다. 광자는 진취적이고, 견자는 하지 않는 바가 있는 사람이다."

子曰 不得中行而與之 必也狂狷乎 狂者進取 狷者有所不爲也
자왈 부득중행이여지 필야광견호 광자진취 견자유소불위야

실제로 중용의 길을 체득하여 실천하는 사람은 아주 드물다. 그 길은 줏대가 없이 타협하거나 적당히 섞는 것과는 다른 것이다. 그것은 봉합이 아니라 창조의 길이며, 진실한 힘이 필요하다. 대단히 성숙한 인격만이 갈 수 있는 길이다. 관념으로는 추구해도 실행하는 것은 더 어렵다. 그런 사람은 만나기가 쉽지 않다.(6/27)

그래서 그다음에 함께 하고 싶은 사람이 광자나 견자라고 하는 공자의 이 말이 새삼스럽게 다가온다. 광자(狂者)는 뜻은 높고 커서 진취적인 사람인데 그 뜻을 실천하기에는 아직 중용의 덕을 갖추지 못한 사람이고, 견자(獧者)는 비록 생각이 진취적으로 열려 있지 않지만 차마 하지 못하는 바가 있는 지조(志操)가 있는 사람이다.

둘 다 중용의 덕을 실행하기에는 아직 부족하지만 그래도 차선(次善)으로 같이 일을 도모할 만한 사람으로 본 것이다.

지금으로 이야기한다면 광자(狂者)는 비록 넓게 세상을 담지는 못하여 현실적 실행력이 떨어지더라도 대단히 창조적이고 순수한 열정적인 진보주의자를 연상하게 하고, 견자(獧者)는 고집은 강한 편이지만 자신의 도덕적 신념이 체화(體化)된 부패할 수 없는 보수주의자를 연상케 한다. 이것도 저것도 아닌 어정쩡한 사람은 중용으로 나아가기 힘들다고 보고 있다.

지금 우리의 현실은 무엇이 진보이고 무엇이 보수인지를 알기 어렵게 정치 현상과 정치 문화가 혼란스럽다. 제대로 정명(正名)이 되지 않는 것이다; "모난 그릇이 모나지 않으면 모난 그릇이라 할 수 있겠는가! 모난 그릇이라 할 수 있겠는가(子曰 觚不觚 觚哉觚哉)!"(6/23)

공자가 지금 이 땅에 온다면 그의 정치 노선은 제대로 된 진보와 제대로 된 보수의 연합정치일 것이다.

## 22

공자 말하기를, "남방 사람들의 속담에 '사람으로서 항심이 없으면 제대로 된 무당이나 의원이 될 수 없다.'라는 말이 있는데, 좋은 말이다. '그 덕을 항구히 아니하면 혹 수치를 가져온다.'는 말이 있다." 덧붙이기를, "그런 사람은 점을 치지 않아도 알 수 있다."

子曰 南人有言曰 人而無恒不可以作巫醫 善夫 不恒其德或承之羞 子曰 不占而已矣
자왈 남인유언왈 인이무항불가이작무의 선부 불항기덕혹승지수 자왈 부점이이의

- 공자 시대에는 샤먼이 대단히 중요한 역할을 했지요. 무당이라 불리기도 했지만, 의원의 역할도 했지요.
- '항심이 없으면 무당이나 의원도 손을 쓸 수 없다.'고도 해석하지만, '무당이나 의원이 되어도 제 역할을 할 수 없다.'고 해석하기도 하는 것 같아요.
- 항심이 없는 무의(巫醫)도 더러 치유의 능력을 나타내기도 하지만, 끝내 수치스러운 결말을 맞게 된다는 것 같군요.
- '불항기덕혹승지수(不恒其德或承之羞)'라는 구절은 주역의 항괘(恒卦)의 구삼 효사(爻辭)에 나오는 말이라고 합니다. 그러다 보니까 '부점이이의(不占而已矣)'라는 구절을 '점을 치지 않아도 알 수 있다.'라고 해석할 수도 있지만, '정성스럽게 주역 점을 치지 않아서 그렇다.'라고 해석하기도 하는군요.
- 어떻든 무의(巫醫)를 제대로 하기 위해서는 항심이 가장 중요하다는 것

이지요. 요즘으로 말하면 종교인이나 의사를 말하는 것 같은데, 과연 그 항심(恒心)이 무엇일까를 생각하게 됩니다. 물신(物神)에 지배되는 종교인이나 의사라면 결국 수치스러운 삶에서 벗어나기 어렵겠지요.

## 23

공자 말하기를, "군자는 화(和)하되 동(同)하지 아니하고, 소인은 동(同)하되 화(和)하지 아니한다."

子曰 君子 和而不同 小人 同而不和
자 왈 군 자 화 이 부 동 소 인 동 이 불 화

화이부동(和而不同)은 요즘 가장 많이 입에 오르내리는 말 중 하나이다. 군자와 소인을 나누는 말 중에 대표적인 말이라고 생각된다. 군자는 사람의 본성에 조응하는 사고와 행동을 하는 사람이고, 소인은 아집에 바탕을 두고 자기중심적으로 사고하고 행동하는 사람이다.

사람은 여러 가지 면에서 서로 다르다. 성격, 지능, 취향, 환경 등이 모두 다르다. 따라서 이 다름을 인정하고 각자의 특성을 존중하여 자기중심적으로 같게 하려고 하지 않는 것은 인간의 실상에 맞는 것이다.

그럼에도 불구하고 보통의 경우는 자기중심적으로 행동하기 쉽다. 자기와 다른 것을 받아들이지 못하고 상대를 자기의 생각이나 행동양식에 맞추게 하려고 한다. 자기와 다르면 틀렸다고 생각한다. 자기 생각과 다른 생각을 말하면 자기를 반대하는 것으로 생각하고 미워한다.

이것은 인간의 실상에 거스르는 것이다. 이것이 공자가 말하는 소인의 전형적인 행동양식이다. 이런 소인을 기쁘게 하는 것은 그의 생각이나 취향에 맞추면 된다. 그런데 그것은 진실한 것과는 거리가 멀다. 같지 않은 것을 같게 하려고 하기 때문에 마음에 부자유나 허위가 있기 마련이다.

그래서 소인은 섬기기가 어렵다고 한 것 같다. 항상 비위를 맞추어야 하는 관계는 얼마나 힘든 것인가? 군자는 사람의 다름을 당연한 것으로 여긴다. 사람을 대할 때 그 사람의 입장이나 적성, 기량에 맞게 대한다. 그래서 섬기기가 쉽다. 그러나 군자를 기쁘게 하기는 어렵다. 왜냐하면 군자의 기쁨은 그 행위가 진리에 부합할 때이기 때문이다. 소인이 군자를 기쁘게 하기는 어려운 것이다.(13/25)

부동(不同)을 머리로는 이해하는 것 같아도 막상 그런 경우를 당하면 마음이 편치 않다. 그래도 머리로라도 이해하는 것은 좀 나은 편이다. 머리로라도 이해하면 그런 방향으로 움직이게 된다. 소인으로부터 군자로의 이행이 조금씩이라도 일어나는 것이다. 자신을 돌아보아 생각과 마음이 일치하지 않거나 말과 행동이 다르면 부끄러움을 느끼게 되는 것이다. 이 부끄러움이야말로 소인으로부터 군자로 이행하게 하는 나침반인 것이다. (13/20)

이 부동(不同)을 마음속으로부터 인정하고 받아들이는 것이 자연스러워지면(억지로 그렇게 해야 한다는 것을 넘어서서) 진정으로 다른 사람과 화(和)하게 된다. 다른 말로 하면 사이좋아지는 것이다. 따라서 화이부동(和而不同)의 화(和)와 부동(不同)은 동전의 안팎 같은 것으로 생각한다.

'탈주자 논어학(脫朱子 論語學)'으로 스스로를 밝힌 이수태의『공자의 발견』에서 이 문장에 대해 다음과 같은 해석을 덧붙이고 있다.

이수태는 이 문장에 대한 전통적인 해석이 "군자는 융화하되 뇌동하지 아니하며, 소인은 뇌동할 뿐 융화하지 못한다."라고 하면서 동(同)에 대한 역대 해석들을 열거한다. 주자는 동(同)을 '아비(阿比; 아첨하고 빌붙는다, 주자)'로 보았고, 정약용은 '춘추좌씨전'의 화동(和同)의 논리를 지지하였다고 보았다. 또 신영복은 "군자는 다양성을 인정하고 지배하려고 하지 않으며, 소인은 지배하려고 하며 공존하지 못한다."고 해석하여, '다양성을 인정하지 않고 지배하려 하는 대표적인 것으로 자본주의를 들고 극좌와 극우도 모두 그런 논리에 빠져들고 있음'을 경고했다고 보았다.

이수태는 '공자의 진의(眞意)'를 거론하며 "군자는 서로 융화하나 같지는 않고, 소인은 같으면서도 서로 융화하지 못한다."로 해석한다. 그는 이 해석이 주자의 『논어집주』보다 1000년 전에 나온 『논어집해(論語集解)』의 주석에 근거한다고 하였다. '군자는 마음이 화목하나 그들이 보는 견해는 각각 다른 고로 같지 않다고 하였다. 소인은 즐기고 좋아하는 바가 같으나 제각금의 이익을 다투는 고로 화목하지 못하다.'는 것이다.

이수태는 주자(朱子)의 해석은 "좌전의 특수성에 근거하여 공자의 보편성 있는 발언을 (동을 뇌동으로) 해석한 것"이어서 무리고, 신영복의 해석은 "동(同)의 의미를 관념적으로 확장(동을 획일화로)한 데 문제가 있다"고 보았다. 이수태는 "공자가 살았던 춘추시대 후반이 다양성과 획일성이 문제가 되는 시대였겠는가?" 반문하고 "다양성과 획일성, 공존과 지배는 춘추 후반의 문제를 인식하는 프레임으로서는 어디에서도 발견되지 않는다. 신영복의 해석은 그 자체로는 의미가 있고 음미할 만한 주제지만, 그것이 공자의 발언 의도였다고 보는 것은 무리"라고 반문한다. 이수태의 입장은 "공자는 단지 세속적 가치에 얽매인 '한통속'임에도 불구하고 서로 갈등하고 싸우는 소인들의 모습과 그런 잇속을 떠나 생각은 다르지만 예를 잃지 않고 화목하는 군자의 모습을 대비적으로 언급했을 뿐"이라는 것이다.

나는 공자의 진의(眞意)를 그 시대 속에서만 찾는 것에 대해서는 생각이 다르다. 어떤 사상이든 시대나 사회를 넘어 절대성을 가질 수는 없다. 그러나 인류의 사상적 지평을 새롭게 연 축의 시대 선각자들(석가, 노자, 공자, 예수)의 사상에는 인류사를 관통하는 보편적 진리의 씨앗이 있다. 이 씨앗에 담긴 사상을 현대 세계와 현대 인류에게 확장할 수 없다면, 그것은 박제된 사상에 불과할 것이다. 따라서 나는 신영복 선생의 '확장'은 공자의 진의에 반(反)하는 것은 아니라고 본다.

참고로 말하면 나는 신영복 선생을 대전교도소에 수감 중일 때 만나 '감옥에서의 교류'를 했던 인연으로 출옥 후에 일정한 교류가 있었다. 탁월한 사상적 능력을 가진 분이지만, 내가 가졌던 선생에 대한 기억은 졸저 '진보를 연찬하다'에서 '극좌나 극우를 비판하는 것을 넘어 마르크스의 잔영(殘影)에서 과감하게 벗어나지 못한 것이 그의 사상적 천재성을 제대로 살리지 못하는 것 같다.'로 아쉬움을 표한 바가 있다.

- 화이부동(和而不同)을 우리가 만들려고 하는 마을의 뭐랄까 지표(指標) 같은 것으로 했으면 좋겠어요.
- 참 좋은 말인데 실행하기는 어려운 것 같아요.
- 남과 내가 다르다는 것을 잘 아는 것 같지만 막상 부딪치면 상대를 자신에게 일치시키려는 강한 경향에 빠지고 말아요.
- 그러다 보면 서로 사이가 안 좋아지고요. 실제로는 동이불화(同而不和)가 일어나는 것이지요. 공자가 말한 전형적인 소인의 모습이지요.
- 혼자서 연습하는 것보다 함께 하면 훨씬 좋을 것 같아요.
- 그런 점도 있지만 어디까지나 상대의 반응보다는 자기 내공(?)을 높여야 할 것 같아요.

- 진짜 내공(內攻)은 화이부동(和而不同)이라는 생각이 드네요.
- 우선 각 가정에서 부부간에, 부모와 자식 간에 화이부동을 연습하고 나아가 함께 화이부동의 사이좋은 마을을 만들어 가요.
- 요즘 나라 안팎에서 상생을 이야기하는데 상생은 바로 화이부동하는 삶이라고 생각해요.

## 24

자공이 묻기를, "마을 사람들이 모두 좋아한다면 어떻습니까?"
공자 말하기를, "아직 아니다."
"마을 사람들이 다 싫어한다면 어떻습니까?"
"아직 아니다. 마을 사람 중에서 선한 자가 좋아하고, 불선자가 싫어함만 같지 못하다."

子貢問曰 鄕人皆好之何如 子曰 未可也 鄕人皆惡之何如 子曰 未可也 不如鄕人
자공문왈 향인개호지하여 자왈 미가야 향인개오지하여 자왈 미가야 불여향인
之善者好之其不善者惡之
지선자호지기불선자오지

아집이 없으면 사람과 사이가 좋게 된다. 그러나 이것이 누구에게나 좋아함을 받는다는 것과는 다른 이야기이다. 이쪽은 진리를 추구하는데, 사실은 그것이 궁극적인 화합의 길이지만, 아직 깨닫지 못한 불선자(不善者)는 미워하게 된다. 이쪽이 미워하는 사람이 없다는 것은 가능할 수 있겠지만 지금의 세상에서 누구에게나 좋아함을 받는다는 것은 불가능하다.

공자도 이것을 지적했다고 생각한다. 화(和)가 이루어지는 바탕에 대해 말한 것이다. 즉 그 화(和)가 불선(不善)을 받아들이거나 타협하는 것과는 전혀 다른 세계라는 것을 말하는 것이다.

- 화이부동(和而不同)에 이어지는 이 장의 말이 다가오네요.
- 뭔가 그 바탕이랄까 하는 것, 큰 대도(大道)랄까 하는 것이 생각돼요.
- 누구에게나 사랑받고 싶다, 욕을 먹고 싶지 않다는 것은 뭔가 안 되는 것에 미련을 갖는 것이 아닐까요? 저도 좀 그런 편인데요. 자기 고집으로 밀고 나가 '욕할 테면 해라.' 하는 심정이 되는 것은 아니겠지만요. 분명한 선(線)은 있을 것 같아요.
- 누구에게나 좋은 말을 듣고 싶어 하는 것은 어쩌면 철저히 자기중심적인 것 같기도 하고요.
- 개인적으로는 누구도 미워하지 않겠다는 목표는 세울 수 있다고 생각해요.
- 진정한 화합(和合)이란 선(善)이나 의(義)가 바탕이 될 때 이루어지겠지요.
- 다만 그 선(善)이나 의(義)가 독선이나 아집으로 흐르기 쉽다는 것에 대해서 끊임없는 자각이 필요하지요.
- 그런 점에서 역시 사람은 누구나 확증편향에 빠지기 쉬운 경향이 있다는 것을 자각하는 것, 즉 '무지(無知)의 자각'이 바탕이 되어야 한다고 생각합니다.

## 25

공자 말하기를, "군자는 섬기기는 쉬워도 기쁘게 하기는 어려우니, 기쁘게 하기 위해서는 도로써 해야 한다. 군자는 사람을 쓸 때 기량에 맞춘다. 소인은 섬기기는 어려우나 기쁘게 하기는 쉽다. 이를 기쁘게 하는 데는 비록 도로써 하지 않아도 된다. 소인은 사람을 쓰는 데 모든 것을 다 갖추기를 바란다."

子曰 君子易事而難說也 說之不以道不說也 及其使人也器之 小人難事而易說也
자왈 군자이사이난열야 열지불이도불열야 급기사인야기지 소인난사이이열야

說之雖不以道說也 及其使人也求備焉
열지수불이도열야 급기사인야구비언

- 섬기기가 쉽다는 것은 그 사람이 크다는 것이지요.
- 까다로운 사람은 대하기가 힘들어요.
- 아침에 기뻐하다가 저녁에 나빠지는 그런 관계가 힘들어요. 그것이 소인이라는 것이겠지요.
- 감정의 기복이 큰 것보다는 잔잔한 신뢰와 우애가 오래 가는 것 아닐까요?
- 역시 그러기 위해서는 진리에 계합하려는 마음이 되어야 할 것 같은데요?
- '군자는 사람을 기량에 맞게 쓴다.'는 태도가 그 사람을 대할 때 편하게 되는 것 같아요.
- 특히 사람과의 관계에서 상대가 다 잘 해주기를 바라는 것이 소인이라는 말이 실감되네요. 머리로는 그렇게 생각하는데 실제로는 다 잘 해주

기를 기대하는 것 같아서요. 내가 바로 소인이구나 하는 생각이 드네요.
- 나도 그래요. 왜 그렇게 상대의 잘못한 점이 눈에 띄는지.
- 눈에 띄는 것은 할 수 없잖아요. 다만 책(責)하고 비난하는 마음이 바로 튀어나오는 것이 문제 아닐까요?
- 같이 살다 보면 이 장의 주제가 크게 다가온다고 생각해요.
- 서로 잘 맡기는 연습을 해야겠지요.

## 26

공자 말하기를, "군자는 태연하나 교만하지 않고, 소인은 교만하나 태연하지 못하다."

子曰 君子 泰而不驕 小人 驕而不泰
자왈 군자 태이불교 소인 교이불태

사람을 대할 때 자신의 마음가짐이 어떤가를 돌아보아서 공자의 이 말이 이해된다면 인간적으로 그만큼 성숙한 것일 수 있다.

비교감, 우열감, 상하감으로부터 자유로우면 태이불교(泰而不驕)가 된다. 그러나 마음속에 이것들이 있으면 마음이 편치 않다. 교만(驕慢)은 비굴(卑屈)의 쌍둥이 형제인 것이다. 정말로 편한 마음이 좋지 않겠는가? 정말로 자유로운 마음이 되고 싶지 않은가? 그렇게 되려면 군자가 되는 것이 좋지 않겠느냐고 공자는 권유하고 있다.

- 상대가 교만하다고 생각할 때 이쪽도 함께 맞서는 심정이 될 때가 있어요.
- 서로 경쟁심이 있거나 비교심이 있을 때는 마음이 태연할 수 없어요.
- 우월감(優越感)은 사실 약한 마음 아닌가요? 뭔가 끊임없이 비교 속에서 자기를 확인하지 않으면 안 되는 상태니까요. 부자유스러운 것이지요. 따지고 보면 열등감(劣等感)과 형제인 거지요.
- 열등감이나 우월감과 대등감(對等感)을 다르게 보는 마음도 있어요. 상대가 교만하다고 생각할 때 특히 이런 심정이 들 때가 있지요. 맞서는 마음이지요. 그러나 대등감도 사실은 상하 의식의 포로가 된 상태라고 할 수 있을 것 같습니다. 이것은 쉽게 알아차리지 못할 뿐이지요.

## 27

공자 말하기를, "강직하고, 의연하고, 질박하고, 언중(言重)하면 인(仁)에 가깝다."

子曰 剛毅木訥近仁
자왈 강 의 목 눌 근 인

- 목(木)은 박(朴)과 같은 의미로 질박함을 말합니다.
- 공자는 눌(訥)을 강조하는데, 말을 더듬듯 잘 못하는 것이 아니라, 말이 앞서는 것을 경계하는 것이지요.
- 강직하고 의연하면서도 수려하고 웅변(雄辯)이기까지 한 것을 보통 좋아

하지 않나요. 그런데 공자는 소박함과 눌변(訥辯)을 강조합니다. 그래야 인(仁)에 가까울 수 있다는 것이지요.

- 질박함(木)과 눌(訥)은 겉으로 꾸미는 겸손이 아니라, 진정한 겸허에서 나오는 태도지요. 강한 의지만 있다면 고집불통이 될 소지가 크지요. '육언(六言) 육폐(六蔽)'가 그것을 나타내지요. 호학(好學)이 없으면 인(仁)에서 멀어진다는 것이지요.

28

자로가 묻기를, "어떻게 하여야 사(士)라 할 수 있습니까?"
공자 말하기를, "정성스럽고 자상하면서 화목하면 가히 사(士)라 이를 것이니, 친구에게는 정성스럽고 자상하며, 형제간에는 화목할 것이다."

子路問曰 何如斯可謂之士矣 子曰 切切偲偲 怡怡如也 可謂士矣 朋友切切偲偲
자로문왈 하여사가위지사의 자왈 절절시시 이이여야 가위사의 붕우절절시시
兄弟怡怡
형제이이

- 사(士)를 보통 선비라고 번역하는데, 선비라는 이미지와는 조금 다른 것 같아서 그냥 사(士)로 쓰고 있습니다. 공자는 사(士)를, 학문을 배우고 인격을 닦아 관직에 나아갈 수 있는 자격을 갖춘 일종의 계급적 의미로도 사용하고 있습니다.
- 물어보는 사람마다 다르게 대답하는 것은 그 사람의 특성, 즉 장점을 살

리고 단점을 보완케 하려는 취지에서지요. 자공과 자로에게 답하는 것이 다르지요.
- 벗과 형제를 구분해서 말한 것은 벗은 뜻으로 사귀지만, 형제는 선천적인 혈연으로 맺어진 관계라서 그렇게 말한 것 같군요.
- 여러 의미로 생각이 되네요. 사실 형제간에는 뜻이나 취향으로 사귄 벗과 달리 뜻이나 취향이 다를 경우가 많거든요. 그래서 먼저 화목을 권하는 것이 아닌가 생각됩니다.

## 29

공자 말하기를, "선인이 백성을 7년 동안 가르치면 가히 전쟁에 나가게 할 수 있을 것이다."
또 말하기를, "가르치지 않은 백성으로 전쟁을 벌이는 것, 이것을 일러 백성을 버린다고 말한다."

子曰 善人 敎民七年 亦可以卽戎矣 子曰 以不敎民戰 是謂棄之
자 왈 선 인 교 민 칠 년 역 가 이 즉 융 의 자 왈 이 불 교 민 전 시 위 기 지

- 공자가 전쟁을 준비하는 듯한 이야기를 하는 것은 드문 일입니다.
- 실제로 전쟁이 불가피한 현실이니까 그것을 도외시할 수는 없는 것 아니겠어요. 당시는 더욱 그러했겠지요.
- 불가피한 전쟁이라면 전쟁에 대해 어떤 태도를 취하는 것이 옳을까요?
- 남을 침략하는 것은 불의(不義)지만 자기 국민의 자유와 행복을 보위하

기 위한 전쟁이라면 불가피한 것이고 그 전쟁의 승패는 많은 사람들의 운명에 가장 큰 영향을 주는 것이지요.
- 그래서 국가의 일대사(一大事)가 전쟁이라고 할 수 있는 것이지요.
- 인간사에서 전쟁만큼 사람들에게 영향을 주는 일은 없는 것 같아요. 지금도 그렇지 않나요. 전쟁이 없는 평화를 누구나 바라지만 전쟁이 끊임없이 일어나는 것이 인간의 현실인 것 같아요. 영구평화는 아직도 요원한 것 같고요.
- 전쟁을 피할 수 없는 것이 현재 인류의 실태라면 중요한 것은 전쟁의 이익과 국민의 이익이 일치하는 것이지요.
- 왜 전쟁에 나가야 하는지에 대한 국민의 자각이 결국 전쟁의 승패를 좌우한다는 말 같아요. 선인(善人)이 교민칠년(敎民七年)이면 가히 전쟁에 나가게 할 수 있다는 말은 그런 의미 같네요.
- 가르치지 않은 백성을 전쟁에 내보내는 것은 백성을 버리는 것이라는 말도 같은 취지지요. 국민을 세뇌(洗腦)해서 특권 계층의 이익을 위해 전쟁으로 내보내는 것이야말로 집단적 살육 행위지요.
- 이른바 교민(敎民)이라는 것은 인의(仁義)의 방향으로 국민의 의식을 성숙하게 한다는 의미라고 생각합니다. 그런 인민(人民)이 전쟁을 해야 한다면 그것은 정의의 전쟁에 가깝겠지요.
- 나는 과연 정의의 전쟁이 있을까 하는 생각을 합니다만, 아직도 전쟁이 너무 생생한 현실이라 피할 수 없는 숙명 같네요.
- 일단 부득이한 선택이라면 인간과 세상을 진보시키는 쪽으로 전쟁이 진행되어야 하겠지요.
- 역시 그런 전쟁이라면 국민이 왜 싸워야 하는지를 자각하고 있는 것이지요. 그 자각은 전쟁해서라도 지켜야 할 가치가 분명할 때 이루어지겠

지요.

- 실제로는 국가이익을 비롯한 여러 가지 집단이익 같은 것이 전쟁의 동기로 되고 있지만 그 속에서나마 진행되는 역사의 진보를 보아야 할 것 같아요. 과연 전쟁이 역사의 진보에 기여할까요? 전쟁 후의 반성이나 성찰이 어느 정도 그런 역할을 하는 것 같습니다만, 전쟁 등의 살육 행위는 인간의 진보와는 결단코 무관하다고 생각합니다.
- 나는 톨스토이의 '바보 이반'이 좋은 해결 방법이라고 생각을 합니다만 아직은 인간의 현실이 거기까지 가기에는 좀 더 험한 시간을 보내야 할 것 같습니다.
- 지금도 나라 안팎으로 전쟁의 먹구름이 짙게 드리우고 있습니다. 핵으로 무장한 상태에서 남북 간에 전쟁이 일어나는 것은 공멸이지요. 최고의 목표는 전쟁을 막는 것이지요. 신냉전 질서에 스스로 인질이 되어 전쟁 불사(不辭)를 외치는 것이야말로 국가와 국민을 배반하고 버리는 대역(大逆)의 범죄지요.

# 제14편

# 헌문(憲問)

---

"하늘을 원망하지 않고 남을 탓하지도 않으며,

아래로부터 배워 위로 통달하니

나를 알아주는 것은 저 하늘일 것이다."

불원천 불우인 하학이상달 지아자 기천호
**不怨天 不尤人 下學而上達 知我者 其天乎**

# 1

헌(憲)이 부끄러움에 관하여 물었다. 공자 말하기를, "나라에 도가 있을 때도 하는 일 없이 녹만 받는 것이 부끄러운 일인데, 하물며 나라에 도가 없을 때 특권을 누리며 세금만 축내는 것이야말로 어찌 부끄럽지 않은가?"

憲問恥 子曰 邦有道穀 邦無道穀 恥也
헌 문 지 자 왈 방 유 도 곡 방 무 도 곡 치 야

- 부끄러움이 논어에 많이 나오는데요. 부끄러움을 아는 것이야말로 바르게 나아가는 출발점이기 때문이지요.
- 왜 국가로부터 녹을 받는 길만을 이야기하는 것일까요. 지나치게 벼슬만을 생각하는 것 같아서 거부감이 생기네요.
- 그 시대를 고려해야 할 것 같네요. 지금처럼 다원화되고 민주화된 사회라면 공무원이 되는 길 말고도 공적인 기여를 할 수 있는 길이 많은데 당시는 그 길 이외는 별로 없었던 같아요.
- 나라에 도가 없을 때는 어떻게 하는 것이 옳은지에 대해서도 요즘 시대에서 생각한다면 이해가 안 되는 점이 많은 것 같아요.
- 그렇지요. 저항권이라든가 사회 변혁 같은 것이 보편화되기 위해서는 많은 세월이 필요했지요.
- 그렇다 하더라도 공공(公共)의 일에 나가는 자의 부끄러움은 예나 지금이나 공통되지 않을까요?
- 저는 이 글을 읽으면서 내가 제대로 공무원을 하고 있는지 돌아보게

되네요.

## 2

"남을 이기기 좋아하고 공을 자랑하고 남을 원망하고 탐욕하는 이 네 가지를 하지 않는다면 인(仁)이라고 할 수 있습니까?"
공자 말하기를, "아주 어려운 일이기는 하지만, 그것만으로 인(仁)인지 어떤지는 모르겠다."

克伐怨慾不行焉 可以爲仁矣 子曰 可以爲難矣 仁則吾不知也
극 벌 원 욕 불 행 언 가 이 위 인 의 자 왈 가 이 위 난 의 인 즉 오 부 지 야

극벌원욕(克伐怨慾)을 하지 않으면 인(仁)이라고 할 수 있는가 하는 질문에 '그렇게 하는 일이 어렵기는 하지만 인인지 어떤지는 모르겠다.'라는 대답은 어떤 상태를 인(仁)이라고 하는지에 대한 공자의 생각을 나타낸다.

인(仁)한 자는 극벌원욕(克伐怨慾)을 하지 않을 것이다. 그러나 그것만 가지고는 인(仁)하다고 할 수 없다는 것이다. '그렇게 하는 것은 좋은 일이 아니야.' 하고 자신의 마음에서 일어나는 승부욕이나 탐욕을 억제하는 정도로는 진정한 인자(仁者)라고 하기에는 부족한 것이다. 그런 마음이 일어나지 않는 상태를 인(仁)이라고 보는 것 같다. 무엇을 해야만 한다거나 해서는 안 되는 일로 스스로를 구속하고 있는 부자유한 상태는 인(仁)과는 거리가 있다고 본 것이다.

요즘 큰 화두가 되고 있는 화(怒)에 대해서도 비슷한 생각을 할 수 있을

것 같다. '화'는 자신을 해치고 남을 해치는 것이라는 점에는 많은 사람들이 동의한다. 그러다 보니 '화를 내서는 안 된다.'고 생각하게도 되지만 이것은 오히려 더 큰 부작용을 낳을 수도 있다. 내면에 화가 쌓이면 '화병'이 생길 수도 있는 것이다. 그래서 '화'가 나면 '화를 내는 것이 건강에 좋다.'라는 말까지도 하는 것이다.

그러나 그것은 근본적인 해결책은 아니다. 궁극적인 자유인의 모습은 '화가 나지 않는 사람'이 되는 것이다. 그런데 이렇게 되는 것은 화를 내서는 안 된다는 강박 관념으로는 이루어지지 않는다. 스스로의 심층 의식이 변혁되어 아집이 점점 엷어져서 그 결과로 '화가 나지 않는 마음의 상태'로 진화하는 것이라고 생각한다.

공자는 인(仁)에 관해서 정의(定義)하듯 이야기하지 않는다. 예외가 있다면 안연의 물음에 답변한 '극기복례(克己復禮)'다. 이것과 관련하여 내 생각을 이야기해 보겠다.

극벌원욕(克伐怨慾)을 행하지 않는다는 것은 극기(克己)에 해당한다. 나는 극기복례의 극기를 '아집에서 자유로워지는 것'으로 본다. 자기 변혁이다. 인(仁)은 거기에 머무르지 않는다. 복례(復禮)로 이어진다. 나는 복례를 번지가 인을 물었을 때 공자가 대답한 애인(愛人; 사람을 사랑하는 것)으로 본다. 이웃을 사랑하고 사회(社會)를 사랑하는 것이다. 즉 세계 변혁이다. 극기(자기 변혁)와 복례(세계 변혁)는 한 몸이다.

생태적 조화를 깨트린 인간의 자기중심성이 인류의 존속을 위협하면서, 이제 인(仁)은 사람을 사랑하는 것에서부터 만유(萬有)를 사랑하는 것으로 확장되어야 한다. 공자 시대는 상상할 수 없던 '인류세(Anthropocene)의 깨달음'이다.

- 극벌원욕(克伐怨慾)은 보통 사람이라면 당연한 것으로 여기는 것 같은데요?
- 적극적으로 극벌원욕(克伐怨慾)까지는 아니더라도, 제 자신을 보면 '지기 싫어하고' '나를 알아주길 바라고' '남 탓으로 돌리고' '자기 것을 챙기고' 하는 마음으로부터 자유롭지 못한 것 같아요.
- 그런 마음도 사실은 극벌원욕과 같은 것이 아닐까요?
- 그렇다고 봐야 할 것 같아요. '나는 이기려고 하는 것이 아니라 다만 지지 않으려고 한다.'고 자신을 멈춰 버리는 경우가 많은 것 같아요.
- 저도 전에 어떤 자리에서 '나는 남을 지배하려고도 하지 않지만 누구에게 지배당하려 하지도 않는다.'고 당당한 어조로 말한 적이 있는데 나중에 그 말을 하는 심정을 돌이켜보니 부끄러운 생각이 들더라고요.
- '승부'의 마음이 일어나지 않는 경지는 잘 떠오르지 않아요. 저는 겨우 '승부'에 얽매이지 않아야지 하고 자신을 추스르는 것이 고작인데요.
- 그 정도도 대단한데요. 저는 이겨야 직성이 풀리는데요.
- 나는 지속적으로 누구를 원망하는 마음은 없는 것 같아요. 그래서 스스로 대견하다는 생각을 한 적도 있는데 요즘 보니 그것이 아니더라고요. 다른 사람이 잘못하는 것을 보면 마음속에서 그 사람을 책망하는 마음이 많이 일어나요. 결국은 그것이 원(怨)과 통하는 것 아니겠어요.
- 그렇다고 다 좋아할 수는 없는 것 아닌가요? 실제로 잘못하는 사람에게는 지적해야 하는 것 아닌가요?
- 그렇지요. 지적할 것은 하고 고칠 것은 고쳐야 하는데 다만 그 심정에서 미움이 있는가 하는 것은 봐야 할 것 같아요.
- 미움이나 원망이 있으면 할 이야기도 제대로 못하는 것 같아요. 또 전달되는 것도 그 미움이나 원망, 비난하는 마음이 먼저 전달되어 버리거든요.

# 3

공자 말하기를, "사(士)가 안일만을 생각하면 사(士)라고 하기엔 부족하다."

子曰 士而懷居 不足以爲士矣
자 왈 사 이 회 거 부 족 이 위 사 의

- 은거(隱居)와 회거(懷居)가 어떻게 다른지는 모르겠는데 사람들이 우리가 산골에 사니까 좀 그렇게 보는 것 같아요. 우리 자신은 치열하게 산다고 생각하는데.
- 어디에 사느냐는 것은 문제가 아닌 것 같아요. 세상의 일에 얼마나 관심을 가지고 있느냐 하는 것이 갈림이겠지요.
- 세상에 대한 관심도 어디에서 출발하느냐가 중요한 것 같은데요? 예를 들어 정치에 대한 관심도 사람들에 대한 애정에서 출발하는지, 자신의 욕망 예컨대 권력의지에서 출발하는지.
- 자신의 욕망에서 출발한다면 차라리 회거하는 쪽이 더 낫지 않을까요? 안 그래도 복잡한 세상에 복잡함을 더 할 뿐이라면.
- 일전에 술자리에서 현실 정치에 대한 관심을 말했더니 사람들이 좀 의외라고 보는 것 같더라고요. 아마도 논어를 강독하면서 현실 정치에 대한 관심을 많이 가지게 되지 않았나 하는 생각도 들어요. 별로 유쾌하지 않은 대화였다는 생각이 드는데 아마도 그 관심 속에 자신의 천박한 욕망 같은 것이 묻어나지 않았나 하는 반성이 되더라고요.

## 4

공자 말하기를, "나라에 도가 있으면 언(言)과 행(行)을 높고 대담하게 할 것이지만, 나라에 도가 없으면 행(行)은 높고 대담하되 언(言)은 겸손해야 한다."

子曰 邦有道危言危行 邦無道危行言孫
자 왈 방 유 도 위 언 위 행　방 무 도 위 행 언 손

공자는 여러 곳에서 말(言)과 행동에 대해서 이야기한다. 이것은 말의 속성 때문이기도 하다고 생각한다. 말은 과장되고 거짓되기 쉽다. 고의나 악의가 아니라도 과장되기 쉬워서 결국 참되지 못하는 경우가 많은 것이다.

말은 소통의 가장 중요한 수단이지만 그 말하는 자의 마음이 표출될 수밖에 없는 것이다. 자신의 아집이 표출되면 다른 사람의 아집을 건드린다. 자신을 과장하면 다른 사람의 자존심을 건드린다. 그래서 사람을 상처주기도 쉬운 것이다. 과장된 자기표현은 스스로를 해친다. 자신은 의식하지 못할지 몰라도 스스로의 인격이 성장하는 것을 근본적으로 저해하는 것이다. 의식하지 못하는 사이에 허위가 몸에 배게 되는 것이다.

그렇다고 지나치게 의식을 해서 '말조심 하라.'고 하는 말과는 다른 것이다. 스스로의 인격이 깊어지면 말이 저절로 익게 될 것이다. 역(逆)으로 말을 신중히 지혜롭게 하는 것은 인격을 높이는 가장 중요한 연습이 될 것이다.

나라에 도(道)가 있다는 것은 사람 사이에 진실한 소통이 이루어지는 사회로 되고 있다는 것이다. 이러한 사회에서는 말과 행동을 다 마음껏 할 수

있다. 그러나 도가 없는 사회라면 말보다는 실천을 앞세우라는 이야기로 들린다. 도가 없는 사회, 즉 진실한 소통이 힘든 사회에서는 말은 자신을 해치기 쉬울 뿐만 아니라 불건전한 관념들이 대립투쟁의 소용돌이를 만들기 쉽기 때문에 특히 말을 신중히 하라고 한 것 같다.

말로써 다른 사람을 변화시키려 하는 것은 힘들다. 더구나 진실한 소통이 힘든 사회에서는 무망할 때가 많다. 이런 때는 먼저 자신이 실천하는 것이 순리가 아닌가 생각된다.

이것은 불의를 방관하라는 이야기와는 다른 것이다. 말이 진정으로 힘이 있으려면 덕 있는 자의 것이어야 하고, 위험을 무릅쓰고라도 꼭 해야 한다면 인자(仁者)의 용기로 해야 할 것이다.

- 나라에 도가 없을 때 오히려 바른 말을 높고 대담하게 해야 하는 것 아닌가요?
- '말이 난무하는 세상에서 그런 말들이 어떤 효과가 있을까?' 하는 생각이 들기도 해요.
- 진정한 용기라면 어떻게 하는 것이 좋을지 생각하게 하네요.
- 자기주장을 강하게 하는 것이 아니라 진리에 계합하는 말이라면 높고 대담하게 해야 하지 않을까요?
- 그렇다고 하더라도 그 말이 어떤 여파를 가져올지 생각하는 것은 현명하다고 보는데요, 그것이 일신(一身)의 보신책(保身策)에서 출발하는 것은 아니라고 봐요. 난세(亂世)에서 불필요한 희생을 걱정하는 말로도 들립니다.

## 5

공자 말하기를, "덕이 있는 사람은 반드시 말이 들을 만하지만, 말이 들을 만한 사람이라고 해서 반드시 덕이 있다는 것은 아니다. 인자(仁者)는 반드시 용기가 있으나, 용기가 있는 사람이라고 해서 반드시 인(仁)한 것은 아니다."

子曰 有德者必有言 有言者不必有德 仁者必有勇 勇者不必有仁
자 왈 유 덕 자 필 유 언 유 언 자 불 필 유 덕 인 자 필 유 용 용 자 불 필 유 인

- 나는 그럴 듯한 말을 한다고 스스로 생각한 적도 있는데 이 문장을 들으니 부끄러워지네요.
- 덕이 바탕이 되어서 나오는 말이라야 힘이 있는 것 같아요.
- 시시비비를 잘 가리는 것도 뛰어난 능력이라고 할 수 있지만 그보다 뛰어난 것은 그 말과 자신의 행동이 일치하는 것이라고 생각해요.
- 시비를 따지는 능력보다는 스스로 시비를 따질 수 있는 마음의 상태인가가 먼저 물어봐야 하는 것 같아요.
- 간디의 일화(逸話)가 생각나네요. 어떤 소년에게 건강에 안 좋으니까 단 것을 먹지 말라고 이야기 해달라는 부탁을 받고도 한참을 지나서 소년에게 이야기를 하고 그래서 소년이 단 것을 안 먹게 되었다고 해요. 그래서 사람들이 왜 이제야 말씀을 하시느냐고 물으니까 간디 자신이 단 것을 끊은 후에 말을 하느라고 늦었다는 이야긴데요.
- 역시 그래야 말이 힘이 있는 것 같아요. 골초인 내가 아무리 다른 사람에게 담배 끊으라고 이야기해야 제대로 들리겠어요.

- 새로운 세상에 대해서도 마찬가지 아니겠어요. 새로운 세상을 이야기하려면 스스로 안에 새로운 세상이 실현되어야 할 것 같은데요?
- 인자(仁者)의 용기가 무엇일까요?
- 사(私)가 없는 용기 아닐까요?
- 이른바 깡이 센 것과는 전혀 다르겠지요.
- 사적인 이익과 결합된 용기라도 그것이 없는 것보다는 낫겠지만 인자(仁者)의 용기는 아니겠지요.
- 저는 예수님이 처형되기 전 날의 심정을 말한 구절을 읽고 깊은 감동을 받은 적이 있는데요. 정확하게 기억하는지는 모르겠는데 그 심정은 자기를 이렇게 핍박하는 자들에 대한 원망도 죽음에 대한 두려움도 아니라는 것이었어요.
- 그것이야말로 인자의 용기 아닐까요?
- 우리와는 너무 거리가 먼 이야기 같지만, 그래도 수많은 사람들이 예수님을 따르는 것을 생각하면 희망이 있네요.

6

남궁괄이 공자에게 묻기를, "예는 천하제일의 명궁이었고 오는 배를 땅에서 끌 만큼 힘이 셌지만 모두 제대로 죽지 못하였습니다. 반면에 우와 직은 몸소 농사를 지었는데도 천하를 얻었습니다." 공자는 대답을 하지 않았다. 남궁괄이 나가자 말하기를, "군자로다, 저 사람은, 참으로 덕을 숭상하는구나."

南宮适問於孔子曰 羿善射奡盪舟 俱不得其死 然禹稷躬稼而有天下 夫子不答 南
남 궁 괄 문 어 공 자 왈   예 선 사 오 탕 주   구 부 득 기 사   연 우 직 궁 가 이 유 천 하   부 자 부 답   남

宮适出 子曰 君子哉若人 尙德哉若人
궁 괄 출   자 왈   군 자 재 약 인   상 덕 재 약 인

- 남궁괄은 공자가 조카사위로 삼았던 남용인데, 공자를 네 사람의 고사(古事)에 빗대어 칭송하는 말이군요. 그래서 공자가 그를 면전에서 말하지 않고 그가 나간 다음에 칭찬하는 장면인 것 같습니다.
- 예(羿)는 하나라의 천자인 상(相)을 내쫓고 왕위를 빼앗았는데 신하인 한착(寒浞)에게 죽임을 당했고, 오(奡)는 한착의 아들인데 소강(小康)에게 죽임을 당했지요. 우(禹)는 순(舜)임금의 신하로 물을 잘 다스려 순임금의 선위(禪位)를 받아 하(夏)왕조를 열었고, 직(稷)도 순임금의 신하인데 농사를 담당한 씨앗의 대가로 주(周)의 제후로 봉해졌죠.
- 무력이 아니라 덕이 더 큰 힘이라는 것을 말로는 하는 사람이 많지만 그것을 실감하는 사람은 많지 않은 것 같아요.
- 실제로 세상은 아직도 물리적 힘이 지배하잖아요.
- 그렇게 보이는 현실 속에서도 결국은 관철되는 순리(順理)의 세상을 볼 수 있는 사람이 귀한 것이지요.
- 그렇게 되는 이치를 깨달은 남궁괄을 공자가 찬탄한 것 아닐까요?

## 7

공자 말하기를, "군자이면서 인(仁)하지 못한 자는 있지만, 소인으로서 인(仁)한 자는 아직 없었다."

子曰 君子而不仁者有矣夫 未有小人而仁者也
자왈 군자이불인자유의부 미유소인이인자야

논어 전편(全篇)을 읽으면서 '나는 군자인가, 아니면 소인인가?'라는 물음이 끊임없이 떠오른다. 군자와 소인을 뚜렷하게 구분해 놓았기 때문이다. 자신에게 공자가 말한 소인의 특성이 너무 많음을 발견하고 자괴감을 느끼기도 하지만 실제로는 군자의 특성만으로 된 사람이나 소인의 특성만을 갖춘 사람은 거의 없다.

공자도 고정적으로 사람을 나눈 것이 아니다. 그것은 공자 스스로 '군자의 도가 셋이 있는데, 나는 그중 하나도 제대로 못하고 있다.(14/30)'고 말하는 것에서도 나타난다고 생각한다. 소인으로부터 군자로의 변화 과정을 인간의 성숙과정으로 본 것이다. 보다 성숙한 인간은 군자에 가까워지는 것이다. 그러면 무엇이 소인과 군자를 나누어지게 하는 기준이 되는 것일까? 동물계 일반의 자기중심성에 머무느냐 그것을 넘어서느냐 하는 것이 그 분기점이 아닐까 생각한다.

자기중심성을 넘어서는 것이 진정한 행복의 길이라는 자각을 하고 그렇게 살려고 결심한 사람은 군자의 길을 가는 사람이라고 본 것 같다. 그래서 수기(修己)의 길은 무아(無我)의 길이고 안인(安人)의 길은 공인(公人)의 길인 것이다. 그렇게 살려고 결심한다 하더라도 실제로 그렇게 되는 것은 아니다. 그러나 그런 마음을 내지 못하고 자신의 이익에 함몰되어 사는 사람과는 출발점이 다른 것이다.

공자는 소인(小人) - 군자(君子) - 인자(仁者) - 성인(聖人)의 순서로 그 진화를 이야기하고 있다. 인자(仁者)는 군자(君子)보다 더 진화한 사람을 가리킨다. 그래서 '군자로서 인(仁)하지 못한 자는 있지만, 소인으로서 인(仁)한 자는 없다.'고 말한 것이다.

■ '소인으로 인자(仁者)가 없다.'는 말은 너무 야박한 것 아닐까요?
■ 어느 특정한 사람을 이렇게 이야기하는 것은 아니라고 봐요. 그러나 누구든 다른 사람은 안중에 없이 자기 본위로 살겠다고 작정한다면 그 순간 이미 인(仁)으로부터 멀어지는 삶을 선택하는 것 아닐까요?
■ 그렇게 봐야 할 것 같네요.
■ 나는 전에 '소인으로 살고 싶다.'고 생각해 왔는데요.
■ 그것도 자유지요. 아마 잠재의식 속에 군자연(君子然)하는 사람들에 대한 거부감이나 자기가 원하는 것을 하지 못하는 부자유를 군자와 연결시켰던 것 아닐까요?
■ 요즘 '본능대로 살아라.'라는 말이 상당히 설득력 있게 들리는데요.
■ 저는 그 말이 여러 가지 허위의식이나 내면의 부자유로부터 벗어나자고 하는 말로 들리는데요. 남의 자유를, 남이 하고 싶은 일을 침범하지 않는다면, 그것은 결코 소인(小人)의 삶은 아니지요.
■ 공자가 말한 군자야말로 '자유인'이지요. 외부의 억압이나 강제로부터의 자유가 정치적 사회적 자유라면 그런 자유는 근대화와 민주화의 과정에서 많이 진전되었지요. 그럼에도 사람들의 행복도는 나아지지 않고 때로는 오히려 후퇴하는 경우마저 발생합니다. 도덕이나 윤리 같은 금

기(禁忌)나 관념의 억압에서 벗어나 질풍노도(疾風怒濤)같은 욕망의 해방을 겪고 나서야, 비로소 자기 관념계 안의 본질적 부자유를 느끼게 되는 것이지요. 외부적 강제나 가난에서 벗어나고 여러 관념계의 금기(禁忌)들로부터 벗어나게 될 때 비로소 내면의 본원적 부자유를 자각하고, 진정한 '내면의 자유'를 찾아 나서게 됩니다. 보통 사람들이 '자유'를 찾아가는 긴 여정(旅程)이지요. 개인의 수행만으로 이루어지는 것이 아니라, 사회적 정치적 자유 확대의 역사가 그 배경이 되어 보통 사람의 욕구의 질이 바뀌게 되는 것이지요.

- 하고 싶은 걸 참는 인생이 아니라 하고 싶은 것이 숭고지향의 욕구와 일치하게 되는 사람이 되는 것, 그것이 현대가 요구하는 인간상(人間像) 아닐까 생각합니다.

8

공자 말하기를, "사랑한다면 수고롭게 하지 않을 수 있겠는가, 충심이라면 일깨워 주지 않을 수 있겠는가."

子曰 愛之能勿勞乎 忠焉能勿誨乎
자왈 애지능물로호 충언능물회호

- 자식을 그냥 편하게만 살게 하고 싶은 부모들을 새삼스럽게 생각하게 되네요.
- 그것을 사랑이라고 생각하는 것 같아요. 사실은 자식의 장래를 망치는

- 일로 되기 쉬운데요.
- 정말로 자식을 사랑한다면 자기 일에 최선을 다하는 사람으로 자라도록 해야 할 것 같아요.
- 요즘 정말로 게으르고 의존적인 아이들이 부모들의 전폭적(?)인 사랑 속에 많아지는 것을 보는 것이 참 안타까워요.
- '젊어서 고생은 사서라도 한다.'는 말을 낡은 시대의 이야기라고 웃어버려서는 안 될 것 같아요.
- 내가 뭔가를 알려주고 충고하고 싶어도 싫어할까 봐 못하는 경우가 많은데요.
- 정말로 그 사람에 대한 충심(忠心)이 있다면 교묘한 방법을 생각해 내서라도 어떻게든 알리려고 하겠지요.
- 화를 내지 않고 나무랄 수 있는 부모나 스승이 드문 현실을 생각하게 됩니다.

9

공자 말하기를, "사명장을 만들 때 비심이 초안하고, 세숙이 검토하고, 행인인 자우가 수식하고, 동리의 자산이 윤색하였다."

子曰 爲命 裨諶草創之 世叔討論之 行人子羽修飾之 東里子産潤色之
자 왈 위 명 비 심 초 장 지 세 숙 토 론 지 행 인 자 우 수 식 지 동 리 자 산 윤 색 지

- 이 네 사람은 모두 정(鄭)나라의 대부들인데, 외교문서인 사명장(辭命狀)

을 만들 때 힘을 모아 만들었다는 이야기군요. 정나라가 소국이으로 대국들 사이에 끼어 있으면서도 그 나라를 보존할 수 있었던 것은 국교문서가 훌륭했기 때문이라는 말도 있을 정도입니다.
- 한 편의 글이 완성되는 과정을 잘 보여주네요.
- 뭐랄까 서로의 다른 재능들이 최선으로 쓰인다고 할까, 각자가 자기를 최대로 살리면서 모두가 잘 살려지는 것, 참 좋은 것 같아요.
- 같은 길을 걷기로 한 사람들에게는 서로 다른 재능을 어떻게 잘 조합할 것인지가 제일 중요한 일이라고 생각합니다. 분업(分業)과 협동(協同)의 요체지요.

## 10

어떤 사람이 자산에 대하여 묻자 공자 말하기를, "자애로운 사람이지요." 자서에 대하여 묻자 말하기를, "아, 그 사람. 그 사람."
관중에 대하여 묻자 말하기를, "인물이지요. 백씨의 병읍 3백 호를 빼앗았는데, 백씨는 곤궁하여 거친 밥을 먹으며 살다 죽었지만, 관중을 원망하지 않았습니다."

或問子産 子曰 惠人也 問子西 曰 彼哉彼哉 問管仲 曰 人也 奪伯氏騈邑三百 飯
흑 문 자 산  자 왈  혜 인 야  문 자 서  왈  피 재 피 재  문 관 중  왈  인 야  탈 백 씨 병 읍 삼 백  반

疏食沒齒無怨言
소 사 몰 치 무 원 언

관중에 대한 공자의 평가는 이중적이다. 팔일편 22장에서는 그릇이 작고

검소하지도 않고 예(禮)도 모르는 사람으로 혹평한다.

그러나 이 편에서는 세 장(章)에 걸쳐 그의 정치가로서의 업적을 높게 평가한다. 공자의 인(仁)에 대한 생각을 엿보게 하는 장면이다. 생명력을 신장시키는 것이 인(仁)의 핵심이다. 수신(修身)을 하는 것은 그 개인의 본원적 생명력을 신장시키는 일이고, 치국(治國)평천하(平天下)는 많은 사람들의 생명력을 신장시키는 일이다. 좋은 정치를 높게 평가하는 이유다.

백씨는 백규라는 제나라의 대부로 병읍의 영주였다. 당시 제나라의 재상 관중(管仲)은 제 환공(齊桓公)의 명령에 따라 병읍을 백규에게서 빼앗아 다른 사람에게 넘겨주었는데, 일반적으로 이러한 상황에서 자신의 재산과 권리를 빼앗긴 사람은 강한 불만을 가지거나 원한을 품기 마련이지만, 백규는 관중을 전혀 원망하지 않았고, 오히려 관중이 나라를 위해 훌륭한 정치를 펼치고 있다고 칭찬하며 개인의 손해보다 공익을 더 중요시했다는 일화(逸話)다.

구체적인 이야기가 없어서 잘 모르겠지만, 아마도 백씨는 자신이 빼앗길 만하다는 무언가 잘못에 대해 인정하는 마음과 관중의 정치에 대한 신뢰가 함께 작용했을 것이라고 짐작된다.

백씨의 인품이 더 훌륭할지 모르지만, 여기서는 그보다 백씨로 하여금 원망하는 마음을 내지 않게 한 관중의 정치에 대한 찬탄을 말하고 있는 것으로 보인다. 특히 이 일화는 이해관계가 상충될 수밖에 없는 세상에서 어떻게 하면 바람직한 방법으로 제도를 개선하고 개혁할 수 있을까에 대해 진지한 화두를 던져주고 있다고 생각한다.

자신에게 또는 자기 집단에게 불리한 개혁을 원망 없이 수용할 수는 없을까? 이것은 사회 진보와 인간 진화의 가장 핵심적 과제라고 생각한다. 아무리 해도 원망을 하는 사람들은 있겠지만 그 원망을 줄이고 개혁을 소기의 목적대로 달성하기 위해서는 어떤 것이 가장 중요할까. 개혁 주체의 공평무사(公平無私)함과 그것을 끝까지 설득할 수 있는 의지라고 생각한다. 공포와 힘에 의해 개혁을 성공시키는 것은 어렵고, 설령 그것이 일시적으로 성공한다 해도 지속되기 힘들다는 것을 그간의 역사가 증명하고 있는 것이다.

11

공자 말하기를, "가난하면서 원망하지 않기는 어렵고, 부자이면서 교만하지 않기는 쉽다."

子曰 貧而無怨難 富而無驕易
자왈 빈이무원난 부이무교이

- 가난하지만 마음이 넉넉하고, 부유해질수록 교만해지는 사람도 많은데요.
- 물론 그런 경우도 있어요. 하지만 일반적으로는 공자의 지적이 맞는 것 같은데요?
- 부유하면서 교만한 사람은 사실 마음은 가난한 것이라고 생각해요. 80평 아파트에 사는 사람이 50평 아파트와 출입문을 함께 못 쓰겠다고 하는 말을 듣고 놀랐는데요. 측은한 생각이 들더라고요.
- 그 사람들은 우리가 측은할걸요?
- 천민자본주의는 물질만 풍부하지 마음은 곤궁한 사람들을 양산하는 것

같아요.
- 그러나 전체적으로는 물질이 풍족해지면 사람들의 성정이 원망이나 분노는 줄어들고, 다른 사람을 배려하는 마음이 커지지 않나요. 옛말에도 '쌀독에서 인심 난다.'는 말도 있고, 항산(恒産)이라야 항심(恒心)이라는 말도 있거든요.
- 여기서는 빈이무원(貧而無怨)이라는 말을 썼지만, 다른 곳에서는 빈이무첨(貧而無諂)이라는 말을 하는데, 원망과 아첨(비굴함)은 서로 다른 것 같지만, 그 뿌리가 같다고 볼 수 있습니다.
- 상대적으로 빈이무원(貧而無怨)보다는 부이무교(富而無驕)가 쉽다는 것이지 실제로 부이무교(富而無驕)도 어렵지요. 그래서 자공이 공자에게 빈이무첨(貧而無諂)과 부이무교(富而無驕) 정도면 훌륭한 인격이 아니냐고 묻는 장면이 나오지요. 그에 대한 대답이 공자가 제시하는 인간의 이상을 잘 표현하고 있지요. 빈이락(貧而樂)과 부이호례(富而好禮)지요.
- 물질적 조건이나 사회적 환경과 관계없이 정신이 풍부한 뛰어난 사람들도 있지요. 그러나 보편적으로는 물질적 조건이나 사회적 환경이 그 사람의 정신에 미치는 영향이 크다고 생각합니다. 공자는 의식의 진화를 이런 점에서 보았습니다.
- 사람이 군자(君子)의 길을 가려고 마음을 내는 것을 오직 마음먹기에만 달려 있다고 보지 않은 것이지요. 그의 인간과 사회에 대한 탐구는 특출한 사람이 아니라 보통의 사람들을 상정(想定)하고 있지요.
- 그것은 대단히 중요한 관점이라고 생각해요. 지금의 물신숭배의 사회풍조에 실망해서 극단적으로 정신 위주의 삶을 주장하는 것은 비현실적이라고 생각해요.
- '자발적 가난'이라는 말도 있지만 그것은 '내핍(耐乏)'과는 다르다고 생각

해요. 소비나 소유 중심의 삶에서 존재를 풍요롭게 하는 삶으로 전환하자는 뜻으로 이해는 하지만, '가난'을 택한다는 것은 인간의 자연스런 성정(性情)에 반(反)하는 것이지요. 그래서 나는 '자발적 풍요'라는 말이 더 어울린다고 생각해요. 절대빈곤의 상태에서는 이런 말을 할 수 없겠지요. 빈곤에서 벗어나 물질이 풍부해진 사회에서는 '단순 소박한 삶의 풍요'를 권할 수 있다고 생각합니다.

- 나도 그렇게 생각합니다. 정신적으로 예술적으로 영적으로 삶의 가치에 눈뜨고 그것을 즐기게 되면 물질적 탐욕에서 자연스럽게 해방되는 진정한 풍요를 느끼게 됩니다. 사회 전체가 물질적 궁핍에서 해방될 때 바라볼 수 있는 새로운 문명의 특징 아닐까요?
- 요즘 생태계의 교란에 따른 기후 재앙에 직면하면서 새삼 간절하게 생각되는 것은 비관이나 절망이 아니라 큰 흐름에서 인류 역사가 그런 방향으로 가지 않겠느냐는 신심을 가지고 최선을 다하는 것 아닐까 생각합니다.

---

12

공자 말하기를, "맹공작은 조씨나 위씨의 가로(家老)가 되기에는 넉넉하지만, 등나라와 설나라의 대부가 되는 것은 불가하다."

子曰 孟公綽爲趙魏老則優 不可以爲滕薛大夫
자 왈 맹 공 작 위 조 위 노 즉 우 불 가 이 위 등 설 대 부 사람은 여러 가지 능력을 모두 갖출 수가 없다. 맹공작을 평한 공자의 말도 적재적소(適材適所)가 어떤 의미인지를 잘 보여주고 있다. 어진 사람이라고 해서 정치를 잘 할 수 있는 것은 아니다.

맹공작은 노나라의 맹손씨 집안 사람으로 어질다고 소문이 난 사람인데, 진(晋)나라의 세력가인 조와 위의 가로(家老)로서는 손색이 없겠지만, 등나라와 설나라 같이 매우 작지만 제후가 다스리는 나라의 대부로는 부적절하다는 인물평이다. 지위는 높지만 실권은 갖지 않는 가로(家老)는 맡기에 넉넉하지만, 작은 나라라도 실무를 책임지는 대부가 될 수는 없다는 것이다.

선의(善意)만 가지고는 복잡한 현실을 풀어나갈 수가 없다. 어질고 선하면서 정치도 잘 할 수 있다면 좋겠지만 그런 사람은 귀한 것이다. 오히려 인격은 좀 결함이 있어 보여도 권력을 가지고 실무를 처리하는 능력은 뛰어난 사람이 있다. 이런 사실을 공자는 누구보다 잘 알았던 것 같다. 관중에 대한 평가도 이런 점에서 이해할 수 있다.

그런데 막상 공자 스스로는 자신에 대해 어떤 평가를 했을까? 당시에도 공자를 비판하는 사람들이 많았다. 논어에도 여러 차례 언급된다. '그 안 될 줄 알면서도 헛되이 애쓰는 자' 같은 평가는 공자의 이상주의를 이해하지 못하는 사람들의 비웃음일 수도 있지만, 현실의 권력정치를 직접 담당하기에는 그의 인품이 맞지 않았다고 하는 말일 수도 있다.

공자 스스로는 현실 정치를 하고 싶었겠지만, 그가 권력을 위임받아 정치를 담당했더라면 과연 유능했을까를 생각하면 의문이다. 지금이라면 대통령 직을 수행하기에는 맞지 않을 것 같고, 국회의장이나 만일 그런 기관이 있다면 국가원로회의의 의장 정도가 맞을 것 같다.

스스로가 스스로를 아는 것은 자신의 인생행로에서 대단히 중요하고, 정치가 제대로 이루어지려면 적재적소(適材適所)의 인사(人事)가 핵심인 것은 동서(東西)고금(古今)이 마찬가지라고 생각한다. 권력욕이나 명예욕에 사로 잡혀 자신을 제대로 보지 못하ㅁ면 스스로도 불행해지지만, 그런 사람을 권력정치에 발탁하게 되면 무능하거나 부패하게 될 것이다. 요즘 흔히 보는 광경이다.

옛날에는 내성외왕(內聖外王)처럼 인격도 능력도 뛰어난 정치인을 그렸을지 몰라도, 오늘과 같은 민주주의 사회에서는 제도와 시스템으로 많은 부분을 해결하고 있다. 특출한 성인에 의해서 이루어지는 것이 아니라 보통의 사람들에 의해서 이상적인 정치가 이루어진다면 그것을 진보라고 할 수 있지 않을까. 물론 각각의 위치에 알맞은 인재가 배치되어야 하는 것은 예나 지금이나 마찬가지이고, 어떤 사람이 그 역할을 수행하느냐에 따라서 그 제도와 시스템의 성공 여부가 결정되는 것 또한 예나 지금이나 같다. 다만 나빠지는 것을 방지할 여러 장치들이 제도화되어 있다는 것이 나아진 것이다. 법치(法治)라던가, 견제와 균형 같은 것이 다 그런 장치라고 생각한다.

그러나 그런 것은 진정한 진보를 위한 필요조건이지 충분조건은 아니라고 생각한다. 결국은 인간의 의식이 보다 진화하는 것이야말로 이상사회를 위한 충분조건이 되는 것이다. '다른 사람을 침범하지 못하도록' 제도화하는 것은 필요하지만 그것만으로는 따뜻한 인정이 흐르는 사회로 되는 것은 아니다. 지금의 선진국의 예가 그것을 잘 보여준다. 사람들의 의식이 '서로 양보하고 싶어지는' 정도로 진화할 때 진정한 이상 사회가 실현될 수 있는 것이다. 지금의 물질적 사회적 조건을 인간의식의 진화가 이루어지는 방향으로 잘 활용하는 것이 우리 시대에 부과된 과제라고 보인다.

그런 점에서는 인간의 질적 진화를 바탕으로 그렸던 공자의 이상주의가 여전히 아니 지금이야말로 현실성을 가질 수 있다는 생각도 든다. 비록 복잡하고 혼탁한 세상으로 느껴지기도 하겠지만 그 속에서 역사의 진정한 흐름이나 인간의 진정한 진화를 볼 수 있어야 하지 않을까 생각된다.

- 사람마다 어울리는 위치나 일이 있는 것 같아요.
- 참모로서는 적당한데 지휘관으로는 부적절한 경우도 있고, 학자로서는 훌륭한데 실천가로서는 부적절한 사람도 있어요.
- 그래서 자기 분수에 안 맞는 일을 하다가 오히려 망치는 경우를 요즘도 많이 보잖아요.
- 내 자신이 그런 것을 많이 느껴요. 객관적으로 보면 능력이나 적성이 맞지 않는데 욕구가 있는 경우가 있거든요. 특히 권력의지 같은 것이 대표적인 것 같아요.
- 머릿속에 든 생각은 많은데, 실천력이 약한 경우도 그런 예가 아닐까요?
- '분수를 알라.'는 것은 머리에 든 생각이나 욕구를 따르지 말고, 자신의 능력이나 적성에 따라 살라는 말이라고 생각해요.

13

자로가 성인(成人)에 대해 묻자 공자 말하기를, "장무중의 지(知)와 맹공작의 무욕과 변장자의 용기와 염구의 예(藝)를 갖추고, 예(禮)와 악(樂)으로 꾸민다면 성인(成人)이라 할 수 있다."
덧붙여 말하기를, "오늘날의 성인은 어찌 그럴 필요까지 있겠는가?

이익을 보면 의를 생각하며, 위험을 보고 목숨을 바칠 줄 알며, 오랜 약속에 대하여 지난날의 말을 잊지 않는다면 또한 성인이라 할 수 있다."

子路問成人 子曰 若臧武仲之知 公綽之不欲 卞莊子之勇 冉求之藝 文之以禮樂
자로문성인 자왈 약장무중지지 공작지불욕 변장자지용 염구지예 문지이례악
亦可以爲成人矣 曰 今之成人者何必然 見利思義 見危授命 久要不忘平生之言
역 가 이 위 성 인 의 왈 금 지 성 인 자 하 필 연 견 리 사 의 견 위 수 명 구 요 불 망 평 생 지 언
亦可以爲成人矣
역 가 이 위 성 인 의

- 자로는 공자가 보기에 좀 엉뚱한 질문을 하는 경우가 있는 것 같아요. 보통은 군자(君子)나 인자(仁者)를 묻는데 여기서는 '성인(成人)'을 묻는군요. '완성된 사람' 또는 '사람의 완성'을 묻고 있군요.
- 그러다 보니 공자의 답변 또한 조금 엇나가는 듯합니다. 사람 이름을 거명하며 지혜, 불욕, 용기, 재주에 더하여 예악으로 꾸미기까지 해야 성인(成人)이 아니겠느냐고 말하니까, 아마 자로가 어안이 벙벙했겠지요. 그러니까 조금 달래듯 말을 덧붙이는 것 같습니다. 자로와의 대화에서 더러 이런 장면들이 나옵니다. 그렇게 해서 다소 완화된 다음 문장이 나옵니다.
- 그것도 사실 어렵지요. 그러나 견리사의(見利思義)나 견위수명(見危授命)이나 오랜 약속을 지키는 신의 같은 것은 자로에게는 해볼 만한 목표로 다가오겠지요.
- 요즘은 '이익을 보면 의를 생각하는' 사람보다는 사소한 이익에 목숨을 거는 사람들이 더 많아요. '영끌'이라는 말도 있잖아요.
- 자신의 이익을 위해서 행동하는 것을 비난해서는 안 된다고 생각하는데요.
- 물론 저도 그렇게 생각해요. 하지만 그 이익이 다른 사람을 해치는 경우

나 자신의 보다 큰 이익을 해치는 경우는 결국 스스로에게 손해로 돌아오는 것이지요. 견리사의(見利思義) 같은 말을 지나치게 당위적 관념으로 생각해서는 안 되겠지만, 정의에 부합할 때 진정한 이익으로 된다는 자각은 있어야 할 것 같습니다. 그래야 성숙한 인간이라고 할 수 있지 않을까요? 이 성숙한 인간을 성인(成人)이라고 할 수도 있겠네요.

■ 그런 인간상을 그리는 것이 인간으로서의 숭고함을 살리는 길이라는 생각이 드네요.

14

공자가 공명가에게 공숙문자에 대하여 묻기를, "정말입니까? 그 분은 말하지 않고 웃지 않고 재물을 취하지도 않는다는데."

공명가가 대답하기를, "알려드린 사람이 지나쳤습니다. 그는 때가 된 뒤에 말하는지라 사람들이 그의 말을 싫어하지 않습니다. 정말로 즐거워해야 할 때 웃으므로 사람들이 그의 웃음을 싫어하지 않습니다. 의로운 것을 안 뒤에야 취(取)하는지라 그의 취함을 싫어하지 않습니다."

공자 말하기를, "그런가요? 어찌 그럴 수가 있습니까?"

子問公叔文子於公明賈曰 信乎夫子 不言不笑不取乎 公明賈對曰 以告者過也 夫子 時然後言人不厭其言 樂然後笑人不厭其笑 義然後取人不厭其取 子曰 其然豈其然乎

- 공자가 감탄하는 인물이 있군요. 공숙문자는 위나라 대부로 '삼불(三不)'로 소문이 난 사람인데, 공자가 직접 만난 일은 없고 공명가라는 위나라 사람에게 물어본 장면 같습니다.
- 때가 되어 말한다는 것은 말이 앞서지 않고 과장되거나 허언이 아니며 필요한 때 말한다는 거지요. 요즘 정치한답시고 허언이나 과장된 말을 늘어놓는 사람들을 떠올리면 이 말의 의미가 실감이 갑니다.
- 사람들이 정말로 즐거워할 때 웃는다는 것도 그렇습니다. 사람들은 죽을 맛인데 자기들끼리 무슨 만찬이네 뭐네 하면서 희희낙락하는 모습을 보는 것이 얼마나 역겹습니까?
- 그것이 재물이건 권력이건 명예건 의로운 다음에 취하면 사람들이 인정하지요. 부정한 일을 하고 불의한 권력층을 위한 대가로 이루어지는 낙하산 인사(人事)들이 얼마나 사람의 공분(公憤)을 삽니까? 아마 공자 당시도 이런 일들이 비일비재(非一非再)했을 텐데, 그렇지 않은 인격을 듣고 공자가 감탄하고 있군요.
- 요즘 이 나라 정치를 보면 이른바 국민의 위임을 받은 자들의 행태가 막장 수준입니다. 그런데도 선거철이 되면 '누가 덜 나쁜가?' 하면서 그 나물에 그 밥을 선택하고 있지요. 이제 한탄만 할 일이 아니지요. 악화가 양화를 구축하는 이런 악순환을 끝낼 새로운 선택지를 적극적으로 만들어가야지요. 물극필반(物極必反)이라고 지금은 그런 때가 되었습니다.
- '삼불(三不)'이 아니라, 시언(時言), 낙소(樂笑), 의취(義取) 군요. 진정한 중용의 덕 같습니다.

## 15

공자 말하기를, "장무중이 방 땅의 후임을 노나라 임금에게 추천했는데, 비록 임금에게 강요하지 않았다고 말들 하지만, 나는 믿지 않는다."

子曰 臧武仲以防求爲後於魯 雖曰不要君 吾不信也
자왈 장무중이방구위후어노 수왈불요군 오불신야

- 장무중은 13장에서 지혜로 거론한 인물인데, 여기서는 비난하고 있군요. 방(防) 땅은 장무중의 식읍인데, 장무중이 노(魯) 왕에게 죄를 얻어 귀양을 가게 되었는데, 이때 방 땅에 머물면서 자기 대신 방을 맡아줄 후임을 천거한 것이 비록 왕에게 강요하지는 않았다지만, 그것은 옳지 않다는 공자의 평가 같습니다.
- 그 지혜를 사욕을 위해 쓰고 있다는 비난이지요.
- 교묘하게 자신의 사욕을 감추는 이런 행태가 공자에게는 참을 수 없는 간지(奸智)로 보였겠지요. 지금도 이런 처신을 하는 이른바 '지혜로운 자'들이 얼마나 많습니까?

# 춘추오패

춘추오패(春秋五霸)는 중국 춘추시대(기원전 770년~기원전 476년)에 강력한 세력을 구축하여 천하의 패권을 잡은 다섯 명의 패자를 말합니다. 춘추시대는 주나라 왕실이 쇠퇴하고 각 제후국들이 세력을 키우면서 서로 경쟁하던 시기였으며, 이들 중 일부가 강력한 군사력과 외교력을 바탕으로 패권을 장악했습니다. 춘추오패의 구체적인 명단은 문헌마다 차이가 있지만, 일반적으로 아래 다섯 명이 가장 많이 언급됩니다.

1. 제환공(齊桓公) : 제나라의 군주로, 본명은 강소백(姜小白)입니다. 재상 관중(管仲)의 도움을 받아 제나라를 강국으로 키웠으며, 여러 차례 전쟁을 통해 다른 제후국들을 제압했습니다. 주나라 왕실을 보호하고 천하의 안정을 도모하며 "존왕양이(尊王攘夷)" 정책을 펼쳤습니다. 이는 주왕을 받들고 이민족을 물리친다는 의미입니다. 춘추오패 중 첫 번째 패자로 평가됩니다.

2. 진문공(晉文公) : 진나라의 군주로, 본명은 중이(重耳)입니다. 오랜 망명 생활 끝에 귀국하여 왕위에 올랐으며, 진나라를 강력한 군사 국가로 만들었습니다. 춘추 시대 중기에 여러 차례 군사적 성공을 거두며 패권을 장악했습니다. 제후국들의 안정을 위해 노력했고, 그의 외교적 능력도 뛰어났습니다.

3. 초장왕(楚莊王) : 초나라의 군주로, 본명은 훼(燬)입니다. 강력한 군사력과 지혜로운 외교로 초나라의 전성기를 이끌었으며, 한때 주나라 왕실을 위협할 정도로 세력을 키웠습니다. "삼년불비(三年不飛), 일비충천(一飛冲天)"이라는 일화로 유명하며, 이는 잠시 침묵하다가 한 번에 큰 성과를 이루었다는 의미입니다. 춘추오패 중 남방 국가의 패자로서 존재감을 드러냈습니다.

4. 오왕 합려(吳王 闔閭) : 오나라의 군주로, 본명은 합려(闔閭)입니다. 뛰어난 장수인 손무(孫武)를 기용하여 군사적 성과를 거두었고, 군사력 강화를 통해 패권을 쥐었

습니다. 그의 통치 아래 오나라는 초나라를 제압하고 강대국으로 성장했습니다.

5. 월왕 구천(越王 勾踐) : 월나라의 군주로, 본명은 구천(勾踐)입니다. 오나라에 패배한 후에도 복수를 위해 긴 인고의 시간을 견디며 힘을 길렀습니다. 이 과정에서 '와신상담(臥薪嘗膽)'이라는 고사성어가 유래했습니다. 결국 오나라를 멸망시키고 패권을 장악했습니다.

춘추오패는 주나라 왕실이 쇠퇴한 상황에서 각 제후국들이 서로 경쟁하는 과정에서 등장한 패권자들입니다. 이들은 강력한 군사력과 외교력으로 각자의 제후국을 발전시켰으며, 왕실을 지키고 천하의 안정을 추구하는데 기여했습니다. 하지만 이들은 단순히 군사력으로만 패권을 장악한 것이 아니라, 주나라 왕실의 권위를 존중하고 각국 간의 균형을 유지하는 등의 외교적 노력도 기울였습니다. 춘추오패는 이후 전국시대로 이어지는 제후국 간의 경쟁 구도의 중요한 서막을 연 인물들로 평가됩니다.

## 16

공자 말하기를, "진의 문공은 거짓이 있고 바르지 않았으나 제의 환공은 바르고 거짓이 없었다."

子曰 晉文公譎而不正 齊桓公正而不譎
자 왈 진 문 공 휼 이 부 정 제 환 공 정 이 불 휼

- 춘추오패의 대표적인 두 사람을 비교하고 있군요.
- 진문공에 대해서는 악평을 하고, 제환공을 높이고 있습니다. 두 나라 다 강대국을 이루었으나 그 과정에서 진문공은 무력을 사용했지만 제환공은 무력 사용을 자제하고 제후들의 패자가 된 점을 높이 평가했지요. 그 힘을 제환공의 정직함에 있다고 본 것이지요.
- 이 다음 장으로 이어지지만, 이 시대의 스타 정치인인 관중은 원래 제나라의 왕위 쟁탈 과정에서 제환공의 정적(政敵)이었지요. 포숙아(鮑叔牙)의 천거를 받아들여 재상을 맡긴 것이 제환공을 춘추오패 가운데 으뜸으로 만들었지요. 관중에 대한 평가로 이어지는 편집의 의도로 보입니다.

## 17

자로가 말하기를, "환공이 공자 규를 죽였을 때 소홀은 죽었으나 관중은 죽지 않았으니 관중은 인(仁)하지 못한 것이겠지요?"
공자 말하기를, "환공이 제후를 규합하는데 무력을 쓰지 않은 것은 관중의 공이니, 누가 그의 인(仁) 같겠는가."

子路曰 桓公殺公子糾 召忽死之 管仲不死 曰未仁乎 子曰 桓公九合諸侯不以兵
자로왈 환공살공자규 소홀사지 관중불사 왈미인호 자왈 환공구합제후불이병
車 管仲之力也 如其仁如其仁
거 관중지력야 여기인여기인

관중에 대한 공자의 평가는 공자의 인(仁)이나 이상(理想)을 이해하는데 하나의 지표(指標)로 된다. 공자규를 따라 죽지 않은 것이 의리가 아니라 하더라도 천하를 평정하고 백성을 편안하게 한 것이 더 큰 의리라고 보았다. 주군을 따라 죽은 소홀의 의리보다 높게 평가한 것이다. 그러나 결과가 좋기 때문에 관중의 행위가 정당화된다는 관점으로 보는 것은 공자의 사상과 실천을 옳게 이해한 것은 아니라고 본다.

중요한 것은 그런 정변의 시기에 왜 그런 선택을 하였는가 하는 심층의 동기라고 생각한다. 모시던 주군을 위해 순사(殉死)할 것인가, 아니면 살아서 세상 사람들의 안녕과 행복을 위해 자신이 할 수 있는 역할을 할 것인가를 선택해야 하는 절박한 순간에 직면하는 것이다. 자신이 살아남기 위해서 한 선택이라면 공자가 관중을 그토록 높게 평가하지는 않았을 것이다. 그 선택의 '진정성'을 높은 인(仁)이라고 하지 않았을까?

관중은 그 후의 자기 행동을 통해서 그가 왜 그런 선택을 했는지가 검증

되었다고 생각한다. 그 점에서는 관중은 행운아라고 할 수 있을 것 같다. 그 행운은 그와 다른 편에 섰던 '관포지교(管鮑之交)'로 유명한 포숙아(鮑叔牙)의 천거로 비롯되었는데, 단순한 행운이라기보다 이런 벗을 둘 수 있었던 그의 인품이 그가 훌륭한 정치를 할 수 있었던 능력의 바탕이라고 생각한다. 정적(政敵)을 받아들여 재상에 임명한 제환공의 인품도 그의 치적(治績)을 가능케 한 바탕이라고 할 수 있다.

오늘의 우리 정치를 보면서 정당 간의 연합정치는 어렵다 하더라도, 환공·관중·포숙아와 같은 인물(人物) 간(間) 합작을 그려볼 수는 없을까? 그런 인물들이 없는가?

## 18

자공이 말하기를, "관중은 인자(仁者)가 아니지 않습니까? 환공이 공자 규를 죽였는데 죽지 못하고 더욱이 돕기 까지 하였으니."

공자 말하기를, "관중이 환공을 도와서 제후들의 패자가 되게 하고 한번 천하를 바로 잡으니, 백성들은 지금도 그 혜택을 받고 있는 것이다. 관중이 없었다면 우리는 머리를 묶지 않고 옷깃을 외로 여몄을 것이다. 어찌 필부필부들이 조그만 신의를 위하여 스스로 목매어 죽어 개천에 뒹구는 것과 같겠느냐."

子貢曰 管仲非仁者與 桓公殺公子糾不能死又相之 子曰 管仲相桓公覇諸侯一匡
자공왈 관중비인자여 환공살공자규불능사우상지 자왈 관중상환공패제후일광
天下 民到于今受其賜 微管仲 吾其被髮左衽矣 豈若匹夫匹婦之爲諒也 自經於溝
천하 민도우금수기사 미관중 오기피발좌임의 기약필부필부지위양야 자경어구

**瀆而莫之知也**
독 이 막 지 지 야

- 자로에 이어 자공도 같은 질문을 하는군요. 공자가 관중을 비판했던 적도 있어서, 공자도 동의할 것이라고 생각하고 이런 질문을 하는 것 같은데, 공자는 다른 대답을 합니다.
- 아마 우리 근대사에서도 이렇게 물어볼 사람들이 있을 것 같습니다. 이승만, 김구, 김성수, 박정희, 노무현, 문재인 등에 대한 평가지요. 자기가 서 있는 입장이나 진영 논리에 따라 달라지기도 하지만, 역사의 진전에 따라 그 평가가 달라지기도 하지요.
- '공칠과삼(功七過三)' 같은 평가도 있고, 그 반대도 있겠지요. 무엇이 크고 무엇이 작은지도 알기 어렵고 또 변하지만, 무엇이 공(功)이고 무엇이 과(過)인지도 단정적으로 말하기 어렵지요.
- 공자는 아마 이런 대화들을 통해서 하나의 판별 기준만으로 사람을 평가하는 것에 대해서 제자들에게 그 다른 점을 보라고 좀 심하게 이야기하는 것 같습니다. 민(民)의 행복을 정치가를 평가할 때의 큰 기준으로 보아야 한다는 것을 강조하려 한 것 같군요.
- 춘추 시대의 상황에서 제후들 간의 세력 다툼과 그에 따른 병란으로 시달리는 백성들을 평안케 했다는 점을 높이 평가한 것이지요. 피발좌임(被髮左衽)은 오랑캐를 상징하는 말인데, 중화 중심주의의 표현이지요. 요즘 생각하면 공자의 기준이라는 것도 절대적인 것은 아니지요. 다만 그 속에서 말하려고 하는 뜻을 주목할 뿐이라고 생각합니다.
- 나에게는 그것이 관중을 옹호하는 그 시대적 판단보다는 어떤 인물에 대한 평가를 특정한 기준을 가지고 일면적으로 하지 말라는 것으로 읽힙니다.

- 사실 '작은 의리(諒)와 큰 대의(大義)' 식으로 나누는 것은 그동안의 역사를 통해 대단히 위험한 독재나 전제(專制)의 위험을 수반하는 것이지요.
- 역사를 통해서 아니 지금도 많은 사람들이 그런 선택 앞에서 고뇌하지요.
- 그 선택을 하는 사람의 심층의 동기가 그 판단 대상이 되겠지요. 제가 말하는 심층의 동기란 말로 표현되는 표층의 동기와는 다른 것이지요. 그런데 이것은 결국 그 사람의 행위와 삶 전반을 통해 검증되는 것이겠지요.
- 사람들은 자기를 합리화하기 위해 이런 식으로 생각하기도 쉬운 것 같아요. 어떻게 보면 자기 자신마저 속이는 것이지요.
- 너무 어려운 것 같은데요? 그런 선택의 기로에 서지 않기를 바라요. '나를 시험에 들지 말게 하옵소서!'
- 동감이에요. 그런 선택 앞에 내몰리지 않는 사회가 좋은 사회 아닌가요? 또 그런 방향으로 진보가 이루어져야 한다고 생각합니다.
- 과거사 정리 같은 것도 어떤 바탕에서 이루어지는 것이 좋을까 생각하게 하네요.
- 친일을 변호하려는 것은 아니지만 역사의 정의를 세우려고 할 때 우리가 서야 할 바탕의 깊이라고나 할까요. 인간과 역사에 대한 통찰과 인민(人民)에 대한 애정이 그 바탕이 되어야 하겠지요.
- 아마도 지금의 대북 정책 같은 것이 후세에 어떻게 평가될지 모르지요.
- 후세의 평가는 모르니까 지금의 '진정성'이 무엇인지 물을 수밖에 없는 것 같아요.
- 정치를 이야기할 때는 어떤 것이 선(善)인지 잘 모르겠다는 생각이 들 때가 많아요. 착한 의지를 가지고 있다 하더라도 통치에 실패하면 결과적

으로 대중에게는 더 큰 고통이 올 수 있거든요.
- '나쁜 정부도 없는 것보다는 낫다.'라는 말이 있잖아요.
- 난세에 가장 피해를 보는 것은 백성이지요. 난세를 평정하는데 무력을 쓰지 않고 할 수 있다면 그것은 큰 덕이라고 할 수 있겠지요.
- 우리가 통일을 하는데도 관중 같은 덕이 요구되는 것 같아요.
- 통일이란 단순한 물리적 통합이 아니라 새로운 사회, 새로운 국가를 이루는 것이라고 생각하는데, 그 과정에서 무력을 쓰지 않고 원한(怨恨)이 쌓이지 않는 것이 가장 중요할 것 같아요.
- 남북을 통털어서 통일을 위한 주체가 잘 준비되었으면 좋겠네요.
- 어떤 제도로 통일할 것인가도 중요하지만 새로운 통합력의 바탕은 큰 덕(德)이라고 생각해요. 상생과 화해를 할 수 있는 큰 의식의 바탕 위에 제도와 물질이 발전하는 그런 나라 세움이 그려져요.
- 지금은 아직 조건이 성숙하지 않았지만 때가 되면 그런 주체가 형성되리라고 믿어요.
- 지금은 무리한 통일보다는 남북 두 국가의 평화공존이 당면한 목표 같습니다. 남북통일에 앞서 한국 안의 오래된 내전(內戰)의 뿌리를 해소하는 것이 먼저지요.
- 지금의 내전 상황을 극복하는 데서 앞으로 통일을 이룰 수 있는 주체가 형성될 수 있다고 생각합니다.

## 19

공숙문자는 자신의 가신인 대부 선과 함께 공조(公朝)에 올랐다. 공자가 듣고 말하기를, "시호를 문이라고 할 만하구나."

公叔文子之臣大夫僎與文子同升諸公 子聞之曰 可以爲文矣
공 숙 문 자 지 신 대 부 선 여 문 자 동 승 제 공 자 문 지 왈 가 이 위 문 의

- 자신의 가신이었던 사람을 추천하여 자신과 같은 반열로 함께 일한다는 것은 그 시대의 신분 계급제 사회에서는 정말 드문 일이었을 거예요.
- 요즘도 마찬가지 아닌가요? 노무현 정부에 와서 서열파괴가 많이 이루어진 것은 대단한 진보라는 생각이 들어요.
- 그러나 아직도 문화로 자리 잡기까지는 시간이 필요할 것 같아요.
- 전근대적 상하 의식이 자리 잡고 있는 한 마음이 편하지는 않지요. 시스템이 먼저 나가는 것이 필요하다는 생각도 들지만 자연스럽게 되려면 문화로 자리 잡는 단계가지 나가야 할 것 같아요.
- 악평등이나 대등의식 같은 것도 사실은 낡은 상하 관념에 지배되는 현상이지요.
- 결국은 한 사회를 통합하는 문화가 달라져야 한다고 생각해요.

## 20

공자가 위나라 영공의 무도함을 말하자 계강자가, "그와 같이 하는데 어찌 군주의 자리를 잃지 않습니까?" 하고 물었다.
공자 말하기를, "중숙어는 외교를 맡고, 축타는 종묘를 맡아보고, 왕손가는 군사를 맡아보고 있소. 이와 같이 하는데 어찌 왕의 자리를 잃겠소?"

子言衛靈公之無道也 康子曰 夫如是奚而不喪 孔子曰 仲叔圉治賓客 祝鮀治宗廟
자언위영공지무도야 강자왈 부여시해이불상 공자왈 중숙어치빈객 축타치종묘
王孫賈治軍旅 夫如是奚其喪
왕손가치군려 부여시해기상

훌륭한 대신이 셋이 있어 나라가 망하지 않는다는 말이다. 시대는 달라도 지금의 한국을 돌아보게 하는 구절이다.

정치만 보면 곧 망해도 이상한 일이 아닐 정도의 난세다. 그러나 전기나 수돗물이 끊기는 일도 없고 매월 25일이면 어김없이 연금이 통장에 들어온다. 불경기가 심하지만, 연휴가 되면 여행에 나서는 자동차들로 고속도로가 꽉 차고 해외여행에 나서는 사람들로 공항이 활기에 넘친다.

이렇게 돌아가게 하는 힘을 그동안 만들어 왔다. 자랑스러운 일이다. 아직은 괜찮다. 그러나 곶감 빼어먹듯이 하다가는 언제 망할지 알 수 없다. 그런 불길한 수치들이 벌써 나오고 있다. 아직 연금이 정상으로 나오고 전기가 끊기는 일이 없을 때, 정치를 바로잡아야 한다. 절박하다.

## 21

공자 말하기를, "그 말하기를 부끄러워하지 않는다면 실천하기 어렵다."

子曰 其言之不怍 卽爲之也難
자 왈 기 언 지 부 작 즉 위 지 야 난

- 여기서도 부끄러움을 이야기했네요. 다른 곳에서는 치(恥)를 썼는데 여기서는 작(怍)을 썼군요.
- 호언장담이나 과장된 말을 부끄러워하지 않는 사람은 처음부터 실천할 의지가 없다는 말이지요.
- 요즘 나라를 어지럽히고 있는 정상배(政商輩)들의 모습입니다.

## 22

제나라의 진성자가 간공을 살해하였다. 공자 목욕하고 조정에 나아가 애공에게 고하여 말하기를, "진항이 그의 군주를 살해하였으니 토벌할 것을 청합니다."
공이 말하기를, "삼자에게 고해 보시오."
공자 말하기를, "나는 대부의 뒤를 따르는 사람이라 감히 고하지 않을 수 없었는데 임금께서는 그들 삼자에게 고하라 하시는구나."
그 뒤 삼자에게 고하였으나 안 된다고 하자, 공자 말하기를, "나는 대부의 뒤를 따르는 사람이라 감히 고하지 않을 수 없었다."

陳成子弑簡公 孔子沐浴而朝 告於哀公曰 陳恒弑其君請討之 公曰 告夫三子 孔
진 성 자 시 간 공   공 자 목 욕 이 조   고 어 애 공 왈   진 항 시 기 군 청 토 지   공 왈   고 부 삼 자   공
子曰 以吾從大夫之後 不敢不告也 君曰告夫三子者 之三子告不可 孔子曰 以吾
자 왈   이 오 종 대 부 지 후   불 감 불 고 야   군 왈 고 부 삼 자 자   지 삼 자 고 불 가   공 자 왈   이 오
從大夫之後 不敢不可也
종 대 부 지 후   불 감 불 가 야

- 진성자는 진항이라는 사람인데, 그가 자기 나라 임금인 간공을 죽였습니다. 뒷날 진성자의 후손인 전화(田和)가 제나라를 완전히 빼앗아 그 이후로는 제나라 왕의 성씨가 강(姜)씨에서 전(田)씨로 바뀌지요. 나라 이름은 그대로 제(齊)를 썼고요.
- 이때 공자는 70이 넘었지만, 신하가 왕을 죽이는 행위는 세상을 혼란에 빠트리는 행위로 보고 그대로 묵과할 수 없다고 판단하고 진항을 칠 것을 노나라의 애공에게 권유하는 장면입니다. 이때 노나라는 삼환(三桓) 즉 맹손, 숙손, 계손씨가 실권을 쥐고 있었고, 애공은 삼환에게 미루고 삼환은 거절하지요.
- 제나라는 군사적으로 노나라보다 훨씬 강력한 나라여서 공자도 사실상 불가능하다는 것을 알았을 텐데, 왜 그런 행동을 했을까요? 그것도 은퇴했지만, 한 때 관직에 있던 대부라는 신분을 들먹이며 국가 원로의 자격으로 목욕재계까지 하고 왕에게 고했을까요?
- 공자가 단지 자신의 명분을 남기려고 했을 것 같지 않고요. 아마도 노나라의 형편도 실권을 대부들이 쥐고 있어서 왕이나 그 삼자에게 일종의 경계를 하려고 한 것이 아니었을까 생각되는군요.
- 지금 생각하면 왕이 바뀌는 것이 무슨 대수인가 하는 생각이 들고, 한 세

기 후의 맹자만 하더라도 폭군이나 혼군이라면 왕을 갈아치울 수 있다는 역성혁명을 이야기하는데, 아마 공자는 자신이 생각하는 군주제의 질서가 평화에 가장 중요하다고 생각했던 것 같습니다. 안 될 줄 알면서도 그것을 왕과 삼환에게 명확하게 전달하고 싶었겠지요.

- 좀 구차하게 보이는군요. 이런 장면들이 더러 논어에 나옵니다. 안회의 아버지가 공자의 마차를 팔아 안회의 곽(槨)을 사달라는 요구를 거절 할 때도 대부를 운운하며 구차하게 말하는 장면이 있었지요.

## 23

자로가 임금 섬기는 일에 대하여 묻자 공자 말하기를, "속이지 말고, 임금이 싫어하더라도 직언으로 간하여라."

子路問事君 子曰 勿欺也而犯之
자 로 문 사 군 자 왈 물 기 야 이 범 지

- 간단명료하군요. 말은 쉽지만 어렵고, 시대를 넘어 참모나 보좌하는 자들이 최고지도자를 어떻게 섬겨야 하는지 그 핵심을 짚는 말이라고 생각합니다.
- 대통령제에서 대통령을 보좌하는 비서실이나 국무위원들이 어떤 태도를 가져야 정치가 제대로 이루어질지를 생각하게 됩니다. 특히 최고 권력자가 아집이 강하여 자기 말에 따르지 않는 사람을 배척할 때 그야말로 정치가 잘못되기 쉬운 것을 요즘 우리가 보고 있지 않습니까? 자로의

물음과 공자의 대답을 지금 들려주고 싶군요.
- 최고 권력자의 비위를 맞추는 데 급급한 사람들을 예전엔 간신(奸臣)이라고 불렀지요. 그들은 왕을 부추겨 결국 나라를 망치고 훗날 오명(汚名)을 남기지요.
- 간신(奸臣)을 주위에 모으는 것은 물론 통치자 자신이지요. 이때 '속이지 않고 직간하는 신하야말로 충신(忠臣)이지요. 요즘 그런 용기와 식견을 가진 충신보다는 간신이 많이 보입니다. 폭군(暴君)이나 혼군(昏君)이지요. 난세(亂世)를 만듭니다.

24

공자 말하기를, "군자는 위로 달하고, 소인은 아래로 달한다."
子曰 君子上達 小人下達
자 왈 군 자 상 달 소 인 하 달

사람이 동물로부터 진화한 것은 그 지능 때문이라고 할 수 있다. 그 지능에 의해 동물 일반과는 다른 특징을 갖게 되고, 지금의 문명을 이루게 된 것이다.

사람도 생명체가 일반적으로 갖고 있는 자기중심성을 갖는 것은 당연한 일이다. 생태계는 모든 단위가 자기중심성을 가지면서 상호 조화되어 있다. 자기 존속을 위한 조건들을 충족시키지 못하는 생명체는 사라진다. 능력이 모자라서 환경에 적응하지 못하는 경우도 있지만 능력은 뛰어나나 오히려 그 능력 때문에 환경을 파괴해서 사라지게 되는 경우도 있다. 아마도 공룡의 역사도 그렇지 않을까 추측한다.

그런데 지금 인간이 공룡의 전철을 밟는 것이 아닌지 우려하는 목소리가 높다. 공룡은 그 힘에 있어서 무적이었지만 오히려 그 때문에 생태계의 조화를 깨트려 스스로 멸망의 길을 갔지 않았을까? 이제 인간이 제2의 공룡이 될 것인가?

그런데 인간의 능력은 공룡의 그것과 다르다. 인간의 능력은 지능인 것이다. 이것은 동물계와는 질이 다른 인간계를 세상에 출현시키고, 생태계의 조화를 이루는데 우리가 알기에 지금까지 지구상에 출현하였던 어떤 생명체보다 비교가 안 되는 질(質)의 책임을 떠안게 된 것이다.

자기중심성을 가진 채 그 능력을 지나치게 발휘해서 주위와의 조화를 깨트리면 자신이 살고 있는 바탕이 허물어져 결국 스스로도 존속할 수 없게 된다. 암세포가 바로 그런 존재이다.

인간이 그 고도의 지능을 자기중심적으로 사용한 결과 기상이변을 비롯한 생태계의 교란을 가져오고, 환경과 자원 위기를 가져오고 있는 것이다. 사람 사이에서도 이 자기중심성과 그 고도한 능력의 결합은 핵전쟁에 의한 자멸의 가능성마저 열어 놓고 있는 것이다.

무수히 많은 문제가 보고되고 그에 대한 무수히 많은 해결책이 제시되고 있지만 그 해답은 인간 존재의 특성에 있다고 생각한다. 지금까지 거대한 문명을 일으키고, 또 반면에 인류 존속 그 자체의 위기를 일으키고 있는 그 바탕에는 인간의 지능이 있는 것이다. 바로 이 인간 지능의 사용 방향을 바꾸는 것이야말로 인류의 존속과 번영 그리고 자연계 안에서 인간의 역할을 제대로 수행하는 길이 될 것이다.

인간은 이 지능을 통해 자연을 이용하여 물질적 제약으로부터 인간을 해방하고, 스스로의 제도를 개혁하여 자유나 평등을 발전시켜 왔다. 그러나 지금에 와서 자연과의 모순이나 사회적, 국가적 갈등이 그 가공할 능력 때문에 엄청난 위험 앞에 자신을 세우고 있는 것이다.

그렇다고 이 인간의 능력을 뒤로 돌릴 수는 없는 것이다. 오히려 그 능력 즉 인간의 지능을 다른 방향으로 더 고도화하는 길이 있을 뿐이다. 그것은 지금까지 인간의 외부, 즉 자연과 사회를 변화시키는데 사용한 그 능력과 조화되도록 스스로를 변혁하는데 그 지능을 사용하지 않으면 안 되는 것이다.

이것 또한 인간의 특징 가운데 하나이다. 그것은 자기중심성을 넘어서는 의식의 변혁이다. 외부를 변혁하는 것이 물질개벽이라면 의식을 변혁하는 것이 정신개벽이다. 외부를 변화시키는 것보다 더 어려운 것은 사실이다. 수억 년 생명체의 역사가 이 자기중심성을 하나의 속성으로 유지해 왔기 때문이다. 이것으로부터 앞으로 나아가는 것은 하나의 우주적 비약이라고 해도 될 것이다.

인간의 출현 자체가 하나의 비약이었다면 그것은 궁극적으로 이 비약을 의미하는 것이다. 이미 그것을 실현한 사람들이 있다는 것이 인류의 희망이다. 과거 성현이라 알려진 분들은 모두 이 자기중심성으로부터 자신을 해방하고, 나아가 세계 인류를 그 근본적 질곡으로부터 벗어나게 하려고 하신 분들이다. 공자도 그중 한 분이다. 공자가 제시한 군자(君子)라는 인간상은 바로 이 자기중심성을 넘어선 인간의 전형이다.

인간이 그 지능을 어떤 방향으로 사용하느냐에 따라서 그가 어떤 방향으로 나아갈 것인지가 결정된다. 군자(君子)는 상달(上達)하고 소인(小人)은 하달(下達)한다는 이 구절은 그것을 잘 나타내고 있다고 생각한다. 군자는 자기중심성을 넘어서려는 지향을 뚜렷이 하는 사람이고, 소인은 자기중심성

속에 머무르려는 사람이다.

그런데 다른 동물의 자기중심성과는 다르게 인간의 뛰어난 지능 때문에 주위에 더 많은 피해를 주게 된다. 이것이 소인의 하달(下達)이다. 이 피해의 정도는 그 능력에 비례하는 것이다. 공자 당시보다도 지금의 폐해는 더 심각한 것이다. 이제는 인류 전체의 존속을 위협하는 수준까지 이르게 된 것이다.

군자의 상달(上達)은 인류 진화의 방향을 보여준다. 이제는 개인 차원이 아니라 인류가 소인으로부터 군자로 진화하지 않으면 그 자신의 존속마저 위협받게 되는 시대로 된 것이다. 공자를 비롯한 성인들이 제시한 길이 인류 보편의 현실적 과제로 되고 있다.

- 상달(上達)이란 결국 의식의 진보를 말하는 것 아닐까요?
- 진정한 자유를 깨달아 가는 과정이라고 할 수 있겠지요.
- 군자는 의(義)에 밝고, 소인은 이(利)에 밝다는 말과 상통하는 것 같아요.
- 의(義)니까 해야 한다는 것은 밝다는 것과는 다르다고 생각해요. 의(義)가 자유가 되는 것이 상달(上達) 아닐까요?
- 공자도 누누이 그 점을 말하고 있다고 생각해요. 절사(絶四)를 행했다는 것이 그것을 말하는 것이지요.
- 잇속을 밝히는데 귀신같다는 것이 하달(下達)이겠네요.
- 그런데 보통 사람의 경우 상달에 대한 욕구도 있지만, 하달에 대한 끌림도 있는 것 아닌가요?
- 그렇다고 생각해요. 상달에 대한 욕구가 더 강한지, 하달에 대한 끌림이 더 강한지가 다르겠지요.
- 많은 사람들이 아직 관념적으로는 상달(上達), 실제적으로는 하달(下達)

인 것 같네요.
- 너무 상달하려고 무리하게 노력하는 것도 정신 건강에 안 좋을 수 있어요.
- 하달에 대한 끌림을 잘 보는 것이 필요할 것 같네요. 비난하지 않고 자신의 실태를 잘 보는 것이 출발이 아닐까요? 부끄러움은 자연스레 나오는 것이지요.
- 어디까지나 자신의 자유와 행복을 위해서 상달(上達)하는 쪽으로 마음을 내는 것이 좋다고 자각하는 사람들이 늘어나는 것은 사실 아닌가요?
- 기후 재앙이나 핵전쟁의 위험이나 인공지능이 인간의 정체성에 던지는 위험 등 인류가 만나고 있는 현실은 엄혹합니다. 우리가 만들어갈 미래가 '디스토피아'냐 '유토피아'냐를 가르게 하는 것은 결국 인간의 숭고지향성이 자기중심성을 넘어서느냐에 달린 것 같습니다. 자기중심성을 더욱 심화시키는 것이 소인의 하달(下達)이고, 숭고지향성을 높이는 것이 군자의 상달(上達)이겠지요.
- 과거에는 상상할 수 없을 정도로 '고도화하는 인간의 능력'이 '변하지 않고 오히려 심화되는 자기중심성(이기주의, 각자도생)'과 만나면 그것은 멸종 아니면 디스토피아죠.
- 자신의 행복을 위해서도 스스로 숭고해져야 합니다. 물론 자각이 바탕이겠지요. 공자도 소인을 비난하거나 억제하려고 이런 말을 한 것은 아니라고 봅니다. 다만 그 현상을 이야기한 것이고, 선택은 각자의 자유의지에 맡기는 것이죠.
- 인간이 존속하여 우주 자연계에서의 위상을 살리기 위해서는 보편적으로 숭고해져야 하는 외길이라고 봅니다. 무슨 도덕 군자의 이야기가 아니에요.

- 이른바 '소인(小人)의 질서'가 그동안 물질적 번영과 민주주의를 발전시킨 측면이 있지요. 자본주의의 보편화와 개인 중심의 민주주의가 그것이죠. 그러나 앞으로는 '군자(君子)의 질서'로 발전해야만 인류는 존속이 가능하고, 자신의 존재 가치를 실현할 수 있을 것입니다.
- 뜻은 알겠지만, 군자(君子)니 소인(小人)이니 하는 말들은 과거의 낡은 이미지와 겹치니까 그 말을 다른 말로 바꿔 사용했으면 합니다.
- 동감입니다. 다만 인류의 정신적 자산의 하나인 공자의 '군자 소인론'이 제대로 이해되는 것은 필요하다고 생각합니다. 언젠가 다가올 아시아연방이나 더 나아가 세계연방을 바라볼 때 공통의 정신적 바탕인 여러 종교나 철학사상을 새로운 문명을 위한 귀중한 밑천으로 활용해야 할 테니까요.
- 우리가 하고 있는 논어 연찬도 그런 시도 중 하나라고 생각합니다.

## 25

공자 말하기를, "옛날의 배우는 사람은 위기지학(爲己之學)을 했는데, 요즘 배우는 사람은 위인지학(爲人之學)을 하는구나."

子曰 古之學者 爲己 今之學者 爲人
자왈 고지학자 위기 금지학자 위인

- 공자는 배우는 목표를 위기지학(爲己之學)에 두었지요. 앞 장에서 자기중심적인 소인의 하달(下達)을 이야기하다가 이번에는 '자기를 위한 학

문'을 이야기합니다. 이런 면을 제대로 이해하는 것이 공자 사상을 균형
감 있게 파악하는 것이라고 봅니다.

- 자신을 위한다는 것이 자신의 이익만을 도모한다는 말이 아니지요. 진
  정으로 자신을 위하는 것은 자신의 인격을 상달(上達)케 하는 것이라고
  본 것입니다. 그리고 이것이 바탕이 되지 않는 위인(爲人) 즉 남을 위한
  다는 것은 허위의식이라고 본 것이지요.

- 그런 위인(爲人)은 결국 학문이 출세의 도구로 되거나 남에게 과시하는
  것이 되기 쉽지요. 그래서 어떤 사람들은 논어에 나오는 공자의 뜻을 철
  저히 '위기지학'에 바탕을 두고 재해석하려 합니다. 그러다 보니까 좀 지
  나친 해석도 나오는 것 같아요.

- 수신제가치국평천하(修身齊家治國平天下)의 출발점이 수신(修身)이고 '위
  기지학'이야말로 그 근본이라는 것이죠.

- 이해는 되지만, 공자는 수신제가치국평천하(修身齊家治國平天下)라는 말
  을 직접 한 적이 없다고 들었습니다. 나는 그것을 순서라고 보기보다는
  같은 목표의 동시적 다원적 진행이라고 보고 싶습니다. 다소 부족하더
  라도 타자(他者)와 세상을 위하는 실천이 중요하지요. 그렇게 할 때 자신
  의 인격도 숙성되겠지요.

26

거백옥이 사자(使者)를 공자께 보내 왔다. 공자가 마주 앉아 물어보

기를, "그분께서는 무엇을 하고 계시오?" 사자가 대답하기를, "그분께서는 허물을 적게 하려고 애쓰나 아직 잘 안 된다고 하십니다." 사자가 물러가자 공자 말하기를, "참 훌륭한 사자로다."

遽伯玉使人於孔子 孔子與之坐而問焉曰 夫子何爲 對曰 夫子欲寡其過而不能也
거 백 옥 사 인 어 공 자 공 자 여 지 좌 이 문 언 왈 부 자 하 위 대 왈 부 자 욕 과 기 과 이 불 능 야

使者出 子曰 使乎使乎
사 자 출 자 왈 사 호 사 호

- 거백옥은 위나라 대부로 이름은 거원(蘧瑗)이지요. 공자가 유랑할 때 위나라에서는 거백옥의 집에 자주 머물렀고, 공자가 존경한 인물이었지요. 그가 사자(使者)를 보내 대화를 한 내용인데, 자기를 보낸 거백옥을 낮춰서 이야기한 것처럼 보이지만, 그 겸손함으로써 거백옥의 성실함과 현명함을 나타낸 셈이지요.
- 그 사자(使者)의 태도를 감탄하는 거군요. 이런 사자(使者)야말로 그를 보낸 사람을 빛나게 하는 것이지요. 공자는 이런 사람을 나라의 외교 사절로 써야 한다는 생각을 했지요. 제자들에게도 이런 역할을 하는 능력을 기르라고 강조해 왔지요.

27

공자 말하기를, "그 지위에 있지 않으면 그 정사를 도모하지 않을 것이다."

子曰 不在其位不謀其政
자 왈 부 재 기 위 불 모 기 정

- 태백편 14장의 구절이 다시 나옵니다. 아마 후편을 편집하면서 다음 장에 나오는 증자의 말을 집어넣기 위한 것이 아닌가 하는 생각이 듭니다.

## 28

증자가 말하기를, "군자는 생각이 그 지위에서 벗어나지 않는다."
曾子曰 君子思不出其位
증자왈 군자사불출기위

- 앞 장에 나온 공자의 말을 증자가 약간 바꿔서 말한 것 같군요. 증자가 논어에 많이 나오는 것을 미루어 증자의 제자들이 논어를 편집했을 것이라는 가능성은 제기되고 있지만, 명확한 증거는 없습니다. 다만 증자의 말이 공자의 뜻에 부합하는 것인가는 생각하게 됩니다.
- 앞의 문장들의 이어짐도 공자가 말한 '부재기위불모기정(不在其位不謀其政)'을 증자 나름으로 해석하는 것 같은데, '군자사불출기위(君子思不出其位)'는 지나치게 좁혀 버린 느낌이 들거든요. 전자는 그 주체적 책임을 강조한 것인데, 후자는 아예 사고를 지위에 한정해 버리는 감이 있거든요. 관직에 나가지 않거나 못한 사람은 정책이나 정치를 아예 생각을 안 하는 것이 군자(君子)라는 것은 공자의 뜻과는 너무 먼 것 같군요. 그리고 이런 사고법은 현대인들에게는 전혀 받아들일 수 없는 사고법이지요.
- 주권자로서의 지위는 국민 모두에게 있지요. 다만 정책이나 정치를 논할 때는 그 구체적인 지위에 있는 것 같은 책임을 느끼면서 임하라는 것

은 현대 민주주의에서도 통하는 말이지요.
- 통할 뿐만 아니라 민주시민의 덕목이어야 한다고 생각합니다. 주권재민(主權在民)이 책임재민(責任在民)과 통하는 것이 민주주의의 이상 아닐까요?

## 29

공자 말하기를, "군자는 자신의 말이 행동보다 지나침을 부끄럽게 여긴다."

子曰 君子 恥其言而過其行
자 왈 군 자 치 기 언 이 과 기 행

- 21장의 말과 맥락이 같은 말이지요. 말이 과장되는 것을 부끄러워하지 않는 것은 실천에 대한 진실한 의지가 처음부터 없는 것이지요. 특히 정치인들이 부끄러움을 모르면 그 사회나 나라가 병들게 되지요.
- 부끄러움은 강요해서 되는 것이 아닙니다. 그래서 부끄러움을 출발로 삼는 이야기를 공자는 많이 하는 것 같습니다. 후안무치(厚顔無恥)한 자들이 권력에 가까운 사회야말로 위험한 사회지요. 지금의 한국의 실태 같습니다. 부끄러움을 알고 스스로를 돌아보는 것이 능력이 아니라, 후안무치가 능력이 되는 사회라면 망해도 싼 사회지요.
- 보통 말이 앞서면 스스로 공허해지지 않나요?
- 그런데 그 공허조차 못 느끼는 사람도 많아요.

- 다만 말을 신중하게 하는 것이 소심(小心)에서 나오는 것은 좋은 것은 아니라고 봐요. 그것은 신중이라기보다는 자기 말에 대한 부정적 반응을 겁내는 것이지요. 자신이 틀릴 수도 있다는 것을 자각하는 사람이라면 오히려 자기 소신을 겸손하면서도 자유롭게 이야기할 수 있겠지요.

## 30

공자 말하기를, "군자의 도 세 가지 중에 나는 할 수 있는 것이 하나도 없구나. 인자는 근심하지 않고, 지자는 미혹되지 않고, 용자는 두려워하지 않는다." 자공이 듣고 말하기를, "선생님께서는 스스로 겸손하게 하신 말씀이다."

子曰 君子道者三 我無能焉 仁者不憂 知者不惑 勇者不懼 子貢曰 夫子自道也
자 왈 군 자 도 자 삼 아 무 능 언 인 자 불 우 지 자 불 혹 용 자 불 구 자 공 왈 부 자 자 도 야

- 인자불우(仁者不憂), 지자불혹(知者不惑), 용자불구(勇者不懼)는 자한편 28장에 나왔지요. 이 장에서는 공자가 자기는 그것을 제대로 하는 것이 없다고 말하고 있군요.
- 자공은 스승의 말을 겸손으로 돌리죠. 자공에게는 스승이 그 세 가지를 이룬 사람으로 보였겠지요.
- 나는 이 고백이 공자의 진심이라고 생각합니다. 미숙함에 대한 자각이야말로 앞으로 나아가게 하는 진정한 힘이 아닐까요? 공자의 바로 이런 점이 공자의 위대함이라고 생각합니다.

- 거기에 덧붙여 공자가 군자와 소인을 구분하는 것은 사람을 그런 식으로 고정적으로 나누는 것이 아니라, 인간이 지향해야 할 목표를 제시하는 것뿐이라는 것을 스스로의 미숙을 고백함으로서 말하고 있다고 생각합니다. 군자 소인의 이분법을 고정적으로 받아들이는 사람들이나 비판하는 사람들이 이 말을 진지하게 생각했으면 합니다.
- 세상은 어떻든 오불관하는 식의 무사태평은 철저한 이기주의지요.
- 지자가 못되면서도 흔들리지 않는 사람도 있어요.
- 똥고집이지요. 크게 미혹되고 있는 상태지요.
- 용자불구(勇者不懼)도 두려워하지 않는다는 것이 무엇에 대하여서인지를 제대로 알아야 한다고 생각해요. 술이편 10장에서 자로의 용(勇)을 비판하는 공자의 말을 한 번 더 새겨보고 싶군요; "맨주먹으로 호랑이를 때려잡고 맨발로 강을 건너다가 죽는 일이 있어도 후회가 없는 사람과는 함께 하지 않을 것이다. 일에 임하여는 반드시 두려워하고 계획을 잘 세워 성사시키는 사람과 함께 할 것이다.(暴虎馮河死而無悔者吾不與也 必也臨事而懼好謀而成者也)."

## 31

자공이 남을 비교 평가하기를 좋아하니 공자 말하기를, "사는 현명하기도 하구나. 나는 그럴 여가가 없는데."

子貢方人 子曰 賜也賢乎哉 夫我則不暇
자공방인 자왈 사야현호재 부아즉불가

- 공자가 자공을 한방 먹이고 있군요. 가끔 가까운 제자들을 이런 식으로 가르치지요.
- 비교 평가할 시간에 먼저 자신을 닦으라는 이야기죠.
- 비교하거나 평가하지 말라는 말은 아니라고 생각해요. 그 순서를 말하는 것이지요. '인자(仁者)라야 사람을 좋아할 수도 있고 미워할 수도 있다.'라는 말을 통해서도 알 수 있듯이 먼저 스스로가 인자가 되기를 노력하라는 말로 들립니다.
- 비교 평가하는 마음속에는 대체로 '인정받고 싶어 하는 자아'가 강한 경우가 많지요. 승부욕이나 호승심(好勝心) 같은 것이지요.

## 32

공자 말하기를, "남이 나를 알아주지 않는 것을 근심하지 말고, 내가 그 능력이 없음을 근심할 것이다."

子曰 不患人之不己知 患其不能也
자 왈 불 환 인 지 불 기 지 환 기 불 능 야

- 논어 첫 편 첫 장부터 여러 편에 걸쳐 4회나 나오는 말입니다. 위기지학(爲己之學)을 기회 있을 때마다 강조합니다. 그만큼 중요하다는 것이죠.
- 앞 장에서 자공을 나무라는 것도 이 말을 전하기 위한 편집인 것 같습니다.

## 33

공자 말하기를, "속일 것이라 미리 경계하지 않고, 남이 믿지 않을 것이라 미리 억측하지 않으면서, 그러나 역시 미리 깨닫는 사람이 현명한 사람이겠지."

子曰 不逆詐 不憶不信 抑亦先覺者是賢乎
자 왈 불 역 사 불 억 불 신 억 역 선 각 자 시 현 호

- 의심암귀(疑心暗鬼)라는 말이 있어요. 자꾸 의심을 하다 보면 안 좋은 쪽만 보여서 자기 자신이 제일 괴롭게 되는 것을 말하는 것이지요.
- 하도 속이는 것이 많은 세상이라 속지 않을지 경계를 하게 돼요. 한두 번 속은 경험이 쌓이다 보면 더 심해지는 것 같아요. 집을 지으면서 제일 힘든 일 가운데 하나가 '혹시 속지 않을까?' 하는 생각이 들 때예요.
- 콩을 살 때도 마찬가지에요. 속을 때 속더라도 일단 믿는 것이 마음 편해요.
- 남이 나를 믿지 않을 것이라고 억측하는 것도 남이 속일 것이라고 경계하는 마음과 같은 것 아닐까요?
- 속지 않으려고 사람을 의심하는 것은 안 좋지만, 그래도 속이려고 하는 것을 미리 알아채는 것이 현명하지 않겠느냐고 공자가 말하고 있군요. 그 두 가지가 구분되는 것이 현명함이겠지요. 그런데 참 어려운 경지 같아요.
- 서로 경계하고 의심하는 사회를 변화시키는 길은 우선 내가 먼저 속이지 않고, 상대를 믿어주는 것이라고 생각해요. 그렇게 되면 상대도 자신

속의 진실이 눈을 뜨지 않을까요?
- 지나치게 낙관적 아닌가요? 한 번 속이면 자꾸 더 속이려는 사람이 얼마나 많은데요.
- 그런 사람과는 자연히 거리를 둘 수밖에 없지요. 그래도 사람을 의심하지 않고 대하는 습관을 몸에 붙이는 것이 더 행복한 것 같아요.

## 34

미생묘가 공자에게 말하기를, "구는 어찌하여 그리도 분주하게 서성이는가? 말재주로 남의 마음을 사려는 것인가?"

공자 말하기를, "구변으로 남의 마음을 사보겠다는 것은 감히 생각지도 않습니다. 다만 완고하게 고집함을 싫어하는 것뿐입니다."

微生畝謂孔子曰 丘何爲是栖栖者與 無乃爲佞乎 孔子曰 非敢爲佞也 疾固也
미생묘위공자왈 구하위시서서자여 무내위녕호 공자왈 비감위녕야 질고야

공자를 구(丘)라고 부르는 것으로 보아 미생묘는 아마도 공자보다 나이가 많고 사람들로부터 존경을 받는 은자(隱者)일 것으로 짐작된다.

공자가 여러 나라를 유랑하면서 그의 이상을 펼칠 수 있는 제후를 만나려고 노력하는 것을 사람들, 특히 은자(隱者)류의 사람들은 비판하거나 조롱하였다. 논어에는 그런 비판이나 조롱에 대하여 공자가 대응하는 장면들이 여러 차례 나온다. 이 장도 그중 하나로 보인다.

사람들의 눈에는 무언가 권력을 탐하여 얼씬거리는 초라한 모습으로 보

제14편 헌문(憲問) | 731

이기도 하고, '안 될 줄 알면서 헛되이 노력하는' 몽상가로 보이기도 했지만, 공자 스스로는 위정자나 정치를 꿈꾸는 사람들(제자들)이 세상의 오래된 완고 관념들, 특히 권력정치의 고루한 생각들에서 벗어나게 하려고 노력할 뿐이라는 심정을 밝힌 것이다.

새나 짐승과 같이 살 수 없는 인간으로서의 도리를 다하는 것이라는 답변도 은자 유(類)의 사람들에게 내놓는 답변 중 하나였다. '세상은 어쩔 수 없는 것'이라고 단정하거나 고정하지 않고 사람과 세상을 조금이라도 더 낫게 하려는 사상가, 실천가의 모습을 볼 수 있다.

자신과 생각이 다른 사람에 대해 포기하거나, 저 높은 곳에서 관조하는 듯한 태도를 보이기에는 공자의 세상과 사람에 대한 애정이 깊었다고 생각한다.

- 혼란한 세상을 벗어나 살고 있는 현자(賢者)나 은자(隱者)의 눈에는 공자의 모습이 딱해 보였던 모양이지요.
- 악착스럽게 현실 정치에 기웃거리는 사람으로도 보였겠지요.
- 어떤 동기에서 현실 정치에 참여하려는가 하는 것이 중요하겠지요. 그 개인의 권력의지에서인지 나라와 백성에 대한 애정에서인지가 관건이겠지요.
- 그것을 구분하는 것은 쉬운 일이 아닌 것 같아요.
- 공자가 다만 완고를 싫어함(疾固也)이라고 대답한 것이 가슴에 와 닿아요.
- 요즘도 얼마나 완고함이 많은지 모르겠어요. 고루하다고 번역을 하는데 그것도 맞는 말 같아요.
- 흔히 꼴통이라고 불러지는 것이 그런 것 아닐까요?

- 시대나 사회가 변했음에도 일본이나 미국에 반대하고 친북하는 것을 진보라고 완고하게 버티고 있는 모습도 고루하고요, 자신들의 이익을 위해 자유를 반공냉전의 울타리에 가두려는 수구 꼴통도 고루하고요.
- 그런 모습을 보노라면 다만 고루함을 싫어할 뿐이라는 공자가 생각나요.
- 자신의 생각이 절대적으로 옳다고 생각하는 확신자들은 스스로 고루하다, 완고하다고는 생각하지 않는 것 같아요.
- 나쁜 일이라는 것을 알면서도 어찌지 못하고 나쁜 일을 하는 사람보다 더 고루할 수 있지요. 그런 사람들은 떳떳하게 자기를 내세우지는 않거든요.
- 가장 경계해야 할 것은 이런 극단주의의 완고함이라고 생각해요. 근본주의를 표방하는 사람들에게 확증편향이 심하게 나타나지요. 단지 주관적 신념에 그치는 것이 아니라 배타적인 증오와 전쟁으로까지 나아가게 되지요.
- 공자는 그의 이상(理想)도 있지만, 그 이상 못지않게 중요하게 생각한 것은 이상 실현의 평화적 과정이었지요.

35

공자 말하기를, "천리마는 그 힘을 칭찬하는 것이 아니라, 그 덕을 칭찬하는 것이다."

子曰 驥不稱其力 稱其德也
자 왈 기 불 칭 기 력 칭 기 덕 야

- 힘(力)과 덕(德)을 대비하고 있군요. 힘보다는 덕을 우선하는 것은 공자 사상과 정치의 일관된 태도지요.
- 기(驥)는 하루 천리를 달리는 힘이 있다는 명마(名馬)를 말하는데, 천리마를 빗대어 인재(人才)를 말하는 것이지요. 인재의 뛰어남은 물론 그 능력도 포함하지만, 보다 중요한 것은 덕(德)이라는 것이지요.
- 타고난 능력보다 길러지는 덕(德)을 중시했다고도 말할 수 있지요. 능력은 그 사용하는 사람에 따라 좋게 발휘될 수도 나쁘게 사용될 수도 있으니까요. 특히 능력이 뛰어난 사람이 부덕하면 그 폐해가 훨씬 크지요.
- 지금의 문명이 부딪히는 문제도 핵심이 거기에 있다고 보입니다. 가공할 정도로 발전하는 행위능력에 비해 그 행위를 하는 사람들의 변함없는 자기중심적 이익추구가 만들어내는 여러 부정적 현상들이 위기로 나타나지요.

### 36

어떤 사람이 말하기를, "덕으로 원한을 갚는 것이 어떻습니까?"
공자 말하기를, "그렇게 하면 덕에는 무엇으로 갚겠소? 바르게 함으로서 원한을 갚고 덕으로써는 덕을 갚아야지요."

或曰 以德報怨何如 子曰 何以報德 以直報怨 以德報德
혹 왈　이 덕 보 원 하 여　자 왈　하 이 보 덕　이 직 보 원　이 덕 보 덕

보원이덕(報怨以德)은 노자 도덕경 63장에 나오는 말이다. 노자의 보원이

덕(報怨以德)과 공자의 이직보원(以直報怨)은 노자와 공자의 다름을 여러 측면에서 보여주는 말이다.

노자와 도덕경에 대해서는 여러 설(說) 등이 있다. 공자처럼 뚜렷한 사실들의 뒷받침이 없기 때문이다. 한 때는 노자가 공자보다 1세기 정도 후세의 사람이라는 설(說)이 꽤 설득력이 있었지만, 요즘 새로 발견된 자료들에 의해 같은 시대에 살았을 것으로 보고, 어떤 방식이든 교류가 있었을 것이라고 보는 것 같다. 구체적인 교류에 대해서는 이런저런 이야기들도 있고, 중국에서는 그 교류를 드라마 같은데서 극화(劇化)하기도 하지만, 구체적 교류의 사실 여부를 떠나 당시 중국을 대표하는 사상의 큰 조류가 있었고, 여기서 말하는 것처럼 어떤 사람(或者)이 공자에게 이것을 묻고 있는 것으로 보인다.

흔히 공자를 노자와 비교하여 그 다름을 이야기하는 경우가 많지만 나는 논어를 쭉 읽어 오면서 그 다름이 아니라 본질적으로 같음에 더 눈이 간다. 다만 현실을 보는 관점과 그 개혁을 위한 방법에 차이가 있지 않나 생각되지만 만일 지금 두 성현이 만나 이야기를 나눈다면 후세의 지지자들이 서로 비판하고 다름을 강조하는 것과는 다른 분위기일 것이라고 생각한다.

공자나 노자나 무아집의 바탕에 서는 사람들이라 아마도 대화에 막힘이 없었을 것이다. 보기에 따라서는 공자가 사회개혁에 더 적극적이라고 볼 수도 있지만, 노자가 더 혁명적이라고 볼 수도 있을 것이다. 또 보기에 따라서는 노자가 무위를 더 강조하는 것 같지만, 공자의 언행이 사실은 무위를 실천하는 것이라고 볼 수도 있는 것이다. 공자도 노자의 이상에 동조하면서도 세상의 구체적 실태에 눈을 돌리지 못하는 고뇌가 느껴지는 대목이 많다.

이 장의 대화도 공자와 노자의 현실 참여 방식이 다른 데서 기인하는 것으로 보인다. 공자는 구체적 정치를 통해서 그의 이상을 실현하려 한 사람이다. 노자가 언급한 화광동진(和光同塵)을 실제로 실천한 사람은 공자로 보인다. 구체적인 인간의 실태에 부응해야 실천 가능한 목표로 삼을 수 있는 것이다.

원한(怨恨)을 갚는 방식은 '이에는 이, 눈에는 눈'이라는 복수가 있다. 탈리오의 법칙이라고 알려져 있기도 한 '이원보원(以怨報怨)'이다. 그 맞은편에 성(聖)스러운 길이 있다.

금강경에 나오는 부처의 전생담(가리왕이 할절신체(割截身體)할 때 어떤 상(相)도 없었다)이나 성경에 나오는 예수의 '원수를 사랑하라.' 같은 방식이다. 노자의 보원이덕(報怨以德)도 같은 계열의 이야기다.

공자에게 그것은 현실에서 보편적으로 실현할 수 없는 방식이었다. 공자에게는 현실 정치를 통해서 실현할 수 있는 목표라야 의미 있는 것이었기 때문이다.

그것이 '이직보원(以直報怨)'이다. '이원보원(以怨報怨)'과 '이덕보원(以德報怨)'의 중용이다. '이덕보원(以德報怨)'은 인류가 지향해야 할 최고의 목표임에는 분명하다. 아마도 공자는 그것을 부정하지는 않았을 것이다. 나는 이 인편에 나오는 '구지어인의 무오야(苟志於仁矣 無惡也)'를 '진실로 인에 뜻을 둔다면 미워함이 없다.'로 해석한다. 현실 정치와 인간의 이상을 조화시키려 한 공자에게 이덕보원(以德報怨)은 아직 내세우기에는 적절한 목표가 아니었다.

나는 지금 이 나라가 일본 제국주의로부터 해방된 지 80년이 가깝고, 군사 독재에서 벗어난 지도 40년이 가까워지는데 아직도 역사 전쟁이 끊이지 않고, 특히 요즘 들어 거의 심리적 내전에 가까운 상태로 악화하고 있는 것을 심각한 위기로 보고 있다.

과거사의 원(怨)과 한(恨)을 푸는데, '이직보원(以直報怨)' 즉 현재를 바르게 함으로써 과거사의 매듭을 푸는 것이 맞는다고 본다. '이덕보덕(以德報德)'은 호혜(互惠, 有無相資) 사회나 협동 사회의 덕목으로 새로운 사회를 만들어가는 구체적 실천으로 이어질 수 있다고 생각한다.

## 37

공자 말하기를, "나를 알아주는 사람이 없구나."
자공이 말하기를, "어찌 선생님을 알 사람이 없겠습니까?"
"하늘을 원망하지 않고 남을 탓하지도 않으며, 아래로부터 배워 위로 통달하니 나를 알아주는 것은 저 하늘일 것이다."

子曰 莫我知也夫 子貢 曰 何爲其莫知子也 子曰 不怨天 不尤人 下學而上達 知我
자 왈 막 아 지 야 부  자 공 왈 하 위 기 막 지 자 야  자 왈 불 원 천  불 우 인  하 학 이 상 달  지 아
者 其天乎
자 기 천 호

- 인부지이불온불역군자호(人不知而不慍不亦君子乎)를 비롯해서 여러 차례 나를 알아주지 않는 것을 걱정하지 말라고 이야기하는 공자가 이 장에서는 한탄을 하고 있군요.
- 그것도 자공 앞에서. 어쩔 수 없는 인간으로서의 외로움이 느껴지기도 합니다.
- 풍찬노숙하면서도 잊어본 적이 없는 이상을 세상 사람들이 받아들이지 못하는 것에 대한 안타까움이기도 하지요.

- 하늘을 원망하지 않고 남을 탓하지도 않는(不怨天 不尤人) 경지는 대단한 것이지요. 그리고 하학이상달(下學而上達)도 당시의 고담준론이나 형이상학적 논의를 주로 하는 사람들과 다른 점이지요. 이런 선각자의 외로움이나 안타까움을 넘어서게 하는 것이 공자에게는 하늘(天)이었던 것 같습니다.
- 높은 뜻을 가지고 숨어 사는 사람들을 비난하지도 않고, 세상일에 연연하지 않고 유유자적(悠悠自適)하는 사람을 과감하다고 말하면서도, 자신은 '안 될 줄 알면서도 포기하지 않는' 사람으로 남는 것이죠.
- 공자가 많은 비판을 받아가면서도 일관되게 견지하려고 했던 이상은 결국 자기변혁과 세계변혁을 일치시키려는 것이었다고 생각합니다.
- 당시로서는 외로웠을 수밖에 없었겠지만, 바로 그런 점이 공자로 하여금 오랜 생명력을 갖게 한 것이겠지요.
- 하늘이 알아주는 것이죠. 언젠가 민심(民心)이 그 하늘의 마음이 될 것이라는 신념이 공자를 지탱하는 힘이 되었을 거예요.

38

공백료가 자로를 계손에게 참소하였다. 자복경백이 이 일을 공자께 고하여 말하기를, "계손은 확실히 백료의 참소에 자로를 의심하고 있는데, 나의 힘이 그 공백료를 저자나 조정의 광장에서 사형시킬 수 있습니다."

공자 말하기를, "도가 행해지는 것도 천명이요, 도가 폐해지는 것도 천명이니, 공백료 따위가 그 천명을 어찌 하겠는가?"

公伯寮愬子路於季孫 子服景伯以告曰 夫子固有惑志於公伯寮 吾力有能肆諸市
공 백 료 소 자 로 어 계 손　자 복 경 백 이 고 왈　부 자 고 유 혹 지 어 공 백 료　오 력 유 능 사 저 시
朝 子曰 道之將行也與命也 道之將廢也與命也 公伯寮其如命何
조　자 왈　도 지 장 행 야 여 명 야　도 지 장 폐 야 여 명 야　공 백 료 기 여 명 하

- 자로가 공자의 천거로 계씨의 총재를 한 적이 있었는데, 그때 이야기 같군요. 공자와 자로에게 우호적인 자복경백이라는 사람이 자신의 힘을 과시하면서 자로를 참소한 공백료를 죽일 수 있다고 하는 장면 같습니다.
- 그에 대해 공자가 넌지시 뿌리치는 이야기 같습니다.
- 여기서 도(道)는 구체적으로 공자가 자로를 통해 삼환(三桓)의 세력을 꺾으려 시도하다가 실패한 것을 두고 말한다는 해석도 있군요.

39

공자 말하기를, "현자는 세상을 피하고, 그다음 가는 사람은 땅을 피하고, 그다음 가는 사람은 낯빛을 피하고, 그다음 가는 사람은 말(言)을 피한다." "이것을 실천한 사람은 일곱이다."

子曰 賢者 辟世 其次 辟地 其次 辟色 其次 辟言 子曰 作者七人矣
자 왈　현 자　피 세　기 차　피 지　기 차　피 색　기 차　피 언　자 왈　작 자 칠 인 의

- 이 장은 공자의 말로 보이지 않네요. 당시 풍미하던 사상 조류 가운데

은자(隱者)류의 사고에 대한 공자의 수용적 태도를 나타내는 것 같기도 한데, 은자를 현자(賢者)로 보는 이야기군요. 그러나 공자는 그런 길을 가지 않겠다고 하지요.

- 뒷장에서는 이런 은자(隱者)들이 많이 나옵니다. 피세(辟世)를 현자의 으뜸으로 보는 것도 공자를 평한 한 은자의 말을 인용한 것 같기도 합니다.

- 피세는 유도(有道) 무도(無道)를 가리지 않고 인류세를 벗어나 자연 속에서 유유자적하는 삶을 가리키고, 피지는 그것이 안 되는 세상이라면 땅, 즉 마을이나 나라를 가려서 산다는 것이고, 피색(辟色)은 그것도 어려우면 낯빛을 가려서 사귀고, 그것마저 어려우면 피언 즉 말을 섞지 않는다는 뜻 같습니다. 공자의 이상이라기보다 당시 은자(隱者) 유의 사람들에게 유행하던 말을 소개한 것 같군요.

- 그렇게 사는 사람을 7인이라고 공자가 말한 것도 논어에서 언급되는 장저, 걸익, 의봉인, 접여, 석문의 문지기 등이라고 억지로 꿰맞추는 듯 해석기도 합니다.

- 그러다 보니 '작자칠인의(作者七人矣)'를 이 장에서 떼어내 다른 장(章)으로 보고, 술이부작(述而不作)이라는 공자의 말을 떠올려 창작을 한 사람을 7인이라고 보고 공자가 높이 평가한 요·순·우·탕·문·무·주공의 7인으로 해석하는 사람도 있는데, 전체 흐름으로 보아 무리한 해석 같고요. 어떻든 이 장(章)은 공자의 말을 빙자했지만, 은자(隱者) 유의 사고에 친화적인 사람들의 작품으로 보이네요.

## 40

자로가 석문 근처에서 묵게 되었는데 문지기가 말하기를, "어디에서 오시는 거요?" 자로가 대답하기를, "공씨 댁에서 옵니다."
문지기가 말하기를, "바로 그 안 될 줄 알면서도 행하는 자 말이오?"
子路宿於石門 晨門曰 奚自 子路曰 自孔氏 曰 是知其不可而爲之者與
자로숙어석문 신문왈 해자 자로왈 자공씨 왈 시지기불가이위지자여

- 바로 나오는군요. 앞 장에서 말한 현자의 한 사람이요, 이름도 안 밝히는 현자(賢者)군요.
- 당시는 이런 현자들 가운데 문지기를 했던 사람이 많은 것 같네요. 팔일편에 나오는 의봉인도 문지기지요. 좀 다른 이야기지만 노자에게 도덕경을 기술하게 부탁한 사람도 문지기라지요.
- 아마 세상을 피하지 못한 현자들이 택한 호구지책이 문지기였을 수도 있었겠지요. 역설적으로 많은 사람을 관찰하는 자리이기도 했겠네요. 요즘에는 아파트나 건물 관리인들 가운데 이런 현자들이 있을 것 같은데요?

# 41

공자가 위나라에 머물면서 경이란 악기를 연주할 때였다. 삼태기를 지고 공자의 집 문 앞을 지나던 사람이 말하기를, "마음이 담겨 있도다, 저 경을 치는 소리는." 조금 더 듣고 나서 말하기를, "비루하도다, 경 소리가. 자기를 몰라주면 그만두면 그 뿐인데. 깊으면 옷을 벗지 않고 건너고 얕으면 옷을 걷고 건넌다고 하였는데."
공자 전해 듣고 말하기를, "과감하기도 하다. 그 사람은 어려움이 없겠구나."

子擊磬於衛有荷蕢而過孔氏之門者曰 有心哉擊磬乎 旣而曰 鄙哉硜硜乎 莫己知
자격경어위유하궤이과공씨지문자왈 유심재격경호 기이왈 비재경경호 막기지
也斯已而已矣 深則厲淺則揭 子曰 果哉末之難矣
야사이이이의 심즉려천즉게 자왈 과재말지난의

- 고수(高手) 중 한 사람인 하궤자(荷蕢者)를 만나는 이야기군요. 공자가 경이라는 악기를 연주하는 것을 듣고, 처음에는 마음이 담겨 있다고 하다가 나중에는 공자가 일찍이 가장 경계했던 말, 즉 인정욕구에 사로잡히지 말라는 말을 공자에게 되돌려주며 비루(鄙陋)하다고 말하는군요.
- 그리고 경쇠 소리가 딱딱한 것을 시경에 나오는 '심즉려천즉게(深則厲則揭)'를 빗대어 공자의 유연하지 못함을 비판하는 이야기를 하는군요.
- 공자가 이 말을 듣고, 그 말에 동조하는 것 같이 말하는군요. 과감하다고 칭찬하는 말 같은데, 말지난의(末之難矣)를 어떻게 번역하는 것이 좋을지 모르겠네요.
- '그렇게 하는 것이 어렵지 않다.'라고는 하지 않았을 것 같아요. '그렇게

해서 세상이 좋아지면 얼마나 좋겠느냐. 하지만 지금은 그렇게 할 수가 없구나.' 하는 공자의 심경이 담긴 말이 아닐까요?
- 이 장도 나중에 노자나 은자 유(類)의 사고에 친화적인 제자들이 편집한 것처럼 보입니다.

## 42

자장이 말하기를, "『서경』에 이르기를 '고종께서는 부왕의 삼년상 동안 말하지 않았다.' 했으니, 무슨 뜻입니까?" 공자께서 말씀하시기를, "어찌 고종뿐이겠느냐. 옛사람들은 다 그러하였으니, 임금이 돌아가시면 백관들은 각기 그 직책을 다하여, 3년 동안 총재(冢宰)의 지휘에 따랐다."

子張曰 書云高宗諒陰三年不言何謂也 子曰 何必高宗 古之人皆然 君薨 百官總己 以聽於冢宰三年
자 장 왈 서 운 고 종 양 음 삼 년 불 언 하 위 야 자 왈 하 필 고 종 고 지 인 개 연 군 훙 백 관 총 기 이 청 어 총 재 삼 년

- 서경은 주로 고대 중국의 상나라 역사를 기술한 역사서이고, 고종은 상나라 임금인 무정을 말한다는군요. 왕이 죽고 그 상중(喪中)에는 새 왕이 국정을 총리에게 맡기고 삼년상(三年喪)이라는 예(禮)에 집중했다는 이야기 같습니다.
- 왕이라도 예외가 아니었다는 것이죠. 인륜(人倫)의 대사(大事)인 효(孝)를 국정보다 앞세운 것이지요.

- 공자의 삼년상에 대한 집착은 양화편 21장의 재아(宰我)와의 대화에서도 나옵니다. 부모에 대한 깊은 효심을 상징하는 것으로 강조한 것 같은데, 이런 부분이 공자의 완고함처럼 느껴지는군요. 현대인의 감각으로는 이해하기 힘든 부분입니다. 효심이 그런 예절로 우러날 수 있을까요?
- 완고(頑固)를 가장 경계한 공자가 삼년상(三年喪)에 대해서는 누구보다 완고하군요. 시대의 한계라기보다는 공자의 완고함 같군요. 아마도 인륜(人倫)의 중심 가치로 고수하려는 것이었겠지만, 이런 완고함들이 유교의 폐단을 낳는 원인으로 작용했다고 보입니다.

43

공자 말하기를, "윗사람이 예를 좋아하면 백성을 부리기가 쉽다."

子曰 上好禮則民易使也
자 왈 상 호 례 즉 민 이 사 야

- 별로 듣기 좋은 말이 아니군요.
- 백성을 부린다(使)는 것이 비록 당시의 신분적 질서였다 하더라도, 예를 좋아함(好禮)을 통치기술로 여기는 듯한 발언이어서 거부감이 생깁니다.
- 후편의 문장들 가운데는 공자의 진의(眞意)보다는 편집자들의 자의(恣意)라고 보고 싶은 내용이 많이 있습니다.

## 44

자로가 군자에 대하여 물으니 공자 말하기를, "경(敬)으로써 자기를 닦는 사람이다." 자로가 "그렇게만 하면 됩니까?" "자기를 닦아 남을 편하게 하지." "그렇게만 하면 됩니까?" "자기를 닦아 백성을 편안케 하는 것이니, 그렇게 하기란 요순도 고심하던 것이다."

子路問君子 子曰 修己以敬 曰 如斯而已乎 曰 修己以安人 曰 如斯而已乎 曰 修己而安百姓 修己而安百姓堯舜其猶病諸
자로문군자 자왈 수기이경 왈 여사이이호 왈 수기이안인 왈 여사이이호 왈 수기이안백성 수기이안백성요순기유병저

- 자로와의 군자 문답이 재미있네요. 공자가 '경으로서 자기를 닦는 것'이라고 너무 평범하게 이야기하니까 '그것으로 족합니까?'라고 묻지요. 그래서 '수기(修己)'가 '안인(安人)'으로, 재차 물으니까 '안백성(安百姓)'으로 이어지는 것을 말하지요.
- 자로가 그래도 뭔가 미심쩍어하는 것 같으니까, 성군(聖君)의 대표격인 요순을 들어 그들조차도 수기(修己)가 제대로 되지 않을 것을 가장 고심하였다는 이야기를 하는군요.
- 공자가 '위기지학(爲己之學)'을 강조하는 것은 배우는 것의 1차적 목적이 '수기(修己)'에 있음을 강조하는 것이지요. 그 바탕에서 위인(爲人)으로 이어지는 것이 순리라는 것이지요.
- 나중에 이것이 제자들이 '수신제가치국평천하(修身齊家治國平天下)'라는 말로 표현해서 세상에 많이 알려지게 되지요.
- 저는 예전에 이 말을 들으면 뭔가 거부감 같은 것이 많았습니다. 세상을

변혁해야 하는데 수신(修身)부터 하라니, 평생을 두고 해도 다 못할 수신에 매달린다면 언제 불의한 세상을 바꾸란 말이냐 하는 생각도 들었고, 심지어는 '지배계급의 암묵적인 음모'라는 식의 반감을 가졌었지요.

- 그것을 꼭 순차로 진행해야 할 순서 같은 것으로 이해하는 것은 옳지 않은 것 같아요. 수신이 완성되고 제가를, 제가가 완성되고 치국을, 치국이 완성되고 평천하를 하는 식은 아니라고 생각해요. 다만 자기변혁과 세계변혁이 어떻게 이루어져야 하는 것인가를 말하고 있다고 생각해요.

- 실제로 세상을 바꾼다고 새로운 제도를 성립시켜도 보았지만 그런 제도를 운영할 사람이 준비되어 있지 않으면 결국 실패할 수밖에 없었던 수많은 실패를 경험하면서, 인류 진보에 대한 좌절이 아니라 중요한 성찰의 계기로 보는 사람들에게는 수신제가치국평천하(修身齊家治國平天下)라는 말이 새롭게 다가오는 것 같습니다.

- 지금이야말로 자기 변혁과 세계 변혁이 둘이 아니라 하나라는 말이 구체적으로 다가오는 시대라는 생각이 들어요.

- 요순의 고민이 보통사람의 고민이 되는 시대라면 얼마나 좋겠어요. 그러나 현실은 암울하기만 하고 앞이 잘 안 보이는 난세입니다. 입으로는 평화를 외치면서도 실제로는 전쟁을 부추기는 자들이 세상을 움직이고 있지 않습니까? '세상의 평화를 원하면 먼저 자신이 평화가 돼라.'는 평화운동가들의 목소리가 외로워 보이는 현실이지요.

- 수기(修己)가 제대로 되지 않은, 아니 그 수준이 평균 이하인 자들이 권력을 쥐니까 그 주변에 이상한 사기꾼들이나 도사들이 꼬이지요. 유유상종(類類相從)이지요. 정치에 대한 환멸과 위기를 실감하게 됩니다.

- 이런 목불인견(目不忍見)의 실태들이 사람들의 보편적 각성을 불러일으키는 계기로 작용하기를 바랄 뿐입니다. 그렇게 되면 이상한 무리들의

발호(跋扈)가 역(逆)으로 역사에 기여할 수도 있겠지요. 전화위복(轉禍爲福)이 되기를 비는 심정입니다.

■ 사언절구(四言絶句)가 하나 떠오르네요. 이가제가(以假制假) 차도멸부(借刀滅腐) 가진진래(假盡眞來) 시호시호(時乎時乎).

## 45

원양이 비스듬히 걸터앉아서 공자를 기다리니 공자 말하기를, "어려서는 공손하지 못했고, 어른이 되어서는 칭찬 받을 것이 없으며, 늙어서는 죽지도 않으니, 이는 도둑이 아니냐."고 하며 지팡이로 그의 정강이를 두드렸다.

原壤夷俟 子曰 幼而不孫弟 長而無述焉 老而不死 是爲賊 以杖叩其脛
원 양 이 사  자 왈 유 이 불 손 제  장 이 무 술 언  노 이 불 사  시 위 적  이 장 고 기 경

■ 원양은 공자의 어린 시절부터의 벗인 것 같습니다. 공자를 만나는데도 비스듬히 걸터앉아서 기다리는 모습이며, 공자가 늙은 벗에게 허물없이 하는 말이며, 지팡이로 정강이를 치면서 아마 함께 앉을 자리를 마련하는 모습 등이 정겹게 다가옵니다.

■ 아마도 그런 오랜 벗과의 일화를 기록해 두고 싶었던 논어 편집자들의 의도가 짐작됩니다. 어려서부터 함께 보아 온 늙은 벗끼리 이런 허물없는 이야기를 주고받을 수 있다는 것도 드문 일이지요. 더구나 공자처럼 당대의 스승으로 추앙받는 사람이 별로 알려지지 않은 벗에게 이런 농

담을 하는 장면이 따뜻하게 느껴지는군요.
- 아마도 원양은 공자에게 '야, 이 허풍선이야! 네가 나를 가르쳐?'라고 했을 법도 한 장면이 그려집니다.
- 원양은 어머니가 돌아가셨을 때 춤추고 노래 부른 행위로 유명한데, 공자는 상상도 못할 행위지요. 이런 원양과 갈라서지 않고 위와 같은 농담을 주고받는 정을 늙어서까지 유지하는 것이 새삼 정겹네요. 내가 늙어서 그런지 몰라도 그런 벗이 있다는 것이 부럽네요.

46

궐당의 동자가 손님의 안내를 맡아 하고 있었는데 어떤 사람이 공자께 묻기를, "저 아이는 학업에 정진하는 아이입니까?" 공자 말하기를, "내가 보기로는 어른들의 자리에 끼어 앉고, 손윗사람들과 나란히 걸어가는 것을 보건대 학업에 정진하려는 아이가 아니고 빨리 뭔가를 이루고 싶어하는 아이입니다."

闕黨童子將命 或問之曰 益者與 子曰 吾見其居於位也 見其與先生並行也 非求益者也 欲速成者也
궐당동자장명 혹문지왈 익자여 자왈 오견기거어위야 견기여선생병행야 비구익자야 욕속성자야

- 궐당은 동네 이름이고, 이 동네에서 어른이나 스승의 명을 받아서 안내하는 역을 맡은 소년에 대해 어떤 사람과 공자가 대화를 나누는 에피소드군요.

- 그 소년의 행위를 보면서 공자가 평을 하는군요. 그 태도를 보니 차근차근 학업에 정진할 소년으로는 보이지 않고, 뭔가 빨리 성취하고 싶어하는 소년으로 보인다는 이야기죠. 아마 초중학교 선생이 아이들을 담임하면서 그 아이들의 성격이나 지향을 알 수 있는 것처럼, 조숙하고 빨리 성공하고 싶어 하는 반장 아이에게 느끼는 심정 아닐까 싶습니다.
- 굳이 이런 에피소드를 소개하는 것도 어린 아이 때부터 속성(速成)보다는 구익(求益)하는 태도를 갖추라고 깨우치려는 의도로 보입니다. 여기서 익(益)은 차근차근 하나하나 보태면서 학문에 정진하는 모습을 나타냅니다.

# 제15편

# 위령공(衛靈公)

―

"더불어 말할 만한 사람인데도 말을 나누지 않으면 사람을 잃고, 더불어 말할 수 없는데도 말을 하면 말을 잃는 것이 된다. 지자(知者)는 사람도 잃지 않고, 말도 잃지 않는다."

가여언이불여지언실인
可與言而不與之言失人
불가여언이여지언실언
不可與言而與之言失言
지자불실인역불실언
知者不失人亦不失言

# 1

위나라 영공이 공자에게 진법에 대해서 물으니 공자가 대답하기를, "예법에 대해서는 일찍이 들었으나 군대의 일은 배운 적이 없습니다." 하고, 다음날 떠났다. 진나라 경계에 들어섰을 때 양식이 떨어졌다. 따르던 사람 몇이 병이 나 일어나지 못했다.

자로가 화난 얼굴로 말했다. "군자도 또한 궁할 때가 있습니까?"

"군자도 당연히 궁한 때가 있지. 그런데 소인은 궁하면 넘친다."

衛靈公問陳於孔子 孔子對曰 俎豆之事則嘗聞之矣 軍旅之事未之學也 明日遂行
위 영 공 문 진 어 공 자  공 자 대 왈  조 두 지 사 즉 상 문 지 의  군 려 지 사 미 지 학 야  명 일 수 행
在陳絶糧從者病莫能興 子路慍見曰 君子亦有窮乎 子曰 君子固窮 小人窮斯濫矣
재 진 절 량 종 자 병 막 능 흥  자 로 온 견 왈  군 자 역 유 궁 호  자 왈  군 자 고 궁  소 인 궁 사 람 의

- 위령공과 얽힌 이야기가 논어에 많이 나오지요. 공자가 노나라를 떠나 유랑할 때 위나라 왕이 영공인데 그는 무도하고 무능했지요. 공자를 만나 질문하는 내용이 군대의 진법에 대한 것이었지요. 그래서 공자가 실망하여 바로 떠나는 이야기군요.

- 번지가 농사를 묻는 것과 비슷하지요. 공자에게 자신의 관심사를 묻는 것이지요.

- 자로는 위나라 사람으로 공자가 위나라에서 등용되기를 바랐지만, 공자는 자기의 뜻과는 너무 거리가 먼 영공을 보며 떠나기로 결정했고, 위나라를 떠나 초나라를 향하던 중 진나라에 접어들었는데 이때 진나라는 오나라의 침입을 받아 어지러웠고 공자 일행은 오해를 받아 군대에게 포위를 당하는 어려움에 처했습니다. 이때 자로와 공자의 대화입니다.

군자도 궁할 때가 있지만, 다만 그에 대응하는 태도가 소인과 다르다는 말로 자로의 태도를 돌아보게 하는 장면입니다.

- 비록 곤궁해도 '그 즐거움을 버리지 않는다(不改其樂).'고 안회를 칭찬하던 것과 대조적이지요.
- 어려움이 닥쳤을 때 갈팡질팡하며 넘치게 반응하는 것이 아니라, 처변불경(處變不驚)하는 태도를 이야기하는 것이죠.
- 자로와는 이런 식의 대화가 많지요. 그러면서 끝까지 함께 하는 사제지간이었지요.

## 2

공자 말하기를, "사(賜)야, 너는 내가 많이 배워서 그것을 기억하고 있는 사람이라고 알고 있느냐?"
대답하기를, "그렇습니다. 그렇지 않습니까?"
"그렇지 않다. 나는 하나로써 관철하고 있을 뿐이다."

子曰 賜也 女以予爲多學而識之者與 對曰 然非與 曰 非也 予一以貫之
자 왈 사 야 여 이 자 위 다 학 이 식 지 자 여 대 왈 연 비 여 왈 비 야 여 일 이 관 지

공자는 '일이관지(一以貫之)'라는 말을 두 번 이야기한다. 15편 2장과 4편 14장이다. 공자가 하나로써 관철하고 있다는 그 '하나'는 무엇일까? 그는 '인간의 길'에 대해서 이야기한다.

'하나'는 크게 보면 우주의 질서를 관철하고 있는 그 '하나'일 수도 있고,

천부경(天符經)의 첫 구절인 일시무시일(一始無始一)과 마지막 구절인 일종무종일(一終無終一)의 그 '하나'일 수도 있다. 지금은 그 어느 때보다 '인간'을 생각할 때인 것 같다. 인간의 질서가 혼탁해 보이고 난세(亂世)일수록, 큰 위기 앞에서 눈앞의 이익에 목매는 어리석음이 지배할수록 이 '하나'를 생각하게 된다. 공자의 말을 새기면서, 지금의 난국을 넘어서 인류가 존속하고 진화하는데 필요한 그 '하나'를 생각해 보았으면 한다.

이 장에서는 진정한 배움(學)이 무엇인지를 생각하게 한다. 학(學)은 단지 지식을 습득하여 그것을 기억하는 것이 아니다. 지식을 습득하는 것을 결코 경시하는 것은 아니지만 그것은 진정한 배움의 길 위에 있을 때라야 의미가 있다.

공자가 말하는 진정한 배움의 길이란 무엇일까? 그것은 진리를 끝까지 구명(究明)하는 것이다. 만일 어떤 지식이 내 안에 들어와 고정되어 버린다면 그것은 참된 것이 아니다. '이것이 진리이다.'라고 고정되는 순간 학(學)의 길에서 멀어져 버리는 것이다.

제9편 7장에서 '내가 아는 것이 있는가? 아는 것이 없다. 그러나 누가 나에게 물어 오면 아무런 고정 관념이 없이 이 끝과 저 끝을 끝까지 들추어 밝혀 보겠다.'고 한 것은 공자의 배움에 대한 태도를 잘 말해주고 있다.

'이것이 진리이다.'가 아니라 '무엇이 진리인가?'를 끝까지 탐구해 가는 것이다. 이 과정에서 그동안 선인들이 축적해 온 지혜를 배우는 것(溫故)은 중요하고 필요한 것이다.

그러나 학(學)의 목적을 잃어버린다면 그것은 단지 죽은 지식에 불과하게 된다. 때로는 대단한 완고(頑固)로 되어 진리를 향한 길에 큰 방해로 되고 만다. 이러한 완고와 완고의 부딪침이 얼마나 많은 대립과 분쟁, 때로는 피로써 피를 씻는 전쟁의 원인이 되어 왔던가?

제17편 8장에서 배우기를 좋아하지 않음(不好學)의 여섯 가지 폐단을 지적한 것은 학(學)이 무엇을 말하는지를 단적으로 보여주는 것이라고 생각한다. '인(仁)을 좋아한다면서 배우기를 좋아하지 않으면 그 폐단은 어리석음(愚)이요, 지(知)를 좋아한다면서 배우기를 좋아하지 않으면 그 폐단은 허황됨(蕩)이요, 신(信)을 좋아한다면서 배우기를 좋아하지 않으면 그 폐단은 의를 해침(賊)이요, 직(直)을 좋아한다면서 배우기를 좋아하지 않으면 그 폐단은 가혹함(絞)이요, 용(勇)을 좋아한다면서 배우기를 좋아하지 않으면 그 폐단은 난폭함(亂)이요, 강(剛)을 좋아한다면서 배우기를 좋아하지 않으면 그 폐단은 무모함(狂)이다.'

여기에서 배우기를 좋아한다는 것이 무엇인가를 잘 말해주고 있다고 생각한다. 공자가 '하나로써 관철하고 있다(一以貫之)'는 것은 바로 이러한 배움의 자세가 아닐까 생각한다.

요즘 여러 학자나 사상가의 사상이나 생각을 접하면서 공자의 '일이관지(一以貫之)'가 떠오르는 경우가 많다. 오늘도 유튜브로 어떤 학자(學者)의 이야기를 듣다가 문득 이 말이 떠올랐다.

학자나 이론가들이 빠지기 쉬운 함정이 자기 나름의 어떤 틀이나 기준으로 단순화하는 것이다. 사물과 이론들이 스스로 만든 틀 속에서 일목요연하게 보이는 느낌을 갖다 보면 그것이 마치 대단한 창조를 한 것으로 착각에 빠지기 쉽다.

이런 단순화는 사실(진실, 진리) 속으로 들어가는 것이 아니라, 자기 관념의 늪에 점점 깊이 빠지는 것이다. 특징은 단정(斷定)하고 정의(定義)하듯이 말하며 생각하는 것이다. 이런 태도는 공자의 일이관지(一以貫之)와는 인연이 없는 것이다.

내가 논어 속에서 이해하는 공자의 일이관지(一以貫之)는 '무지(無知)의 자각(自覺)을 바탕으로 끝까지 사실(진리)을 밝혀 가려는, 단정하지 않고 고정하지 않는 탐구심과 실천 의지'가 아닐까 생각한다. 스스로 어떤 단순화에 마음이 끌릴 때, 이 일이관지(一以貫之)를 떠올린다. 나는 어떤가?

또 다른 면에서 이 일이관지(一以貫之)를 생각해 볼 수도 있다고 생각한다. 목적, 방법, 마인드가 하나로 관철해야 참된 것이 될 수 있다는 말로도 들린다. 평화를 이야기하면서 폭력적인 방법이나 증오의 마인드를 넘어서지 못하면 그것은 참될 수가 없는 것이다. 상생을 이야기하면서 자기중심의 마인드를 넘어서지 못하면 참된 것이 될 수 없는 것이다. 협동 사회를 이야기하면서 이윤 동기를 넘어서는 새로운 동기(動機)가 익지 않으면 참된 것이 될 수 없는 것이다.

그동안 여러 가지 경험을 통해서 진정으로 자유롭고 행복한 삶, 그런 사회를 원하는 사람이라면 공자의 이 일이관지(一以貫之)가 새롭게 다가오는 것이다.

다음은 4편에서 이야기한 것이지만 독자의 편의를 위해 한 번 더 옮긴다.

> 공자 말하기를, "삼(參)아, 나의 도는 하나로 관철되어 있다."
> 증자가 말하기를, "예, 그렇습니다."
> 공자가 밖으로 나가자 공자의 제자들이 묻기를, "무슨 말씀이신지요?"
> 증자가 말하기를, "선생님의 도는 충(忠)과 서(恕)일 뿐입니다."

'선생님의 도(道)는 충(忠)과 서(恕)일 뿐이다.'라는 말에서 충(忠)과 서(恕)는 무엇일까? 여러 가지 견해가 있겠지만 감히 피력해 본다면 이런 뜻으로 이해할 수 있지 않을까. 충(忠)은 자기의 최고를 발현하는 것이다. 그 시점에서 자신의 최선을 다하는 것이다. 흔히 군주나 국가에 대해서 충(忠)이라는 말을 써 왔지만 그것은 한 측면일 뿐이다. 어떤 관계·어떤 사람·어떤 일에 있어서도 발현되는 것이라고 생각한다.

'자기의 최고를 발현하는 것'은 경쟁이나 대립에서 오는 것과는 전혀 다른 차원이라고 생각된다. 요즘은 경쟁을 통해야 자기의 최고를 발휘하게 된다는 생각이 지배적이지만 그것은 충의 본래 의미와 다르다. 충은 대상에 의해 좌우되는 태도라기보다 자기 내면의 절대적인 마음의 상태라고 생각한다.

서(恕)는 타자(他者)를 인정하고 받아들이는 것이다. 자기본위의 용서(容恕)도 아니고 타자에 동조하라는 것도 아니다. 확증편향에 의한 편가름과 적대적 대립이 나라와 사회의 발목을 잡고 있는 요즘 가장 중요한 덕목이라고 생각한다.

자신이 일을 잘하고 열심히 하는 사람들이 자기와 다른 사람을 잘 받아들이지 못하는 경우가 있어 충(忠)과 서(恕)가 서로 모순되지 않을까 생각할 수도 있지만 그것은 진정한 충(忠)이 아니다.

그 마음이 진실하다면 충(忠)과 서(恕)는 동전의 앞뒷면 같은 것이라고 생각한다. 충(忠)은 '자발성·전념·숭고·기쁨'이 충만한 마음의 상태다. 이런 마음일 때 다른 사람을 있는 그대로 받아들일(恕) 수 있는 마음이 넉넉해지지 않겠는가?

공자는 스스로 그 하나가 무엇인지를 이야기하지 않았다. 증자가 '충서(忠恕)'라고 말했을 뿐이다. 아마도 공자 자신도 그것을 무엇이라고 단어로 표현하기가 힘들었을 것이다. 나도 내가 논어에서 만난 공자를 내 식으로 말했을 뿐이다.

나는 공자보다 더 오래 살고 있다. 지난 80년을 돌아보며 스스로에게 묻게 된다. 당신에게 '일이관지(一以貫之)'가 있는가? 있다면 무엇인가? 있는 것 같다. 그런데 그것을 꼭 꼬집어 단어로 말하기는 어렵다.

'무슨 무슨 주의'로 표현되는 사상이나 이념을 말한다면 나는 여러 차례 바뀌었다. 일이관지(一以貫之)는 그런 것이 아니다. 여러 차례 수정하고 변경하는 선택을 하게 하는 '그 무엇'인 '하나(一)'가 있었다고 생각한다. 그것이 무엇일까? 나로 하여금 논어 연찬 작업을 하게 하는 배경도 내 자신의 그것을 찾아보고 싶어서일지 모르겠다.

사실은 누구나 일이관지(一以貫之)하는 그 무엇이 있다고 생각한다. 세파(世波)에 갈팡질팡하는 것도 같고, 수시로 입장과 견해를 바꾸어 조변석개(朝變夕改)하는 것 같아도 그렇게 선택하게 하는 '그 무엇'이 있다.

죽기 전에 한번쯤 '그 무엇'을 누구의 시선이나 외부의 압력에 관계없이 오로지 들여다보는 것은 어쩌면 마지막 순간에 올 수 있는 깨달음을 준비하는 일일지 모른다.

3

공자 말하기를, "유야, 덕을 아는 사람이 드물구나!"
子曰 由 知德者鮮矣
자 왈 유 지 덕 자 선 의

■ 편집자들이 어떤 배경이나 취지로 이렇게 뚝 잘라서 말을 했는지 모르겠네요. 이 편에서는 이런 식의 표현이 유독 많이 나오는군요.

- 여기서는 1장에 나오는 자로의 불평에 대해 자로를 깨우치는 말인 것 같기도 하고, 바로 앞 장(章)에서 일이관지(一以貫之)라는 이야기를 하고 금방 '이런 말을 알아듣는 사람이 얼마나 될까?' 하는 한탄 섞인 말도 같네요.
- 자로는 공자에게 제자이면서도 공자가 나이 차이가 많지 않아 마치 허물없는 벗이나 아우에게 대하듯 속마음을 털어놓는 것 같은 느낌이 들 때가 있어요.

4

공자 말하기를, "하는 일 없이 다스린 사람은 순(舜)이 아닐까? 그는 무엇을 했을까? 자기를 닦아 언제나 공경하는 마음으로 바르게 남면하고 앉았을 뿐이다."

子曰 無爲而治者 其舜也與 夫何爲哉 恭己正南面而已矣
자왈 무위이치자 기순야여 부하위재 공기정남면이이의

- 공자가 무위(無爲)라는 단어를 이야기하는 것은 이 장이 유일하지 않나 싶네요. 아마 편집자들이 노자의 사상과 접목하려 했을지도 모르겠네요. 공자는 덕치(德治)를 이야기했지만, 그 덕치(德治)의 최고 이상은 무위이치(無爲而治)지요.
- 군주정치의 최고 이상을 말하는 것이지요. '임금이 있는 줄을 모르는 상태가 태평성대(太平聖代)'라는 표현은 요순(堯舜)의 치(治)를 이야기할 때

나오지요.
- 실제로는 적재적소에 유능한 인재를 선거함으로써 통치를 했지요. 번지와의 대화에서도 소개하고 있지요. 그것을 가능하게 하는 것이 바로 공기(恭己)라는 것이지요. 수기(修己)안인(安人)의 결정판이지요.
- 어떤 사람은 영국의 명예혁명으로 이룩한 '왕은 군림하나 통치하지 않는다.'는 입헌군주제의 모델로까지 이야기하는 사람도 있어요. 영국은 의회가 그렇게 만들었지만, 고대 중국은 왕 스스로가 그렇게 한 점이 근본적인 차이라고 할 수 있지요.
- 미래 정치의 최고 이상도 '무위의 치' 아닐까요? 이상주의자들은 국가가 사라지는 꿈을 꾸지요. 마르크스도 이른바 과학의 이름으로 그런 꿈을 꾸었지만, 계급투쟁과 같은 과정에 이론적 실천적 무리가 있었지요. 보다 급진적인 아나키즘들도 논리나 방법에 비약이 있어요. 나는 국가는 그 자신의 진화를 통해서 점진적으로 소멸할 것이라고 생각합니다. 국가는 폭력이나 혁명에 의해서 없앨 수 있는 것이 아닙니다. 국가라는 강제 기구가 사라져도 세상이 잘 운영되는 의식(意識)의 진보가 바탕이 되어야겠지요.
- 꿈같은 이야기지만 그때까지 기다려줄지 모르겠네요. 지금의 위기들을 해결할 능력이 인류에게 있을지. 지금의 실태를 보면 멸종(滅種)이나 디스토피아를 향해 내달리는 것 같거든요.

## 5

자장이 행(行)에 대해 물으니 공자 말하기를, "말이 정성스럽고 믿음이 있으며 행동이 독실하고 공경스럽다면 비록 야만의 나라에 가서라도 행해질 수 있지만, 그렇지 못하면 자기 고향에서조차도 행할 수 있겠는가? 충(忠) 신(信) 독(篤) 경(敬) 네 자가 서 있을 때는 네 앞에 어른거리고 수레를 탈 때는 멍에에 걸려 있어야 한다. 그렇게 한 뒤라야 행할 수 있다."
자장이 이 말을 듣고 허리띠에 적었다.

子張問行 子曰 言忠信 行篤敬 雖蠻貊之邦行矣 言不忠信行不篤敬 雖州里行乎
자 장 문 행 자 왈 언 충 신 행 독 경 수 만 맥 지 방 행 의 언 불 충 신 행 불 독 경 수 주 리 행 호
哉 立則見其參於前也 在輿則見其倚於衡也 夫然後行 子張書諸紳
재 입 즉 견 기 참 어 전 야 재 여 즉 견 기 의 어 형 야 부 연 후 행 자 장 서 저 신

- 충신(忠信)과 독경(篤敬)이 언제나 머리에서 떠나지 않아야, 네 뜻하는 바를 이룰 수 있을 것이라는 말이네요. 그렇게 하려면 늘 네 눈앞에 있게 하라는.
- 같은 말이라도 말하는 사람의 권위가 그 말에 생명력을 갖게 하지요. 요즘도 얼마나 좋은 말들이 돌아다닙니까? 자주 듣는 말이겠지만, 자장은 이 네 글자를 마음에 새기려고 허리띠에 적는군요.

# 6

공자 말하기를, "곧구나, 사어는. 나라에 도가 있을 때도 화살처럼 곧더니, 나라에 도가 없을 때도 화살 같구나. 군자로구나, 거백옥은. 나라에 도가 있으면 나아가 벼슬하고, 나라에 도가 없으면 거두어 품는구나."

子曰 直哉史魚 邦有道如矢 邦無道如矢 君子哉蘧伯玉 邦有道則仕 邦無道則可
자왈 직재사어 방유도여시 방무도여시 군자재거백옥 방유도즉사 방무도즉가
卷而懷之
권이회지

- 사어는 위나라 대부인데, 기개가 높고 강직한 인물이었던 것 같습니다. 죽을 때 유언으로 빈소를 꾸미지 말고 자기 시체를 창 밑에 놓게 하여 무능한 군주인 위령공에게 현자를 추천하지 못한 죄를 스스로 물었다는 일화가 있지요.
- 사어의 곧음도 평가했지만, 거백옥의 태도를 군자라고 평가하는군요. 공자의 이런 태도에 대해서는 불의에 맞서지 못하는 문약(文弱)함을 느끼게도 되는데, 당시의 난세에서 허망한 죽음을 피하는 것도 군자의 덕목으로 본 것 같아요.
- 8장에서는 지사와 인자의 살신성인(殺身成仁)에 대해서도 이야기하거든요. 난세(亂世)의 처신에 대해 공자도 어떤 것이 중용의 길인지 현실 속에서 많이 고민한 흔적이 보입니다. 무모한 혁명의 길은 밟지 말라는 태도와 난(亂)을 유발하는 행위에 반대하는 평화주의를 기본 원칙으로 삼았던 것은 같습니다만.

■ 여러 평가가 엇갈리는 것 같습니다. 사실 우리도 지금 같은 난세(亂世)에 어떻게 행동하고 사는 것이 옳은지 고민이 많잖아요. 기개가 난세를 더욱 심화시킬 수도 있고, 방관이 자칫 불의를 조장하는 것이 될 수도 있고요.

■ 인자불우(仁者不憂) 지자불혹(知者不惑) 용자불구(勇者不懼)를 이 시대 상황에서 어떻게 조화시킬 수 있을까요?

---

7

공자 말하기를, "더불어 말할 만한 사람인데도 말을 나누지 않으면 사람을 잃고, 더불어 말할 수 없는데도 말을 하면 말을 잃는 것이 된다. 지자(知者)는 사람도 잃지 않고, 말도 잃지 않는다."

子曰 可與言而不與之言失人 不可與言而與之言失言 知者不失人亦不失言
자왈 가여언이불여지언실인 불가여언이여지언실언 지자불실인역불실언

요즘 나라의 정치를 보면 차마 눈뜨고 보기 힘든(目不忍見) 일이나 듣고 나서 귀를 씻고 싶은 지저분한 언행들이 백주대낮에 횡행한다. 부끄럽고 창피하다. 위기라고 생각하는 것은 그런 현상 자체가 아니라 난국(難局)을 극복할 보편적 합의와 그것을 실행할 주체가 안 보인다는 것이다. 기존의 정당과 정치문화로는 중층의 위기를 넘어설 수 없다. 낡은 진영논리와 정치문화, 그리고 현실과 괴리된 낡은 관념과 정서에서 벗어나 보편적 합의를 이끌어내고 실천하는 새로운 정당이 출현해야 한다.

제15편 위령공(衛靈公) | 763

갑자기 하늘에서 뚝 떨어지는 것이 아니다. 기왕에 존재하는 사상 이념들 그리고 사람들이 헤쳐모여 재구성하는 것이다. 창조적 재구성이다. 우선 말이 통하는 사람들이 만나야 한다. 양심적이고 합리적이며 현실적인 사람들은 말이 통하는 사람들이다. 이제 그들이 낡은 벽을 허물고 만나서 새로운 정당을 만들어야 한다. 좌(左)와 우(右)이 녹색이 만날 수 있고 만나야 한다. 만나지 않으면 공자는 사람을 잃는다(失人)고 했지만, 우리는 위기를 벗어나 새로운 세상으로 나아갈 기회를 놓친다.

여러 진영에서 나름의 이상(理想)을 실현하려고 노력하는 사람들이 기이한 퇴행적 편가름과 권력투쟁 속에서 말이 통하지 않는 사람들과 같은 배를 타고 있는 경우가 있다. 그들은 그 속에서 그들의 이상이 공허한 말장난이 되고 있는 것을 느낀다. 말(言)을 놓치고 있는 것이다. 빠져 나와서 자신의 말(理想)이 생명력을 갖게 해야 한다.

사람과 말을 잃지 않는, 적극적으로 사람과 말이 다 살려지는 새로운 공간을 만들어야 한다. 시대의 요구라고 생각한다. 지금까지 낡은 진영의 구심력은 도덕적으로나 담론에 있어서나 구심력을 상실하고 있다.

물실호기(勿失好機)다. 합리적이고 애국적인 정치인들과 지식인들에게 보내는 메시지다.

# 8

공자 말하기를, "지사(志士)와 인자(仁者)는 목숨을 살리려고 인을 해치는 일이 없으며, 자기 몸을 죽여 인을 이루는 경우는 있다."

子曰 志士仁人 無求生以害仁 有殺身以成仁
자왈 지사인인 무구생이해인 유살신이성인

- 술이편 9장의 안회와 자기 정도가 가능한 '용지즉행 사지즉장(用之則行 舍之則藏)'이라는 말이나 이 편 6장의 거백옥을 칭찬한 '방유도즉사 방무도즉가권이회지(邦有道則仕 邦無道則可卷而懷之)'와는 대비되는 구절이지요.
- 무도(無道)한 군주나 권력자는 사실상 인(仁)을 해치는 자인데, 그때 지사(志士)나 인자(仁者)는 어떻게 할 것인가에 대해 공자의 망설임이 있습니다. 살신성인(殺身成仁)을 이런 정치적 변혁 운동으로까지 확대하는 것에 대해서는 머뭇거림이 있는 것 같아요. 아마도 그의 평화노선과 충돌 지점이 있어 보입니다. 반란 등 폭력으로 군주를 제거하거나 갈아치우는 것을 살신성인으로 정당화하는 것의 위험성을 생각한 것 같아요. 실제로 난(亂)이 일어나면 가장 피해를 보는 것은 백성(百姓)이라는 인식이 큰 것 같습니다.
- 관중(管仲)을 소인이라고 비판하면서도 그의 정치적 행위를 인(仁)하다고 평가한 것도 그가 무력을 사용하지 않고 환공을 도와 개혁과 평화체제를 만들었기 때문이지요.
- 맹자에 이르러 역성(易姓) 혁명(革命)을 정당화하는 논리로 발전하지만, 공자의 사회개혁과 평화 사상이 그 시대적 배경 속에서 부딪친 윤리적·정치적 판단에 어려움이었을 것이라고 생각되는군요.
- 지금은 다른 형태로 그런 선택이랄까 고뇌가 이어지는 것 같습니다. 앞의 일이관지(一以貫之)라는 장(章)에서 이야기를 나누었지요. 이제는 그동안 정당화되었던 정의를 위한 폭력성에 대해 그것이 역사 속에서 어떤 부작용이나 모순을 낳았는지가 성찰의 대상이 되었지요. 아마도 그

런 과정이 역사 속에서 나선형 순환의 진보 같기도 합니다.
- '평화와 개혁을 위해서 폭력을 사용할 것인가?' 하는 문제는 성격을 달리 하면서 지금도 역사의 현장에서 물어지고 있습니다.
- 우리는 지난 박근혜 정권의 탄핵과 새 정부의 출범을 촛불 혁명이라고 부르지만, 실제로 그 결과는 혁명이라고 부르기에는 어울리지 않았지요. 다만 '혁명'이라고 한다면 정권교체의 과정이 비폭력 무혈(無血)이었다는 점이었겠지요. 그 결과로 탄생한 정권의 지리멸렬함 때문에 모처럼 거대한 혁명으로 발전할 수 있었던 기회를 놓친 것이 안타까울 뿐입니다. 만일 지지율 80%를 '연합정치를 통한 국정 개혁'의 동력으로 삼았다면 지금 우리가 겪고 있는 난세(亂世)를 만나지는 않았겠지요.
- 비폭력적인 시민의 힘으로 정권교체를 성공시킨 점은 살려져야 할 것 같습니다. 이제는 그 열매까지도 새로운 권력, 즉 시민 권력으로 성숙시키는 과정이 따라야겠지요. 그간의 역사가 남긴 과제로 보입니다.

9

자공이 인을 행함에 대해 물으니 공자 말하기를, "대장장이가 일을 잘하려면 먼저 그 연장을 날카롭게 해야 하는 것처럼, 먼저 이 나라에 사는 대부 가운데 현자를 섬기고, 사(士) 가운데 인자를 벗으로 사귈 것이다."

子貢問爲仁 子曰 工欲善其事 必先利其器 居是邦也 事其大夫之賢者 友其士之
자 공 문 위 인  자 왈  공 욕 선 기 사  필 선 리 기 기  거 시 방 야  사 기 대 부 지 현 자  우 기 사 지

## 仁者
### 인 자

- 너무 평범한 대답 같은데, 하기가 쉽지 않은 이야기군요. 특히 자신의 식견이나 재능에 자신감이 있는 사람이 빠지기 쉬운 함정을 잘 지적하고 있습니다.

- 투현(妬賢) 질능(嫉能)하기 쉬운 것이 보통이지요. 자기보다 나은 사람을 불편해하고 자기만 못한 사람을 편하게 여기는 것은 자기를 앞세우고 중심에 두려는 소아적 성품이지요. 그런 성품으로는 인(仁)을 행하기는 애초부터 힘들다는 이야기를 대장장이에 비유하고 있군요. 적절한 비유 같습니다.

- 그 시작이 현자(賢者)를 섬기고, 인자(仁者)와 벗하라는 것이지요. 특히 '섬긴다(事)'는 태도가 중요한 것 같아요.

- 나도 지난 생을 돌아볼 때, 특히 배우기를 시작한 소년시절부터 청년 시절에 누구에게서 영향을 제일 많이 받았는가를 돌아보면 특별히 떠오르는 사람이 없어요. 물론 학교 교육이나 선생님들에게서 영향을 받고, 역사적 인물들을 모델로 삼기는 한 것 같은데, 구체적으로 '사람에서 사람으로 이어지는 계승'은 잘 생각이 나지 않아요. 더구나 대학에 들어와서는 이념 서클이나 조직을 통해 필요한 지식이나 이념을 학습하다 보니 '사람'이 잘 안보여요. 아주 젊은 나이에 원불교에서 이른바 견성을 하셨던 불교사회주의자에 가까웠던 양정규 선생님을 20대 후반에 만나서 그 분에게 이심전심(以心傳心)으로 많은 영향을 받았던 것 같아요. 그리고 대부분 간접적인 영향을 받았는데, 주로 책을 통해서이지요.

- 일반화하기는 힘들겠지만, 산업화나 민주화 과정을 거치면서 지금 사회의 주류를 형성하고 있는 인물들이 대체로 인문적 소양을 갖출 문화적

토양이 부족했고, 특히 사람에서 사람으로 이어지는 인격의 전수(傳授) 같은 것이 부족했던 것 같습니다. 지금 나타나는 여러 난맥상들도 따지고 보면 그런 풍토에서 연유한 것이 많다고 생각합니다.
- 디지털 시대가 되면서, 더욱이 한국의 교육 실정으로 보아서 기능적인 인간들만 양산되는 것 같아 걱정입니다. 요즘 대학에서는 인문 철학 분야가 폐과되는 사례도 있고, 인기가 없어요. 공자 당시의 이런 이야기는 너무나 동떨어진 이야기지만, 그 본질은 정말 심각하게 생각할 문제 같아요. '사람'이 성숙하지 않는 사회야말로 위험 사회지요.
- 생애를 통해 일이관지(一以貫之)하는 것이 무엇인가를 생각하게 되요. 그것이 오직 '이익'이라면 얼마나 척박한 삶이겠어요.

## 10

안연이 나라를 경영하는 것에 대해 물으니 공자 말하기를, "하나라의 역법을 쓰고, 은나라의 수레를 타며, 주나라의 면류관을 쓰라. 음악은 소무가 좋다. 정나라의 음악은 버리고, 말 잘하는 사람은 멀리하라. 정나라의 음악은 음탕하고, 말 잘하는 아첨배는 위태롭다.

顔淵問爲邦 子曰 行夏之時 乘殷之輅 服周之冕 樂則韶舞 放鄭聲 遠佞人 鄭聲淫
안 연 문 위 방  자 왈  행 하 지 시  승 은 지 로  복 주 지 면  락 즉 소 무  방 정 성  원 녕 인  정 성 음
佞人殆
녕 인 태

- 논어 편집자는 질문과 질문자를 통해서 어떤 메시지를 전하려고 합니

다. 실제로 나라를 경영(爲邦)하는 일에 탁월한 능력을 지녔던 자공은 인을 행함(爲仁)을 물었고, 덕행(德行)이 뛰어난 안연은 나라 경영을 묻습니다. 일종의 교차(交叉) 질문을 통해서, 공자의 사상이 수기(修己)와 안인(安人)의 융합에 있음을 강조하려는 것 같습니다.

■ 그 말을 들으니 요즘 이 나라의 퇴행적인 좌우 대립을 보면서 떠오르는 생각이 있습니다. 평등을 강조하는 좌(左) 쪽에는 자유를, 자유를 강조하는 우(右) 쪽에는 평등을 질문함으로서 양자의 융합 포월(包越)을 향해 나아갈 수 있는 계기가 만들어질 수는 없을까요?

■ 앞 장의 질문에 대한 대답도 그렇지만, 공자의 대답이 단순하면서도 구체적이군요. 당시로서는 하(夏)나라의 역법, 은(殷)나라의 탈 것, 주(周)나라의 의복을 가장 훌륭한 것으로 보고, 하은주 삼대의 장점들을 계승하라고 하는군요. 특히 음악을 이야기하는 것은 그만큼 문화의 중요성을 인식한 것이지요. 구체적으로 순임금 시대의 음악과 춤인 소무(韶舞)를 권하고 음란한 정(鄭)나라의 음악을 배척하라고 하는군요.

■ 음악과 춤은 그 나라의 정신이나 정서를 가장 잘 나타내지요. 지금 이 나라의 노래와 춤이 한류(韓流)로 크게 세계적 유행을 타고 있는데, 공자라면 이 음악을 어떻게 평가했을지 모르겠습니다.

■ 특히 영인(佞人)을 경계하라는 말은 실감이 가네요. 지금 나라를 온통 뒤집어 놓고 있는 브로커 명모(明某)의 예가 생생하게 그 위험을 보여줍니다만, 혹세무민(惑世誣民)하는 이른바 논객이나 술사들의 말에 휘둘리지 않는 정치인이 정권을 담당해야 되겠지요.

■ 민주주의 제도에서는 결국 국민의 안목(眼目)이 높아져야 하겠지요.

## 11

공자 말하기를, "사람이 멀리 생각하지 않으면, 반드시 가까운 날에 근심이 생긴다."

子曰 人無遠慮 必有近憂
자 왈 인 무 원 려 필 유 근 우

- 눈앞의 이익에 급급하다 보면 반드시 후회할 일이 생기지요. 원모심려(遠謀深慮)라는 말이 있지요. 대부분 눈앞의 이익이나 근심 때문에 멀리 보지 못하는 경우가 많아요.
- 개인의 운명도 크게 좌우되지만, 나라의 정치나 경제를 책임지고 있는 사람들에게 특히 요구되는 덕성이지요.
- 나는 주식(株式) 투자는 하지 않아서 모르겠지만, 아마 이 분야에서는 많이들 연습하겠네요.

## 12

공자 말하기를, "아, 그만두어야겠구나. 나는 아직 호덕을 호색만큼 하는 사람을 보지 못하였다."

子曰 已矣乎 吾未見好德如好色者也
자 왈 이 의 호 오 미 견 호 덕 여 호 색 자 야

자한편 17장에 나오는 말입니다. 이의호(已矣乎)만 추가 되었군요.

## 13

공자 말하기를, "장문중은 그 자리를 도둑질한 자이다. 유하혜가 현자임을 알고도 추천하여 조정에 함께 서지 않았다."

子曰 臧文仲其竊位者與 知柳下惠之賢而不與立也
자왈 장문중기절위자여 지유하혜지현이불여립야

■ 장문중은 노나라의 대부로, 인사 실권을 가지고 있을 때 당시 현자로 알려진 유하혜를 천거하지 않은 것을 보고 하는 일 없이 녹만 축내는 도적이라고 말하고 있습니다.

## 14

공자 말하기를, "자신은 엄하게 책하고 남은 가볍게 책하면 원망이 멀어진다."

子曰 躬自厚而薄責於人 則遠怨矣
자왈 궁자후이박책어인 즉원원의

- 너무 당연한 이야기인데, 그것이 그렇게 어렵지요.
- 그 반대가 너무 많지요. 요즘은 '내로남불'이라는 말이 사전에 올라갔으니까요.
- 길게 보면 결국 자기에게 화가 돌아오지요. 요즘 많이 보고 있지 않나요.

## 15

공자 말하기를, "어떻게 할까? 어떻게 할까? 하고 말하지 않는 사람은 나도 어떻게 할 수 없다."

子曰 不曰如之何如之何者 吾末如之何也已矣
자 왈 불 왈 여 지 하 여 지 하 자 오 말 여 지 하 야 이 의

- 여지하(如之何)를 세 번 사용한 '개그'성 문장이네요. '하늘은 스스로 돕지 않는 자를 돕지 않는다.'는 말로도 들립니다.
- 술이편에 "분발하지 않으면 계발해주지 않고 표현하지 못해 애쓰지 않으면 알려주지 않으며(不憤不啓 不悱不發), 한 귀퉁이를 들어주었는데 스스로 남은 세 귀퉁이를 반증하지 못하면 다시 더 일러주지 않는다(舉一隅 不以三隅反則不復也)."와 통하는 말입니다.

## 16

공자 말하기를, "여럿이 하루를 보내면서 말이 의로운 것에 대해 미침(及)이 없고 자질구레한 꾀(小慧)나 좋아한다면, 어렵도다!"

子曰 羣居終日 言不及義 好行小慧 難矣哉
자왈 군거종일 언불급의 호행소혜 난의재

요즘 공자가 온다면 하루 종일 개그성 예능프로나 대화로 시간 때우며 즐기는 사람들을 보고 뭐라고 할까?

기이한 편가름 때문에 의(義)를 이야기했다가는 금방 싸늘해지는 분위기를 피하기 위한 큰 지혜(大慧)라는 것을 이해할까?

## 17

공자 말하기를, "군자는 의를 바탕으로 삼고 예로 실천하며 겸손한 태도로 세상에 임하고 신의로 이룬다. 이런 사람이 군자다."

子曰 君子 義以爲質 禮以行之 孫以出之 信以成之 君子哉
자왈 군자 의이위질 예이행지 손이출지 신이성지 군자재

■ 고구정녕(苦口叮嚀)이라는 말이 있지요. 입이 쓰도록 정성을 들여 간곡하게 말하는 것을 의미하지요. 공자는 인(仁)의(義)예(禮)지(知)신(信)을 고

구정녕으로 이야기했지요.
- 그 다섯 가지에 대한 해석의 다양함에도 불구하고 인간이 지향해야 할 가치를 잘 표현했다고 생각합니다.
- 여기서는 구체적으로 이 가치들이 어떻게 구체적으로 구현할지에 대한 언급이군요. 의(義)가 바탕(質)이고, 신(信)으로 이룬다(成)는 것을 강조하고 있군요.

18

공자 말하기를, "군자는 자신의 무능을 걱정하지 남이 나를 알아주지 않음을 걱정하지 않는다.

子曰 君子 病無能焉 不病人之不己知也
자왈 군자 병무능언 불병인지불기지야

걱정할 것은 안 하고 걱정해 봐야 아무 쓸모 없는 일을 걱정하는 것이 사람들의 병폐지요. 알면서도 잘 안 되니까, 그런 경계에 부딪칠 때마다 수행의 계기로 삼아야 할 것 같습니다.

좀 다른 이야기지만, 어제 산책을 하면서 페이스북에 남긴 이야기를 소개합니다.

아가페 정원. 원광대 식물원과 아가페 정원이 가까이 있어서 고맙고 행복하다. 아가페를 챗지피티에 물었다.

"아가페(Agape)는 조건 없는 사랑, 희생적인 사랑을 의미하는 그리스어입니다. 예를 들어, 예수 그리스도가 인류를 위해 자신을 희생한 사랑이 대표적인 아가페적 사랑으로 여겨집니다."

AI가 인간의 정체성을 침범할까 봐 걱정하지만, 걱정할 것 없다. AI는 설명은 하지만, 아가페를 느낄 수 없다. 인간의 정체성을 침범당할까 걱정하지 말고, 인간의 정체성을 상향하면 된다.

## 19

공자 말하기를, "군자는 죽은 후에도 이름이 알려지지 않는 것을 싫어한다."

子曰 君子 疾沒世而名不稱焉
자 왈 군 자 질 몰 세 이 명 불 칭 언

- 앞 장과 대비하여 다른 이야기 같군요.
- 인정욕구에 사로잡히는 것은 부자유한 삶이어서 그것에서 벗어나야 하지만, 자신의 삶 자체가 무의미한 것이 되는 것은 걱정한다는 것이지요.
- 그것을 구분하는 이야기 같군요. 죽어서 이름이 알려진다는 것은 그 삶이 객관적으로 인정받는다는 것을 의미하는 말이지요. 인정받고 싶어 하는 욕구와는 차원이 다르다고 보는 것 같습니다.
- 사실은 죽어서도 이름이 알려지지 않은, 훌륭하게 인생을 살다 간 사람들이 많지요. 공자 말의 취지는 알겠지만, 자칫하면 이것마저도 일종의

인정욕구의 허위의식으로 비쳐질 수도 있겠네요.

## 20

공자 말하기를, "군자는 자기에게 구하고, 소인은 남에게 구한다."
子曰 君子求諸己 小人求諸人
자왈 군자구저기 소인구저인

- 안연편 1장에 나오는 "인을 이룸이 나에게서 비롯되는 것이지 남에게서 비롯되는 것이겠느냐(爲仁由己而由人乎哉)?"는 말과 같은 의미죠.
- 군자는 자기 책임을 중시하고, 소인은 남의 탓을 많이 한다는 이야기인데, 어느 편이 주체적인 삶이고 자유로운 삶인가를 묻고 있다고 생각합니다. 18장에서 20장까지는 연결된 하나의 구절로 보아도 좋을 것 같습니다.

## 21

공자 말하기를, "군자는 당당하되 다투지 않으며, 여러 사람과 어울리면서도 패거리를 짓지 않는다."
子曰 君子 矜而不爭 群而不黨
자왈 군자 긍이부쟁 군이부당

군자는 자기중심성을 넘어선 인격에서 우러나는 당당함과 권위가 있다. 그는 대긍정의 입장에 서서 '누가 옳은가.'를 다투지 않고, '무엇이 옳은가.'를 연찬(研鑽)한다.

군자의 긍지는 아집에서 나오는 것이 아니다. 소인의 자존심은 아집에서 나온다. 그래서 아집과 아집이 만나면 다투게 된다. 아집이 없는 사람은 무골호인(無骨好人)으로 보일 수도 있겠지만 사실은 가장 당당하고 치열한 사람이다. 진리를 향해서 무타협(無妥協)인 것이다. 흔히 말하는 비타협(非妥協)과는 다른 세계라고 할 수 있다. '이것이 진리다.' '이것이 옳다.'라는 고정된 견해가 없이 '무엇이 진리인가.'를 끝까지 구명하려는 태도에는 타협하지 않는 것이 아니라 타협이 없는 것이다.

그렇다고 싸우는 것과는 전혀 다른 것이다. 나는 다투려 하지 않지만 상대가 다투려 하기 때문에 어쩔 수 없다는 말도 하지만, 비록 다투는 듯한 외형을 갖는 경우라 할지라도 이쪽의 마음은 다투는 심정에서 자유로울 수 있는 것이다.

실제로는 대단히 어려워서 말장난으로 들릴지 모르지만 옛 성현들이 사람들과 관계 맺는 모습이라고 생각한다. 어렵다는 것은 우리의 실태가 아집이 많은 인간이라는 것이지 그것이 불가능한 허황된 이야기는 아닌 것이다. 적어도 이런 인간상을 그려보는 것 자체가 인간으로 태어난 축복이 아닐까 생각한다.

군자는 폭넓은 사회성을 갖지만 대중추수주의(大衆追隨主義)나 포퓰리즘에 빠지지 않고, 편파적인 패거리를 짓지 않는다. 소인은 다른 사람과 잘 어울리지 못하거나 아니면 파당을 만든다. 끊임없이 자기 본위로 생각하고 그렇게 살기 때문에 어울리지 못하거나, 어울리면 편을 가르려고 한다. 지금은 같은 편이지만 상대편이 사라지면 같은 편 안에서 다시 편이 갈라진다. 이것이 소인의 특성이다. 작게는 개별적 삶에서 크게는 국가나 세계의 삶에 이르기까지 이런 삶이 반복되어 왔다. 끊임없이 편을 가르고 끊임없이 다투는 삶에서 벗어나고 싶은 것은 누구나 원하는 것이 아닐까?

그러면서도 실제로 자신은 그 길과는 반대로 가는 경우가 너무 많은 것이다. 다른 사람이나 조건이나 환경 탓을 하는 경우가 많고, 실제로 그런 면도 있어 왔지만 그런 상태에서 근본적으로 벗어나는 길이 무엇일까에 대해 공자의 이 말이 절실하게 다가온다.

- 보통의 경우는 자존심이 강한 사람이 남과 잘 부딪치는 것 같은데요?
- 자기주장이 뚜렷한 사람끼리 사이좋게 지내는 것이 어렵게 보여요.
- 양보하면 자존심이 상처를 받는 것이 되기 때문이지요.
- 참된 긍지는 호연지기 같은 것 아닐까요? 뭔가 소아에 사로잡혀 있으면 결국 자기가 작아져서 다른 사람을 받아들이지 못하는 것 같아요.
- 군이부당(群而不黨)은 사회생활의 귀감이 될 만한 말 같아요.
- 요즘 상생이라는 말이 큰 공감을 불러일으키고 있는데 이것이 구체적으로 실천되려면 사회운동이나 정치 운동 등에서 이 군이부당이 실천 과제가 되었으면 좋겠네요.
- 자기 이익을 중심으로 이합집산하는 요즘의 세태를 다시 돌아보게 되네요. 우선 내 안에 있는 그런 요소를 먼저 바라보아야 할 것 같아요.
- 서로 뜻이 맞는 사람끼리 무리를 이루는 것은 좋은 일이라고 생각해요. 자연스런 현상이기도 하고요.
- 그럼요. 백화난만(百花爛漫)한 화원에 여러 가지 꽃들의 군락이 서로 조화되는 그런 모습이 그려지잖아요, 그것이 군이부당 아닐까요?

## 22

공자 말하기를, "군자는 말만 가지고 그 사람을 천거하지 않으며, 사람 때문에 그 말을 버리지 않는다."

子曰 君子 不以言擧人 不以人廢言
자왈 군자 불이언거인 불이인폐언

- 말의 진실성은 공자가 누누이 언급하는 것이지요. 말 잘하는 사람을 경계하고 그런 사람에게 속지 말라는 이야기는 기회 있을 때마다 강조합니다.
- 그런데 비록 싫어하는 사람이라 하더라도 그때문에 그 사람의 '말'까지 버리지 말라는 이야기가 새롭네요.
- 말과 사람을 분리해서 보라는 것인데요. 바로 이런 태도가 연찬(研鑽) 태도거든요. '누가 옳은가.'를 다투지 않고, '무엇이 옳은가.'를 연찬하는 경우에 가장 중요한 태도입니다. 말한 사람과 그 말을 분리하는 것이 가장 중요한 태도지요. 연찬이 제대로 이루어진다는 것은 누가 말했느냐는 꼬리표가 떨어진 상태로 진행되는 것이지요.

## 23

자공이 묻기를, "한마디로써 종신토록 지켜 행할 만한 말이 있습니까?"

공자 말하기를, "그것은 서(恕)일 것이다. 내가 하기 싫은 일을 남에게 시키지 말 것이다."

子貢問曰 有一言而可以終身行之者乎 子曰 其恕乎 己所不欲勿施於人
자공문왈 유일언이가이종신행지자호 자왈 기서호 기소불욕물시어인

'한마디로써 종신토록 행할 만한 것'을 묻자 공자는 '아마도 서(恕)일 것'이라고 말한다. 이때 서(恕)란 무엇일까? 사람은 누구나 자기중심성을 갖는다. 이 점에서는 다른 생명체와 다르지 않다. 그러나 인간은 자유 욕구와 그것을 실현할 수 있는 능력을 가졌다는 점에서 다른 생명체와 구별된다. 이것이 인간을 보다 진화한 존재로 만든 원동력이라고 생각한다. 그 자유 욕구와 지적 능력이 동물계와 다른 인간의 세계를 만들어 오고 있는 것이다.

그런데 이러한 자유 욕구와 지적 능력은 생명 일반이 갖고 있는 속성인 자기중심성과 모순을 일으킨다. 단적으로 말하자면 더욱 자유롭기 위해서는 자기중심성을 넘어서야 하는 것이다. 자연과의 관계에서나 사람과의 관계에서나 마찬가지인 것이다. 자기중심성에 갇혀 있는 한, 사람은 근원적인 부자유로부터 벗어나지 못한다. 물질적 자유와 사회적 자유가 상당한 수준으로 발전하게 될수록 점점 더 많은 사람들이 이것을 자각하게 된다.

공자와 같은 성현들은 사회적 물질적 조건과 관계없이 이것을 일찍이 이

해하고 스스로 실천하였다. 그것을 서(恕)라고 표현한 것이다. 서(恕)라고 하면 용서가 먼저 떠오른다. 그러나 흔히 용서라는 말을 할 때는 자기가 중심에 있는 경우가 많은데 그것은 여기서 말하는 서(恕)와는 다르다. '있는 그대로의 상대를 받아들임' 쪽이 본의에 가깝지 않을까 생각한다. 억지로 동조하라는 이야기가 아니다. 인정하는 것이다. 아집이 강하면 이렇게 하는 것이 어렵다.

공자는 서(恕)의 실천적 과제로 '기소불욕물시어인(己所不欲勿施於人)'을 제시한다. 상대의 마음이 되어 보는 것이다. 서(恕)라는 글자를 보면 여(如)와 심(心)의 합성으로 되어 있다. '상대의 마음과 같이 되는 것'을 나타내는 말이다. 21세기 새로운 문명을 이야기할 때 상극(相剋)의 문명에서 상생(相生)의 문명으로의 전환을 말하는 경우가 많다. 사람끼리의 상생만이 아니라 사람과 자연의 상생까지를 포괄하는 것이다.

이때 상생의 기본은 '받아들임'인 것이다. 평생을 두고 좌우명으로 삼을 만한 말이라면 서(恕)라고 한 공자의 말이 현대를 사는 우리에게는 이제 생존을 위한 지혜로 다가온다.

- 흔히 말하는 용서와는 다른 것 같아요. 용서는 내가 옳다는 생각이 한 자락 깔려 있는 경우가 많아요.
- '내가 옳다.'는 생각 그 자체에서 벗어나는 것이 '서(恕)'의 출발이라고 생각해요. 기왕 노력하려면 그 근본을 자각하는 쪽이 먼저겠지요.
- 보통 수용성(受容性) 하면 여성 쪽이 더 강하잖아요. 특히 모성(母性)은요.
- 옛날에는 이 수용성이 인습적 제도적으로 강요된 것이 많았지요.
- 강요된 수용성에서 해방하자는 것이 오랫동안 여성운동의 과제로 되어

왔지요. 그런 운동이 꼭 필요한 단계가 있다는 생각은 들지만, 그 단계를 지나 '자발적이고 자각적인 수용성'이 큰 빛이 되지 않을까요? 21세기 새로운 문명을 '수용성의 문명'이라고 말하는 사람들도 있는데요. 맞는 말 같아요.

- 서(恕)를 기소불욕물시어인(己所不欲勿施於人)이라고 한 것은 사람들의 자기중심적 실태를 고려한 말이라는 생각이 드네요.
- 그렇지요. '자기가 원하지 않는 일을 남에게 시키지 않는 것'만 해도 대단한 것이지요. 그런데 지난번에 어떤 목사님의 방송 설교를 들으면서 감동을 느꼈는데요. 예수님이 치유를 하실 때에 유독 환자를 만진 경우가 나환자였다는 거예요. 나환자라면 얼마나 사람과의 접촉을 원했겠어요? 그 마음을 헤아리셨다는 것이지요. 그래서 생각하는 것인데 기소불욕물시어인(己所不欲勿施於人)보다도 한 발 더 나가는 것이 이것이 아닐까 생각이 들었어요. '그 사람이 가장 원하는 것을 하게 해 주라.'는 것이지요. 그렇게 하려면 정말로 그 사람의 마음이 되어야 하겠지요.
- 일상에서 가까운 사람끼리 이런 연습을 함께 해 보면 얼마나 세상이 아름다워지겠어요.
- 21장의 부쟁(不爭), 22장의 '사람과 말의 분리'를 가능케 하는 것이 '서(恕)'라는 생각이 듭니다.
- 며칠 전 해방신학의 창시자의 한 분이었던 구티에레스 신부가 돌아가셨네요. '사랑하기 위해서 자유롭게 되라.' 그분의 말이라고 들었습니다. 진보의 역사에 큰 영향을 준 선언이었지요. 이 말을 접하면서 나는 반대 방향의 선언이 떠오릅니다. '자유롭기 위해서 사랑하라.' 증오와 분노는 자유의 길과 해방의 길이 아니기 때문입니다. 이 두 선언이 서로 만나는 길에 인류의 미래가 있지 않을까요?

## 24

공자 말하기를, "내가 사람들을 대할 때 누구를 헐뜯고 누구를 칭찬하겠는가? 만일 내가 칭찬한 사람이 있다면 그것은 시험해 본 바가 있어서다. 이 사람들은 삼대의 바른 도를 실행한 사람들이다."

子曰 吾之於人也誰毀誰譽 如有所譽者其有所試矣 斯民也三代之所以直道而行也
자왈 오지어인야수훼수예 여유소예자기유소시의 사민야삼대지소이직도이행야

- 사람에 대해서 함부로 헐뜯거나 칭찬하지 않는다는 말을 하고 있군요. 27장(章)과 이어집니다.
- 삼대(三代), 즉 하은주(夏殷周)의 시대를 살아온 사람들에 대한 이야기는 공자가 말하고자 하는 뜻이 무엇인지 이해하기가 어렵군요. 하은주(夏殷周)의 좋은 정치와 문화에 대한 신뢰와 함께 그 시대를 바르게 살아온 사람들에 대한 신뢰를 나타내는 말로도 들립니다.
- 사람에 대한 공자의 생각은 옹야편 17장에 나오지요. "사람의 삶은 곧은 것이니 정직하지 않으면서 살아가는 것은 요행으로 화를 면하고 있을 뿐(人之生也直 罔之生也幸而免)"이라는 말에서 보듯이 인간에 대한 근원적인 긍정이 있어요. 잘못이 있더라도 바르게 돌아올 수 있는 것이 사람이라는 것이지요. 아마도 이런 관점이 맹자의 성선설(性善說)로 이어지지 않았나 생각합니다.

## 25

공자 말하기를, "나는 사관이 의심나는 것은 빼놓고 적고, 말 가진 사람이 남에게 빌려주어 타게 하는 것을 볼 수 있었다. 지금은 안 보이는구나."

子曰 吾猶及史之闕文也 有馬者借人乘之 今亡矣夫
자 왈 오 유 급 사 지 궐 문 야 유 마 자 차 인 승 지 금 망 의 부

- 세태가 각박하게 변했음을 한탄하는 내용이군요.
- 역사를 기록하는 사람이 자기 멋대로 기록하지 않고 의심나는 것은 비워두었다는 것과 자기 소유의 말을 다른 사람에게 타게 했다는 것 두 가지를 특히 예로 든 것은 무엇을 말하려는 것일까요?
- 주관적 편견과 소유에 대한 집착을 지적하지 않았나 싶습니다.

## 26

공자 말하기를, "교언은 덕을 어지럽힌다. 작은 것을 참지 못하면 큰 일이 어지러워진다."

子曰 巧言亂德 小不忍則亂大謀
자 왈 교 언 난 덕 소 불 인 즉 란 대 모

■ 교언에 대한 경계는 공자의 가장 일관된 태도인데요. 그것은 말이 지닌 특성 때문인 것 같아요. 불가(佛家)에서는 개구즉착(開口卽錯)이라고 까지 말하죠. 입을 여는 순간, 즉 말로 옮기는 순간 실제에서 멀어진다는 이야기인데, '실제는 말로 표현할 수 없다.'는 말의 한계를 나타내기도 하지만, 누구나 인정 욕구나 과시욕에서 자유롭기 힘들다는 것이죠.

■ 교묘한 말솜씨로 진실을 왜곡하고 거짓과 과장(誇張)을 하는 정치인이나 지식인들의 교언(巧言)은 사회의 도덕을 교란하는 주범이지요. 특히 종교인이나 사이비 도인(道人)들의 교언(巧言)이야말로 세상을 어지럽히는 행위라고 생각해요.

■ 소불인(小不忍)은 작은 것도 참지 못하는 협량(狹量)의 뜻이나 작은 것도 하지 못하는 실행력 부족의 뜻으로 쓰이지요. 어떤 경우든 큰일을 도모하기 힘들다는 이야기 같습니다. 소탐대실(小貪大失)과 통하는 이야기인 것도 같고요.

---

27

공자 말하기를, "많은 사람이 미워하여도 반드시 살피며, 많은 사람이 좋아하여도 반드시 살핀다."

子曰 衆惡之必察焉 衆好之必察焉
자왈 중오지필찰언 중호지필찰언

■ 편가름과 팬덤 현상이 심하고 알고리즘이 확증편향을 더욱 부추기는 요

즘 논어의 이 구절은 자주성을 잃지 않게 하는데 깊게 새길 만한 말입니다.
- 한 번쯤 자신을 돌아보면 좋겠습니다. 그 사람을 왜 좋아하는지 또 왜 미워하는지.
- 사람뿐이 아니죠. 어떤 사상이나 이념 같은 경우도 있고, 사물도 있지요.
- 자주(自主)나 자유(自由)를 강조하는 사람들이 팬덤 현상이나 편가름에 앞장서는 것을 보면 정말 마음이 답답합니다. 실제로는 자주성을 뺏기고 있고 자유로부터 도피하고 있거든요. 자기만 그러는 것이 아니라 타인의 자주성과 자유도 빼앗고 있지요.
- 적대와 증오의 정치를 끝내려면, 결국은 민도(民度)가 높아져야 합니다. 팬덤이나 포퓰리즘에 휘둘리지 않는 국민 층이 두터워져야지요. 그리고 그들에게 선택받을 수 있는 정당과 정치인들이 무대의 중심에 서야겠지요.

28

공자 말하기를, "사람이 도를 넓히지 도가 사람을 넓히는 것이 아니다."

子曰 人能弘道 非道弘人
자 왈 인 능 홍 도 비 도 홍 인

- 노자 도덕경이 떠오릅니다. 노자도 도(道)를 단정적으로 규정하지는 않지요. 도덕경 첫장에서 도가도비상도(道可道非常道)라고 하지요. 그러나 인간의 존재나 행위 이전에 선험적으로 존재하는 그 무엇을 도(道)라고 보고, 그것이 천지인(天地人)보다 선행하는 것으로 보았지요. 그에 대해서 공자는 도(道)를 상정하는 것도 정의하는 것도 도를 넓히는 것도 사람이라는 입장을 표명한 것이 아닌가 생각되는군요.
- 지나친 인간중심주의라는 비판이 특히 생태적 재앙을 불러온 근대 문명에 대한 비판과 함께 이루어지는 것이 요즘의 현실이지요. 그러다 보니까 노자의 사상이 더 주목받기도 하고요. 그러면서도 분명한 것은 모든 사상이나 관념은 인간 이전에 선험적으로 존재하는 것이 아니라, 인간이 만들어 낸 산물이라는 것이지요.
- 아마도 모든 종교와 신학(神學)의 핵심 과제 같은데요? 공자에게도 이런 주제는 평생의 숙제였을 것입니다. 어떤 사람들은 공자의 인간 중시가 인간의 교만의 원인이 되었다는 주장을 하는 경우도 있지만, 공자는 인간의 무지를 자각하는 데서 출발합니다. 그러면서도 인간의 탐구만으로는 채워지지 않는 것을 인격신(人格神)과는 다른 '천(天)'으로 상정합니다.
- 현대 과학이 존재의 비밀을 많이 발견하고 확장해 가고는 있다지만, 대우주는 인간에게는 너무나 큰 신비지요.
- 형이상학으로 흐르는 것은 우리가 감당하기 어려운 것 같고요. 도(道)를 사람들이 가야 할 길, 즉 규범이나 제도나 시스템 등이라고 볼 때, 공자의 이 말이 다른 면에서 다가오는 것 같습니다. 시스템이나 제도가 사람을 변화시키는 것이 아니라, 사람이 제도나 시스템이나 규범을 보다 진화시킨다는 말로요.

- 그것은 나 자신도 내 생애의 여러 경험들을 통해 절실하게 느꼈던 점이기도 합니다. 사회주의가 붕괴하는 것을 보면서 제도나 규범이 사람을 변화시키는 것이 아니라는 것을 보았고, 무소유 공용의 사회를 실험하는 과정에서도 또다시 확인하기도 했습니다.
- 그런 면도 있지만, 제도나 시스템 또 물질적 조건들이 사람을 변화시키고 사람을 넓히는 작용을 하는 것도 분명하지요. 그것이 사적유물론(史的唯物論)으로서 근대의 한 축을 담당했지요. 공자도 그것을 인정했고요.
- 결국 이 둘, 이른바 도(道)와 사람(人)의 관계가 어떻게 상호 작용을 하는가가 미래 문명을 결정하게 될 것 같습니다.
- 생태적 재앙과 핵전쟁의 위험, 그리고 인공지능과 같은 과학기술의 발전이 인간을 벼랑 끝으로 몰면서 인류라는 종(種)의 우주적 의미를 묻게 하는 것 같습니다.

29

공자 말하기를, "잘못을 저지르고도 고치지 않는 것을 일러 잘못이라 한다."

子曰 過而不改是謂過矣
자 왈 과 이 불 개 시 위 과 의

- 공자는 완전무결한 인간을 상정한 일이 없지요. 무오류(無誤謬)의 인간이나 사상이나 가치를 주장하는 것은 공자와는 인연이 없어요. 누구나

잘못을 저지를 수 있다고 보았지요. 공자가 이상으로 하는 군자라는 인간상도 잘못을 저지를 수 있다는 것을 전제로 하고 있어요. 학이편 8장에서 군자를 '잘못이 없는 인간'이 아니라, '잘못이 있으면 기탄없이 고치는 인간(過則勿憚改)'으로 이야기하고 있지요.

- 옹야편 2장에서는 공자가 가장 사랑하였던 제자인 안회를 배우기를 좋아한(好學) 유일한 제자로 꼽으면서, 그 배움을 좋아한다는 것을 불천노(不遷怒) 불이과(不貳過)로 말하고 있지요.
- 불이과(不貳過)를 '한번 잘못한 것을 두 번 하지 않는다.'로 해석하는 사람들이 많지만, 내 생각에는 '잘못을 인정하고 고치려 하지 않는 것'을 두 번 잘못(貳過)으로 보고 그것을 하지 않았다는 말로 들립니다.
- 이 장에서는 그것을 더 분명히 이야기한 것 같군요.
- 불천노(不遷怒)도 '종로에서 뺨 맞고 한강에서 화풀이한다.'는 식으로 자기보다 약자에게 화를 옮기는 것을 하지 않는다는 식으로 해석하는데, 그것도 1차적으로 화가 나는 것은 어쩔 수 없지만, '2차 화살을 맞지 않는다.'로 해석하는 것이 더 공자가 말한 뜻에 가깝지 않을까 생각됩니다. 특히 다음 장(章)에 나오는 말과 이어진다면 그런 해석이 더 다가옵니다. 온종일 먹지 않고 밤새 자지 않고 생각하는 것으로는 자기 생각에 빠져 벗어나기 힘들다는 것인데, '생각할수록 더 화가 나는 것'이 대표적인 경우죠. 그것이 2차 화살이지요. 그것을 넘어서는 것이 학(學)이라고 말하고 있죠. 안회의 호학(好學)이지요.
- 잘못을 고치기 위해서는 잘못을 인정하고 그것을 부끄러워하는 마음이 일어나는 것이 먼저 되어야 하지요. 요즘 우리가 보고 있는 정치의 혼란이나 도덕의 혼돈이 바로 이 부끄러움이 사라지는 데서 오는 것 같습니다. 그저 형벌만 피하면 못할 것이 없다는 '민면이무치(民免而無恥)'가 사

회를 지배하면 난세(亂世)가 되지 않을 수가 없는 것이지요.
- 익산의 원불교 성지를 가끔 산책하는데, 바위에 '과즉필개(過則必改)'라는 문구가 새겨져 있더군요. 기독교도 '회개(悔改)'가 출발점이지요.
- 부끄러움을 알고 고치는 것이 극기(克己)의 길이지요. 회개(悔改)가 곧 극기(克己) 아닐까요? '일일극기복례천하귀인언(一日克己復禮天下歸仁焉)'이라는 말이 '회개하라 천국이 가까이 있다(마태4:17)'는 말과 겹쳐서 들립니다.

## 30

공자 말하기를, "내 일찍이 온종일 먹지 않고 밤새도록 자지 않고 사색하였으나 아무 유익함이 없었고, 배우는 것만 못하였다."

子曰 吾嘗終日不食 終夜不寢 以思 無益 不如學也
자왈 오상종일불식 종야불침 이사 무익 불여학야

여기서 말하는 사(思)와 학(學)의 차이는 무엇일까? 아무리 생각해도 풀리지 않는 경우가 많다. '백 번을 생각해도 내가 옳다.'는 생각이 들 때는 생각하면 할수록 더 화가 나고, 더 억울한 생각이 든다. 생각할수록 풀어나갈 길이 안 보여 막막해진다. 더 우울해지고 더 절망적이게 된다.

지난 뒤에 보면 별일이 아니었는데 당시에는 그것이 얼마나 절박했는지 모르는 그런 경험들을 누구나 가지고 있을 것이다. 이것이 여기서 말하는 사(思)가 아닐까? 자기 안에 갇힌 생각이다. 주관에 사로잡혀 있는 것이다.

아집에 바탕을 둔 것이다.

이럴 때는 그 생각을 쉬고 밖에 나와 일을 하거나 산책이나 운동을 하는 것이 생각에 전환을 일으킨다. 기분이 전환되면 항상 가까이 놓아두는 책을 펴는 것이 좋다. 그것이 성경이건 불경이건 논어건 좋다. 성현의 지혜를 배우는 것이다. 그것은 자기 생각에 빠지는 것으로부터 벗어나게 도와준다. 자신을 객관적으로 돌아보게 해 준다.

학(學)은 아집에서 벗어나 진리를 향해 자신을 열어 가는 길이다. 평생 머리맡에 두고 볼 수 있는 책을 갖는 것은 인간의 행복조건 중 하나가 아닐까 생각한다. 그것이 성현과의 교류일 때 이 행복은 흔들리지 않는 기반을 갖게 될 것이다.

- 방에 꼭 틀어박혀서 생각해 본 경험이 저도 있어요. 생각이 진전이 없더라고요. 전환이 잘 안 일어나요.
- 오히려 생각이 한곳으로 쏠리게 돼요. 생각할수록 괘씸하고 생각할수록 억울하고 생각할수록 절망적이고 이런 기분에 휩싸이는 것 같아요.
- 혼자 틀어박혀 있더라도 명상을 하면 되잖아요.
- 명상이 잘 되나요. 괘씸하고 화가 나는데.
- 명상은 자기를 객관화할 수 있을 때 가능하고 또 그렇게 되려는 과정이 명상이 아닐까요?
- 명상이 되는 사람은 좋은 방법 같은데요? 내 경우는 나가서 일을 해요. 한참 일하다 보면 기분이 전환되는 경우가 많아요.
- 어떻든 혼자의 생각 속에 빠지는 것은 심신(心身)에 해로운 것은 확실해요.
- 알기는 하는데 잘 안 돼요.

- 공자님도 그런 경험을 말씀하시는 것을 보니까 쉽지는 않겠지만 이럴 때 같이 이야기할 수 있는 가장 좋은 상대는 검증된 스승 같은데요?
- 성현들이겠지요. 직접 뵐 수는 없으니까 그 분들의 책을 통해서 만나는 것이지요. 혼자 만나는 것은 자기 생각에 빠질 위험이 크니까 함께 연찬하는 것이 좋을 것 같네요.
- 혼자 보더라도 역시 연찬하는 태도로 해야 하겠지요.
- 그것이 공자께서 말씀하신 학(學)이 아닐까 생각되네요.
- 실제로 저는 어려울 때 성경을 보거나 좋은 설교를 들으면 마음이 편해지는 경우가 많아요.
- 각자의 종교를 통해 자기 안에 내재하고 있는 성스러운 마음이 일깨워지는 것 아닐까요?
- 꼭 종교가 아니더라도 과학하는 마음도 마찬가지라고 생각되네요.

---

31

공자 말하기를, "군자는 도를 꾀하지 먹을 것을 꾀하지 않는다. 농사는 지어도 배고플 수 있으나 배우면 행복이 그 가운데 있다. 군자는 도를 근심하지 가난을 근심하지 않는다."

子曰 君子 謀道不謀食 耕也餒在其中矣 學也祿在其中矣 君子 憂道不憂貧
자왈 군자 모도불모식 경야뇌재기중의 학야녹재기중의 군자 우도불우빈

- 비유가 재미있네요. 마음의 양식인 도(道)와 육체의 양식인 식(食)을 대

비해서 식(食)은 농사를 통해서 얻지만 굶주릴 수 있고, 도(道)는 학(學)을 통해서 얻는데 흔들리지 않는 행복이 그 안에 있어서 군자는 도(道)가 이루어지지 않음을 걱정하지 가난을 걱정하지 않는다고 해석할 수가 있겠네요.

- '금강산도 식후경'이고 '수염이 석자라도 먹어야 양반'이라는 말도 있는데, 도(道)를 앞세우는 것이 너무 공허하다고 비난받을 소지가 있네요. 이런 경향이 나중에 유학이 물질 개벽, 즉 근대화의 발목을 잡고 서양에 비해 뒤쳐진 원인으로 지적되기도 하지요.
- 논어에는 공자 사후 편집자들이 여러 차례 개입해서 수정 보완하는 과정에서 공자의 진의와는 다른 여러 사상 조류들이 섞여 들어온 것 같아요. 사실 공자는 교(敎)보다 부(富)를 행복의 선행(先行) 조건으로 이야기하거든요. 이런 맥락을 빼버리고 이런 문장을 읽는다면 자칫 고리타분하고 서재에 갇힌 유생들을 떠올리기 쉽지요.
- 농사를 지어도 흉년을 만나거나 무도(無道)한 정치를 만나 수탈당하면 굶주림을 면하지 못하지만, 도(道)가 실현되는 세상을 만들면 그 안에 행복의 길이 있다는 말로도 읽힐 수 있겠지요.
- 심지어는 농사를 짓는 것보다는 배워서 관료가 되면 녹봉(祿俸)을 받게 되어 먹을 것 걱정 안 해도 된다고 하는 해석까지 나오네요. 아마도 이런 생각이 더 현실적으로 다가갔을 것도 같습니다. 뒤집어 보면 식(食)을 위해서 학(學)을 하는 셈이지요. 명분은 도(道)겠지요. 이런 허위의식이 유학의 여러 폐단을 낳는 원인으로 작용했다는 생각도 듭니다.
- 농사를 짓는 방법을 물은 번지와 공자의 대화에 대해서도 농사를 경시(輕視)하고 관리가 되라는 식으로 잘못 해석하는 것이지요.
- 도(道)를 사회구조적인 문제로 보아서, 불평등하고 수탈적인 구조를 개

혁하지 못하는 것을 군자는 걱정한다고 해석하는 사람도 있는데, 좀 무리한 해석이라는 생각이 듭니다.
- 여러 가지로 생각거리가 많은 것 같습니다. 절대빈곤이나 굶주림의 문제를 해결한 이른바 선진국의 경우는 도(道) 즉 정신면이 더 중요하게 되겠지요. 한국도 그런 의미에서 선진국이거든요.

32

공자 말하기를, "지혜가 미쳐도 인으로 그것을 지키지 못하면 비록 얻었다 하더라도 반드시 잃고 만다. 지혜가 충분하고 인으로 지켜도 위엄으로 대하지 않으면 사람들이 공경하지 않는다. 지혜가 충분하고 인으로 지키며 위엄이 있어도 움직임에 예가 없으면 결국 잘 되지 않는다."

子曰 知及之仁不能守之 雖得之必失之 知及之仁能守之 不莊以涖之則民不敬 知
자왈 지급지인불능수지 수득지필실지 지급지인능수지 부장이리지즉민불경 지
及之仁能守之莊以涖之 動之不以禮未善也
급지인능수지장이리지 동지불이예미선야

- 지(知)와 인(仁)은 어떤 일을 이루는데 갖추어야 할 내면의 세계고, 장(莊)과 예(禮)는 그것이 표현되는 외면의 세계를 말하는 것 같습니다.
- 그런데 그냥 말한 차례대로만 보면 지(知) 인(仁) 장(莊) 예(禮)의 순서여서 공자의 말치고는 좀 이상하군요.
- 아마 그 조화를 이야기하는 것 같습니다.

## 33

공자 말하기를, "군자는 작은 일은 못하는 경우가 있어도 큰 일은 맡을 수 있고, 소인은 큰일은 맡을 수 없어도 작은 일은 잘 안다."

子曰 君子 不可小知而可大受也 小人 不可大受而可小知也
자 왈 군 자 불 가 소 지 이 가 대 수 야 소 인 불 가 대 수 이 가 소 지 야

- 군자와 소인을 좀 다른 면에서 구분하고 있군요. 자꾸 이렇게 나누다 보면 기분 나쁘게 생각할 사람들이 많을 것 같네요.
- 굳이 이야기하자면 그 바라보는 지점이나 능력이 다를 수 있겠지요. 일종의 그릇의 크기라고도 할 수 있겠지요.
- 적재적소(適材適所)를 말하는 것 같은데, 대수(大受)와 소지(小知)가 잘 어울려야 되겠지요. 요즘 세상이 나아가야 할 방향이나 경세방략에 대해 식견과 능력이 없는 사람이 권력을 잡았을 때 나타나는 폐단을 보면서 이런 생각이 실감이 가기도 해요.
- 오직 권력을 위한 정치공학적인 잔재주나 꼴통 같은 고집으로는 나라를 망칠 뿐이죠. 공자는 그런 사람을 소인이라고 본 것이지요.

## 34

공자 말하기를, "인은 사람들에게 있어서 물과 불보다 중요하다. 물이나 불 때문에 죽는 사람은 보았으나 인 때문에 죽는 사람은 못 보았다."

子曰 民之於仁也甚於水火 水火吾見蹈而死者矣 未見蹈仁而死者也
자왈 민지어인야심어수화 수화오견도이사자의 미견도인이사자야

- 공자는 사람이 동물과 다른 근원적 특징을 정신에 두고 있지요. 육체적 생명을 보장하는 데 가장 중요한 것이 물과 불이라면 이 정신적 생명을 살리는 것을 인(仁)이라고 보는 것이죠.
- 사람을 사람답게 살리는 것이 이 정신이라는 것을 일관되게 이야기하고 있습니다. 안연편 7장에서 '민무신불립(民無信不立)'을 이야기하는 것도 식(食)보다 신(信)을 더 중시하는 것이죠. 누구나 한번은 죽는 육체보다 정신적 생명이 더 중요하다는 인식에서 나오는 말이죠.
- 물과 불은 때로는 홍수나 화재로 사람을 죽이기도 하지만, 인(仁)은 사람을 죽이는 일이 없다는 해석도 가능하고, 물과 불 때문에 목숨을 버리는 사람은 있어도 인(仁)을 위해서 살신성인(殺身成仁)하는 사람은 보지 못하였다는 말로도 들립니다. 아마 후자의 뜻이 아닐까 짐작됩니다.
- 물과 불보다 더 중요한 일에 목숨을 거는 일이 없다는 한탄으로 한 말일지 모르겠네요. 실제로 인(仁)이나 의(義)를 위해서 목숨을 바친 수많은 사람들이 있어 왔고 지금도 있지요. 사실 그런 사람들에 의해 역사가 그 방향을 잃지 않고 진행될 수 있었지요. 난세(亂世)는 그런 사람이 잘 안

보일 때지요. 눈앞의 이익에만 급급하여 함께 부패하는 나라나 사회는 결국 망한다는 것을 수많은 역사가 보여주고 있지요.
- 지금의 난세를 넘어서기 위해서 목숨을 버리는 의인(義人)들이 필요하다는 말을 듣기도 하지요. 그런데 그것이 인(仁)을 위해서라는 것이 중요하다고 생각합니다. 적대나 증오의 편가름 속에서 큰 인(仁)이나 사랑을 위해 목숨을 버리는 것이야말로 인간으로서 가장 위대한 일이라고 할 수 있을 것 같습니다.
- 2,000년 이상 인류에게 선한 정신의 생명력을 키워온 예수야말로 '사랑'을 위해 목숨을 버린 분이지요.

## 35

공자 말하기를, "인을 행함에는 스승에게도 양보하지 않는다."
子曰 當仁不讓於師
자왈 당인불양어사

- '스승에게 배우되 스승을 넘어서라.'라는 말로 들립니다. '강을 건넜으면 뗏목을 버리라.'라는 말처럼 스승이 진리를 향한 길에서 걸림돌이 되지 않아야 한다는 의미로 다가옵니다. 교조주의를 경계하는 것이죠.
- 불교 선종(禪宗)에서 '부처를 만나면 부처를 죽이고, 조사(祖師)를 만나면 조사를 죽이라.'라는 살불살조(殺佛殺祖)라는 말이 떠오릅니다. 공자는 좀 더 온건하게 말하는군요.

## 36

공자 말하기를, "군자는 곧지만, 의리에 집착하지 않는다."

子曰 君子 貞而不諒
자 왈 군 자 정 이 불 양

- 곧지만, 그 판단에 있어서 작은 의리에 집착하지 않는다는 의미 같군요.
- 앞 장에 이어서 생각하면 인(仁)을 행함에는 어떤 스승이나 교조(敎條)에도 구애받지 않는 자주성과 창조성을 가져야 하지만, 동시에 자신의 확증편향이나 의리 등에 집착해서도 안 된다는 것을 이야기합니다.
- 무지(無知)의 자각을 바탕으로 양단을 두들겨 끝까지 탐구하는(叩其兩端而竭焉 9/7) 태도와 이어집니다. 중용(中庸)의 태도지요.

## 37

공자 말하기를, "임금을 섬김에는 그 일을 정성껏 하고 녹은 뒤로 한다."

子曰 事君 敬其事而後其食
자 왈 사 군 경 기 사 이 후 기 식

- 비단 임금에 대해서만이 아니라 안연편 21장에 선사후득(先事後得)을 이

야기하고 있지요.
- 공적(公的)인 일을 할 때의 기본적인 태도지요. 선공후사(先公後私)를 보다 구체적으로 이야기하는 것입니다.

## 38

공자 말하기를, "가르침에는 류(類)를 따지지 않는다."

子曰 有教無類
자 왈 유 교 무 류

- 공자의 일관된 태도 가운데서 이 원칙도 대단히 중요하다고 생각합니다. 가르침뿐만 아니라 배움에도 같은 태도지요. 유(類)를 따지지 않는다는 것은 그 가르침의 내용을 특정하거나 또는 반대로 제외하지 않는다는 의미로도 읽히는데 이것은 '공호이단 사해야이(攻乎異端斯害也已)'라는 말을 '자신과 다른 생각을 공격하는 것은 해로운 뿐이다.'로 해석할 때라야 제대로 이해가 되는 말입니다. '이단을 행하면 해롭다'는 식으로 해석하는 것은 공자의 뜻과는 반대 방향이지요.
- 다른 면에서는 가르침의 대상을 신분의 고하나 출신을 따지지 않고, 배우기를 원하는 사람이라면 누구에게나 차별 없이 대한다는 것입니다. 논어의 여러 곳에서 이런 태도를 밝히고 있지요. 두 가지 면에서 공자의 가르침과 배움에 대한 태도를 밝히는 것으로 읽힙니다.

## 39

공자 말하기를, "도가 같지 않으면 함께 일을 도모하지 않는다."
子曰 道不同不相爲謀
자 왈 도 부 동 불 상 위 모

- 이 편에는 '도(道)'라는 말이 많이 나오네요. 어쩌면 노자(老子)류의 영향이 후편 편집에 영향을 주었을 것도 같긴 합니다만, 그런지 어떤지는 잘 모르겠습니다.
- 노자의 '도(道)'와는 좀 다르게 사용하고 있기는 한 것 같습니다. 노자의 도(道)는 뭔가 현묘하고 추상적인 데 비해, 여기서 말하는 '도(道)'는 구체적인 것 같습니다. 구체적인 길이나 방법 때로는 예(禮)를 가리키는 말로 사용하는 것 같네요.
- 이 장의 '도(道)'도 구체적인 목표나 방향과 길을 의미하는 말로 쓴 것 같군요. 길이 같지 않으면 함께 도모할 수 없지요.
- 공자의 말을 이렇게 짧게 전하니까 여러 다른 장들과의 관계 속에서 읽게 되네요. 나는 자한편 29장을 떠올리게 됩니다.

## 40

공자 말하기를, "말은 뜻을 전달하기 위한 것일 뿐이다."

子曰 辭達而已矣
자왈 사달이이의

- 이것도 단문(短文)이군요. 평소 공자의 말에 대한 관념을 표현한 것으로 보입니다.
- 말은 솔직하고 꾸밈없이 뜻을 전달하면 그것으로 족하다는 이야기죠. 번잡하게 꾸미는 것은 점점 진실에서 멀어지는 것으로 보는 것이지요.

## 41

악사 면이 공자를 만나러 왔다. 계단에 이르자, "계단입니다."
자리에 가깝게 다가가자, "자리입니다."
모두 자리에 앉자, "누구는 여기 있고, 누구는 여기 있습니다."
면이 나간 뒤에 자장이 "악사와 함께 있을 때의 도입니까?" 하고 묻자, 공자 말하기를, "그렇다. 진실로 악사를 돕는 도다."

師冕見 及階 子曰階也 及席 子曰席也 皆坐 子告之曰 某在斯某在斯 師冕出 子張
사면견 급계 자왈계야 급석 자왈석야 개좌 자고지왈 모재사모재사 사면출 자장
問曰 與師言之道與 子曰 然 固相師之道也
문왈 여사언지도여 자왈 연 고상사지도야

- 여기서 도(道)는 구체적인 예(禮)를 뜻하는 말로 쓰였군요. 사면(師冕)은 노나라의 뛰어난 궁중 악사였는데 장님이었습니다.
- 맹인에 대해서 극진한 예를 갖추었다는 것은 다른 장에서도 나옵니다. 아마도 당시의 일반적인 태도와는 달랐던 모양이지요. 그러니까 이런 장면을 논어에 기록하는 것 아닐까 싶습니다.
- 공자의 장애인에 대한 극진한 예(禮)의 태도는 밖으로 보이기 위한 것이 아니라 그 마음이 나타난 것이죠.

## 제16편

# 계씨(季氏)

―

"유익한 즐거움이 세 가지 있고, 해로운 즐거움이 세 가지 있다.
예악으로 절제함을 즐기고, 남의 좋은 점 말하기를 즐거워하고,
좋은 벗 많이 갖기를 즐거워하면 유익하다.
교만함에서 오는 낙을 즐거워하고,
하는 일 없이 놀기만 하는 것을 즐거워하고,
주색의 향락을 즐거워하면 해롭다."

<small>익자삼요 손자삼요 요절예악</small>
益者三樂 損者三樂 樂節禮樂
<small>요도인지선 요다현우 익의</small>
樂道人之善 樂多賢友 益矣
<small>요교락요일유요연락 손의</small>
樂驕樂樂佚遊 樂宴樂 損矣

# 1

계씨가 전유를 치려고 했다. 염유와 계로가 공자를 뵙고 말하기를,
"계씨가 장차 전유에서 일을 벌이려 합니다."
"구야, 그것은 너의 잘못이 아니겠느냐? 전유는 지난날 주나라 선왕께서 동몽의 제주로 삼으시고, 노나라의 역내에 있으므로 사직의 신하인데 어찌 정벌할 수 있단 말이냐?"
"계씨가 욕심을 부리는 것이지, 우리 둘 다 그러고 싶지 않습니다."
"구야, 주임이 말하기를, '힘을 다하여 맡은 바 직책을 다하다가 감당할 수 없거든 물러난다.'고 하였다. 계씨가 위태로운데도 잡아주지 않고 넘어지려는데 붙들어주지 않는다면 장차 너희는 무엇을 도우려는거냐? 또 네 말이 잘못이다. 호랑이와 들소가 우리에서 나와 도망가고 거북 껍질과 옥이 궤 속에서 부서진다면 누구의 잘못이겠느냐?"
"지금 전유는 견고한데다가 비(費) 땅에 가까우니 지금 정벌하지 않으면 후세에 반드시 자손들에게 근심거리가 될 것입니다."

季氏將伐顓臾 冉有季路見於孔子曰 將有事於顓臾 孔子曰 求無乃爾是過與 夫顓
臾昔者先王以爲東蒙主且在邦域之中矣 是社稷之臣也何以伐爲 冉有曰 夫子欲
之吾二臣者皆不欲也 孔子曰 求周任有言曰陳力就列不能者止 危而不持顚而不
扶則將焉用彼相矣 且爾言過矣 虎兕出於柙龜玉毁於櫝中 是誰之過與 冉有曰 今
夫顓臾固而近於費 今不取後世必爲子孫憂

"구야, 군자는 마치 탐내지 않는 척 돌려서 변명하는 것을 미워한다. 나는 이렇게 들었다. '나라나 집을 가진 자는 적은 것을 걱정하지 않고 고르지 않은 것을 걱정하며, 가난을 걱정하지 않고 편안하지 못함을 걱정한다. 무릇 고르면 가난이 없고, 화목하면 백성이 적을 일이 없고, 편안하면 기울어지지 않는다. 이런 까닭으로 먼 데 사람이 불복하면 문덕(文德)을 닦아 스스로 오게 하고, 이미 왔으면 편안하게 해 주어야 한다. 그런데 지금 유와 구 너희 둘은 계씨를 돕는 자리에 있으면서 먼 데 사람이 심복하여 오지 못하게 하였을 뿐 아니라 나라가 나뉘어 무너지고 인심이 이반하는데도 지키지 못하고 오히려 나라 안에서 싸움을 일으키기를 꾀하고 있구나. 나는 계씨의 근심이 전유에 있지 아니하고 제 집 담장 안에 있을까 두렵다."

孔子曰 求君子疾夫舍曰欲之而必爲之辭 丘也聞有國有家者 不患寡而患不均 不
공 자 왈  구 군 자 질 부 사 왈 욕 지 이 필 위 지 사  구 야 문 유 국 유 가 자  불 환 과 이 환 불 균  불
患貧而患不安 蓋均無貧 和無寡 安無傾 夫如是故 遠人不服則修文德以來之 既
환 빈 이 환 불 안  개 균 무 빈  화 무 과  안 무 경  부 여 시 고  원 인 불 복 즉 수 문 덕 이 래 지  기
來之則安之 今由與求也 相夫子 遠人不服而不能來也 邦分崩離析而不能守也 而
래 지 즉 안 지  금 유 여 구 야  상 부 자  원 인 불 복 이 불 능 래 야  방 분 붕 리 석 이 불 능 수 야  이
謀動干戈於邦內 吾恐季孫之憂 不在顓臾而蕭牆之內也
모 동 간 과 어 방 내  오 공 계 손 지 우  부 재 전 유 이 소 장 지 내 야

지금부터 2,500여 년 전에 비해 어떤 역사의 진보가 있었는가를 묻게 된다. 전쟁에서 얼마나 멀어졌는가? 세계의 이른바 선두 국가들이 오히려 상시(常時) 전쟁 국가로 되고 있지 않는가? 창과 방패(干戈)가 핵탄두를 탑재한 ICBM(대륙간 탄도미사일)과 ABM(탄도탄 요격미사일)을 비롯해 초현대적 대량살상무기의 대결로 바뀌었을 뿐, 본질이 바뀌지 않았다.

균무빈(均無貧)을 경제적 이상으로 말한 공자는 그가 죽은 후 2,000여년이 지나 출현한 자본주의와 그 모순에 반대한 사회주의의 대결에서 평등(均)을 강조한 사회주의가 어떻게 자본주의에 패퇴했는지를 짐작조차 하지

못했을 것이다. 사회주의는 생산력 경쟁에서 자본주의의 상대가 되지 못하였다. 이익추구와 경쟁이라는 자본주의 동기를 넘어서는 자기실현과 협동의 동기가 사회주의 경제 시스템 안에서 발전하지 못했기 때문이다.

생산력이 낙후하면 아무리 이상적인 제도라 하더라도 실패할 수밖에 없다. 자본주의는 기본적으로 소인(小人)의 질서다. 인간의 오래된 자기중심적인 속성에 바탕을 두고 있다. 그래서 강인하다. 자본주의를 넘어서는 제도를 만들려면, 자기실현(忠)의 자주적 노동과 자기중심성을 넘어서는 협동(恕)의 동기로 생산력을 확보할 수 있어야 한다.

오랜 세월의 세계적 실험들을 거치며, 전쟁 국가를 넘어서는 것도 약육강식과 각자도생의 질서를 넘어서는 것도 이제는 인간 자체의 질적 진보가 그 핵심이 되고 있다. 축(軸)의 시대 선구자들이 제안한 인간 혁명이 나선형 순환의 인류 역사를 거치며 이제 보편적으로 요청되는 시대를 만나고 있다. '인류 존속'이라는 절체절명의 위기와 함께.

- 이 편에서는 공자와 노나라의 정치에 실제로 관여한 제자들의 대화를 통해 공자의 정치적 입장과 이상을 들여다볼 수 있는 것 같습니다.
- 2,500여 년이 경과했지만 지금도 지속되고 있는 사회와 국가에 대한 근본적 문제를 읽으면서 그동안의 역사를 느끼게 됩니다. 무엇이 변하였고 무엇이 변하지 않았나를 생각하게 됩니다.
- 요즘의 세계와 나라 그리고 사람들의 의식을 생각하면 과연 공자의 이상주의가 실현가능성이 있는가를 생각하게 합니다. 공자는 무력에 의한 정벌(침략이나 지배)을 피하고 문덕(文德)에 의한 평화를 줄곧 주장했지만, 2,500년이 지난 지금도 무력에 의한 패권 추구와 '무력을 통한 평화'를 당연하게 여기고 있거든요. 무기는 창과 방패에서 핵폭탄과 미사일로

바뀌었어도 본질은 여전하거든요.
- 평등, 즉 이 장에서 언급한 '균(均)'을 강조한 사회주의가 자본주의에 패퇴한 20세기의 세계적 범위에 걸친 실험은 또 어떻게 봐야 할까요?
- 결국은 가장 결정적인 인간의 조건은 그의 정신이라고 생각합니다. 그 의식(意識)이 자기중심성을 넘어서지 못하고 있는 것이지요. 인류의 집단의식이나 평균 의식이 아직은 자기중심성이 더 강합니다. 평등을 중시한 사회주의도 그것을 운용할 인간 의식의 뒷받침을 받지 못했죠. 개인 해방의 큰 물결 속에서 개인의 욕구 성취를 경쟁 속에서 추구하는 자본주의의 생산력과 효율성에 질 수밖에 없었다고 생각합니다.
- 이 단계를 넘어서는 의식이 보편화되기 위해서 여러 위기들을 거칠 것으로 보입니다. 심지어는 핵전쟁이나 기후 재앙에 의한 거의 멸종(滅種)에 가까운 파국을 맞이할 수도 있지요.
- 이런 파국을 겪지 않는 길은 인류의 집단적 각성밖에는 없을 것 같은데요? 2,500년 전에 비해 물질적 제도적 조건은 비할 수 없이 좋아졌지만, 아직은 종래의 지배적인 관성을 넘어서지는 못하는 것 같아요.
- 떼이야르 드 샤르댕 신부의 '오메가 포인트'를 생각하게 됩니다. 과연 인류는 보편적인 질적 진화를 할 수 있을까요? 인류의 멸종과 이것 가운데 무엇이 먼저 올지 운명을 건 경주 같다는 생각이 듭니다.
- 문화가 좀 더 근원적이지만, 현실은 정치가 결정적 역할을 하지요. 지금 이 나라의 형편을 봐도 공자와 염구의 대화를 벗어나지 못하지요. 남북 간 갈등과 남남 간 갈등을 풀어 가는 데 결정적인 것은 정치죠. 이 정치가 물꼬를 터야 하는데 오히려 장애로 되고 있는 현실을 어떻게든 벗어나야지요. 그렇게 할 수 있는 주체와 동력을 만드는데 진력할 수밖에요.

## 2

공자 말하기를, "천하에 도가 있으면 예악과 정벌이 천자로부터 나오고, 천하에 도가 없으면 예악과 정벌이 제후로부터 나온다. 제후로부터 나오면 십(十)세로서 망하지 않는 일이 드물고, 대부로부터 나오면 오(五)세로 망하지 않는 일이 드물고, 배신(陪臣)이 나라의 운명을 잡으면 삼(三)세로 망하지 않는 일이 드물다. 천하에 도가 있으면 정치는 대부에게 있지 않고, 천하에 도가 있으면 일반 서민들이 정치를 논하느라고 분분하지 않을 것이다."

孔子曰 天下有道則禮樂征伐自天子出 天下無道則禮樂征伐自諸侯出 自諸侯出
공자왈 천하유도즉예악정벌자천자출 천하무도즉예악정벌자제후출 자제후출
蓋十世希不失矣 自大夫出五世希不失矣 陪臣執國命三世希不失矣 天下有道則
개십세희불실의 자대부출오세희불실의 배신집국명삼세희불실의 천하유도즉
政不在大夫 天下有道則庶人不議
정부재대부 천하유도즉서인불의

- 공자의 정치에 대한 이상과 동시에 그 한계를 뚜렷하게 나타내는 구절입니다. 당시 난세의 이상으로 요순의 치(治)와 같은 천자(天子)에 의한 통치를 최상으로 보고 그것을 도(道)라고 보았지요. 그다음이 제후(諸侯)에 의한 정치로 보았지요. 여기서부터는 무도(無道)로 보지요. 대부(大夫)나 배신(陪臣)이 전횡하는 정치를 악(惡)으로 봅니다.
- 예악과 정벌을 주관하는 정치 권력의 정당성을 말하는 것인데, 최상의 정당성을 천자(天子)의 통치라고 봅니다. 이 권력이 어디서 오는가에 대해서 '왕권신수설(王權神授說)'과 비슷합니다. 다만 신(神) 대신에 천(天)을 두었다는 것이 동서양의 차이라면 차이겠네요. 그 차이가 역사 진행

의 여러 차이를 나타내는 면이 있어요. 학자들이 다양한 주장을 하기도 합니다.
- 지금 세상이라면 제후·대부·배신은 어떤 존재일까요. 국정 농단이 탄핵의 사유가 되어 정권교체가 일어났고, 지금도 다시 탄핵이 거론되는 한국 정치를 보면서 드는 생각입니다.
- 민주(民主)에 대한 관념이 없다 보니 백성들이 정치를 논하는 것 자체를 무도한 세상으로 보고 있는데, 어쩔 수 없는 공자의 시대적 한계지요.
- 다만 여기서 생각할 것은 '민주주의 제도에서는 정치권력의 정당성이 어디서 오는 것인가?'인데, 과연 민(民)이 천(天)을 대신할 수 있느냐는 근본 질문에 부딪치는 것 같습니다. 공자의 이상인 '천자(天子)의 치(治)'를 민주(民主)의 시대에 어떻게 실현할 것인지를 묻게 됩니다.

3

공자 말하기를, "녹(祿)을 줄 수 있는 실권이 공실(제후)에서 떠난 지 5대가 되었고, 정권이 대부에게 돌아간 지가 4대가 되었다. 그렇기 때문에 삼환의 자손도 미미해졌다."

孔子曰 祿之去公室五世矣 政逮於大夫四世矣 故夫三桓之子孫微矣
공자왈 녹지거공실오세의 정체어대부사세의 고부삼환지자손미의

- 노나라의 왕이 유명무실해지고 대부에게 실권이 넘어간 지가 오래 되었으므로 실권을 쥔 삼환의 자손도 미약해졌다는 것으로, 앞 장에서 말한

실례를 노나라의 실제 역사로 이야기하고 있군요.

## 4

공자 말하기를, "유익한 벗이 셋이고, 해로운 벗이 셋이다. 정직한 벗, 성실한 벗, 많이 아는 벗은 유익하다. 편벽한 벗, 아첨하는 벗, 말재주 부리는 벗은 해롭다."

孔子曰 益者三友 損者三友 友直 友諒 友多聞 益右 友偏僻 友善柔 友偏佞 損友
공자왈 익자삼우 손자삼우 우직 우량 우다문 익우 우편벽 우선유 우편유 손우

- 이런 식으로 굳이 셋으로 구분해서 말하는 것이 공자의 말로는 좀 어울리지 않네요. 손해가 되는 자도 벗으로 포함시키는 것도 좀 이상하고요.
- 양(諒)은 여기서는 참되다는 좋은 뜻으로 사용되고 있고, 선유(善柔)는 겉으로만 좋은 체 하고 성실하지 못한 사람으로 쓰고 있군요.

## 5

공자 말하기를, "유익한 즐거움이 세 가지 있고, 해로운 즐거움이 세 가지 있다. 예악으로 절제함을 즐기고, 남의 좋은 점 말하기를 즐거

워하고, 좋은 벗 많이 갖기를 즐거워하면 유익하다. 교만함에서 오는 낙을 즐거워하고, 하는 일 없이 놀기만 하는 것을 즐거워하고, 주색의 향락을 즐거워하면 해롭다."

孔子曰 益者三樂 損者三樂 樂節禮樂 樂道人之善 樂多賢友 益矣 樂驕樂樂佚遊
공자왈 익자삼요 손자삼요 요절예악 요도인지선 요다현우 익의 요교락요일유

樂宴樂 損矣
요연락 손의

유익하다 함은 자신에게도 이롭고 다른 사람에게도 이로운 것이다. 자신에게는 이롭고 다른 사람에게는 해가 되는 일은 없다. 지금의 세상에는 많은 경우에 착각이 있는데 다른 사람을 해롭게 하면 궁극적으로 자신에게 해롭게 돌아오고 만다.

다른 사람을 억울하게 하거나 화나게 하면 언젠가는 자신에게 돌아온다. 그것이 세상의 이치라고 생각한다. 공자가 말하는 유익한 즐거움이란 마이너스 부담이 없는 즐거움이다. 어느 누구도 힘들게 하지 않는 즐거움인 것이다. 반대로 해로운 즐거움이란 괴로움을 수반하는 일시적인 즐거움이다. 절제함을 즐긴다는 것이 마음에 와 닿는다. 참으로 어려운 경지라고 생각한다. 대체로 절제라 하면 즐기는 상태라기보다는 즐겁게 느껴지는 상태를 억제하는 경우가 많기 때문이다.

'하고는 싶은데 남의 눈이 무서워, 도덕적이지 않아서' 참는 것이다. 이것은 즐기는 것이 아니다. 예(禮)에 묶이지도 않고, 악(樂)에 빠지지도 않으면서 예악을 즐기는 것이야말로 자유를 만끽(滿喫)하는 삶이 아닐까?

남의 좋은 점 말하기를 즐긴다는 것 또한 쉽지 않은 것 같다. 보통의 경우 알게 모르게 남이 흉보는 것에 마음이 끌린다. 비교를 바탕으로 남을 낮춰 자신을 높이려는 아집에서 나오는 것이지만 결국 자신의 아집만을 일시적으로 만족시킬지는 몰라도 궁극적인 행복과는 점점 멀어지고 만다.

그러니까 다소 노력을 해서 다른 사람의 장점을 찾아보려고 한다. 이것만 해도 좀 나은 것이지만 즐기는 상태와는 거리가 멀다. 진짜는 그것을 즐기는 상태인 것이다. 사람과의 관계가 즐겁게 되고 주위의 공기가 바뀌게 된다.

알면서도 잘 되지 않는 것은 왜일까? 좋은 벗을 많이 갖기를 즐긴다는 것은 어떻게 보면 너무 당연한 것 아닌가 하고 생각할지 모르지만 실제로는 그렇지 않은 경우가 더 많다. 앞에서도 자기보다 나은 벗을 사귀라는 말이 있었지만 아집이 많은 보통 사람들에게는 자기가 편한 상대나 이익을 줄 것으로 기대되는 사람을 벗으로 하려는 경우가 더 많다. 결국 자신의 아집을 만족시킬 뿐 궁극적 자유나 행복의 길은 아니다. 그래서 다소 불편해도 자기보다 나은 벗, 좋은 벗을 사귀려고 한다. 그것만 해도 좋은 일이지만 좋은 벗 사귐을 즐기는 것과는 다른 것이다. 위의 세 가지 즐거움은 하나로 관통되어 있다. 상대적인 즐거움이 아니라 절대적 즐거움인 것이다. 이러한 즐거움의 샘(泉)은 누구에게나 있다고 믿는다. 다만 아집에 가려져 있을 뿐이다.

세 가지 해로운 즐거움이란 일시적 상대적 만족감을 줄지는 몰라도 항상 보다 큰 괴로움을 수반하는 것이다. 비교우월감에서 교만을 즐기는 사람은 바로 그 비교열등감 때문에 항상 전전긍긍하게 된다. 요즘 '게으르게 살고 싶다.' '본능대로 살고 싶다.'라는 말을 하는 사람들을 많이 본다. 어떻게 보면 먹고 살기 위해 정신없이 뛰어야 했던 지난날의 규범이나 인습에 얽매여 '하고 싶은 욕구'를 억제해야만 했던 상태로부터 벗어나고 싶은 것은 보통 사람에게는 당연한 일일지 모른다.

그러나 그것은 과거에 대한 반작용을 크게 넘어서지 못하는 경우가 많다. 자유욕구를 진정으로 만족시키는 길이 아닌 것이다.

어쩌면 그 올바른 길을 발견하는 과정에서 불가피하게 발생할 수밖에 없는 현실이라고 인정해야 할지는 모르겠다. 그러나 개인적으로도 사회적으로도 지나치게 극단으로 가지 않는 것이 지혜로운 것이다. 인간의 자유욕구는 인간의 지적 능력과 올바르게 결합할 때만 진실한 것이 되는 것이다. 게으르고 쾌락에 몸을 맡기는 것은 결코 자유의 길이 아니다. 다만 누구도 과거처럼 강제할 수는 없는 것이다. 국가도 부모도 도덕의 이름으로도 강제할 수는 없는 것이다. 오직 자각에 의할 뿐이라고 생각한다.

- 계속 삼(三)박자로 이야기하네요. 공자의 이야기라기보다 편집자의 작위로 보입니다. 말은 쉬운 것 같지만 실행하려면 할수록 어렵다는 생각이 들어요.
- 어떻게 절제함을 즐길 수 있을까요? 그것이 예악을 즐기는 것이라는 것은 이해는 되는데요.
- 즐긴다는 것을 말하는 데서 현대인의 자유도(自由度)랄까 하는 것과 서로 통한다는 생각이 들어요. 공자는 딱딱한 꼰대 도덕 선생과는 거리가 먼 사람이지요.
- 부끄러운 이야기지만 저도 속을 들여다보면 남의 흉을 보려고 하는 마음이 더 많은 것 같아요.
- 그럼요. 남의 흉보는 것이 얼마나 재미있는데요. 그런데 흉을 보는 데 재미를 붙이면 좋은 벗 사귀기는 힘들 것 같아요.
- 나는 어떤지 돌아보게 되네요. 다른 사람 흉은 잘 보고 은근히 즐기면서 남은 내 좋은 점만 봐 주길 바라는 것 같아요.
- 내가 대하기 편한 사람과만 벗하는 것은 결국 자신의 한계를 벗어나기 힘들게 한다고 생각해요. 유유상종(類類相從)이라는 말도 있잖아요. 사

람의 경향을 나타내는 말이기도 하지만 자신의 진정한 진보를 위해서 넘어서야 할 과제 같습니다.
- '게으름'에 대해서는 많이 생각하게 돼요. 뭐랄까 게으름의 자유랄까 하는 것에 꽤 끌리는 면이 있는 것이 사실이에요.
- 요즘 '느리게 살기'가 '빨리빨리' 문화에 대한 반성으로 나오는 면도 있어요.
- 그것은 게으름과는 다르지 않을까요?
- 저는 좀 걱정되는 때가 있어요. 좀 차원이 다른 문제일지 모르지만 요즘 청년 실업이 큰 문제로 되고 있는데, 물론 사회 경제의 구조적인 문제가 있겠지만 '게으름 찬양(?)'도 원인의 하나가 아닐까요?
- 사회 경제의 구조를 선진화하는 것 못지않게 젊은 세대의 일이나 직업에 대한 새로운 문화를 만들어 가는 것이 필요합니다.
- 과거의 절대빈곤에서 벗어나기 위한 절박한 상황은 젊은 세대에게는 이해될 수 없는 것이지요. 생존의 철칙에 의해 강제되는 부지런함이 아니라 자기 인생을 책임지려는 자립심과 보다 나은 미래를 만들어 가려는 자발적이고 자각적인 삶의 태도로서의 충일함이 요구되는 시점이라고 생각합니다.

6

공자 말하기를, "군자를 모시는데 세 가지 허물이 있다. 상대의 말이 아직 끝나지 않았는데 먼저 말하는 것은 조급함이고, 상대의 말이 끝났는데 말하지 않는 것은 숨기는 것이고, 안색을 살피지 않고 말하는 것은 눈치가 없는 것이다."

孔子曰 侍於君子 有三愆 言未及之而言謂之躁 言及之而不言謂之隱 未見顔色而
공자왈 시어군자 유삼건 언미급지이언위지조 언급지이불언위지은 미견안색이
言謂之瞽
언위지고

- 굳이 군자가 아니라 모든 사람을 대하는 태도가 '시(侍)' 즉 '모심'이 옳은 태도라고 생각해요. 공자의 평소 이야기라면 '군자를 모시는'이 아니라, 군자의 '모시는 태도'라고 이야기하는 것이 일관성이 있을 것 같습니다.
- 동학의 유명한 주문(呪文)이 '시천주(侍天主)'로 시작하지요. '인내천(人乃天)'의 인(人)은 신분 계급 노소 남녀를 구분하지 않는 모든 사람이라는 것이 동학의 위대함이라고 생각해요.
- 사람뿐 아니라 만물(萬物)이 모심의 대상이지요. 특히 인간중심적인 문명으로 생태계의 조화가 무너져 발생하는 기후 재앙 등을 만나면서 동학의 이런 사상이 크게 주목받고 있다고 생각합니다.
- 사람과 대화를 할 때 세 가지를 주의하라고 이야기하고 있군요. 말이 끝나기도 전에 말하는 것(躁), 물었는데도 말하지 않고 숨기는 것(隱), 상대의 마음을 헤아리지 않고 말하는 것(瞽)은 진정한 '모심(侍)'이 아니라는 것이지요.
- 실제로 우리가 사람과 대화할 때 범하기 쉬운 것을 잘 지적했다고 생각합니다. 특히 나 같은 노인에게 권하는 말이 있더라고요. '묻기 전에는 말하지 말라.'고요. 꼰대가 되지 말라는 것으로 이해하고 있답니다. 물론 할 말은 해야지요. 그 할 말이 무엇인가를 알고 그때를 아는 것이 노인의 지혜라고 생각합니다. 노인 스스로가 모심의 대상이 아니라 오히

려 모시는 주체라는 자각이 있어야 되겠지요.
- 뭔가 묻고 싶어지는 노인이 되는 것이 쉽지 않아요. 가르치려는 태도가 아니라 함께 탐구하고 찾아가려는 태도일 때 노인의 경험이 제대로 살려지겠지요.
- 노인의 태도도 묻는 것이 먼저라는 생각이 듭니다. 젊은이들에게 가르치려는 태도가 아니라 묻는 태도지요. 겉으로가 아니라 그것이 진심일 때 노청(老靑) 간의 아름다운 조화가 이루어지겠지요. '입은 닫고, 주머니는 열어라.'는 말을 듣지 않으려면 흔히 말하는 노욕(老欲)에서 벗어나야겠지요.

---

7

공자 말하기를, "군자가 경계해야 할 것이 세 가지 있다. 젊어서는 혈기가 안정되어 있지 않으므로 색을 경계해야 하고, 장년에는 혈기가 강성해지므로 싸움을 경계해야 하고, 노년에는 혈기가 이미 쇠함으로 집착을 경계해야 한다."

孔子曰 君子 有三戒 少之時血氣未定戒之在色 及其壯也血氣方剛 戒之在鬪 及
공 자 왈   군 자   유 삼 계   소 지 시 혈 기 미 정 계 지 재 색     급 기 장 야 혈 기 방 강   계 지 재 투   급
其老也 血其旣衰 戒之在得
기 노 야   혈 기 기 쇠   계 지 재 득

- 군자의 경계라고 하기보다 사람들의 연령별 특성을 이야기하는 것으로 보입니다. 혈기의 변화를 이야기하면서 특히 경계할 것으로 색(色), 투

(鬪), 득(得)으로 보고 있군요.

- 득(得)을 탐욕이나 집착으로 보는 것 같은데, 노욕(老欲)을 말하는 것 같습니다.
- 어떤 책에서 노인이 되면 기운이 쇠해져서 욕망 또한 줄어들기 때문에 '종심소욕불유구(從心所欲不踰矩)'가 쉬어진다는 해석을 보고 좀 황당했던 기억이 있습니다. 내가 노인이 되어 보니까 그런 면이 전혀 없다고 할 수는 없는 것 같아요. 기운이 쇠약해지는 만큼 거기에 순응하여 욕망이 줄어든다면 잘 늙는 것이죠. 그런데 그렇지 않고 오히려 마음에 여러 집착이 강해지면 자신과 주위를 힘들게 하지요.
- 갖은 풍상을 다 겪고 나서 다시 어린 아이의 천진난만함으로 돌아가는 삶이야말로 대교약졸(大巧若拙)의 아름다운 모습이 아닐까 합니다.

## 8

공자 말하기를, "군자가 두려워하는 것이 셋 있으니 천명을 두려워하며 대인을 두려워하며 성인의 말씀을 두려워한다. 소인은 천명을 몰라서 두려워하지 않고 대인을 함부로 대하고 성인의 말씀을 업신여긴다."

孔子曰 君子有三畏 畏天命 畏大人 畏聖人之言 小人 不知天命而不畏也 狎大人
공 자 왈   군 자 유 삼 외   외 천 명   외 대 인   외 성 인 지 언   소 인   부 지 천 명 이 불 외 야   압 대 인

侮聖人之言
모 성 인 지 언

- 눈앞의 이익에 천착하는 소인배의 행동 양식에 대한 한탄입니다.
- 무엇을 외경(畏敬)하는가가 그 사람됨을 잘 나타내지요. 동시에 무엇을 부끄러워하는가를 보아도 알 수 있고, 무엇을 기뻐하는가를 보아도 알 수 있겠지요.
- 추구하는 가치가 다르기 때문에 어떤 사람이 외경하는 것을 어떤 사람은 업신여기지요. 숭고지향성을 바라보는 사람과 눈앞의 이익을 도모하는 사람은 다를 수밖에 없지요.
- 대인(大人)이라는 표현은 공자가 잘 안하는 것인데, 여기서는 높은 경지에 달한 인자(仁者)나 군자(君子)를 그렇게 부르는 것 같습니다.

## 9

공자 말하기를, "나면서부터 아는 자는 최상의 인물이다. 배워서 아는 자는 그다음이요, 곤란해져서 배우는 사람은 또 그다음이다. 곤란해져도 배우지 않는 자는 가장 하급이다."

孔子曰 生而知之者上也 學而知之者次也 困而學之又其次也 困而不學民斯爲下矣
공자왈 생이지지자상야 학이지지자차야 곤이학지우기차야 곤이불학민사위하의

- 생이지지(生而知之)는 뛰어난 천재(天才)를 말하는데, 공자는 스스로 생이지지자가 아니라 배우기를 좋아하는 사람(7/19)이라고 스스로를 평하지요. 바로 그 점이 공자의 특징이라고 생각됩니다. 타고난 천재보다 호학

(好學)을 일관된 태도로 중시했지요.

- 이런 식의 분류는 별로 마음에 들지 않습니다만, 실제로 사람들은 그 마음의 상태가 여러 등급이 있는 것은 사실입니다. 원불교에서는 수양의 정도에 따라 진급을 시키는데, 사람들의 상향(上向) 의지를 키우는 데 도움이 될 것 같습니다.
- 곤이불학(困而不學)이야말로 어쩔 수 없는 상태 같습니다. 자신에게는 그런 요소가 없는지 살펴보게 되네요. 어떤 분야에서는 실패를 반복하면서도 완고함에 갇혀 있는 경우가 의외로 많거든요.

---

## 10

공자 말하기를, "군자는 아홉가지를 생각한다. 볼 때는 밝음을 생각하고, 들을 때는 총명을 생각하고, 얼굴빛은 온화하게, 용모는 공손하게, 말은 진실하게, 일은 정성스럽게, 의심스러운 것은 묻는다. 분노가 일 땐 뒤에 올 어려움을, 이득을 볼 때는 의를 생각한다."

孔子曰 君子有九思 視思明 聽思聰 色思溫 貌思恭 言思忠 事思敬 疑思問 忿思難
공자왈 군자유구사 시사명 청사총 색사온 모사공 언사충 사사경 의사문 분사난
見得思義
견 득 사 의

- 무슨 시험에 대비한 간추린 정리 같군요.
- 공자가 직접 말한 것 같지 않고, 편집자가 짜깁기한 것 같습니다. 공자의 말을 전하는 방식이 보통은 자왈(子曰)로 시작하거든요. 이편에서는

공자왈(孔子曰)로 시작하고, 삼(三)이라는 숫자를 선호하더니 마침내 구(九)까지 나오는군요. 편집자의 작품 같습니다.
- 요즘 학원의 일타 강사를 연상시킵니다.

## 11

공자 말하기를, "선(善)을 보면 못 미친 듯 하고, 불선(不善)을 보면 끓는 물에 손이 닿는 것처럼 한다. 나는 그런 사람을 보았고, 그런 말을 들었다. '은거하면서 그 뜻을 구하고 의를 실현하여 그 도를 이룬다.'는 말은 들었으나 그렇게 하는 사람을 보지는 못했다."

孔子曰 見善如不及 見不善如探湯 吾見其人矣 吾聞其語矣 隱居以求其志 行義
공 자 왈 견 선 여 불 급 견 불 선 여 탐 탕 오 견 기 인 의 오 문 기 어 의 은 거 이 구 기 지 행 의
以達其道 吾聞其語矣 未見其人也
이 달 기 도 오 문 기 어 의 미 견 기 인 야

- 은자(隱者)에 대한 언급은 당시 공자를 비판하는 사람들에 대한 공자의 생각을 표현한 것으로 보이는데, 여러 감정이 섞여 있는 것 같습니다
- 그래요. 하나는 그들에 대한 존중입니다. 여러 장면에서 그런 대화들이 있지요. 또 하나는 그들에 대한 비판적 시각입니다. 여기서는 '은거하면서 그 뜻을 구하고 의를 실현하여 그 도를 이룬다.'는 말은 들었어도 실제로 본 일은 없다고 말하는 것이 그런 비판적 느낌으로 다가오네요.
- 은자들이 공자를 비판하는 말을 들었을 때, 나도 그러고 싶지만 내가 새나 짐승들과 살 수는 없는 것 아니냐며, 화광동진(和光同塵)의 실천을 이

야기하는 장면도 있지요.
- 난세(亂世)를 살아가는 사람들, 특히 선(善)을 추구하고 불선(不善)을 피하려는 사람들 사이에서 어떻게 살 것인가에 대한 고뇌들은 예나 지금이나 마찬가지지요. 공자의 여러 언급이나 은자들과의 조우에서 이런 심정이 느껴집니다.
- 지금도 세상을 멀리하며 자연과 벗하며 유유자적(悠悠自適)하는 삶을 그리는 사람들도 많잖아요. 난세일수록 사람은 피하고 자연이나 동식물과 친하려는 경향이 많이 나타나지요.

## 12

제경공은 전차를 끄는 말이 4천 필이 있었으나 죽는 날에 사람들이 칭송할만한 덕이 없었다. 백이숙제는 수양산 밑에서 굶어 죽었지만 사람들이 지금까지 칭송한다. 시경의 말은 이를 두고 한 말일 것이다.

齊景公有馬千駟 死之日民無德而稱焉 伯夷叔齊餓于首陽之下 民到于今稱之 其
제 경 공 유 마 천 사    사 지 일 민 무 덕 이 칭 언    백 이 숙 제 아 우 수 양 지 하    민 도 우 금 칭 지    기
斯之謂與
사 지 위 여

- 제나라는 강국이었고, 그 임금인 경공은 오랫동안 정치를 했으나 백성들의 신뢰를 얻지 못한 사람으로 안연편에 공자와 만나 대화를 하는 장면이 있지요. '군군신신(君君臣臣)부부자자(父父子子)'라는 이야기가 나오

지요.
- 직접 만나본 제경공과 오래 전 백이숙제를 비교하고 있는데, 앞 장에 이어진 것으로 본다면 '들은 일은 있어도 본 일은 없다.'고 한 예(例)로 백이숙제를 들고 있지 않나 생각되는군요. 공자 당시의 현실에는 없다는 한탄과 함께.
- 공자는 백이숙제를 인(仁)을 행한 사람으로 칭송하고 있지만, 동시에 당신의 제자들을 비롯해서 많은 이른바 지사(志士)들이 비판한 관중을 인자(仁者)라고 칭찬하거든요. 백이숙제의 의(義)와 관중의 인(仁) 사이에서 공자도 아마 많은 생각을 했겠지요. 공자는 그의 행적으로 보아 관중의 인(仁)에 더 친화적이지 않았나 싶습니다.
- 주자(朱子)는 이 장의 첫머리에 '공자왈(孔子曰)'이 있어야 하는데 궐문(闕文)으로 보고 있군요.
- 맨 뒷부분의 이어짐이 애매한데, 정자(程子)는 시경(詩經)의 '성불이부역지이이(誠不以富亦祇以異)'라는 구절이 '기사지위여(其斯之謂與)' 앞에 와야 할 것이 빠졌다고 말합니다.

## 13

진항이 백어(鯉, 공자의 아들)에게 물었다.
"선생은 아버님께 특별히 들은 이야기가 없습니까?"
"없었습니다. 한번은 혼자 서 계실 때 제가 종종걸음으로 뜰을 지나

가는데, '시를 배웠느냐?'고 물으시기에 '아직 안 배웠습니다.'라고 했더니, '시를 배우지 않으면 말을 할 수가 없다.'고 하셨습니다. 저는 물러나와 시를 배웠습니다.

다른 날 또 혼자 계실 때 종종걸음으로 뜰을 지나는데 '예를 배웠느냐?' 하시기에 '아직 안 배웠습니다.' 하고 대답했더니, '예를 배우지 않으면 남 앞에 설 수가 없다.'라고 하셔서 물러나와 예를 배웠습니다. 이 두 가지 말씀을 들었습니다."

진항이 백어와 헤어진 뒤 기뻐하며 말했다. "한 가지를 물었다가 세 가지를 알게 되었다. 시를 듣고, 예를 듣고, 또 군자는 그 자식을 특별 대우하지 않는다는 것을 들어 알았다."

陳亢問於伯魚曰 子亦有異聞乎 對曰 未也 當獨立 鯉趨而過庭 曰學詩乎 對曰未
진항문어백어왈 자역유이문호 대왈 미야 당독립 이추이과정 왈학시호 대왈미
也 不學詩無以言 鯉退而學詩 他日 又獨立 鯉趨而過庭 曰學禮乎 對曰未也 不學
야 불학시무이언 이퇴이학시 타일 우독립 이추이과정 왈학례호 대왈미야 불학
禮無以立 鯉退而學禮 聞斯二者 陳亢退而喜曰 問一得三 聞詩聞禮 又聞君子之
례무이립 이퇴이학례 문사이자 진항퇴이희왈 문일득삼 문시문례 우문군자지
遠其子也
원기자야

■ 진항은 공자의 제자이기도 하지만 더 직접적으로는 자공의 제자이기도 한 인물인데, 스승인 자공에게 공자보다 더 뛰어나다고 했다가 자공에게 꾸중을 들은 일화가 있는 좀 까칠한 인물이지요. 백어는 공자의 아들로 이름이 공리(孔鯉)인데 공자 학단의 일원으로 함께 살았던 것 같습니다.

■ 공자는 괴력난신(怪力亂神)을 이야기하지 않고 형이상학적이고 추상적인 이야기를 하지 않았으므로 공자의 가르침에 만족하지 못한 제자들이 많았을 거예요. 진항이 대표해서 질문을 한 셈입니다. 아들에게는 뭔가 특별한 것을 가르치지 않았는가 하는 질문이지요.

- 공자도 그런 것을 알고, 자신은 숨기는 것이 없고 그대들이 보고 듣는 것이 전부라는 말을 한 적이 있지요. 아들에게도 자신들에게 늘 이야기하는 평범한 이야기를 했다는 말을 들은 진항의 반응이군요.

## 14

임금의 아내를 임금이 부르기를 '부인'이라 하고, 부인이 스스로를 부를 때는 '소동'이라 한다. 나라 사람들이 부를 때엔 '군부인'이라 하고, 다른 나라 사람들에게 말할 때는 '과소군'이라 하고, 다른 나라 사람들이 부를 때엔 역시 '군부인'이라 한다.

邦君之妻君稱之曰夫人 夫人自稱曰小童 邦人稱之曰君夫人 稱諸異邦曰寡小君
방 군 지 처 군 칭 지 왈 부 인   부 인 자 칭 왈 소 동   방 인 칭 지 왈 군 부 인   칭 저 이 방 왈 과 소 군
異邦人稱之亦曰君夫人
이 방 인 칭 지 역 왈 군 부 인

- 뜬금없이 왕비의 호칭에 대해 말하고 있는데, 많은 주석가들은 죽간이 뒤섞여서 잘못 삽입된 구절로 봅니다.
- 지금도 대통령 부인을 영부인(令夫人)이라고 부르는데, 지금 이 나라에서는 '대통령 배우자법'을 만들자는 이야기가 나오고 있지 않습니까? 그 공적 지위와 역할을 법으로 부여해서 사람에 따라 나타나는 국정농단을 막자는 취지지요.
- 최고 권력자 배우자의 배갯머리송사는 예나 지금이나 바른 정치의 걸림돌이 되기 쉽지요.

## 제17편

# 양화(陽貨)

---

"인을 좋아하면서 배우기를 좋아하지 않으면 그 폐단은 어리석어지고,
지혜를 좋아하면서 배우기를 좋아하지 않으면 그 폐단은 허황하여지고,
신의를 좋아하면서 배우기를 좋아하지 않으면 그 폐단은 의를 해치게 되고,
정직함을 좋아하면서 배우기를 좋아하지 않으면 그 폐단은 가혹하여지고,
용기를 좋아하면서 배우기를 좋아하지 않으면 그 폐단은 난폭하여지고,
굳세기를 좋아하면서 배우기를 좋아하지 않으면 그 폐단은 무모해진다."

호인불호학 기폐야우   호지불호학 기폐야탕   호신불호학 기폐야적
好仁不好學 其蔽也愚   好知不好學 其蔽也蕩   好信不好學 其蔽也賊
호직불호학 기폐야교   호용불호학 기폐야란   호강불호학 기폐야광
好直不好學 其蔽也絞   好勇不好學 其蔽也亂   好剛不好學 其蔽也狂

# 1

양화가 공자를 만나고 싶어 했지만 공자는 만나주지 않았다. 그러자 공자에게 삶은 돼지를 선물로 보냈다. 공자는 그가 없는 틈을 타서 그의 집에 사의를 표하러 갔다가 돌아오는 길에 그를 만났다. 양화가 공자에게 말했다.

"오시오, 내 선생께 할 말이 있소. 자기의 보배를 품안에 감춰두고 나라를 어지럽게 하는 것을 인하다 하겠습니까?"

공자 말하기를, "불가합니다."

"정치에 종사하기 좋아하면서도 자주 그 기회를 놓치는 것을 그것을 지혜롭다 하겠습니까?"

"불가합니다."

"해와 달이 지나고 세월은 우리와 함께 머물러주지 않습니다."

"알겠습니다. 나도 장차 벼슬을 살려고 합니다."

陽貨欲見孔子 孔子不見 歸孔子豚 孔子時其亡也而往拜之 遇諸塗 謂孔子曰 來 予與爾言 曰 懷其寶而迷其邦可謂仁乎 曰 不可 好從事而亟失時可謂知乎 曰 不可 日月逝矣歲不我與 孔子曰 諾吾將仕矣

■ 양화라는 인물은 당시 노나라의 실권자였던 계씨 집안의 가신(家臣)이었던 양호(陽虎)입니다. 양호는 계씨 가문의 적장자인 계환자를 감금하는 등 그 자신이 권력을 쥐려는 야망을 가지고 공자의 협력을 구했고, 이에 대해 공자가 망설이면서도 완곡하게 거절하는 장면 같습니다.

- 당시의 예절을 이용한 공자와 양호의 숨바꼭질 놀이 같군요. 주인이 없을 때 선물을 하면 그 답례를 해야 하는 예법이 있었던 모양입니다. 그래서 양호가 그것을 활용했고, 공자가 자기가 없을 때 답례하러 올 것을 예상하고 길목을 지켰다가 공자를 설득하는 장면 같습니다.
- 양호도 야망이 컸던 인물로 보입니다. 당시 현자로 이름이 난 공자를 초빙하려고 공자가 강조하는 인(仁)과 지(知)를 들어서 난세(亂世)를 바로잡기 위해 자신을 도와 출사(出仕)하라고 설득하는 장면입니다.
- 공자도 양호의 제안을 강하게 거부하지 않으면서 그를 피했던 것을 보면 아마 망설임이 있었을 것 같습니다. 요즘 말로 옮겨 보면 양호의 제안은 이런 내용 같습니다; '당신이 늘 인(仁)을 이야기하는데, 나라가 어지러운 이때에 당신이 품고 있는 뜻(寶)을 마음속에 담아만 두고 난세를 방관하고 있다면 그것이 인(仁)이겠습니까? 또 당신은 은자(隱者)의 길을 가지 않고 현실에 참여하려는 사람인데 그때를 자주 놓치는 것이 지혜롭다 하겠습니까? 세월이 우리를 기다리지 않습니다. 결단하십시오.'
- 공자가 거부하기 힘든 논리를 구사하니까 부정하지 못하고, 그러면서 '장차 출사를 고려해 보겠습니다.' 하며 그 자리를 회피하는 모습으로 보이는군요.
- 평소 계씨를 비롯한 삼환(三桓)의 국정 농단에 비판적이던 공자가 계씨 정권에 반기를 든 양호의 초대에 응하지 않은 이유가 뭘까요? 양호의 반란이 진압될 것이라는 현실적 판단일까요? 아니면 계씨도 나쁘지만, 양호가 권력을 쥐면 그보다 더 나빠질 것이라는 정치적 판단일까요?
- 아마도 그 둘 다를 고려하지 않았을까요?
- 시대와 사회는 다르지만, 지금도 흔히 볼 수 있고, 부딪치는 그런 장면 아니겠습니까?

- 당신이 상당한 명망과 추종자가 있는 폴리페서(polifessor)인데, 만일 지금 권력을 쥔 쪽이나 권력을 쥘 가능성이 큰 쪽에서 평소 정치 참여를 통해서 난세를 극복하려는 뜻을 가진 당신에게 이런 제안이 들어온다면 어떤 기준이나 원칙을 가지고 그에 대응하겠습니까?
- 시라카와 시즈카(白川靜)는 공자와 양호에 대해 다음과 같이 이야기합니다; "양호는 공자보다 다소 연배가 위의 사람이었던 것 같다. 그는 일찍부터 계씨를 따랐지만 삼가(三家)의 전제정치에 강한 불만을 가지고 있었던 것 같다. 삼가를 누르고 자신의 전제 정권을 세운 것도 그에게는 혁명의 행동이었다. 공산불요도 그 때 양호와 한 동아리였다. 양호는 아마도 공자를 자신과 비슷한 생각을 하는 동지로 여기고 초빙하려고 했을 것이다. 그러나 공자는 그를 경원하고 거부했다. 자기의 이상태(理想態)에 대한 부정태(否定態)로서의 타락한 모습을 공자는 양호에게서 일찍이 보고 있었던 게 아닐까."(번역: 이인우)

## 2

공자 말하기를, "사람이 타고나는 본성은 서로 비슷하나 환경과 습관이 서로 멀어지게 만든다."

子曰 性相近也 習相遠也
자 왈 성 상 근 야 습 상 원 야

- 참으로 오래된 주제를 이야기하고 있네요. 공자의 입장인데, 본성이 비

숫하다는 말 속에는 인간에 대한 근원적 신뢰가 담겨 있습니다. 이것을 긍정적으로 발전시킨 사람이 맹자지요. 이른바 성선설(性善說)이지요. 인간의 본성이 비슷하다는 견해를 받아들이지만 순자(荀子)는 성악설(性惡說)에 가깝지요. 그러다 보니 법의 엄격한 집행 등을 중시한 한비자와 이사 등의 제자들이 이른바 법가(法家)를 이루고 왕도정치를 난세에는 실현할 수 없는 가식적인 것으로 비판하지요.

- 한때 사회주의를 표방하는 유물론에서도 환경을 중시하여 제도와 교육을 통하여 인간을 개조할 수 있다는 정책을 폈지만, 그 결과는 성공적이지 못했지요. 오히려 집단주의와 전체주의의 질곡을 더욱 심하게 함으로써 극복하고자 했던 자본주의에 패퇴하는 결과를 가져왔지요.

- 유전적 요소와 후천적 환경이 어느 것이 더 중요한가에 대한 논쟁은 지금도 계속되고 있습니다. 개별적 인간이라는 차원에서 본다면 유전적 요소가 결코 환경적 요소보다 덜 중요한 것 같지는 않습니다. 그러나 집단이나 인류라는 종(種)으로 넓혀서 보면 더욱 단정적으로 규정할 수 없다는 생각이 듭니다. 현상을 보는 관점과 바라보는 미래에 대한 상(相)의 다름이 여러 종교적 사상적 입장으로 나뉘고, 그것이 정치 이데올로기로 갈라져서 싸우지요.

- 기독교의 원죄설(原罪說)과 불교의 연기론(緣起論)도 크게 보면 이런 관점의 차이라고 볼 수도 있을 것 같습니다.

- 인간이라는 종(種) 자체를 놓고 보면 동물계의 일원으로서 자기중심성을 속성으로 가집니다. 어떻게 보면 이기적 유전자를 1차적 본능으로 갖는 것입니다. 이 점에서는 동물과 비슷하지요. 그러나 인간은 그 뛰어난 능력 때문에 다른 동물들과 달리 생태계의 자연적 조화를 깨트리는 존재로 되는 측면과 1차적 본능을 넘어서는 '숭고지향성'을 함께 가지게

되는 것 같습니다. 과연 숭고지향성을 2차적 본능에 가깝게 보편화할 수 있느냐가 인류가 지금 겪고 있는 생태적 재앙과 핵전쟁의 위험을 넘어서서 새로운 문명을 만들 수 있느냐 하는 분기점이 될 것 같아요.

- 이 두 가지 경향, 즉 1차적인 자기중심성과 2차적인 숭고지향성이 어떤 조화를 이룰 것인지에 대한 치열하고 엄중한 싸움이 현재 진행되고 있다고 봐야지요. 공자는 절망에 가까운 한탄을 하면서도 대체로 낙관적인 전망을 가졌던 것 같습니다. 1차적 본능으로부터 2차적 본능으로 인간을 바꿀 수 있다는 전망을 가졌던 것 같아요. 아니면 낙관적 전망을 잃지 않으려 애썼던 것 같기도 하고요. 동시대의 사람들이 그를 '그 안 될 줄 알면서 헛되이 애쓰는 자'라고 비아냥거리기도 했지요.

- 그의 군자와 소인론은 1차적 자기중심성에서 2차적 숭고지향성으로의 인간의 진화를 이루려는 제안으로 볼 수 있지요. 그것을 당시의 신분 계급제에서 사용하던 군자(君子)라는 단어의 내용을 바꾸는 데서부터 시작했다고 봐야지요.

- 낙관적으로 인류사를 본다면, 공자가 살았던 축(軸)의 시대보다 물질과 제도의 환경은 인간의 숭고지향성을 보편화할 수 있는 대단히 진전된 조건이 되고 있습니다. 자유도(自由度)가 과거에 비해 비할 수 없이 높아진 새로운 세대(世代)는 도덕이나 윤리라는 무거운 당위(當爲)의 옷을 벗고 자신의 보다 근원적인 자유를 향해 자발적으로 경쾌하게 숭고지향성을 넓혀갈 수 있는 전망을 열어가고 있다고 봅니다.

- 그보다는 지금의 정세는 훨씬 비관적으로 보입니다. 정신적으로 1차적인 자기중심성에서 벗어나지 못하고 오히려 강화한 소인(小人)들이 가공할 핵무기를 손에 쥐고 있는 형상이니까요.

- 참 어려운 시기입니다만, 인류가 그 존망을 걸고 우주적 존재 의미를 묻

게 되는 이 시대에 그것을 앞서 개척하는 새로운 문명이 창조되기를 바랄 뿐입니다.
- 한반도가 낙관적 전망과 비관적 전망의 두 면에서 가장 치열한 현장이 되고 있는 것 같습니다. 이전투구처럼 보이는 국내외의 권력투쟁 속에서 긴 역사를 통한 이런 근원적 투쟁이 진행되는 것을 볼 수 있어야 할 것 같네요.

3

공자 말하기를, "오직 상지(上知)와 하우(下愚)는 변하지 않는다."
子曰 唯上知與下愚 不移
자왈 유상지여하우 불이

- 앞 장에 이어서 보면 사람들은 후천적 학습과 주위 환경으로 변하는 존재지만, 최상의 지혜를 타고나는 사람(生而知之者)과 가장 어리석은 사람은 선천적인 요인이 더 결정적이라는 이야기군요.
- 실제로 그렇게 보이기도 해요. 다만 상지(上知)의 경우라도 그것이 대단히 부드러운 것 같으면서도 강한 아집이 될 수 있기 때문에 경계해야 한다고 생각합니다.
- 상지(上知)가 어떤 상태인가 하는 것인데요. 두뇌가 천재(天才)를 가리키는 말은 아니라고 봅니다. 무지를 자각하고 호학하는 태도를 갖춘 상태를 상지(上知)라고 할 것 같군요. 자신의 재능에 자신감을 갖게 되면 오

히려 변하지 않는 고정 관념이나 단정적인 사고로 보통 사람보다도 더 아집이 강할 수 있지요.

■ 가장 어려운 경우가 하우(下愚)인데, 지능이 떨어지는 것도 문제지만, 그것보다 맹목적인 상태가 더 어렵지요. 스스로 자신의 지적 능력이 떨어지는 것을 아는 것은 하우(下愚)가 아니라고 봅니다. 가장 어려운 것은 '나는 잘 모르지만, 저 사람은 틀림없다.'고 맹목적으로 믿는 것이죠.

■ 광신자(狂信者)나 무슨 무슨 '빠'들이 하우(下愚)라고 생각되네요. 집단적 하우(下愚)들이 '예수 천국 불신 지옥'같은 팻말을 들고 다니고, 민주주의를 우중(愚衆) 정치로 만들지요.

## 4

공자가 무성에 갔는데 현악기를 타면서 노래를 부르는 소리가 들렸다. 빙그레 웃으며 말하기를 "닭 잡는 데 어찌 소 잡는 칼을 쓰느냐?"

자유가 대답하기를, "예전에 제가 선생님께서 군자가 도를 배우면 사람을 사랑하고, 소인이 도를 배우면 부리기가 쉽다고 말씀하신 것을 들었습니다."

공자가 웃으며 좌우를 돌아보고 말하기를, "여보게들, 언의 말이 옳다. 아까 내가 한 말은 농담이었다."

子之武城聞弦歌之聲 夫子莞爾而笑曰 割鷄焉用牛刀 子游對曰 昔者偃也聞諸夫
자 지 무 성 문 현 가 지 성　부 자 완 이 이 소 왈　할 계 언 용 우 도　자 유 대 왈　석 자 언 야 문 저 부

子曰君子學道則愛人 小人學道則易使也 子曰 二三子 偃之言是也 前言戲之耳
자 왈 군 자 학 도 즉 애 인 소 인 학 도 즉 이 사 야 자 왈 이 삼 자 언 지 언 시 야 전 언 희 지 이

- 자유는 공자보다 46살이 어린 제자인데, 무성이라는 고을의 수령으로 일하고 있을 때 공자가 여러 제자들과 함께 방문했을 때의 이야기군요. 공자가 사망하기 얼마 전이고, 자유는 20대 중반의 나이일 때지요. 할아버지와 손자의 정겨운 대화로 들립니다.
- 거문고와 비파에 맞춰 노랫소리가 여기저기서 들려오니까 늙은 공자가 감동하는군요. 예악(禮樂) 정치를 최고의 이상으로 여긴 공자가 자기 제자인 청년 정치가(政治家) 자유가 그것을 실행하는 것을 칭찬하면서 하는 말이 '닭 잡는 데 소 잡는 칼을 쓰는구나.'입니다. 아마도 닭은 무성 같은 작은 고을의 정치를 말한 것이고, 소는 예악의 큰 정치를 말한 것이 겠군요. 어떻든 제자를 소 잡는 칼에 비유하고 있습니다.
- '닭 잡는 데 소 잡는 칼을 쓴다.'는 말의 연원이 된 구절이기도 한데, 요즘은 좀 쓰기 민망한 말이지요.
- 자유가 군자와 소인에 대해 말한 것도 당시에 일반적으로 사용하던 통치의 주체인 관료와 객체인 민(民)의 의미로 쓰고 있군요. 공자가 군자(君子)라는 말을 신분 계급적인 데서 인격의 내용으로 바꿔 사용하였지만, 실제로는 종래의 계급적 신분과 섞여서 쓰이고 있는 것 같습니다. 민(民)을 통치의 객체로 '부림을 받는' 존재로 보고 있지요. '부리기 쉽다(易使)' 같은 표현은 요즘 우리 귀에 거슬리지만, 당시의 제도나 의식으로 보면 당연하게 생각되었겠지요.
- 지금은 통치의 주체와 통치의 객체가 동일하다는 것을 가장 중요한 원리로 하는 민주주의를 채택하고 있지만, 실제로는 여전히 통치 주체와 객체의 분리가 있지요. 관념상으로는 동일하다고 말하지만, 실제로는

분리가 있는 현상이 지금의 실태라고 생각합니다.
- 특히 민주주의를 외부로부터 이식한 나라에서는 그 의식과 제도의 괴리가 클 수밖에 없지요. 대중 스스로가 자주성을 갖지 못하고 스스로 통치의 객체로 전락하고, 이런 대중을 권력을 위한 도구로 삼는 저급한 정치 세력이 역사를 퇴행시키는 것을 많이 보게 되지요.
- 자유가 공자의 칭찬에 대해 공자의 평소 가르침을 들어 이야기하니까, 공자가 자신이 한 말을 개그였다고 하는군요.
- 나도 공자의 개그를 들으니까 요즘 정치를 보면서 이런 개그가 나오네요. '소 잡는 데 닭 잡는 칼을 쓰고 있구나.' 소와 닭에게는 미안하다고 생각하지만, 나도 늙으면서 개그 감각이 발달하고 있거든요.

## 5

공산불요가 비읍을 근거로 삼아 반란을 일으켰다. 공자를 불렀는데 공자가 가려고 하자 자로가 불만스럽게 말하기를, "가실 곳이 없으면 그만두실 일이지 하필 공산씨에게 가시려고 합니까?"

"나를 부르는 사람이라면 어찌 부질없이 하겠느냐? 나를 써주는 사람이 있다면 나는 그 나라를 동쪽의 주나라로 만들 수도 있지 않겠느냐?"

公山弗擾以費畔 召子欲往 子路不說曰 末之也已 何必公山氏之之也 子曰 夫召
공 산 불 요 이 비 반  소 자 욕 왕  자 로 불 열 왈  말 지 야 이  하 필 공 산 씨 지 지 야  자 왈  부 소
我者 而豈徒哉 如有用我者 吾其爲東周乎
아 자  이 기 도 재  여 유 용 아 자  오 기 위 동 주 호

- 양호가 반란을 일으킨 비슷한 시기에 공산불요도 반란을 일으킵니다. 양호도 공자를 초청했지만, 공산불요도 공자를 부릅니다. 양호에 대해서는 완곡하게 거부했지만, 공산불요에 대해서는 마음이 끌렸던 것 같군요.
- 당시 노나라의 왕권이 삼환(三桓)의 전횡으로 약화되자 삼환의 대표격인 계씨에 반발하여 그 가신이었던 대부들이 반란을 일으키고 평소 제후(왕)의 통치가 아닌 대부의 전횡을 비판하던 요즘으로 말하면 명망 있는 '폴리페서' 공자에게 반란의 주도자들이 손을 내미는 장면이군요.
- 공자의 위치나 역할이 분명해지는 장면들입니다. 공자는 반란을 주도할 인물은 아니지요. 그의 말에서도 알 수 있듯이 그를 써주면 그의 이상을 펼 수 있다고 생각하는 학자(學者)이지요.
- 공산불요에게 가려고 하다가 자로의 제지를 받는 장면인데, 공자 같은 이상주의자들이 빠지기 쉬운 함정이 자로에게는 보일 수 있지요. 이상주의적인 사상가나 학자가 현실정치 참여를 강하게 바랄 때 스스로의 이상을 향한 열정 때문에 현실적 판단을 그르칠 수 있지요. 요즘도 그런 실례들이 많이 있지요.
- 바로 이 장에서 말하는 것처럼 공산불요에게 가서라도 쇠퇴한 주나라의 정치와 문화를 살려 새로운 나라를 만들 수 있다는 포부를 피력하는 것이지요.
- 오히려 자로의 눈에는 그것이 이룰 수 없는 꿈이라는 것이 보였겠지요. '하필이면 공산씨냐?' 하며 화가 나서 막았겠지요. 공자에게는 이런 제자들이 있어서 위대한 스승으로 남을 수 있었다는 생각이 드네요. 만일 공자가 반란에 동조해서 활동을 했다면 아마 그는 비참한 최후를 맞았을지 모르지요. 권력욕을 넘어서는 이상(理想)과 판단력이 그를 비참한

죽음이 아니라 성인의 반열에 올라서게 한 것이 아닐까요?
- 노나라의 이런저런 현실에 실망하여 노나라를 떠나 자신의 이상을 펼 수 있는 왕을 만나려고 하지만, 결국 실패하고 노나라에 돌아와서 학자로서 스승으로서 여생을 보내지요. 어떤 권력자보다 후세에 더 영향을 미친 사람으로, 심지어는 성인으로 추앙을 받게 되었지요.

## 6

자장이 공자께 인(仁)에 대하여 묻자 공자 말하기를, "다섯 가지를 천하에 행할 수 있는 것이 인이다."

자장이 그 다섯 가지에 대하여 듣기를 청하자 말씀하시기를, "공손·관대·신의·민첩·은혜. 공손하면 모욕을 당하지 않고, 관대하면 여러 사람의 지지를 받고, 신의가 있으면 남이 일을 맡기고, 민첩하면 공적을 올리게 되고, 은혜로우면 사람을 부릴 수 있게 된다."

子張問仁於孔子 孔子曰 能行五者於天下爲仁矣 請問之曰 恭寬信敏惠 恭則不侮
자장문인어공자 공자왈 능행오자어천하위인의 청문지왈 공관신민혜 공즉불모

寬則得衆 信則人任焉 敏則有功 惠則足以使人
관즉득중 신즉인임언 민즉유공 혜즉족이사인

평소 이야기하던 덕목을 종합적으로 말하는 것도 같지만, 인(仁)을 추상적 관념적으로 이해하는 것에 머무르기 쉬운 사람들에게 그 실행에 대하여 구체적으로 생각하게 하는 구절이다. 인은 다섯 가지 덕목이 조화된 인격에 의해서만 제대로 실행할 수 있다는 것이다.

다섯 가지 덕목 가운데 한두 가지는 가질 수 있으나 이 다섯 가지를 모두 한 인격 안에서 조화시키는 것은 결코 쉬운 일이 아니다. 공손하고 관대하기는 하지만 민첩하지는 못한 경우도 많고, 신의가 있고 민첩하지만 공손하거나 관대하지 못한 경우도 있다. 흔히 공손하면 무시당하거나 모욕당하기 쉽다고 해서 일부러 허세를 부리는 경우도 있을지 모르지만 상대로부터의 반응을 의식하는 공손은 진짜가 아니다.

그런 차원을 넘어서는 공손은 결코 모욕당할 수 없는 것이다. 관대함도 사람을 얻는 수단으로서 하는 경우는 얼마 안 가서 그 밑천이 드러나고 만다. 서(恕)의 내면적 힘이 길러져야 하는데, 이 힘은 무아집의 힘인 것이다. '내가 생각하는 것이 틀림없다.'는 생각이 강한 사람은 결코 관대할 수 없는 것이다.

신용이 있으면 남이 일을 맡기고, 민첩하면 공적을 올린다는 말은 인(仁)의 실천이 결코 어진 성품만을 이야기하는 것이 아니라는 것을 잘 말해준다. 인의 중요한 덕목의 하나가 그 실제적 능력이라는 것은 논어의 여러 장에서 이야기하고 있다. 이 점이 간과되어서는 안 된다고 생각한다. 공손하고 관대하며 베푸는(惠) 태도와 실무적 능력을 함께 갖추는 것이 중요한 것이다. 도산 안창호 선생이 무실역행(務實力行)을 강조한 것도 이런 바탕에서가 아닐까 생각한다.

민첩하고 약속을 잘 지키나 관대하지 못하거나, 공손하고 관대하긴 하지만 실무적 능력이 없거나 약속을 잘 지키지 못하는 것은 공자가 말하는 인(仁)의 실천과는 거리가 있는 것이다.

■ 능력이 있고, 약속을 칼같이 지키는 사람이 관대한 성품을 갖는 것은 드문 일 같아요.

- 그러다 보면 사람이 잘 붙지가 않는 것 같아요. 옛말에 '너무 맑은 물에는 고기가 놀지 않는다.'는 말도 있잖아요.
- 저도 관대하고 싶은데요. 사람마다 다름이 있잖아요? 생각은 그렇게 하는데 구체적으로 일을 하다 보면 다른 사람의 결점이 너무 잘 보여요.
- 그 미진한 점이 보일 때 내 마음의 상태가 어떤 것인가가 중요한 것 같아요. 일은 어떻든 이루어져야 하니까 부족하거나 잘못된 것은 고치고 보완해야 하겠지요. 이때 비난하거나 책(責)하는 마음이 없는 것이 중요하다고 생각해요.
- 저도 그렇게 생각은 하는데 어쩔 수 없이 비난하고 책하는 마음이 나요. 타고난 성품 같기도 하고 스스로 자괴감에 빠질 때가 많아요.
- 어떤 일을 처리함에 능력이 부족하다는 것이 결코 비난하거나 책할 일이 아니라는 것과 자신도 어떤 분야에서는 다른 사람들 눈에 얼마나 부족하게 보일까 하는 역지사지(易地思之)하는 마음이 필요한 것 같아요.
- 사실 생각해 보면 참으로 많은 사람들이 나의 부족함을 채워주고 또 봐주어서 지금까지 살아오는 것 아니겠어요. 내가 잘나서 살아온 것이 아니지요. 사람과 자연의 은혜로 살아온 것이지요. 베풂을 받아 왔으니 나도 베풀어야지요.

7

필힐이 부르니 공자가 가려 하자 자로가 말하기를, "전에 저는 선생님께서 '직접 그 자신이 악한 짓을 한 사람의 집에 군자는 들어가지 않는다.'고 말씀하시는 것을 들었습니다. 필힐이 중모읍에서 반기를 들었는데도 선생님께서 가시려 하니 어찌 된 일입니까?"

공자 말하기를, "그렇다. 그런 말을 한 적이 있다. 갈아도 엷어지지 않는다면 굳다고 말할 수 있지 않겠느냐? 물들여도 검어지지 않는다면 희다고 할 수 있지 않겠느냐? 내 어찌 박이나 외처럼 매달려 있기만 하고 먹지 못하는 것이겠느냐?"

佛肹召子欲往 子路曰 昔者由也聞諸夫子曰 親於其身爲不善者君子不入也 佛肹
불 힐 소 자 욕 왕  자 로 왈  석 자 유 야 문 저 부 자 왈  친 어 기 신 위 불 선 자 군 자 불 입 야  불 힐
以中牟畔 子之往也如之何 子曰 然有是言也 不曰堅乎磨而不磷 不曰白乎涅而不
이 중 모 반  자 지 왕 야 여 지 하  자 왈  연 유 시 언 야  불 왈 견 호 마 이 불 린  불 왈 백 호 날 이 불
緇 吾豈匏瓜也哉焉能繫而不食
치  오 기 포 과 야 재 언 능 계 이 불 식

- 노나라를 떠나 유랑하면서도 양호나 공산불요에게 받았던 것과 비슷한 초대를 받는 장면이군요. 필힐은 진나라 대부인 조간자의 가신이었는데 중모를 근거지로 반란을 일으킨 사람입니다.
- 양호, 공산불요, 필힐 등과의 교류를 통해 인간 공자의 면모를 구체적으로 만나는 것 같습니다. 이상주의자들이 현실 정치를 통해 그 이상을 실현해보려는 의지와 욕망이 강할 때 나타날 수 있는 함정들이 이 세 번의 경험을 통해 잘 표현되고 있습니다. 평소의 현실정치를 통한 인(仁)의 실현이라는 스스로의 명분에 구속당하거나(양호의 초대), 내가 하면 어떤 곳에서든 이상향을 만들 수 있다는 스스로에 대한 과신(過信)(공산불요의 초대)이나 비록 결함이 있더라도 악(惡)에 저항하고 개혁하려는 집단이라면 그 속에 내가 들어가 그들을 변화시켜 가면서(필힐의 초대) 대의(大義)를 실현해 보겠다는 환상 등이지요.
- 자로가 무모하다고 공자에게 비판을 많이 받지만, 이 장면들에서 공자

를 구한 사람이 자로군요. 이상주의자인 공자보다 현실주의자인 자로의 눈에 비친 공산불요나 필힐이 훨씬 실상에 가까웠겠지요.
- 이상 실현을 위해 화광동진하려는 실천의지가 있는 공자와 학자(學者)의 우유부단함이 동시에 느껴집니다. 어쩌면 이 우유부단함이 공자를 공자로 살렸다고도 볼 수 있을 것 같습니다. 만일 세 경우에 어느 하나라도 깊이 관련하였다면 비참한 최후를 맞이하였겠지요. 그러면 후세에 많은 영향을 미친 공자라는 성현을 우리가 만나기는 힘들었겠지요.
- 나도 젊어서 한때 필힐의 초대를 받은 공자와 비슷한 마음으로 어떤 단체에 가담했던 일이 있습니다. 곧 그것이 환상이라는 것을 깨달았지요. 그나마 일찍 깨달아서 지금의 내가 있는 것 같습니다.

8

공자가 자로에게 말하기를, "유야, 너는 육언육폐에 대해 들었느냐?"
"아직 듣지 못했습니다."
"앉아라. 내 너에게 말하여 주겠다. 인을 좋아한다면서 배우기를 좋아하지 않으면 그 폐단은 어리석어지고, 지혜를 좋아한다면서 배우기를 좋아하지 않으면 그 폐단은 허황하여지고, 신의를 좋아한다면서 배우기를 좋아하지 않으면 그 폐단은 의를 해치게 되고, 정직함을 좋아한다면서 배우기를 좋아하지 않으면 그 폐단은 가혹하여지고, 용기를 좋아한다면서 배우기를 좋아하지 않으면 그 폐단은 난폭하여지고, 굳셈을 좋아한다면서 배우기를 좋아하지 않으면 그 폐단은 무모해진다."

子曰 由也女聞六言六蔽 對曰未也 居 吾語女 好仁不好學其蔽也愚 好知不好學
자왈 유야여문육언육폐 대왈미야 거 오어여 호인불호학기폐야우 호지불호학
其蔽也蕩 好信不好學其蔽也賊 好直不好學其蔽也絞 好勇不好學其蔽也亂 好剛
기폐야탕 호신불호학기폐야적 호직불호학기폐야교 호용불호학기폐야란 호강
不好學其蔽也狂
불호학기폐야광

유교는 인의예지(仁義禮智)를 사단(四端)이라 하고, 여기에 신(信)을 더해 인간이 마땅히 지켜야 할 다섯 가지 덕목(五常)으로 중시한다.

이것이 나중에 교조화되고 형식화하면서 공자 사상에서 벗어나고, 여러 폐단을 낳게 된다. 공자 사상의 핵심은 인의예지신(仁義禮智信)보다 호학(好學)을 선차적인 덕으로 보는 것이다.

이 장은 공자도 전해들은 말을 전하고 있다. 아마 공자 사상에 큰 영향을 주었을 옛 지혜로 보인다. 인(仁)·지(知)·신(信)·직(直)·용(勇)·강(剛)은 여섯 가지 덕이지만, 호학(好學)이 빠지면 우(愚)·탕(蕩)·적(賊)·교(絞)·난(亂)·광(狂)의 여섯 가지 폐단이 된다는 것이다.

육덕과 육폐의 갈림은 호학(好學) 여부에 달려 있다. 호학이란 무엇인가? '내가 알고 있는 것이 진리다.' '내 생각은 틀림이 없다.'고 단정하거나 고정하게 되면 배우는 것을 좋아할 수 없다. 단정이나 고정이 없이 '진리란 무엇인가'를 끝까지 밝혀 가는 태도, 즉 무아집(無我執)의 탐구가 호학이다. 그 출발점이 무지(無知)의 자각이다. 스스로 공공(空空)의 자리에 설 수 있을 때라야 비로소 인의예지신(仁義禮智信)을 제대로 운용할 수가 있다.

■ 인(仁)을 좋아하면서 배우기를 좋아하지 않는다는 것이 무슨 의미일까

요?
- 아마도 관념으로는 자신이 인을 좋아한다고 생각하거나 인을 지향하는 삶을 살려고는 하는데 아집으로 자기류(自己流)에 머물러 버리는 것을 말하지 않을까요?
- 내 경우도 철학이나 사상이 총론에서는 비슷하나 각론에 가면 반대로 되는 사람들을 만나는 경우가 많습니다. 누가 옳은가 따지는 것보다 무엇이 옳은가를 함께 연찬하는 것이 중요합니다. 이것이 안 되면 결국 어리석어지는 것이지요.
- 지(知)를 좋아하면서 배우기를 좋아하지 않는다면 실사구시(實事求是)와 거리가 멀지요.
- 온고지신(溫故知新)도 안 되지요. 결국 자신의 이론이나 논리에 매몰되어 허황해지겠지요. 때로는 위험한 확증편향이 되기 쉽고요.
- 신(信)을 귀하게 여기면서 배우기를 좋아하지 않는다는 말을 들으니 깡패의 의리 같은 것이 생각나네요. 자기중심성(이익)이 바탕이 된 신의라는 것은 결국 퇴행적인 편가름이 되기 쉬운 것 아닐까요?
- 처음에는 대의에서 출발했다가 나중에 대의는 사라지고 집단 이익만 남는 경우를 역사에서 많이 보아온 것 같아요. 이때의 패거리 의리 같은 것이 그 폐가 아닐까요?
- 곧게 살려고 하는 사람도 아집이 되면 다른 사람에 대한 사랑(恕)이 결핍되어 스스로도 무겁고 다른 사람에게 가혹하게 되겠지요.
- 용(勇)을 좋아하는데 배우기를 좋아하지 않으면 그 폐가 난(亂)이라는 말도 실감이 가네요. 자로가 '군자는 용(勇)을 숭상합니까?' 하고 묻자 공자는 '군자는 의(義)를 높인다. 군자가 용기가 있되 의가 없으면 난을 일으키고, 소인이 용기가 있되 의가 없으면 도둑이 된다.'라고 말했는데, 그

런 것 같습니다.
- 강(剛)하기는 하되 배우려 하지 않는다면 극단에 흐르기 쉽지요. 그 폐를 광(狂)이라고 한 것 같네요.
- 광신자(狂信者)의 독선과 배제가 얼마나 참혹한 결과를 낳는지는 지금의 세상에서도 너무 잘 보고 있지 않나요.
- 사단이든 오상이든 육덕이든 그것이 덕이 되기 위해서는 '무아집'이 먼저라는 것이 공자 사상의 핵심이라고 생각합니다. 나중에 이것이 흐려지는 것이 유교의 폐단이 나타나는 근본 원인이 되었다고 생각합니다.
- 오늘 원불교의 대종경을 읽으면서 마침 이 문장이 생각이 나서 페북에 올린 글을 소개합니다.

"허무적멸로 도의 체로 삼고 인의예지로 도의 용을 삼아서 인간 만사에 풀어 쓸 줄 알아야 원만한 대도(大道)다."(제6변의품 20)

나에게는 이 말이 절절하게 다가온다.

논어 9편 7장에 공공(空空)이라는 단어가 나온다. 이 장은 무지의 자각을 바탕으로 진리를 탐구하는 공자의 핵심 사상을 이야기하고 있다.

공자는 호학을 인의예지보다 선차적인 가치로 삼았다. 육언육폐가 단적인 예다. 그런데 9편 7장을 제대로 이해하지 못하는 경우가 허다하다.

소태산 대종사의 허무적멸을 공공으로 읽는다면, 유가가 놓치기 쉬운 공자의 핵심 사상을 정확하게 밝힌 것으로 나에게는 보인다.

## 9

공자 말하기를, "젊은이들이여, 왜 시를 배우지 않는가? 시는 감흥을 일으키고, 세상을 바라보게 하고, 여럿이 함께 모이게 하고, 슬픔을 나눌 수 있게 하고, 가까이는 부모를 섬기고 멀리는 임금을 섬길 수 있게 하고, 각양 각색의 새와 짐승과 초목까지도 그 이름과 함께 친근하게 된다."

子曰 小子何莫學夫詩 詩 可以興 可以觀 可以羣 可以怨 邇之事父 遠之事君 多識
자왈 소자하막학부시 시 가이흥 가이관 가이군 가이원 이지사부 원지사군 다식
於鳥獸草木之名
어 조 수 초 목 지 명

- 이렇게 시(詩)를 배우기를 권하는 성현이 또 있을까요?
- 저는 젊어서 공자에 대한 편견이 있었기 때문에 논어를 읽을 생각도 안 했었지만, 나이 들어 논어를 접하고 공자에 대한 편견이 없어지다 보니까 그 인문적 깊이가 깊게 들어오는 경험을 많이 하게 됩니다. 특히 시(詩)와 음악에 대한 사랑인데요, 이 문장을 읽으면서 공자의 예술적 감성과 깊이를 새삼 느끼게 됩니다. 만일 젊어서 이런 깊이를 접했다면 아마 나도 시(詩)를 쓰게 되었을 것 같아요.
- '흥어시(興於詩) 입어례(立於禮) 성어락(成於樂)'이라는 공자의 말이 이해가 되는 느낌입니다. 공자를 이야기할 때 구체적인 수행방법이 없다는 것을 지적하는 사람들이 있고 저도 그렇게 생각했는데 시(詩)와 예(禮)와 악(樂)과 학(學)이 공자의 수행이며 명상이며 기도이군요.
- 군(君)을 인민(人民)으로 바꾼다면 지금 내놓아도 이만큼 시(詩)를 권장하

는 격문이 있을까 싶네요. 여섯 가지로 시의 세계를 이야기하는 것이 놀랍습니다.
- 나는 요즘 비록 핸드폰으로 찍는 거지만 사진 찍는 즐거움에 푹 빠졌습니다. 자연스럽게 새와 꽃과 나무의 아름다움을 찾고, 전에는 무관심하던 사물에 대한 애정도 생기고 자연스레 그 이름과 성질을 알려고 하는 것 같습니다. 일찍이 공자가 시(詩)를 이야기하면서 같은 이야기를 하니까 지금 내가 사진 찍는 것이 바로 시(詩)를 쓰는 마음이구나 하는 생각이 듭니다.

## 10

공자가 백어에게 이르기를, "너는 주남과 소남을 배웠느냐? 사람이 주남과 소남을 배우지 않으면 마치 담벽을 향해 마주 선 것 같을 것이다."

子謂伯魚曰 女爲周南召南矣乎 人而不爲周南召南 其猶正牆面而立也與
자 위 백 어 왈 여 위 주 남 소 남 의 호 인 이 불 위 주 남 소 남 기 유 정 장 면 이 입 야 여

- 앞에서도 진항이 공자의 아들 백어에게 아버지가 특별한 것을 가르친 일이 없느냐고 물었을 때 시(詩)를 배웠느냐는 말을 들었다고 한 문장이 있었지요. 공자에게 시를 배우는 것이 입문(入門)이지요. 앞 장에서 여섯 가지를 이야기한 것이 훌륭한 설명이네요.
- 시경 가운데 주남과 소남을 예로 들었군요. 두 시(詩)는 모두 문왕(文王)

의 감화를 입어서 바른 풍속을 표현한 시라고 합니다. 시(詩)를 배운다는 것은 그것을 암기하는 것이 아니라 그 감흥을 체득하는 과정이지요. 인간과 자연에 대한 마음 깊은 곳에서 일어나는 사랑과 찬탄의 감흥이지요. 이런 감흥을 느끼지 못한다면 사람과 자연을 대함에 마치 담벼락을 마주하는 것 같을 거라는 이야기이군요. 시(詩)를 배우라는 참뜻을 강조하는 장면입니다.

## 11

공자 말하기를, "예라, 예라 하지만, 그것이 옥과 비단을 말하는 것일까? 음악 음악이라 하지만, 그것이 종과 북을 말하는 것일까?"

子曰 禮云禮云 玉帛云乎哉 樂云樂云 鍾鼓云乎哉
자 왈 예 운 예 운 옥 백 운 호 재 악 운 악 운 종 고 운 호 재

- 9장의 이야기가 10장에 이어 이 장에서 결정타를 날리는 느낌입니다. 예(禮)나 악(樂)의 본질이 무엇이겠느냐는 통절한 질문이지요.
- 형태에 있지 않다는 것이지요. 아무리 치장을 화려하게 하고 악기를 잘 다룬다고 하더라도 그 안에 진실한 마음이 담기지 않으면 그것을 참된 예악(禮樂)이라고 할 수 있겠느냐는 강한 메시지로 들립니다.

## 12

공자 말하기를, "얼굴빛은 위엄이 있지만 속마음은 유약한 사람이 있는데 소인에 비유하면 담벽에 구멍을 내거나 담을 넘는 좀도둑과 같겠지."

子曰 色厲而內荏 譬諸小人 其猶穿窬之盜也與
자왈 색려이내임 비저소인 기유천유지도야여

- 당시 겉으로는 위엄을 꾸미지만 속은 사리사욕(私利私慾) 뿐으로 책임은 회피하고 비겁하여 겁을 먹고 있는 경대부들을 호되게 풍자하고 있군요.
- 지금도 권력 주변에서 공적(公的)인 마인드나 책임감 없이 호가호위(狐假虎威)하면서 사적인 이익만을 탐하는 무리들이 많지요.
- 외유내강(外柔內剛)과는 반대로 겉으로는 아무리 위엄을 가장해도 속마음은 개구멍으로 드나들거나 담을 넘는 좀도둑으로 비유하는군요.
- 공자는 비아냥거림도 찰지게 하는군요.

## 13

공자 말하기를, "시골에서 근엄한 듯이 구는 자는 덕을 해치는 도적이다."

子曰 鄕原 德之賊也
자 왈 향 원 덕 지 적 야

- 앞 장이 권력 주변의 소인배 경대부들을 비난한 것이라면 이 장은 지방에서 폼을 잡는 향원(鄕愿) 세력에 대한 이야기이군요.
- 분권과 자치를 확대하는 것은 민주주의를 한 단계 발전시키는 가장 중요한 과제지요. 풀뿌리 민주주의를 실천하는 장(場)이 바로 지역이지요. 그런데 중앙정치를 개혁하는 것보다 결코 쉽지 않아요. 그 장애 중의 하나가 '지역 유지' 행세를 하는 이른바 '향원(鄕愿)'들이지요.
- 개혁이나 쇄신에 걸림돌이 되는 뿌리 깊은 세력이지요.

14

공자 말하기를, "길거리에서 들은 말을 길거리에서 말하는 것은 덕을 버리는 것이다."

子曰 道聽而塗說 德之棄也
자 왈 도 청 이 도 설 덕 지 기 야

- 경박한 세태를 콕 집었네요. 요즘 세태를 보는 것 같습니다. 아무 책임도 없이 가짜 뉴스를 만들어내고 자극적인 과장으로 사람들의 관심을 끌어내고 증오와 혐오로 퇴행적 편가름을 부추기는 악성 유튜버들이 판을 치고, 그것에 솔깃하여 부화뇌동(附和雷同)하는 경박한 세태가 떠오릅

니다.
- 길거리에서 귀로 듣고 길거리에서 입으로 풀어놓는 것은 말하자면 귀에서 바로 입으로 이동하는 것이지요. 머리나 가슴 속에서 숙성될 수 없지요. 따라서 제대로 된 실천의지 같은 것은 처음부터 없는 것이지요. 이런 세태 속에서는 진실은 숨고 가짜가 판을 치게 되겠지요.

## 15

공자 말하기를, "비루한 사람과 함께 임금을 섬길 수 있을까? 그는 얻지 못했을 때는 얻을 것을 걱정하고 이미 얻었으면 잃을까 걱정한다. 잃을 것을 오직 걱정한다면 못할 짓이 없게 된다."

子曰 鄙夫可與事君也與哉 其未得之也患得之 旣得之患失之 苟患失之無所不至矣
자왈 비부가여사군야여재 기미득지야환득지 기득지환실지 구환실지무소부지의

- 2,500년 전 이야기인데, 군(君)을 국민이나 인민으로 바꿔 읽으면 지금도 절실하게 다가오는 말입니다. 천년이 두 번 반이나 지나는 동안 무엇이 바뀌었을까요?
- 여기서 비루한 자는 균형감 있는 지적 판단력과 열려 있는 상상력과 도덕적 감수성과 역사와 인민에 대한 책임감이 결핍되어 있는 자들을 말하는 것이지요.
- 치기(稚氣)에서 벗어나지 못한 비루한 자들에게 권력이라는 칼이 쥐어졌

을 때 우리가 어떤 위험을 맞이하는가를 지금 실감하고 있지 않습니까?
- '함께 국민을 섬기는 정치'가 우리가 생각하는 '연정(聯政)'이죠. 잔머리와 똥고집밖에 없는 비루한 자들과는 연정을 할 수 없겠지요.

## 16

공자 말하기를, "옛 사람들의 세 가지 병폐에는 그래도 쓸만한 것이 있었는데, 지금은 그것마저 없어졌구나. 옛날의 광(狂)에는 뜻이 크고 시원시원한 면이 있었지만, 요즘의 광(狂)은 터무니 없이 날뛰어 걷잡을 수 없다.
옛날의 자긍심은 모가 나되 자신에게는 엄격하였는데, 지금의 자긍심은 모가 나되 남과 다투는 것에만 강하다.
옛날의 어리석음은 정직하기는 했는데, 요즘의 어리석음은 속임수까지 쓴다."

子曰 古者民有三疾 今也 或是之亡也 古之狂也 肆 今之狂也 蕩 古之矜也廉 今之矜也 忿戾 古之愚也直 今之愚也詐而已矣 子曰 古者民有三疾 今也或是之亡也 古之狂也肆 今之狂也蕩 古之矜也廉 今之矜也忿戾 古之愚也直 今之愚也詐而已矣

'나 때는 말이야(Latte is horse)'는 이른바 '꼰대'를 비아냥거리는 유행어다. 사실 나이 들었다고 꼰대 취급하는 것은 억울할 때가 많다. 나이가 아니라 그 생각이 고정되어 있어서 다른 생각을 받아들이지 못하는 것이 꼰대다.

공자의 말도 꼰대 화법으로 들릴 수 있지만, 사실 공자는 무고정(無固定)의 사고를 하는 사람이다. 그가 말하고자 하는 것은 광(狂), 긍(矜), 우(愚)라는 세 가지 질(疾;병폐)이 그래도 사(肆;작은 일에 구애받지 않는 시원스러움), 염(廉;자신에게 엄격함), 직(直;거짓말하지 않음)이 있으면 잘 다듬어 좋게 발전시킬 수 있는데, 그것마저 사라지고 탕(蕩), 분려(忿戾), 사(詐)가 되어 버린 실태를 탄식하는 것이다.

논어 5편23장의 공자의 말이다. "백이와 숙제는 예전의 악을 마음에 새겨두지 않았다. 그래서 원망하는 일이 드물었다."(子曰 佰夷叔齊 不念舊惡 怨是用希)

보통은 위와 같이 해석하는데, 이수태 선생은 "백이숙제는 구악(舊惡)을 생각했던 것이 아니라, 그것이 드물게 쓰이는 것을 원망하였다."로 해석하는데, 아마도 17편 16장의 '고자인유삼질(古者民有三疾)'을 구악(舊惡)으로 보고, 그 쓸모 있음마저 사라진 상태를 신악(新惡)으로 본 것 같다.

예컨대, 우직(愚直) 즉 어리석지만 정직한 옛날의 질(疾)이 그리운 것이다. 좀 무리한 해석으로 보이지만, 정직함마저 사라진 어리석음은 지금도 탄식의 대상이 되고 있지 않는가?

## 17

공자 말하기를, "교언영색에는 인이 드물다."

子曰 巧言令色 鮮矣仁
자 왈 교 언 영 색 선 의 인

- 학이편 3장에 나온 말을 반복해서 인용하고 있군요.

## 18

공자 말하기를, "자주 빛이 붉은 빛을 빼앗는 것을 미워하며, 정나라의 소리가 아악을 어지럽히는 것을 미워하며, 말재주를 부려 나라와 집안을 무너뜨리는 것을 미워한다."

子曰 惡紫之奪朱也 惡鄭聲之亂雅樂也 惡利口之覆邦家者
자왈 오자지탈주야 오정성지란아악야 오리구지복방가자

- 공자의 취향이랄까 하는 것을 보여주는 문장이군요. 자주색은 붉은색(朱)에 검은색이 섞인 색으로 일종의 침범으로 본 것 같습니다. 주(朱)를 정색(正色)으로 보는데, 당시 사람들이 간색(間色)인 자주색의 농염함을 좋아하는 것을 못마땅하게 생각한 것 같군요. 정나라 음악이 아마 그 음란함으로 정악(正樂)인 아악을 어지럽게 하는 것이나 달콤한 말재주(利口)로 나라와 집안을 망가뜨리는 것을 모두 비슷한 현상으로 보고 미워한다고 말하고 있는 것 같습니다.
- 사실 일종의 취향이라고 할 수 있지요. 나도 음악을 잘 모르면서도 끌리는 음악이 있거든요. 클래식이나 가곡을 좋아하는 편입니다. 트롯은 좀 느끼하게 느껴져서 싫어하는 편이었는데, 취향도 바뀌더라고요. 각각의 특징이 있어서 무엇을 정음(正音)이라고 보는 것은 자칫 편협함이 될 것 같습니다.

- 그런데 당대 가요계의 원로인 송창식이 박정현에 대해서 뭔가 한국 가요가 심하게 치우칠 때 그 표준을 생각하게 하는 가수로 칭찬을 하더군요. 아마 음(音)의 세계에서도 달인(達人)에게는 그것이 느껴지는 것 같습니다. 공자는 당시 음악(音樂)의 달인이었지요. 크게 보면 교언영색을 싫어하는 것과 같은 맥락 같습니다.
- 주이불비나 화이부동(和而不同)과는 자칫 어울리지 않는 취향 같기도 한데, 뭐랄까 근본주의의 폐단으로 흐르지 않는 조화점이 있을 것 같습니다. 호오(好惡)를 솔직하게 이야기하는 공자의 인간적 풍모를 느끼게 하는 장면이기도 합니다.

## 19

공자 말하기를, "나는 이제 말을 하지 않으련다."
자공이 놀라서 말하기를 "스승님이 말씀하지 않으신다면 저희들이 무엇으로 배우고 전하겠습니까?"
공자 말하기를, "하늘이 무엇을 말하더냐? 그래도 사시가 잘 운행되고 만물이 생육한다. 하늘이 무엇을 말하더냐?"

子曰 予欲無言 子貢曰 子如不言則小子何述焉 子曰 天何言哉 四時行焉百物生焉天何言哉

- 공자의 말 같지 않군요. 공자는 말이 실제를 과장하거나 왜곡하는 것,

특히 사욕을 채우기 위한 교언(巧言)을 미워했지요. 언행일치(言行一致)를 강조했지만, 말의 중요성을 누구보다 강조했지요. 정명(正名)도 말이 순(順)하게 되는 것을 그 실천의 첫 단계로 강조하고 있지요.(名不正則言不順 13/3)

- 그가 말하지 않는 것이나(子不語 怪力亂神), 드물게 말하는 것(子罕言利與命與仁)을 제자들이 기록하고는 있지만, 말을 하지 않겠다는 것은 공자의 평소 언행과는 다르게 느껴집니다.
- 아마 공자가 정말로 이런 이야기를 하였다면, 그의 말이 권력을 탐하는 위정자들뿐 아니라 이른바 당시의 지식인들에게도 가 닿지 못하는 공허한 현실에 지친 나머지 나오는 한탄일 수 있지요.
- 은자(隱者)들과의 교류를 통해서 당시의 도가(道家)류의 생각에 동조하는 마음이 되었을 수도 있지요. 또는 논어 편집자들이 도가(道家)를 비롯한 이런 유의 사상 조류에 영향을 받아서 기술한 창작일 수도 있겠지요.
- 요순의 '무위(無爲)의 치(治)'를 최고의 이상으로 생각한 공자니까 아마도 말이 없이 이루어지는 천지자연의 질서를 동경했을 수도 있지요. 그러나 공자는 도가(道家)류(流)의 생각을 인정하고 때로는 스스로도 그런 욕구를 느끼면서도 말을 통해 이루어질 수밖에 없는 현실에서 말을 바르게 하는 것을 치열하게 추구한 사람이 아닐까요? 그것이 화광동진(和光同塵)을 실천한 공자의 특징으로 생각됩니다만.
- 진실한 말이 공허하게 들리고 온갖 궤변과 거짓과 영혼을 타락시키는 말들이 판을 치는 세상에서, 사실 저도 말을 그만 두고 싶습니다. 그러나 말이 아니면 어떻게 바르게 할 수 있겠습니까? 염화시중(拈花示衆)의 미소나 이심전심(以心傳心)은 인간에겐 천상의 선물인 양념이지요.

## 20

유비가 공자를 만나고 싶어 찾아왔다. 공자는 아프다고 핑계 대고 만나는 걸 사양했다. 공자의 말을 전달하는 사람이 문을 나서자 거문고를 타면서 노래를 불러 유비로 하여금 듣게 했다.

孺悲欲見孔子 孔子辭以疾 將命者出戶 取瑟而歌使之聞之
유 비 욕 견 공 자  공 자 사 이 질  장 명 자 출 호  취 슬 이 가 사 지 문 지

- 만나기 싫다고 하면 될 것을 왜 이런 방식으로 상대에게 그 뜻을 전할까요?
- 공자가 개그도 곧잘 하지만, 이런 심술스러운 장면도 연출하는군요.
- 유비가 어떤 사람인지 왜 이런 행위를 하는지에 대한 설명이 없어서 잘 모르겠는데, 어쩌면 유비에게 정말 만나고 싶으면 한 번 더 와 보라는 신호일까요?

## 21

재아가 물었다. "삼년상은 너무 깁니다. 군자가 삼년 동안이나 (다른) 예를 소홀히 하면 예가 반드시 무너지고, 삼년 동안이나 음악을 멀리 하면 음악이 반드시 무너지지 않겠습니까? 묵은 곡식이 다해서 햇곡식이 나오는 것도 1년이고, 나무를 비벼 불을 일으키는 나무도

1년으로 고쳐 넣는 것이 이치인데, 상례는 1년이면 충분합니다."

"쌀밥을 먹고 비단 옷을 입으면 너는 마음이 편하겠느냐?"

"예, 편안합니다."

"네가 편하다면 그대로 하여라. 군자는 상중에는 좋은 음식을 먹어도 입에 달지 않고, 좋은 음악을 들어도 즐겁지 않고, 거처하는 것이 편안하지 않기 때문에 그렇게 하지 않는 것이다. 네가 편하다면 그렇게 하라."

재아가 나가자 공자 말하기를, "여는 불인한 사람이다. 자식은 태어나 3년이 지나야 부모의 품에서 벗어난다. 삼년상은 천하의 공통된 상례다. 여는 자기 부모에게 삼년의 사랑을 받지 않았단 말인가?"

宰我問 三年之喪期已久矣 君子 三年不爲禮 禮必壞 三年不爲樂 樂必崩 舊穀旣
재아문 삼년지상기이구의 군자 삼년불위예 예필괴 삼년불위악 악필붕 구곡기
沒新穀旣升 鑽燧改火 期可已矣 子曰 食夫稻衣夫錦於女安乎 曰 安 女安則爲之
몰신곡기승 찬수개화 기가이의 자왈 식부도의부금어여안호 왈 안 여안즉위지
夫君子之居喪 食旨不甘聞樂不樂 居處不安故不爲也 今女安則爲之 宰我出 子曰
부군자지거상 식지불감문악불락 거처불안고불위야 금여안즉위지 재아출 자왈
予之不仁也 子生三年然後 免於父母之懷 夫三年之喪 天下之通喪也 予也有三年
여지불인야 자생삼년연후 면어부모지회 부삼년지상 천하지통상야 여야유삼년
之愛於其父母乎
지애어기부모호

- 내가 듣기에는 재아의 말이 백번 옳은 것 같은데요?
- 공자가 삼년상을 옹호하는 이유가 자식이 태어나서 삼년 동안 부모의 품에서 자란 은혜를 갚는데 삼년상이 필요하다는 이야기 같군요. 그 이유가 오히려 이상하게 들리네요.
- 효(孝)를 만행(萬行)의 근본으로 생각한 데서 오는 지나친 예(禮)라고 생각됩니다. 사실 공자도 상례(喪禮)는 형식이 아니라 마음에서 우러나는 슬픔이라는 말을 하는데, 삼년 동안 슬픔을 강제하는 것 같아서 공자의 평소 말과도 어긋나는군요.

- 재아는 우물에 사람이 빠지면 인자는 어떻게 할 것이냐고 까다로운 질문을 하기도 하고, 낮잠을 자다가 공자에게 '썩은 나무'라는 막말을 듣기도 했던 제자인데, 언어로 공문십철에 들었지만 그 말재간이 아마 공자에게 거슬렸던 것 같습니다.
- 이 장면에서도 공자가 논리적으로 밀리자 재아가 나간 뒤에 재아를 불인하다고 비난하는군요. 그런 면도 공자의 인간적 약점으로 다가옵니다. 어떻게 보면 보통의 인간이라는 친근감도 들게 하고요.
- 공자의 이런 고지식함이나 인간적인 약점들이 공자의 사상이나 실천들을 희석시켜 버린다면 공자가 인류의 정신사에 남긴 위대한 기여를 놓치겠지요. 논어가 이런 약점이나 부족함을 숨기지 않고 그대로 기술한 것이 문헌으로서 진실성을 나타내는 면도 있다고 생각합니다.
- 공자는 자기 생각을 솔직히 말한 것이고, 언제나 그것이 잘못되었으면 고칠 태도가 있었겠지만, 공자를 따르는 사람들에게는 마치 교조(敎條)처럼 되어 여러 폐단을 낳았지요.

## 22

공자 말하기를, "배불리 먹고 종일 마음 쓸 곳이 없다면 어렵지 않은가? 장기와 바둑이 있지 않나? 그것이라도 하는 것이 그래도 낫지 않겠느냐."

子曰 飽食終日無所用心難矣哉 不有博奕者乎 爲之猶賢乎已

- 무위도식(無爲徒食)은 사회적으로 지탄받는 행동인데, 여기서는 그 본인이 힘들지 않겠느냐는 것을 이야기합니다.
- 하루 종일 아무 마음 씀이 없이 편안하게 보내는 상태라면 바보 아니면 도사(道士) 아닌가요?
- 사실 제대로 노는 것이 어렵지요. 아마도 인공지능의 발달로 인간이 생산 현장에서 노동하는 시간이 줄어들면 남는 시간을 어떻게 보내느냐 하는 것이 개인에게나 사회적으로 가장 큰 과제가 될 것 같습니다.
- 공자 당시야 상상할 수도 없는 세계였지만, 사회제도만 갖춰진다면 인공지능이 유토피아를 만들 수 있지요. 주당 노동시간이 10시간 정도의 사회가 된다면 사람들은 어떤 삶을 살게 될까요?

## 23

자로가 묻기를, "군자도 용맹을 숭상합니까?"
공자 말하기를, "군자는 의를 가장 높게 여긴다. 군자가 용맹은 있으나 의롭지 않으면 난을 일으키고, 소인이 용맹은 있으나 의롭지 않으면 도적이 된다."

子路曰 君子尙勇乎 子曰 君子義以爲上 君子有勇而無義爲亂 小人有勇而無義爲盜
자 로 왈 군 자 상 용 호 자 왈 군 자 의 이 위 상 군 자 유 용 이 무 의 위 란 소 인 유 용 이 무 의 위 도

- 역시 자로가 용(勇)을 묻는군요. 자로가 묻는 군자는 공자가 신분 계급을

나타내는 말에서 인격으로 바꾼 개념으로 묻는 것으로 들리는데, 그 대답은 군자의 종래 의미, 즉 높은 신분의 지배 계급을 나타내고 소인은 일반 평민 이하를 나타내는 것으로 섞어서 쓰고 있군요. 특히 후편의 대화나 문답에서는 이런 섞임이 많네요.

- 편집한 사람들이 용어 사용에 혼란스러운 것 같습니다. 당시 공자의 제자들조차 공자가 군자와 소인의 의미를 바꿔치기한 뜻을 제대로 이해하지 못했다는 생각이 듭니다.

## 24

자공이 물었다. "군자도 미워함이 있습니까?"

공자 말하기를, "미워함이 있다. 남의 악을 말하는 사람을 미워하고, 아랫사람으로 윗사람을 비방하는 자를 미워하고, 용맹하지만 무례한 사람을 미워하고, 과감하면서 꽉 막힌 사람을 미워한다. 사야, 너도 미워하는 것이 있느냐?"

"그저 눈치 정도로 아는 것을 지혜롭다고 여기는 것을 미워하고, 불손한 것을 용기로 생각하는 자를 미워하고, 남의 흠을 들추어내는 것을 곧다고 여기는 자를 미워합니다."

子貢曰 君子亦有惡乎 子曰 有惡 惡稱人之惡者 惡居下流訕上者 惡勇而無禮者
자 공 왈 군 자 역 유 오 호 자 왈 유 오 오 칭 인 지 오 자 오 거 하 류 산 상 자 오 용 이 무 례 자

惡果敢而窒者 曰 賜也亦有惡乎 惡徼以爲知者 惡不孫以爲勇者 惡訐而爲直者
오 과 감 이 질 자 왈 사 야 역 유 오 호 오 요 이 위 지 자 오 불 손 이 위 용 자 오 알 이 위 직 자

- 미움은 진실한 삶을 추구하는 사람들에게는 넘어서야 할 큰 장벽입니다. 분노(忿怒)와 마찬가지로 사람이나 사물 현상을 제대로 보지 못하게 하기 때문이지요.
- 이인(里仁)편에 '오직 인자(仁者)라야 미워할 수도 좋아할 수도 있다.'는 공자의 말이 그것을 나타냅니다. 아마 공자와 제자들에게 이것은 수기(修己)의 가장 중요한 과제가 되었을 것입니다. 그래서 이런 질문이 나오는 것이지요.
- 사제(師弟) 간에 서로의 생각을 들어보는 장면으로 보입니다. 해석이 엇갈리긴 하지만, 공자는 이인편에서 '정말로 인을 추구한다면 미움이 없다(苟志於仁矣無惡也)'는 말을 하지요. 아마도 '미움'에 대한 깊은 성찰들이 공자 학단의 사람들에게 중요한 과제였겠지요.
- 미움이 없어지는 것을 목표로 하기는 힘들었을 것이고, 무엇을 미워하는가가 현실적인 과제가 되는 것 같군요.
- 요즘도 우리 사회가 혼란스럽고 특히 정치 분야에서는 거의 심리적 내전 상태를 만들고 있는 것도 바로 이 '미움과 분노'지요. 집단적 확증편향이 집단적 증오의 대결로 되고 있는 것이 가장 큰 벽이 되고 있습니다.
- 무엇을 미워하는가에 대한 성찰과 자각이 절실한 때입니다. 당신은 무엇을 미워합니까? 왜 미워합니까?
- 공자나 자공이 공통된 것은 자신을 먼저 성찰하지 않고 남의 흉이나 남의 잘못에 먼저 눈이 가는 사람을 미워한다고 말하고 있습니다. 먼저 자신의 눈에 들보를 빼라고 말하는 예수의 말이 떠오릅니다.
- 특히 무례함과 불손함이나 고집을 용기로 착각하는 것을 미워한다고 말하고 있는데, 그것도 자기 안에 그런 것이 없는지를 성찰하는 것이 먼저

겠지요.
- 자공의 말 가운데 '오요이위지자(惡徼而爲知者)'라는 말이 지(知)에 대한 공자 학단의 태도를 잘 보여줍니다. '요(徼)'는 '훔치다'라는 뜻이 있는데 어떤 지식을 그저 슬쩍 훔치는 정도로, 즉 눈치로 아는 정도로 지자(知者) 행세를 하는 것은 미워한다는 것이죠. 지(知)에 대한 올바른 탐구 태도는 공자가 가장 중시한 것이죠.
- 요즘의 이른바 지식인들은 어떤가요? 스스로 체득하지 못하고 그저 얻어들은 지식을 자랑하면서 이 눈치 저 눈치 보면서 갈팡질팡하는 사람들은 없나요?
- 그런 사람 투성이로 보입니다만, 이제 AI 시대에 그런 지식인은 설자리가 없게 되겠지요. 어떤 의미에서는 공자가 묻고 또 물었던 진실 탐구의 태도가 보편화되는 시대가 과학기술의 발달로 올 것도 같습니다.
- 윗사람을 비방하는 것을 미워한다는 공자의 말에서는 공자의 한계가 느껴지기도 합니다. 여러 장면들에서 느껴지지만 공자가 이상으로 한 덕치(德治)가 당시의 신분 계급 질서의 한계를 벗어나지 못하는 것이지요. 다만 윗사람은 어느 시대에나 있는데, 뒷담화로 비방하는 것은 좋은 태도는 아니지요.
- 그렇게라도 해야 숨통이 트이는 사회라면 먼저 그런 세상을 개혁하는 데 눈이 먼저 가야 할 것 같습니다.

## 25

공자 말하기를, "여자와 소인은 성장시키기가 어렵다. 가까이 하면 불손하고, 멀리 하면 원망한다."

子曰 唯女子與小人 爲難養也 近之則不孫 遠之則怨
자왈 유여자여소인 위난양야 근지즉불손 원지즉원

정치적 이상과 도덕적 이상을 융합하려고 한 공자의 사상은 제정일치(祭政一致)에서 정교분리(政敎分離)의 시대를 지나 다시 정치와 도덕의 융합을 지향하지 않으면 안 되는 현대적 요구에 부합하는 측면이 있다.

그의 뛰어난 점은 그의 이상을 추상적인 형이상학의 세계가 아니라 구체적 현실 속에서 실현하려고 한 화광동진(和光同塵)하는 태도에 있다고 생각한다.

그러나 바로 그 현실적 태도가 갖는 치명적인 약점이 있다. 가부장제와 봉건 군주제라는 제도와 관념의 벽을 넘어서지 못한다는 것이다. 민(民)이 주체가 되는 정치에 대한 상상력이 거의 없다. '성왕(聖王)의 치(治)' 정도를 넘어서지 못한다.

더욱 치명적인 것은 여성 해방에 대한 상상력이 전무(全無)해 보인다는 것이다. 그에게는 봉건 군주제보다 가부장제라는 벽이 더욱 두터웠다고 보인다. 만일 21세기에 공자가 다시 온다면 이 점을 솔직히 인정하고 사과하는 것으로 시작해야 할 것 같다.

## 26

공자 말하기를, "나이가 40이 되어서도 사람들에게 미움을 받는다면 그야말로 볼장 다 봤다."

子曰 年四十而見惡焉 其終也已
자왈 년사십이견오언 기종야이

- 40의 나이를 인생에서 하나의 분수령으로 중시하는 것은 공자의 여러 언급에서 나오지요.
- 불혹(不惑), 후생가외(後生可畏) 등에서도 40세란 나이가 나오는데 여기서도 나오는군요.
- 그런데 이 장의 말은 24장의 말과 이어져야 그 뜻이 전달될 것 같습니다. 누구에게 왜 미움을 받느냐는 것이지요. 공자는 불선자(不善者)로부터 미움을 받는 것은 오히려 권장하고 있거든요. 따라서 여기서 미움을 받는 것은 공자와 자공이 미워하는 그런 대상이 되는 것을 말하는 것으로 보입니다.

# 제18편

# 미자(微子)

―

"새와 짐승과 더불어 살 수 없으니,
내가 사람의 무리와 살지 않으면 누구와 함께 함께 하리오?
천하에 도가 있다면 내가 굳이 바꾸려 하지 않을 것이다."

조 수 불 가 여 동 군 오 비 사 인 지 도 여 이 수 여
鳥獸不可與同群 吾非斯人之徒與而誰與
천 하 유 도 구 불 여 역 야
天下有道 丘不與易也

# 1

미자는 떠나 버렸고, 기자는 종노릇을 하였고, 비간은 간하다가 죽었다.
공자 말하기를, "은나라에 인(仁)한 사람이 셋 있었다."

微子去之 箕子爲之奴 比干諫而死 孔子曰 殷有三仁焉
미 자 거 지  기 자 위 지 노  비 간 간 이 사  공 자 왈  은 유 삼 인 언

- '은유삼인(殷有三仁)'은 은나라의 마지막 왕인 주(紂)의 폭정에 항거한 세 사람의 왕족을 말합니다. 미자(微子)는 주(紂)의 배다른 형으로, 폭정을 간(諫)하다 들어주지 않자 조상의 제사 기물을 가지고 미(微)나라로 도망가서 후에 주(周) 무왕이 은나라를 멸망시킨 뒤 무왕에게 항복하였고 무왕은 그를 미(微) 나라에 있게 하고 은나라 유민을 이끌게 하였지요. 기자는 주(紂)의 백부였는데, 조카의 폭정을 막아보려고 극간(極諫)하다가 옥에 갇혀 죽을 위기가 되자 미치광이로 위장하여 노예 신분으로 살아남은 사람으로 후에 무왕이 그에게 천하의 정치를 물었고 그에 답한 것이 상서 홍범(上書 洪範)으로 알려진 사람입니다. 비간은 주(紂)의 숙부로 역시 극간(極諫)하다가 죽임을 당한 사람이지요.
- 은나라에서 주나라로 넘어가는 이 시기는 현대 중국의 드라마(이른바 '중드')로도 많이 만들어지고 있지요. 이때 악역으로 등장하는 여성이 달기(妲己)지요. 주왕을 부추겨 당시 성인이라는 소리를 듣던 비간을 참혹하게 죽이게 했다는 이야기가 전해지지요.
- 은나라 말기에 주(紂)의 폭정을 막아보려 한 세 사람의 왕족을 삼인(三仁)

으로 말한 것 같습니다만, 주로 폭정을 막아보려다 죽임을 당하거나 은거한 왕족들을 인자(仁者)로 보는 것은 그 시대의 한계이기도 하고 공자의 한계이기도 한 것 같습니다.
- 아마도 춘추 시대의 난세(亂世)에 이런 사람들이 사람들의 지지를 받았겠지요. 망하는 정권의 폭정을 막아보려다 실패한 충신들을 인자(仁者)로 기리는 것은 희망이 안 보이는 때가 아닐까 생각합니다.

2

유하혜가 사사(士師)가 되었다가 세 번이나 자리에서 쫓겨나자 사람들이 말했다. "다른 데로 가 버릴 수 없던가요?"
"곧은 도로 사람을 섬기다 보면 어디 간들 세 차례는 쫓겨나지 않겠소? 도를 굽혀서 남을 섬길진대 굳이 부모의 나라를 떠나야 한단 말이오."

柳下惠爲士師三黜 人曰 子未可以去乎 曰 直道而事人焉往而不三黜 枉道而事人
유 하 혜 위 사 사 삼 출　인 왈　자 미 가 이 거 호　왈　직 도 이 사 인 언 왕 이 불 삼 출　왕 도 이 사 인
何必去父母之邦
하 필 거 부 모 지 방

- 미자편의 편집자가 유하혜라는 사람을 칭찬하는 내용을 논어에 실었군요. 사사(士師)는 감옥을 책임지는 관리인데 그 자리에서 세 번이나 쫓겨났는데 어떤 사람이 노나라를 떠나지 않는 이유를 묻자 그에 대답하는 내용입니다.

- 감옥을 관리하는 자리라면 여러 부정한 청탁이나 압력이 들어오는 자리지요. 유하혜는 곧아서 이런 부정한 청탁을 들어주지 않았을 것이고 그러다가 세 번이나 그 자리에서 쫓겨났는데, 왜 노나라를 떠나지 않느냐는 질문에 대한 대답이 여러 가지를 생각하게 합니다.
- 자신이 곧게 그 직을 수행하다 보면 어느 나라를 간들 세 번쯤은 쫓겨나지 않겠느냐, 그럴 바에야 굳이 부모의 나라를 떠날 필요가 없다는 대답이지요.
- 세상을 근본에서 바꾸려는 개혁을 기대할 수 없던 세상에서, 현실에 순응하면서도 자신의 바름을 굽히지 않는 태도를 칭송하는군요. 현실은 너무 큰 벽(壁)으로 느껴질 수밖에 없던 시대였지요.
- 사실 지금도 전체주의 독재국가는 말할 것도 없고, 민주주의가 발전한 나라들에서도 보통 사람들은 이런 '넘을 수 없는 벽'으로 국가나 체제를 느끼는 경우가 많지요.
- 유하혜 정도의 개인적인 올곧음을 부족하다고 나무랄 수 있는 사람이 지금도 얼마나 되겠어요? 입으로는 개혁이나 혁명을 외치지만, 부패하고 위선적인 경우가 얼마나 많습니까?
- 혁명이나 개혁 그 자체도 진화의 도정에 있지요. 지금 우리의 실태를 잘 볼 필요가 있습니다. 진정으로 민(民)이 주(主)가 된다는 것은 민(民)이 그런 주체가 될 만한 의식이나 도덕의 성숙이 있어야겠지요. 대의제를 표방하면서 그 내용은 권력을 추구하는 집단의 권력투쟁에 아직은 민(民)이 부역하는 그런 시기들을 지나고 있다고 봐야지요.
- 한국은 2차 대전 후 독립한 나라 가운데는 거의 유일하게 선진국의 경제적 수준에 도달한 나라지요. '한강의 기적'이라고 부를 만하지요. 그런데 청년들은 '헬조선'이라고 부르는 기이한 현상에 직면하고 있어요. 동

족상잔의 그 참혹한 전쟁을 겪고도 전후의 폐허에서 세계 10위권의 부국(富國)을 만들어놓고 또다시 폐허로 만들 전쟁의 불구덩이에 스스로 목을 들이밀고 있는 어리석음에 기가 막힙니다.

■ 심리적 내전과 같은 퇴행적 정치와 미래에 대한 불안 때문에 나라를 떠나려는 사람들이 많지만, 이런 부모의 나라 즉 조국(祖國)을 떠나지 않고 21세기가 요구하는 새로운 문명의 선도국으로 나라를 바꾸려는 사람들이야말로 진정한 애국자들이지요. 유하혜가 업그레이드 된 인격입니다.

■ 한국은 혼란이 심해 보이지만, 상당한 물적 기반을 구축했고, 독재에서 벗어나는 민주화를 경험했기 때문에, 심리적 내전 상태를 극복하고 전환과 통합의 길을 갈 수 있다고 생각합니다.

■ 나라를 떠나려고 하는 사람보다, 이 땅에 세계인이 부러워하는 나라를 만들어보자는 그런 바람이 불기를 바랍니다.

### 3

제나라 경공이 공자의 대우에 대하여 말했다.
"계씨처럼은 못하지만, 계씨와 맹씨 중간 정도로는 대우하겠습니다."
조금 있다가 다시 말하기를, "나는 늙어서 그대를 등용하지는 못하겠소."

공자가 제나라를 떠났다.

齊景公待孔子曰 若季氏則吾不能 以季孟之間待之 曰 吾老矣不能用也 孔子行
제경공대공자왈 약계씨즉오불능 이계맹지간대지 왈 오노의불능용야 공자행

- 제경공은 공자에게 나라를 다스리는 법이나 예법 등에 대해 여러 가지 질문을 하고 공자는 조언을 아끼지 않았으나 경공은 적극적으로 받아들이지 않아서 공자가 떠나게 되지요. 그 과정에서 공자의 대우에 대한 경공의 이야기가 공자에게 전해져서 떠나는 에피소드 같습니다.
- 춘추시대 열국의 정치 상황이 요즘 프로 스포츠의 연봉 협상 같아서 흥미롭습니다. 공자의 대우에 대해 말하면서 뒷말을 해석하는데, 해석이 다를 수 있겠네요. 대우는 대부의 중간쯤으로 하겠지만, 등용은 하지 않겠다는 뜻으로 볼 수도 있겠습니다. 일종의 명예직인 셈인데, 이런 제안도 공자로서는 받아들일 수 없던 것이죠.

4

제나라에서 음악과 춤을 잘 추는 여자 악단을 보냈다. 계환자가 여악사들과 즐기느라 사흘이나 조회를 열지 않았다. 공자가 노나라를 떠났다.

齊人歸女樂 季桓子受之三日不朝 孔子行
제인귀녀악 계환자수지삼일부조 공자행

- 노나라가 제후(임금)의 권위가 약화되고 대부인 삼환(三桓)이 실권을 쥐

고 국정을 농단하는 것을 비판도 하고 바르게 하려고 노력도 해 보지만 그것이 무망하다는 것을 알고 노나라를 떠나려는 생각을 하고 있던 차에 그것을 결단하게 된 계기가 계환자의 일탈이었던 셈입니다.

- 제나라를 떠날 때와 같군요. 실제로 어떤 결단을 하는 계기는 그런 것 같습니다. 세계대전의 발화(發火)도 사라예보의 총성 한 발이나 진주만 습격 같은 사건으로 시작되는 것 같지만, 그것은 이미 충분히 건조된 장작더미나 광야에 던져진 한 점의 불꽃인 셈이죠. 공자는 유하혜와 달리 노나라를 떠나서 14년의 유랑 생활을 하게 됩니다. 오십대 중반을 넘어 떠난 이 길에서 공자는 그의 사상을 숙성시킬 수 있었지요.

5

초나라의 미치광이 접여가 노래를 부르며 공자 곁을 지나갔다.
"봉이여, 봉이여! 그대의 덕은 어찌 쇠하였는가? 지난 일은 말릴 수 없지만 장차 올 일은 따를 수 있을 것이니. 그만 두소, 그만 두소. 지금 정치하는 자들은 위태롭소."
공자가 수레에서 내려 그와 말하려 하였으나 접여는 재빠른 걸음으로 피해 버려 더불어 말할 수가 없었다.

楚狂接輿歌而過孔子曰 鳳兮鳳兮 何德之衰 往者不可諫 來者猶可追 已而已而
초광접여가이과공자왈 봉혜봉혜 하덕지쇠 왕자불가간 내자유가추 이이이이
今之從政者殆而 孔子下欲與之言 趨而辟之不得與之言
금지종정자태이 공자하욕여지언 추이피지부득여지언

- 초나라의 접여는 당시 꽤 이름이 알려진 은자(隱者)였던 것 같습니다. 미친 척하고 천하의 무도함을 한탄하며 머리를 풀고 숨어 살던 이른바 명망 있는 은자(隱者)이군요.
- 공자가 이 사람을 만난 때가 공자가 63세 때 초나라 소왕이 공자를 등용하려 했다가 영윤 자서의 반대로 이루지 못한 시절이라는군요.
- 접여도 당시 공자를 잘 알고 있었던 것 같습니다. 공자를 봉(鳳)이라고 부르면서, 봉(鳳)은 태평성대(太平聖代)에 세상에 나타난다는 상서로운 새를 말하는데 공자가 이런 난세에 힘에 부친 활동을 하는 것을 한탄하며 그만두라고 권하는 장면 같습니다. 이 말을 알아듣고 공자가 수레에 내려서 말을 하려고 했으나 접여가 피해 버렸군요.
- 아마도 공자가 하고 싶은 말이 있었겠지요. 그 하고 싶은 말이 다음 장(章)에 나옵니다만, 이런 말이 아니었을까요? '나도 지금의 정치하는 자들이 위태로운 자들이라는 것을 모르는 것은 아니지만, 그렇다고 그들을 피해 새나 짐승과 살 수는 없지 않겠습니까? 천하에 도가 실현되고 있다면 나는 굳이 나서려고 하지 않았을 것이외다.'
- 시라카와 시즈카(白川靜)는 미자편에 나오는 은자들의 이야기를 이렇게 말하고 있군요; "'미자편'에 보이는 은일자(隱逸者)가 등장하는 문장도 공문 자료는 아니다. 그러나 그것은 논어의 성립에 있어서 빠져서는 안 되는 부분으로, 금성(金聲)에 대하여 옥진(玉振)하는 의미가 있는 것이라고 생각한다. 거기에는 장주 학파와의 접촉을 볼 수 있는 것 같다. '봉(鳳)아 봉아 어찌 그리 덕이 쇠했느냐.'고 노래하며 공자의 문(門)을 스쳐 지나갔다는 초광접여의 일은 『장자』 천하편에도 보여 원래 장주 학파와 관계있는 자료일 것이다. 장저·걸닉과 하조·장인의 이야기도 그 류(類)인데, 어느 것이나 장자풍의 설화에 가까운 것이다." (번역: 이인우)

# 6

장저와 걸익이 나란히 서서 밭을 갈고 있는데, 공자가 길을 지나가다가 그들을 보고 자로를 시켜 나루터를 물어보게 하였다. 장저가 자로에게 물었다.
"저 수레 고삐를 잡고 있는 사람이 누구요?"
"공구라고 합니다."
"노나라 공구 말이요?"
"그렇습니다."
"그럼 나루터를 잘 알고 있겠군."
장저가 더 이상 대꾸를 하지 않자 자로는 걸익에게 물었다. 그러자 걸익이 나루는 가르쳐주지 않고 이렇게 되물었다.
"그대는 누구인가?"
"중유라고 합니다."
"노나라 공구의 무리인가?"
"그렇습니다."
"지금 세상은 도도히 흘러가는 물결과 같다. 누가 그 방향을 바꾸겠소. 그대는 사람을 피하는 인물을 따르느니 차라리 세상을 피해 사는 인물을 따르는 것이 어떻겠소?"
이 말을 끝으로 걸익은 밭에 김만 매고 자로를 거들떠보지도 않았다. 자로가 공자에게 돌아가 아뢰자, 공자가 무연히 말했다.
"새와 짐승과 더불어 살 수 없으니, 내가 사람의 무리와 살지 않으면 누구와 함께 함께 하리오? 천하에 도가 있다면 내가 굳이 바꾸려 하지 않을 것이다."

長沮桀溺耦而耕 孔子過之 使子路問津焉 長沮曰夫執輿者爲誰 子路曰爲孔丘 曰
장저걸익우이경 공자과지 사자로문진언 장저왈부집여자위수 자로왈위공구 왈
是魯孔丘與 曰是也 曰是知津矣 問於桀溺 桀溺曰子爲誰 曰爲仲由 曰是魯孔丘
시노공구여 왈시야 왈시지진의 문어걸익 걸익왈자위수 왈위중유 왈시노공구
之徒與 對曰然 曰滔滔者天下皆是也 而誰以易之 且而 與其從辟人之士也 豈若
지도여 대왈연 왈도도자천하개시야 이수이역지 차이 여기종피인지사야 기약
從辟世之士哉 耰而不輟 子路行以告 夫子憮然曰 鳥獸不可與同群 吾非斯人之徒
종피세지사재 우이불철 자로행이고 부자무연왈 조수불가여동군 오비사인지도
與而誰與 天下有道 丘不與易也
여이수여 천하유도 구불여역야

■ 장저와 걸익도 당시의 은자(隱者)로 이 이야기는 앞 장과 마찬가지로 은자들이 공자를 어떻게 보고 있었는지를 보여주는 대표적인 에피소드지요.

■ 걸익의 말은 자로에게 하는 말이지만 공자에게 던지는 화두군요. "큰물이 도도하게 흘러가는 것처럼 무도한 천하를 돌릴 수 없는 것은 천하 어디를 가도 마찬가지일 텐데 누가 바꿀 수 있단 말이오? 이 사람도 안 되겠다 저 사람도 안 되겠다며 이 나라 저 나라 돌아다니는 공구를 따라다니는 것보다는 초연하게 세상을 피하여 밭을 가는 우리와 함께 있는 것이 어떠하오?"

■ 바로 요즘 세상에 걸익의 말이 들려옵니다. "물신(物神)의 지배와 차가운 각자도생(各自圖生)의 이기주의가 개인과 집단과 국가 간에 도도하게 흐르는 지금의 세상을 누가 무슨 힘으로 바꿀 수 있다는 말이오? 그저 세상을 피해 초연하게 '자연인(自然人)'으로 살아가는 게 어떻소?"

■ '나는 자연인이다.'라는 프로가 꽤 인기 있어요. 그렇게 하지는 못해도 동경하는 사람들이 많지요.

■ 이에 대한 공자의 답변이 은자(隱者)류의 사람들과 다른 입장이지요. 비

록 공자는 당시의 난세를 바꿀 힘이 없었지만, 이런 태도가 끊임없이 세상을 바꿔 온 힘의 원천이 아닐까요? 어떤 의미에서는 지금이야말로 공자 당시보다 더 큰 혼돈과 위기지요.

■ 지금은 비록 미약하게 보이더라도 문명 자체의 변혁을 추구하는 사람들이 있어서 인류는 희망을 가질 수 있다고 생각해요. 산 속에 들어가 혼자 산다고 해도 그는 이 사회를 떠나서 살 수는 없는 것이지요. 어디서 어떻게 살든 우리는 사람과 함께 살 수밖에 없는 것이지요. 세상을 피해 사는 것이 아니라 세상을 바꾸는 삶을 살았으면 합니다.

## 7

자로가 일행보다 뒤쳐져 걷다가 지팡이에 삼태기를 걸어서 매고 가는 한 노인을 만났다. 자로가 물었다. "혹 우리 스승님을 보셨나요?" "손발을 부지런히 놀리지 않고, 오곡을 분간하지 못하는 사람이 누구의 스승이 된단 말이오?"
노인은 지팡이를 땅에 꽂아놓고 밭의 김을 맸다. 자로가 그 옆에 공손하게 손을 모으고 서 있으니까 노인이 자로를 집에 데리고 가서 묵게 했다. 닭을 잡고 기장밥도 지어서 자로에게 대접하고 두 아들도 자로에게 인사를 시켰다. 다음날 자로가 공자에게 아뢰자 공자가 말했다.
"은자로구나."

공자는 자로에게 되돌아가서 은자를 찾아보게 했는데 이미 어디론가 떠나고 없었다.

이에 자로가 말했다. "출사하지 않는 것은 의롭지 않소. 장유의 예절을 폐할 수 없는 것인데 군신의 의를 어떻게 폐한단 말이오. 자기 몸만 깨끗이 할 욕심으로 큰 윤리를 어지럽히는 것이오. 군자가 출사하는 것은 그 의를 행하기 위함이오. 도가 행해지지 않음은 이미 알고 있는 일이오."

子路從而後遇丈人 以杖荷蓧 子路問曰 子見夫子乎 丈人曰 四體不勤五穀不分
자로종이후우장인 이장하조 자로문왈 자견부자호 장인왈 사체불근오곡불분
孰爲夫子 植其杖而芸 子路拱而立 止子路宿 殺鷄爲黍而食之 見其二子焉 明日
숙위부자 식기장이운 자로공이립 지자로숙 살계위서이식지 견기이자언 명일
子路行以告 子曰 隱者也 使子路反見之 至則行矣 子路曰 不仕無義 長幼之節不
자로행이고 자왈 은자야 사자로반견지 지즉행의 자로왈 불사무의 장유지절불
可廢也 君臣之義 如之何其廢之 欲潔其身而亂大倫 君子之仕也 行其義也 道之
가폐야 군신지의 여지하기폐지 욕결기신이란대륜 군자지사야 행기의야 도지
不行已知之矣
불행이지지의

- 공자와 그 제자들이 여러 나라를 유랑하면서 그들의 뜻을 펼 수 있는 제후나 대부들을 만나려고 긴 여행을 하면서 만나는 은자(隱者)들에 대한 이야기를 이 편에서 모아 놓았군요.
- 이 장에서는 자로가 폭발하는군요. 공자의 태도와는 다르게 은자에 대해 공격적입니다. 군자가 출사(出仕)하는 것은 의(義)를 행하기 위함이라는 자신의 신념을 강하게 표현합니다. 지금으로서는 군신지의(君臣之義)를 이야기하는 것이 이해가 되지 않으나 당시의 사고로는 군(君)이 곧 국가(國家)였지요. 따라서 출사(出仕)란 군자에게는 공적(公的)인 정치적 의무라고 생각한 것이지요.
- '지금 도가 행해지지 않는 난세라는 것을 누가 모르느냐? 이럴 때 자기 한 몸 깨끗이 하려고 숨어 버리는 것이야말로 큰 인륜을 저버리는 행위

가 아니냐?'며 분통을 터뜨리는 장면 같습니다. 공자는 그런 식으로는 이야기를 안 하지요. 은자와 다른 길을 가면서도 은자를 직접적으로 공격하지는 않는데 솔직한 자로가 거칠게 은자의 태도를 비난하고 있습니다. 대체로 이런 현상은 지금의 정치에서도 보이지요. 추종자들이 더 과격하지요.

- 인간은 사회적 존재라는 말은 동시에 정치적 존재라는 말도 되지요. 요즘 말로 하면 은자(隱者)의 행위도 정치적 행위인 것이죠. 현대의 아나키스트는 고대의 은자와 달리 누구보다 정치적이지요.
- 은자들과의 만남에서 던져지는 여러 과제는 시대를 거치며 지금도 계속되는 것 같습니다. 선거에 기권(棄權)하는 것도 하나의 정치적 의사표시이고, '소확행'이 정치적 무관심이나 정치 혐오와 결합되는 것도 하나의 정치 현상으로 보아야지요.

### 8

일민(逸民)은 백이, 숙제, 우중, 이일, 주장, 유하혜, 소련이다.
공자 말하기를, "자신의 뜻을 굽히지 않고 자신의 몸을 욕되게 하지 않은 사람은 백이와 숙제다. 유하혜와 소련으로 말하자면 뜻을 굽히고 몸을 욕되게 하였으나 말이 이치에 맞고 행동이 사람들 생각에 맞았다. 그렇게 살았을 뿐이다. 우중과 이일을 말하자면 숨어살면서 하고 싶은 대로 말을 하고 살았으나 몸가짐이 깨끗하고 물러나 사는 것이 시의에 맞았다. 나는 이들과 다르다. 꼭 그래야 한다는 것도 없고 꼭 그래서는 안 된다고 하는 것도 없다."

逸民 伯夷 叔齊 虞仲 夷逸 朱張 柳下惠 少連 子曰 不降其志 不辱其身 伯夷叔齊
일민 백이 숙제 우중 이일 주장 유하혜 소련 자왈 불강기지 불욕기신 백이숙제
與 謂柳下惠少連 降志辱身矣 言中倫行中慮 其斯而已矣 謂虞仲夷逸 隱居放言
여 위유하혜소련 강지욕신의 언중륜행중려 기사이이의 위우중이일 은거방언
身中淸廢中權 我則異於是 無可無不可
신중청폐중권 아즉이어시 무가무불가

- 공자는 은자(隱者)와 일민(逸民)을 높이 평가했습니다. 그리고 그 유형이 사람마다 다른 것을 긍정적으로 받아들입니다.
- 그런데 공자 스스로 자신을 평한 것이 이 장의 별미(別味)군요. 자신이 이들 은자나 일민과 다른 것은 '무가무불가(無可無不可)'라는 것이죠.
- 여러 해석이 가능할 것 같군요. '되는 것도 없고 안 되는 것도 없다.'라고 볼 수도 있고, '꼭 그래야 한다는 것도 없고, 꼭 그래서는 안 된다는 것도 없다.'로 볼 수도 있는 것 같습니다. 고정이나 단정이 없이 열려 있는 태도지요. 자유로운 마음의 상태를 자신의 특징으로 이야기하는 것이 인상적입니다. 이인(里仁)편 10장의 '무적야 무막야 의지여비(無適也 無莫也 義之與比)'와 통하는 말입니다. 공자의 일관성(一貫性)은 바로 이 무고정 무단정(無固定 無斷定)에 있습니다.

9

태사 지는 제나라로 갔고, 아반인 간은 초나라로 갔고, 삼반인 료는

채나라로 갔고, 사반인 결은 진나라로 갔고, 고수 방숙은 황하 지방으로 갔고, 작은 북을 흔드는 무는 한중으로 갔고, 소사 양과 경쇠를 치는 양은 바다의 섬으로 갔다.

大師摯適齊 亞飯干適楚 三飯繚適蔡 四飯缺適秦 鼓方叔入於河 播鼗武入於漢
태 사 지 적 제    아 반 간 적 초    삼 반 요 적 채    사 반 결 적 진    고 방 숙 입 어 하    파 도 무 입 어 한
少師陽擊磬襄入於海
소 사 양 격 경 양 입 어 해

- 노나라의 정치가 어지러워지자 악사들이 뿔뿔이 흩어졌다는 기록이군요.
- 공자가 특히 음악을 중시하는데 이런 현상에 가슴 아파했겠지요. 누군가 기록에 남긴 것 같습니다.
- 태사는 악장(樂長)이고, 아반은 아침식사, 삼반은 점심식사, 사반은 저녁식사 때 임금의 식감을 위해 연주하는 악사를 말합니다. 고(鼓)는 북잡이, 파도는 작은 북을 흔드는 악사, 소사는 태사의 보좌, 격경은 경쇠를 연주하는 악사를 말합니다.

10

주공이 노공에게 일러주었다.
"군자는 가까운 사람을 함부로 하지 않으며, 대신들이 그들의 의견을 써주지 않는다고 원망하게 만들지 않는다. 오랫동안 함께한 사람은 큰 문제가 아니면 버리지 않으며 한 사람이 모든 것을 갖추기를

요구하지 않는다."

周公謂魯公曰 君子 不施其親 不使大臣怨乎不以 故舊無大故則不棄也 無求備於
주공위노공왈 군자 불이기친 불사대신원호불이 고구무대고즉불기야 무구비어
一人
일 인

- 노공은 주공의 큰 아들인 백금(伯禽)인데, 주공이 주나라의 수도에서 어린 조카인 성왕을 도와야 하므로 아들을 노나라의 제후로 보내야 했지요. 이때 아들에게 일러준 통치자의 덕(德)입니다.
- 불쑥 튀어나온 짜깁기 편집이군요.

### 11

주나라에 여덟 인물이 있었다. 백달, 백괄, 중돌, 중홀, 숙야, 숙하, 계수, 계와이다.

周有八士 伯達 伯适 仲突 仲忽 叔夜 叔夏 季隨 季騧
주유팔사 백달 백괄 중돌 중홀 숙야 숙하 계수 계와

- 주나라에 인재가 많았다는 기록인 듯합니다. 돌(突) 홀(忽) 등 이름들이 재미있습니다.

## 제19편

# 자장(子張)

―

"군자의 허물은 일식이나 월식과 같아 잘못을 하면 사람들 모두가 보게 되고, 고치면 사람들이 모두 우러러 보게 된다."

<u>군 자 지 과 야   여 일 월 지 식 언</u>
**君子之過也 如日月之食焉**
<u>과 야 인 개 견 지   경 야 인 개 앙 지</u>
**過也人皆見之 更也人皆仰之**

# 1

자장이 말하기를, "사(士)는 위급한 일에 직면해서는 목숨을 내놓고, 이익을 볼 때는 의를 생각하고, 제사를 지낼 때는 공경을 생각하고, 상(喪)에 임해서는 슬픔을 생각한다. 그것이 가능해야 한다."

子張曰 士見危致命 見得思義 祭思敬 喪思哀 其可已矣
자 장 왈 사 견 위 치 명 견 득 사 의 제 사 경 상 사 애 기 가 이 의

- 이 편의 내용들은 논어의 전체 구성으로 볼 때 공자와 함께 했던 제자들의 문하생들이 자신의 스승의 말들을 소개하는 편집 후기를 연상시킵니다. 특별한 내용이라기보다 공자의 사상을 그 제자들이 어떻게 이해하고 어디에 중점을 두고 받아들이는가를 보여줍니다.
- 이 장은 자장의 문하생이 올린 것 같군요. 자장(子張), 자유(子游), 자하(子夏), 증자(曾子)는 나이가 비슷한 제자들인데 이 편에서는 그들 간의 논쟁이나 상호평가가 소개되고 있습니다.
- 공자의 사상이 그 제자들에게 어떻게 전해지는지, 공자 사후(死後), 유학(儒學) 또는 유교(儒敎)가 어떻게 이루어져 가는지를 알게 해주는 자료라는 점에서 연찬해 보았으면 합니다.

## 2

자장이 말하기를, "덕을 지님이 넓지 않고 도를 믿음이 독실하지 않다면 있으나마나한 것이 아니겠는가?"

子張曰 執德不弘 信道不篤 焉能爲有 焉能爲亡
자 장 왈 집 덕 불 홍 신 도 불 독 언 능 위 유 언 능 위 망

■ 덕(德)이 좁고 치우치는 것과 도(道)에 대한 믿음이 견실하지 못함을 경계하는 말입니다.

## 3

자하의 문인이 자장에게 사람 사귐에 대하여 묻자 자장이 되물었다.
"자하는 무어라 말하던가?"
"괜찮은 사람이면 사귀고, 안 좋은 사람은 거절하라 했습니다."
"내가 들은 것과는 다르구나. 군자는 현인을 높이고 대중을 포용하며, 착한 사람은 칭찬하고 부족한 사람은 불쌍하게 여긴다. 내가 만일 크게 어질다면 어떤 사람인들 받아들이지 못할까. 만일 내가 어질지 않다면 다른 사람이 나와 사귀기를 거절할 텐 데 어떻게 내가 다른 사람을 거절할 틈이 있겠는가."

子夏之門人問交於子張 子張曰 子夏云何 對曰 子夏曰 可者與之其不可者拒之
자하지문인문교어자장 자장왈 자하운하 대왈 자하왈 가자여지기불가자거지

子張曰 異乎吾所聞 君子 尊賢而容衆 嘉善而矜不能 我之大賢與 於人何所不容
자장왈 이호오소문 군자 존현이용중 가선이긍불능 아지대현여 어인하소불용

我之不賢與 人將拒我 如之何其拒人也
아지불현여 인장거아 여지하기거인야

- 재미있는 대화네요. 제자들 간의 경쟁을 느낄 수도 있고, 공자의 말들을 각자가 자기 나름으로 받아들이고 있는 것을 알 수 있게 해주는 장면 같습니다. 공자 당시의 제자들 간에도 이렇게 다름이 있는데, 하물며 오랜 세월을 거치면서 공자의 사상이나 주장이 얼마나 다양하게 전해졌겠습니까?

- 이 장을 통해서도 자장과 자하의 경쟁심이나 그 이해의 다름과 그 제자들 간의 교류를 엿볼 수 있습니다. 자하가 현실적이라면 자장은 이상론을 펴고 있군요. 말로는 자장이 한 수 위이지만, 실제로 자장이 그런 정도의 도(道)와 덕(德)을 지녔는지는 모르는 일이지요. 만일 자기를 과대평가한다면 허위의식이 되고 오히려 사람 간의 사귐이 어렵게 되겠지요. 오히려 현실적인 자하의 가르침이 그 제자들에게는 더 실용적일 수도 있지요.

- 예나 지금이나 사람과의 사귐에 대해 있을 수 있는 토론 같습니다. 내가 과연 다른 사람을 어느 정도로 포용할 수 있는 사람인가에 대한 객관적인 바라봄이 출발이지 않을까 생각합니다. 허장성세로 스트레스를 받아가면서 포용하려고 하다가 오히려 자기도 힘들고 상대도 혼란스럽게 하는 것보다는 자하의 말처럼 하는 것이 더 낫지 않겠습니까?

- 공자의 '더불어 말할 만한 사람인데 말을 나누지 않으면 사람을 잃고, 더불어 말할 만하지 않은데 말을 나누면 말을 잃는다.'는 언급이 생각나는데, 결국 그 판단을 하는 것은 자신이지요.

## 4

자하 말하기를, "비록 작은 도(道)라도 반드시 볼 만한 것이 있다. 다만 먼데 이르는데 방해가 될까 두려워 군자가 하지 않는 것이다."

子夏曰 雖小道 必有可觀者焉 致遠恐泥 是以 君子不爲也
자 하 왈 수 소 도 필 유 가 관 자 언 치 원 공 니 시 이 군 자 불 위 야

- 아마 이 말도 공자 학단의 제자들 사이에서 토론을 하는 가운데 나왔음 직하네요. 가까운 곳의 사소한 일들에 대한 가치를 결코 경시해서는 안 된다는 취지의 이야기로 들립니다.
- 자하의 이야기가 많이 나오는데 12장의 자유와의 대화에서도 이런 취지가 잘 나타납니다. 다만 가까운 것이나 작은 일에 천착하여 멀리 보고 근본을 묻는 것에 방해가 되어서는 안 된다는 것을 이야기하는 것 같군요.
- 그런 의미에서 6장의 '절문이근사(切問而近思)'는 자하 나름의 실천 철학을 잘 나타낸 문장 같습니다. 절문(切問)은 그 근본을 간절하게 묻는 것이고, 근사(近思)는 가까운 곳에서부터 실천에 옮기는 것이죠. 이 둘의 조화 속에 인(仁)이 있다는 자하의 관점입니다.
- 요즘 '소확행'에 대해 생각하게 됩니다. 이른바 '소소한 일상의 일들에서 확실한 행복'을 추구한다는 이야기인데, 그 자체는 바람직하지요. 다만 세상의 큰 장애나 모순들에서 눈을 돌리고, 그것을 시정하려는 노력을 불가항력(不可抗力)이라며 포기하거나, 근본을 보지 못하고 지엽에 천착하는 것은 피해야 한다고 생각합니다.

- 그것이 여기서 말하는 치원공니(致遠恐泥)가 아닐까 합니다.

## 5

자하 말하기를, "날마다 나에게 없는 것을 알아가고, 달마다 내가 할 수 있는 것을 잊지 않는다면 배움을 좋아한다고 말할 수 있다."

子夏曰 日知其所亡 月無忘其所能 可謂好學也已矣
자 하 왈  일 지 기 소 망  월 무 망 기 소 능  가 위 호 학 야 이 의

- 자하의 호학하는 태도를 잘 나타내는 문장입니다. '학이시습지불역열호(學而時習之不亦說乎)'를 실천하는 태도군요. 지기소망(知其所亡)은 학(學)을, 무망기소능(無忘其所能)은 습지(習之)를 말하는 것 같습니다.
- 다만 자하가 학(學)의 출발점으로 공자가 말한 '무지의 자각'에 대해 어느 정도로 깊이 이해했는지는 잘 모르겠네요. 단지 자기가 모르는 것을 알아가는 것을 학(學)으로 이해하고 있다면 공자를 제대로 이해했다고 보기는 힘들 것 같아서요.

# 6

자하 말하기를, "널리 배우고 뜻을 독실하게 하며, 절실하게 묻고 가까운 것부터 생각한다면 인은 그 가운데 있을 것이다."

子夏曰 博學而篤志 切問而近思 仁在其中矣
자하왈 박학이독지 절문이근사 인재기중의

- 자하의 문인(門人)들이 편집에 참여했을 것으로 보입니다만, 자하가 공자의 가르침을 깊게 이해하고 있는 것으로 보입니다.

- 옹야편 25장에 '박학어문 약지이례(博學於文 約之以禮)'라는 공자의 말이 있지요. 널리 배우는 것이 인간이 지향해야 할 바람직한 질서(禮)와 결합될 때라야 진실할 수 있다는 말이지요. 아무리 많이 배워도 약례(約禮)가 안 되면 가짜라는 것이지요. 그런데 자하는 이것을 한발 더 나아가 구체적 실천 의지로 말하고 있습니다. 그것이 '독지(篤志)'지요.

- 요즘 박학(博學)을 자랑하는 학자들이 약례(約禮)가 안 되니까 구체적으로 어떤 실천을 할 것인지 뜻이 바르게 세워지지 않아 그 박학(博學)으로 오히려 세상을 어지럽히는 혹세무민(惑世誣民)하는 상황을 보는 것이 안타깝습니다. 자기도 속이고 세상도 속이는 가짜지요.

- '절문이근사(切問而近思)' 또한 자하의 탐구와 실천의 태도를 보여줍니다. 본질을 묻되 공허한 형이상학으로 흐르는 것이 아니라 구체적 현실 속에서 참구(參究)한다는 말이지요. 이 두 가지를 인(仁)을 실천하는 기둥으로 삼고 있습니다. 학자(學者)의 길에 대한 자하의 탁월한 입장으로 보입니다.

## 7

자하 말하기를, "모든 공인(工人)은 공장에서 자기의 일을 완성하고, 군자는 배움으로써 자기의 도를 이룬다."

子夏曰 百工居肆以成其事 君子學以致其道
자 하 왈 백 공 거 사 이 성 기 사 군 자 학 이 치 기 도

- 배움의 중요성을 공인(工人)의 예로 말한 것이 귀에 쏙 들어올 만합니다.

## 8

자하 말하기를, "소인은 잘못을 저지르면 반드시 꾸민다."

子夏曰 小人之過也 必文
자 하 왈 소 인 지 과 야 필 문

- 문(文)을 문식(文飾)으로 보아 꾸며대는 것, 즉 교묘히 변명하는 것으로 읽으면 될 것 같습니다.
- 공자는 잘못은 누구나 할 수 있지만, 그 잘못을 고치려 하지 않는 것이 진짜 잘못이라는 말을 했지요. 또 군자는 잘못이 있으면 기탄없이 고친다(過則勿憚改)라고 했지요. 이것을 뒤집어 말하면 잘못을 인정하지 않고 변명하려며 고치려 하지 않는 사람이 소인(小人)이라는 것이지요.

## 9

자하 말하기를, "군자에게는 삼변(三變)이 있다. 멀리서 보면 장중하고 가까이 보면 온화하고 그 말을 들으면 엄정하다."

子夏曰 君子有三德 望之儼然 卽之也溫 聽其言也厲
자 하 왈 군 자 유 삼 덕 망 지 엄 연 즉 지 야 온 청 기 언 야 려

- 공자가 모델인 것 같습니다. 술이(述而)편 4장에서 공자의 평소 모습을 신신여야(申申如也) 요요여야(夭夭如也)로 표현하고 있지요. 여유롭고 온화한, 밝은 모습이지요.
- 술이편 37장에서는 온이려(溫而厲;온화하면서도 엄숙함), 위이불맹(威而不猛; 위엄이 있으면서도 무섭지 않음), 공이안(恭而安;공손하면서도 편안함)으로 표현하고 있습니다.
- 삼변(三變)이란 세 번 변한다는 말이 아니라 군자가 지닌 덕성의 조화를 말하는 것이지요. 멀리서 보면 장엄하지만 가까이 보면 온화하다는 말이 다가옵니다. 인(仁)이 바탕인 인품에서 가능한 모습이지요.
- '멀리서 봐야 성인(聖人)'이라는 말을 들은 적이 있어요. 사람, 특히 스승이라고 알려진 사람에게서 느끼는 실망감을 표현한 말인데, 가까이 있는 사람들에게 존경을 받는 인품이라야 진짜겠지요.

## 10

자하 말하기를, "군자는 신뢰를 얻은 뒤에 백성들로 하여금 움직이게 한다. 신뢰가 없으면 사람들은 자기를 해친다고 여긴다. 신뢰를 얻은 후에 간한다. 신뢰를 얻지 못하고 간하면 자기를 비방한다고 여긴다."

子夏曰 君子信而後勞其民 未信則以爲厲己也 信而後諫 未信則以爲謗己也
자 하 왈 군 자 신 이 후 로 기 민 미 신 즉 이 위 려 기 야 신 이 후 간 미 신 즉 이 위 방 기 야

- 여기서도 군자(君子)의 의미를 공자가 내용을 바꿔 말한 인격자의 의미와 종래의 통치계급을 섞어서 사용하고 있군요.
- 어떤 경우든 참다운 인간관계의 출발점이 신(信)이라고 하는 것이지요.
- 협동운동이나 공동체 운동을 비롯한 어떤 운동들에서도 가장 중요한 것은 구성원들 간의 신뢰지요. 같은 뜻을 가진 사람들이 모여서 시작하지만, 서로 신뢰하는 기풍이 만들어지지 않아서 실패하는 경우가 많습니다. 신뢰의 기풍을 만들기 위해서는 먼저 자신부터 역지사지(易地思之)하는 마음을 내야 하겠지요. 서로 상대 탓을 하는 분위기로 되면 실패로 가는 지름길이지요. 공자가 가장 강조한 서(恕)야말로 신뢰의 기풍을 만드는 핵심이라고 생각됩니다.

## 11

자하가 말하기를, "큰 덕이 한계를 넘지 않는다면 작은 덕은 융통성이 있어도 괜찮다."

子夏曰 大德不踰閑 小德出入可也
자 하 왈 대 덕 불 유 한 소 덕 출 입 가 야

- 큰 덕과 작은 덕이 무엇을 말하는지가 이 문장을 이해하는 데 핵심이 되겠군요. 내 생각으로는 큰 덕과 작은 덕의 구분은 상대적이어서 사람에 따라 관점에 따라 다를 수 있고, 다른 것이 당연하다고 생각해요.
- 맞습니다. 자하는 스승 공자를 모델로 보고 따라 배우려고 하지만, 실제로는 공자의 생각과 다를 수밖에 없는 측면이 있겠지요. 보통 유학(儒學)은 인의예지신(仁義禮智信)을 큰 덕(大德)으로 섬긴다고 알려졌지만, 공자의 생각은 달랐지요. 양화편 16장에서 공자는 육언육폐(六言六蔽)를 소개하고 있지요. 여기에서 보면 큰 덕은 호학(好學)이고, 인의예지신(仁義禮智信)은 소덕(小德)이 되지요. 호학(好學) 즉 단정하고 고정하지 않으면서 끊임없이 탐구 실천하려는 무아집(無我執)의 태도가 큰 덕이지요. 그렇지 않으면 인의예지신용(仁義禮智信勇)은 육폐(六蔽)로 전락하고 말지요.
- 그런 의미에서 본다면 공자에게는 무지(無知)의 자각을 바탕으로 한 호학(好學)과 자신의 최선을 실현하려는 충(忠)과 서로 다름을 인정하는 서(恕) 등이 큰 덕이라고 볼 수 있겠습니다.
- 양화편 21장의 삼년상(三年喪)에 대한 공자와 재아의 논쟁에서 보면 재

아가 오히려 큰 덕과 작은 덕을 더 합리적으로 구분하지 않았나 생각되기도 합니다. 부모의 상(喪)을 당해 애도의 상례(喪禮)가 큰 덕이라면 삼년상 같은 형식은 소덕(小德)에 해당하는 것이지요.
- 원대한 목적이나 큰 방향을 위해서 작은 수단들은 아무래도 괜찮다는 사고방식으로 이 문장을 읽는다면 크게 오해하는 것이라 생각합니다. 예컨대 예(禮)를 이야기하면서 여러 절차나 방식에 지나치게 집착하여 교조화(敎條化)되는 경향은 오히려 예(禮)의 본질을 훼손할 수 있다는 것을 경계하는 말로 받아들이는 것이 맞지 않을까요?
- 큰 것과 작은 것의 구분은 시대와 사회에 따라 달라집니다. 뒷 장에서 자하 당시의 교육에 대한 자유와의 논쟁이 있습니다만, 지금 우리 교육에서 큰 것은 무엇이고 작은 것은 무엇입니까? 시험에 대비한 지식의 습득과 인격의 함양은 어떤 것이 큰 것이고 어떤 것이 작은 것입니까? 이제 바꿔야 할 때가 아닌가요? 인공지능 시대가 역설적으로 그것을 촉진하는 것 같은데요?

## 12

자유가 말하기를, "자하의 제자들은 '물 뿌리고 청소하고 손님 접대하고 나아가고 물러나는' 예절은 제법이지만, 그것은 말단(가지)의 일이다. 본질적(뿌리)인 일에는 보잘 것이 없으니 어찌 하겠는가?"
자하가 이 말을 듣고 말하기를, "아, 자유의 말이 지나치구나. 군자의 도에 무엇을 먼저 하고 무엇을 뒤로 하겠는가? 초목에 비유하면 크고 작음과 종류에 따라 구별하여 심고 재배하는 것과 같다. 군자의 도를 어찌 속일 수가 있겠는가? 처음이 있고 끝이 있는 도의 근본을 모두 터득하고 완성하는 이는 오직 성인뿐일 것이다. (그 외의 사람은 작은 일에서부터 시작하여 대도에 이르도록 하는 것이 당연하지 않겠는가?)"

子游曰 子夏之門人小子 當灑掃應對進退則可也 抑末也 本之則無如之何 子夏問
자유왈 자하지문인소자 당쇄소응대진퇴즉가야 억말야 본지즉무여지하 자하문
之曰 噫言游過矣 君子之道 孰先傳焉 孰後倦焉 譬諸草木 區以別矣 君子之道 焉
지왈 희언유과의 군자지도 숙선전언 숙후권언 비저초목 구이별의 군자지도 언
可誣也 有始有卒者 其惟聖人乎
가무야 유시유졸자 기유성인호

■ 6장의 '절문이근사(切問而近思)'와 이어지는 자하의 교육관(敎育觀)과 실천을 잘 나타내는 논쟁이군요. 자하도 물론 지엽에 함몰되어 본질에서 멀어지는 것은 단연히 경계했지요. 4장의 '치원공니(致遠恐泥)'가 그 표현이라고 생각합니다.

## 13

자하 말하기를, "벼슬을 살면서 여유가 있으면 배우고, 배우면서 여력이 있으면 벼슬을 살 것이다."

子夏曰 仕而優則學 學而優則仕
자하왈 사이우즉학 학이우즉사

- 당시 지식인의 사회적 실천은 관직에 봉사하는 것(仕)을 의미했지요. 요즘 말로 하면 참된 지식인이라면 사회적 실천과 학문적 탐구를 결합하라는 이야기 같군요.
- 사(仕)에만 치우치다 보면 관료의 폐습에 빠질 위험이 있고, 학문 탐구에만 치우치면 실제(實際)와 유리되는 것을 경계하는 말로 들립니다.

14

자유 말하기를, "상을 당해서는 슬픔을 다하는 것으로 충분하다."
子游曰 喪致乎哀而止
자 유 왈 상 치 호 애 이 지

- 공자도 비슷한 말을 했는데, 허례(虛禮)나 과례(過禮)를 경계하는 말입니다.
- 그런데 자하는 지나치게 나아갔군요. 지(止)라는 말을 썼는데 공자와는 느낌이 다릅니다. 어느 한쪽에 치우쳐 중용을 잃는 경우가 보통 후계자나 제자들 가운데 나타나기도 하고, 아마 12장에서처럼 자유를 비판하는 사람들에 반응하는 과정에서 역설적으로 강한 표현이 나왔을 수도 있겠네요.

## 15

자유 말하기를, "나의 벗인 자장은 어려운 일을 잘 해낸다. 그러나 아직 인하지는 않다."

子游曰 吾友張也 爲難能也 然而未仁
자유왈 오우장야 위난능야 연이미인

증자 말하기를, "당당하구나, 자장이여! 하지만 그와 함께 인을 실천하기는 어렵구나."

曾子曰 堂堂乎張也 難與並爲仁矣
증자왈 당당호장야 난여병위인의

- 자유는 자장보다 두 살이 많았고, 증자는 자장보다 한 살이 많은 공자 학단의 동문수학하던 벗들입니다. 자유와 증자의 자장에 대한 평가를 통해서 당시 공자 학단의 기풍을 짐작할 수 있게 합니다.
- 서로 간의 경쟁심도 있었겠지만, 서로를 객관적으로 바라보는 시각들을 유지하고 있는 것이 학단의 건강성으로 다가오기도 합니다. 그 기준이 인(仁)이고요. 그것이 공자의 가르침의 핵심이었지요.
- 자장은 위나라 출신으로 과감하고 자신감 넘치는 인물로 묘사됩니다. 그러나 그것이 지나쳐 당당한 풍채와 훌륭한 능력에도 불구하고 동료들로부터 이우보인(以友輔仁)하기 힘든 존재로 보였던 것 같습니다.
- 이런 벗들로부터의 충고에 대해 자장이 어떤 반응을 보였는지 궁금하군요.
- 타고난 기질(氣質)이 인격에 미치는 영향은 거의 절대적인 것 같아요. 그

기질은 유전(遺傳)이지요. 그렇다고 본인의 책임이 없다고 말할 수는 없지요. 그 기질이 다른 사람들에게 피해를 줄 때 그런 상태에서 벗어나기 위해 노력하는 것은 본인의 책임이라고 해야지요. 특히 그가 공인(公人)일 때는 그 책임이 더욱 커지는 것이지요.

- 절대적 빈곤과 사회적 불평등 속에서 자란 어린 시절을 똑같이 경험한 사람들이 그 인격과 지향이 서로 다른 것도 그 타고난 기질에서 기인하는 것 같습니다. H.G.크릴의 『공자전』에서 언급한 제퍼슨의 '자연의 귀족'은 신분이나 계급이 아니라 타고난 기질을 말한다고 볼 수도 있을 것 같습니다. 그런 점에서 공자의 인자(仁者)나 군자(君子)도 비슷하다고 봐야지요.

- 공자는 "인간의 본성은 비슷하나 습성에서 멀어진다(性相近也 習相遠也 17/2)."고 하여 후천적 학습과 환경을 중시했지만, 실제로 타고난 기질에서 벗어나는 것은 거의 불가능하다고 생각합니다. 다만 남을 해치고 자신을 해치는 데서는 벗어날 수 있고, 또 그렇게 되어야 하겠지요. 깨달음을 성취했다고 하는 선가(禪家)의 역대 조사(祖師)들도 그의 기질적 요소는 깨달은 후에도 평생을 가거든요. 그 경우는 개성(個性)이라고 부를 수 있겠지요.

- 나는 '보통 사람의 성인화(聖人化)'를 미래 인류가 달성해야 할 진화적 목표로 보고 있습니다만, 그것도 무슨 완전하고 동일한 깨달음을 상정하고 있는 것은 아니지요. 오히려 각자의 개성(個性)이 타(他)를 침범하거나 해롭게 하지 않으면서 고도로 개화(開花)되는 상태를 말합니다. 물론 이를 위해서는 그것을 가능케 할 물적 기반과 제도나 체제가 갖춰져야겠지요.

- '아(我)'가 사라지는 것을 완전한 깨달음이라고 한다면 그런 깨달음은 없

다고 생각합니다. 다만 집(執)에서 벗어나 자신의 개성이 모두에게 이익(弘益)이 되도록 활짝 꽃피는 상태를 바라보는 것이지요.
- '깨달음의 사회화'나 '사회의 성화(聖化)' 같은 목표도 이런 세계를 말하는 것이라 생각합니다.

## 16

증자가 말하기를, "내가 선생님께 들으니 '사람은 스스로 알아서 자기 힘을 다하는 일이 드문데 친상을 당해서는 힘을 다한다.'고 하셨다."

曾子曰 吾聞諸夫子 人未有自致者也 必也親喪乎
증자왈 오문저부자 인미유자치자야 필야친상호

증자 말하기를, "내가 선생님께 들으니 '맹장자의 효는 다른 것은 그렇게 할 수 있지만, 그가 아버지의 가신과 정책을 바꾸지 않은 일은 누구나 하기 어렵다.'고 하셨다."

曾子曰 吾聞諸夫子 孟莊子之孝也 其他可能也 其不改父之臣與父之政 是難能也
증자왈 오문저부자 맹장자지효야 기타가능야 기불개부지신여부지정 시난능야

- 증자가 공자에게 들은 이야기를 자기 제자들에게 들려주는 장면입니다. 학이편에 나오는 공자의 '3년 동안은 아버지의 뜻을 바꾸지 않아야 효라 할 수 있다.'는 공자의 말을 실천한 사람으로 맹장자를 들고 있군요.
- 맹장자의 아버지는 맹헌자이며 공자가 3살 때 세상을 떠난 사람이니까

공자도 들은 이야기겠지요. 공자가 비판한 노나라 삼환(三桓) 가운데 한 집안이지요. 맹장자에 대해서는 부모의 장례를 치를 때는 예를 다했으나 이후 조상의 제사를 제대로 받들지 않았다고 전해집니다.

## 17

맹씨가 양부를 사사(士師)로 삼았다. 증자에게 그 일을 물으니 증자 말하기를, "윗사람이 정도를 잃어 백성이 흩어진 지 오래 되었다. 만일 그 실정을 알게 되면 슬퍼하고 불쌍히 여겨야지 기뻐하지 말라."

孟氏使陽膚爲士師 問於曾子 曾子曰 上失其道民散久矣 如得其情則哀矜而勿喜
맹 씨 사 양 부 위 사 사   문 어 증 자   증 자 왈   상 실 기 도 민 산 구 의   여 득 기 정 즉 애 긍 이 물 희

- 사사(士師)는 옥(獄)을 다스리는 책임자를 말합니다. 정치가 부패하고 도의가 무너져 백성들이 생활난에 빠져 있는 때에 범죄자를 잡아서 처벌했다고 기뻐하지 말고, 그들을 슬퍼하고 불쌍해하는 마음을 가지라는 당부군요.
- 민생이 도탄에 빠져 범죄가 늘어나는 지금의 현실을 돌아보게도 되고, 정적(政敵)들을 감옥에 넣기 위해 온갖 꾀와 힘을 동원하는 지금의 막장 정치를 떠올리게도 됩니다. 정치가 판사의 손에 좌우되고, 상대를 감옥에 넣으면 환호작약(歡呼雀躍)하는 이런 정치를 그만 보고 싶습니다.

## 18

자공이 말하기를, "주(紂)의 불선(不善)이 그토록 심한 것은 아니었다. 그래서 군자는 하류에 거하는 것을 싫어한다. 천하의 악이 다 그에게 돌아가기 때문이다."

子貢曰 紂之不善不如是之甚也 是以 君子惡居下流 天下之惡皆歸焉
자 공 왈 주 지 불 선 불 여 시 지 심 야 시 이 군 자 오 거 하 류 천 하 지 악 개 귀 언

- 은나라 마지막 왕인 주(紂)는 폭군(暴君)으로 은나라를 멸망케 한 악인(惡人)의 대명사처럼 알려진 사람인데, 자공은 실제로 주가 저지른 패악보다 많이 부풀려진 것이라고 평가를 합니다.
- 평소의 행동이 나빴기 때문에 하류(下流)에 더러운 물이 모이는 것처럼 모든 나쁜 것이 그에게 모이게 된다는 의미도 있고, 악(惡)의 상징이 되면 세상의 모든 나쁜 일이 모두 그의 탓으로 돌아가게 된다는 의미도 있는 것 같군요.
- 사람의 평가에 대한 세론의 형성과정을 이야기하고 있군요. 지금도 그렇지 않나요. 그래서 사람은 스스로를 하류(下流)에 거(居)하지 않도록 하는 것이 중요하다는 이야기를 하고 있습니다.

## 19

자공이 말하기를, "군자의 허물은 일식이나 월식과 같아 잘못을 하면 사람들 모두가 보게 되고, 고치면 사람들이 모두 우러러보게 된다."

子貢曰 君子之過也 如日月之食焉 過也人皆見之 更也人皆仰之
자 공 왈 군 자 지 과 야 여 일 월 지 식 언 과 야 인 개 견 지 경 야 인 개 앙 지

- 자공이 생각하는 군자의 모델은 당연히 공자지요. 술이편 30장에 '나는 다행이다. 잘못이 있으면 남들이 반드시 알아차린다(丘也幸 苟有過人必知 之).'는 말을 하고 있습니다. 자신의 잘못을 감추거나 변명하려 하지 않고 그 잘못을 지적해주는 사람이 있는 것을 다행이라고 생각하는 이런 태도가 제자들을 감동시켰겠지요.
- 여기서 말하는 군자(君子)를 공인(公人)으로 바꿔 읽으면 지금도 대단히 중요한 말입니다. 사람은 누구나 잘못을 할 수 있고, 진짜 잘못은 그것을 고치려 하지 않는 것이라는 이야기를 공자는 누차 강조하고, 실제로 공자 스스로 그것을 실천함으로서 위대한 사표(師表)가 될 수 있었지요.
- 공인(公人)이 되면, 그만큼 그의 잘못은 마치 일식이나 월식처럼 환히 들어납니다. 이때가 그에게는 갈림길이지요. 바로 인정하고 사과하며 고친다면 반전(反轉)이 일어나지요. 사람들이 그의 잘못보다 그것을 인정하고 반성하며 고치는 태도를 칭송하게 됩니다. 요즘 일부 정치인들의 부끄러움을 모르고 변명하고 호도(糊塗)하는 모습에 얼마나 많은 사람들이 실망하고 경멸하는 마음을 갖게 됩니까?
- 경멸 받고 조롱받는 통치자야말로 최하(最下)라는 말이 떠오릅니다.

## 20

위나라 대부 공손조가 자공에게 물었다.

"중니는 어디서 배웠습니까?"

"문왕과 무왕의 도가 아직 땅에 떨어지지 않고 사람들에게 있습니다. 현자는 큰 것을 기억하고 있고, 불현자는 그 작은 것을 기억하고 있으나, 문왕과 무왕의 도를 지니지 않은 사람은 없는 셈이지요. 공자야 어디서든 배우지 않은 데가 있겠습니까? 어찌 일정한 스승이 있겠습니까?"

衛公孫朝問於子貢曰 仲尼焉學 子貢曰 文武之道未墜於地在人 賢者識其大者 不
위 공 손 조 문 어 자 공 왈 중 니 언 학 자 공 왈 문 무 지 도 미 추 어 지 재 인 현 자 지 기 대 자 불

賢者識其小者 莫不有文武之道焉 夫子焉不學而亦何常師之有
현 자 지 기 소 자 막 불 유 문 무 지 도 언 부 자 언 불 학 이 역 하 상 사 지 유

- 중니(仲尼)는 공자의 자(字)입니다. 공손자가 공자의 제자인 자공에게 공자를 중니(仲尼)라고 부르는 것 자체가 공자를 낮춰보려는 마음을 표현한 것이지요. 뭘 어디서 배웠느냐는 말도 비꼬는 질문이지요.
- 자공이 그 질문에 답하는 내용입니다. '은나라의 뒤를 이은 주(周) 문왕과 무왕의 도가 아직 사람들에게 남아 있어서 크건 작건 어디서나 찾아볼 수 있으니 어디에서나 배우지 않은 곳이 있겠습니까? 또 누구에게나 배우지 않았겠습니까? 특별한 스승이 있었겠습니까?'
- 제자들은 공자를 요·순·우·탕·문·무·주공을 계승하는 사람으로 보려고 했지요. 공자는 시대적으로 가장 가까운 주(周) 문왕과 무왕의 도(道), 특히 주공(周公)을 롤모델로 했지요. 앞 선 일곱 사람은 내성외왕(內聖外

王)이었지만, 공자 대(代)에 와서는 분리되는 셈입니다.
■ 어디서나 배우고 누구에게나 배웠다는 것이 공자의 창조성이라고 생각합니다. 술이부작(述而不作)이라는 겸허를 바탕으로 한 창조지요. 공자 생전에 여러 방면에서 공자를 비판하고 비난하고 조롱하는 사람들이 많았겠지요. 비록 공자의 뜻을 온전히 전하지는 못했을지라도 자공과 같은 제자들이 있어서 훗날 공자의 사상이 중국을 비롯한 아시아와 세계에 큰 영향을 줄 수 있었다고 생각합니다.

### 21

숙손무속이 조정에서 대부들에게 말했다.
"자공이 중니보다 현명하다."
자복경백이 그 말을 자공에게 알리자 자공이 말했다.
"궁궐의 담에 비유한다면 나의 담장은 어깨 높이라 집안의 좋은 것들을 누구나 엿볼 수 있소. 그런데 선생님의 담은 몇 길이나 되니 문을 열고 들어가지 않으면 그 안 종묘의 아름다움과 백관의 풍부함을 볼 수가 없소. 하지만 그 문을 찾아낸 사람이 아주 적으니, 숙손무숙의 말도 무리는 아니지요."

叔孫武叔語大夫於朝曰 子貢賢於仲尼 子服景伯以告子貢 子貢曰 譬之宮牆 賜之
숙 손 무 숙 어 대 부 어 조 왈   자 공 현 어 중 니   자 복 경 백 이 고 자 공   자 공 왈   비 지 궁 장   사 지
牆也及肩 窺見室家之好 夫子之牆數仞 不得其門而入 不見宗廟之美 百官之富
장 야 급 견   규 견 실 가 지 호   부 자 지 장 수 인   부 득 기 문 이 입   불 견 종 묘 지 미   백 관 지 부
得其門者或寡矣 夫子之云不亦宜乎
득 기 문 자 혹 과 의   부 자 지 운 불 역 의 호

숙손무숙이 여전히 중니를 헐뜯었다. 이에 자공이 말했다.

"그렇게 해도 별 수 없소. 중니는 헐뜯을 수 있는 사람이 아니오. 다른 사람의 현명함은 언덕 같아서 넘어갈 수 있지만, 중니는 해와 달 같아서 넘어갈 수가 없소. 사람들이 비록 스스로 끊으려 해도 해와 달에 무슨 영향을 줄 수 있겠소. 오히려 자신의 헤아리지 못함을 나타내는 것뿐이 아니겠소."

叔孫武叔毀仲尼 子貢曰 無以爲也 仲尼不可毁也 他人之賢者丘陵也 猶可踰也
숙 손 무 숙 훼 중 니 자 공 왈 무 이 위 야 중 니 불 가 훼 야 타 인 지 현 자 구 릉 야 유 가 유 야

仲尼日月也 無得而踰焉 人雖欲自絶 其何傷於日月乎 多見其不知量也
중 니 일 월 야 무 득 이 유 언 인 수 욕 자 절 기 하 상 어 일 월 호 다 견 기 부 지 량 야

- 공자의 제자 가운데서도 뛰어난 사람이 안회와 자공 같습니다. 안회는 공자가 지기(知己)로 생각한 제자지만, 실제로 공자 학단을 물질적으로 도움을 줄 만큼 부유했고 공자의 시묘살이를 가장 오래한 제자는 자공이었지요. 공자를 위대한 스승으로 알리는 데 가장 중요한 역할을 한 것 같습니다. 자공 스스로가 그 당시 사회로부터 그 무게감을 인정받던 사람이라는 것이 크게 작용한 것이지요.
- 안회도 자한편 10장에서 자공과 비슷하게 스승 공자를 찬탄하는 이야기를 합니다. 공자는 자기를 알아보는 것은 오직 하늘만이라는 한탄을 하기도 하지만, 안회와 자공 같은 제자가 있어서 그의 사상이 후대에 큰 영향을 줄 수 있었지요.
- 자공은 스스로 자긍심도 강한 사람인데, 안회와 자신을 비교할 때는 한없이 겸손한 태도를 취했지요. 안회와 자공은 서로 다른 특성과 장점을 가지고 공자 학단을 풍성하게 한 두 기둥처럼 생각됩니다.
- 하나의 종교나 학파가 이루어지는 것은 그 뛰어난 제자들이 있어서 가능한 것 같습니다. 석가나 예수도 그 뛰어난 제자들이 있어서 2천년 이

상 인류에게 가장 큰 영향력을 가진 종교가 이루어졌지요.

## 22

진자금이 자공에게 말했다.
"선생님이 공손해서 그렇지, 중니가 어찌 선생님보다 낫겠습니까?"
"군자는 한마디로 지혜로운 사람이 되고 무지한 사람이 되기도 하니 말을 신중하게 해야 한다. 스승님에게 내가 못 미치는 것은 하늘에 사다리 놓고 못 올라가는 것과 같다. 만약 스승님이 나라 다스릴 기회를 얻었다면 세우면 서고 이끌면 실천되어 삶이 편안하니 사람들이 모여들고 움직이면 화목하게 했을 것이다. 그 삶이 영광이요, 그 돌아가심이 슬픔이니, 내가 어찌 미칠 수 있는 경지이겠는가?"

陳子禽謂子貢曰 子爲恭也 仲尼豈賢於子乎 子貢曰 君子一言以爲知 一言而爲不
진 자 금 위 자 공 왈  자 위 공 야  중 니 기 현 어 자 호  자 공 왈  군 자 일 언 이 위 지  일 언 이 위 부
知 言不可不愼也 夫子之不可及也 猶天之不可階而升也 夫子之得邦家者 所謂立
지  언 불 가 불 신 야  부 자 지 불 가 급 야  유 천 지 불 가 계 이 승 야  부 자 지 득 방 가 자  소 위 입
之斯立 道之斯行 綏之斯來 動之斯和 其生也榮 其死也哀 如之何其可及也
지 사 립  도 지 사 행  유 지 사 래  동 지 사 화  기 생 야 영  기 사 야 애  여 지 하 기 가 급 야

- 진자금은 공자의 아들 백어에게 삐딱한 질문을 했던 진항으로 공자의 제자이기도 하지만 더 가깝게는 자공의 제자였던 인물로 보입니다.
- 앞 장의 숙손무숙처럼 자공 같은 뛰어난 평판을 지닌 제자를 공자보다 더 높게 평가한 사람도 있고, 자공의 제자들 가운데도 진자금 같은 사람도 있었겠지요.

- 공자 사후(死後)의 이야기로 보입니다. 진자금이 자공을 칭찬하는 것과 자공이 공자를 찬탄하는 것은 격이 다릅니다.
- 자공의 공자에 대한 찬탄은 일견 이해됩니다만, 공자가 나라 다스릴 기회가 있었다면 어떤 세상이 되었을 것인가 하는 것은 자공을 비롯한 공자의 제자들의 머릿속의 꿈이었겠지요. 요순(堯舜)을 잇는 내성외왕(內聖外王)을 공자에게 투영한 것이지요. 아마 실제로 공자가 그런 기회를 얻었다면 잘해야 관중을 넘어서기 힘들었겠지요. 실제로는 현실 권력을 갖지 못했기 때문에 2500년 이상 탁월한 스승으로 영향을 끼칠 수 있었을 것입니다.
- 석가나 예수는 애초부터 현실의 권력과 선을 그었지만, 공자는 그와 달리 이상을 현실 권력 속에서 추구하려고 했지요. 그는 그 점에서는 실패했지만, 그 실패가 오히려 그를 오래 살게 했다고 생각됩니다.

## 제20편

# 요왈(堯曰)

―

관대하면 대중을 얻고, 믿음이 있으면 백성들이 맡기며,
민첩하면 공적을 쌓고, 공정하면 사람들이 기뻐한다.

<sub>관즉득중 신즉민임언 민즉유공 공즉열</sub>
**寬則得衆 信則民任焉 敏則有功 公則說**

# 1

요(堯)임금이 말하였다.

"아, 너 순(舜)아! 하늘의 역수가 네 몸에 와 있으니, 진실로 그 중용을 잡아라. 사해가 곤궁해지면, 하늘에서 내리는 복록은 영영 끊어지리라."

순도 똑같은 말로 우(禹)에게 천하를 넘겨줬다.

(탕湯이 말하였다.) "나 부족한 이(履)는 감히 검은 황소를 희생으로 바쳐 감히 빛나고 위대한 상제(上帝)께 고합니다. 죄 있는 자를 감히 용서할 수 없으며 상제의 신하를 버리지 않겠으며, 선택하심은 상제의 마음입니다. 저 자신에 죄가 있으면 그 죄가 만백성에게 미치지 않도록 해주시고, 만백성들에게 죄가 있다면 그 죄는 저 자신의 탓입니다."

(무왕이 말했다.) "주나라는 하늘의 큰 혜택을 입어 선한 인물이 많습니다. 지극히 가까운 친척이 있다 해도 인한 사람만 못하고 백성에게 잘못이 있으면 그것은 저 한 사람의 잘못입니다."

도량을 조심스레 다루고 법도를 자세히 살피고 없앴던 관서를 새롭게 정비하여 사방의 정치가 잘 행해졌다. 망한 제후국을 일으키고, 끊어진 대를 이어주고, 묻혀 있는 인재를 등용하여 온 천하의 백성들이 그에게 마음을 돌리게 되었다. 소중하게 여긴 것은 백성들의 먹을 것과 상례와 제례였다. 관대하면 대중을 얻고 믿음이 있으면 백성들이 자신을 맡기며 민첩하면 공적을 쌓고 공정하면 기뻐한다.

堯曰 咨 爾舜 天之曆數在爾躬 允執其中 四海困窮天祿永終 舜亦以命禹 曰予小
요왈 자 이순 천지역수재이궁 윤집기중 사해곤궁천록영종 순역이명우 왈여소

子履 敢用玄牡 敢昭告于皇皇后帝 有罪不敢赦 帝臣不蔽 簡在帝心 朕躬有罪 無
자 리 감용현모 감소고우황황후제 유죄불감사 제신불폐 간재제심 짐궁유죄 무
以萬方 萬方有罪 罪在朕躬 周有大賚 善人是富 雖有周親 不如仁人 百姓有過 在
이만방 만방유죄 죄재짐궁 주유대뢰 선인시부 수유주친 불여인인 백성유과 재
予一人 謹權量 審法度 修廢官 四方之政 行焉 興滅國 繼絶世 擧逸民 天下之民
여일인 근권량 심법도 수폐관 사방지정 행언 흥멸국 계절세 거일민 천하지민
歸心焉 所重 民食喪祭 寬則得衆 信則民任焉 敏則有功 公則說
귀심언 소중 민식상제 관즉득중 신즉민임언 민즉유공 공즉열

논어의 편집은 용두사미(龍頭蛇尾) 같아서, 뒤로 갈수록 느슨하고 중복이 많다. 마지막 편인 요왈편은 누군가 편집을 시작하다가 그만둔 것 같다. 그것 자체가 논어가 갖는 특징의 하나라고 생각한다.

십칠 년 전 논어를 처음 만나 사람들과 연찬했던 기록을 6개월째 수정 보완하면서 그동안의 세월들이 스쳐 지나갔다. 역사를 현재와의 대화라고 하는 것처럼 고전(古典)을 읽는 것은 독자와의 대화라고 할 수 있다.

이 장은 누가 썼는지도 모르지만, 아마도 공자가 이상으로 했던 정치와 정치가에 대한 이야기를 누군가 짧게 요약해서 기록으로 남긴 것 같다.

공자는 덕치(德治)을 이상으로 했다. 정치의 최고의 이상을 '무위(無爲)의 치(治)'로 보았다. 그러나 국가가 발생하고 그 국가의 권력을 둘러싼 쟁투가 정치의 본령이 되면서 이런 이상주의는 실현할 수 없는 과거의 먼 이야기처럼 되었다.

공자는 다른 성현들과 달리 자기완성을 향한 마음의 세계만 다룬 것이 아니라 정치를 비롯한 현실의 삶을 함께 다루었다. 그러다 보니 시대와 사회가 바뀌면서 지금 읽으면 전혀 생뚱맞은 이야기들이 많아서 거부감을 느끼는 경우도 많다. 그러면서도 동시에 사상이나 철학을 서재(書齋)나 관념에 가두지 않고 구체적인 사회적 실천과 융합하려 한 그 태도는 오랜 세월을 지나 다시 만나게 하고 있다.

지금 세계와 인류는 미증유의 위기와 기회를 만나고 있다. 새로운 철학

과 사상이 현실 정치나 경제와 융합되지 않으면 그 위기들을 질(質)이 다른 역사의 출발점으로 할 기회로 만들지 못할 것이다.

국가와 정치의 미래를 묻는 질문에 논어가 참고가 되었으면 하는 바람을 가지고 미미한 의견이나마 제안하고 있다.

## 2

자장이 공자께, "어떻게 하여야 정치에 종사할 수 있겠습니까?" 하고 물으니, 공자 말하기를, "다섯 가지의 미덕을 존중하고 네 가지의 악덕을 물리칠 수 있다면 정치에 종사할 수 있다."
"무엇을 다섯 가지 미덕이라 합니까?"
"군자는 베풀되 낭비를 조장하지 아니하며, 수고하되 원망하지 아니하며, 욕망하되 탐욕이 아니며, 태연하되 교만하지 아니하며, 위엄이 있되 사납지 않다."
"은혜를 베풀되 낭비하지 않는다 함은 무엇을 말합니까?"
"백성의 이로운 바에 따라서 이로움을 행한다면, 이 또한 은혜를 베풀되 낭비하지 않는 것이 아니겠느냐? 가히 수고할 만한 것을 가려서 백성들을 수고시킨다면, 또 누가 원망을 하겠는가? 인을 베풀고자 하여 인정(仁政)을 이루어 냈다면, 어찌 탐욕이 일어나겠는가? 군자가 사람이 많거나 적거나, 작거나 크거나를 가리지 않고 감히 소홀하게 다루는 일이 없다면 이 또한 태연하되 교만하지 않는 것이 아니겠는가? 군자는 그 의관(衣冠)을 단정히 하고 보는 것을 위엄 있게 하여 그 엄연함이 바라보면 외경을 불러일으키니 이 또한 위엄이 있되 사납지 않은 것이 아니겠느냐?"

"무엇이 네 가지 악덕입니까?"

"가르치지 않고 죽이는 것을 잔학하다 하고, 미리 경계하지 않고서 일의 완성을 재촉하는 것은 난폭하다고 하고, 소홀하게 명령해 놓고 시기를 재촉하고 기대하는 것은 해친다고 하고, 마땅히 나누어 주어야 할 것을 내주기에 인색하게 구는 것을 창고지기(有司)라고 한다."

子張問於孔子曰 何如斯可以從政矣 子曰 尊五美 屛四惡 斯可以從政矣 子張曰 何謂五美 子曰 君子 惠而不費 勞而不怨 欲而不貪 泰而不驕 威而不猛 子張曰 何謂惠而不費 子曰 因民之所利而利之 斯不亦惠而不費乎 擇可勞而勞之 又誰怨 欲仁而得仁 又焉貪 君子 無衆寡 無小大 無敢慢 斯不亦泰而不驕乎 君子 正其衣冠 尊其瞻視 儼然人望而畏之 斯不亦威而不猛乎 子張曰 何謂四惡 子曰 不敎而殺謂之虐 不戒視成謂之暴 慢令致期謂之賊 猶之與人也出納之吝 謂之有司

- 공자가 죽을 때 25살이던 어린 제자 자장과의 문답이 논어 끝 편에 나오네요. 그것도 정치에 관한 문답이군요.
- 내용으로 보아 공자가 직접 말한 것은 같지 않습니다. 공자는 오미(五美)니 사악(四惡)이니 무엇을 정리하듯이 설명하지는 않거든요. 아마도 편집자가 평소 공자의 가르침을 이런 식으로 요약 정리한 듯 보입니다.
- 요즘 학원 강사들 스타일이지요.
- 오미(五美)는 중용의 아름다움을 말하는 것 같습니다.
- 혜이불비(惠而不費)를 비롯해 다섯 가지 아름다움에 대한 말이 사자성어(四字成語)로 되어 있어 운율이 있게 읽어지네요.

- 베푸는 마음이 아름다움이지만, 그것이 낭비로 되지 않는 것 즉 '받는 데만 익숙한 사람'을 만든다면 누구에게도 도움이 되지 않겠지요.
- '생산적 복지'라는 말이 떠오르네요.
- 베푸는 사람도 받는 사람도 이익이 되는 그런 경지가 있지 않을까요? 사람들에게 진정으로 이익이 되는 것이 무엇인지를 아는 것이 중요한 것 같네요.
- 옛말에 '고기를 주기보다 고기 잡는 방법을 알려주는 것이 더 좋다.'라는 말이 있잖아요. 그런데 사람들은 보통 고기를 주기를 바라는 것 같아요.
- 노이불원(勞而不怨)도 자신이 하거나 남이 하도록 하거나 그것이 자발성에서 나올 때는 원망이 따르지 않겠지요.
- 자신이 하고 싶은 일을 할 때는 힘이 드는 줄 모르잖아요.
- 만일 어떤 정치가가 있어 국민들에게 땀과 눈물을 요구해도 원망이 없다면 대단히 훌륭한 정치가라고 해야겠지요.
- 그에게 사심이 없고 나라와 국민을 사랑하는 일념뿐이라는 신뢰가 있는 경우에 가능한 것이겠지요.
- 비단 정치가에게 국한된 이야기가 아니고, 모든 관계에 다 그렇다는 생각이 들어요.
- 욕이불탐(欲而不貪)에서 말하는 욕(欲)은 대욕(大欲)이지요. 욕인이득인(欲仁而得仁) 즉 '내가 인을 원하면 인이 이루어진다.'는 말에서처럼 그 욕의 대상이 무엇인지가 중요하다고 생각해요.
- 그 말을 들으니 욕과 탐이 구별되는 것은 그 원하는 대상이 무엇인가에 달려 있다는 생각이 드네요.
- 자신만의 이익을 바라면 탐(貪)이 되기 쉽다고 생각해요.
- 그렇다고 오로지 희생과 봉사로 사는 것은 행복한 삶 같지는 않네요.

- 그렇지요. 욕망을 억제하는 것이라면 행복과는 거리가 멀다고 생각해요. 욕망을 억제하거나 금하는 것이 아니라 더 큰 욕망을 갖는 것이지요. 그것이 욕인이득인(欲仁而得仁)이라는 생각이 들어요.
- 사람의 숫자나 어떤 사람인가를 가리지 않고 소홀히 하지 않는 상태를 태이불교(泰而不驕)라고 한 것이 가슴에 와 닿네요.
- 탈속(脫俗)한 듯한 태연함과는 질이 다른 것이지요. 사람에 대한 깊은 관심과 애정이 바탕에 있는 것이지요.
- 위이불맹(威而不猛)도 참된 권위가 어떤 것인가를 말하고 있습니다.
- 위의 네 가지가 이루어질 때 자연스러운 권위가 생기지 않을까요?
- 마음에서 자연스러운 외경심(畏敬心)이 일어나겠지요. 두려움과는 전혀 다른 것이라고 생각해요.
- 무서워서 따르게 하는 것은 진정한 권위가 아니지요. 그것은 언제나 무너지게 되어 있는 것 아니겠어요.
- 나라든 가정이든 진정한 권위는 필요하다고 생각해요. 그런데 이런 권위는 타율적으로 강제하거나 세뇌에 의해서는 절대로 이루어질 수 없는 것 아닐까요?
- 앞으로의 참다운 정치 질서가 어떠해야 하는지를 생각하게 하네요.
- 민주화는 참다운 권위라는 점에서도 반드시 더 신장되어야 할 과정이라고 생각해요.
- 불교이살(不敎而殺)에서는 지금의 형벌 제도에 대해서 생각하게 되네요. 범죄가 일어날 수밖에 없는 사회 환경을 놔두고 처벌하는 것을 능사로 하는 것이 바로 학(虐)이라는 생각이 들고요.
- 아이들 교육도 생각되는데요. '애를 울려 놓고, 운다고 때리는' 경우도 많잖아요.

- 불계시성(不戒視成)이나 만령치기(慢令致期)는 흔히 범하는 것 같아요. 실제로 일이 이루어지도록 얼마나 마음을 썼는가 묻게 되네요.
- 가부장제나 관료제 사회, 상명하복(上命下服)의 사회에서 나쁜 윗사람의 전형적인 모습 같아요.
- 책임은 아랫사람에게 묻고 공은 자기 것으로 하는 경우도 이에 해당되는 것 같습니다.
- 그다지 악의가 아니더라도 스스로 어떻게 하고 있는가를 한번 되돌아보고 싶네요.
- '나누어 줄 것을 내고 들이는데 인색한 것은 창고지기와 같다.'라는 말은 관료주의의 폐단을 잘 지적한 말이라고 생각해요. 실제로 요즘은 많이 나아지긴 했지만 가끔 그런 경우를 당할 때는 얼마나 속상한지 몰라요.
- 혹시 나는 그런 창고지기와 같은 모습을 하고 있지는 않을까요?

## 3

공자 말하기를, "천명을 모르면 군자가 될 수 없고, 예를 모르면 사람으로 설 수 없고, 말을 모르면 사람을 알 수 없다."

子曰 不知命無以爲君子也 不知禮無以立也 不知言無以知人也
자왈 부지명무이위군자야 부지례무이립야 부지언무이지인야

- 논어의 마지막 장이군요. 공자가 말한 것으로 되어 있지만, 만일 공자가 논어를 직접 편집하거나 저술했다면 이런 문장으로 끝을 삼으려 하지는

않았을 것입니다. 이 장에서 강조하는 군자(君子), 명(命), 예(禮), 언(言) 등은 논어의 앞 편에서 깊게 다룬 바가 있지요. 아마 누군가 공자가 말한 것을 요약한답시고 한 말 같지만, 어쩐지 어설픈 것 같습니다.

- 공자는 명(命)에 대해서는 말을 아꼈지요.(9/1) 무지의 자각을 학(學)의 출발로 하는 공자의 태도에 비추어 천명(天命)을 어떤 초월적인 진리나 운명으로 말하지는 않았다고 생각합니다. 50에 지천명(知天命)이라는 말이 나오는데, 여기서 말하는 '천명(天命)을 안다'는 것은 '자신의 분수를 안다'는 뜻으로 보는 것이 공자의 뜻에 부합하지 않을까 생각합니다. 우주 자연과 인간의 관계, 그중에서도 가장 직접적이고 구체적인 자기 자신의 분수를 말하는 것이지요.

- 예(禮)의 의미를 확장한 것이 공자의 창조적 업적의 하나지요. 극기복례(克己復禮)가 곧 인(仁)이라는 안연편 1장의 말이 대표적이지요. 예(禮)와 양(讓), 예(禮)와 악(樂)으로 하는 정치를 최상의 정치로 보았지요. 이때의 예(禮)는 단지 사람과의 관계에서 지켜야 할 예의범절(禮儀凡節)을 넘어서, 사람이 꿈꾸고 지향해야 할 가장 바람직한 아름다운 질서(사회)를 의미하는 것이지요. 극기(克己)의 궁극의 목표가 성인(聖人)이라면, 복례(復禮)의 궁극의 목표는 대동 세상이겠지요.

- 말(言)은 마음을 표현하는 1차적 수단이지요. 그러나 동시에 진심과 어긋나기 쉬운 것 또한 말이지요. 공자는 특히 교언영색(巧言令色)을 경계하였지요. 어떤 사람의 말을 안다는 것은 그 말을 하는 사람을 이해하는 첫 관문이기도 하지만, 그 사람의 사람됨을 알지 못하면 그 사람의 말을 제대로 이해할 수도 없겠지요. 말도 사람도 잃지 않는다(15/7)는 공자의 말이 떠오릅니다.

## 논어 강독을 마치면서[*]

지난 설날을 며칠 앞두고 마침내 논어 책걸이를 했습니다.

그날, 가까이에서 오실 수 있는 분들이 한두 가지 음식을 준비해 오셔서 풍성한 모임이 되었습니다. 멍덕골에서 키운 호박이 떡으로 변해 그 풍성함을 더했고요.

2년여에 걸쳐 매주 거의 빠짐없이 논어 함께 읽기를 했다는 것에 서로 대견해하는 가슴 뿌듯함이 있었습니다.

실제로 논어 함께 읽기는 그동안 우리 삶의 일부로 되었습니다. 공부라기보다는 서로의 소통의 시간이었고, 놓치기 쉬운 인생의 좌표랄까 우리가 만들고 싶어 하는 사회상들에 대해 함께 이야기하는 시간이었습니다.

멍덕골에 인터넷이 안 되어서 멀리 가서 글을 올리기만 하고 온라인상의 대화를 할 수 없었던 것이 서운하고 미안하기도 합니다.

또 희망연대의 홈페이지를 통해 희망연대 회원들이 함께하셨습니다.

논어 강독을 함께 하면서 느꼈던 감동들은 일상의 삶 속에서 잊히기도 할 것입니다. 그러나 그 감동은 무언가 여진으로 남아 알게 모르게 우리의 삶을 더욱 자유롭고 풍성하게 하는데 도움이 될 것이라고 믿습니다.

함께해 주신 여러분 진심으로 감사합니다.

---

[*] 이 글은 2008년에 논어 강독을 마치면서 쓴 글입니다.

## 자료집 서문[*]

저는 유학儒學을 체계적으로 공부해 본 적이 없는 사람입니다. 오히려 젊은 시절 유학에 거부감을 가졌던 사람입니다. 제가 공자에 대해 진지한 관심과 존경 그리고 감동을 느끼게 된 것은 근래에 들어서입니다. 세상의 변화와 자신의 변화가 이런 반전反轉을 가능케 했다고 생각합니다.

전북 장수군의 한 골짜기에서 새로운 마을을 꿈꾸는 사람들이 서로의 소통을 위해 『논어』를 1년 6개월에 걸쳐 연찬 강독하였고, 그 기록을 정리한 것이 이번에 책으로 나오게 되었습니다. 아마도 체계적인 공부를 하신 분들이 보면 허점투성이로 보일지 모르지만, 학습의 대상으로서가 아니라 상호소통을 위한 길잡이로 논어를 함께 연찬 강독한 것으로 이해해 주시기 바랍니다.

우리가 지금 당면한 가장 중요한 과제의 하나가 사람들 간의 소통이라는 점은 많은 사람들이 공감하고 있습니다. 우리 사회는 산업화와 민주화를 바탕으로 그것을 넘어 새로운 역사를 만들어가야 할 시대적 과제 앞에 서 있습니다. 이때 소통의 문화는 새로운 시대를 열어가는 견인차와 같다는 생각도 듭니다. 시민운동의 새로운 영역을 개척하고 있는 희망연대에서 『논어』 연찬을 진행한 것도 이런 맥락에서였다고 생각합니다.

---

[*] 이 글은 2008년에 〈자료집〉으로 간행할 당시의 서문입니다.

1차 연찬의 경험을 살려 2차 연찬의 기회를 가져보자는 생각이 더해져 이 책이 나오게 된 것입니다. 어떤 면에서는 주자 성리학을 유학의 전부로 알고 더 이상 학습하지 않았던 것이, 시대를 건너 오늘에 공자를 새롭게 만날 수 있게 하는지도 모르겠습니다.

저는 논어 강독을 하는 내내 과거 제대로 알지도 못하면서 비판하고 거부했던 자신이 얼마나 부끄러웠는지 모릅니다. 그러나 그 부끄러움은 논어에서 얻는 기쁨이나 감동에 묻어 버릴 수 있었습니다. 제가 논어를 연찬 강독하는 내내 감동을 느꼈던 것은 공자의 사상이나 태도에는 시대와 사회의 변화를 넘어 현대 세계와 사회 그리고 현대인들의 과제에 너무 적실適實한 보편성이 있다는 것이었습니다.

지금부터 2천 수백여 년 전의 봉건제, 군주제, 가부장제 사회와 문화 속에서도 인류의 보편적 이상을 실천하려 한 사상가·실천가의 어록을 접하면서, 물질과 제도가 발전한 지금의 사회야말로 공자의 사상이 현실적이고 보편적인 실천과 만날 수 있다는 생각을 떨쳐 버릴 수가 없었습니다.

물론 정치적·사회적·문화적인 면에서 지금의 시대에 적용할 수 없는 시대적 한계도 뚜렷하고, 공자 개인의 인간적 한계 또한 느낄 수 있었습니다. 그런 면도 솔직하게 의견을 나누었습니다. 강독을 하면서 느꼈던 『논어』의 덕목들을 몇 가지 말씀드려 보겠습니다.

첫째, 마음의 세계와 현상의 세계의 일치를 추구한다는 점입니다. 대체로 인류의 역사는 마음의 세계와 현상의 세계가 서로 다른 길을 걸어왔습니다. 오히려 그것을 당연시하고 그것을 일치시키려는 노력이 부질없음을 노래하는 경우가 많습니다. 그 배경에서 두 세계의 일치를 추구한 공자가 비아냥거림과 조롱을 당한 기록이 논어에도 많이 나옵니다.

근대에 들어오면서 종교와 정치의 분리가 진보의 가장 큰 특징이 되었습니다. 종교적 권력과 세속적 권력을 일치시켰던 중세의 역사가 얼마나 많은 해악을 끼쳤는가를 경험하였기 때문입니다.

그러나 사회제도의 변혁에 초점을 맞춘 근대적 노력이 한계에 봉착하면서 인간 의식의 진화와 사회제도의 개선이 결코 따로 놀 수 없는 것임을 자각하게 된 현대에 오면 마음과 현상 세계의 조화와 일치라는 것이 새로운 차원으로 요구되고 있습니다.

이런 점에서 보면 수신제가치국평천하修身齊家治國平天下나 수기치인修己治人을 제시하는 유학이, 공자 당시보다도 인류사의 나선형 순환의 오랜 과정을 거쳐 현대에 더 절실하게 다가오는 면도 있습니다.

세속 권력과 종교 권력 양면으로부터 자유롭게 된 유학이 역설적으로 이 시대의 가장 큰 장점이 되었습니다. 권력화 된 종교는 현대적 과제를 해결하는 데 맞지 않기 때문입니다. 과거 수직적 사회에서 유학이 세속적 권력과 결합했을 때 수기修己가 치인治人을 위한 과정 내지는 조건이 되어 수직적 지배 관계를 고정 심화시키는 역할을 한 것이 그 사례의 하나입니다. 요즘 같은 수평적 사회, 민주주의 사회에서야말로 그런 함정에 빠질 위험이 없이 그 뜻을 제대로 살릴 수 있다고 생각합니다.

둘째는 현실을 바탕으로 이상을 추구한다는 것입니다. 현실과 이상의 괴리를 이야기하는 것은 동서고금을 막론합니다. 대체로 이 점에서도 사람들은 극단적 태도를 갖기 쉽습니다.

논어를 읽으면서 깊이 느낀 것은 공자가 인간의 현실을 통찰하면서도 인간이 나아가야 할 목표를 결코 잊지 않는다는 것이었습니다. 현실을 바탕으로 이상을 추구하는 길은 극단이 아닌 중도와 중용의 길입니다. 많은 성인들의 말씀이 진리와 진리에 이르는 길이 중도라는 것에서는 공통되지만 이것을 사람과 사회를 함께 변혁하는 길에서 찾는 경우는 많지 않은 것 같습니다. 중도란 '생존과 관련된 욕구'를 충족시키는 것을 출발점으로 하면서 '인간다운 삶'을 목표로 하는 것을 결코 잊지 않는 것입니다.

부富에 대한 공자의 생각에서도 이 점을 발견하게 됩니다. 요즘 새로운 문명을 이야기하는 분들이 자주 '자발적 가난'이나 공생공빈共生共貧을 이야기하지만 그것은 자유와 행복을 추구하는 인간의 본성에 맞지 않습니다. 그런 표현보다는 공자가 말하는 '빈이락貧而樂'이나 '부이호례富而好禮'가 현대인들의 자유도自由度에 더 부합합니다. '빈이락'은 절대빈곤에서 벗어난 사회에서 '단순 소박한 삶의 풍요'라는 문명전환의 삶으로 이어질 수 있고, '부이호례'의 문화는 나누고 풀어놓음으로써 '부익부 빈익빈'의 자본주의의 근본 모순을 평화적으로 넘어서는 데 크게 기여할 수 있습니다.

'원한을 어떻게 해결할까?'와 같은 명제에 대해서도 현실적이면서도 이상을 향해 진일보하는 공자의 태도를 엿볼 수 있습니다. '이덕보원(以德報怨, 원한을 덕으로 갚는다)'은 지나치게 이상적이고, 이원보원(以怨報怨, 원한을 원한으로 갚는다)은 악순환입니다. 그중용을 이직보원(以直報怨, 원한을 바름으로 갚는다)으로 말하는 것에서 요즘 우리 사회의 큰 과제가 되고 있는 과거사 문제를 바라보는 지혜를 얻게 되는 것도 같습니다.

셋째는 단정하지 않고 진리를 탐구하며, 편향됨이 없이 그 시대의 의義를 실천하는 태도입니다. 논어 9편〈자한편〉에 "내가 아는 것이 있겠습니까? 아는 것이 없습니다. 그러나 누구라도 물어 오면 텅 빈 상태와 같은 마음에서 그 양단을 두들겨 끝까지 밝혀보겠습니다(子曰 吾 有知乎哉 無知也 有鄙夫 問於我 空空如也 我叩其兩端而竭焉)."라는 구절을 보면서 큰 감동을 받은 것을 잊을 수 없습니다. 이것은 겉치레의 겸손이 아니라 진정한 탐구 정신입니다. 뿐만 아니라 진정한 대화와 소통의 바탕이 되는 것이라고 생각합니다.

'무지無知의 자각'이야말로 '과학적 태도'로서 진리 탐구와 정의 실현의 진정한 출발점입니다. 이것을 제대로 이해하지 못한 사람들이 공자의 '공호이단 사해야이攻乎異端 斯害也已'를 왜곡하여 사문난적斯文亂賊과 같은 피비린내 진동하는 당쟁의 역사를 만들어 왔습니다.

공자에게는 자기와 다른 생각은 공격의 대상이 아니라 연찬의 대상일 뿐입니다. 자기 생각이 정통이고 자기와 다른 생각은 이단으로 배척하는 사고는 공자에게는 원천적으로 없습니다. 그 출발이 '무지의 자각'이고, "무적야 무막야 의지여비(無適也 無莫也 義之與比, 어떤 단정이나 고정도 없이 오직 의를 찾아서 실천함)"의 사회적 실천으로 이어지는 것입니다.

'누가 옳은가?'를 다투는 것이 아니라, '무엇이 옳은가?'를 함께 연찬하는 태도야말로 지금의 민주주의를 한 단계 더 발전시킬 수 있는 본질적 요소라고 생각합니다. 특히 집단적 확증편향의 대결로 퇴행적 편가름과 증오와 배제의 악순환을 반복하고 있는 한국의 정치 현실을 넘어서기 위해 가장 절실한 과제입니다.

넷째는 참된 자유인을 지향하는 것입니다. 논어 첫 장에 열說과 락樂이 나옵니다. 기쁨과 즐거움입니다.

공자를 떠올리면 케케묵은 도덕이나 윤리 선생이 연상되고 '옳은 것을 하지 않으면 안 될 것' 같은 느낌이 드는 것은 그동안 우리가 공자를 얼마나 잘못 알고 있었나 하는 것을 생각하게 합니다.

논어를 강독하면서 공자가 대자유인이라는 느낌을 많이 받았습니다. 종심소욕불유구(從心所慾不踰矩, 마음이 하고 싶은 대로 해도 법도를 넘지 않는다)는 공자의 자유를 잘 나타냅니다. 지천명知天命 다음에 이순耳順, 이순 다음에 이런 자유의 상태를 말하는 것이 마음에 와 닿았습니다.

공자의 자유야말로 현대인들에게 요구되는 자유가 아닐까 생각합니다. 사실 지금은 '자유의 시대'라고 할 만큼 자유가 범람하고 있지만 사람들은 그다지 자유롭지 못합니다. 왜냐하면 대부분 '에고의 자유'이기 때문입니다. 이 '에고의 자유'는 다른 '에고의 자유'와 부딪히기 마련입니다. 그렇게 되면 자유로운 것 같지만 사실은 엄청난 부자유에 직면하게 됩니다.

기를 살려 준다고 '자기 하고 싶은 대로 하게' 아이를 기르는 부모가 늘었지만 실제로는 자유로운 아이가 아니라 극히 부자유한 아이로 자라는 경우가 많아지는 것은 이런 현상을 잘 보여주는 것입니다. 사회성과 조화되는 자유가 진정한 자유입니다. 이것은 '에고'를 넘어서는 자유를 누릴 수 있을 때 가능해지는 것이 아닐까 생각합니다. 공자의 대표 사상으로 알려진 인仁에 관한 안연顔淵과의 문답에서 '극기복례克己復禮가 인仁'이라고 이야기한 것이 그것을 가리킵니다.

공자는 네 가지를 끊었다는 구절이 나옵니다. 무의毋意, 무필毋必, 무고毋固, 무아毋我의 네 가지인데, 이것이 자유의 바탕입니다. 특히 사람과 사람, 사람과 자연, 개인과 사회 사이에서 발생하는 현대적 과제들은 인간의 엄청나게 발달한 행위 능력과 그다지 변하지 않는 자기중심적 의식 사이의 모순에서 기인하는 것이 많은데, 이런 시대에 공자의 자유가 절실하게 다가옵니다.

공자가 지향하는 인간상, 즉 군자君子는 바로 이 자유인입니다. 공자의 시대보다도 현대에 와서 더 보편화될 수 있는 인간상입니다. 소인과 군자를 이분법적으로 말하는 것 같지만 그렇게 보기보다는 인간의 질적인 진화를 이야기하는 것입니다. 자기중심적인 이익의 포로가 된 사람으로부터 자기중심성을 넘어 자리이타自利利他의 삶이 자연스러운 사람이 되는 것이 인간의 진화 방향이 아닐까요?

이것이 진정한 행복의 길입니다. 끝없는 이익의 추구, 이익을 위한 무한 경쟁, 이익을 둘러싼 양보 없는 투쟁 등은 아무리 일시적으로 성공하더라도 진실한 행복과는 거리가 멉니다. 그래서 군자君子라는 인간상을 현대의 삶 속에서 실천하는 것이 얼마나 자유롭고 행복한 길인지를 체득해 가는 과정으로 논어를 연찬하면 좋겠습니다.

이상 제가 느꼈던 심정들을 소개해 드렸습니다만, 아무쪼록 골짜기의 작은 마을에서 함께 만들어간 연찬과 강독의 기록들이 논어를 연찬하고 진정한 소통의 문화를 만들어 가고 싶어 하는 분들께 다소라도 도움이 되었으면 합니다.

이 자료집은 희망연대 회원님들의 노력이 아니었으면 만들어질 수가 없었을 것입니다. 특히 바쁜 시간을 쪼개서 편집에서부터 일체를 맡아 책으로까지 만들어준 오상열 님을 비롯한 상근자 여러분들께 진심으로 감사합니다.

2008.9.19
장수 멍덕골에서 이남곡

발문

## 『화쟁 논어』 : 연약한 공자, 유연한 유학

조성환(원광대)

"자기와 다른 생각을 가진 사람을 어떻게 대할 것인가?" 이것이 이 책을 관통하는 저자의 문제의식이다. 저자는 이 물음에 대한 답을 『논어』에서 찾는다. 이 작업은 저자가 40대에 무소유공동체 생활을 8년간 경험하고, 20여 년 동안 『논어』에 매달린 기나긴 여정이었다. 그 사이에 『논어, 사람을 사랑하는 기술』(2012)과 『논어, 삶에서 실천하는 고전의 지혜』(2017)를 세상에 내놓았다. 따라서 이 책은 저자의 세 번째 『논어』 해석서에 해당한다. 하지만 이제 팔순을 맞이하여 『논어』와 "헤어질 결심"을 했다고 한다. 그렇다면 이번 『논어』 해석서는 3부작의 완결편이자 결정판이 되는 셈이다.

12세기의 주희가 '이기'라는 범주로 『논어』를 재해석했다면, 이남곡은 '연찬'이라는 키워드로 『논어』를 다시 읽는다. 그래서 전문적인 연구자나 전통적인 한학자와는 『논어』를 독해하는 시각 자체가 다르다. 저자가 『논어』에서 가장 중요하게 생각하는 사상은 '인의예지'가 아니라 '무지의 인정'이다. 무지의 인정과 자각이야말로 나와 생각이 다른 사람과 '연찬'하기 위한 조건이기 때문이다. 이러한 관점에서 저자는 「자한」편에 나오는 "나는 아는 것이 없다"라는 공자의 말을 『논어』 이해의 출발로 삼는다.

'무지'를 『논어』 해석의 단서로 잡으면 공자가 왜 그토록 '배움'을 역설했는지도 쉽게 이해할 수 있게 된다. "나는 무지하다"는 자각이 있었기 때문에 그것을 채우기 위해서 학습이 필요하다고 생각한 것이다. 그런데 공자의 위대함은 무지가 채워졌다고 해서 완고함으로 굳어지지 않는다는 데에 있다(學則不固). 배움은 채움으로 끝나는 것이 아니라 '다시 비움(空空)'으로 전환되기 때문이다. 학습은 소지(小知)의 차원에서는 채움이지만 대지(大知)의 차원에서는 '더 큰 무지'를 깨우쳐 준다. 그래서 무지의 자각과 학습의 노력은 하나의 사이클처럼 반복되는 과정이다. 그것도 영원한 과정이다.

이런 식으로 이 책의 흐름을 따라가면서, 그리고 평소에 저자의 공자론을 들으면서, 최근에 일본에서 나온 『약한 니체弱いニーチェ』(2022)라는 책이 생각났다. 『한국은 하나의 철학이다』로 저명한 오구라 기조(小倉紀蔵) 교수의 저서이다. 이 책에서 오구라 교수는 니체가 말한 '초인'을 통념과는 다르게 '약한 인간'으로 이해한다. 마찬가지로 이남곡 선생의 이번 신간은 『약한 공자』라고 바꿔 말할 수 있다고 생각한다.

여기에서 '약함'은 신학자 현경 교수의 『연약함의 힘』(2014)에서 말하는 '연약함'을 의미한다. '살림이스트' 현경은 최근에 『사상계』 복간호에 쓴 「음개벽의 신호탄: 문명을 전환하는 세 가지 힘」에서 "새로운 문명을 만드는 힘은 연약함의 힘(power of vulnerability)"이라고 하면서, 한강의 작품을 새롭게 독해하였다. 마찬가지로 이남곡은 공자의 언행에서 새로운 문명을 만드는 연약함의 힘을 찾고 있다.

하지만 오늘날 공자와 『논어』를 이런 식으로 바라보는 사람은 그리 많지 않을 것이다. 그것은 『논어』가 국가 이데올로기로 굳어진 유교(儒敎)의 경전으로 이해되고 있기 때문이다. '교'는 종교가 아니라 '가르침'이라는 뜻이다. 사람들은 지식이 쌓이면 상대방을 가르치려 든다. 이 작업을 국가가 대행하면 '국교'가 된다. "한대에 유교가 국교화되었다"는 것은 공자의 가르침이 '국정 교과서'가 되었다는 의미이다. 그래서 공자의 말씀에서 '정답'을 찾아야 하고, 그것을 '학습'하여 시험을 보아야 하며, 시험에 합격해야 비로소 공무원이 될 수 있다.

그러나 저자의 입장에서 보면, 공자의 가르침의 핵심은 역설적으로 '인간의 무지'였다. 그래서 공자는 가르치는 사람이기보다는 배우는 사람이기를 자처했다. 저자가 한대(漢代) 이후로 제도화된 유교와 그 이전의 무지(無知)한 '유학(儒學)'을 구분한다. 그리고 『논어』를 유교의 경전이 아닌 연찬의 텍스트로 되살리고자 한다. 여기에는 공자가 연약했다면, 그가 설파한 유학은 유연했을 것이라는 저자의 신념이 깔려 있다.

오늘날 한국 사회는 정치적 진영 대립과 사회적 양극화 현상이 심해지고 있다. 그래서 새로운 정부의 과제의 하나로 '통합'이 거론되기도 한다. 하지만 나는 '통합'보다는 '화쟁'을 선호한다. 통합은 마치 '남북통일'과 같이 '동일성'을 지향하는 것처럼 들리기 때문이다. 반면에 '화쟁'은 생각의 차이를 인정한 상태에서 '연찬'의 방식으로 조화와 공존을 모색하는 과정이다. 그래서 이남곡의 『논어』는 '화쟁의 『논어』'로 다가온다. 그런 점에서 '원효로 읽은 『논어』'라고도 할 수 있고, 불교와 유학의 만남이라고도 볼 수 있다. 실제로 명말 청초의 고승 지욱(智旭)은 『논어』의 첫 구절에 나오는 '학(學)'을 '각(覺)'으로 풀이하였다(김승만 역주, 『지욱 선사의 논어 해석』 참조). "배운다(學)는 것은 깨닫는다(覺)는 것"이라는 뜻이다. 여기서 '깨달음(覺)'의 출발은 이남곡의 관점에서 보면 '무지(無知)'이다. '무지에 대한 자각'이 모든 배움과 깨달음의 시작이라는 것이다.

저자는 무지에 대한 자각이야말로 다원화된 세계에서 공동체를 이루며 살아가는 시민들의 기본 덕목이라고 생각한다. 우리는 우리 자신을 모르고 상대방에 대해서는 더더욱 모른다. 최근에 화제가 되고 있는《케데헌》에서도 주인공 루미가 자신을 발견하는 계기가 된 것도 '무지'에 대한 자각이었다. 악령 진우와의 교류를 통해서 "악령도 사람처럼 감정이 있다"는 새로운 사실을 알게 된 것이다. 그리고 진우와 감정적인 교감을 나누면서 자신의 목소리를 되찾게 된다. 반면에 악령의 세계에 무지했던 동료들은 (미라와 조이) 그런 루미를 이해하지 못하고, 단지 제압과 처치의 대상으로만 생각했다. 그래서 〈테이크 다운Take down〉의 가사를 둘러싸고 갈등이 일어나고, 결국에는 멤버들 간의 불화로 이어진다. 이렇게 보면, 공자가 말하는 '인(仁)'이란 무지의 자각에서 우러나오는 관용과 너그러움의 덕성이라고 이해할 수 있을 것이다.

　이렇게 저자의 『논어』 해석을 따라가다 보면 우리는 자연히 공동체를 유지하는 원리에 도달하게 된다. 그것도 단일하고 배타적인 닫힌 공동체가 아니라, 다원화되고 포용적인 열린 공동체이다. 정치학적으로 해석하면, 헌법 제1조에서 명시한 '민주공화국'으로 나아가기 위한 시민의 덕목과 유학의 역할을 발견할 수 있다. 그런 점에서 저자의 『논어』 해석은 살아있고 현대적이며 시사하는 바가 크다고 생각한다.

2025년 10월 11일